M. A. AISERMAN · L. A. GUSSEW · L. I. ROSONOER · I. M. SMIRNOWA · A. A. TAL

LOGIK, AUTOMATEN, ALGORITHMEN

ELEKTRONISCHES RECHNEN UND REGELN

Herausgegeben von

Prof. Dr. HANS FRÜHAUF · Prof. Dr. WILHELM KÄMMERER
Prof. Dr. KURT SCHRÖDER · Prof. Dr. HELMUT WINKLER

SONDERBAND 3

LOGIK, AUTOMATEN, ALGORITHMEN

von

M. A. AISERMAN, L. A. GUSSEW, L. I. ROSONOER,
I. M. SMIRNOWA, A. A. TAL

AKADEMIE-VERLAG · BERLIN
1966

LOGIK, AUTOMATEN, ALGORITHMEN

von

M. A. AISERMAN · L. A. GUSSEW · L. I. ROSONOER
I. M. SMIRNOWA · A. A. TAL

Mit 180 Abbildungen

AKADEMIE-VERLAG · BERLIN
1966

М. А. Айзерман, Л. А. Гусев, Л. И. Розоноэр, И. М. Смирнова, А. А. Таль
Логика — Автоматы — Алгоритмы

Staatsverlag für math.-phys. Literatur, Moskau

Übersetzung aus dem Russischen: R. Herschel, Ulm

Erschienen im Akademie-Verlag GmbH, 108 Berlin, Leipziger Straße 3—4
in Gemeinschaftsarbeit mit dem Verlag R. Oldenbourg, 8 München 8, Rosenheimer Straße 145

Lizenz-Nr. 202 · 100/424/66
Gesamtherstellung: VEB Druckerei „Thomas Müntzer", 582 Bad Langensalza
Bestellnummer: 5604 · ES 19 B 1 / 20 K 3

Vorwort

Für die Spezialisten der Digitaltechnik stellt das Studium einer allgemeinen Theorie der endlichen Automaten und sequentiellen Maschinen keine besondere Schwierigkeiten dar. Ihnen ist der notwendige mathematische Apparat bekannt: Aussagenkalkül, allgemeine Begriffe des Prädikatenkalküls, Grundlagen der Theorie der Algorithmen und rekursiven Funktionen.

In einer schlechteren Lage sind die Spezialisten anderer Fachgebiete, z. B. der Regelungstechnik. Ihre mathematische Vorbildung beruht zumeist auf der Analysis, der theoretischen Physik und den Differentialgleichungen. Erfahrungsgemäß stellt für diese Gruppe das Studium von Problemen, die auf der mathematischen Logik und der Theorie der Algorithmen beruhen, gewisse Schwierigkeiten dar.

Dieses Buch ist für Leser geschrieben, die auf dem Gebiet der Regelungstechnik und digitalen Rechentechnik arbeiten und sich zum erstenmal mit der Theorie der endlichen Automaten und sequentiellen Maschinen bekannt machen möchten. Die Autoren haben auch an Leser gedacht, die Mathematiker (keine Spezialisten der Logik!) sind und sich mit derartigen Problemen vertraut machen möchten; auch an Physiologen und Biologen, die sich im Zusammenhang mit der Schaffung von idealisierten Nervenmodellen für die Theorie der endlichen Automaten und sequentiellen Maschinen interessieren.

Das Ziel dieses Buches ist es, diese Leser in das neue Gebiet einzuführen und sie mit den Grundbegriffen, einigen Problemstellungen und Lösungen bekannt zu machen. Die von den Autoren erzielten Ergebnisse sind eng mit den aus der Literatur her bekannten verflochten. Da das Buch hauptsächlich für Ingenieure gedacht ist, wurden manche Probleme der Logik und der Theorie der Algorithmen nicht ganz exakt behandelt.

Für jeden der oben genannten Leser sollte das Buch seine eigene Architektur, seine eigene Anordnung des Stoffes haben. Da auf die verschiedenartigsten Leser Rücksicht genommen werden mußte, haben sich die Autoren bemüht, das Material nach steigender Schwierigkeit anzuordnen. Der Leser kann sich durch die folgenden Hinweise leiten lassen:

1) Ingenieure, die mit dem Gegenstand noch nicht vertraut sind, ihn aber im Detail kennenlernen möchten, sollten das ganze Buch in der vorliegenden Reihenfolge studieren.

2) Ingenieure, die sich nur in groben Zügen informieren wollen, sollten zuerst die Kap. I—VII und dann XII lesen. Danach können sich Kap. XIII und VIII—XI anschließen.

3) Ingenieure, die mit den Grundlagen der mathematischen Logik und ihren technischen Anwendungen vertraut sind, können die Lektüre mit Kap. III beginnen.

4) Mathematiker schließlich, die sich für die technischen Anwendungen interessieren, können getrost die Kap. I, XII und XIII weglassen.

Die §§ 2.5 und 8.4, in denen spezielle Fragen der Minimisierung von logischen Funktionen und die Realisierung von endlichen, durch reguläre Ausdrücke gegebenen Automaten behandelt werden, haben auf Wunsch der Autoren W. D. Kasakow (§ 2.5) und O. P. Kusnezow (§ 8.4) geschrieben.

Die Autoren werden Bemerkungen und Vorschläge aus dem Leserkreis dankbar aufnehmen.

Inhaltsverzeichnis

Einführung

„Endlicher Automat“ und „sequentielle Maschine“ sind historisch entstandene und weit verbreitete, wenn auch sehr unglückliche Bezeichnungen für eine sehr einfache Klasse von dynamischen Systemen. Die Abtrennung dieser Klasse und die Aufstellung einer Theorie ist mit den folgenden beiden Umständen verbunden.

1) Dynamische Systeme dieser Art werden in der Technik häufig benutzt, z. B. in der Steuer- und Regelungstechnik, der digitalen Rechentechnik usw. Elektronische Digitalrechner und Relaisschaltungen sind Beispiele für dynamische Systeme dieser Klasse. Die Theorie dieser Systeme bemüht sich um die Aufstellung allgemeiner Gesetzmäßigkeiten und Methoden zur Analyse und optimalen Synthese.

2) Mit der Entwicklung schneller digitaler Rechenanlagen tauchen immer häufiger Fragen der Art auf: Was „kann“ eine Maschine und was nicht? Kann eine Maschine jeden Algorithmus ausführen? Kann eine Maschine prinzipiell mehr als einen Algorithmus ausführen? In welchem Maße kann eine Maschine die Funktionen des menschlichen Gehirns ausführen? Versuche, diese und ähnliche Fragen exakt zu formulieren und zu beantworten, blieben bis jetzt ohne Ergebnis, solange man unter einer „Maschine“ die sehr weite Klasse der dynamischen Systeme versteht. Für die engere Klasse der sog. „endlichen Automaten“ und „sequentiellen Maschinen“ haben Fragen dieser Art einen Sinn. Sie können exakt formuliert und z. T. auch beantwortet werden.

Es gibt noch einen anderen Umstand, der das Interesse an Systemen dieser Klasse hervorruft. Das Gehirn besteht aus einer sehr großen Zahl von Nervenzellen, den Neuronen, durch deren Idealisierung ein mathematisches Modell des Gehirns aufgestellt werden kann. Freilich gilt dieses Modell nur innerhalb dieser Idealisierung, es gehört dann aber zu den dynamischen Systemen des hier behandelten Typs. Im Lichte der erweiterten Kenntnisse über die Eigenschaften der Neuronen und des Gehirns im ganzen erwies sich die erwähnte Idealisierung als nicht angemessen, und man sucht nach komplizierteren Modellen des Gehirns. Die Tatsache aber, daß bei einer gewissen Idealisierung das Gehirn und eine digitale Rechenanlage zu einer relativ einfachen Klasse von dynamischen Systemen gehören, gibt der Untersuchung solcher Systeme ein besonderes Interesse.

KAPITEL I

Elemente der mathematischen Logik

§ 1.1 Einführende Bemerkungen

Die mathematische oder symbolische Logik entwickelte sich als wissenschaftliche Disziplin aus der sog. traditionellen, formalen Logik. In der ersten Zeit war sie mit dem Bemühen um die Formalisierung gewisser Seiten der intellektuellen Tätigkeit des Menschen verknüpft. In der weiteren Entwicklung versuchte man, darauf die logischen Grundlagen der Mathematik zu begründen. Dazu gehören Fragen der Widerspruchsfreiheit und Vollständigkeit eines Axiomensystems, das einer mathematischen Disziplin zugrunde gelegt wird, das Problem der Bestimmung aller Folgerungen aus diesen Axiomensystemen und ähnliche Fragen. Im Laufe der Zeit wurde die mathematische Logik ein wirkungsvolles Mittel wissenschaftlicher Forschung, ihr Anwendungsbereich aber blieb lange auf rein theoretische Fragen beschränkt. Obgleich P. Erenfest schon 1910 darauf aufmerksam gemacht hatte, daß man die mathematische Logik auf solche technischen Gebilde wie z. B. Relaisschaltungen anwenden könne, begann eine erfolgreiche Benutzung des Apparates der mathematischen Logik auf dem Gebiet der Relaisschaltungen doch erst in den dreißiger Jahren mit den Arbeiten von W. I. Schestakow [235], [236] und C. E. Shannon [243]. Die Parallelen zwischen der mathematischen Logik und den Eigenschaften von Relaiskontakt-Schaltungen führte zu einer neuen selbständigen Disziplin — der Theorie der Schaltungsalgebra und Relaiskontakt-Schaltungen, die zusammenfassend zuerst in der Monographie von M. A. Gawrilow [64] dargestellt wurde. Bald darauf wurden andere Anwendungsmöglichkeiten entdeckt. Nicht nur Relaiskontakt-Schaltungen, sondern auch andere diskret arbeitende Geräte können zweckmäßig durch den Formalismus der mathematischen Logik beschrieben werden. Neben der Bedeutung für rein theoretische Gebiete wird die mathematische Logik heute für die Untersuchung und Projektierung der verschiedenartigsten technischen Geräte verwendet. Diese Anwendungsmöglichkeiten sind in letzter Zeit durch die Erforschung allgemeiner Steuerungsgesetze in Technik und Natur gewachsen.

Man kann die mathematische Logik unter dem Gesichtspunkt der Theorie und der Anwendungen beschreiben. Angesichts der Zielsetzung dieses Buches steht für uns die Seite der Anwendungen im Vordergrund, und wir werden die Elemente der Logik in einem Umfang beschreiben, wie er zum Verständnis der folgenden Kapitel notwendig ist.

§ 1.2 Die Grundbegriffe

Für die Beschreibung der wichtigsten Tatsachen der mathematischen Logik ist der Begriff der *funktionalen Abhängigkeit* von besonderer Bedeutung. Der Begriff der funktionalen Abhängigkeit ist in allgemeinster Form mit der Existenz zweier Mengen und der Abbildung der einen Menge auf die andere verknüpft. Wir wollen die aus den Elementen x bzw. y bestehenden Mengen X bzw. Y nennen und

$$X = \{x\}, \qquad Y = \{y\}$$

schreiben. Wenn auf Grund irgendwelcher Bedingungen jedem Element x der Menge X (wir schreiben dafür $x \in X$) ein bestimmtes Element y der Menge Y ($y \in Y$) zugeordnet ist, dann sagen wir, durch diese Bedingungen ist y als Funktion von x erklärt oder die Menge X auf die Menge Y abgebildet worden. Von der Funktion $y = f(x)$ sagen wir auch, daß sie auf der Menge X definiert ist und Werte der Menge Y annimmt. x heißt die *unabhängige Veränderliche* oder das *Argument*, y die *Funktion.*

Eine bestimmte funktionale Abhängigkeit wird also einerseits durch Eigenschaften der Mengen X und Y, andererseits durch Eigenschaften der Elemente x und y dieser Mengen bestimmt.

Wir wollen zunächst einige wichtige Eigenschaften von Mengen betrachten. Je nachdem, ob die Anzahl der Elemente, die eine Menge bilden, endlich oder unendlich ist, wollen wir auch die entsprechenden *Mengen* als *endlich* oder *unendlich* bezeichnen. So bilden z. B. die Buchstaben des Alphabets ebenso eine endliche Menge wie die Moleküle eines Körpers endlicher Ausdehnung. Demgegenüber sind die Menge der ganzen positiven Zahlen, die Menge aller rationalen oder aller reellen Zahlen Beispiele für unendliche Mengen. Auch die Punkte einer Strecke oder einer ebenen Figur bilden unendliche Mengen.

Mengen kann man nach ihrer Mächtigkeit vergleichen. Zwei Mengen heißen gleichmächtig, wenn zwischen allen Elementen dieser beiden Mengen eine eineindeutige Beziehung besteht. Unter den unendlichen Mengen kann man nach der Mächtigkeit zwei Arten von Mengen unterscheiden: *abzählbare* und (nicht abzählbare) *kontinuierliche Mengen* (Kontinua).

Zu den abzählbaren Mengen gehören alle jene Mengen, die mit der Menge der natürlichen Zahlen gleichmächtig sind; zu den nicht abzählbaren alle jene, die mit der Menge aller reellen Zahlen gleichmächtig sind. So ist z. B. die Menge aller geraden Zahlen abzählbar, weil man die Elemente dieser Menge leicht in eine eineindeutige Beziehung zu den Elementen der Menge der natürlichen Zahlen bringen kann. Man braucht ja nur die Elemente dieser Mengen in wachsender Reihenfolge übereinander zu schreiben und jeweils zwei übereinander stehende Zahlen einander zuzuordnen:

$$\begin{array}{l} 2,\ 4,\ 6,\ \ldots,\ 2n,\ \ldots \\ 1,\ 2,\ 3,\ \ldots,\ \ \ n,\ \ldots \end{array}$$

Andere abzählbare Menge sind die Mengen aller algebraischen Zahlen, die Menge aller rationalen Zahlen und einige andere Mengen.
Nicht abzählbare Mengen sind z. B. die Menge aller irrationalen Zahlen, die Menge aller Punkte einer Strecke, die Menge aller Punkte einer ebenen Figur und viele andere Mengen. Der Vergleich unendlicher Mengen hinsichtlich ihrer Mächtigkeit führt manchmal zu Aussagen, die paradox klingen. So scheint z. B. auf den ersten Blick merkwürdig, daß die Menge der Punkte einer Strecke (in Bild 1.1 der Strecke AB) und die Menge der Punkte eines Teils dieser Strecke (des Abschnitts AC in Bild 1.1) von gleicher Mächtigkeit sein sollen. Daß diese Behauptung aber richtig ist, davon kann man sich leicht überzeugen, wenn man die in Bild 1.1 angegebene

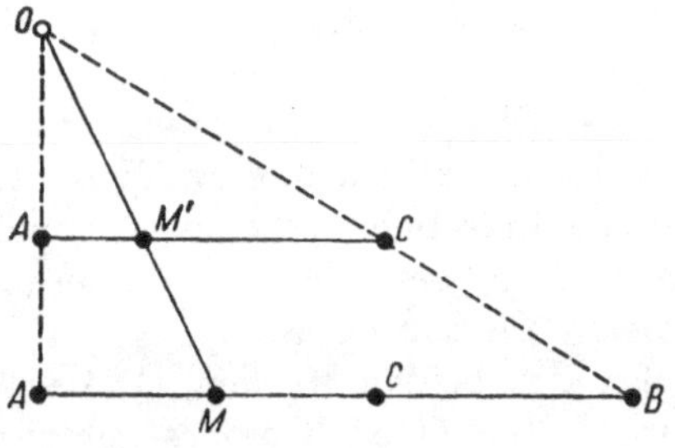

Bild 1.1

Hilfskonstruktion betrachtet. Durch jeden Punkt M der Strecke AB kann man einen Strahl durch O legen, der die Strecke AC in dem Punkt M' schneidet. Auf diese Weise besteht zwischen den Punkten der Strecke AB und der Strecke AC eine eineindeutige Beziehung, und die beiden Mengen sind also gleichmächtig. Auf ähnliche Weise kann man zeigen, daß auch die Menge der Punkte einer ebenen Figur oder eines Körpers die gleiche Mächtigkeit wie die Menge aller Punkte einer Strecke hat, d. h. die Mächtigkeit des Kontinuums.
Doch kehren wir zur Betrachtung der verschiedenen Typen von funktionalen Abhängigkeiten zurück. Wie schon bemerkt, werden sie durch die Besonderheiten der Elemente der Mengen, auf denen sie definiert sind und aus denen die Funktionswerte genommen sind, ebenso festgelegt wie aus den Eigenschaften dieser Mengen selbst. Wenn eine Funktion auf der Menge X aller reellen Zahlen x definiert ist und auch die Funktionswerte y aus der Menge Y der reellen Zahlen genommen sind, so sprechen wir von einer reellen Funktion y der einen reellen Veränderlichen x oder $y = y(x)$. Gehören die Funktionswerte y der Menge der reellen Zahlen an, jedes Element der Menge $Z = \{z\}$, auf der die Funktion definiert ist, besteht aber aus einer Folge $x_1, x_2, \ldots, x_n$ von n reellen Zahlen, so liegt eine reelle Funktion von nicht einer, sondern den n reellen Veränderlichen $x_1, x_2, \ldots, x_n$ bzw. kürzer geschrieben $y = y(x_1, x_2, \ldots, x_n)$ vor.

Den bisher betrachteten Funktionen lag die Menge der reellen Zahlen zugrunde. Man faßt daher diese Funktionen, bei denen sowohl die Funktionswerte als auch die Argumente auf kontinuierlichen Mengen gegeben sind, zu einer Klasse zusammen.

Die grundlegende Besonderheit der in der mathematischen Logik betrachteten Funktionen besteht darin, daß die an der Abbildung beteiligten Mengen im allgemeinen nicht mit irgendwelchen Zahlen verknüpft sind. Um die Elemente dieser Mengen zu unterscheiden, gibt es keine andere Möglichkeit, als ihnen irgendwelche Symbole, z. B. Nummern, zuzuschreiben.

Das Verzeichnis aller den Elementen der Menge entsprechenden Symbole heißt ihr *Alphabet*, und das unbestimmte Symbol, das an Stelle eines beliebigen Elementes der Menge stehen kann, heißt *logische Veränderliche*. Bezüglich einer logischen Veränderlichen ist jedes spezielle Symbol deren Wert.

Entsprechend diesen Eigenschaften der Elemente der abzubildenden Mengen sind logische Funktionen Funktionen eines allgemeineren Typs. Im Unterschied zu den Funktionen reeller Veränderlicher, die im allgemeinen auf kontinuierlichen Mengen definiert sind, gehören die Werte logischer Funktionen Mengen mit nur endlich vielen Elementen an.

Als Beispiel betrachten wir die folgenden beiden Mengen. Die erste Menge $X = \{x\}$ werde von allen weißen Tasten eines Klaviers gebildet. Diese Tasten bezeichnen wir von links nach rechts mit den Symbolen $x_1, x_2, \ldots, x_{50}$, und die Liste dieser Symbole bildet das Alphabet der Menge $X = \{x_1, x_2, \ldots, x_{50}\}$. Die zweite Menge $Y = \{y\}$ besteht aus allen Noten einer Oktave, d.h. aus sieben Elementen, und hat das Alphabet $\{y_1, y_2, \ldots, y_7\}$. Die Symbole $y_1, \ldots, y_7$ stehen für die Noten do, re, mi, fa, so, la, ti. Bei einem Klavier gehört zu jedem Symbol aus dem Alphabet $\{x\}$ ein bestimmtes Symbol aus dem Alphabet $\{y\}$. Die Veränderliche y kann einen der Werte $y_1, y_2, \ldots, y_7$ annehmen und ist eine logische Funktion der unabhängigen Veränderlichen x, die einen der Werte $x_1, \ldots, x_{50}$ annehmen kann. Diese Funktion kann man z. B. in Form der Tabelle 1.1 darstellen.

Tabelle 1.1

x	x_1	x_2	x_3	x_4	x_5	x_6	x_7	x_8	x_9	x_{10}	...	x_{44}	x_{45}	x_{46}	x_{47}	x_{48}	x_{49}	x_{50}
y	y_6	y_7	y_1	y_2	y_3	y_4	y_5	y_6	y_7	y_1	...	y_7	y_1	y_2	y_3	y_4	y_5	y_6

Bei einer Klassifikation der in der mathematischen Logik vorkommenden Funktionen muß man vor allem unterscheiden, wieviel verschiedene Mengen an der Abbildung beteiligt sind, die eine gegebene Funktion realisiert. Liegt überhaupt nur eine einzige Menge vor, d. h., besteht die Funktion in einer Abbildung der Menge auf sich selbst, so nennen wir eine solche Funktion *homogen*. Bei einer *inhomogenen* Funktion handelt es sich um die Abbildung einer Menge auf eine andere, von der ersten verschiedene Menge. So ist die durch die Tabelle 1.2 beschriebene Funktion homogen, die von Tabelle 1.3 inhomogen.

Tabelle 1.2

α_1	α_2	α_3	α_4
α_2	α_1	α_3	α_3

Tabelle 1.3

α_1	α_2	α_3	α_4
β_2	β_1	β_1	β_3

Wie schon erwähnt, kann eine logische Funktion nur Werte aus einer endlichen Menge annehmen. Da eine homogene logische Funktion die Abbildung einer Menge auf sich selbst ist, so muß die zu einer homogenen logischen Funktion gehörende Menge endlich sein. Die zu dieser Menge gehörende logische Veränderliche kann ein-, zwei-, drei- und allgemein m-wertig sein.
Jeden Wert des Argumentes einer inhomogenen logischen Funktion nennt man gewöhnlich *Gegenstand*, den zugehörigen Funktionswert *Prädikat*. Wenn auch die Menge der Argumente einer inhomogenen logischen Funktion (die Menge der Gegenstände) unendlich sein kann, die Funktionswerte selbst, die Prädikate, können nur ein-, zwei- oder allgemein m-wertig sein, wobei m endlich ist.
Ähnlich wie wir bei reellen Veränderlichen Funktionen von n Argumenten konstruiert haben, kann man auch bei logischen Veränderlichen Funktionen von n Veränderlichen einführen.
Auch die Funktionen mehrer unabhängiger Veränderlicher unterteilen wir in zwei Klassen. Zu der einen Klasse sollen alle jene Funktionen gehören, bei denen sowohl alle unabhängigen Veränderlichen als auch die Funktionswerte logische Veränderliche ein und derselben Menge sind. Diese Funktionen wollen wir wieder homogen nennen. Da bei der Konstruktion des mathematischen Apparates der homogenen logischen Funktionen die Menge mit den Elementen „wahre Aussage" und „falsche Aussage" betrachtet wurde, heißt dieser ganze Apparat gewöhnlich *Aussagenkalkül*. Zur zweiten Klasse gehören Funktionen mehrerer Veränderlicher, die nicht zur ersten Klasse gehören, und wir werden sie inhomogen nennen.
Die logischen Veränderlichen der inhomogenen logischen Funktionen bezeichnen wir wie im Falle einer unabhängigen Veränderlichen als Gegenstände, die Funktionen selbst als Prädikate. In Abhängigkeit von der Zahl der unabhängigen Veränderlichen einer inhomogenen Funktion unterscheiden wir ein-, zwei- und allgemein *m-stellige Prädikate*. Die einstelligen Prädikate bezeichnet man auch als Eigenschaften, die mehrstelligen als Beziehungen.
Zur Erläuterung der soeben eingeführten Begriffe und Bezeichnungen wollen wir einige Beispiele betrachten.
Es möge die Rede von einem Ereignis sein, das darin besteht, daß ich einen bekannten Mann treffe. Dieses Ereignis tritt in Abhängigkeit davon ein, ob einfachere, dieses komplizierte Ereignis bildende Ereignisse eintreten oder nicht:

Jemand von denen, die ich getroffen habe, war mir bekannt, und dieser Bekannte war ein Mann. Wir haben es hier mit einer homogenen logischen Funktion zweier unabhängiger Veränderlicher zu tun. Die Funktion ist homogen, weil alle Veränderlichen nur Werte aus der Menge der beiden Elemente „Ereignis eingetreten“ und „Ereignis nicht eingetreten“ annehmen können. Das Ereignis „Treffen eines Bekannten“ bezeichnen wir als die eine unabhängige Veränderliche x_1, das Ereignis „Treffen eines Mannes“ als x_2 und das Ereignis „Treffen eines bekannten Mannes“ als y. Die Funktion $y = f(x_1, x_2)$ ist in Tabelle 1.4 dargestellt, wobei 0 und 1 die Symbole für „Ereignis nicht eingetreten“ und „Ereignis eingetreten“ sind.

Tabelle 1.4

x_1	x_2	
	0	1
0	0	0
1	0	1

Bei dem Beispiel der Klaviertasten handelt es sich um eine inhomogene Funktion. Wir hatten es dort mit einem siebenwertigen einstelligen Prädikat zu tun, dessen Gegenstandsvariable Werte aus einer Menge von 50 Elementen annehmen konnte.
Die durch den algebraischen Ausdruck

$$x_1 + x_2 > 10$$

definierte Aussage ist für gewisse Werte von x_1 und x_2 richtig, für andere Werte falsch. Dies ist ein Beispiel für ein zweistelliges zweiwertiges Prädikat. Es liegen zwei unabhängige Veränderliche vor, die ihre Werte aus der Menge der reellen Zahlen nehmen können, also aus einer Menge von der Mächtigkeit des Kontinuums.
Bekanntlich läßt sich ein Wochentag dann ermitteln, wenn Tag, Monat und Jahr bekannt sind. Die entsprechenden Regeln für dieses Problem definieren eine inhomogene logische Funktion, nämlich ein dreistelliges siebenwertiges Prädikat. Die Gegenstandsveränderlichen nehmen ihre Werte aus drei Mengen: Die erste hat 31 Elemente, die zweite 12 und die dritte besteht aus einer abzählbaren Menge von Elementen.
Es gibt heute noch keinen einheitlichen mathematischen Apparat, der für alle Arten von logischen Funktionen brauchbar ist. Am vollkommensten ist die Behandlung der zweiwertigen logischen Funktionen entwickelt worden. Dieser Zweig der mathematischen Logik, die zweiwertige Logik, ist einerseits die Grundlage für die gesamte mathematische Logik, andererseits hat gerade die zweiwertige Logik eine große Bedeutung für die Anwendungen

gefunden. Die mehrwertige Logik ist heute noch nicht hinreichend formalisiert. Wir wollen uns daher auch hier nicht weiter mit der mehrwertigen Logik befassen. Die wichtigsten Tatsachen aus der zweiwertigen Logik, nämlich den zweiwertigen Aussagen- und Prädikatenkalkül, werden wir in den folgenden Paragraphen behandeln.

§ 1.3 Der Aussagenkalkül

a) Allgemeines über die Definition logischer Funktionen

In diesem Paragraphen wollen wir uns mit homogenen zweiwertigen logischen Funktionen der Form

$$y = y(x_1, x_2, \ldots, x_n)$$

befassen, bei denen also alle unabhängigen Veränderlichen $x_1, x_2, \ldots, x_n$ wie auch die Funktion y selbst logische Veränderlichen aus einer Menge M mit zwei Elementen sind. Diese beiden Elemente bezeichnen wir durch die Symbole 0 und 1, die auch das Alphabet einer jeden hier betrachteten logischen Veränderlichen bilden.

Tabelle 1.5

$r = 2^n$ Spalten

	x	k										
		0	1	2	3	4	5	6	7	…	2^n-2	2^n-1
n Zeilen	x_1	0	1	0	1	0	1	0	1	…	0	1
	x_2	0	0	1	1	0	0	1	1	…	1	1
	x_3	0	0	0	0	1	1	1	1	…	1	1
	…	…	…	…	…	…	…	…	…	…	…	…
	x_n	0	0	0	0	0	0	0	0	…	1	1

Wir konstruieren nun die Tab. 1.5, die aus n Zeilen und 2^n-Spalten besteht. Jede Zeile gehört zu einer der n unabhängigen Veränderlichen x_i. Die Spalten versehen wir mit den Nummern $0, 1, 2, \ldots, 2^n - 1$. Jede Spalte der Tabelle füllen wir mit einer solchen Folge der Symbole 0 und 1, daß diese Folge, von unten nach oben als Dualzahl gelesen, gerade die Spaltennummer ergibt. Bei der Ausfüllung einer solchen Tabelle kann man sich des folgenden bequemen Verfahrens bedienen: In der ersten (zu x_1 gehörenden) Zeile schreibt man von links nach rechts die Paare 01, in die zweite Zeile die Vierergruppen 0011, in die dritte die Achtergruppen 00001111, usw.

In jeder Spalte dieser Tabelle steht nun eine der möglichen Kombinationen der Werte der n Veränderlichen. Man kann auch sagen, jeder Spalte entspricht ein Punkt des (auf der Menge M konstruierten) *binären logischen Raumes*. Die ganze Tabelle 1.5 mit ihren 2^n Spalten beschreibt so diesen ganzen n-dimensionalen binären Raum, der ja aus $r = 2^n$ Punkten besteht. Die Nummer k einer Spalte kann also als Symbol für einen dieser Punkte genommen werden.

Bild 1.2

Um eine anschaulichere Vorstellung von diesem n-dimensionalen binären logischen Raum zu gewinnen, kann man die Symbole 0 und 1 als reelle Zahlen auffassen. Dem eindimensionalen Fall entspricht dann geometrisch die aus den beiden Punkten 0 und 1 bestehende Zahlengerade (Bild 1.2).

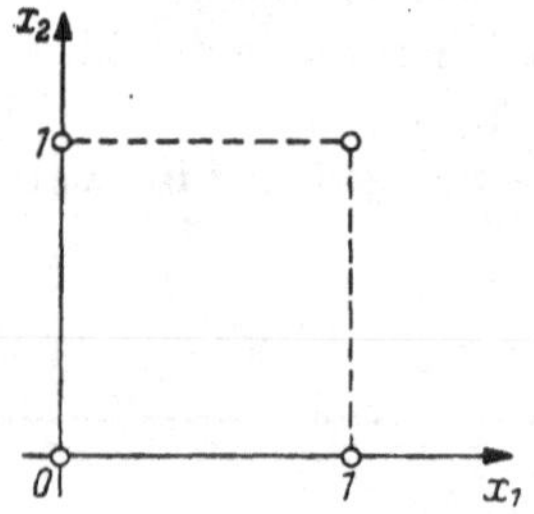

Bild 1.3

Zum zweidimensionalen Fall gehören dann die vier Ecken des Einheitsquadrates (Bild 1.3), zum dreidimensionalen Raum die acht Ecken des Einheitswürfels (Bild 1.4). Allgemein entsprechen also dann den Punkten eines n-dimensionalen binären logischen Raumes alle Ecken eines n-dimensionalen Einheitswürfels.

Irgendeine konkrete zweiwertige logische Funktion $y = y(x_1, x_2, \ldots, x_n)$ ist also dann eindeutig gegeben, wenn von jedem Punkt k des n-dimensionalen

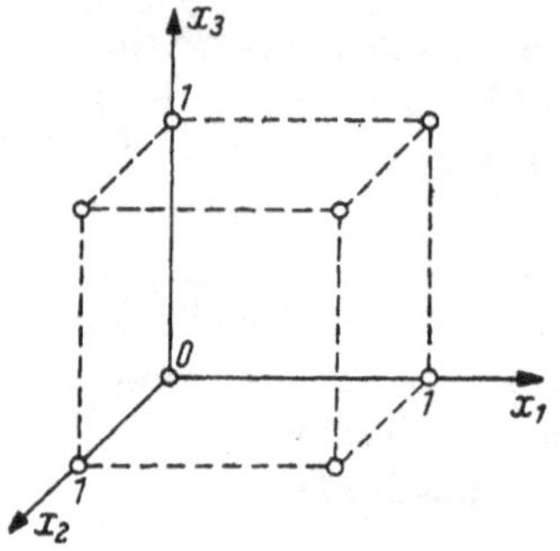

Bild 1.4

binären logischen Raumes (oder jeder Ecke des n-dimensionalen Einheitswürfels) bekannt ist, welchen der beiden möglichen Werte 0 oder 1 die Funktion y dort hat. Diese Beschreibung kann z. B. durch eine sog. *Wahrheitstabelle* (Tab. 1.6) erfolgen, wobei die gegebene Funktion in der Form $y = y(k)$ definiert ist. Diese Wahrheitstabelle beschreibt zusammen mit einer Tabelle des n-dimensionalen binären logischen Raumes $k = k(x_1, x_2, \ldots, x_n)$ vollständig eine zweiwertige logische Funktion y der n unabhängigen Veränderlichen $x_1, x_2, \ldots, x_n$.

Tabelle 1.6

k	0	1	2	3	...	$2^n - 2$	$2^n - 1$
y	$y(0)$	$y(1)$	$y(2)$	$y(3)$	...	$y\,(2^n - 2)$	$y^n\,(2 - 1)$

Für jedes Argument k nimmt die Funktion $y(k)$ einen der Werte 0 oder 1 an. Jede Funktion von n Veränderlichen wird also durch eine gewisse Folge von 0 und 1 in der Wahrheitstabelle beschrieben. Diese Folge hat die Länge $r = 2^n$. Insgesamt lassen sich also auf einem n-dimensionalen binären logischen Raum $s = 2^r = 2^{(2^n)}$ verschiedene Funktionen definieren. Diese Funktionen kann man abzählen und also auch durchnumerieren.
Es läßt sich ein bequemes Verfahren angeben, um alle diese Funktionen zu überblicken und zweckmäßig zu numerieren. Dazu konstruieren wir die Tab. 1.7, die alle möglichen Wahrheitstabellen enthält und aus $r = 2^n$ Spalten und $s = 2^r$ Zeilen besteht. Diese Tabelle kann man folgendermaßen ausfüllen. In die erste Spalte schreibt man die Paare 01 untereinander, in die zweite die Vierergruppen 0011, in die dritte die Achtergruppen 00001111 usw. Im Unterschied zu Tab. 1.5 geht nan hier also spaltenweise und nicht wie dort zeilenweise vor. In jeder Zeile steht dann eine solche Folge von 0 und 1, daß sich von rechts nach links gelesen die Nummer der jeweiligen Funktion als Dualzahl ergibt. Eine Tabelle dieser Art wollen wir *vollständige Wahrheitstabelle* nennen.

Tabelle 1.7

y	k					
	0	1	2	3	...	$r-1$
y_0	0	0	0	0	...	0
y_1	1	0	0	0	...	0
y_2	0	1	0	0	...	0
y_3	1	1	0	0	...	0
...	...	...	...	...	...	
y_{s-1}	1	1	1	1	...	1

Neben dieser Methode, eine zweiwertige homogene logische Funktion durch eine Wahrheitstabelle zu beschreiben, gibt es noch eine weit verbreitete analytische Methode. Die Konstruktion dieses analytischen Apparates beruht auf der Möglichkeit, bei homogenen Funktionen die „Funktion einer Funktion“ zu bilden, da ja bei homogenen Funktionen sowohl die Argumente als auch die Funktion selbst ihre Werte aus derselben Menge nehmen. Eine logische Veränderliche kann also einerseits Funktionswert sein, andererseits gleichzeitig Argument einer anderen Funktion. Wegen dieser Operation „Funktion einer Funktion“ kann man also jede zweiwertige homogene logische Funktion durch gewisse elementare Funktionen ausdrücken, die durch spezielle Symbole bezeichnet werden. Die Verwendung solcher elementaren Funktionen und deren Symbole hat die Aufstellung spezifischer Regeln zur Folge, die Bildung einer spezifischen Algebra.

b) Funktionen einer und zweier Veränderlicher

Die Betrachtung dieses Problemkreises beginnen wir mit der Analyse des einfachsten Falles, bei dem die Funktion nur eine einzige unabhängige Veränderliche hat ($n = 1$). In diesem Fall ist die vollständige Wahrheitstabelle von der Form der Tabelle 1.8. Der binäre logische Raum besteht aus nur $r = 2^n = 2^1 = 2$ Punkten, und es gibt insgesamt $s = 2^r = 2^2 = 4$ verschiedene Funktionen dieser einen Veränderlichen. Diese vier Funktionen y_0, y_1, y_2 und y_3 sind zusammen mit den dafür üblichen Bezeichnungen in Tab. 1.8 aufgeführt. Andere Funktionen gibt es nicht.

Tabelle 1.8

k	0	1	Bezeichnung
x	0	1	
y_0	0	0	$y_0 = 0$
y_1	1	0	$y_1 = \bar{x}$
y_2	0	1	$y_2 = x$
y_3	1	1	$y_3 = 1$

Die Besonderheiten dieser vier Funktionen bestehen in Folgendem. Die Funktionen y_0 und y_3 ändern ihren Wert nicht, wenn sich das Argument ändert. Wir bezeichnen diese Funktionen als konstante Funktionen oder einfach als Konstante. Wir verwenden dafür die Bezeichnungen $y_0 = 0$ (Nullfunktion) und $y_3 = 1$ (Einsfunktion).

Die Funktion y_2 hat immer denselben Wert wie das Argument x. Wir schreiben dafür $y_2 = x$.

Die Funktion y_1 hat für $x = 0$ den Wert 1 und für $x = 1$ den Wert 0. Wegen dieser Eigenschaft nennt man diese Funktion Negation und verwendet dafür die Bezeichnung $y_1 = \bar{x}$, gelesen „nicht x“. Es sei noch vermerkt, daß man jeweils zwei der vier Funktionen auch als „Funktion einer Funktion“ schreiben und symbolisch durch die beiden anderen ausdrücken kann. Es ist nämlich

$$\left.\begin{aligned} y_3 &= \bar{y}_0 = \bar{0} = 1\,, \\ y_2 &= \bar{y}_1 = \bar{\bar{x}} = x\,. \end{aligned}\right\} \tag{1.1}$$

Zur Beschreibung einer homogenen zweiwertigen logischen Funktion einer Veränderlichen in analytischer Form braucht man also nur zwei Funktionen, nämlich $y = 0$ und $y = \bar{x}$.
Für den Fall zweier Veränderlicher x_1 und x_2 zeigt Tab. 1.9 die vollständige Wahrheitstabelle. Der logische binäre Raum besteht jetzt aus $r = 2^n = 2^2 = 4$ Punkten, und insgesamt gibt es $s = 2^r = 2^4 = 16$ verschiedene Funktionen. Die rechte Spalte dieser Tabelle enthält die symbolischen Schreibweisen dieser 16 Funktionen.

Tabelle 1.9

k	0	1	2	3	Bezeichnung
x_1	0	1	0	1	
x_2	0	0	1	1	
y_0	0	0	0	0	$y_0 = 0$
y_1	1	0	0	0	$y_1 = x_1 \downarrow x_2$
y_2	0	1	0	0	$y_2 = x_1 \leftarrow x_2$
y_3	1	1	0	0	$y_3 = \bar{x}_2$
y_4	0	0	1	0	$y_4 = x_2 \leftarrow x_1$
y_5	1	0	1	0	$y_5 = \bar{x}_1$
y_6	0	1	1	0	$y_6 = x_1 \nabla x_2$
y_7	1	1	1	0	$y_7 = x_1/x_2$
y_8	0	0	0	1	$y_8 = x_1 \,\&\, x_2$
y_9	1	0	0	1	$y_9 = x_1 \sim x_2$
y_{10}	0	1	0	1	$y_{10} = x_1$
y_{11}	1	1	0	1	$y_{11} = x_2 \rightarrow x_1$
y_{12}	0	0	1	1	$y_{12} = x_2$
y_{13}	1	0	1	1	$y_{13} = x_1 \rightarrow x_2$
y_{14}	0	1	1	1	$y_{14} = x_1 \vee x_2$
y_{15}	1	1	1	1	$y_{15} = 1$

Wie man sieht, sind sechs dieser Funktionen schon im Falle einer Veränderlichen vorgekommen, nämlich die Nullfunktion $y_0 = 0$ und die Einsfunktion

$y_{15} = 1$, die beiden Funktionen $y_{10} = x_1$ und $y_{12} = x_2$ sowie die beiden Negationen $y_3 = \bar{x}_2$ und $y_5 = \bar{x}_1$.

Von den zehn verbleibenden Funktionen sind zwei, nämlich y_4 und y_{11}, keine neuen Funktionen, weil sie sich von den beiden Funktionen y_2 und y_{13} nur durch die Reihenfolge der Argumente unterscheiden. Für die übrigen acht Funktionen wollen wir die folgenden Bezeichnungen und Symbole einführen.[1])

Die Funktion $y_{14} = x_1 \vee x_2$ wird nur dann zu 0, wenn beide Argumente 0 sind. Man nennt diese Funktion *Disjunktion* bzw. ODER-Funktion und liest „x_1 oder x_2".

Die Funktion $y_{13} = x_1 \rightarrow x_2$ heißt *Implikation*. Sie nimmt nur dann den Wert 0 an, wenn das erste Argument (x_1) den Wert 1 hat und das zweite (x_2) den Wert 0. Beim Sprechen verwendet man den Ausdruck „wenn x_1, dann x_2" oder aus „aus x_1 folgt x_2".

Die Funktion $y_9 = x_1 \sim x_2$ heißt *Äquivalenz*. Sie hat den Wert 1, wenn beide Argumente denselben Wert haben, und den Wert 0, wenn beide Argumente verschieden sind. Man liest „x_1 ist äquivalent x_2" oder „x_1 wenn und nur wenn x_2".

Die Funktion $y_8 = x_1 \,\&\, x_2$ wird dann und nur dann 1, wenn beide Argumente den Wert 1 haben. Man nennt sie *Konjunktion* bzw. UND-Funktion und liest „x_1 und x_2".

Die Funktion $y_7 = x_1/x_2$ trägt den Namen Sheffer-*Funktion* oder auch Shefferscher Strich. Sie wird dann und nur dann zu 0, wenn beide Argumente den Wert 1 haben.

Die Funktion $y_6 = x_1 \bigtriangledown x_2$ heißt *Antivalenz* oder auch *exklusives* (bzw. ausschließendes) ODER. Sie wird nur dann 1, wenn entweder x_1 oder x_2 den Wert 1 hat (aber nicht beide gleichzeitig),

Die Funktion $y_2 = x_1 \leftarrow x_2$ heißt in technischen Anwendungen *Verriegelung*. Ihr Wert ist mit dem Wert des ersten Arguments (x_1) identisch, wenn das zweite Argument (x_2) gleich 0 ist. Wenn das zweite Argument aber gleich 1 ist, so hat die Funktion immer den Wert 0, unabhängig davon, welchen Wert das erste Argument hat.

Die Funktion $y_1 = x_1 \downarrow x_2$ heißt Peirce-*Funktion*. Sie wird dann und nur dann zu 1, wenn beide Argumente 0 sind. Gelesen wird dies als „weder x_1 noch x_2".

Wegen der Konstruktion der Tabelle ist jede Funktion aus der oberen Hälfte der Tabelle (d. h. die Funktionen $y_0, y_1, \ldots, y_7$) die Negation einer bestimmten Funktion aus der unteren Hälfte (der Funktionen $y_8, y_9, \ldots, y_{15}$). Betrachten wir z. B. die Funktionen y_6 und y_9. Aus der Tabelle ist ersichtlich,

[1]) Anmerkung d. Übers.: Da die für das Folgende wichtigen Symbole für UND, ODER und NICHT mit denen in der deutschen Literatur übereinstimmen, sind alle Bezeichnungen des Originals unverändert gelassen worden. Im übrigen s. dazu H. Zemanek in [269].

daß y_6 dann und nur dann 0 ist, wenn $y_9 = 1$ ist, und umgekehrt ist immer genau dann $y_6 = 1$, wenn $y_9 = 0$ ist. Das heißt aber doch, daß man y_6 selbst als Argument auffassen kann, dessen Wert den Wert der Veränderlichen y_9 eindeutig festlegt. Nach der oben eingeführten Funktion der Negation ist also $y_6 = \bar{y}_9$. Da aber $y_6 = x_1 \bigtriangledown x_2$ und $y_9 = x_1 \sim x_2$ ist, so ist auch $x_1 \bigtriangledown x_2 = \overline{x_1 \sim x_2}$. Aus der Tabelle 1.9 geht hervor, daß die symmetrisch zur Mitte liegenden Funktionen Negationen voneinander sind. Es gilt allgemein die Beziehung $y_{15-i} = \bar{y}_i$ für $i = 0, 1, \ldots, 15$.

Diese Besonderheit der Tabelle hat zur Folge, daß von den acht neu eingeführten Funktionen zweier Veränderlicher genau die Hälfte, also vier Funktionen, nicht unabhängig sind. In der Tat ist

$$\left.\begin{aligned} y_7 &= \bar{y}_8\,, &&\text{d. h.} & x_1/x_2 &= \overline{x_1 \,\&\, x_2}\,,\\ y_6 &= \bar{y}_9\,, &&\text{d. h.} & x_1 \bigtriangledown x_2 &= \overline{x_1 \sim x_2}\,,\\ y_2 &= \bar{y}_{13}\,, &&\text{d. h.} & x_1 \leftarrow x_2 &= \overline{x_1 \rightarrow x_2}\,,\\ y_1 &= \bar{y}_{14}\,, &&\text{d. h.} & x_1 \downarrow x_2 &= \overline{x_1 \vee x_2}\,. \end{aligned}\right\} \qquad (1.2)$$

Schließen wir die Operationen $/$, $\bigtriangledown$, $\leftarrow$ und $\downarrow$ von der Betrachtung aus, so bleibt die folgende Liste von logischen Funktionen übrig, durch die man alle logischen Funktionen einer und zweier Veränderlicher in analytischer Form beschreiben kann:

$$\begin{aligned} &\left.\begin{aligned} &\text{Nullfunktion} && y = 0\,,\\ &\text{Negation} && y = \bar{x}\,, \end{aligned}\right\}\\ &\left.\begin{aligned} &\text{Konjunktion} && y = x_1 \,\&\, x_2\,,\\ &\text{Disjunktion} && y = x_1 \vee x_2\,.\\ &\text{Implikation} && y = x_1 \rightarrow x_2\,,\\ &\text{Äquivalenz} && y = x_1 \sim x_2\,. \end{aligned}\right\} \qquad (1.3) \end{aligned}$$

Die sechs elementaren logischen Funktionen dieser Liste sind zwar hinreichend, keineswegs aber notwendig, um jede Funktion einer oder zweier Veränderlicher zu beschreiben.

Um dies zu zeigen, betrachten wir die Funktion zweier Veränderlicher $y = \bar{x}_1 \vee x_2$, die sich aus den Funktionen Negation und Disjunktion und der

Tabelle 1.10

k	0	1	2	3
x_1	0	1	0	1
x_2	0	0	1	1
y_1	1	0	1	0
y	1	0	1	1

Operation „Funktion einer Funktion" ergibt. Als Funktion zweier Veränderlicher muß diese Funktion notwendig unter den 16 Funktionen der Tabelle 1.9 vorkommen. Um diese Funktion zu ermitteln, bestimmen wir die Werte dieser Funktion für alle vier möglichen Kombinationen der Werte von x_1 und x_2. Dazu benutzen wir die Tab. 1.10, wobei $y_1 = \bar{x}_1$ gesetzt wurde und also $y = y_1 \vee x_2$ ist. Die gefundenen Werte der letzten Zeile von Tab. 1.10 zeigen, daß $y = x_1 \to x_2$ ist, und also auch die Identität

$$x_1 \to x_2 = \bar{x}_1 \vee x_2 \tag{1.4}$$

gilt. Auf dieselbe Weise kann man zeigen, daß

$$x_1 \to x_2 = \overline{x_1 \mathbin{\&} \bar{x}_2}\,, \tag{1.5}$$

$$x_1 \sim x_2 = (\bar{x}_1 \vee x_2) \mathbin{\&} (x_1 \vee \bar{x}_2) \tag{1.6}$$

gilt. Die Identitäten (1.5) und (1.6) zeigen, daß man bei der Beschreibung von Funktionen einer und zweier Veränderlicher ohne die Verwendung der Implikation und Äquivalenz auskommt. Das Verzeichnis der elementaren Funktion (1.3) kann also noch verkürzt werden, da man mit den folgenden vier Funktionen auskommt:

$$\left.\begin{array}{ll} \text{Nullfunktion} & y = 0\,, \\ \text{Negation} & y = \bar{x}\,, \\ \text{Konjunktion} & y = x_1 \mathbin{\&} x_2\,, \\ \text{Disjunktion} & y = x_1 \vee x_2\,. \end{array}\right\} \tag{1.7}$$

Dieser Satz von Funktionen ist, wie aus dem Folgenden hervorgehen wird, am besten geeignet, alle anderen Funktionen dadurch auszudrücken, und wird auch am häufigsten benutzt. Prinzipiell kommt man auch mit noch weniger elementaren Funktionen aus.

Neben den Identitäten (1.4), (1.5) und (1.6), mit deren Hilfe wir die Implikation und Äquivalenz eliminieren konnten, gelten auch die Beziehungen

$$\left.\begin{array}{r} x_1 \vee x_2 = \overline{\bar{x}_1 \mathbin{\&} \bar{x}_2}\,, \\ x_1 \mathbin{\&} x_2 = \overline{\bar{x}_1 \vee \bar{x}_2}\,, \\ 0 = x \mathbin{\&} \bar{x}\,. \end{array}\right\} \tag{1.8}$$

Danach ist sowohl die erste Funktion der Liste (1.7) als auch eine der beiden letzten Funktionen entbehrlich. Es genügen also auch die beiden folgenden Funktionen

$$\left.\begin{array}{lll} \text{Negation} & y = \bar{x}\,, & \\ \text{Konjunktion} & y = x_1 \mathbin{\&} x_2 & (\text{oder Disjunktion} \quad y = x_1 \vee x_2) \end{array}\right\} \tag{1.9}$$

allein, um jede beliebige logische Funktion einer oder zweier Veränderlicher auszudrücken.

Diese Analyse, mit wievielen elementaren Funktionen man auskommt, um alle Funktionen einer oder zweier Veränderlicher auszudrücken, wollen wir mit Hinweis auf die in diesem Sinne besonders bemerkenswerten Funktionen beschließen. Die SHEFFER-Funktion $y = x_1/x_2$ und die PEIRCE-Funktion $y = x_1 \downarrow x_2$ genügen jede für sich, um alle anderen Funktionen auszudrücken. Dies ergibt sich aus dem Umstand, daß man die beiden als hinreichend erkannten Funktionen der Liste (1.9) durch jede der beiden erwähnten Funktionen ersetzen kann. Wie man leicht nachprüfen kann, ist nämlich

$$\left.\begin{aligned} \bar{x} &= x/x = x \downarrow x\,, \\ x_1 \mathbin{\&} x_2 &= (x_1/x_2)/(x_1/x_2)\,, \\ x_1 \vee x_2 &= (x_1 \downarrow x_2) \downarrow (x_1 \downarrow x_2)\,. \end{aligned}\right\} \tag{1.10}$$

c) Funktionen von n Veränderlichen. Konjunktive und disjunktive Normalformen

Die für die logischen Funktionen einer und zweier Veränderlicher eingeführten Symbole kann man auch zur Konstruktion von Funktionen von mehr als zwei Veränderlichen benutzen. So ist z. B. die Funktion

$$y = (x_1 \to \bar{x}_2) \sim (\bar{x}_1 \mathbin{\&} x_3) \tag{1.11}$$

durch die Werte dreier Veränderlicher definiert.

Wir stellen zunächst die Wahrheitstabelle der Funktion von n Veränderlichen auf. Dazu betrachten wir alle möglichen Werte der Veränderlichen x_i, d. h. alle Punkte k des n-dimensionalen binären logischen Raumes, und bestimmen die Werte von y in diesen Punkten. So hat z. B. die Funktion (1.11) in dem Punkt $k = 2$, d. h. für $x_1 = 0$, $x_2 = 1$, $x_3 = 0$, den Wert $y(0, 1, 0) = 0$. Die Tab. 1.11 enthält die y-Werte der Funktion (1.11) in allen 8 Punkten $k = 0, 1, \ldots, 7$ des logischen Raumes.

Tabelle 1.11

k	0	1	2	3	4	5	6	7
x_1	0	1	0	1	0	1	0	1
x_2	0	0	1	1	0	0	1	1
x_3	0	0	0	0	1	1	1	1
y	0	0	0	1	1	0	1	1

Wir zeigen nun, daß uns die für die Beschreibung von Funktionen einer und zweier Veränderlicher eingeführte Symbolik auch die Möglichkeit bietet, Funktionen von mehr als zwei Veränderlichen in analytischer Form zu be-

schreiben. Als Beispiel benutzen wir wieder die für die Funktion (1.11) konstruierte Tabelle 1.11. Wir wollen annehmen, daß uns zwar die Tabelle 1.11 bekannt sei, nicht aber der analytische Ausdruck (1.11). Wir versuchen dann, ausgehend von der Wahrheitstabelle 1.11 die analytische Funktion (1.11) herzuleiten. Wir benutzen dazu eine Methode, die auch für jede andere Wahrheitstabelle anwendbar ist.
Wir betrachten zunächst irgendeine Spalte der Tab. 1.11, für die $y = 1$ ist, etwa die Spalte $k = 3$. In dieser Spalte ist $x_1 = 1$, $x_2 = 1$, $x_3 = 0$. Wir konstruieren dann die Funktion $y_1 = x_1 \,\&\, x_2 \,\&\, \bar{x}_3$, aus der unmittelbar ersichtlich ist, daß sie genau für diese Werte $x_1 = 1$, $x_2 = 1$, $x_3 = 0$ zu 1 wird und sonst immer 0 ist. Genauso nehmen die Funktionen

$$\left.\begin{aligned} y_2 &= \bar{x}_1 \,\&\, \bar{x}_2 \,\&\, x_3\,, \\ y_3 &= \bar{x}_1 \,\&\, x_2 \,\&\, x_3\,, \\ y_4 &= x_1 \,\&\, x_2 \,\&\, x_3\,, \end{aligned}\right\} \tag{1.12}$$

den Wert 1 nur in den Punkten mit den Nummern $k = 4$, $k = 6$ bzw. $k = 7$ an, d. h. in allen denjenigen Punkten, wo in Tab. 1.11 $y = 1$ ist.
Die Funktion $y = y_1 \vee y_2 \vee y_3 \vee y_4$ nimmt dann und nur dann den Wert 0 an, wenn $y_1 = 0$, $y_2 = 0$, $y_3 = 0$ und $y_4 = 0$ ist. Sonst hat sie den Wert 1. Weil diese sonstigen Fälle aber gerade die Punkte $k = 3$, $k = 4$, $k = 6$ und $k = 7$ sind, so entspricht die Funktion

$$\begin{aligned} y = (x_1 \,\&\, x_2 \,\&\, \bar{x}_3) \vee (\bar{x}_1 \,\&\, \bar{x}_2 \,\&\, x_3) \vee (\bar{x}_1 \,\&\, x_2 \,\&\, x_3) \vee \\ \vee (x_1 \,\&\, x_2 \,\&\, x_3) \end{aligned} \tag{1.13}$$

genau der Ausgangstabelle 1.11. Für die durch Tab. 1.11 gegebene Funktion haben wir damit zwar nicht den analytischen Ausdruck (1.11) erhalten, sondern die Funktion ist durch eine gewisse „Standard"-Form ausgedrückt. Ungeachtet des beträchtlichen äußeren Unterschiedes zwischen (1.11) und (1.13) entsprechen beide Ausdrücke derselben durch die Wahrheitstabelle 1.11 definierten Funktion. Es gilt die Identität

$$\begin{aligned} (x_1 \to \bar{x}_2) \sim (\bar{x}_1 \,\&\, x_3) = (x_1 \,\&\, x_2 \,\&\, \bar{x}_3) \vee \\ \vee (\bar{x}_1 \,\&\, \bar{x}_2 \,\&\, x_3) \vee (\bar{x}_1 \,\&\, x_2 \,\&\, x_3) \vee (x_1 \,\&\, x_2 \,\&\, x_3)\,. \end{aligned} \tag{1.14}$$

Die bei dem Beispiel benutzte Methode, aus einer Wahrheitstabelle eine analytische Formel herzuleiten, ist universell. Dazu betrachten wir die Wahrheitstabelle einer beliebigen Funktion von n Veränderlichen (Tab. 1.12). Wir greifen irgendeine Spalte mit $y = 1$ heraus und verknüpfen alle Veränderlichen $x_1, \ldots, x_n$ konjunktiv miteinander, wobei wir diejenigen Veränderlichen negieren, zu denen in dieser Spalte eine 0 gehört. Wir bilden so für alle Spalten mit $y = 1$ eine solche Konjunktion und verknüpfen diese Konjunktion schließlich disjunktiv miteinander.

Tabelle 1.12

k	0	1	2	3	...	k	...	$2^n - 1$
x_1	0	1	0	1	...	$x_1(k)$	...	1
x_2	0	0	1	1	...	$x_2(k)$	...	1
...	...	...	...	...	...	...	...	...
x_n	0	0	0	0	...	$x_n(k)$	...	1
y	$y(0)$	$y(1)$	$y(2)$	$y(3)$	...	$y(k)$	...	$y(2^n - 1)$

Es ergibt sich so ein disjunktiver Ausdruck, bei dem die einzelnen Glieder der Disjunktion Konjunktionen sind. Jede dieser Konjunktionen enthält alle Veränderlichen $x_1, \ldots, x_n$, von denen einige negiert vorkommen können. So können speziell die Konjunktionen $x_1 \mathbin{\&} x_2 \mathbin{\&} \cdots \mathbin{\&} x_n$ oder auch $\bar{x}_1 \mathbin{\&} \bar{x}_2 \mathbin{\&} \cdots \mathbin{\&} \bar{x}_n$ vorkommen. Verschiedene so dargestellte Funktionen unterscheiden sich voneinander durch die Zahl der disjunktiven Glieder und die Verteilung der Negationen in den einzelnen konjunktiven Gliedern. Ausdrücke dieser Art spielen in dem Aussagenkalkül eine besonders wichtige Rolle, und man hat ihnen deshalb einen besonderen Namen gegeben. Eine Disjunktion, deren Glieder verschiedene Konjunktionen aus allen unabhängigen Veränderlichen sind, heißt eine *vollständige disjunktive Normalform*. An dem obigen Beispiel haben wir gezeigt, wie man von einer gegebenen Tabelle ausgehend zu der vollständigen disjunktiven Normalform gelangen kann.

Die *vollständige konjunktive Normalform* ist eine Konjunktion, deren Glieder verschiedene, aus allen Veränderlichen oder deren Negierung bestehende Disjunktionen sind.

Man läßt die Eigenschaft „vollständig" weg und spricht nur von der disjunktiven oder konjunktiven Normalform, wenn in den einzelnen Konjunktionen (der disjunktiven Normalform) und Disjunktionen (der konjunktiven Normalform) nicht alle Veränderlichen vorkommen. Es sei insbesondere auf die folgende Eigenschaft einer jeden Normalform verwiesen. Ist eine Funktion y als (vollständige oder einfache) Normalform geschrieben und ersetzt man alle &-Symbole durch $\vee$-Symbole und umgekehrt und alle Veränderlichen durch ihre Negationen (wobei also negierte Veränderliche nicht mehr negiert sind), so geht eine disjunktive Normalform in eine konjunktive Normalform über und umgekehrt. Diese Eigenschaft ist eine unmittelbare Folge der Identität (1.8).

Im Unterschied zu den einfachen Normalformen haben die vollständigen Normalformen die Eigenschaft, eine Funktion eindeutig in dem Sinne zu beschreiben, daß jede Funktion nur auf eine einzige Weise durch eine vollständige disjunktive oder konjunktive Normalform dargestellt werden kann (wenn man von der Reihenfolge der Konjunktionen bzw. Disjunktionen absieht).

Wir wollen die Bedeutung dieser soeben eingeführten Begriffe an zwei Beispielen demonstrieren.

Beispiel 1: Es soll ermittelt werden, ob eine in analytischer Form gegebene logische Funktion von n unabhängigen Veränderlichen $y = y(x_1, x_2, \ldots, x_n)$ die Nullfunktion $y = 0$ ist.

Wir lösen dieses Problem, indem wir die gegebene Funktion auf die disjunktive Normalform bringen. Wenn sich nämlich nach der Umformung herausstellt, daß in jeder der disjunktiv verknüpften Konjunktionen neben einer Variablen auch deren Negation vorkommt (x_i & $\bar{x}_i$), dann handelt es sich um die Nullfunktion $y = 0$. Im gegenteiligen Falle kann man zeigen, für welche Werte der Veränderlichen die Funktion den Wert 1 annimmt und damit also keine Nullfunktion ist.

Die dazu duale Problemstellung, ob die Funktion y die Einsfunktion $y = \bar{0} = 1$, läßt sich dadurch beantworten, daß man die gegebene Funktion auf die konjunktive Normalform bringt. Wenn sich nach der Umformung herausstellt, daß in jeder der konjunktiv verknüpften Disjunktionen neben einer Veränderlichen auch deren Negation vorkommt (also $x_i \vee \bar{x}_i$), so bedeutet das doch, daß die Funktion in diesem (und nur in diesem) Fall die Einsfunktion $y = 1$ ist.

Die Bestimmung, ob sich eine zusammengesetzte Funktion $y = y(x_1, x_2, \ldots, x_n)$ auf die Form $y = 1$ oder $y = 0$ bringen läßt, heißt das Entscheidungsproblem. Im Rahmen dieses Problems heißen Funktionen, die sich auf $y = 1$ (bzw. $y = 0$) zurückführen lassen, identisch wahre (bzw. falsche) Funktionen. Funktionen, die sich weder auf die Form $y = 1$ noch $y = 0$ bringen lassen, sollen erfüllbare Funktionen genannt werden.

Beispiel 2: Von einer analytisch gegebenen Funktion $y = y(x_1, x_2, \ldots, x_n)$ soll angegeben werden, für welche Wertekombinationen der unabhängigen Veränderlichen die Funktion den Wert 1 hat.

Man kennt alle vorkommenden Wertekombinationen, die auf 1 führen, wenn man die gegebene Funktion auf die vollständige disjunktive Normalform gebracht hat. Es gibt nämlich genau so viele solcher Kombinationen, wie die vollständige disjunktive Normalform Glieder hat. Den konkreten Wert aller Veränderlichen in einer bestimmten Kombination kann man folgendermaßen bestimmen. In jeder Konjunktion der vollständigen disjunktiven Normalform kommen alle Veränderlichen vor. Die unverändert in einer Konjunktion vorkommenden Veränderlichen haben den Wert 1, die negiert vorkommenden den Wert 0.

d) Funktionen von n Veränderlichen. Algebra des Aussagenkalküls

Ähnlich wie bei dem obigen Beispiel der vollständigen disjunktiven Normalform (1.13) eine andere kürzere Schreibweise in der Formel (1.11) gegenüber stand, ist es auch in anderen Fällen oft so, daß es eine kürzere und be-

quemere Schreibweise für Funktion gibt als ihre vollständige disjunktive Normalform. Nicht nur bei diesem Beispiel, sondern auch in anderen Fällen lassen sich Identitäten der Form (1.14) angeben.
Bisher hatten wir zur Ermittlung solcher Identitäten nur die Möglichkeit, alle möglichen Kombinationen der unabhängigen Veränderlichen einzusetzen und zu prüfen, ob beide Seiten der Identität immer dieselben Werte liefern. Diese Methode hat zwei wesentliche Mängel. Es ist erstens nicht möglich, neue Identitäten herzuleiten, und in diesem Sinne handelt es sich um eine passive Methode, und zweitens wächst die Schwerfälligkeit mit wachsender Zahl von Veränderlichen ganz außerordentlich schnell an.
Neben dieser Methode des Einsetzens aller möglichen Kombinationen gibt es noch eine andere Möglichkeit, die auf der Anwendung eines gewissen Systems von Regeln für identische Umformungen beruht. Dieses System von Regeln nennt man gewöhnlich *algebraische Logik*, BOOLEsche *Algebra* oder im Hinblick auf die Anwendungen auch *Schaltungsalgebra*. Bei Verwendung der folgende Liste von elementaren Funktionen

$$\left.\begin{array}{l} y = 0\,, \quad y = \bar{x}\,, \quad y = x_1 \,\&\, x_2\,, \quad y = x_1 \vee x_2\,, \\ y = x_1 \rightarrow x_2\,, \quad y = x_1 \sim x_2 \end{array}\right\} \tag{1.15}$$

lassen sich die folgenden Identitäten ableiten:

$$\bar{\bar{x}} = x\,, \tag{1.16}$$

$$x_1 \rightarrow x_2 = \bar{x}_1 \vee x_2\,, \tag{1.17}$$

$$x_1 \sim x_2 = (x_1 \rightarrow x_2) \,\&\, (x_2 \rightarrow x_1)\,, \tag{1.18}$$

$$\text{(a) } x \,\&\, x = x\,, \qquad \text{(b) } x \vee x = x\,, \tag{1.19}$$

$$\text{(a) } x \,\&\, \bar{x} = 0\,, \qquad \text{(b) } x \vee \bar{x} = 1\,, \tag{1.20}$$

$$\text{(a) } x \,\&\, 1 = x\,, \qquad \text{(b) } x \vee 1 = 1\,, \tag{1.21}$$

$$\text{(a) } x \,\&\, 0 = 0\,, \qquad \text{(b) } x \vee 0 = x\,, \tag{1.22}$$

$$\text{(a) } \overline{x_1 \,\&\, x_2} = \bar{x}_1 \vee \bar{x}_2\,, \qquad \text{(b) } \overline{x_1 \vee x_2} = \bar{x}_1 \,\&\, \bar{x}_2\,, \tag{1.23}$$

$$\text{(a) } x_1 \,\&\, x_2 = x_2 \,\&\, x_1\,, \qquad \text{(b) } x_1 \vee x_2 = x_2 \vee x_1\,, \tag{1.24}$$

$$\begin{array}{ll} \text{(a) } x_1 \,\&\, (x_2 \,\&\, x_3) & \text{(b) } x_1 \vee (x_2 \vee x_3) \\ \quad = (x_1 \,\&\, x_2) \,\&\, x_3\,, & \quad = (x_1 \vee x_2) \vee x_3\,, \end{array} \tag{1.25}$$

$$\begin{array}{ll} \text{(a) } x_1 \,\&\, (x_2 \vee x_3) & \text{(b) } x_1 \vee (x_2 \,\&\, x_3) \\ \quad = (x_1 \,\&\, x_2) \vee (x_1 \,\&\, x_3)\,, & \quad = (x_1 \vee x_2) \,\&\, (x_1 \vee x_3)\,. \end{array} \tag{1.26}$$

Die Richtigkeit jeder dieser Identitäten kann direkt durch Einsetzen aller möglichen Kombinationen der Variablen auf beiden Seiten nachgeprüft werden.

Die an dieser Algebra beteiligten Operationen ODER und UND haben vieles mit den Operationen der Addition und Multiplikation der gewöhnlichen Algebra gemeinsam. Nach Formel (1.24) gilt für beide Operationen das kommutative Gesetz, nach (1.25) das assoziative Gesetz. Im Gegensatz zur gewöhnlichen Algebra gibt es aber die beiden distributiven Gesetze (1.26), und das Addieren mit sich selbst oder das Multiplizieren mit sich selbst führt nach (1.19) weder auf Koeffizienten noch auf Potenzen.
Mit dieser Liste von Identitäten haben wir die Möglichkeit erhalten, eine Reihe von Problemen rein analytisch zu lösen. So kann man z. B. eine beliebige, analytisch gegebene Funktion unmittelbar in die disjunktive Normalform überführen. Wir wollen diese Methode an einem Beispiel betrachten.

Beispiel: Die zu untersuchende Funktion sei in der Form

$$y = \overline{[x_1 \to (\bar{x}_1 \sim x_3)} \;\&\; (x_2 \to \bar{x}_3)] \vee (\overline{x_1 \to x_3}) \tag{1.27}$$

gegeben. Zunächst eliminieren wir die Symbole $\to$ und $\sim$. Dazu benutzen wir die Identitäten (1.17) und (1.18) und erhalten

$$y = \overline{[\bar{x}_1 \vee [(\bar{\bar{x}}_1 \vee x_3) \;\&\; (\bar{x}_3 \vee \bar{x}_1)]} \;\&\; (\bar{x}_2 \vee \bar{x}_3)] \vee (\overline{\bar{x}_1 \vee x_3})\,. \tag{1.28}$$

Mit Hilfe der Formel (1.23) beseitigen wir dann weiter alle Negationen, die sich nicht nur allein auf eine einzelne Veränderliche beziehen, sondern auf eine ganze Gruppe. Zusammen mit (1.16) ergibt sich dann

$$\begin{aligned} y &= [\bar{\bar{x}}_1 \;\&\; \overline{(\bar{\bar{x}}_1 \vee x_3) \;\&\; (\bar{x}_3 \vee \bar{x}_1)} \;\&\; (\bar{x}_2 \vee \bar{x}_3)] \vee (\bar{\bar{x}}_1 \;\&\; \bar{x}_3) \\ &= [x_1 \;\&\; (\overline{x_1 \vee x_3}) \vee (\overline{\bar{x}_3 \vee \bar{x}_1}) \;\&\; (\bar{x}_2 \vee \bar{x}_3)] \vee (x_1 \;\&\; \bar{x}_3) \\ &= \{x_1 \;\&\; [(\bar{x}_1 \;\&\; \bar{x}_3) \vee (x_3 \;\&\; x_1)] \;\&\; (\bar{x}_2 \vee \bar{x}_3)\} \vee (x_1 \;\&\; \bar{x}_3)\,. \end{aligned} \tag{1.29}$$

Um zur disjunktiven Normalform zu gelangen, lösen wir die Klammerausdrücke innerhalb der geschweiften Klammern nach (1.26a) auf. Benutzen wir daneben noch (1.16) und (1.19a), so folgt

$$\begin{aligned} y &= \{[(x_1 \;\&\; \bar{x}_1 \;\&\; \bar{x}_3) \vee (x_1 \;\&\; x_3 \;\&\; x_1)] \;\&\; (\bar{x}_2 \vee \bar{x}_3)\} \vee (x_1 \;\&\; \bar{x}_3) \\ &= (x_1 \;\&\; \bar{x}_1 \;\&\; \bar{x}_3 \;\&\; \bar{x}_2) \vee (x_1 \;\&\; x_3 \;\&\; \bar{x}_2) \vee (x_1 \;\&\; \bar{x}_1 \;\&\; \bar{x}_3 \;\&\; \bar{x}_3) \vee \\ &\qquad \vee (x_1 \;\&\; x_3 \;\&\; \bar{x}_3) \vee (x_1 \;\&\; \bar{x}_3)\,. \end{aligned} \tag{1.30}$$

In der so erhaltenen disjunktiven Normalform haben das erste, dritte und vierte Glied den Wert 0, weil in ihnen eine Kombination der Form $x \;\&\; \bar{x}$ vorkommt. Da das zweite und letzte Glied keine derartige Kombination enthalten, ist y also nicht die Nullfunktion $y = 0$ und kann in der Form

$$y = (x_1 \;\&\; \bar{x}_2 \;\&\; x_3) \vee (x_1 \;\&\; \bar{x}_3) \tag{1.31}$$

geschrieben werden. Damit haben wir also die Identität

$$\begin{aligned} y &= [\overline{x_1 \to (\bar{x}_1 \sim x_3)} \mathbin{\&} (x_2 \to \bar{x}_3)] \vee \overline{(x_1 \to x_3)} \\ &= (x_1 \mathbin{\&} \bar{x}_2 \mathbin{\&} x_3) \vee (x_1 \mathbin{\&} \bar{x}_3) \end{aligned} \tag{1.32}$$

gefunden.

Um eine irgendwie analytisch gegebene Funktion auf die vollständige disjunktive Normalform zu bringen, muß man sie zunächst in irgendeine disjunktive Normalform überführen. Wie man dann zu der vollständigen Normalform gelangt, wollen wir an unserem Beispiel weiter verfolgen.

Die von uns gefundene disjunktive Normalform (1.32) ist nicht vollständig, weil in dem zweiten Glied nicht alle Veränderlichen vorkommen (es fehlt x_2 oder $\bar{x}_2$). Wie man leicht sieht, gilt aber die Identität

$$x_1 \mathbin{\&} \bar{x}_3 = x_1 \mathbin{\&} \bar{x}_3 \mathbin{\&} (x_2 \vee \bar{x}_2) = (x_1 \mathbin{\&} x_2 \mathbin{\&} \bar{x}_3) \vee (x_1 \mathbin{\&} \bar{x}_2 \mathbin{\&} \bar{x}_3)\,. \tag{1.33}$$

Ersetzen wir also in der Normalform (1.32) die zweite Konjunktion durch die gleichbedeutende Disjunktion (1.33), so ergibt sich

$$y = (x_1 \mathbin{\&} \bar{x}_2 \mathbin{\&} x_3) \vee (x_1 \mathbin{\&} x_2 \mathbin{\&} \bar{x}_3) \vee (x_1 \mathbin{\&} \bar{x}_2 \mathbin{\&} \bar{x}_3)\,. \tag{1.34}$$

Diese Funktion ist nun, da in jeder Konjunktion alle drei Veränderlichen vorkommen, die vollständige disjunktive Normalform unserer gegebenen Funktion (1.27).

Wenn sich zum Schluß in der vollständigen Normalform mehrere gleiche disjunktiv verknüpfte Glieder ergeben, so kann man nach (1.19b) selbstverständlich von diesen gleichen Gliedern alle bis auf eines streichen.

Die Zurückführung auf die konjunktive Normalform unterscheidet sich von dem eben gezeigten Verfahren für die disjunktive Normalform nur in dem letzten Stück. Man muß nämlich nur statt der Auflösung der erhaltenen Klammern nach (1.26a) die Identität (1.26b) benutzen. Zur Erzeugung der vollständigen konjunktiven Normalform muß man zuerst wieder irgendeine konjunktive Normalform erreicht haben, die dann zur vollständigen konjunktiven Normalform erweitert wird. Wir wollen dies an einem weiteren Beispiel zeigen.

Beispiel: Es sei die Funktion dreier unabhängiger Veränderlicher

$$y = x_1 \mathbin{\&} (\bar{x}_1 \vee \bar{x}_2 \vee x_3) \tag{1.35}$$

auf die vollständige konjunktive Normalform zu bringen. Unter Benutzung der offensichtlich richtigen Identitäten

$$\left.\begin{aligned} x_1 &= x_1 \vee (x_2 \mathbin{\&} \bar{x}_2) = (x_1 \vee x_2) \mathbin{\&} (x_1 \vee \bar{x}_2)\,, \\ x_1 \vee x_2 &= x_1 \vee x_2 \vee (x_3 \mathbin{\&} \bar{x}_3) = (x_1 \vee x_2 \vee x_3) \mathbin{\&} (x_1 \vee x_2 \vee \bar{x}_3)\,, \\ x_1 \vee \bar{x}_2 &= x_1 \vee \bar{x}_2 \vee (x_3 \mathbin{\&} \bar{x}_3) = (x_1 \vee \bar{x}_2 \vee x_3) \mathbin{\&} (x_1 \vee \bar{x}_2 \vee \bar{x}_3)\,. \end{aligned}\right\} \tag{1.36}$$

erhalten wir in

$$y = (x_1 \vee x_2 \vee x_3) \;\&\; (x_1 \vee x_2 \vee \bar{x}_3) \;\&\; (x_1 \vee \bar{x}_2 \vee x_3) \;\&$$
$$\& \; (x_1 \vee \bar{x}_2 \vee \bar{x}_3) \;\&\; (\bar{x}_1 \vee \bar{x}_2 \vee x_3) \qquad (1.37)$$

schon die gesuchte vollständige konjunktive Normalform der Funktion (1.35).
Wir haben soeben gezeigt, wie man mit Hilfe der Schaltungsalgebra eine Funktion mehrerer Veränderlicher auf eine Normalform bringen kann. Wenn eine Funktion durch eine Wahrheitstabelle gegeben ist, so kann man nach dem oben beschriebenen Verfahren die vollständige disjunktive Normalform angeben und diese danach mit Hilfe der Identitäten (1.16)···(1.26) auf irgendeine andere Form bringen. Es entsteht in diesem Zusammenhang das Problem, die Funktion auf eine in bestimmter Hinsicht zweckmäßigste analytische Form zu bringen.

§ 1.4 Der (zweiwertige) Prädikatenkalkül

Bei dem im vorigen Paragraphen behandelten Kalkül hatten wir es mit homogenen, zweiwertigen logischen Funktionen zu tun. Neben logischen Funktionen dieser Art wollen wir nun auch Funktionen betrachten, bei denen die Funktion nach wie vor ihre Werte aus einer Menge von zwei Elementen mit den Symbolen 0 und 1 entnimmt, die unabhängigen Veränderlichen aber aus einer allgemeineren Menge entnommen werden. Solche logischen Funktionen heißen *zweiwertige Prädikate.*
Zur Bezeichnung solcher Funktionen verwendet man große lateinische Buchstaben, um sie schon äußerlich von den logischen Funktionen des Aussagenkalküls zu unterscheiden. Nach dieser Vereinbarung schreiben wir ein n-stelliges Prädikat in der Form

$$y = P(x_1, \ldots, x_n)\,,$$

wobei $x_1 = \{x_{11}, \ldots, x_{1p}\}, \ldots, x_n = \{x_{n1}, \ldots, x_{nq}\}$ die Gegenstandsvariablen und ihre Alphabete sind.
Da zweiwertige Prädikate nur die Werte 0 oder 1 annehmen, können sie als Argumente in zweiwertigen homogenen logischen Funktionen auftreten, und man kann auf sie also die Symbolik des Aussagenkalküls anwenden. Sind

$$\left.\begin{aligned} y_1 &= P(x_1)\,, \quad \text{mit} \quad x_1 = \{x_{11}, \ldots, x_{1p}\}\,, \\ y_2 &= Q(x_2)\,, \quad \text{mit} \quad x_2 = \{x_{21}, \ldots, x_{2q}\} \end{aligned}\right\} \qquad (1.38)$$

zwei Prädikate, so kann man durch Anwendung irgendwelcher Operationen des Aussagenkalküls neue Prädikate, z. B.

$$R(x_1, x_2) = P(x_1) \vee Q(x_2) \qquad (1.39)$$

erzeugen. Bei der Konstruktion von zusammengesetzten Funktionen im Prädikatenkalkül kann man die Operationen des Aussagenkalküls nicht nur auf Prädikate anwenden, sondern auch auf beliebige elementare Aussagen und aus diesen nach den Regeln des Aussagenkalküls gewonnene zusammengesetzte Aussagen.
Aus den Prädikaten (1.38) und den zweiwertigen logischen Veränderlichen

$$x_3 = \{0, 1\}, \quad x_4 = \{0, 1\}$$

kann man z. B. die Funktion

$$z = \{P(x_1) \to [Q(x_2) \lor (x_3 \,\&\, \bar{x}_4)]\} \sim x_3 \tag{1.40}$$

bilden. Beim zweiwertigen Prädikatenkalkül können auch solche zusammengesetzten Funktionen immer nur wieder zweiwertig sein.
Bei den Funktionen des Aussagenkalküls waren die unabhängigen Veränderlichen immer nur elementare Aussagen. Beim Prädikatenkalkül können noch Gegenstandsvariable und veränderliche Prädikate hinzukommen. Dieser letzte Umstand bildet die wesentliche Besonderheit dieses Kalküls. Damit sind im Prädikatenkalkül Operationen möglich, die sich von denen des Aussagenkalküls wesentlich unterscheiden. Die Operatoren für diese neuen Operationen nennt man Quantoren. Man verwendet zwei Arten von Quantoren, den *Allquantor* und den *Existenzquantor*.
Der Allquantor ist ein Operator, durch den jedem einstelligen Prädikat $y = P(x)$ eine solche zweiwertige logische Veränderliche z zugeordnet wird, die dann und nur dann den Wert 1 hat, wenn y für alle x den Wert 1 hat. Symbolisch schreiben wir dafür

$$z = (\forall\, x)\, P(x)\,.$$

Dabei bedeutet „$\forall\, x$" das Symbol für den Allquantor. Lesen kann man diese Beziehung: „für jedes x gilt $P(x)$".
Der Existenzquantor ist ein Operator, durch den jedem einstelligen Prädikat $y = P(x)$ eine solche zweiwertige logische Veränderliche z zugeordnet wird, die dann und nur dann den Wert 0 hat, wenn y für alle Werte x den Wert 0 hat. Symbolisch schreiben wir dafür

$$z = (\exists\, x)\, P(x)\,,$$

„$\exists\, x$" ist das Symbol für den Existenzquantor, und die obige Beziehung kann gelesen werden als „es existiert ein x, so daß $y = P(x)$ gilt".
Wir wollen uns einige allgemeine Eigenschaften dieser eingeführten Operatoren ansehen. Nach der Definition der Quantoren ist die logische Veränderliche z in den Ausdrücken

$$\left.\begin{aligned} z &= (\forall\, x) P(x)\,, \\ z &= (\exists\, x)\, P(x) \end{aligned}\right\} \tag{1.41}$$

keine Funktion der Gegenstandsvariablen x, sondern z ist ein „integrales" Charakteristikum des Prädikates $P(x)$. Um darauf hinzuweisen, daß z keine Funktion von x ist, bezeichnen wir die Gegenstandsvariable x als *gebunden*, im Gegensatz zu den *freien* Variablen. Den All- und den Existenzquantor kann man selbstverständlich auch auf die Funktionen des Aussagenkalküls anwenden. In diesen Fällen entarten sie allerdings in endliche Konjunktionen bzw. Disjunktionen. So möge etwa die zweiwertige homogene logische Funktion $y = y(x_1, \ldots, x_n)$ vorliegen, die man auch in der Form $y = y(k)$ schreiben kann, wobei k die Nummer eines Punktes im binären logischen Raum ist. Nach der Definition von All- und Existenzquantor gilt dann

$$(\forall\, k)\, y(k) = y(0)\ \&\ y(1)\ \&\ \ldots\ \&\ y(k)\ \&\ \ldots\ \&\ y\,(2^n - 1)\,,$$

$$(\exists\, k)\, y(k) = y(0) \vee y(1) \vee \ldots \vee y(k) \vee \ldots \vee y\,(2^n - 1)\,.$$

Damit kann man den Allquantor als eine verallgemeinerte Konjunktion, den Existenzquantor als eine verallgemeinerte Disjunktion ansehen. Ähnlich, wie eine Analogie zwischen der Konjunktion oder der Disjunktion und der Summation reeller Zahlen besteht, kann man auch zwischen den durch diese Quantoren definierten Operationen und der Integration reeller Funktionen eine solche Analogie aufstellen. Wenn man einen (All- oder Existenz-)-Quantor auf ein m-stelliges Prädikat anwendet, so ergibt sich wegen der Bindung der einen Gegenstandsvariablen ein $(m - 1)$-stelliges Prädikat.
Abgesehen von den Operationen des Aussagenkalküls wird auf Prädikate also noch die Operation der Bindung von Gegenstandsvariablen durch die Quantoren angewendet.
Der Kalkül, in dem bei der Zusammensetzung der Funktionen die oben aufgezählten Operationen angewendet werden, heißt der *Prädikatenkalkül*.
Durch die Bindung der Gegenstandsvariablen durch die Quantoren werden neue Identitäten eingeführt, die im vorigen Paragraphen noch nicht aufgetreten waren. So ist z. B.

$$\overline{(\forall\, x)\, P(x)} = (\exists\, x)\, \overline{P(x)}\,. \tag{1.42a}$$

$$\overline{(\exists\, x)\, P(x)} = (\forall\, x)\, \overline{P(x)}\,. \tag{1.42b}$$

Diese Identitäten ergeben sich unmittelbar aus den Definitionen für All- und Existenzquantor.
Das Identitätssystem des Aussagenkalküls ergibt zusammen mit den beiden Beziehungen (1.42) die Möglichkeit, die verschiedensten Transformationen zur Lösung dieser oder jener Probleme durchzuführen. Wie schon beim Aussagenkalkül steht auch beim Prädikatenkalkül das Entscheidungsproblem im Vordergrund, ist aber, wegen der veränderten Gegenstandsvariablen etwas komplizierter. Beim Aussagenkalkül handelt es sich um die Beantwortung der Frage, ob eine gegebene logische Funktion identisch wahr oder erfüllbar oder identisch falsch ist.

Hier lautet nun die Frage, ob eine gegebene Funktion identisch wahr ist, d. h. für alle Werte der Gegenstandsvariablen und beliebigen Prädikaten den Wert 1 hat, ob sie nur über einer bestimmten Menge der Gegenstandsvariablen identisch wahr ist, d. h. für eine gewisse Menge der Gegenstandsvariablen und beliebigen Prädikaten auf dieser Menge den Wert 1 hat, ob sie erfüllbar ist, d. h. ob sie für gewisse Werte der Gegenstandsvariablen und gewissen Prädikaten den Wert 1 hat, oder ob sie schließlich identisch falsch ist, d. h. überhaupt nicht erfüllbar ist. Im Gegensatz zum Aussagenkalkül läßt sich das Entscheidungsproblem beim Prädikatenkalkül nur in speziellen Fällen lösen.

KAPITEL II

Technische Anwendungen des Aussagenkalküls

§ 2.1 Relaiskontakt-Schaltungen

Wie schon erwähnt, wurde zuerst auf die Möglichkeit hingewiesen, den Apparat der mathematischen Logik auf die Beschreibung von elektrischen, aus Relais bestehenden Schaltungen anzuwenden. Es wurde bald klar, daß die mathematische Logik nicht nur auf Relaiskontakt-Schaltungen anwendbar ist, sondern ihnen organisch entspricht. Das führte zu einer neuen technischen Disziplin, der Theorie von Relaiskontakt-Schaltungen, die sich ganz auf die mathematische Logik stützt. Obwohl inzwischen Schaltungen bekannt sind, die äußerlich dieselbe Funktion wie Relaiskontakt-Schaltungen haben, aber mit kontaktlosen Elementen arbeiten, läßt sich diese Theorie natürlich auch für solche kontaktlosen Schaltungen anwenden, und man spricht deshalb häufig von einer allgemeinen Theorie der Relaissysteme.
Diese allgemeine Theorie der Relaisschaltungen ist die anschaulichste Anwendung der mathematischen Logik in der Technik geworden. Wir werden uns daher vor allem mit Beispielen aus dieser Theorie beschäftigen.
In diesem Paragraphen werden wir uns mit solchen Relaisschaltungen befassen, die sich durch den im vorigen Kapitel behandelten Aussagenkalkül beschreiben lassen.
Jede Relaiskontakt-Schaltung besteht aus zweierlei Arten von Umformungen: elektrisch-mechanischen und mechanisch-elektrischen. Bei jedem elektromechanischen Relais werden die auf den Eingang wirkenden elektrischen Signale in mechanische Bewegungen der Kontakte umgeformt. Das aus den Kontakten und Wicklungen von Relais bestehende Netzwerk wiederum formt die mechanischen Bewegungen der Kontakte in elektrische Signale, nämlich Strom in den Wicklungen, um. Die Verbindung der Ausgänge der einen Umformung mit den Eingängen der anderen Umformungen liefert dann verschiedene Relaiskontakt-Schaltungen.
Im einfachsten Falle (Bild 2.1 a) besteht ein elektromechanisches Relais aus der Wicklung 1, dem Kern 2, dem Anker 3 und zwei Gruppen von Kontakten, den normalerweise geschlossenen Kontakten 4′ und den normalerweise offenen Kontakten 4″. Fließt durch die Wicklung ein die Ansprechgrenze überschreitender Strom i_2 (Bild 2.1 b), so wird der Anker von dem Kern angezogen. Dabei werden die normalerweise offenen Kontakte 4″ geschlossen, und die normalerweise geschlossenen Kontakte 4′ geöffnet. Wir werden die

Kontakte 4′ auch als *Ruhekontakte*, die Kontakte 4″ als *Arbeitskontakte* bezeichnen. Fließt durch die Wicklung ein Strom, der kleiner als der Abfallstrom i_1 ist, insbesondere also wenn die Wicklung stromlos ist, so fällt der Anker von dem Kern ab. Die Arbeitskontakte 4″ öffnen sich, die Ruhekontakte 4′ werden geschlossen.

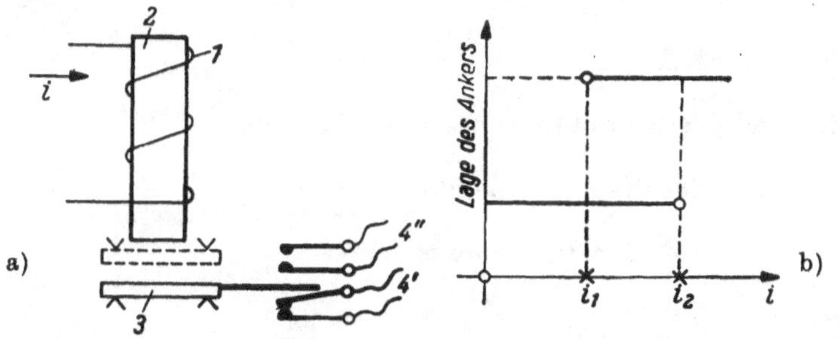

Bild 2.1

Wir werden nur solche Schaltungen betrachten, bei denen sichergestellt ist, daß nur zwei Gleichgewichtszustände $i < i_1$ oder $i > i_2$ auftreten können. Damit sind also alle Elemente des Relais durch zwei Zustände charakterisiert. Uns interessieren hier insbesondere die Wicklung und die Kontakte, von denen jeder zwei Zustände einnehmen kann. Dabei wollen wir dem Zustand „offen" das Symbol 0 und dem Zustand „geschlossen" das Symbol 1 zuordnen. Damit können wir also den Zustand eines Kontaktes als eine zweiwertige logische Veränderliche auffassen.

Fließt durch die Wicklung ein Strom $i > i_2$, so bezeichnen wir diesen Zustand durch das Symbol 1. Ist die Wicklung stromlos ($i < i_1$), so sprechen wir vom Zustand 0. Auch der Wicklung können wir also eine zweiwertige logische Veränderliche zuordnen. Die sinngemäße Bedeutung der Symbole 0 und 1 ist noch einmal in Tab. 2.1 zusammengefaßt.

Tabelle 2.1

Element	Symbol	
	1	0
Kontakt	geschlossen	geöffnet
Wicklung	unter Strom	stromlos

Der Zustand eines Kontaktes wird in folgender Weise durch den Zustand der Wicklung bestimmt. Ist X die logische Veränderliche der Wicklung, x die des Arbeitskontaktes und x' die des Ruhekontaktes, so gilt

$$\text{für den Arbeitskontakt} \quad x = X\,,$$

$$\text{für den Ruhekontakt} \quad x' = \overline{X} = \overline{x}\,.$$

Hat das Relais nicht eine, sondern mehrere Wicklungen, so können wir uns diese durch eine äquivalente Wicklung ersetzt denken. Hat ein Relais z. B. zwei Wicklungen X_1 und X_2 und zieht es dann und nur dann an, wenn durch beide Wicklungen Strom fließt, so können wir dies durch $X_1 \,\&\, X_2 = 1$ beschreiben. Für die äquivalente Wicklung mit der logischen Veränderlichen $X_ä$ gilt dann

$$X_ä = X_1 \,\&\, X_2\,,$$

und der Zustand der Kontakte ist dann wieder durch

$$x = X_ä \quad \text{für die Arbeitskontakte,}$$

$$x' = \overline{X_ä} = \bar{x} \quad \text{für die Ruhekontakte}$$

beschrieben.

Hat ein Relais m Wicklungen und zieht es an, wenn bestimmte Wicklungen ein- bzw. ausgeschaltet sind, so kann man den Zustand der äquivalenten Wicklung $X_ä$ durch eine entsprechende logische Funktion von m Veränderlichen

$$X_ä = M(X_1, X_2, \ldots, X_m)$$

festlegen, und der Zusammenhang zwischen den Kontakten und der äquivalenten Wicklung bleibt unverändert.

Wir wollen uns nun denjenigen Teil der Relaisschaltung ansehen, der die Kontakte und Relaiswicklungen enthält und in dem mechanische Signale in elektrische umgeformt werden. Wir beginnen mit dem Fall, daß dieses Netzwerk aus dem einen Kontakt 1 des Eingangsrelais und der Wicklung 2 eines Ausgangsrelais besteht. Diese Wicklung kann in Serie mit dem Kontakt (Bild 2.2a) oder parallel dazu (Bild 2.2a') geschaltet sein. Dann gilt für die Serienschaltung $Z = y$ und für die Parallelschaltung $Z' = \bar{y} = \bar{Z}$. Dabei ist y die logische Veränderliche des Kontaktes und Z bzw. Z' sind die Zustände der in Serie bzw. parallel geschalteten Wicklung.

An Stelle des Kontaktes 1 befindet sich üblicherweise eine ganze Gruppe von Kontakten $y_1, y_2, \ldots, y_n$ verschiedener Relais, die zusammen das sog. *Kontaktnetzwerk* bilden. Die Bilder 2.2b—e zeigen Beispiele solcher Kontaktnetzwerke, die jeweils durch eine punktierte Linie eingerahmt sind.

Ähnlich wie bei einem Relais mit mehreren Wicklungen ist es zweckmäßig, für ein solches Kontaktnetzwerk einen äquivalenten Kontakt $y_ä$ einzuführen.

Die beiden in Serie geschalteten Kontakte y_1 und y_2 von Bild 2.2b schalten die Leitung zwischen a und b dann und nur dann durch, wenn $y_1 \,\&\, y_2 = 1$ ist. Für den äquivalenten Kontakt $y_ä$ gilt dann

$$y_ä = y_1 \,\&\, y_2\,,$$

und der Zusammenhang zwischen der Wicklung und dem äquivalenten Kontakt ist dann

$$Z = y_a \text{ für die Serienschaltung von Bild 2.2b,}$$

$$Z' = \bar{y}_a = \bar{Z} \text{ für die Parallelschaltung von Bild 2.2b'.}$$

Die anderen Beispiele von Bild 2.2 führen auf die Beziehungen

$$y_a = y_1 \vee y_2 \qquad \text{(Bild 2.2c, c')}$$

$$y_a = y_1 \,\&\, (y_2 \vee y_3) \qquad \text{(Bild 2.2d, } d'\text{)}$$

$$y_a = y_1 \,\&\, (y_2 \vee y_3) \vee y_4 \qquad \text{(Bild 2.2e, e')}$$

Im allgemeinen Fall ist

$$y_a = N(y_1, y_2, \ldots, y_n)\,,$$

und diese logische Funktion beschreibt die Schaltung der Kontakte des Netzwerkes. Die Beziehungen zwischen diesem äquivalenten Kontakt und der Wicklung bleiben unverändert. Die Veränderliche y_a entspricht den Leitungseigenschaften eines Zweipols, der das Kontaktnetzwerk enthält. Jeder der betrachteten umformenden Teile wirkt nur in einer Richtung. In dem elektrisch-mechanischen Teil „Relais mit Kontakten" wird der Zustand

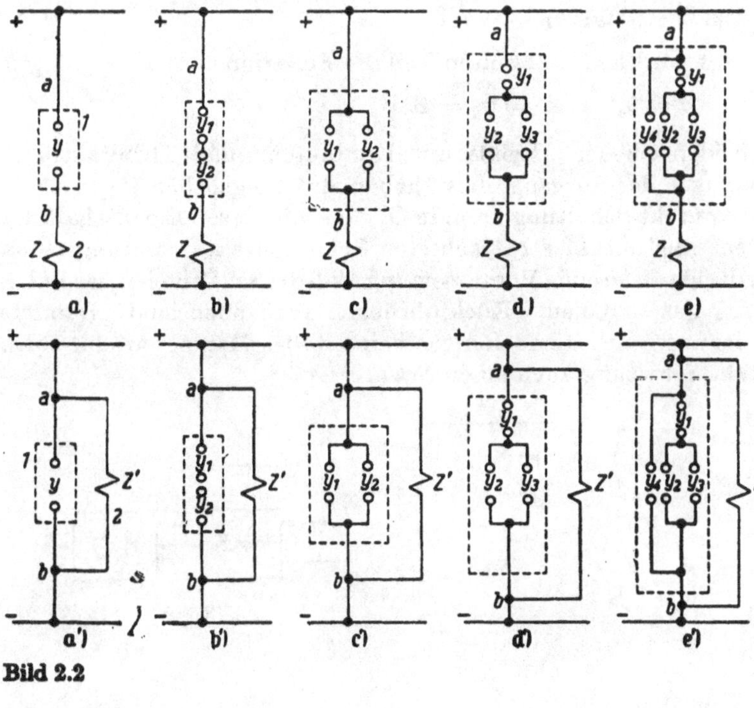

Bild 2.2

der Kontakte nur durch den Zustand der Wicklung bestimmt. Die Kontakte haben keinerlei Einfluß auf die Wicklung. In dem mechanisch-elektrischen Teil ,,Kontaktnetzwerk mit Wicklungen" wird der Zustand der Wicklung (oder Wicklungen) durch den Zustand der Kontakte definiert, auf die die Wicklungen keine Wirkung ausüben. Wegen dieser Eigenschaften kann man diese umformenden Teile als Glieder mit Ein- und Ausgangsgrößen betrachten. Die Eingangsveränderlichen des Gliedes ,,Relais mit Kontakten" sind die Zustände der Wicklungen (Strom oder kein Strom); die Ausgangsgrößen x und x' sind die Zustände von Arbeits- und Ruhekontakten. Dieses Glied kann man sich als aus zwei Teilen bestehend vorstellen, die in Serie geschaltet sind: In dem erstcn wird die logische Funktion

$$X_{\ddot{a}} = M(X_1, X_2, \ldots, X_m)$$

realisiert, in dem zweiten

$$x = X_{\ddot{a}}\,; \qquad x' = \overline{X_{\ddot{a}}} = \bar{x}\,.$$

Das Glied ,,Kontaktnetzwerk mit Wicklungen der Ausgangsrelais" hat als Eingangsgrößen die Veränderlichen $y_1, y_2, \ldots, y_n$, d. h. die Kontakte der Eingangsrelais, und als Augsangsveränderliche die Zustände Z und Z' zweier Ausgangsrelais. Auch dieses Glied kann man als Serienschaltung betrachten, in deren erstem Teil die logische Funktion

$$y_{\ddot{a}} = N(y_1, y_2, \ldots, y_n)$$

realisiert wird und im zweiten Teil die Funktionen

$$Z = y_{\ddot{a}}\,, \qquad Z' = \bar{y}_{\ddot{a}} = \bar{Z}\,.$$

Die beiden Glieder ,,Relais mit Kontakten" und ,,Kontaktnetzwerk mit Wicklungen der Ausgangrelais" haben also die gleichen Eigenschaften. Jede Relaiskontakt-Schaltung kann in Glieder mit diesen Eigenschaften aufgeteilt werden. Bei den hier betrachteten Relaiskontakt-Schaltungen machen wir noch die idealisierende Voraussetzung, daß die Schaltungen der Relais momentan erfolgen und keine Rückführungen vorhanden sind. Damit spielt die Zeit bei unseren Untersuchungen keine Rolle. Man nennt eine solche Relaiskontakt-Schaltung auch einen *Schaltkreis*.

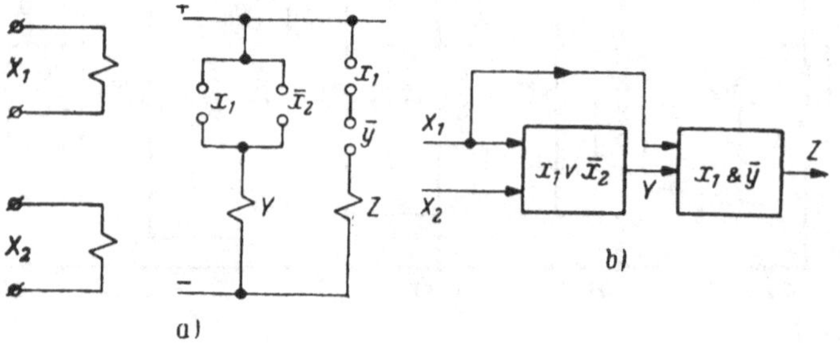

Bild 2.3

Das Bild 2.3a zeigt eine solche Relaiskontakt-Schaltung ohne Rückführung, das Bild 2.3b das zugehörige Blockschaltbild. Demgegenüber hat die Rlaisschaltung von Bild 2.4 eine Rückführung, die sich in der Kontaktschaltung von Bild 2.4a darin äußert, daß die Kontakte des Ausgangsrelais selbst in dem Kontaktnetzwerk vorkommen, und in dem Blockschaltbild von Bild 2.4b, daß die Ausgangsgröße Z auf den Eingang zurückgeführt ist. Die Arbeitsweise einer solchen Schaltung kann man nur unter Berücksichtigung der Zeit beschreiben.

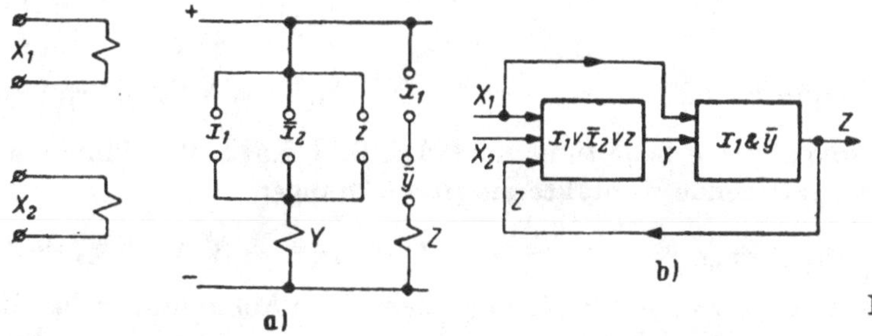

Bild 2.4

§ 2.2 Analyse von Relaiskontakt-Schaltungen

Wir wollen das folgende Problem genauer untersuchen: Von einer gegebenen Relaiskontakt-Schaltung ist die mathematische Beschreibung gesucht, d. h. diejenige logische Funktion, die durch diese Schaltung realisiert wird.
Wir wollen uns dabei auf Relais mit nur einer Wicklung beschränken, weil diese bei praktischen Schaltungen am häufigsten vorkommen. Wie schon beschrieben, wird jedes Relais durch die drei Veränderlichen X (Zustand der Wicklung), x (Zustand des Arbeitskontaktes), x' (Zustand des Ruhekontaktes) bestimmt, die durch

$$x = X \quad \text{für die Arbeitskontakte,}$$

$$x' = \bar{X} = \bar{x} \quad \text{für die Ruhekontakte}$$

zusammenhängen. Ein einzelnes Relais mit einer Wicklung realisiert also die Funktion der Wiederholung und der Verneinung.
Die in dem Kontaktnetzwerk enthaltenen Arbeitskontakte x_i und Ruhekontakte x_i' der Relais X_i beschreiben durch die logische Funktion

$$x_a = F(x_1, x_1', \ldots, x_n, x_n')$$

den Zustand des äquivalenten Kontaktes x_a. Wie kompliziert das Kontaktnetzwerk auch sein mag, es läßt sich immer durch eine Funktion

$$x_a = F(x_1, \bar{x}_1, \ldots, x_n, \bar{x}_n)$$

beschreiben. Um zu einer solchen Funktion zu kommen, kann man von der Tatsache ausgehen, daß für zwei in Serie liegende Kontakte x_1 und x_2 die Beziehung $x_{\ddot{a}} = x_1 \& x_2$ gilt, für zwei parallel liegende Kontakte hingegen $x_{\ddot{a}} = x_1 \vee x_2$. Das Wesentliche dieser Methode wollen wir an dem folgenden Beispiel erläutern.

Das zu analysierende Kontaktnetzwerk zeigt das Bild 2.5a. Wir wollen dieses komplizierte Netzwerk dadurch nach und nach vereinfachen, daß wir äquivalente Hilfskontakte einführen. Zunächst eliminieren wir alle in Serie liegenden Kontakte durch Einführung der folgenden Abkürzungen:

$$x_6 = x_3 \& \bar{x}_5 \; ; \quad x_7 = x_3 \& x_4 \; ; \quad x_8 = x_5 \& x_1 \; ;$$

$$x_9 = x_2 \& \bar{x}_4 \; ; \quad x_{10} = x_2 \& x_5 \; ; \quad x_{11} = x_3 \& \bar{x}_2 \; ; \quad x_{12} = x_2 \& x_5 \, .$$

Die so umgeformte Schaltung zeigt das Bild 2.5b. Wir führen weiter für alle parallel liegende Kontakte die Bezeichnungen

$$x_{13} = x_2 \vee x_7 \; ; \quad x_{14} = \bar{x}_1 \vee \bar{x}_3 \; ; \quad x_{15} = x_8 \vee x_6 \; ; \quad x_{16} = x_9 \vee x_1$$

ein, die unter Verwendung der oben benutzten Abkürzungen für die Serienschaltungen ausführlicher

$$x_{13} = x_2 \vee (x_3 \& x_4) \; ; \qquad x_{14} = \bar{x}_1 \vee \bar{x}_3 \; ;$$

$$x_{15} = (x_1 \& x_5) \vee (x_3 \& \bar{x}_5) \; ; \qquad x_{16} = x_1 \vee (x_2 \& \bar{x}_4)$$

lauten. Diese neue Schaltung ist in Bild 2.5c dargestellt.

Mit den Bezeichnungen

$$x_{17} = x_1 \& x_{13} = x_1 \& [x_2 \vee (x_3 \& x_4)] = (x_1 \& x_2) \vee (x_1 \& x_3 \& x_4) \, ,$$

$$x_{18} = x_{14} \& x_{15} = (\bar{x}_1 \vee \bar{x}_3) \& [(x_3 \& \bar{x}_5) \vee x_1 \& x_5)]$$
$$= (\bar{x}_1 \& x_3 \& \bar{x}_5) \vee (x_1 \& \bar{x}_3 \& \bar{x}_5) \, .$$

$$x_{19} = x_{16} \& x_{10} = [x_1 \vee (x_2 \& \bar{x}_4)] \& x_2 \& x_5$$
$$= (x_1 \& x_2 \& x_5) \vee (\bar{x}_4 \& x_2 \& x_5)$$

fassen wir erneut die Serienkontakte zusammen und gelangen so zu der Schaltung von Bild 2.5d. Die Vereinfachung der Ausgangsschaltung ist nun nicht mehr durch Zusammenfassung von Serien- oder Parallelkontakten weiterzubringen.

Zur weiteren Vereinfachung numerieren wir alle Knotenpunkte durch, wobei die direkt (d. h. ohne dazwischen liegende Kontakte) verbundenen Knoten dieselbe Nummer erhalten (Bild 2.5d). Es ergeben sich so die Knoten 1, 2, . . . , m. In unserem Beispiel ist $m = 4$. Faßt man nun die Knoten gleicher Nummer zusammen, so ergibt sich die Schaltung von Bild 2.5e. Diese Schaltung von Bild 2.5e transformieren wir in die Gestalt eines „Baumes“ (Bild 2.5f), zu dem wir folgendermaßen gelangen. Wir führen entsprechend den

$m = 4$ Knoten die Rangstufen I, II, III, IV ein. Den ersten Rang nimmt der Knoten 1 ein. Von ihm gehen $m - 1 = 3$ Zweige aus, die auf der Rangstufe II enden. An den Enden dieser Zweige stehen die Nummern der-

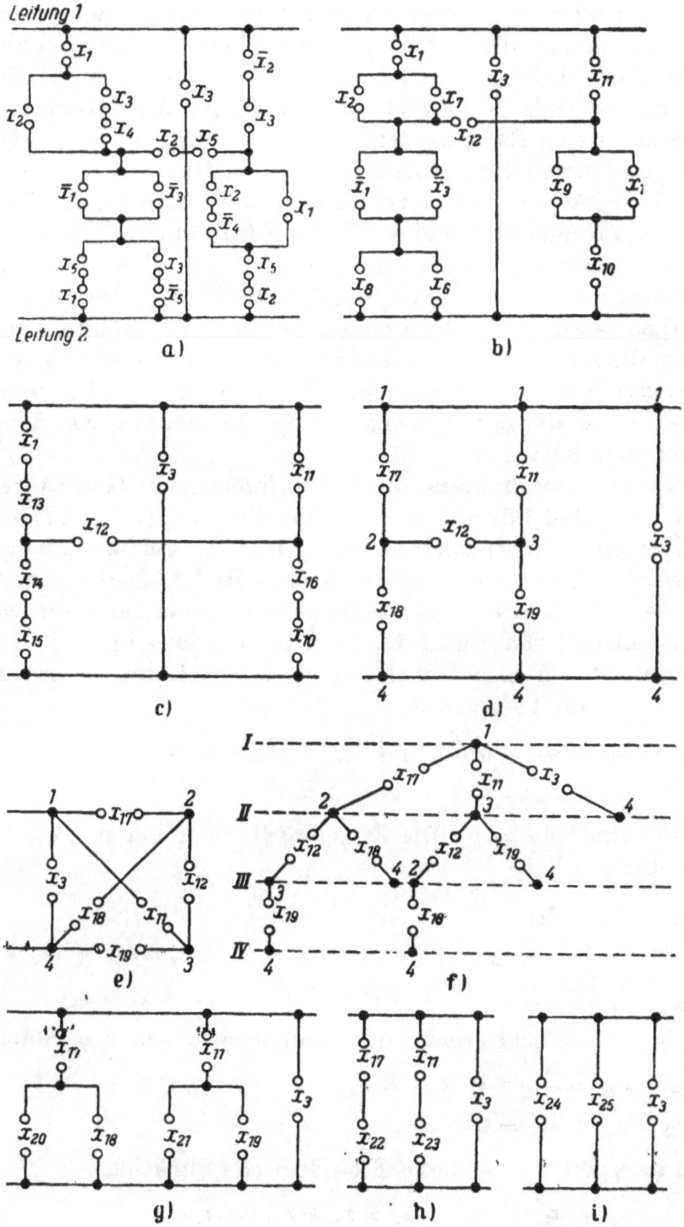

Bild 2.5

jenigen Knotenpunkte, die mit dem Primärknoten dieses Zweigbündels (Knoten 1) eine vollständige Liste aller Knoten ergeben. In unserem Beispiel sind dies die Knoten 2, 3, 4, die sog. Sekundärknoten dieses Bündels. Von jedem dieser $m - 1$ Knoten der zweiten Rangstufe, mit Ausnahme des Knotens m, d. h. von den Knoten 2 und 3 aus, werden neue Bündel von $m - 2$ Zweigen gelegt, die auf der dritten Rangstufe enden. Betrachten wir zunächst das Bündel vom Knoten 2 aus. Für dieses Bündel ist der im zweiten Rang stehende Knoten 2 Primärknoten. Als Nummern für die Zweigenden im dritten Rang werden, von 2 selbst abgesehen, die Nummern aller derjenigen Knoten genommen, die mit dem Knoten 2 zusammen Endpunkte des Zweigbündels vom ersten zum zweiten Rang waren. In unserem Fall sind das die Nummern 3 und 4. Ebenso wird mit dem aus dem zweiten Rang vom Knoten 3 ausgehenden Bündel verfahren, dessen $m - 2$ Zweige in den Knoten 2 und 4 enden. Von jedem dieser Knoten des dritten Ranges (mit Ausnahme wieder vom Knoten $m = 4$) geht ein Bündel von $m - 3$ Zweigen aus, die im vierten Rang enden, und deren Endpunkte analog zur vorigen Rangstufe numeriert werden. Wie man leicht sieht, endet dieser Baum in der m-ten Rangstufe in Knoten der Nummer m, von denen keine Zweige mehr ausgehen.

Zu jedem Zweig dieses Baumes, durch den irgend zwei Knoten verbunden werden, gehört in Bild 2.5e eine Leitung, die diese beiden Knoten verbindet. Dadurch wird eine Transformation der Kontakte auf die Zweige dieses Baumes bewirkt. Das Kontaktnetzwerk von Bild 2.5f gibt alle Wege an, auf denen man von Knoten 1 zum Knoten 4 gelangen kann und entspricht völlig der Schaltung von Bild 2.5e, besteht aber im Gegensatz zu diesem nur aus Parallel- und Serienschaltungen. Durch Zusammenfassung aller Serienschaltungen ergibt sich mit

$$x_{20} = x_{12} \,\&\, x_{19} = (x_1 \,\&\, x_2 \,\&\, x_5) \vee (\bar{x}_4 \,\&\, x_2 \,\&\, x_5)\,,$$

$$x_{21} = x_{12} \,\&\, x_{18} = x_1 \,\&\, x_2 \,\&\, x_5 \,\&\, \bar{x}_3$$

die Schaltung von Bild 2.5g. Die Zusammenfassung der parallel liegenden Kontakte führt mit

$$\begin{aligned} x_{22} &= x_{20} \vee x_{18} \\ &= (x_1 \,\&\, x_2 \,\&\, x_5) \vee (\bar{x}_4 \,\&\, x_2 \,\&\, x_5) \vee (\bar{x}_1 \,\&\, x_3 \,\&\, \bar{x}_5) \vee (x_1 \,\&\, \bar{x}_3 \,\&\, x_5), \end{aligned}$$

$$x_{23} = x_{21} \vee x_{19} = (x_1 \,\&\, x_2 \,\&\, x_5 \,\&\, \bar{x}_3) \vee (\bar{x}_4 \,\&\, x_2 \,\&\, x_5)$$

auf Bild 2.5h. Faßt man erneut die Serienschaltungen von Kontakten in

$$x_{24} = x_{22} \,\&\, x_{17} = x_1 \,\&\, x_2 \,\&\, x_5\,,$$

$$x_{25} = x_{23} \,\&\, x_{11} = 0$$

zusammen, so ergibt sich schließlich die logische Funktion

$$x_4 = x_{24} \vee x_{25} \vee x_3 = (x_1 \,\&\, x_2 \,\&\, x_5) \vee x_3\,.$$

(Bild 2.5i). Diese einfache Funktion realisiert die Ausgangsschaltung von Bild 2.5a. Ihr entspricht die Schaltung von Bild 2.6, die also der Schaltung von Bild 2.5a äquivalent ist.
Wie man übrigens sieht, kommt der Kontakt x_4 in der vereinfachten Schaltung von Bild 2.6 nicht mehr vor. Das heißt, daß dieser Kontakt keinerlei Einfluß auf die Arbeitsweise der Schaltung von Bild 2.5a hat. Davon kann man sich auch unmittelbar überzeugen. Solange die Kontakte x_1 und x_3 nicht geschlossen sind, kann das Netzwerk nicht durchgeschaltet sein. Zum Durchschalten brauchen aber nicht beide Kontakte geschlossen zu sein. Der Kontakt x_3 allein schaltet schon durch, während bei geschlossenem Kontakt x_1 noch x_2 und x_5 geschlossen sein müssen.

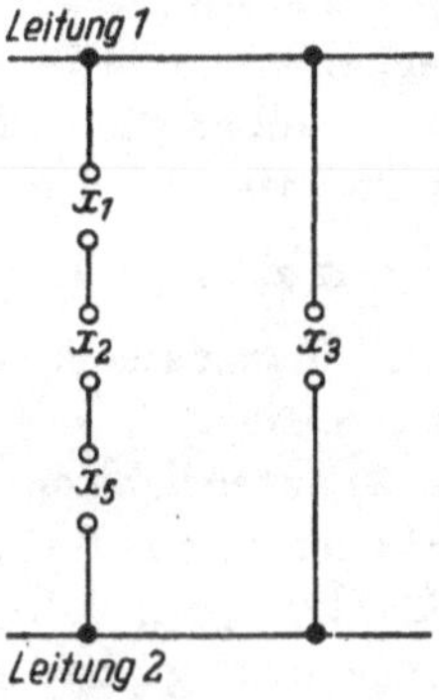

Bild 2.6

Wir haben nur ein Beispiel betrachtet. Das beschriebene Verfahren erlaubt es aber, für jedes gegebene Kontaktnetzwerk die zugehörige logische Funktion zu finden. Wir nennen das eine Analyse des Kontaktnetzwerkes. Eine Vereinfachung dieser logischen Funktion nach den Regeln der Schaltalgebra erlaubt es, andere, dazu äquivalente, aber sehr viel einfachere Schaltungen anzugeben.
In dem behandelten Beispiel vereinfachte sich die Funktion so sehr, daß die entsprechende Schaltung unmittelbar angegeben werden konnte. In komplizierteren Fällen benötigt man hierfür spezielle Verfahren, mit denen man für jede beliebige logische Funktion eine entsprechende Schaltung konstruieren kann. Diese Aufgabe heißt *Synthese*.

§ 2.3 Synthese von Relaiskontakt-Schaltungen

Es sei nun eine beliebige logische Funktion gegeben, und es wird das entsprechende Kontaktnetzwerk gesucht. Wir wollen uns dabei auf Schaltungen beschränken, bei denen die Relais nur eine Wicklung haben und die Wicklung des Ausgangsrelais in Serie mit dem Kontaktnetzwerk liegt. Wir wollen weiter annehmen, daß die logische Funktion in Form einer Wahrheitstabelle gegeben ist, in der zu allen möglichen Kombinationen der unabhängigen Veränderlichen der jeweils zugehörige Funktionswert angegeben ist. Die Aufstellung solcher Wahrheitstabellen ist ausführlich in § 1.3 beschrieben.

Tabelle 2.2

x_1	0	1	0	1	0	1	0	1
x_2	0	0	1	1	0	0	1	1
x_3	0	0	0	0	1	1	1	1
y	0	1	1	0	1	0	0	1

Als Beispiel betrachten wir die durch die Tab. 2.2 gegebene logische Funktion $y = L(x_1, x_2, x_3)$ von drei unabhängigen Veränderlichen. Wie in § 1.3 gezeigt, kann man nach dieser Wahrheitstabelle unmittelbar die vollständige disjunktive Normalform anschreiben, die in unserem Fall

$$y = (x_1 \mathbin{\&} \bar{x}_2 \mathbin{\&} \bar{x}_3) \vee (\bar{x}_1 \mathbin{\&} x_2 \mathbin{\&} \bar{x}_3) \vee (\bar{x}_1 \mathbin{\&} \bar{x}_2 \mathbin{\&} x_3) \vee (x_1 \mathbin{\&} x_2 \mathbin{\&} x_3)$$

lautet. Unter Benutzung der folgenden Regel kann man danach sofort ein Kontaktnetzwerk angeben, das diese Normalform realisiert.
Jeder Veränderlichen x_i (in unserem Fall $i = 1, 2, 3$) entspricht ein (normalerweiser offener) Arbeitskontakt, jeder Veränderlichen $\bar{x}_i$ ein Ruhekontakt des i-ten Relais. Jeder Konjunktion (d. h. jeder Klammer) der vollständigen disjunktiven Normalform entspricht eine Serienschaltung der in dieser Konjunktion angegebenen Kontakte. Eine Schaltung für die ganze disjunktive Normalform ergibt sich dann durch Parallelschaltung dieser einzelnen Serienschaltungen. In unserem Beispiel führt diese Regel auf die Schaltung von Bild 2.7.

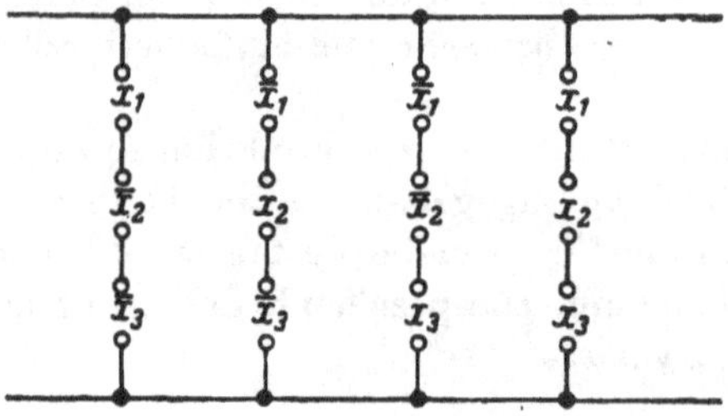

Bild 2.7

Dieses Verfahren führt also für jede (durch eine Wahrheitstabelle gegebene) logische Funktion auf eine Parallelschaltungen von Serienschaltungen. Man kann oft (wie etwa das Beispiel von § 2.2 gezeigt hat) dazu äquivalente Schaltungen mit sehr viel weniger Kontakten finden. Das gilt um so mehr, wenn man die Klasse dieser reinen Parallel-Serien-Schaltungen verläßt und auch sog. Brückenschaltungen betrachtet.

Es sind daneben auch andere Verfahren vorgeschlagen worden, um aus einer gegebenen logischen Funktion wirtschaftlichere, wenn auch durchaus nicht minimale Schaltungen zu finden.[1])
Wir wollen hier ohne Beweis eines dieser Verfahren angeben, und zwar die Methode von A. Sch. Bloch[2]). Dieses Blochsche Verfahren wollen wir an unserem Beispiel zeigen, weil dabei schon alle Besonderheiten dieser Methode zum Ausdruck kommen. Es läßt sich in jedem anderen Fall ganz analog verwenden.
Wir kehren zu der Wahrheitstabelle 2.2 unseres Beispiels zurück und betrachten nur die letzte Zeile (mit den y-Werten), die

01101001

lautet. Wir unterstreichen nun die Symbole dieser Zeile paarweise:

$$\underline{01}\ \underline{10}\ \underline{10}\ \underline{01}$$

Besteht irgendein Paar aus zwei gleichen Ziffern, so schreiben wir diese Ziffer unter das Paar. Dieser Fall kommt in unserem Beispiel nicht vor. Unter die übrigen Paare schreiben wir die Ziffern 2 und 3 so, daß unter gleichen Paaren die gleichen Ziffern stehen, unter verschiedenen Paaren verschiedene Ziffern:

$$\begin{array}{cccc} 01 & 10 & 10 & 01 \\ \hline 2 & 3 & 3 & 2 \end{array}$$

Die angeschriebenen Ziffern werden wieder zu Paaren zusammengefaßt, unterstrichen und wie oben numeriert, so daß jetzt ungleichen Paaren die Ziffern 4, 5 usw. zugeordnet werden. Es werden damit neue Paare gebildet usw., bis eine vollständige dreieckige Matrix gebildet ist. Diese Matrix hat immer $k + 1$ Zeilen, wenn die Funktion k unabhängige Veränderliche hat. In unserem Fall ist die Matrix von der Form

$$\begin{array}{c} \underline{01}\ \underline{10}\quad \underline{10}\,\underline{01} \\ \underline{\underline{2\ \ 3}\quad\ \underline{3\ \ 2}} \\ \underline{\ \ 4\qquad\quad 5\ \ } \\ 6 \end{array}.$$

Wir gehen nun an die Konstruktion einer entsprechenden Relaiskontakt-Schaltung. Dazu zeichnen wir $k + 1$ parallele Geraden (in unserem Fall 4). Jede Gerade entspricht einer Zeile unserer Matrix. Auf jeder Geraden vermerken wir durch Punkte die einzelnen Elemente der Matrix. Diese mit ihren Ziffern bezeichneten Knotenpunkte verbinden wir zu einem „Baum“,

[1]) Die Frage, wie man in irgendeinem Sinne minimale Schaltungen konstruieren kann, ist ein ernsthaftes wissenschaftliches Problem, das heute noch nicht endgültig gelöst ist. Weiteres dazu s. § 2.6.

[2]) Alle notwendigen Beweise finden sich in der Arbeit [33]. Der vom Autor verwendete Ausdruck „kanonisch“ wird dort in anderer Bedeutung als hier verwendet.

wobei wir aber die Knoten mit der Ziffer 0 nicht verbinden. In unserem Fall hat dieser Baum die Form von Bild 2.8. Auf die Zweige der untersten Rangstufe legen wir die Kontakte des dritten Relais, und zwar den Kontakt $\bar{x}_3$ auf den linken, den Kontakt x_3 auf den rechten Zweig. Auf die Zweige der zweiten Rangstufe von unten legen wir in der gleichen Weise die Kontakte $\bar{x}_2$ und x_2, auf die Zweige der obersten Rangstufe die Kontakte $\bar{x}_1$ und x_1.

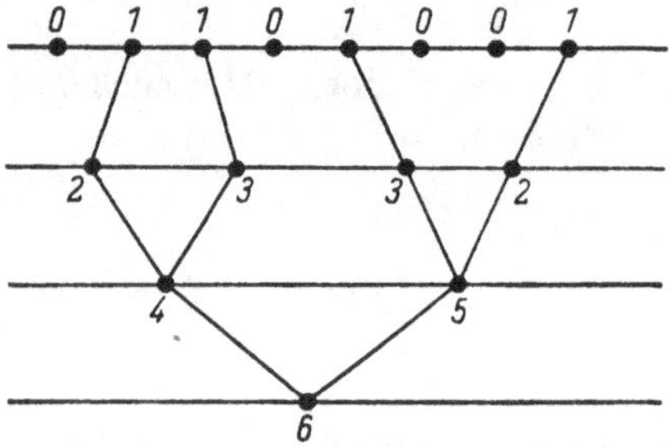

Bild 2.8

Enthält der Baum Zweige, die zwei gleich bezeichnete Knoten verbinden, so bekommen diese Zweige keine Kontakte, d. h. sie bleiben kurzgeschlossen. In unserem Beispiel ergibt sich nach diesem Verfahren die Schaltung von Bild 2.9.

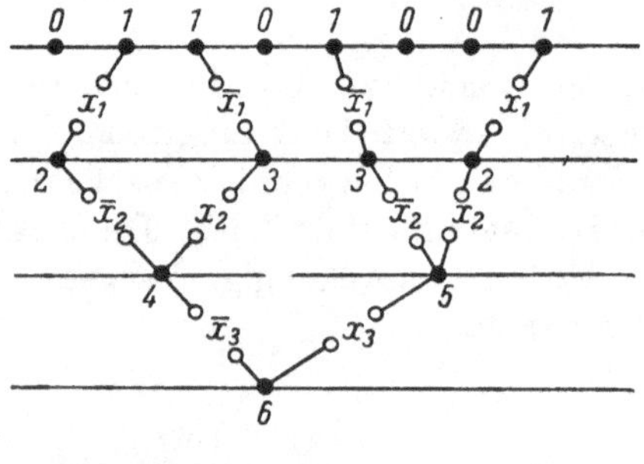

Bild 2.9

Damit ist im wesentlichen schon ein Kontaktnetzwerk konstruiert, durch das die gegebene Funktion realisiert wird. Ihr endgültiges Aussehen ergibt sich, wenn man die Knoten mit gleichen Ziffern zusammenlegt, wobei sich die Zahl der Kontakte verringert. Für unser Beispiel ergibt sich so die Brückenschaltung von Bild 2.10.

Mit dem beschriebenen Verfahren ist es möglich, für jede gegebene logische Funktion ein zugehöriges Kontaktnetzwerk und damit eine Relaiskontakt-Schaltung zu konstruieren. Eine solche Schaltung enthält gewöhnlich sehr viel weniger Kontakte, als wenn man unmittelbar die vollständige disjunktive Normalform verwendet. Während man zu der Schaltung von Bild 2.7 12 Kontakte braucht, kommt man bei der entsprechenden Brückenschaltung von Bild 2.10 mit nur 8 Kontakten aus.

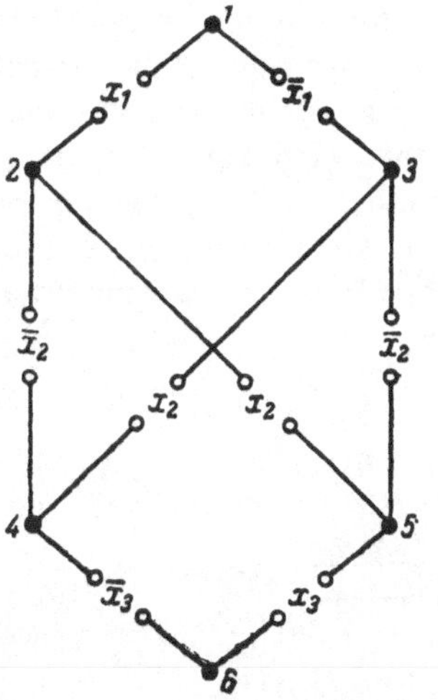

Bild 2.10

Dieser und der vorhergehende Paragraph haben deutlich gezeigt, daß der Aussagenkalkül ein mathematischer Apparat ist, der der Technik der Relaiskontakt-Schaltungen angemessen ist, und daß umgekehrt solche Schaltungen eine natürliche technische Verkörperung des Aussagenkalküls darstellen.

§ 2.4 Andere technische Realisierungen logischer Funktionen

Elektromechanische Relais sind durchaus nicht die einzige Möglichkeit, eine beliebige logische Funktion technisch zu realisieren. Es gibt eine ganze Anzahl anderer technischer Möglichkeiten, die Operationen des Aussagenkalküls auszuführen, und wir wollen im Folgenden einige Beispiele für solche logischen Schaltungen beschreiben.

a) Diodenschaltungen

Als Diode wird ein Element bezeichnet, das eine nichtlineare Kennlinie hat, so daß ein (elektrischer, pneumatischer, hydraulischer usw.) Strom in einer Richtung praktisch ohne Widerstand hindurchgehen kann, während in der

Bild 2.11

anderen Richtung ein praktisch unendlicher Widerstand auftritt. Ein solches Element hat also die Eigenschaften eines Ventils, das einen Strom nur in einer Richtung durchläßt, in der anderen sperrt. In Schaltungen wollen wir dafür das Symbol von Bild 2.11 verwenden, wobei die Spitze des Dreiecks in Richtung eines möglichen Stromes zeigt.

Bei Relaiskontakt-Schaltungen wurden die logischen Veränderlichen X_i in Form eines elektrischen Stromes auf den Eingang der Relais gegeben, und die Negation dieser Größen ergab sich durch die normalerweise geschlossenen Ruhekontakte. Mit Diodenschaltungen lassen sich keine Negationen realisieren. Bei Diodennetzwerken müssen deshalb, wenn notwendig, neben den Veränderlichen x_i auch deren Negationen $\bar{x}_i$ als Eingangsgrößen auftreten. Diese Negationen müssen außerhalb des Diodennetzwerkes gebildet werden, z. B. durch Relais.

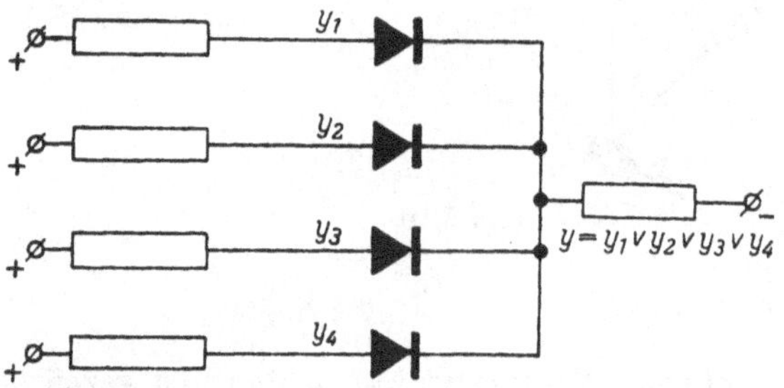

Bild 2.12

Wir wollen nun an einem Beispiel zeigen, wie man bei diesen Eingangsgrößen nur mit Dioden und linearen Widerständen jede beliebige logische Funktion realisieren kann. Die zu realisierende Funktion sei durch die vollständige disjunktive Normalform

$$y = y_1 \vee y_2 \vee y_3 \vee y_4$$
$$= (x_1 \mathbin{\&} \bar{x}_2 \mathbin{\&} \bar{x}_3) \vee (\bar{x}_1 \mathbin{\&} x_2 \mathbin{\&} \bar{x}_3) \vee (\bar{x}_1 \mathbin{\&} \bar{x}_2 \mathbin{\&} x_3) \vee (x_1 \mathbin{\&} x_2 \mathbin{\&} x_3)$$

gegeben. In dieser Funktion kommen drei unabhängige Veränderliche vor, und deshalb müssen also sechs Eingangsleitungen für x_1, $\bar{x}_1$, x_2, $\bar{x}_2$, x_3 und $\bar{x}_3$ vorhanden sein. Ausgangsleitungen müssen so viele vorhanden sein, wie in der Funktion disjunktive Glieder vorkommen (in unserem Beispiel vier, s. Bild 2.12). Alle Ausgangsleitungen enden in Dioden, deren Ausgänge zusammengefaßt und auf einen Ausgangswiderstand geschaltet werden. Diese Vereinigung bildet genau wie die Parallelschaltung die Disjunktion nach. Die Leitungen werden über Eingangswiderstände gespeist.
Jede Leitung entspricht einer Konjunktion der obigen Funktion. Jede Ausgangsleitung wird also durch Dioden mit allen denjenigen Eingangsleitungen verknüpft, die zu den in der konjunktiven Klammer dieser Leitung enthaltenen Veränderlichen gehören. Die Dioden sind dabei so zu schalten, daß sie den Strom von der Ausgangsleitung auf die Eingangsleitung durchlassen können. In unserem Beispiel entspricht die erste Konjunktion

$$y_1 = x_1 \mathbin{\&} \bar{x}_2 \mathbin{\&} \bar{x}_3$$

der Diodenschaltung von Bild 2.13, die vollständige Diodenschaltung unserer Funktion ist in Bild 2.14 angegeben. Analog dazu kann man jede beliebige logische Funktion so realisieren.

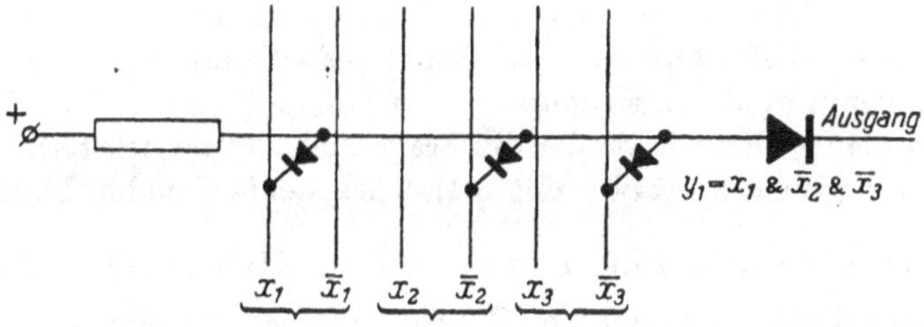

Bild 2.13

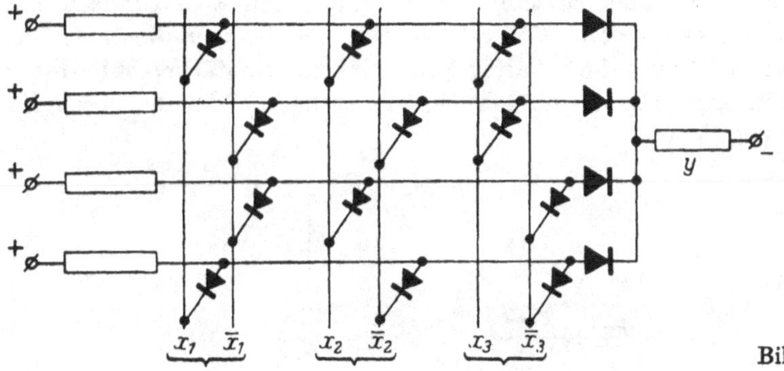

Bild 2.14

Die beschriebene Methode geht davon aus, die Funktion in der vollständigen disjunktiven Normalform zu realisieren, und entspricht also dem in § 2.3 angegebenen Verfahren, eine Schaltung aus Relaiskontakten zu konstruieren. Derartige Schaltungen sind aber zumeist nicht wirtschaftlich, was die Anzahl der Dioden anbelangt. Es gibt Methoden zur Konstruktion von Schaltungen mit weniger Dioden (s. z. B. [23]), auf die wir aber hier nicht eingehen wollen.

b) Triodenschaltungen

Als Triode bezeichnen wir ein Element, das einen veränderlichen, von einem Steuersignal abhängigen Widerstand hat. Ein typisches Beispiel ist eine Röhrentriode, in der der Anodenstrom bei sonst gleichen Bedingungen durch die Gitterspannung bestimmt wird, oder eine Halbleitertriode, ein Transistor, dessen Widerstand sich unter dem Einfluß eines äußeren Signals ändert.
Die Kennlinie einer jeden Triode hat eine Sättigung. Nimmt man als logische Veränderliche (mit den Werten 0 und 1) die Werte des Steuersignals, bei denen der Widerstand der Triode minimal und maximal ist, so kann man den Widerstand der Triode als Ausgangsveränderliche des Elementes ansehen. Durch verschiedene Zusammenschaltungen von veränderlichen Widerständen, also Trioden, und konstanten passiven Widerständen kann man sowohl logische Funktionen einer (Bild 2.15) als auch mehrerer Veränderlicher (Bild 2.16) realisieren.

Hat man die Möglichkeit, die Negation, Disjunktion und Konjunktion mit diesen Elementen nachzubilden, so kann man jede disjunktive oder konjunktive Normalform und also überhaupt jede beliebige logische Funktion realisieren. Auch hier wollen wir wieder die Frage nicht weiter erörtern, wie man eine gegebene logische Funktion mit möglichst wenig Trioden bilden kann.

c) Schaltungen aus magnetischen Elementen

Eine besondere Klasse von logischen Schaltungen benutzt Magnetverstärker. Wir wollen hier kurz und in sehr vereinfachter Form eine der möglichen Methoden zur Konstruktion von magnetischen Schaltkreisen beschreiben und nur eine allgemeine Vorstellung über Schaltungen dieser Art vermitteln. Das Bild 2.17 zeigt die Schaltung eines Magnetverstärkers mit einer positiven Rückführung. Die Grundlage des Verstärkers bildet der Kern 1 mit einer Reihe von Wicklungen.

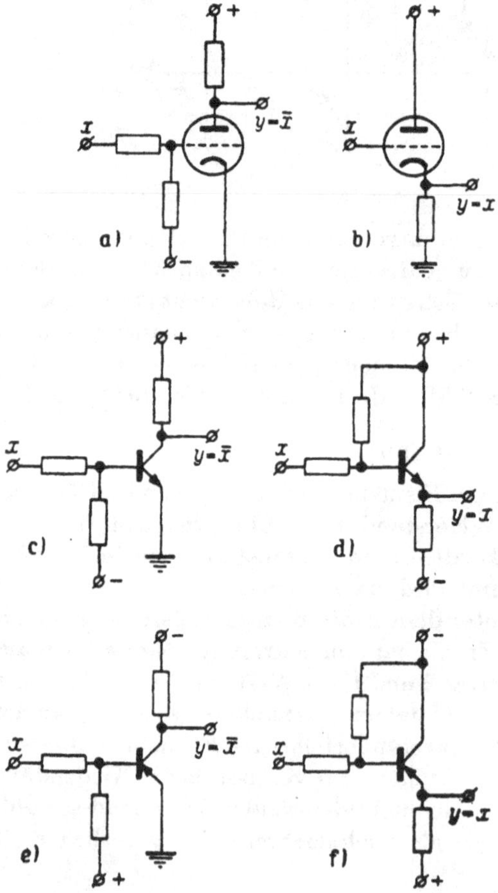

Bild 2.15

Der Verstärker wird durch einen Wechselstrom gespeist, der auf die beiden Wicklungen $w_\sim$ und $w'_\sim$ gegeben wird, und über die Diodenbrücke 2 und den Lastwiderstand R wirkt auf die Wicklungen w_r und w'_r eine positive Rückführung. Neben diesen Wicklungen trägt der Kern noch die Verschiebewicklungen w_v und w'_v und ein oder mehrere Steuerwicklungen w_{s1} und w'_{s1}, w_{s2} und w'_{s2}, usw. Auf die Verschiebewicklungen wird der unveränderliche Gleichstrom i_v gegeben. Auch die Steuerwicklungen werden von Gleichstrom gespeist, dessen Wert als Eingangsveränderliche für die ganze Schaltung benutzt wird. Ausgangsgröße ist der Strom i im Lastkreis.

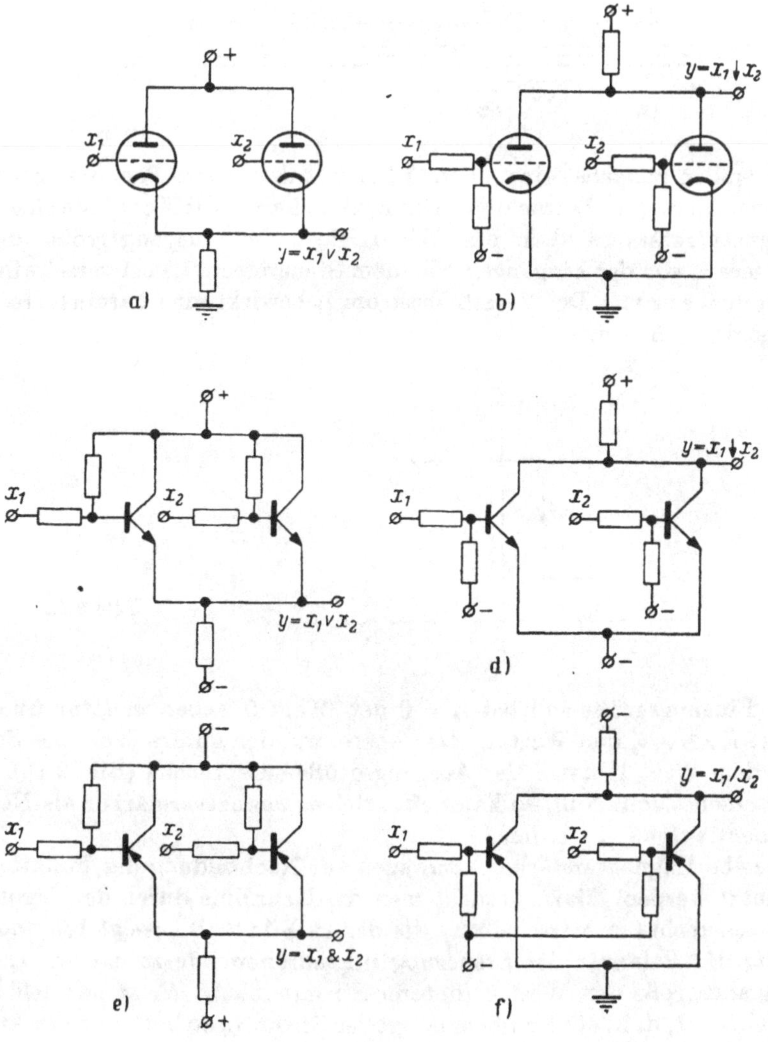

Bild 2.16

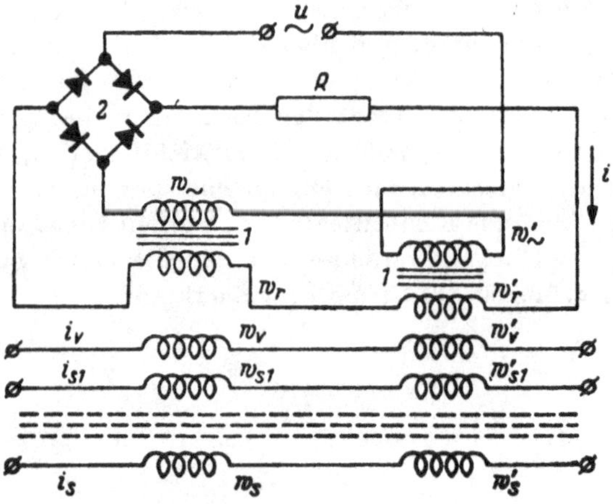

Bild 2.17

Wir wollen zunächst einen Verstärker mit nur einem Paar von Steuerwicklungen w_{s1} und w'_{s1} betrachten. Das Bild 2.18 zeigt die Kennlinie eines solchen Magnetverstärkers, d. h. die Abhängigkeit der Ausgangsgröße (des Laststromes i) von der Eingangsgröße (dem Steuerstrom i_s) bei verschwindendem Verschiebestrom. Der Verschiebestrom i_v bewirkt eine Parallelverschiebung ängs der i_s-Achse.

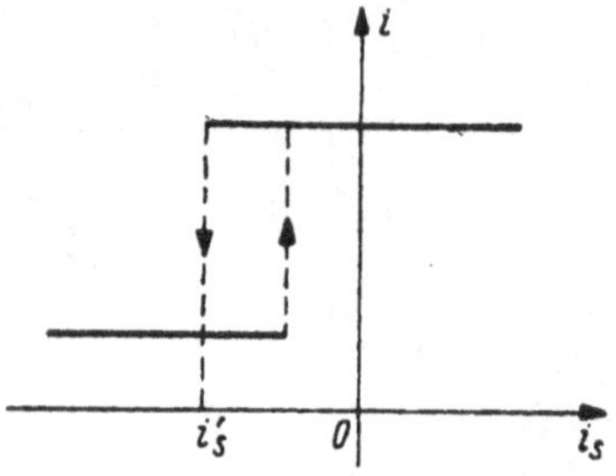

Bild 2.18

Die Eingangsgröße soll bei $i_s = 0$ den Wert 0 haben und für irgendeinen Wert $i_s < -i'_s$ den Wert 1. Der obere und der untere Wert des Stromes i soll dem Wert 1 bzw. 0 der Ausgangsgröße entsprechen (Bild 2.18). Ist der Verschiebestrom Null, so kann ein solcher Magnetverstärker als Negationselement aufgefaßt werden.

Derselbe Magnetverstärker kann auch zur Nachbildung der Funktion $y = x$ benutzt werden. Dazu braucht man die Kennlinie durch den Strom i_v nur so nach rechts zu verschieben, wie das in Bild 2.19 gezeigt ist, und gleichzeitig die Polarität der Steuerung umzudrehen. Jetzt hat für $i_s = 0$ die Ausgangsgröße den Wert 0 (unterer Strompunkt). Wirkt auf den Eingang die Größe 1, d. h. ein hinreichend großer Strom i_s, so hat auch die Ausgangs-

größe den Wert 1, d. h. der Laststrom i nimmt seinen größten Wert an. Ein solcher Magnetverstärker ist also ein kontaktloses Analogon zu einem elektromechanischen Relais mit einem Ruhe- und einem Arbeitskontakt.
Wir wollen nun denselben Magnetverstärker, aber mit mehreren Steuerwicklungen betrachten. Beim Aufschalten des entsprechenden Verschiebestromes bleibt die Kennlinie von Bild 2.19 unverändert, wenn man auf der Abszissenachse die summierten Amperewindungen aller Steuerwicklungen aufträgt. Nehmen wir für die Werte 0 und 1 der Eingangsgrößen dieselben Verabredungen wie bei einem Magnetverstärker mit nur einer Steuerwicklung, so ergibt sich ein Element, das die Disjunktion aller n Eingangsgrößen realisiert. Es genügt nämlich, daß irgendeine der Steuerwicklungen den Wert 1 annimmt, um einen maximalen Ausgangsstrom zu erzielen.

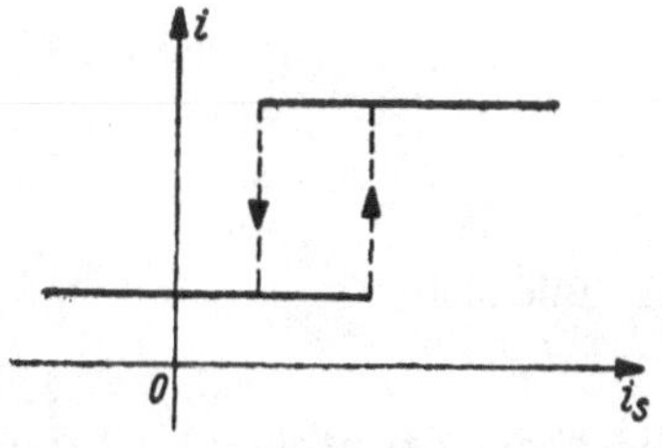

Bild 2.19

Sind n Eingangsveränderliche vorhanden und nimmt man als 1 einen n-mal kleineren Wert, so ergibt sich am Ausgang nur dann der Wert 1, wenn alle Eingangsgrößen den Wert 1 haben. Der Magnetverstärker bildet dann die konjunktive Verknüpfung der n Eingänge. Solche Magnetverstärker sind demnach kontaktlose Analoga von elektromagnetischen Relais mit mehreren Wicklungen.
Derartige Magnetverstärker können zu Netzwerken zusammengefaßt werden, bei denen die Ausgänge auf die Eingänge anderer Verstärker geschaltet werden, und auf diese Weise lassen sich beliebige logische Funktionen nachbilden, da man die Funktionen der Negation, Disjunktion und Konjunktion nachbilden kann.

d) Schaltungen mit pneumatischen Relais

Die Schaltung eines pneumatischen Relais ist in Bild 2.20a angegeben, während Bild 2.20b die für ein solches Relais verabredete Kurzbezeichnung darstellt. Das Relais besteht aus vier Kammern K_1, K_2, K_3, K_4, die durch die Membranen M_1, M_2 und M_3 getrennt sind. Diese Membranen sind durch eine gemeinsame Stange S verbunden. Auf die Kammern K_1 und K_2 können über die Kanäle L_1 und L_2 die Steuerdrücke P_a und P_b gegeben werden. Die Kammer K_3 wird durch den Achskanal C_3 mit dem Speisedruck P_S versorgt, die Kammer K_4 über den Kanal L_4 mit athmosphärischem Druck.

Der Achskanal C_4 und der Kanal L_3 verbinden die Kammern K_3 und K_4 durch eine Rückführung R, in der der Ausgangsdruck P entsteht.

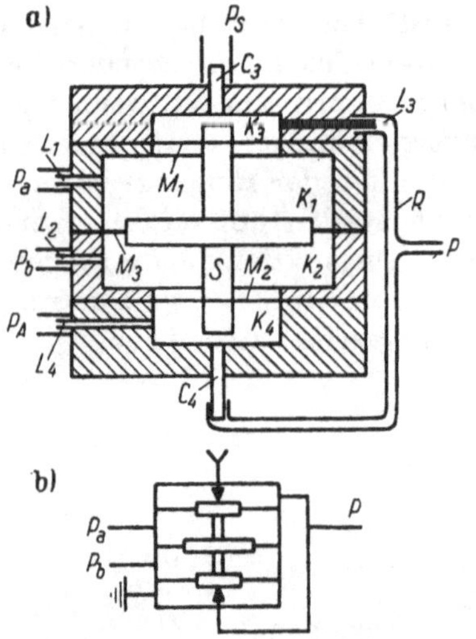

Bild 2.20

In der obersten Stellung verschließt die obere Stirnseite der Stange S den Kanal C_3, während die untere Stirnfläche gleichzeitig den Kanal C_4 freigibt. Am Ausgang herrscht also (über die Kammer 4) Normaldruck. In der unteren Lage ist Kanal C_3 frei und C_4 verschlossen, und der Ausgangsdruck ist gleich dem Speisedruck.

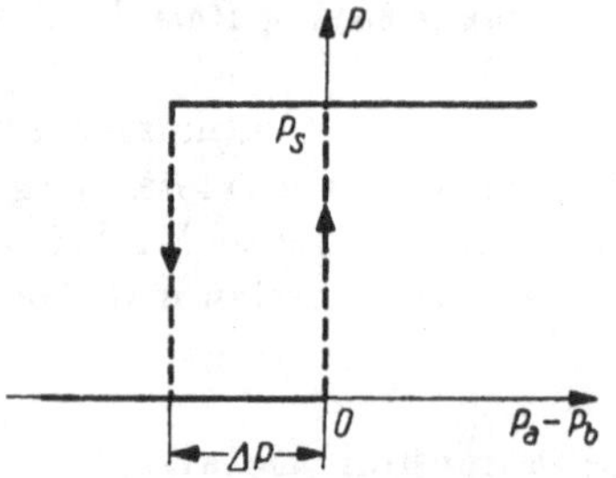

Bild 2.21

Die Lage der Stange ist von den Drücken in den Kammern K_1, K_2 und K_3 abhängig, d. h. von P_a, P_b und P. Die Rückwirkung des Ausgangsdruckes P auf die Lage der Membranen verursacht eine positive Rückführung.

Die Kennlinie eines solchen pneumatischen Relais zeigt das Bild 2.21. Betrachten wir zunächst die Verhältnisse, wenn auf die Kammer K_2 ein konstanter Druck $P_b = P_{v1}$ wirkt (der sog. Verschiebedruck). In dem Koordinatensystem mit den Achsen P und $P_a - P_b$ verschiebt sich die Kennlinie dann nur um den Betrag von P_{v1} nach rechts (Bild 2.22). Ein Gerät dieser Art kann man zur Realisierung der logischen Funktion $y = x$ benutzen. Dazu ordnen wir einem Druck größer als P_{v1} das Symbol 1 zu, einem Druck kleiner als $P_{v1} - \Delta P$ das Symbol 0. Der Speisedruck P_S muß größer als P_{v1} sein. Nach den in Bild 2.20 eingeführten Bezeichnungen ist das Relais für die Operation $y = x$ in Bild 2.23 dargestellt. In der doppelt schraffierten Kammer herrscht der Druck P_{v1}.

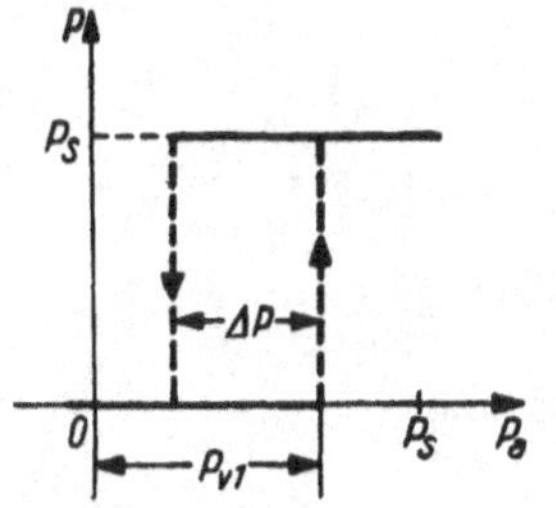

Bild 2.22

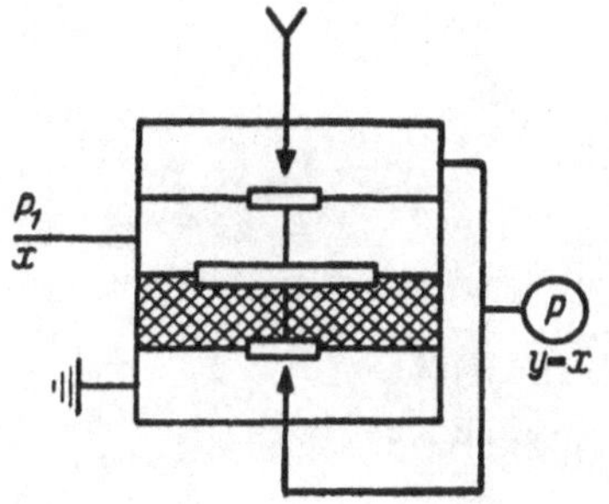

Bild 2.23

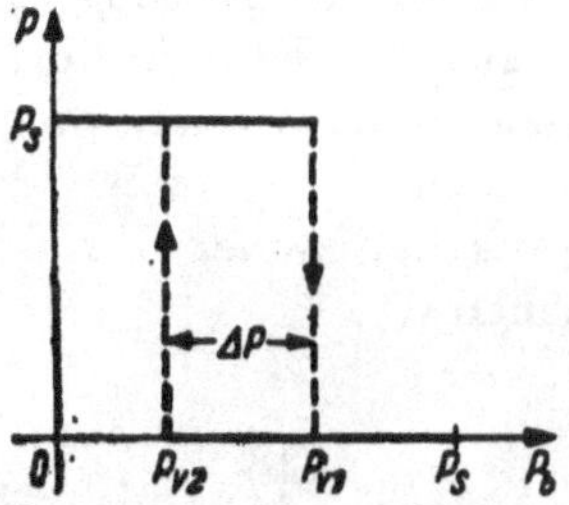

Bild 2.24

Zur Realisierung der Negation $y = \bar{x}$ wird die Kammer K_1 mit einem konstanten Druck P_{v2} versorgt. Die Kennlinie des Relais hat in diesem Fall die Form von 2.24. In der Darstellung von Bild 2.25 ist die Kammer mit dem Druck P_{v2}, der von P_{v1} verschieden ist, einfach schraffiert. Die Drücke P_{v1} und P_{v2} sind deshalb verschieden, weil P_{v1} die rechte und P_{v2} die linke Vertikale der Hysterese bestimmt. Wenn wir annehmen, daß die unabhängige Veränderliche $P_1 = 1$ ist, dann hat die Ausgangsgröße für

$P_b > P_{v2} + \Delta P$ den Wert 0 und für $P_b < P_{v2}$, wenn $P_1 = 0$ ist, ist der Ausgangsdruck $P = P_S$, und also hat der Ausgang den Wert 1.
Nachdem wir die Realisierung der logischen Funktionen einer Veränderlichen gezeigt haben, wollen wir zu Funktionen von zwei und mehr Veränderlichen

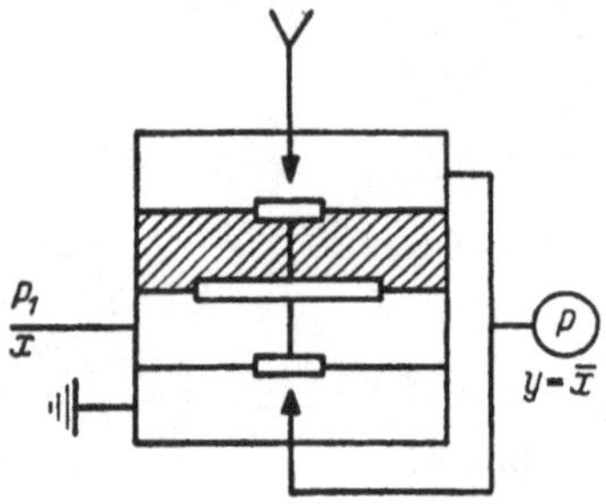

Bild 2.25

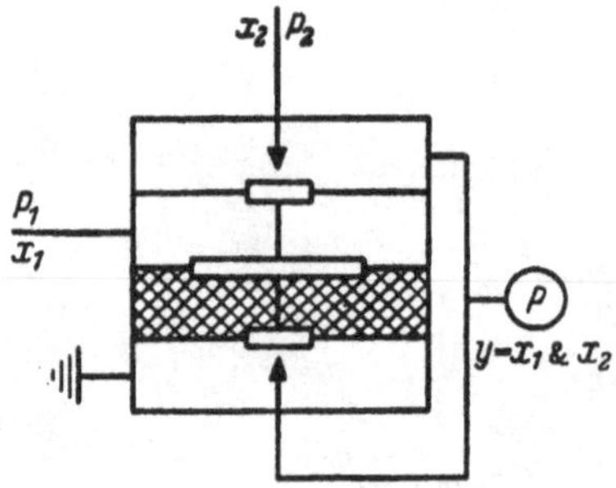

Bild 2.26

übergehen. Wie in Bild 2.26 gezeigt, geben wir auf die Leitung P_S nun die zweite unabhängige Veränderliche P_2 und erzeugen dadurch die Konjunktion. Die Serienschaltung von Bild 2.27 zeigt dann weiter, wie man die Konjunktion von n unabhängigen Veränderlichen bilden kann.
Bild 2.28 zeigt die Schaltung für die Disjunktion zweier Veränderlicher, Bild 2.29 die Disjunktion von n Veränderlichen.

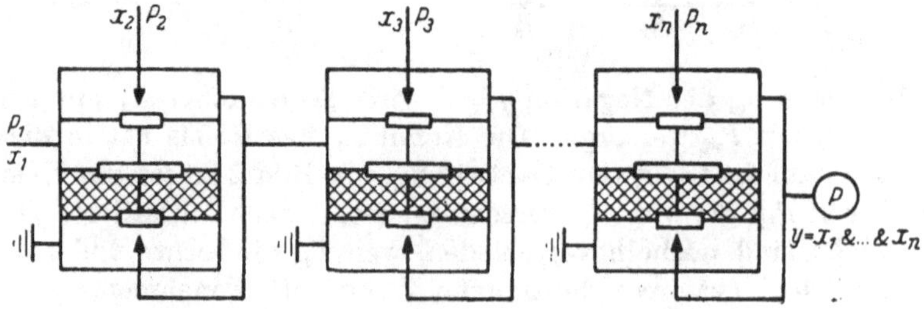

Bild 2.27

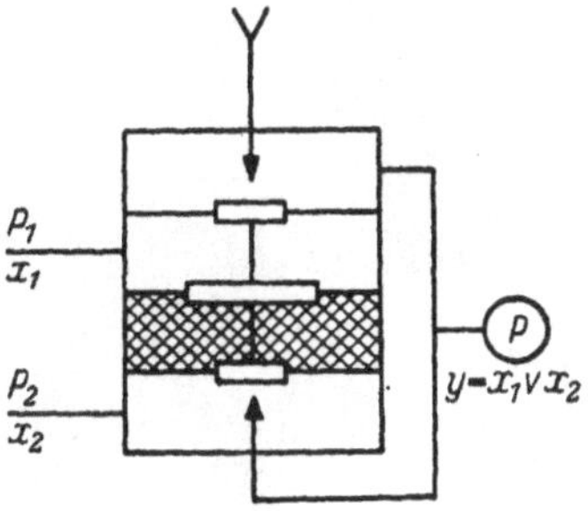

Bild 2.28

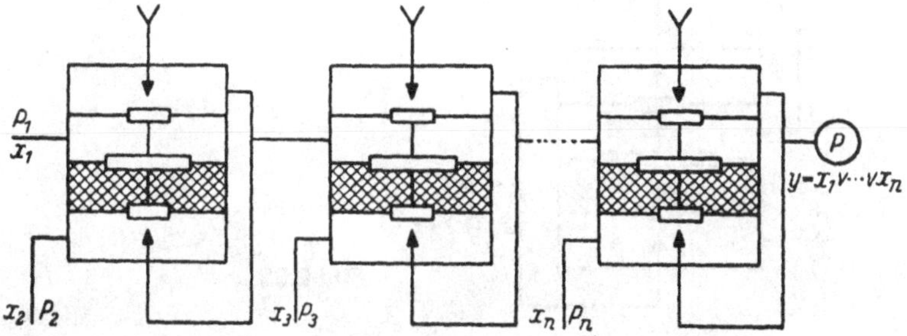

Bild 2.29

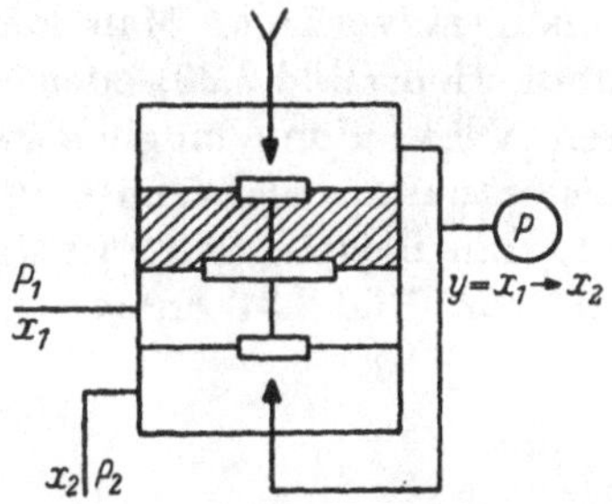

Bild 2.30

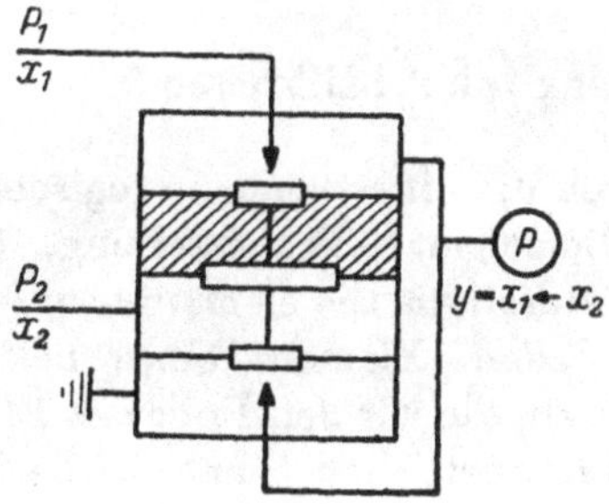

Bild 2.31

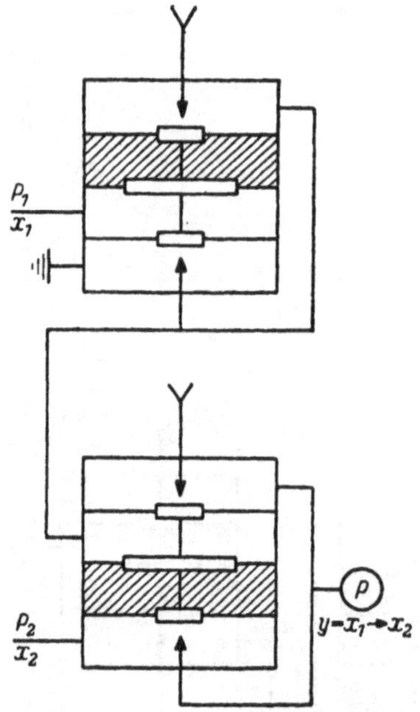

Bild 2.32

Nachdem durch solche pneumatischen Relais die Negation, Konjunktion und Disjunktion gebildet werden kann, kann man also wieder jede logische Funktion realisieren, die in einer Normalform vorliegt. Man kann diese pneumatischen Relais aber auch als Implikation (Bild 2.30) oder Verriegelung (Bild 2.31) schalten und bei deren Verwendung möglicherweise zu Schaltungen kommen, die weniger Relais enthalten, als wenn man nur die obigen drei Grundschaltungen verwendet. Ein Beispiel dafür ist die Schaltung von Bild 2.32, wo die Implikation von Bild 2.31 entsprechend der Beziehung

$$P = P_1 \to P_2 = \overline{P_1} \vee P_2$$

durch die Negation (Bild 2.23) und die Disjunktion (Bild 2.28) aufgebaut ist.

§ 2.5 Probleme der Minimisierung von Schaltkreisen

Bei der Konstruktion von Geräten, durch die eine gegebene logische Funktion realisiert werden soll, ergibt sich die folgende Fragestellung. Gegeben ist ein bestimmter Satz von Elementen, durch die die elementaren logischen Funktionen gebildet werden können. Jedem Element eines bestimmten Typs kann man eine positive Zahl zuordnen, die wir den Preis des Elementes nennen wollen. Dies kann der Preis im wörtlichen Sinne sein oder aber irgendein anderer verabredeter Koeffizient. Liegt dann irgendeine zu realisierende logische Funktion (z. B. in der disjunktiven Normalform) vor, so ist unter allen möglichen Schaltungen, die mit den vorhandenen Elementen gebildet werden können, diejenige gesucht, die zu dem durch

$$p = \sum_{i=1}^{r} \alpha_i h_i$$

definierten minimalen Preis führten. Dabei ist α_i die Zahl der Elemente eines bestimmten Typs, h_i der Preis dieses Elementes und r die Zahl der verschiedenen Elemente des Satzes.

Diese Aufgabenstellung, oft das Problem der Minimisierung genannt, ist das zentrale Problem aller technischen Anwendungen des Aussagenkalküls, und es gibt zahlreiche Arbeiten über dieses Problem. Für spezielle Lösungen dieses Problems ist eine große Anzahl von Algorithmen vorgeschlagen worden.

Alle diese Algorithmen enthalten mehr oder weniger komplizierte Durchmusterungen von verschiedenen Varianten. Es gibt bis jetzt noch keine praktisch brauchbaren und bequemen Methoden zur Minimisierung, sondern es gibt nur einzelne „Pfade", auf denen man hoffen kann, zu mehr oder weniger wirtschaftlichen Schaltungen zu kommen.

Um in allgemeinen Zügen eine Vorstellung von dieser Problemstellung und den bei der Lösung auftretenden Schwierigkeiten zu geben, wollen wir einen dieser Algorithmen zur Lösung eines Teilproblems der Minimisierung beschreiben und dabei aber Einzelheiten weglassen.

Wir wollen annehmen, daß eine logische Funktion F in der vollständigen disjunktiven Normalform gegeben sei. Unser Satz von verfügbaren Elementen möge aus den Elementen UND, ODER und NICHT bestehen, wobei die Elemente UND und ODER jeweils zwei Eingänge haben mögen. Der Preis aller Elemente sei gleich, so daß also eine Schaltung gesucht wird, die nur aus diesen Elementen UND, ODER und NICHT besteht und eine minimale Anzahl dieser Elemente enthält.

Zur Lösung dieses Problems wollen wir die Methode von Quine [221] benutzen. Diese Methode besteht aus den folgenden Schritten. Unter Benutzung der Identität

$$(A \mathbin{\&} x) \vee (A \mathbin{\&} \bar{x}) = A\,, \tag{2.1}$$

wobei A irgendeine Konjunktion der Veränderlichen ist, führen wir alle möglichen Vereinfachungen bei den Gliedern der disjunktiven Normalform durch. Die sich ergebenden Konjunktionen prüfen wir erneut auf die Vereinfachungsmöglichkeit (2.1) hin usw., bis sich die entstehenden Konjunktionen nicht weiter vereinfachen lassen. Paare von Konjunktionen, auf die sich die Identität (2.1) nicht mehr anwenden läßt, heißen *Primimplikanten* von F.

QUINE hat bewiesen, daß jede minimale disjunktive Normalform von F eine Disjunktion von Primimplikanten ist. Der folgende Schritt besteht also darin, diejenige Kombination von Primimplikanten zu finden, deren disjunktive Verknüpfung einen minimalen Ausdruck liefert. In [167] und [210] sind Verfahren angegeben, wie man eine solche Kombination von Primimplikanten finden kann, deren Disjunktion zu F äquivalent ist, wobei aber das Weglassen auch nur eines Primimplikanten diese Äquivalenz zerstört. Eine solche Disjunktion wollen wir einen „Ziel"-Ausdruck von F nennen. Bei jedem möglichen Zielausdruck zählen wir die Zeichen $^{-}$, &, und $\vee$ ab und nehmen jenen, bei dem die Gesamtzahl dieser Zeichen am kleinsten ist. Nach unserem Kostenkriterium ist dies der Minimalausdruck.
Als Beispiel betrachten wir die logische Funktion

$$F(x_1, x_2, x_3) = (\bar{x}_1 \,\&\, x_2 \,\&\, x_3) \vee (x_1 \,\&\, \bar{x}_2 \,\&\, x_3) \vee$$
$$\vee (x_1 \,\&\, x_2 \,\&\, \bar{x}_3) \vee (\bar{x}_1 \,\&\, \bar{x}_2 \,\&\, x_3) \vee (\bar{x}_1 \,\&\, x_2 \,\&\, \bar{x}_3) .$$

Wenn wir die Glieder dieser Normalform nach Gleichung (2.1) paarweise zusammenfassen (wobei jedes Glied mehr als einmal benutzt werden kann), so ergeben sich die Konjunktionen

$$\bar{x}_1 \,\&\, x_3 , \qquad \bar{x}_1 \,\&\, x_2 , \qquad \bar{x}_2 \,\&\, x_3 , \qquad x_2 \,\&\, \bar{x}_3 ,$$

die sich nicht weiter nach Gleichung (2.1) vereinfachen lassen. Da es zugleich alle derartigen Konjunktionen sind, sind dies alle Primimplikanten von F. Die Disjunktion aller dieser vier Primimplikanten ist mit F äquivalent. Man sieht bei diesem einfachen Beispiel aber leicht, daß die Äquivalenz durch das Weglassen von $\bar{x}_1 \,\&\, x_3$ nicht verloren geht, während die dann übrigbleibenden drei Konjunktionen unentbehrlich sind. Es ist also

$$F = (\bar{x}_1 \,\&\, x_2) \vee (\bar{x}_2 \,\&\, x_3) \vee (x_2 \,\&\, \bar{x}_3)$$

ein Zielausdruck ebenso wie

$$(\bar{x}_1 \,\&\, x_3) \vee (\bar{x}_2 \,\&\, x_3) \vee (x_2 \,\&\, \bar{x}_3) .$$

Dies sind aber zugleich die einzigen Zielausdrücke. Sie enthalten beide gleich viele Symbole $^{-}$, & und $\vee$ und sind deshalb gleichwertige minimale Ausdrücke.
An einem Beispiel haben wir das Verfahren von QUINE gezeigt. Es gibt heute Dutzende von Algorithmen zur Bestimmung der Primimplikanten logischer Funktionen. Die einen eignen sich besonders für eine manuelle Berechnung, andere benutzt man vorteilhaft bei der Berechnung auf Digitalrechnern, wieder andere sind bei der Untersuchung von theoretischen Problemen der Minimisierung von Vorteil. Je nach diesen Gesichtspunkten benutzt man spezielle Diagramme [127], die Darstellung auf einem n-dimensionalen Würfel [257], numerische Methoden [91], [23] usw.

Auch zur Bildung minimaler Normalformen aus den Primimplikanten gibt es eine Reihe von Algorithmen (s. z. B. [257]). Da das Aufsuchen von minimalen Ausdrücken schon bei relativ wenigen Veränderlichen, etwa 6 oder 7, außerordentlich aufwendig und umständlich wird, sind vereinfachte Algorithmen vorgeschlagen worden, um wenigstens fast minimale Ausdrücke zu finden [228]–[230].

Der Algorithmus von QUINE liefert eine minimale disjunktive Normalform. In manchen Fällen erweist sich allerdings die minimale konjunktive Normalform weniger aufwendig als die disjunktive. Um also minimale Ausdrücke zu erhalten, sollte man sowohl die disjunktive wie auch die konjunktive Normalform aufstellen und sich daraus die mit dem kleinsten Aufwand aussuchen. Die Methoden zur Aufstellung minimaler konjunktiver Normalformen sind aber zu den Methoden für die minimalen disjunktiven Normalformen völlig dual, und wir wollen uns deshalb nicht länger damit aufhalten.

Hat man eine minimale Normalform einer logischen Funktion gefunden, so bedeutet dies aber noch nicht, daß es keine einfacheren Ausdrücke geben kann. So möge z. B.

$$F(x_1, \ldots, x_6) = (x_2 \,\&\, x_3 \,\&\, x_4 \,\&\, x_6) \vee (x_1 \,\&\, x_2 \,\&\, x_5) \vee \\ \vee (x_1 \,\&\, x_2 \,\&\, x_6) \vee (x_1 \,\&\, x_3 \,\&\, x_4 \,\&\, x_5) \tag{2.2}$$

eine minimale disjunktive Normalform einer logischen Funktion sein. Sie enthält 13 Symbole & und $\vee$. Die minimale konjunktive Normalform derselben Funktion

$$F(x_1, \ldots, x_6) = (\bar{x}_1 \,\&\, \bar{x}_3) \vee (\bar{x}_1 \,\&\, \bar{x}_4) \vee (\bar{x}_2 \,\&\, \bar{x}_3) \vee (\bar{x}_2 \,\&\, \bar{x}_4) \vee \\ \vee (\bar{x}_1 \,\&\, \bar{x}_2) \vee (\bar{x}_1 \,\&\, \bar{x}_6) \vee (\bar{x}_2 \,\&\, \bar{x}_5) \vee (\bar{x}_5 \,\&\, \bar{x}_6)$$

enthält $8 + 7 + 16 = 31$ Symbole —, &, $\vee$. Also ist (2.2) eine minimale Normalform. Trotzdem ist der Ausdruck

$$F(x_1, \ldots, x_6) = [x_1 \,\&\, x_2 \,\&\, (x_5 \vee x_6)] \vee \\ \vee \{x_3 \,\&\, x_4 \,\&\, [(x_1 \,\&\, x_5) \vee (x_2 \,\&\, x_6)]\} \tag{2.3}$$

für dieselbe Funktion mit nur 9 Symbolen & und $\vee$ noch weniger aufwendig.

Im vorliegenden Fall konnten wir die minimale Normalform wegen der Beziehung $(A \,\&\, B) \vee (A \,\&\, C) = A \,\&\, (B \vee C)$ noch weiter vereinfachen. Es gibt aber auch Funktionen, bei denen die maximale Anwendung des distributiven Gesetzes auf die minimale Normalform nicht zu noch einfacheren Ausdrücken führt. So gibt es für die Funktion (2.2) den noch einfacheren Ausdruck

$$F(x_1, \ldots, x_6) = [(x_1 \,\&\, x_2) \vee (x_3 \,\&\, x_4)] \,\&\, [(x_1 \,\&\, x_5) \vee (x_2 \,\&\, x_6)],$$

wenn man in (2.3) das erste Glied der Disjunktion in der erweiterten Form

$$x_1 \,\&\, x_2 \,\&\, (x_5 \vee x_6) = x_1 \,\&\, x_2 \,\&\, [(x_1 \,\&\, x_5) \vee (x_2 \,\&\, x_6)]$$

schreibt und dann das distributive Gesetz anwendet.

Selbstverständlich lassen sich andere logische Funktionen mit anderen Identitäten vereinfachen. Und die Frage, welche Identität man zur Vereinfachung einer Funktion zu nehmen hat und ob es überhaupt eine Vereinfachung gibt, ist ein sehr kompliziertes und wichtiges Problem.

Im Zusammenhang damit wurde die Frage nach einem Algorithmus gestellt, durch den sich eine gegebene Funktion auf eine solche Form bringen läßt, von der mit Sicherheit gesagt werden kann, daß es keine anderen Ausdrücke mit noch weniger Aufwand gibt [11], [2]. Ein solcher Ausdruck wird *absolut minimal* genannt. Diese Algorithmen zur Erzeugung absolut minimaler Ausdrücke sind sehr viel komplizierter als diejenigen zum Aufstellen minimaler Normalformen. Wir können diese Algorithmen hier nicht im einzelnen beschreiben und wollen nur darauf hinweisen, daß jeder solche nichttriviale Algorithmus zwei Gesichtspunkte berücksichtigen muß:

1) Aufstellen der Grenzen für die maximale Kompliziertheit absolut minimaler Ausdrücke der gegebenen Funktion,
2) Bestimmung der absolut minimalen Ausdrücke der Funktion innerhalb dieser maximalen Kompliziertheit.

So kann man z. B. fordern, daß die minimalen Ausdrücke der Funktion (2.2) nicht komplizierter als eine ,,Disjunktion von Konjunktionen von Disjunktionen" und eine ,,Konjunktion von Disjunktionen von Konjunktionen" sein sollen. Mit Hilfe von speziellen Algorithmen kann man dann gewisse Ausdrücke dieser Struktur ähnlich den obigen Zielausdrücken bilden und sich den kleinsten aussuchen. Im vorliegenden Fall gibt es zwei Ausdrücke der Form ,,Disjunktion von Konjunktionen von Disjunktionen"

$$F(x_1, \ldots, x_6) = [x_3 \,\&\, (\bar{x}_1 \vee \bar{x}_2)] \vee (x_2 \,\&\, \bar{x}_3)\,,$$

$$F(x_1 \ldots, x_6) = [x_2 \,\&\, (\bar{x}_1 \vee \bar{x}_3)] \vee (\bar{x}_2 \,\&\, x_3)$$

und einen ,,entarteten" Ausdruck der Form ,,Konjunktion von Disjunktionen von Konjunktionen"

$$F(x_1, \ldots, x_6) = (\bar{x}_1 \vee \bar{x}_2 \vee \bar{x}_3) \,\&\, (x_2 \vee x_3)\,.$$

Die Bestimmung absolut minimaler Ausdrücke hat vieles mit der Aufstellung minimaler Normalformen gemeinsam. Die Zahl der ,,Ziel"-Ausdrücke ist hier allerdings auch für Funktionen weniger Veränderlicher so ungewöhnlich groß, daß diese Algorithmen für absolut minimale Ausdrücke praktisch nicht anwendbar sind. Es sind Algorithmen entwickelt worden, die nur eine kleine Zahl von Elementaroperationen verwenden und die im Endergebnis Ausdrücke komplizierterer Art als Normalformen liefern und also im allgemeinen fast absolut minimale Ausdrücke ergeben. Speziell könnte man einen Algorithmus aufstellen, bei dem das distributive Gesetz nacheinander auf die Primimplikanten einer gegebenen Funktion angewendet wird. Die sich dadurch ergebenden Implikanten sind dann von

komplizierterer Form als die gewöhnlichen Primimplikanten. Aus diesen allgemeineren Implikanten lassen sich Zielausdrücke konstruieren, aus denen dann der mit dem kleinsten Aufwand herausgesucht wird.
Aber auch in dem Fall, wo der absolut minimale Ausdruck einer gegebenen Funktion bekannt ist, kann es sich herausstellen, daß die entsprechend diesem Ausdruck aufgestellte Schaltung nicht minimal ist. Ist dieser absolut minimale Ausdruck einer Funktion z. B.

$$F = x_3 \,\&\, [x_5 \,\&\, (x_1 \vee x_2) \vee (x_2 \,\&\, x_4)] \vee \vee \{x_6 \,\&\, [(x_1 \,\&\, x_5) \vee (x_2 \,\&\, x_4)]\}\,, \qquad (2.4)$$

so kann man sofort eine Schaltung von 10 Elementen angeben. Trotzdem läßt sich diese Funktion aber auch schon mit 8 Elementen realisieren (Bild 2.33). Das liegt daran, daß man manchmal bei der Aufstellung der

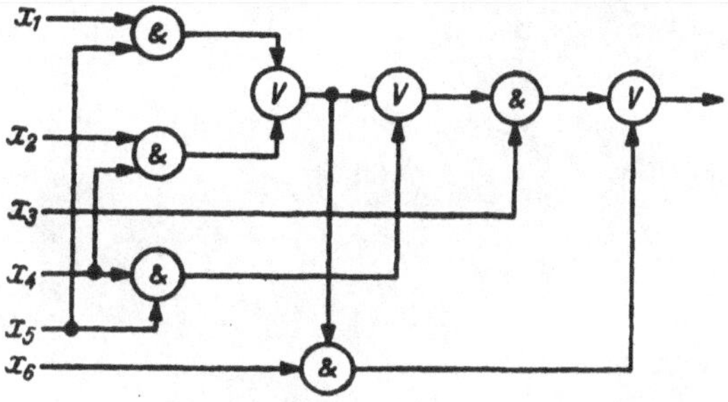

Bild 2.33

Schaltung ein und denselben Schaltungsteil mehrfach benutzen kann. Schreiben wir z. B. die Funktion (2.4) in der Form

$$F = \{x_3 \,\&\, [(x_5 \,\&\, x_1) \vee (x_5 \,\&\, x_2) \vee (x_2 \,\&\, x_4)]\} \vee \{x_6 \,\&\, [(x_1 \,\&\, x_5) \vee \vee (x_2 \,\&\, x_4)]\} = \{x_3 \,\&\, [Q \vee (x_5 \,\&\, x_2)]\} \vee (x_6 \,\&\, Q)$$

mit

$$Q = (x_1 \,\&\, x_5) \vee (x_2 \,\&\, x_4)\,, \qquad (2.5)$$

so kann man diesen mit Q bezeichneten Teil der Schaltung doppelt verwenden.
In diesem kurzen Überblick haben wir das Problem der Minimisierung nur unter der Bedingung oberflächlich behandelt, daß alle Elemente ein und dasselbe Gewicht, also dieselben Kosten haben. In [229] ist gezeigt, daß die Lösung des analogen Problems bei festen, aber verschiedenen Kosten durch ein etwas abgewandeltes Verfahren gefunden werden kann. Der einzige Unterschied besteht darin, daß man bei der Wahl des minimalen Ausdrucks aus den Zielausdrücken ein anderes Kriterium benutzen muß. Erwähnt sei z. B. die Minimisierung von Funktionen aus den Elementen

UND, ODER und NICHT, wobei die ersten beiden Elemente nur jeweils zwei Eingänge haben dürfen.

So kann man das Problem für andere Sätze von Elementen betrachten. Dabei muß allerdings für jeden neuen Satz das Problem erneut gelöst werden. Besteht dieser Satz z. B. aus der Negation und der Disjunktion und Konjunktion für jeweils n Veränderliche, so hat man solche Zielausdrücke zu suchen, bei der die Zahl der Primimplikanten möglichst klein ist.

In letzter Zeit hat das Problem der Minimisierung von Schaltkreisen besondere Bedeutung erlangt, in denen universelle Elemente benutzt werden, die durch einfaches Verstellen verschiedene Funktionen realisieren können. Ein typisches Beispiel dieser Art sind die oben beschriebenen pneumatischen Relais. Trotz vieler Versuche ist das Problem der Minimisierung mit solchen Elementen heute noch ungelöst.

KAPITEL III

Allgemeines über endliche Automaten und sequentielle Maschinen

§ 3.1 Diskrete Zeit und Takt

Es seien $\{x\}_i$ $(i = 1, 2, \ldots, n)$ und $\{y\}$ Alphabete mit jeweils endlich vielen Symbolen. Die funktionale Abhängigkeit

$$y = f(x_1, x_2, \ldots, x_n) \tag{3.1}$$

bedeutet dann eine Beziehung zwischen irgendeiner Gesamtheit von Symbolen aus den Alphabeten $\{x\}_1, \{x\}_2, \ldots, \{x\}_n$ und einem Symbol des Alphabets $\{y\}$.

Wir betrachten nun ein ideales Gerät zur Realisierung der funktionalen Abhängigkeit (3.1). Dieses Gerät hat n Eingänge und einen Ausgang. Auf die Eingänge wirken exakt gleichzeitig die Symbole aus den Alphabeten $\{x\}_i$. Zum gleichen Zeitpunkt erscheint am Ausgang entsprechend der Beziehung (3.1) das Symbol aus dem Alphabet $\{y\}$. Ein solches momentan wirkendes ideales Gerät wollen wir einen *Funktionalzuordner* nennen. Besteht jedes der Alphabete $\{x\}_i$ und $\{y\}$ aus nur zwei Symbolen, d. h. sind $x_1, x_2, \ldots, x_n, y$ logische Veränderliche und f eine logische Funktion, so werden wir ein solches ideales Gerät einen *logischen Zuordner*[1]) nennen.

Technische Beispiele für diesen abstrakten Begriff „logischer Zuordner" sind Relaiskontakt-Schaltungen und andere Schaltkreise zur Realisierung des Aussagenkalküls (s. Kap. II). Als wir in den Kap. I und II über funktionale Abhängigkeiten gesprochen haben, haben wir die Zeit außer Betracht gelassen. Wir hatten deshalb die Schaltkreise als momentan wirkend vorausgesetzt. Wir wollen nun die Zeit in die Betrachtung einführen.

Wenn wir von der Zeit sprechen, so setzen wir gewöhnlich voraus, daß sie sich nur in einer Richtung, auf die Zukunft hin, bewegt und dabei stetig alle möglichen Werte der Zahlengeraden durchläuft. Kommt die Zeit unter einem Funktionssymbol als Argument vor, so ist sie üblicherweise auf einem Kontinuum gegeben. Als dieses Kontinuum dient die Zahlen-(Halb-)Gerade, die wir auch Zeitachse nennen.

Im Gegensatz zu dieser kontinuierlichen Zeitauffassung ist es angemessen und bequem, in Verbindung mit der Untersuchung von Geräten mit diskreter Wirkung auch eine diskrete Zeit einzuführen. Dazu stellen wir uns vor, daß die Zeitachse in irgendeiner Weise in unendlich viele endliche Intervalle

[1]) Anmerkung des Übers.: In der deutschen Literatur heißt ein derartiges Gebilde oft auch Schaltkreis.

unterteilt wird, die nicht notwendig alle gleich sind (Bild 3.1). Bewegt man sich von $t = 0$ nach $t = \infty$, so bezeichnet man die Punkte, die die einzelnen Intervalle trennen, mit $t_0, t_1, t_2, \ldots$. Diese Punkte bilden eine abzählbare Menge.

Wir verabreden nun, statt $t_0, t_1, t_2, \ldots$ einfach nur die ganzen Zahlen $0, 1, 2, \ldots$ zu schreiben. Die diskrete Zeit nimmt dann nacheinander nur diese ganzzahligen Werte an. Die so mit den Zahlen 0, 1, 2, ... bezeichneten Zeitpunkte $t_0, t_1, t_2, \ldots$ nennen wir *Takte* und betrachten die Zahlen 0, 1, 2, ... als die Symbole eines Alphabetes $\{t\}$.

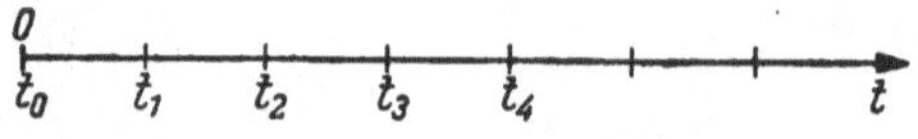

Bild 3.1

Den laufenden, dem gegenwärtigen Zeitpunkt entsprechenden Takt bezeichnen wir mit dem Buchstaben p (present). Dann werden die Symbole t durch den Takt p in vergangene Takte $(p - 1, p - 2, \ldots)$ und zukünftige Takte $(p + 1, p + 2, \ldots)$ unterteilt (Bild 3.2).

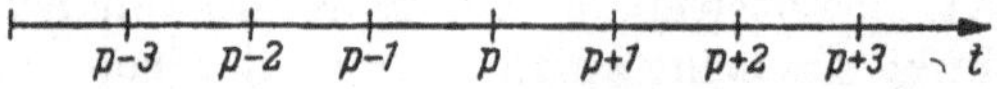

Bild 3.2

Wenn wir bisher von einer Gleichung der Form (3.1) sprachen, so haben wir für die Zeit einen festen Wert angenommen. Wir wollen nun von der Vorstellung ausgehen, daß sich die Veränderlichen $x_1, x_2, \ldots, x_n$ zu diskreten Zeitpunkten ändern können. Zu jedem Takt $t = 0, 1, 2, \ldots$ haben die Veränderlichen x_i bestimmte Werte, und die Funktionen $x_i(t)$ sind also über der Menge der natürlichen Zahlen definiert. Sie nehmen ihre Werte aus den Alphabeten $\{x\}_i$ $(i = 1, 2, \ldots, n)$. Nach (3.1) ist dann auch die Funktion

$$y(t) = f[x_1(t), x_2(t), \ldots, x_n(t)] \tag{3.2}$$

über der Menge der natürlichen Zahlen definiert und entnimmt ihre Werte aus dem Alphabet $\{y\}$. Ein System dieser Art arbeitet über einer diskreten Zeit, verfügt aber über keinen „Speicher", da die Ausgangswerte y zu einem Zeitpunkt $t = p$ nur von den Eingangswerten x_i zu diesem Zeitpunkt abhängen.

Man kann sich allerdings vorstellen, daß eine etwas kompliziertere Abhängigkeit zwischen den Argumenten und dem Funktionswert z. B. der Art

$$\begin{aligned} y(p) = f[&x_1(p-1), x_2(p-1), \ldots, x_n(p-1);\\ &x_1(p), x_2(p), \ldots, x_n(p)] \end{aligned} \tag{3.3}$$

besteht. Hier hängt jetzt das Symbol y beim Takt $t = p$ nicht mehr allein von den Werten x_i zu demselben Zeitpunkt p ab, sondern noch von den

Werten beim vorhergehenden Takt $p - 1$. So könnte etwa auch der Wert von y zum Takt $t = p$ von den vorhergehenden Werten y abhängig sein. Als Beispiel betrachten wir den Fall, daß die Werte der logischen Veränderlichen y zum Takt p immer die Negation von dem Wert im vorhergehenden Takt sein sollen, also

$$y(p) = \overline{y\,(p - 1)}\,. \tag{3.4}$$

Zwar ist die Beziehung

$$y' = \bar{y}$$

ein Widerspruch, nicht aber die Gleichung (3.4), die besagt, daß die Funktion $y(t)$ nacheinander abwechselnd die Werte 1 und 0 annimmt, ohne daß eine Einwirkung von außen vorliegt.
Geräte dieser Art stellen also dynamische Systeme dar, die sich von den sonst üblichen dynamischen Systemen (z. B. Pendel oder elektrischer Vierpol) dadurch unterscheiden, daß sie nur zu diskreten Zeitpunkten arbeiten und ihre Koordinaten Werte aus endlichen Mengen nehmen. Wir werden es im folgenden immer mit solchen dynamischen Systemen zu tun haben, die sich durch diese beiden Eigenschaften auszeichnen. Auf diesen Unterschied und das Verhältnis zu dynamischen Systemen überhaupt wollen wir m folgenden Paragraphen etwas genauer eingehen.
i

§ 3.2 Über dynamische Systeme

Mit dem Ausdruck *dynamische Systeme* bezeichnet man gewöhnlich Systeme in der Technik, Natur, bei Lebewesen usw., bei denen zeitliche Prozesse ablaufen. Der Zustand eines dynamischen Systems wird zu jedem Zeitpunkt durch (endlich oder unendlich viele) verallgemeinerte Koordinaten charakterisiert. Die zeitlichen Vorgänge in dynamischen Systemen werden durch die zeitliche Änderung der verallgemeinerten Koordinaten festgelegt und durch Gleichungen verschiedener Art beschrieben. In Abhängigkeit von den folgenden Faktoren kann man die dynamischen Systeme in mehrere Klassen unterteilen:

a) Die Zeit verläuft stetig oder diskret, d. h. sie ändert sich auf einem Kontinuum oder auf einer abzählbaren Menge.

b) Es gibt endlich oder unendlich viele verallgemeinerte Koordinaten.

c) Die Mächtigkeit der Mengen, aus denen die Werte der verallgemeinerten Mengen stammen, ist endlich, abzählbar oder ein Kontinuum.

Am häufigsten verknüpfen wir mit dem Begriff „dynamisches System“ solche Systeme, die durch gewöhnliche oder partielle Differentialgleichungen beschrieben werden. Bei Systemen dieser Art ist die Zahl der verallgemeinerten Koordinaten endlich (bei gewöhnlichen) oder unendlich (bei partiellen

Differentialgleichungen), sowohl die Koordinaten als auch die Zeit ändern sich kontinuierlich.
Ändert sich die Zeit diskret (also über einer abzählbaren Menge), jede der endlich oder unendlich vielen Koordinaten kann aber Werte aus einem Kontinuum annehmen, so wird das Verhalten solcher Systeme durch Differenzengleichungen beschrieben.
Eine besondere Klasse von dynamischen Systemen bilden solche, bei denen sich die Zeit über einer abzählbaren Menge ändert und die (endlich oder unendlich vielen) Koordinaten ihre Werte aus endlichen Mengen nehmen.
Jedes dynamische System kann äußeren Einwirkungen ausgesetzt werden. Auch diese Einwirkungen können über einem Kontinuum, einer abzählbaren Menge oder einer endlichen Menge definiert sein. Bei Systemen, die durch Differentialgleichungen oder Differenzengleichungen beschrieben werden, betrachtet man gewöhnlich endlich viele äußere Einwirkungen, die beliebige Werte aus einem Kontinuum annehmen können. Bei dynamischen Systemen, deren verallgemeinerte Koordinaten über endlichen Mengen definiert sind, wird man natürlich endlich viele äußere Einwirkungen annehmen, von denen jede ebenfalls über einer endlichen Menge definiert ist. Dynamische Systeme dieser Art (diskrete Zeit, äußere Einwirkungen und Zahl der Koordinaten endlich, äußere Einwirkungen und Koordinaten auf endlichen Mengen definiert) wollen wir als *endliche dynamische Systeme* bezeichnen.
Zu dynamischen Systemen dieser Klasse gehören endliche Automaten und sequentielle Maschinen, deren Beschreibung dieses und die folgenden Kapitel gewidmet sind.
Systeme, die sich von endlichen Systemen nur dadurch unterscheiden, daß die Zahl der verallgemeinerten Koordinaten unendlich sein kann, bilden eine allgemeinere Klasse von dynamischen Systemen. Zu dieser Klasse gehören insbesondere die in Kap. XIII beschriebenen Turing-Maschinen.
Gleichungen beliebiger Art beschreiben nicht reale Systeme, sondern idealisierende Modelle. In diesem Sinne sind dynamische Systeme eine Abstraktion, die diesem oder jenem physikalischen Prozeß oder technischem Gerät mehr oder weniger angemessen ist. Endliche dynamische Systeme und Systeme vom Typ der Turing-Maschinen sind nicht mehr als Abstraktionen. Aber diese Abstraktionen sind deshalb von Interesse, weil ihnen viele technischen Geräte und wichtige Prozesse bei Lebewesen und in der Natur ädaquat sind.

§ 3.3 Endliche Automaten

Wir betrachten ein endliches dynamisches System, dessen Zustand in jedem Augenblick durch die endlich vielen verallgemeinerten Koordinaten $\varkappa_1, \varkappa_2, \ldots, \varkappa_n$ beschrieben wird. Auf dieses System wirken die endlich vielen äußeren Einwirkungen $\varrho_1(t), \varrho_2(t), \ldots, \varrho_m(t)$. Die Zeitachse ist in Takte unterteilt, und sowohl die äußeren Einwirkungen als auch die Systemzustände werden nur zu diesen Takten betrachtet.

Zu jedem Zeitpunkt nimmt jede Koordinate $\varkappa_i$ nur Werte aus einer endlichen Menge an, und auch die Eingänge ϱ_j entnehmen ihre Werte aus ihrer endlichen Menge. Wir führen dann den n-dimensionalen Vektor $\varkappa$ mit den Koordinaten $\varkappa_1, \varkappa_2, \ldots, \varkappa_n$ und den m-dimensionalen Vektor ϱ mit den Koordinaten $\varrho_1, \varrho_2, \ldots, \varrho_m$ ein. Mit seinen Koordinaten $\varkappa_i$ ist auch der Vektor $\varkappa$ über einer endlichen Menge gegeben. Wenn die Koordinate $\varkappa_i$ ξ_i Werte annehmen kann, so kann der Vektor $\varkappa$ einen von $k = \prod_{i=1}^{n} \xi_i$ Werten haben. Die Menge, über der $\varkappa$ gegeben ist, besteht also aus k Elementen. Kann entsprechend die Eingangsgröße ϱ_j η_j verschiedene Werte annehmen, so ist der Vektor ϱ über einer Menge aus $r = \prod_{j=1}^{m} \eta_j$ Elementen definiert.

Wir betrachten nun ein Alphabet $\{\varkappa\} = \{\varkappa_1, \varkappa_2, \ldots, \varkappa_k\}$, bestehend aus k Symbolen, und ordnen den verschiedenen möglichen Werten des Vektors $\varkappa$ die verschiedenen Symbole aus diesem Alphabet zu. Der Vektor $\varkappa$ heißt der *Zustand* des zu untersuchenden endlichen dynamischen Systems.

Ebenso führen wir das Alphabet $\{\varrho\} = \{\varrho_1, \varrho_2, \ldots, \varrho_r\}$ ein, das aus r Symbolen besteht, und ordnen den verschiedenen Werten des Vektors ϱ die verschiedenen Symbole des Alphabets zu. Den Vektor ϱ nennen wir den *Eingang* des endlichen Systems.

Wir müssen nun die „Bewegung" in diesem dynamischen System definieren, d. h. angeben, wie der Zustand des Systems zu jedem Zeitpunkt bestimmt ist. Eine spezielle und sehr wichtige Art dieser Festlegung führt uns zu dem Begriff des *endlichen Automaten.*

Definition: *Ein endliches dynamisches System heißt ein endlicher Automat, wenn der Zustand des Systems in jedem Takt eindeutig bestimmt ist durch a) den Zustand des Systems im vorhergehenden Takt und b) den Eingang im vorhergehenden oder gegenwärtigen Takt.*

Wird der Zustand eines endlichen Automaten durch seinen Zustand im vorhergehenden Takt und den Eingang im vorhergehenden Takt bestimmt, so sprechen wir von einem *endlichen Automaten des Typs V—V* („Vergangenheit—Vergangenheit"). Wird der Zustand durch den Zustand im vorhergehenden Takt und den Eingang im gegenwärtigen Takt bestimmt, so nennen wir den *endlichen Automaten vom Typ V—G* („Vergangenheit—Gegenwart").

Es wird im folgenden gezeigt werden, daß diese Definition eines endlichen Automaten auch diejenigen endlichen Systeme umfaßt, deren Zustand durch die Zustände und Eingänge zu einer gegebenen endlichen Zahl von vorhergehenden Takten definiert wird. Der Ausdruck endlicher Automat umfaßt diejenigen endlichen Systeme nicht, deren Zustand statistisch festgelegt ist, oder wo zur Bestimmung des Zustands die ganze Vorgeschichte des Systems von Bedeutung ist, d. h. wo man alle früheren Zustände und Eingänge kennen muß.

Nach der Definition des endlichen Automaten ist das einem beliebigen Takt entsprechende Symbol $\varkappa$ eindeutig durch das Symbol $\varkappa$ im vorhergehenden Takt und die Symbole ϱ im vorhergehenden oder gegenwärtigen Takt definiert. Für einen endlichen Automaten des Typs $V-V$ ist also

$$\varkappa^{p+1} = F(\varkappa^p, \varrho^p)\,, \qquad p = 0, 1, 2, \ldots, \tag{3.5'}$$

für einen endlichen Automaten des Typs $V-G$

$$\varkappa^{p+1} = F(\varkappa^p, \varrho^{p+1})\,, \qquad p = 0, 1, 2, \ldots, \tag{3.5''}$$

wobei F eine Funktion in dem Sinne ist, wie wir es im Kap. I erklärt hatten. Sie ordnet zwei Symbolen aus den Alphabeten $\{\varkappa\}$ und $\{\varrho\}$ ein Symbol aus dem Alphabet $\{\varkappa\}$ zu. Im Gegensatz zu der Betrachtungsweise von Kap. I beziehen sich die Symbole für Argument und Funktion auf verschiedene Takte. Die Beziehungen (3.5) beschreiben deshalb nicht einen Zuordner, sondern ein dynamisches System.

Die Zeitpunkte, auf die sich die Symbole $\varkappa$ und ϱ beziehen, bezeichnen wir durch obere Indizes: p ist der gegenwärtige, $p+1$ der zukünftige und $p-1$ der vorhergehende Takt.

Wenn wir ein Symbol μ einführen, das ebenso wie $\varkappa$ über dem Alphabet $\{\varkappa\} = \{\varkappa_1, \varkappa_2, \ldots, \varkappa_k\}$ gegeben ist, so kann man die Gleichungen (3.5′) und (3.5″) als eine Folgerung aus den Beziehungen

$$\left.\begin{aligned} \mu &= F(\varkappa, \varrho)\,, \\ \varkappa^{p+1} &= \mu^p \end{aligned}\right\} \tag{3.6}$$

ansehen. In der ersten Gleichung (3.6) beziehen sich alle Symbole auf ein und denselben Takt. Wenn wir sie auf den Zeitpunkt p beziehen, d. h.

$$\mu^p = F(\varkappa^p, \varrho^p)$$

schreiben und die zweite Gleichung (3.6) hinzufügen, so erhält man nach Elimination von μ^p

$$\varkappa^{p+1} = F(\varkappa^p, \varrho^p)\,,$$

also die Gleichung (3.5′).

Wenn man aber die erste Gleichung (3.6) auf den Zeitpunkt $p+1$ bezieht, d. h.

$$\mu^{p+1} = F(\varkappa^{p+1}, \varrho^{p+1})$$

schreibt, so erhält man unter Hinzufügung der zweiten Gleichung (3.6) und Elimination von $\varkappa^{p+1}$ die Gleichung

$$\mu^{p+1} = F(\mu^p, \varrho^{p+1})\,,$$

d. h. eine Beziehung der Form (3.5″).

Wir wollen die Gleichung (3.5')

$$\varkappa^{\nu+1} = F(\varkappa^\nu, \varrho^\nu)$$

etwas näher betrachten. Kennt man ϱ^0 und $\varkappa^0$ zum 0-ten Takt, so kann man $\varkappa^1$ bestimmen. Kennt man $\varkappa^1$ und ϱ^1, so kann man $\varkappa^2$ bestimmen usw. Ebenso kann man aus der Kenntnis von $\varkappa^0$ und der Eingangsfolge $\varrho^1, \varrho^2, \ldots$ auch nach (3.5'') die Werte $\varkappa^1, \varkappa^2, \ldots$ bestimmen. In diesem Sinne ist also (3.5) eine Rekursionsformel zur Bestimmung aller Zustände $\varkappa^1, \varkappa^2, \ldots$, wenn nur der Anfangszustand $\varkappa^0$ und die Folge der Eingänge $\varrho^0, \varrho^1, \ldots$ bekannt sind.

Aus der Definition folgt, daß die Werte von $\varkappa$ und ϱ nur zu den Taktzeiten von Bedeutung sind. Die anderen Zeitpunkte zwischen den Takten wie auch das Verhalten des Systems zwischen den Takten sind unwesentlich.

Wenn man ein reales dynamisches System oder einen real ablaufenden Prozeß im Auge hat, so ist es zweckmäßig, sich ein Gerät vorzustellen, das die Werte von $\varkappa$ und ϱ zu den Taktzeiten fixiert, und die Frage nach der Zugehörigkeit des beobachteten Systems zur Klasse der endlichen Automaten wird nur unter diesem Gesichtspunkt beantwortet. In diesem Sinne kann die Abstraktion „endlicher Automat“ auch zur Beschreibung stetig arbeitender Geräte benutzt werden, bei denen ein Kontinuum von Zuständen während einer kontinuierlich ablaufenden Zeit vorkommt, wenn nur die Menge der möglichen Zustände zu diskreten Zeitpunkten endlich ist und eine der Gleichung (3.5) erfüllt ist. So kann man auch ein stetiges System mit mehreren Gleichgewichtslagen als einen endlichen Automaten auffassen, wenn die Takte an den Zeitpunkten liegen, wo das System in einem der Gleichgewichtszustände ist, und wenn der Gleichgewichtszustand immer eindeutig durch den Zustand im vorhergehenden Takt und die Einwirkung im vorhergehenden oder gegenwärtigen Takt bestimmt ist.

Da jedes reale System zeitlich kontinuierlich arbeitet, müssen wir also ein spezielles Gerät, nämlich einen *Taktgeber* einführen, der die Taktfolge festlegt. Einen solchen Taktgeber wollen wir auch einfach eine *Uhr* nennen. Diese Uhr ist kein Teil des endlichen Automaten. Ihre Signale sind für den Automaten ebenso äußere Einwirkungen wie ϱ. Diese zeitliche Eingangsgröße wird aber nicht durch die Symbole des Alphabets $\{\varrho\}$ codiert und ist nicht als Argument in der Funktion F von (3.5) enthalten. Die Signale des Taktgebers werden nur zur Festlegung der Taktzeiten verwendet.

Wir wollen einige Verfahren zur Zerlegung der kontinuierlichen Zeitachse aufzählen:

a) *Die Takte treten nach gleichen Zeitintervallen auf.* Die stetige Zeitskala wird also in gleichlange Stücke zerlegt, und als Taktgeber kann man eine Uhr im gewöhnlichen Sinne nehmen, deren Gang geregelt wird. Einen Takt dieser Art wollen wir *gleichmäßig* nennen.

b) *Die Takte treten immer dann auf, wenn sich das Symbol* ϱ *ändert,* wenn sich also am Eingang etwas ändert. Die Zeitintervalle sind hier ungleich, und als Uhr kann man ein Gerät verwenden, das auf Änderungen am Eingang anspricht.

c) *Ein Takt tritt auf, wenn am Eingang das bestimmte Symbol* ϱ_i *oder* ϱ_j *auftritt.*

d) *Ein Takt tritt immer dann auf, wenn ein Symbol* ϱ *mit einem ungeraden Index durch ein Symbol mit einem geraden Index ersetzt wird.*

Wir kehren zu den Formeln (3.5) zurück und setzen voraus, daß sich das Eingangssymbol nicht ändert. Ist ϱ_* irgendein fester, unveränderlicher Wert ϱ, so können wir für die Formeln (3.5)

$$\varkappa^{p+1} = F[\varkappa^p, \varrho_*] \tag{3.7}$$

schreiben. Einen endlichen Automaten dieser Art nennen wir *autonom.* Selbstverständlich bezieht sich diese Autonomie nur auf die äußeren Einwirkungen, nicht aber auf die Einflüsse der Uhr.

Das Symbol $\varrho = \varrho_*$ kann man als einen Symbolparameter auffassen. Jedes Symbol aus dem Alphabet $\{\varrho\}$ kann fixiert werden. Und wenn man verschiedene Symbole aus $\{\varrho\}$ fixiert, so erhält man r autonome Automaten. In diesem Sinne kann man jeden endlichen Automaten als eine Zusammensetzung von r autonomen Automaten auffassen.

Wenn man von dem Bedeutungsinhalt der Begriffe „endlicher Automat", „endliches dynamisches System", „Zustand" und „Eingang" absieht, so kann man einen endlichen Automaten auch formal so definieren:

Gegeben sind zwei endliche Alphabete von Symbolen $\{\varkappa\}$ *und* $\{\varrho\}$ *und Veränderliche* $\varkappa$ *und* ϱ *mit Werten aus diesen Alphabeten. Ein endlicher Automat ist eine rekursive Beziehung* (3.5), *durch die diese Veränderlichen miteinander verknüpft werden.*

Selbstverständlich ist ein so definierter endlicher Automat eine sehr viel weitergehende Abstraktion. Ihre Bedeutung besteht darin, daß viele wichtige technischen Geräte und beobachtbare Prozesse in einer akzeptablen Idealisierung von dieser Abstraktion umfaßt werden, und daß die verschiedenartigsten Prozesse und Geräte, denen diese Abstraktion angemessen ist, von allgemeinen Gesetzmäßigkeiten gesteuert werden, die man von diesem allgemeinen Standpunkt aus studieren kann. Es ist Aufgabe der Theorie endlicher Automaten, diese allgemeinen Gesetzmäßigkeiten zu ermitteln, die Prozessen, Systemen und Geräten dieser Art eigentümlich sind.

§ 3.4 Sequentielle Maschinen

Wir betrachten das System von Bild 3.3, das aus den folgenden beiden Teilen besteht: a) einem endlichen Automaten A, der nach (3.5') oder (3.5'') Symbole ϱ aus dem Alphabet $\{\varrho\}$ in Symbole $\varkappa$ aus $\{\varkappa\}$ mittels einer gegebenen

Funktion F überführt, und b) einem Zuordner Φ, der momentan und eindeutig jedem Symbol $\varkappa$ ein Symbol λ aus einem Alphabet $\{\lambda\}$ zuordnet:

$$\lambda^p = \Phi(\varkappa^p) . \tag{3.8}$$

Die Symbole ϱ und λ treten zu den Taktzeiten des Automaten auf. Wenn man eine (von F möglicherweise verschiedene) Funktion F^* so wählen kann, daß die auftretenden Symbole λ einer der Beziehungen (3.5′) oder (3.5″) mit dieser Funktion F^* genügen, d. h.

$$\lambda^{p+1} = F^*[\lambda^p, \varrho^p] \qquad \text{oder} \qquad \lambda^{p+1} = F^*[\lambda^p, \varrho^{p+1}] \tag{3.9}$$

ist, so bildet das ganze System von Bild 3.3 im ganzen wieder einen endlichen Automaten. Diese Funktion F^* kann man selbstverständlich bei weitem nicht immer finden. So kann sich das Alphabet $\{\lambda\}$ von dem Alphabet $\{\varkappa\}$ z. B. durch die Zahl der Symbole unterscheiden, d. h., verschiedene Symbole $\varkappa$ werden durch ein und dasselbe Symbol λ verschlüsselt.

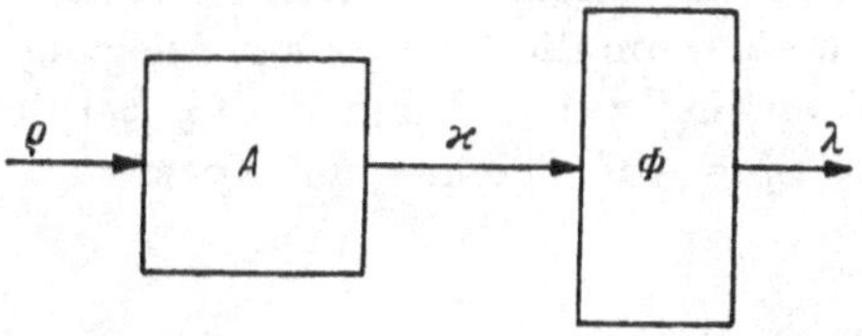

Bild 3.3

So möge das Alphabet $\{\varkappa\}$ acht verschiedene Symbole umfassen, das Alphabet $\{\lambda\}$ nur zwei. Der Umformer Φ möge den Symbolen $\varkappa_1 - \varkappa_4$ das Symbol λ_1 und den Symbolen $\varkappa_5 - \varkappa_8$ das Symbol λ_2 zuordnen. Wir betrachten nun die Funktion (3.5′). Die Funktion F auf der rechten Seite sei so beschaffen, daß nach $\varrho^p = \varrho_1$, $\varkappa^p = \varkappa_1$ das Symbol $\varkappa^{p+1} = \varkappa_3$, aber nach $\varrho^p = \varrho_1$, $\varkappa^p = \varkappa_4$ das Symbol $\varkappa^{p+1} = \varkappa_6$ erscheint. Im ersten Fall ist

$$\varrho^p = \varrho_1 , \qquad \lambda^p = \lambda_1 , \qquad \lambda^{p+1} = \lambda_1 ,$$

im zweiten Fall

$$\varrho^p = \varrho_1 , \qquad \lambda^p = \lambda_1 , \qquad \lambda^{p+1} = \lambda_2 .$$

Damit können nach gleichen λ^p und $\varkappa^p$ verschiedene λ^{p+1} auftreten. Das bedeutet aber doch, daß das System von Bild 3.3 im ganzen gesehen kein endlicher Automat sein kann, weil es für die Symbole λ und ϱ keine Beziehung der Form (3.5′) gibt.

Trotzdem ist das System von Bild 3.3 ein endliches System. Wir werden es einen *endlichen Automaten mit Ausgangszuordner* nennen. Die Symbole λ heißen in diesem Falle *Ausgangssymbole* (im Unterschied zu den *Zustandssymbolen* $\varkappa$), das Alphabet $\{\lambda\}$ ist das *Ausgangsalphabet* und Φ der *Ausgangszuordner*.

Im allgemeineren Fall kann man annehmen, daß der Zuordner Φ zwei Eingänge hat, daß ihm neben den Symbolen $\varkappa$ auch die Symbole ϱ zugeführt werden, und daß er momentan jedem Symbolpaar $(\varkappa, \varrho)$ ein Symbol λ zuordnet (s. Bild 3.4). Endliche dynamische Systeme dieser Art heißen *sequentielle Maschinen* (im folgenden auch einfach *S-Maschinen*). Selbstverständlich kann in speziellen Fällen diese sequentielle Maschine auch ein endlicher Atuomat sein. Das hängt von der Funktion F in den Gleichungen (3.5) für den Automaten A und der Art des Zuordners Φ am Ausgang ab. Auf jeden Fall aber gehört das in Bild 3.4 gezeigte System zu den endlichen dynamischen Systemen.[1])

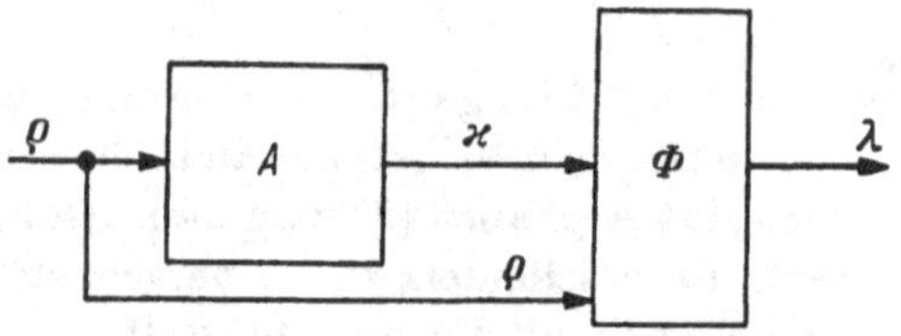

Bild 3.4

Eine sequentielle Maschine wird zu einem endlichen Automaten, d. h. arbeitet wie ein endlicher Automat, wenn die Werte λ am Ausgang *eindeutig* durch den Wert λ im vorhergehenden Takt und den Wert ϱ bei dem selben Takt bestimmt sind, wenn also eine Abhängigkeit der Form

$$\lambda^{p+1} = F^*[\lambda^p, \varrho^{p+1}]$$

existiert. Das ist z. B. immer der Fall, wenn man einen identischen Zuordner benutzt, bei dem die Alphabete $\{\lambda\}$ und $\{\varkappa\}$ identisch sind, bei dem also das Symbol λ^p mit dem Symbol $\varkappa^p$ unabhängig von ϱ^p identisch ist. In diesem Sinne sind also die endlichen Automaten in den sequentiellen Maschinen enthalten.

Einen endlichen Automaten mit Ausgangszuordner kann man als Spezialfall einer sequentiellen Maschine ansehen, bei der die Funktion Φ nicht von ϱ abhängt.

Auf den ersten Blick könnte es den Anschein haben, als ob die Abstraktion „sequentielle Maschine" weiter wäre als der Begriff „endlicher Automat mit Ausgangszuordner". Das ist aber nicht der Fall. Den Beweis werden wir später bringen, wenn der Begriff „Netz" eingeführt ist (s. § 4.3).

Je nachdem welcher endliche Automat in der sequentiellen Maschine enthalten ist, unterscheiden wir übrigens auch zwischen S-Maschinen vom Typ $V-V$ bzw. $V-G$. Betrachten wir eine sequentielle Maschine vom Typ $V-G$:

$$\varkappa^{p+1} = F[\varkappa^p, \varrho^{p+1}], \qquad \lambda^p = \Phi[\varkappa^p, \varrho^p]. \tag{3.10}$$

[1]) Anmerkung d. Übers.: In der deutschen Literatur werden die hier angeführten Begriffe „endlicher Automat" und „sequentielle Maschine" zusammen häufig als Schaltwerke bezeichnet und den Schaltkreisen (hier Zuordner) gegenübergestellt. Im Englischen sind die Bezeichnungen combinational circuit (für Schaltkreis) und sequential circuit (für Schaltwerk) üblich. Die Terminologie ist leider weder im Deutschen noch Englischen noch Russischen einigermaßen einheitlich.

Wenn wir aus der Gleichung des Zuordners das Symbol $\varkappa^p$ eliminieren, so ergibt sich

$$\lambda^{p+1} = \Phi[F(\varkappa^p, \varrho^{p+1})\, \varrho^{p+1}] .$$

Wir führen nun das über dem Alphabet $\{\varkappa\}$ durch die Beziehung

$$\tilde{\varkappa}^{p+1} = \varkappa^p$$

definierte Symbol $\varkappa$ ein. Nach der Ersetzung ergibt sich

$$\lambda^p = \Phi[F(\tilde{\varkappa}^p, \varrho^p), \varrho^p] = \Phi^*(\tilde{\varkappa}^p, \varrho^p) .$$

Unter Benutzung des Symbols $\tilde{\varkappa}$ in der Gleichung (3.10) für den endlichen Automaten folgt daraus

$$\tilde{\varkappa}^{p+1} = F[\tilde{\varkappa}^p, \varrho^p];$$

d. h., es hat sich eine sequentielle Maschine vom Typ $V-V$[1])

$$\tilde{\varkappa}^{p+1} = F(\tilde{\varkappa}^p, \varrho^p) , \qquad \lambda^p = \Phi^*(\tilde{\varkappa}^p, \varrho^p) \tag{3.11}$$

ergeben. Wir haben damit gezeigt, daß man jede sequentielle Maschine vom Typ V—G durch passende Ersetzung des Ausgangszuordners Φ durch einen anderen Φ^* in eine S-Maschine vom Typ V—V verwandeln kann. Die umgekehrte Behauptung ist im allgemeinen falsch. Wir kommen darauf im § 5.4 noch einmal zurück, nachdem wir die verschiedenen Methoden zur Festlegung eines Automaten und einer S-Maschine sowie den Begriff des „Netzes" erläutert haben.

§ 3.5 Methoden zur Festlegung eines endlichen Automaten und einer sequentiellen Maschine

Sind x und y Werte aus einer endlichen Menge, so kann jede Funktion

$$z = F(x, y)$$

durch eine Tabelle angegeben werden, in der zu jedem Paar x und y der zugehörige Wert z eingetragen ist (Tab. 3.1). So kann man auch die Gleichung eines endlichen Automaten vom Typ $V-V$

$$\varkappa^{p+1} = F[\varkappa^p, \varrho^p]$$

oder vom Typ $V-G$

$$\varkappa^{p+1} = F[\varkappa^p, \varrho^p]$$

durch eine solche Tabelle darstellen (s. Tab. 3.2).

[1]) Ein endlicher Automat mit Ausgangszuordner, der durch die Gleichungen (3.5') und (3.8) beschrieben wird, wird in der Literatur häufig als MOORE-Automat bezeichnet (s. [185]), eine sequentielle Maschine vom Typ V-V wie in Gleichung (3.11) heißt ein MEALY-Automat (s. [172]).

In jede Zelle der Tab. 3.2 werden die Symbole $\varkappa^{p+1}$ eingetragen, wenn (im Falle eines $V-V$-Automaten) die Zeile dem Symbol $\varkappa^p$ und die Spalte dem Symbol ϱ^p entspricht (bzw. ϱ^{p+1} beim $V-G$-Automaten). Diese Tabelle wollen wir die *Zustandstabelle des endlichen Automaten* nennen.

Tabelle 3.1

x	y			
	y_1	y_2	...	y_m
x_1	z_2	z_1	...	z_6
x_2	z_5	z_1	...	z_2
...	...	...	...	...
x_n	z_4	z_5	...	z_3

Tabelle 3.2

$\varkappa^p$	ϱ			
	ϱ_1	ϱ_2	...	ϱ_r
$\varkappa_1$	$\varkappa_3$	$\varkappa_2$	...	$\varkappa_1$
$\varkappa_2$	$\varkappa_1$	$\varkappa_6$	...	$\varkappa_k$
...	...	...	...	...
$\varkappa_k$	$\varkappa_5$	$\varkappa_4$	...	$\varkappa_5$

Jede Spalte einer solchen Zustandstabelle ist selbst wieder die Zustandstabelle eines autonomen Automaten, bei dem man den zu dieser Spalte gehörenden Wert ϱ festhält. Als Beispiel dafür betrachten wir den durch Tab. 3.3 beschriebenen autonomen Automaten.

Wenn man in einer Ebene k Kreise zeichnet, in jeden davon ein Symbol $\varkappa$ einträgt und die Kreise durch Pfeile verbindet, die entsprechend der Zu-

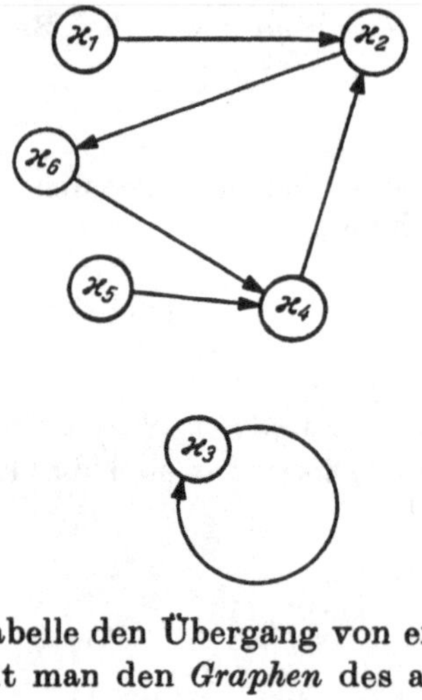

Bild 3.5

standstabelle den Übergang von einem Zustand in den folgenden darstellen, so erhält man den *Graphen* des autonomen Automaten. Von jedem Kreis des Graphen kann nur ein Pfeil ausgehen, während zu jedem Kreis beliebig viele (höchstens k) Pfeile zeigen können. Das Bild 3.5 zeigt den Graphen des autonomen Automaten von Tab. 3.3.

Aus einem endlichen Automaten kann man r autonome Automaten konstruieren und nach der Zustandstabelle demnach auch r Graphen dieser Automaten. In Bild 3.6 ist diese für die Tab. 3.4 getan.

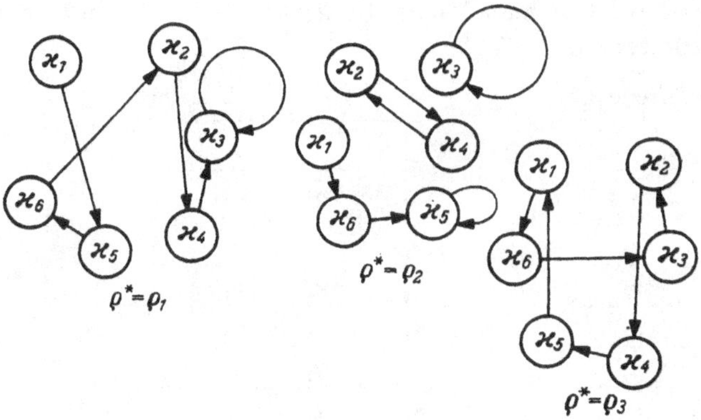

Bild 3.6

Alle diese r Graphen haben dieselbe Zahl k von Kreisen und können zu einem Graphen vereinigt werden, wenn man an jedem Pfeil denjenigen Wert ϱ vermerkt, für den dieser Pfeil realisiert wird. Bei einem endlichen Automaten vom Typ $V-V$ wollen wir diese Eintragung am Anfang, beim Typ V—G am Ende des Pfeiles machen. Das Bild 3.7 zeigt für das Beispiel von Tab. 3.4 und Bild 3.6 diesen vereinigten Graphen für einen Automaten vom Typ $V-G$.

Einen solchen vereinigten Graphen werden wir das *Zustandsdiagramm* des endlichen Automaten nennen. Von jedem Kreis können nur r Pfeile ausgehen. Wenn einige davon zu demselben Kreis führen, so tragen wir nur einen Pfeil ein und schreiben die zugehörigen ϱ-Werte disjunktiv verknüpft an den Pfeil.

Das Zustandsdiagramm ist der Zustandstabelle vollständig äquivalent. Durch beide wird ein endlicher Automat vollständig festgelegt. Aus dem

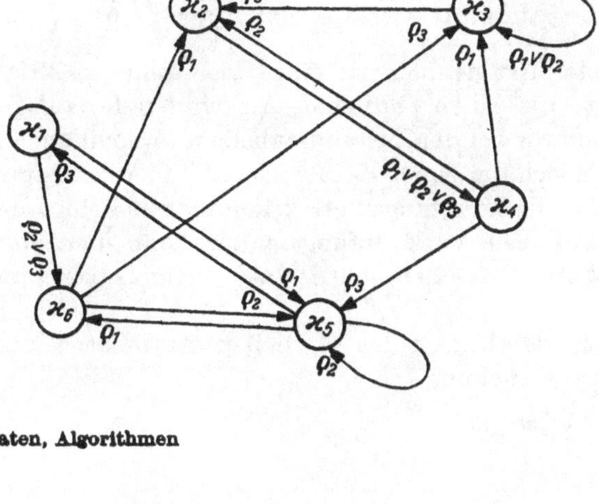

Bild 3.7

Zustandsdiagramm kann man leicht die Zustandstabelle und den Typ des Automaten herleiten.

Tabelle 3.3

$\varkappa$	ϱ
	$\varrho_j = \varrho^*$
$\varkappa_1$	$\varkappa_2$
$\varkappa_2$	$\varkappa_6$
$\varkappa_3$	$\varkappa_3$
$\varkappa_4$	$\varkappa_2$
$\varkappa_5$	$\varkappa_4$
$\varkappa_6$	$\varkappa_4$

Tabelle 3.4

$\varkappa$	ϱ		
	ϱ_1	ϱ_2	ϱ_3
$\varkappa_1$	$\varkappa_5$	$\varkappa_6$	$\varkappa_6$
$\varkappa_2$	$\varkappa_4$	$\varkappa_4$	$\varkappa_4$
$\varkappa_3$	$\varkappa_3$	$\varkappa_3$	$\varkappa_3$
$\varkappa_4$	$\varkappa_3$	$\varkappa_2$	$\varkappa_6$
$\varkappa_5$	$\varkappa_6$	$\varkappa_5$	$\varkappa_1$
$\varkappa_6$	$\varkappa_2$	$\varkappa_5$	$\varkappa_3$

Wir bilden nun noch die folgende quadratische Matrix C mit k Zeilen. Die Zeilen versehen wir von oben nach unten und die Spalten von links nach rechts mit den Bezeichnungen $\varkappa_1, \varkappa_2, \ldots, \varkappa_k$. Das Element in der Zeile $\varkappa_q$ und der Spalte $\varkappa_s$ entspricht der Beschriftung des Pfeils vom Zustand $\varkappa_q$ nach dem Zustand $\varkappa_s$ im Zustandsdiagramm. Dieses Element kann ein Symbol ϱ oder eine Disjunktion von solchen Symbolen sein. Falls im Zustandsdiagramm der Kreis $\varkappa_l$ nicht mit dem Kreis $\varkappa_m$ verbunden ist, wird an diese Stelle der Matrix eine 0 geschrieben.

Die Tab. 3.5 zeigt diese Matrix für unser Beispiel von Bild 3.7.

Tabelle 3.5

$$
\begin{array}{c}
 \\ \varkappa_1 \\ \varkappa_2 \\ \varkappa_3 \\ \varkappa_4 \\ \varkappa_5 \\ \varkappa_6
\end{array}
\begin{array}{c}
\begin{array}{cccccc} \varkappa_1 & \varkappa_2 & \varkappa_3 & \varkappa_4 & \varkappa_5 & \varkappa_6 \end{array} \\
\begin{bmatrix}
0 & 0 & 0 & 0 & \varrho_1 & \varrho_2 \vee \varrho_3 \\
0 & 0 & 0 & \varrho_1 \vee \varrho_2 \vee \varrho_3 & 0 & 0 \\
0 & \varrho_3 & \varrho_1 \vee \varrho_2 & 0 & 0 & 0 \\
0 & \varrho_2 & \varrho_1 & 0 & \varrho_3 & 0 \\
\varrho_3 & 0 & 0 & 0 & \varrho_2 & \varrho_1 \\
0 & \varrho_1 & \varrho_3 & 0 & \varrho_2 & 0
\end{bmatrix}
\end{array}
$$

Eine Matrix dieser Art nennen wir eine *Verknüpfungsmatrix*. Auch sie ist eine Möglichkeit, um einen endlichen Automaten festzulegen und zu beschreiben. Ähnlich wie bei der Zustandstabelle muß man auch hier gesondert hinzufügen, ob es sich um einen $V-V$- oder $V-G$-Automaten handelt.

In jeder Zeile der Verknüpfungsmatrix kommen beliebige der ϱ_i vor, aber jeweils nur einmal. Die Verknüpfungsmatrix kann man unmittelbar nach der Zustandstabelle aufstellen, ohne das Zustandsdiagramm gebildet zu haben.

Es sei die Zustandstabelle eines endlichen Automaten vom Typ $V-V$ gegeben, d. h. die Beziehung

$$\varkappa^{p+1} = F[\varkappa^p, \varrho^p] .$$

Jede Zelle der Zustandstabelle definiert drei Symbole

$$\varkappa^p, \varrho^p, x^{p+1},$$

nämlich das Symbol der Zeile, der Spalte und den Inhalt der Zelle. Wir wollen diese drei Symbole zusammen eine *Triade* nennen. Jede Zelle der Zustandstabelle definiert also eine Triade, und da die ganze Zustandstabelle rk Zellen enthält, wird also eine Menge von rk Triaden definiert. Diese Menge von Triaden heißt *geordnet*, wenn bei irgend zwei Triaden der Mengen die ersten beiden Symbole ($\varkappa^p$ und ϱ^p) nicht identisch sind. Jede Zustandstabelle eines endlichen Automaten definiert eine endliche geordnete Menge von Triaden. Umgekehrt legt auch jede geordnete Menge von rk Triaden eine Zustandstabelle und damit einen endlichen Automaten fest.
Alles Gesagte läßt sich auch auf Automaten vom Typ $V-G$ anwenden, wenn also eine Beziehung der Form

$$\varkappa^{p+1} = F[\varkappa^p, \varrho^{p+1}]$$

vorliegt. Hier besteht eine Triade aus den drei Symbolen

$$\varkappa^p, \varrho^p_{\ast}, \varkappa^{p+1}$$

und die Menge der Triaden ist geordnet, wenn es keine zwei Triaden mit gleichen ersten Symbolen $\varkappa^p$ und ϱ^{p+1} gibt.
Wir wollen nun untersuchen, wie man eine sequentielle Maschine vorgeben kann. Dazu werden wir eine der Gleichungen (3.5) für den endlichen Automaten und die Gleichung (3.8) für den Zuordner benutzen. In der Zustandstabelle des endlichen Automaten tragen wir nun in jede Zelle zwei Symbole ein, neben dem Symbol $\varkappa^{p+1}$ noch den zugeordneten Wert λ^{p+1}. Wenn man einen $V-V$-Automaten nach Gleichung (3.5′) betrachtet, so hat man in zede Zelle außer dem Symbol $\varkappa^{p+1}$ noch das Symbol λ^p einzutragen. Ist j. B. der endliche Automat vom Typ $V-V$ durch die Zustandstabelle 3.4 gegeben und der Zuordner durch die Tabelle 3.6, so hat die Zustandstabelle der entsprechenden sequentiellen Maschine die Form von Tab. 3.7.

Tabelle 3.6

$\varkappa$	ϱ		
	ϱ_1	ϱ_2	ϱ_3
$\varkappa_1$	λ_1	λ_2	λ_3
$\varkappa_2$	λ_2	λ_2	λ_3
$\varkappa_3$	λ_1	λ_1	λ_3
$\varkappa_4$	λ_3	λ_1	λ_3
$\varkappa_5$	λ_1	λ_1	λ_3
$\varkappa_6$	λ_3	λ_3	λ_1

Tabelle 3.7

$\varkappa^p$	ϱ^p		
	ϱ_1	ϱ_2	ϱ_3
$\varkappa^1$	$\varkappa_1, \lambda_1$	$\varkappa_6, \lambda_2$	$\varkappa_6, \lambda_3$
$\varkappa_2$	$\varkappa_4, \lambda_2$	$\varkappa_4, \lambda_2$	$\varkappa_4, \lambda_3$
$\varkappa_3$	$\varkappa_3, \lambda_1$	$\varkappa_3, \lambda_1$	$\varkappa_2, \lambda_3$
$\varkappa_4$	$\varkappa_3, \lambda_3$	$\varkappa_2, \lambda_1$	$\varkappa_5, \lambda_2$
$\varkappa_5$	$\varkappa_6, \lambda_1$	$\varkappa_5, \lambda_1$	$\varkappa_1, \lambda_2$
$\varkappa_6$	$\varkappa_2, \lambda_3$	$\varkappa_5, \lambda_3$	$\varkappa_3, \lambda_1$

Ist der endliche Automat vom Typ $V-G$ [Gleichung (3.5″)], so wird in jede Zelle das zu $\varkappa^{p+1}$ der Zuordnungstabelle gehörende Symbol λ^{p+1} enigetragen. In unserem Beispiel (Automat nach Tab. 3.4, Zuordner nach Tab. 3.6) ist die Zustandstabelle der entsprechenden S-Maschine in Tab. 3.8 dargestellt.

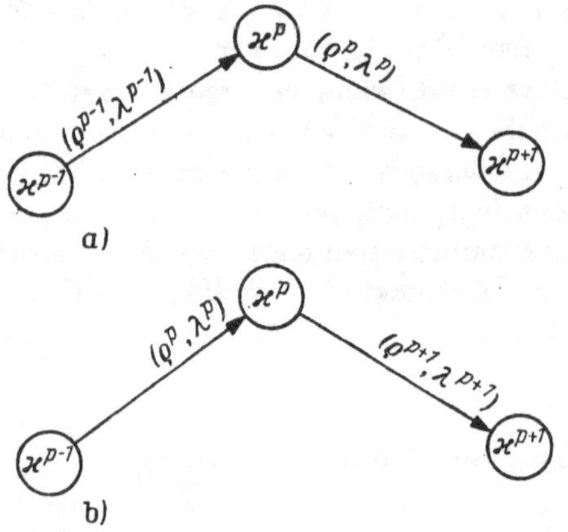

Bild 3.8

Es sei besonders darauf hingewiesen, daß im Falle eines $V-G$-Automaten nicht alle Zellen der Zustandstabelle ausgefüllt zu sein brauchen. In jeder Spalte der Tabelle des Zuordners sind nur diejenigen Zellen ausgefüllt, zu

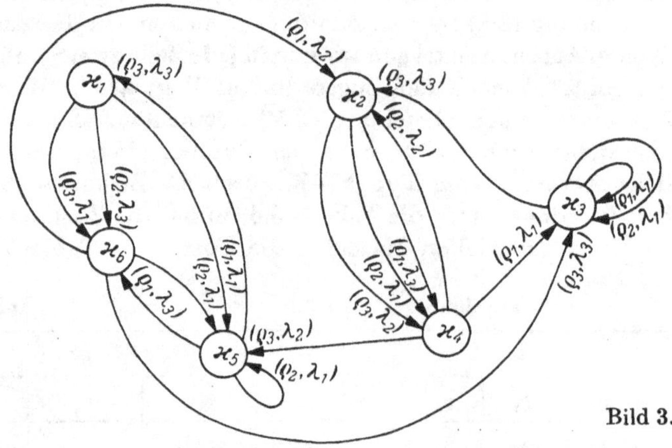

Bild 3.9

denen solche $\varkappa$ gehören, die in derselben Spalte der Zustandstabelle des Automaten enthalten sind. So kommt z. B. in der Zustandstabelle 3.4 des Automaten in der Spalte ϱ_1 das Symbol $\varkappa_1$ überhaupt nicht vor. In der Tabelle des Zuordners kann die Zelle $(\varrho_1, \varkappa_1)$ also gar nicht ausgefüllt werden.

Beim Zustandsdiagramm müßte nun in jedem Kreis neben $\varkappa$ noch das Symbol λ entsprechend der Tabelle des Zuordners stehen. Bei einer sequentiellen Maschine ist λ aber nicht nur durch $\varkappa$, sondern auch durch ϱ festgelegt. Wir werden also das Symbol λ nicht in den Kreis schreiben, sondern an das Symbol ϱ am Pfeil. Der Pfeil zeigt vom Zustand $\varkappa^p$ zum Zustand $\varkappa^{p+1}$. Bei einem $V-V$-Automaten schreiben wir das Symbolpaar (ϱ, λ) an den Anfang des Pfeils (in die Nähe des Kreises $\varkappa^p$ s. Bild 3.8a), bei einem $V-G$-Automaten an das Ende (in die Nähe des Kreises $\varkappa^{p+1}$, s. Bild 3.8b). Im ersten Falle ist λ durch die Tabelle des Zuordners nach dem Symbol ϱ bestimmt, das an dem Pfeil steht, und dem Symbol $\varkappa$, das in dem Kreis steht, wo der Pfeil anfängt, im zweiten Fall durch das Symbol ϱ an dem Pfeil und das Symbol $\varkappa$ in dem Kreis, auf den der Pfeil gerichtet ist. Das Bild 3.9 zeigt als Beispiel das Zustandsdiagramm für die Tab. 3.8.

Tabelle 3.8

$\varkappa^p$	ϱ^{p+1}		
	ϱ_1	ϱ_2	ϱ_3
$\varkappa_1$	$\varkappa_5, \lambda_1$	$\varkappa_6, \lambda_3$	$\varkappa_6, \lambda_1$
$\varkappa_2$	$\varkappa_4, \lambda_3$	$\varkappa_4, \lambda_1$	$\varkappa_4, \lambda_2$
$\varkappa_3$	$\varkappa_3, \lambda_1$	$\varkappa_3, \lambda_1$	$\varkappa_2, \lambda_3$
$\varkappa_4$	$\varkappa_3, \lambda_1$	$\varkappa_2, \lambda_2$	$\varkappa_5, \lambda_2$
$\varkappa_5$	$\varkappa_6, \lambda_3$	$\varkappa_5, \lambda_1$	$\varkappa_1, \lambda_3$
$\varkappa_6$	$\varkappa_2, \lambda_2$	$\varkappa_5, \lambda_1$	$\varkappa_3, \lambda_3$

Aus dem Zustandsdiagramm der sequentiellen Maschine kann unmittelbar wieder die Verknüpfungsmatrix abgeleitet werden. Sie unterscheidet sich von der eines endlichen Automaten wiederum dadurch, daß die Elemente der Matrix Paare von Symbolen (ϱ, λ) sind. Für die Zustandstabelle 3.8 und das Zustandsdiagramm von Bild 3.9 zeigt die Tab. 3.9 die Verknüpfungsmatrix.

Tabelle 3.9

	$\varkappa_1$	$\varkappa_2$	$\varkappa_3$	$\varkappa_4$	$\varkappa_5$	$\varkappa_6$
$\varkappa_1$	0	0	0	0	(ϱ_1, λ_1)	$(\varrho_2, \lambda_3) \vee (\varrho_3, \lambda_1)$
$\varkappa_2$	0	0	0	$(\varrho_1, \lambda_3) \vee (\varrho_2, \lambda_1) \vee (\varrho_3, \lambda_2)$	0	0
$\varkappa_3$	0	(ϱ_3, λ_3)	$(\varrho_2, \lambda_1) \vee (\varrho_1, \lambda_1)$	0	0	0
$\varkappa_4$	0	(ϱ_2, λ_2)	(ϱ_1, λ_1)	0	(ϱ_3, λ_2)	0
$\varkappa_5$	(ϱ_3, λ_3)	0	0	0	(ϱ_2, λ_1)	(ϱ_1, λ_3)
$\varkappa_6$	0	(ϱ_1, λ_2)	(ϱ_3, λ_3)	0	(ϱ_2, λ_1)	0

§ 3.6 Methoden zur Beschreibung der Arbeitsweise eines Automaten

Die Symbole ϱ werden einem endlichen Automaten oder einer sequentiellen Maschine von außen zugeführt und sind unabhängig von der Arbeitsweise des Automaten. Der endliche Automat (oder die sequentielle Maschine) verarbeitet die Symbole ϱ zu Symbolen $\varkappa$ (oder λ).

Jede endliche, wenn auch beliebig große Menge von aufeinanderfolgenden Symbolen ϱ nennen wir eine *Eingangsfolge* und die zugehörige Menge von Symbolen $\varkappa$ eine *Zustandsfolge* bzw. λ eine *Ausgangsfolge*. Die *Länge der Folge* ist die Zahl der in ihr enthaltenen Symbole.

Sowohl einen endlichen Automaten wie auch eine sequentielle Maschine kann man als einen Operator auffassen, durch den eine Folge von Eingangssymbolen aus einem Alphabet in eine Folge von Ausgangssymbolen aus einem anderen Alphabet gebildet wird. Die im vorigen Paragraphen beschriebenen Zustandstabellen, Graphen, Zustandsdiagramme und Verknüpfungsmatrizen sind verschiedene Methoden, um einen solchen Operator zu definieren, weil sie alle ausreichen, um aus der Kenntnis der Folge ϱ und des Anfangszustandes $\varkappa^0$ die zugehörige Folge $\varkappa$ bzw. λ zu bilden.

Wir betrachten nun eine aus drei Zeilen und beliebig vielen Spalten bestehende Tabelle. Die drei Zeilen entsprechen der Nummer des Taktes, dem Symbol ϱ und dem Symbol $\varkappa$ (Tab. 3.10).

Tabelle 3.10

Takt	0	1	2	3	4	5	6	7	8	...
ϱ	ϱ_3	ϱ_8	ϱ_1	ϱ_3	ϱ_4	ϱ_6	ϱ_2	ϱ_8	ϱ_{12}	...
$\varkappa$	$\varkappa_1$	$\varkappa_2$	$\varkappa_7$	$\varkappa_1$	$\varkappa_2$	$\varkappa_{12}$	$\varkappa_6$	$\varkappa_3$	$\varkappa_8$	...

In die zweite und dritte Zeile schreiben wir die dem jeweiligen Takt entsprechenden Symbole ϱ und $\varkappa$. Eine Tabelle dieser Art wollen wir das *Band eines endlichen Automaten* nennen.

Dieses Band kann für jede Eingangsfolge $\varrho(t)$ aufgestellt werden. Ist der Automat z. B. durch die Zustandstabelle gegeben, so kann eine unbegrenzte Zahl von Bändern gebildet werden. Jedes Anfangsstück eines Bandes (vom 0-ten bis zum k-ten Takt) enthält eine gewisse Eingangsfolge und eine zugehörige Ausgangsfolge der Länge $k + 1$.

Auf irgendeiner Stelle irgendeines Bandes eines beliebigen Automaten teilen wir drei Symbole so ab, wie dies in Tab. 3.10 durch eine fette Linie für einen V—V-Automaten und eine punktierte Linie für einen $V—G$-Automaten getan ist. Diese drei Symbole bilden offensichtlich eine Triade und entsprechen einer Zelle der Zustandstabelle.

Über das Band bewegen wir nun einen Schieber, dessen Ausschnitt entweder der fetten oder der punktierten Linie von Tab. 3.10 entspricht. Bewegt sich dieser Schieber von links nach rechts über das Band, so können wir nacheinander alle durch den Schieber sichtbar werdenden Triaden notieren. Für jedes Band sind es offensichtlich endlich viele solche Triaden. Wir nehmen weiter an, daß wir so mit allen (unendlich vielen) Bändern eines Automaten verfahren können. Wir könnten dann alle Triaden auf allen Bändern aufschreiben. Da alle diese Bänder zu einem Automaten gehören, gehören alle Triaden zu einer endlichen, geordneten Menge von rk Elementen.

Im vorigen Paragraphen haben wir gezeigt, daß ein Automat als Operator durch eine endliche geordnete Menge von Triaden festgelegt werden kann. Wir sehen nun, daß alle Bänder eines Automaten aus Triaden dieser Menge aufgebaut sind.

Wir nehmen nun ein Alphabet aus rk Symbolen, nennen dieses $\{\tau\}$ und bezeichnen mit den Symbolen τ alle Triaden des Automaten. Dann braucht das Band nur noch zwei Zeilen zu enthalten, nämlich eine Zeile für den Takt und eine Zeile für das Symbol τ (Tab. 3.11).

Tabelle 3.11

Takt	0	1	2	3	4	5	6	...
τ	τ_5	τ_1	τ_3	τ_2	τ_3	τ_1	τ_8	...

Auf diesem Band kann allerdings auf eine Triade, z. B. τ_5, nicht irgendeine andere Triade folgen, sondern es sind nur ganz bestimmte Triaden möglich. Nimmt man z. B. für die Triade τ_5 die Symbole

$$\varkappa_7,\ \varrho_3,\ \varkappa_{12}\,,$$

dann ist für die folgende Triade das erste Symbol festgelegt, und nur die beiden anderen können beliebig gewählt werden. Die auf τ_5 folgende Triade kann also nur aus der Menge derjenigen Triaden frei gewählt werden, deren erstes Symbol $\varkappa_{12}$ ist. So könnten auf τ_5 also z. B. die Triaden $\varkappa_{12}, \varrho_8, \varkappa_6$ oder $\varkappa_{12}, \varrho_2, \varkappa_{12}$ folgen.

Unter den zu einer Triade τ_j *zugehörigen Triaden* wollen wir diejenigen Triaden aus der geordneten endlichen Menge verstehen, deren erstes Symbol mit dem letzten von τ_j identisch ist. Alle Bänder eines Automaten bestehen also aus Triaden, so daß jede Triade eine zur vorhergehenden zugehörigen Triade ist.

Auch für sequentielle Maschinen kann man den Begriff des Bandes einführen, wenn man das Band des endlichen Automaten durch eine Zeile mit den Ausgangssymbolen λ ergänzt und danach die $\varkappa$-Zeile wegstreicht (Tab. 3.12).

Tabelle 3.12

Takt	0	1	2	3	4	5	6	7	8	...
ϱ	ϱ_3	ϱ_8	ϱ_1	ϱ_3	ϱ_9	ϱ_6	ϱ_7	ϱ_8	ϱ_{12}	...
λ	λ_2	λ_3	λ_3	λ_2	λ_1	λ_1	λ_1	λ_2	λ_3	...

Das so gebildete Band kann ebenfalls in Triaden des Typs

$$\lambda^p,\ \varrho^p,\ \lambda^{p+1} \qquad \text{oder} \qquad \lambda^p,\ \varrho^{p+1},\ \lambda^{p+1}$$

zerlegt werden. Unter diesen Triaden kann es aber „widersprüchliche" Triaden geben, bei denen nach zwei ersten gleichen Symbolen λ^p, ϱ^p (oder λ^p, ϱ^{p+1}) verschiedene dritte Symbole λ^{p+1} folgen können, d. h., die Menge der Triaden einer sequentiellen Maschine ist nicht geordnet. Diese Menge ist dann und nur dann geordnet, wenn die sequentielle Maschine ein endlicher Automat ist.

Wir wollen noch ein anderes Verfahren zur Beschreibung der Arbeitsweise eines endlichen Automaten anführen. Dazu kehren wir zu dem Zustandsdiagramm von Bild 3.7 zurück und betrachten darin zwei Kreise. In dem einen Kreis möge das Symbol $\varkappa_i$, in dem anderen das Symbol $\varkappa_j$ stehen.

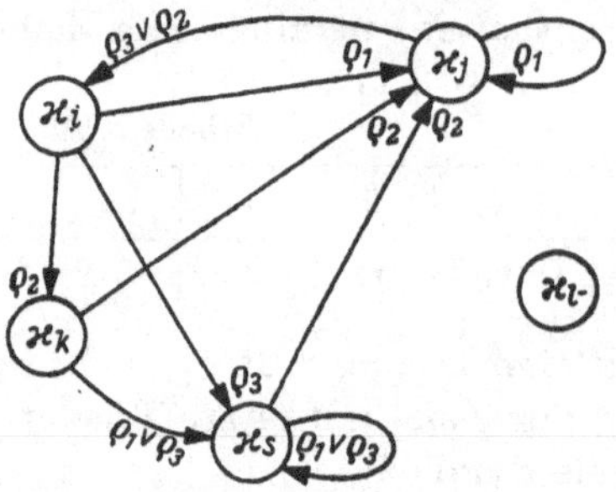

Bild 3.10

Das Bild 3.10 zeigt als Beispiel ein Stück des Zustandsdiagramms, das neben den beiden Kreisen $\varkappa_i$ und $\varkappa_j$ noch die drei Kreise $\varkappa_k$, $\varkappa_s$ und $\varkappa_l$ enthält. Aus dem Zustand $\varkappa_i$ kann man in einem Takt in den Zustand $\varkappa_j$ übergehen, wenn am Eingang das Symbol ϱ_1 liegt. Um von $\varkappa_i$ nach $\varkappa_j$ in zwei Takten zu gelangen, gibt es die folgenden Möglichkeiten. Während des ersten Taktes muß am Eingang ϱ_2 oder ϱ_3 anliegen, beim zweiten Takt ϱ_2, oder bei beiden Takten muß ϱ_1 vorhanden sein. Um in drei Takten von $\varkappa_i$ zu $\varkappa_j$ zu gelangen, gibt es schon neun Möglichkeiten, die in Tab. 3.13 zusammengestellt sind.

Analog dazu kann man alle Möglichkeiten für die Folge ϱ aufschreiben, um in q Takten von $\varkappa_i$ nach $\varkappa_j$ zu gelangen. Wir nennen jede solche Folge einen ***Weg der Länge q von $\varkappa_i$ nach $\varkappa_j$***. Einen solchen Weg schreiben wir als eine Folge von q Symbolen ϱ, und alle möglichen Wege schreiben wir als Disjunktion solcher Folgen. Die neun Wege der Länge 3 von Tab. 3.13 können wir also in der Form

$$\varrho_1\varrho_1\varrho_1 \vee \varrho_1\varrho_3\varrho_1 \vee \varrho_2\varrho_1\varrho_2 \vee \varrho_2\varrho_3\varrho_2 \vee \varrho_3\varrho_1\varrho_2 \vee \varrho_3\varrho_3\varrho_2 \vee \varrho_1\varrho_2\varrho_1 \vee \varrho_2\varrho_2\varrho_1 \vee \varrho_3\varrho_2\varrho_1$$

schreiben. Diese Disjunktion aller möglichen Wege der Länge q von $\varkappa_i$ nach $\varkappa_j$ bezeichnen wir als D^q_{ij}. Jede Disjunktion D^q_{ij} enthält eine oder mehrere Folgen, und jede Folge besteht aus genau q Elementen ϱ, unter denen auch gleiche vorkommen können. Damit können wir eine Matrix $G^{(q)}$ bilden, so daß die Elemente der Matrix gerade die D^q_{ij} sind. Ein Element dieser Matrix ist 0, wenn es keinen Weg der Länge q von $\varkappa_i$ nach $\varkappa_j$ gibt. So ist z. B.

$$C(q) = \begin{array}{c} \\ \varkappa_1 \\ \varkappa_2 \\ \varkappa_3 \\ \varkappa_4 \end{array} \begin{array}{c} \begin{array}{cccc} \varkappa_1 & \varkappa_2 & \varkappa_3 & \varkappa_4 \end{array} \\ \begin{bmatrix} D_{11}^{(q)} & 0 & 0 & D_{14}^{(q)} \\ 0 & 0 & D_{23}^{(q)} & 0 \\ 0 & D_{32}^{(q)} & D_{33}^{(q)} & D_{34}^{(q)} \\ 0 & D_{42}^{(q)} & 0 & 0 \end{bmatrix} \end{array}.$$

Wir bezeichnen $C^{(q)}$ als die *Weglängenmatrix*. Wie bei der Verknüpfungsmatrix bezeichnen wir die Zeilen (von oben nach unten) und die Spalten (von links nach rechts) mit den Symbolen $\varkappa_1, \varkappa_2, \ldots, \varkappa_k$.

Tabelle 3.13

Nr. des Weges	Takt		
	0	1	2
1.	ϱ_1	ϱ_1	ϱ_1
2.	ϱ_1	ϱ_3	ϱ_1
3.	ϱ_2	ϱ_1	ϱ_2
4.	ϱ_2	ϱ_3	ϱ_2
5.	ϱ_3	ϱ_1	ϱ_2
6.	ϱ_3	ϱ_3	ϱ_2
7.	ϱ_1	ϱ_2	ϱ_1
8.	ϱ_2	ϱ_2	ϱ_1
9.	ϱ_3	ϱ_2	ϱ_1

Die Matrix $C^{(q)}$ enthält alle Wege, die in q Takten von einem beliebigen Anfangszustand zu einem beliebigen Endzustand (der mit dem Anfangszustand identisch sein kann) führen. Jede Zeile dieser Matrix enthält also je einmal alle möglichen Folgen von Symbolen aus dem Alphabet $\{\varrho\}$ von der Länge q. So enthält z. B. jede Zeile der Matrix $C^{(2)}$ notwendig die Folgen

$$\varrho_1\varrho_1;\quad \varrho_2\varrho_2;\quad \varrho_3\varrho_3;\quad \varrho_1\varrho_2;\quad \varrho_2\varrho_1;\quad \varrho_1\varrho_3;\quad \varrho_3\varrho_1;\quad \varrho_3\varrho_2;\quad \varrho_2\varrho_3\,.$$

In jeder Zeile können diese Gruppen von je q Symbolen in verschiedener Weise disjunktiv miteinander verknüpft vorkommen und auf die verschiedenen Spalten verteilt sein. In jedem konkreten Fall wird diese Zusammenfassung und Verteilung durch die Zustandstabelle festgelegt.

Die Menge der Matrizen $C^{(1)}, C^{(2)}, C^{(3)}, \ldots$ beschreibt also die Arbeitsweise des Automaten während 1, 2, 3, ... Takten vollständig. Eine solche Beschreibung der Arbeitsweise ist allerdings deswegen nutzlos, weil es einen

einfachen Algorithmus gibt, um die ganze Menge dieser Matrizen durch eine Ausgangsmatrix zu beschreiben, nämlich die Verknüpfungsmatrix C.
Zunächst ist $C^{(1)} = C$, da nach Definition die Elemente der Verknüpfungsmatrix denjenigen Wert ϱ angeben, der den Automaten in einem Takt von dem Zustand $\varkappa_i$ in den Zustand $\varkappa_j$ überführt. Wir bilden nun weiter das Quadrat der Verknüpfungsmatrix, indem wir sie nach der folgenden Regel mit sich selbst multiplizieren:

1. Das Element C_{ij}^2, das an der Kreuzung von i-ter Zeile und j-ter Spalte steht, ergibt sich nach der üblichen Multiplikationsvorschrift für Matrizen als Summe der Produkte der Elemente der i-ten Zeile des ersten Faktors mit den zugehörigen Elementen der j-ten Spalte des zweiten Faktors. Bei der Multiplikation der Elemente dürfen die Faktoren nicht vertauscht werden.
2. Das Pluszeichen ist überall durch das Zeichen für die Disjunktion zu ersetzen.
3. Die Multiplikationszeichen bestimmen die Zuordnung der Symbole.

Als Beispiel kehren wir zu der Matrix C vom vorigen Paragraphen zurück, zu der das Zustandsdiagramm von Bild 3.7 gehört:

$$C = \begin{array}{c} \\ \varkappa_1 \\ \varkappa_2 \\ \varkappa_3 \\ \varkappa_4 \\ \varkappa_5 \\ \varkappa_6 \end{array} \begin{array}{cccccc} \varkappa_1 & \varkappa_2 & \varkappa_3 & \varkappa_4 & \varkappa_5 & \varkappa_6 \\ \hline 0 & 0 & 0 & 0 & \varrho_1 & \boxed{\varrho_2 \vee \varrho_3} \\ 0 & 0 & 0 & \varrho_1 \vee \varrho_2 \vee \varrho_3 & 0 & 0 \\ 0 & \varrho_3 & \varrho_1 \vee \varrho_2 & 0 & 0 & 0 \\ 0 & \varrho_2 & \varrho_1 & 0 & \varrho_3 & 0 \\ \varrho_3 & 0 & 0 & 0 & \varrho_2 & \varrho_1 \\ 0 & \boxed{\varrho_1} & \varrho_3 & 0 & \varrho_2 & 0 \end{array}$$

Wir erheben sie nach obiger Regel ins Quadrat und erhalten

$$C^2 = \begin{array}{c} \\ \varkappa_1 \\ \\ \varkappa_2 \\ \\ \varkappa_3 \\ \\ \varkappa_4 \\ \\ x_5 \\ \\ x_6 \\ \\ \end{array} \begin{array}{cccccc} \varkappa_1 & \varkappa_2 & \varkappa_3 & \varkappa_4 & \varkappa_5 & \varkappa_6 \\ \hline \varrho_1 \varrho_3 & \boxed{\varrho_2 \varrho_1 \vee \varrho_3 \varrho_1} & \varrho_2 \varrho_3 \vee \varrho_3 \varrho_3 & 0 & \varrho_1 \varrho_2 \vee \varrho_2 \varrho_2 \vee & \varrho_1 \varrho_1 \\ & & & & \vee \varrho_3 \varrho_3 & \\ 0 & \varrho_1 \varrho_2 \vee \varrho_2 \varrho_2 \vee & \varrho_1 \varrho_1 \vee \varrho_2 \varrho_1 \vee & 0 & \varrho_1 \varrho_3 \vee \varrho_2 \varrho_3 \vee & 0 \\ & \vee \varrho_3 \varrho_2 & \vee \varrho_3 \varrho_1 & & \vee \varrho_3 \varrho_3 & \\ 0 & \varrho_1 \varrho_3 \vee \varrho_2 \varrho_3 & \varrho_1 \varrho_1 \vee \varrho_2 \varrho_1 \vee & \varrho_3 \varrho_1 \vee \varrho_3 \varrho_2 \vee & 0 & 0 \\ & & \vee \varrho_1 \varrho_2 \vee \varrho_2 \varrho_2 & \vee \varrho_3 \varrho_3 & & \\ \varrho_3 \varrho_3 & \varrho_1 \varrho_3 & \varrho_1 \varrho_1 \vee \varrho_1 \varrho_2 & \varrho_2 \varrho_1 \vee \varrho_2 \varrho_2 \vee & \varrho_3 \varrho_2 & \varrho_3 \varrho_1 \\ & & & \vee \varrho_2 \varrho_3 & & \\ \varrho_2 \varrho_3 & \varrho_1 \varrho_1 & \varrho_1 \varrho_3 & 0 & \varrho_3 \varrho_1 \vee \varrho_2 \varrho_2 \vee & \varrho_3 \varrho_2 \vee \varrho_3 \varrho_3 \vee \\ & & & & \vee \varrho_1 \varrho_2 & \vee \varrho_2 \varrho_1 \\ \varrho_2 \varrho_3 & \varrho_3 \varrho_3 & \varrho_3 \varrho_1 \vee \varrho_3 \varrho_2 & \varrho_1 \varrho_1 \vee \varrho_1 \varrho_2 \vee & \varrho_2 \varrho_2 & \varrho_2 \varrho_1 \\ & & & \vee \varrho_1 \varrho_3 & & \end{array}$$

Man sieht unmittelbar ein, daß $C^2 = C^{(2)}$ ist. Die Elemente der Matrix $C^{(2)}$ sind alle möglichen Wege, die in zwei Takten von einem Kreis zu einem anderen führen. Ein Vergleich mit dem Zustandsdiagramm von Bild 3.7 zeigt, daß die Wege $\varrho_2\,\varrho_1$ und $\varrho_3\,\varrho_1$ die einzigen Wege sind, die in zwei Takten von $\varkappa_1$ nach $\varkappa_2$ führen, und daß gerade $\varrho_2\,\varrho_1 \vee \varrho_3\,\varrho_1$ das Element C^2_{12} ist.
Die Identität von C^2 mit $C^{(2)}$ ist durchaus kein Zufall. Wenn bei der Matrix C das 6. Element in der 1. Zeile und das 6. Element in der 2. Spalte ungleich 0 sind, so ist das Produkt dieser beiden Elemente in dem 2. Element der 1. Zeile des Quadrats enthalten. Die entsprechenden Elemente sind oben eingerahmt. Das 6. Element der ersten Zeile bedeutet, daß man in einem Takt von $\varkappa_1$ nach $\varkappa_6$ kommen kann, das 6. Element der 2. Spalte, daß man in einem Takt von $\varkappa_6$ nach $\varkappa_2$ gelangen kann. Das Produkt dieser beiden Elemente in der Matrix C^2 besagt dann doch also, daß man in zwei Takten von $\varkappa_1$ nach $\varkappa_2$ gelangen kann.
Die an dem Beispiel aufgedeckte Identität ist also in der Tat eine allgemeine Regel, nach der das Quadrat der Verknüpfungsmatrix gleich der Weglängenmatrix für $q = 2$ ist: $C^2 = C^{(2)}$. Zur Bildung C^3 multiplizieren wir nach, den gleichen Regeln die Matrizen C^2 und C und können uns davon überzeugen daß ebenfalls $C^3 = C^{(3)}$ ist. Und es gilt allgemein die Aussage, daß die q-te Potenz der Verknüpfungsmatrix gleich der Weglängenmatrix für q ist:

$$C^{(q)} = C^q .$$

Damit lassen sich also alle möglichen Wege während q Takten durch eine einfache Operation angeben, nämlich durch die q-fache Multiplikation der Verknüpfungsmatrix mit sich selbst.

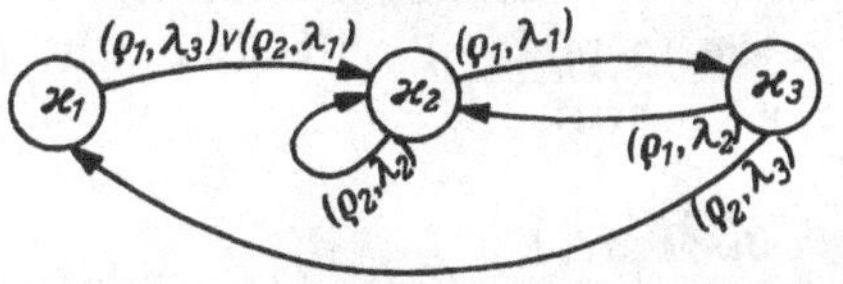

Bild 3.11

Alle diese Aussagen über die Arbeitsweise eines endlichen Automaten gelten auch für sequentielle Maschinen. Man muß nur beachten, daß jeder Pfeil des Zustandsdiagramms zwei Symbole trägt: ϱ und λ. Der Übergang in sequentiellen Maschinen wird durch das Paar (ϱ_k, λ_s) beschrieben, und bei der Multiplikation dieser Paare sind die folgenden Regeln zu beachten:

1. $(\varrho_i, \lambda_j)\,(\varrho_k, \lambda_s) = (\varrho_i\,\varrho_k, \lambda_j\,\lambda_s)$,
2. $(\varrho_k, \lambda_s)\,0 \;= 0(\varrho_k, \lambda_s) = 0$.

Bei der Multiplikation von Disjunktionen solcher Paare ist das distributive Gesetz zu benutzen; z. B.

$$[(\varrho_1, \lambda_3) \vee (\varrho_2, \lambda_5)]\,[(\varrho_8, \lambda_1) \vee (\varrho_5, \lambda_3)]$$
$$= (\varrho_1\,\varrho_8, \lambda_3\,\lambda_1) \vee (\varrho_2\,\varrho_8, \lambda_5\,\lambda_1) \vee (\varrho_1\,\varrho_5, \lambda_3\,\lambda_3) \vee (\varrho_2\,\varrho_5, \lambda_5\,\lambda_3) .$$

Als Beispiel betrachten wir die Verknüpfungsmatrix einer sequentiellen Maschine mit drei Zuständen, deren Zustandsdiagramm das Bild 3.11 zeigt:

$$C = \begin{array}{c} \\ \varkappa_1 \\ \varkappa_2 \\ \varkappa_3 \end{array} \!\!\! \begin{array}{c} \begin{array}{ccc} \varkappa_1 & \varkappa_2 & \varkappa_3 \end{array} \\ \left[\begin{array}{ccc} 0 & (\varrho_1, \lambda_3) \vee (\varrho_2, \lambda_1) & 0 \\ 0 & (\varrho_2, \lambda_2) & (\varrho_1, \lambda_1) \\ (\varrho_2, \lambda_3) & (\varrho_1, \lambda_1) & 0 \end{array}\right] \end{array}.$$

Für das Quadrat dieser Matrix ergibt sich

$$C^2 = \begin{array}{c} \\ \varkappa_1 \\ \\ \varkappa_2 \\ \varkappa_3 \\ \\ \end{array} \!\!\! \begin{array}{c} \begin{array}{ccc} \varkappa_1 & \varkappa_2 & \varkappa_3 \end{array} \\ \left[\begin{array}{ccc} 0 & (\varrho_1 \varrho_2, \lambda_3 \lambda_2) \vee (\varrho_2 \varrho_2, \lambda_1 \lambda_2) & (\varrho_1 \varrho_1, \lambda_3 \lambda_1) \vee \\ & & \vee (\varrho_2 \varrho_1, \lambda_1 \lambda_1) \\ (\varrho_1 \varrho_2, \lambda_1 \lambda_3) & (\varrho_2 \varrho_2, \lambda_2 \lambda_2) \vee (\varrho_1 \varrho_1, \lambda_1 \lambda_2) & (\varrho_2 \varrho_1, \lambda_2 \lambda_1) \\ 0 & \vee (\varrho_2 \varrho_1, \lambda_3 \lambda_3) \vee (\varrho_2 \varrho_2, \lambda_3 \lambda_1) \vee & (\varrho_1 \varrho_1, \lambda_2 \lambda_1) \\ & \vee (\varrho_1 \varrho_2, \lambda_2 \lambda_2) & \end{array}\right] \end{array}.$$

Aus der Konstruktion der Matrix C^2 geht hervor, daß das Element C_{ij}^2 an der Kreuzung von i-ter Zeile und j-ter Spalte eine Aufzählung aller Eingangs- (und zugehöriger Ausgangs-)Folgen der Länge 2 darstellt, durch die die sequentielle Maschine in zwei Takten von dem Zustand $\varkappa_i$ in den Zustand $\varkappa_j$ übergeführt werden kann. Für die S-Maschine von Bild 3.11 führen die Eingangsfolgen $\varrho_2 \varrho_1$, $\varrho_2 \varrho_2$ und $\varrho_1 \varrho_2$ in zwei Takten vom 3. in den 2. Zustand, und am Ausgang treten dabei die Folgen $\lambda_3 \lambda_3$, $\lambda_3 \lambda_1$ und $\lambda_2 \lambda_2$ auf.

Bei der Bildung von C^3 aus C^2 und C hat man zu berücksichtigen, daß nun neben den Paaren (ϱ_s, λ_t) auch Paare $(\varrho_i \varrho_j, \lambda_k \lambda_l)$ auftreten. Die Multiplikation solcher Paare hat nach der Vorschrift

$$(\varrho_3 \varrho_5, \lambda_6 \lambda_7)\, (\varrho_4, \lambda_2) = (\varrho_3 \varrho_5 \varrho_4, \lambda_6 \lambda_7 \lambda_2)$$

zu erfolgen. Bei der Multiplikation von Elementen, die aus Disjunktionen bestehen, ist wieder das distributive Gesetz anzuwenden. In unserem Beispiel ist C^3

$$C^3 = \begin{array}{c} \\ \varkappa_1 \\ \\ \varkappa_2 \\ \\ \\ \varkappa_3 \\ \\ \\ \end{array} \!\!\! \begin{array}{c} \begin{array}{ccc} \varkappa_1 & \varkappa_2 & \varkappa_3 \end{array} \\ \left[\begin{array}{ccc} [(\varrho_1 \varrho_1 \varrho_2, \lambda_3 \lambda_1 \lambda_3) \vee & [(\varrho_1 \varrho_2 \varrho_2, \lambda_3 \lambda_2 \lambda_2) \vee (\varrho_2 \varrho_2 \varrho_2, \lambda_1 \lambda_2 \lambda_2) \vee & [(\varrho_1 \varrho_2 \varrho_1, \lambda_3 \lambda_2 \lambda_1) \vee \\ \vee (\varrho_2 \varrho_1 \varrho_2, \lambda_1 \lambda_1 \lambda_3)] & \vee (\varrho_1 \varrho_1 \varrho_1, \lambda_3 \lambda_1 \lambda_2) \vee (\varrho_2 \varrho_1 \varrho_1, \lambda_1 \lambda_1 \lambda_2)] & \vee (\varrho_2 \varrho_2 \varrho_1, \lambda_1 \lambda_2 \lambda_1)] \\ (\varrho_2 \varrho_1 \varrho_2, \lambda_2 \lambda_1 \lambda_3) & [(\varrho_1 \varrho_2 \varrho_1, \lambda_1 \lambda_3 \lambda_3) \vee (\varrho_1 \varrho_2 \varrho_2, \lambda_1 \lambda_3 \lambda_1) \vee & [(\varrho_2 \varrho_2 \varrho_1, \lambda_2 \lambda_2 \lambda_1) \vee \\ & \vee (\varrho_2 \varrho_2 \varrho_2, \lambda_2 \lambda_2 \lambda_2) \vee (\varrho_1 \varrho_1 \varrho_2, \lambda_1 \lambda_2 \lambda_2) \vee & \vee (\varrho_1 \varrho_1 \varrho_1, \lambda_1 \lambda_2 \lambda_1)] \\ & \vee (\varrho_2 \varrho_1 \varrho_1, \lambda_2 \lambda_1 \lambda_2)] & \\ (\varrho_1 \varrho_1 \varrho_2, \lambda_2 \lambda_1 \lambda_3) & [(\varrho_2 \varrho_1 \varrho_2, \lambda_3 \lambda_3 \lambda_2) \vee (\varrho_2 \varrho_2 \varrho_2, \lambda_3 \lambda_1 \lambda_2) \vee & [(\varrho_2 \varrho_1 \varrho_1, \lambda_3 \lambda_3 \lambda_1) \vee \\ & \vee (\varrho_1 \varrho_2 \varrho_2, \lambda_2 \lambda_2 \lambda_2) \vee (\varrho_1 \varrho_1 \varrho_1, \lambda_2 \lambda_1 \lambda_2)] & \vee (\varrho_2 \varrho_2 \varrho_1, \lambda_3 \lambda_1 \lambda_1) \vee \\ & & \vee (\varrho_1 \varrho_2 \varrho_1, \lambda_2 \lambda_2 \lambda_1)] \end{array}\right] \end{array}.$$

Die Elemente dieser Matrix geben alle möglichen, in drei Takten von $\varkappa_i$ nach $\varkappa_j$ führenden Wege, d. h. Eingangsfolgen ebenso wie die zugehörigen Ausgangsfolgen an. Wieder ist auch hier allgemein $Cq = C^{(q)}$, und diese Matrix gibt die Wege an, die in q Takten von $\varkappa_i$ nach $\varkappa_j$ führen.[1])

§ 3.7 Über die Beschränkung der Eingangsfolgen

Wir haben bisher angenommen, daß die Eingangsfolgen beliebig gewählt werden können, wenn nur jede aus Symbolen des Alphabets $\{\varrho\}$ besteht. Enthält das Alphabet $\{\varrho\}$ r Symbole, so kann man r^k verschiedene Eingangsfolgen der Länge k bilden.
Häufig wird die Forderung gestellt, daß die Eingangsfolgen gewissen zusätzlichen Forderungen genügen sollen. Wir haben dann zwischen *zulässigen* und *unzulässigen* Folgen zu unterscheiden.

Beispiele für solche Forderungen können z. B. folgendermaßen lauten:

1. *Es sind nur solche Eingangsfolgen zugelassen, bei denen sich gerade und ungerade Indizes bei den ϱ abwechseln.* Danach ist dann $\varrho_7\,\varrho_2\,\varrho_1\,\varrho_4\,\varrho_7\,\varrho_6 \ldots$ eine zulässige, $\varrho_7\,\varrho_2\,\varrho_4\,\varrho_1\,\varrho_7 \ldots$ eine unzulässige Folge.

2. *Es sind nur solche Folgen zugelassen, bei denen zwei gleiche Symbole nicht unmittelbar aufeinander folgen.* Die Folge $\varrho_2\,\varrho_7\,\varrho_5\,\varrho_3\,\varrho_8 \ldots$ ist dann zulässig, die Folge $\varrho_2\,\varrho_3\,\varrho_5\,\varrho_5\,\varrho_3\,\varrho_8 \ldots$ nicht.

3. *Es sind nur solche Folgen zugelassen, bei denen auf das Symbol ϱ_i nicht unmittelbar das Symbol ϱ_j folgt, usw.*

Die Beschränkungen der Folgen sind häufig durch die Unterteilung der Zeitachse in Takte verursacht. Wenn z. B. immer dann ein Takt auftreten soll, wenn sich das Symbol ϱ ändert, so sind die möglichen Folgen durch die Forderung beschränkt, daß nie zwei gleiche Symbole unmittelbar aufeinander folgen dürfen. Ähnlich liegen die Verhältnisse, wenn die Takte mit irgendwelchen vorher vereinbarten „Ereignissen" am Eingang verbunden sind.[2])
Die möglichen Eingangsfolgen unterliegen dann immer irgendwelchen Beschränkungen. Die Beschränkungen können also zwei Ursachen haben:

[1]) In der Literatur gibt es noch andere Verfahren, um die Arbeitsweise von Automaten zu beschreiben. So benutzen z. B. N. E. Kobrinski und B. A. Trachtenbrot [134] dazu den sog. „Baum" des Automaten. Wir wollen diesen Begriff hier aber nicht benutzen.

[2]) Der Ausdruck „Ereignis" ist hier dem üblichen Sprachgebrauch entsprechend zu verstehen. Unter diesem Ausdruck werden wir später einen genau definierten Sachverhalt einführen.

1. Die Beschränkungen sind durch Besonderheiten der Taktung notwendig geworden. In diesem Fall dürfen nur zulässige Eingangsfolgen auftreten.

2. Die Beschränkungen sind durch die Anwendung bestimmt, d. h., die sequentielle Maschine würde auch auf andere als zulässige Eingangsfolgen reagieren.

Dieser Unterschied ist für uns nicht wesentlich. Die Fälle, wo die Eingangsfolgen aber irgendwelchen Beschränkungen unterliegen, werden Gegenstand einer getrennten Untersuchung sein. In diesen Fällen wird der Automat noch nicht durch die Zustandstabelle festgelegt.

KAPITEL IV

Abstrakte Strukturen und Netze

§ 4.1 Allgemeines über die Substitution von sequentiellen Maschinen

Wir wollen die beiden folgenden sequentiellen Maschinen S_1 und S_2 betrachten. S_1 überführt die Symbole ϱ aus dem Alphabet $\{\varrho\}$ in Symbole $\varkappa$ aus dem Alphabet $\{\varkappa\}$, und die Maschine S_2 überführt die Symbole η aus $\{\eta\}$ in Symbole ζ aus $\{\zeta\}$ (Bild 4.1). Wir betrachten ferner noch zwei Zuordner zur Realisierung der Funktionen

$$\eta = \Phi_1(\zeta, \varrho)\,,$$

$$\varkappa = \Phi_2(\zeta, \varrho)\,.$$

Der Zuordner Φ_1 ordnet momentan und eindeutig dem Symbolpaar (ζ, ϱ) aus den Alphabeten $\{\zeta\}$ bzw. $\{\varrho\}$ ein Symbol η aus dem Alphabet $\{\eta\}$ zu, und dasselbe tut der Zuordner mit dem Symbol $\varkappa$ aus $\{\varkappa\}$.

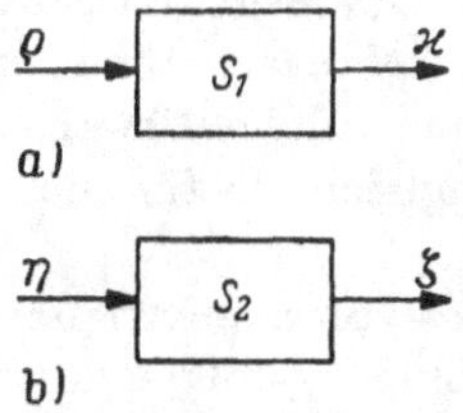

Bild 4.1

Wir vereinigen nun die Zuordner Φ_1 und Φ_2 mit der sequentiellen Maschine S_2 zu der Schaltung von Bild 4.2. Auf diese Weise ergibt sich eine neue sequentielle Maschine, die dieselben Alphabete wie S_1 miteinander verknüpft.
Wenn die beiden Maschinen S_1 und S_2 gegeben sind, so kann es sich möglicherweise herausstellen, daß man die Zuordner Φ_1 und Φ_2 so wählen kann, daß die neue sequentielle Maschine von Bild 4.2 dieselben Ergebnisse realisiert wie die Maschine S_1. Wenn das möglich ist, dann sagen wir, daß die Maschine S_1 durch die Maschine S_2 *ersetzt* werden kann, oder die *Maschine S_2 substituiert die Maschine S_1*.
Um diese Ausdrucksweise streng zu definieren, müssen wir präzisieren, was es heißen soll, ein gewisses System „realisiert jedes Ergebnis der Arbeitsweise einer bestimmten sequentiellen Maschine". Dazu wollen wir den Ausdruck „Substitution" exakt formulieren.

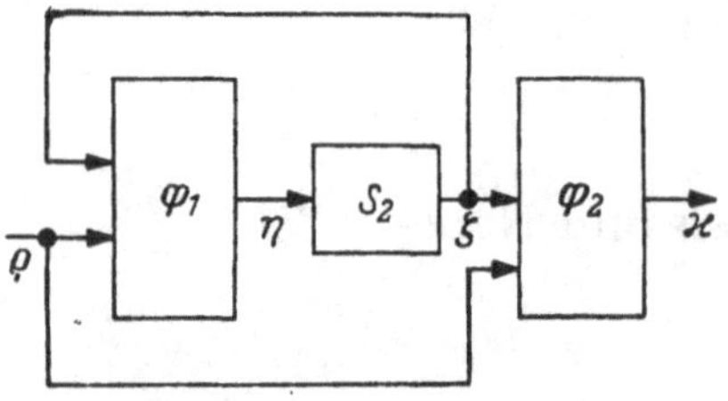

Bild 4.2

Die Maschine S_2 substituiert die Maschine S_1, wenn man zwei Zuordner Φ_1 und Φ_2 so wählen kann, daß man zu jedem Anfangszustand $\varkappa^0$ der Maschine S_1 wenigstens einen Anfangszustand ζ^0 der Maschine S_2 so angeben kann, daß für jede Eingangsfolge aus $\{\varrho\}$ die Schaltung von Bild 4.2 *von dem Anfangszustand ζ^0 aus dieselbe Ausgangsfolge aus $\{\varkappa\}$ liefert wie die Maschine S_1 von dem Anfangszustand $\varkappa^0$ aus.* Diese Substitution beschreiben wir formal durch die Bezeichnung

$$S_2 \Rightarrow S_1 .$$

Die Bezeichnung $S_2 \Rightarrow S_1$ besagt also, daß die Maschine S_2 nach Hinzufügung der Zuordner Φ_1 und Φ_2 wie die Maschine S_1 arbeitet, die sie ersetzt. Aus der Tatsache $S_2 \Rightarrow S_1$ folgt im allgemeinen nicht auch $S_1 \Rightarrow S_2$. Bei der Definition der Substitution ist es wesentlich, daß die Wahl der Zuordner und Anfangszustände in keiner Weise von der Eingangsfolge abhängig ist. Man könnte eine andere, umfassendere Definition des Begriffes Substitution geben, die neben der Wahl der Zuordner und Anfangszustände noch mit der Wahl der Eingangsfolge verknüpft ist. Eine solche Erweiterung der Substitution lassen wir hier außer Betracht, obgleich sie für manche Probleme von Nutzen wäre.

Man kann auch den Begriff der *relativen Substitution* von sequentiellen Maschinen einführen, wenn die Menge L der zulässigen Eingangsfolgen der Maschine S_1 beschränkt ist.

Mit der Einführung der Substitution erhebt sich das fundamentale Problem, ob bei zwei gegebenen sequentiellen Maschinen S_1 und S_2 die Maschine S_1 durch S_2 substituiert werden kann, d. h., ob es zwei Zuordner Φ_1 und Φ_2 gibt, so daß die Schaltung nach Bild 4.2 dasselbe leistet wie die Maschine S_1 allein, und wie im bejahenden Fall die Zuordner zu konstruieren sind. Dieses Problem hat eine triviale Lösung. Man braucht nur alle Paare von Zuordnern Φ_1 und Φ_2 durchzuprobieren, da es nur endlich viele Paare gibt. Wenn irgendeines dieser Paare „paßt", dann kann man S_1 durch S_2 substituieren. Selbstverständlich ist dieses Ausprobieren außerordentlich aufwendig, und dieses Verfahren ist praktisch unbrauchbar. Den Autoren ist allerdings kein einfacherer Algorithmus zur Beantwortung dieser Frage bekannt.

Neben der allgemeinen Schaltung von Bild 4.2 werden wir die Spezialfälle dieser Schaltung von Bild 4.3 betrachten. Von besonderer Bedeutung ist

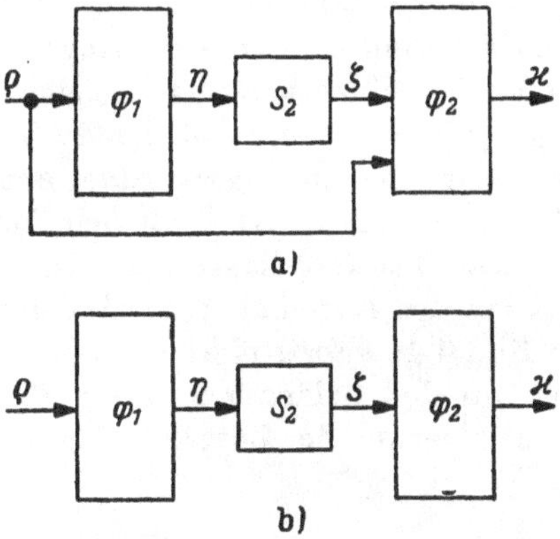

Bild 4.3

die Schaltung von Bild 4.3b. In dieser Schaltung sind beide Zuordner Funktionen nur einer Veränderlichen:

$$\eta = \Phi_1(\varrho)\,, \qquad \varkappa = \Phi_2(\zeta)\,.$$

In diesem einfachen Fall hat das obige Fundamentalproblem neben der trivialen Lösung (Durchprobieren aller Möglichkeiten) noch die folgende Lösung. *Die Maschine S_1 kann durch die Maschine S_2 substituiert werden, wenn das Zustandsdiagramm von S_1 ein Teil des Zustandsdiagramms von S_2 ist und dabei die Eindeutigkeit der Funktionen $\Phi_1(\varrho)$ und $\Phi_2(\zeta)$ sichergestellt ist.* Diesen Lösungsweg werden wir später an einem Beispiel demonstrieren.

Analog zu dem Begriff der Substitution von sequentiellen Maschinen führen wir die *Substitution von endlichen Automaten* ein. Es bleiben alle Definitionen gültig, und man braucht nur die sequentiellen Maschinen S_1 und S_2 durch zwei endliche Automaten A und B zu ersetzen (Bild 4.4a u. b). Wir wollen ferner nur die vereinfachte Schaltung von Bild 4.4c betrachten.

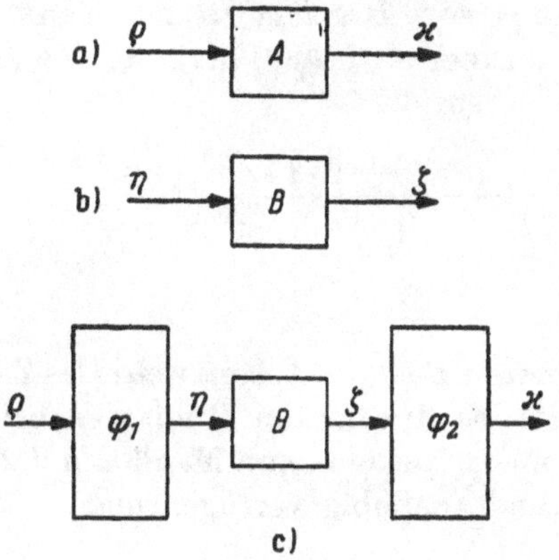

Bild 4.4

Bei der Einführung der Substitution von sequentiellen Maschinen und endlichen Automaten hatten wir nichtautonome Systeme im Auge. Für den Spezialfall autonomer Automaten und Maschinen vereinfachen sich die Definitionen, weil man dann keine Eingangsfolgen von Symbolen zu betrachten hat und deshalb auch die Notwendigkeit der Eingangszuordner entfällt.
Wir wollen nun ein Beispiel für die Substitution von endlichen Automaten vorführen. Der Automat A habe das Zustandsdiagramm von Bild 4.5, der Automat B das von Bild 4.6. Kann der Automat A durch den Automaten B im Sinne der Schaltung von Bild 4.4c substituiert werden? Wir verbinden den Automaten B zunächst mit den beiden Zuordnern Φ_1 und Φ_2. Der Zuordner Φ_2 realisiert die Umnumerierung der Zustände des Automaten

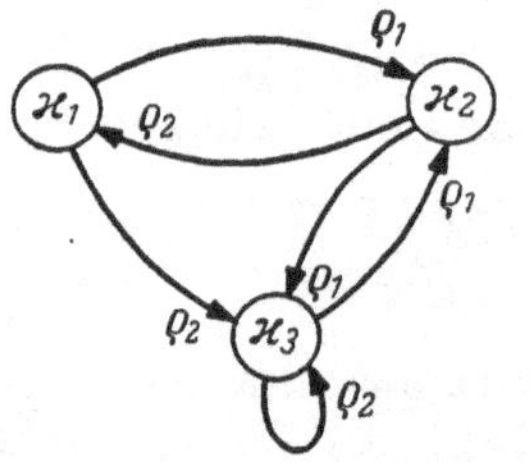

Bild 4.5

B, d. h. die Umnumerierung der Kreise des Zustandsdiagramms, der Zuordner Φ_1 die Umnumerierung der Eingänge, d. h. der Pfeilbeschriftungen. Selbstverständlich muß man dabei ein für allemal die Eindeutigkeit der Zuordner fordern, daß also zu gleichen Argumenten auch immer gleiche Funktionswerte gehören. Wenn nach dieser zweifachen Umnumerierung irgendein Teil des Zustandsdiagramms von B mit dem Zustandsdiagramm von A zusammenfällt, so kann der Automat A durch den Automaten B substituiert werden.
Bei unserem Beispiel sieht man, daß das Zustandsdiagramm von A (Bild 4.5) auf den Teil des Zustandsdiagramms von B gelegt werden kann, der die Kreise ζ_2, ζ_4 und ζ_5 enthält. Der Zuordner $\varkappa = \Phi_2(\zeta)$ muß die Zustände also entsprechend der Tab. 4.1 umnumerieren.

Tabelle 4.1

ζ	ζ_1	ζ_2	ζ_3	ζ_4	ζ_5
$\varkappa = \Phi_2(\zeta)$		$\varkappa_1$		$\varkappa_3$	$\varkappa_2$

Für die Zzstände ζ_1 und ζ_3 des Automaten B ist die Arbeitsweise des Zuordners $\Phi_2(\zeta)$ undefiniert, weil beim Betrieb des Automaten B mit den beiden Zuordnern Φ_1 und Φ_2 diese Zustände nicht vorkommen. Man kann daher über die Zuordnung dieser beiden Zustände beliebig verfügen und z. B. wie in Tab. 4.2 angegeben verfahren.

Damit ist der Zuordner Φ_2 vollständig definiert. Zu jedem gegebenen $\varkappa$ gehört eindeutig ein Wert von ζ.

Tabelle 4.2

ζ	ζ_1	ζ_2	ζ_3	ζ_4	ζ_5
$\varkappa = \Phi_2(\zeta)$	$\varkappa_4$	$\varkappa_1$	$\varkappa_5$	$\varkappa_3$	$\varkappa_2$

Wir haben uns nun noch um den Zuordner $\Phi_1(\varrho)$ zu kümmern. Die Kreise $\varkappa_1$ und $\varkappa_2$ des Automaten A (Bild 4.5) werden durch einen Pfeil mit der Beschriftung ϱ_1 verbunden. Nach Tab. 4.2 entspricht dem Kreis ζ_2 der Kreis $\varkappa_1$ vom Automaten B (Bild 4.6), dem Kreis ζ_5 vom Automaten B der Kreis $\varkappa_2$

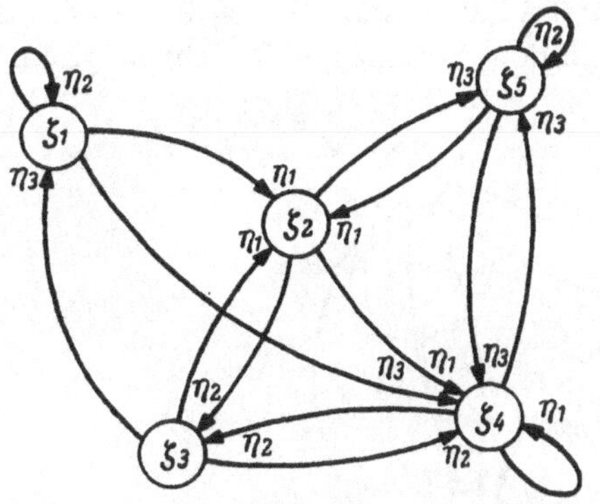

Bild 4.6

beim Automaten A. Beim Automaten B werden die beiden Kreise ζ_2 und ζ_5 durch einen Pfeil mit der Beschriftung η_3 verbunden. Demnach muß also der Zuordner Φ_1 die Symbole ϱ_1 und η_3 miteinander verknüpfen. Die Pfeile zwischen den Kreisen $\varkappa_2$ und $\varkappa_1$ von Automat A haben zur Folge, daß Φ_1 weiter das Symbol ϱ_2 dem Symbol η_1 zuordnen muß. Für den Zuordner Φ_1 ergibt sich demnach die Tabelle 4.3.

Tabelle 4.3

ϱ	ϱ_1	ϱ_2
$\eta = \Phi_1(\varrho)$	η_3	η_1

Man hat nun die anderen Zweige des Zustandsdiagramms von Bild 4.5 daraufhin zu überprüfen, ob die Beziehungen

$$\Phi_1(\varrho_1) = \eta_3 , \quad \Phi_1(\varrho_2) = \eta_1$$

immer erfüllt sind, d. h. ob die Eindeutigkeit des Zuordners sichergestellt ist. Dies ist in unserem Beispiel der Fall. Wenn man nun in dem Diagramm von Bild 4.5 die Pfeile nach Tab. 4.3 und die Kreise nach Tab. 4.2 umbenennt, so sieht man, daß das Zustandsdiagramm von Bild 4.5 ein Teil des Zustandsdiagramms von Bild 4.6 ist, d. h., der Automat A kann durch den Automaten B substituiert werden.

Es ist bei diesem Beispiel auch noch eine andere Substitution möglich. Statt der Tabellen 4.2 und 4.3 kann man auch die Tab. 4.4 und 4.5 nehmen.

Tabelle 4.4

ζ	ζ_1	ζ_2	ζ_3	ζ_4	ζ_5
$\varkappa = \Phi_2(\zeta)$	$\varkappa_4$	$\varkappa_1$	$\varkappa_2$	$\varkappa_3$	$\varkappa_5$

Tabelle 4.5

ϱ	ϱ_1	ϱ_2
$\eta = \Phi_1(\zeta)$	η_2	η_1

Wenn das Zustandsdiagramm des Automaten B die Form von Bild 4.7 hätte, während Automat A unverändert bleiben soll (Bild 4.5), so wäre eine Substitution des Automaten A durch den Automaten B nicht möglich. Für den

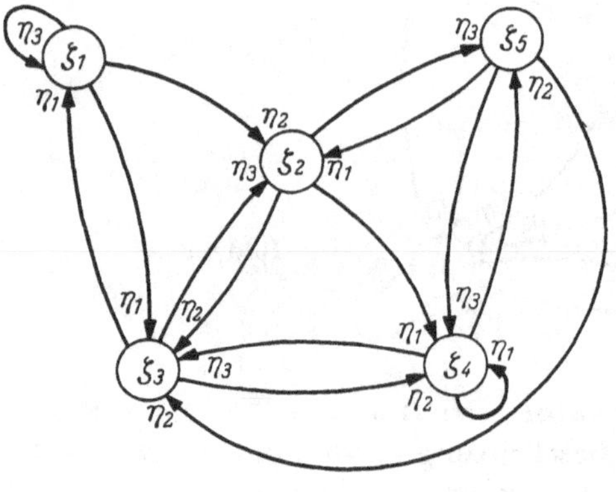

Bild 4.7

Zuordner Φ_2 gäbe es nur eine der beiden Tab. 4.6 oder 4.7, während der Zuordner Φ_1 in beiden Fällen nicht eindeutig ist, weil in beiden Fällen gleichzeitig $\Phi_1(\varrho_1) = \eta_3$ und $\Phi_1(\varrho_1) = \eta_2$ gefordert wird. Eine Substitution ist also nicht möglich.

Tabelle 4.6

ζ	ζ_1	ζ_2	ζ_3	ζ_4	ζ_5
$\varkappa = \Phi_2(\zeta)$	$\varkappa_4$	$\varkappa_1$	$\varkappa_5$	$\varkappa_3$	$\varkappa_2$

Tabelle 4.7

ζ	ζ_1	ζ_2	ζ_3	ζ_4	ζ_5
$\varkappa = \Phi_2(\zeta)$	$\varkappa_4$	$\varkappa_1$	$\varkappa_2$	$\varkappa_3$	$\varkappa_2$

Die Herleitung der Unmöglichkeit, den Automaten A durch den Automaten B zu substituieren, gilt selbstverständlich nur für die Schaltung nach Bild 4.4c. Ob sich der Automat A nach einer Schaltung von Bild 4.2 durch B substituieren läßt, ist schon nicht mehr zu beantworten.

Die Tabelle für den Zuordner Φ_2 ist dabei von der Form der Tab. 4.6. Der Ausgang $\varkappa$ hängt nur von dem einen Eingang ζ ab, d. h. es ist $\varkappa = \Phi_2(\zeta)$, aber schon der Ausgang des Zuordners Φ_1 ist von den beiden Veränderlichen ζ und ϱ abhängig, d. h. es ist $\eta = \Phi_1(\zeta, \varrho)$. Die Tabelle des Zuordners Φ_2 ist von der Form der Tab. 4.8.

Tabelle 4.8

ϱ	ζ		
	ζ_2	ζ_4	ζ_5
ϱ_1	η_3	η_2	η_3
ϱ_2	η_1	η_1	η_1

Haben wir oben von einem „Übereinanderlegen der beiden Zustandsdiagramme" gesprochen, so haben wir nicht nur die Übereinstimmung von Kreisen, Pfeilen und Pfeilbeschriftungen gemeint, sondern auch den Ort der Pfeilbeschriftung. Anders ausgedrückt, wir haben von einer Substitution von Automaten und sequentiellen Maschinen durch solche des gleichen Typs gesprochen.

Im Kap. III hatten wir gezeigt, daß man eine sequentielle Maschine vom Typ $V-G$ immer durch eine sequentielle Maschine vom Typ $V-V$ ersetzen kann. Wir hatten den Ausdruck „ersetzen" im üblichen Sinne des Sprachgebrauchs verwendet. Im Lichte der in diesem Kapitel eingeführten Definitionen wird klar, daß wir im Kap. III tatsächlich von einer Substitution einer sequentiellen Maschine vom Typ $V-G$ durch eine Maschine vom Typ $V-V$ gesprochen haben.

§ 4.2 Abstrakte Struktur eines Automaten

Im Kap. III hatten wir einen endlichen Automaten formal als einen Operator definiert, durch den eine Folge von Symbolen ϱ zu einer Folge von Symbolen $\varkappa$ so „verarbeitet" wird, daß diese Folgen keine widersprüchlichen Triaden enthalten. In dieser Terminologie wird die Abstraktion „endlicher Automat" in Wirklichkeit durch die rekursiven Beziehungen

$$\left.\begin{aligned} \varkappa^{p+1} &= F(\varkappa^p, \varrho^p) && \text{für Automaten des Typs } V-V\,, \\ \varkappa^{p+1} &= F(\varkappa^p, \varrho^{p+1}) && \text{für Automaten des Typs } V-VG \end{aligned}\right\} \quad (4.1)$$

beschrieben, wobei F irgendeine auf den Mengen $\{\varkappa\}$ und $\{\varrho\}$ definierte Funktion ist.

An dem Beispiel eines endlichen Automaten vom Typ $V-V$ wollen wir nun etwas genauer betrachten, auf welche Weise die Beschreibung von endlichen dynamischen Systemen dieser Klasse auf Beziehungen der Form (4.1) zurückgeführt wird.

Gegeben sei ein endliches dynamisches System mit den n verallgemeinerten Koordinaten $x_1, x_2, \ldots, x_n$, das von den s äußeren Einwirkungen $u_1, u_2, \ldots, u_s$ beeinflußt wird. Jede verallgemeinerte Koordinate kann zu den Zeitpunkten $t = 0, 1, 2, \ldots$ nur einen von endlich vielen Werten annehmen.
Die Koordinate x_i soll nur einen der Werte k_i $(i = 1, 2, \ldots, n)$ annehmen können, die Eingangsgröße u_j nur einen von r_j Werten $(j = 1, 2, \ldots, s)$. Eine „Bewegung" in diesem System wird der Bedingung unterworfen, daß der Wert jeder Koordinate zum Zeitpunkt $p + 1$ eindeutig durch die Werte der Koordinaten x_i $(i = 1, 2, \ldots, n)$ und aller Eingänge u_j $(j = 1, 2, \ldots, s)$ zum Zeitpunkt p definiert ist. Dann läßt sich die Bewegung des Systems durch die rekursive Beziehung

$$x_i^{p+1} = f_i\,[x_1^p, x_2^p, \ldots, x_n^p; u_1^p, u_2^p, \ldots, u_s^p]\,, \quad i = 1, 2, \ldots, n \qquad (4.2)$$

beschreiben. Führt man den n-dimensionalen Vektor $\boldsymbol{x}$ mit den Koordinaten $x_1, x_2, \ldots, x_n$, den s-dimensionalen Vektor $\boldsymbol{u}$ mit den Koordinaten $u_1, u_2, \ldots, u_s$ und die Vektorfunktion $\boldsymbol{f}$ mit den Koordinaten $f_1, f_2, \ldots, f_n$ ein, so kann man die Beziehungen (4.2) durch die vektorielle Darstellung

$$\boldsymbol{x}^{p+1} = \boldsymbol{f}[\boldsymbol{x}^p, \boldsymbol{u}^p]\,. \qquad (4.3)$$

ersetzen. Zu den Taktzeiten kann der Vektor $\boldsymbol{x}$ einen von $k = \prod_{i=1}^{n} k_i$ Werten, der Vektor $\boldsymbol{u}$ einen von $r = \prod_{j=1}^{s} r_j$ Werten haben. Nimmt man also die Alphabete $\{\varkappa\}$ und $\{\varrho\}$ mit jeweils k bzw. r Symbolen und ordnet den verschiedenen Vektoren $\boldsymbol{x}$ die verschiedenen Symbole $\varkappa$ und den Vektoren $\boldsymbol{u}$ die Symbole ϱ zu, so erhält man statt der Gleichung (4.3) die Beziehung (4.1) mit einer konkreten Funktion F auf der rechten Seite. Diese Funktion F ergibt sich aus der Vektorfunktion $\boldsymbol{f}$ (4.3) in Abhängigkeit von der gewählten Codierung der Vektoren $\boldsymbol{x}$ und $\boldsymbol{u}$.
Aus diesen Überlegungen geht hervor, daß die rekursiven Beziehungen (4.2) den endlichen Automaten

$$\varkappa^{p+1} = F(\varkappa^p, \varrho^p) \qquad (4.4)$$

beschreiben.
Das System (4.2) spiegelt im Vergleich zu der Gleichung (4.4) deutlicher solch wichtige Eigenschaften eines dynamischen Systems wie die Zahl n der Freiheitsgrade und auch die Werte der einzelnen verallgemeinerten Koordinaten in Abhängigkeit von den Eingangsgrößen wider. Wir wollen Beziehungen der Art (4.2) die *abstrakte Struktur des endlichen Automaten* (4.4) nennen.
Die Vorgabe einer abstrakten Struktur definiert also eindeutig einen endlichen Automaten, d. h., aus den Beziehungen (4.2) kann man eindeutig die Beziehung (4.4) herleiten. In diesem Sinne ist also ein endlicher Automat ebenso durch die Beziehungen (4.2) festgelegt wie durch die Beziehung (4.4).

Der Begriff der Substitution von Automaten kann also auch vollständig auf endliche Automaten ausgedehnt werden, die durch Beziehungen vom Typ (4.2) beschrieben sind.

Wir zeigen nun, daß man aus einem gegebenen endlichen Automaten A viele abstrakte Strukturen konstruieren kann, die diesen Automaten substituieren.

Es sei ein endlicher Automat A mit den Alphabeten $\{\varkappa\}$ und $\{\varrho\}$ vorgegeben. Kennt man k und r, so wählen wir die Zahlen n, s, k_i $(i = 1, 2, \ldots, n)$ und r_j $(j = 1, 2, \ldots, s)$. Die Wahl dieser Zahlen ist nur durch die eine Bedingung eingeengt, daß die Ungleichungen

$$k \leqq \prod_{i=1}^{n} k_i\,, \qquad r \leqq \prod_{j=1}^{s} r_j \tag{4.5}$$

erfüllt sein müssen. Wir führen dann n Koordinaten $x_1, x_2, \ldots, x_n$ (die entsprechend $k_1, k_2, \ldots, k_n$ Werte haben können) und s Eingangsgrößen u_1, $u_2, \ldots, u_s$ ein (die entsprechend $r_1, r_2, \ldots, r_s$ Werte annehmen können). Wir füllen dann die Tab. 4.9 in der folgenden Weise aus.

Tabelle 4.9

x^p				u^p				$\varkappa^p$	ϱ^p	$\varkappa^{p+1}$	x^{p+1}			
x_1	x_2	$\ldots$	x_n	u_1	u_2	$\ldots$	u_s				x_1	x_2	$\ldots$	x_n

In die linken Spalten x^p, u^p schreiben wir alle möglichen Kombinationen $x_1, x_2, \ldots, x_n$; $u_1, u_2, \ldots, u_s$. Es gibt insgesamt $\prod_{i=1}^{n} k_i \prod_{j=1}^{s} r_j$ solche Kombinationen, und die Tab. 4.9 hat also ebenso viele Zeilen.

Beim Ausfüllen der Spalte $\varkappa^p$ achten wir nur auf die Spalten x^p. In diesen Spalten x^p stehen insgesamt $\prod_{i=1}^{n} k_i$ verschiedene Kombinationen der x_1, $x_2, \ldots, x_n$. Aus diesen wählen wir irgendwelche k Kombinationen aus, nennen sie *Fundamentalkombinationen*, ordnen ihnen die Symbole $\varkappa_1, \varkappa_1, \ldots, \varkappa_k$ zu und tragen diese Symbole in die zugehörigen Zeilen der Spalte $\varkappa^p$ der Tab. 4.9 ein. Da wegen der Ungleichungen (4.5) auch $\prod_{i=1}^{n} k_i > k$ sein kann, können einige Zeilen der Spalte $\varkappa^p$ leer bleiben. In diesem Fall ordnen wir den nicht unter den k Fundamentalkombinationen vorkommenden Kombinationen $x_1, x_2, \ldots, x_n$ irgendwelche schon benutzte Symbole $\varkappa$ in beliebiger Reihenfolge zu und tragen diese in die leeren Zeilen der Spalte $\varkappa^p$ ein. In

gleicher Weise wird bei der Ausfüllung der Spalte ϱ^p verfahren, wobei die Kombinationen der $u_1, u_2, \ldots, u_s$ in den Spalten u^p betrachtet werden.
In den Spalten $\varkappa^p$ und ϱ^p stehen schließlich alle möglichen Kombinationen der Symbole $\varkappa$ und ϱ. Weil es aber nur

$$k\,r \leq \prod_{i=1}^{n} k_i \prod_{j=1}^{s} r_j$$

Kombinationen gibt, so wird ein Teil mehrfach vorkommen.
Kehren wir nun zu dem endlichen Automaten A zurück und füllen die Spalte $\varkappa^{p+1}$ der Tab. 4.9 aus. Mit jedem Symbol $\varkappa$ hatten wir bereits eine der Fundamentalkombinationen $x_1, x_2, \ldots, x_n$ verknüpft. Wir füllen nun die Spalten x^{p+1} aus, indem wir die den Symbolen $\varkappa_m^{p+1}$ entsprechenden Fundamentalkombinationen dort eintragen.
Die so konstruierte Tabelle definiert die Werte aller x^{p+1} aus den gegebenen Werten x_i^p und u_j^p, d. h., sie definiert n Funktionen f_i in Form einer rekursiven Beziehung (4.2).
Wären wir an Stelle der Ungleichungen (4.5) von den Gleichungen

$$k = \prod_{i=1}^{n} k_i\,, \qquad r = \prod_{j=1}^{s} r_j \tag{4.6}$$

ausgegangen, so wäre in den Spalten $\varkappa^p$ und ϱ^p der Tab. 4.9 jede Kombination $(\varkappa, \varrho)$ nur einmal vorgekommen.
Wenn aber

$$k < \prod_{i=1}^{n} k_i\,, \qquad r = \prod_{j=1}^{s} r_j \tag{4.7}$$

gilt, dann enthält die Tab. 4.9 dieselben Zeilen wie im Falle (4.6) und außerdem noch zusätzliche Zeilen für die nicht fundamentalen Kombinationen.
Wenn wir nun versuchen würden, von der so konstruierten Tabelle 4.9 der abstrakten Struktur zu einem Automaten überzugehen, so würden wir nicht wieder den ursprünglichen Automaten erhalten, sondern einen anderen. Das Zustandsdiagramm dieses Automaten würde alle Kreise und Pfeile des ursprünglichen Automaten enthalten, die durch die Zeilen der Fundamentalkombinationen bestimmt sind, aber außerdem noch zusätzliche Kreise und Pfeile, die den nicht fundamentalen Kombinationen von x und u entsprechen.
Die Bedingungen für die Eindeutigkeit der Zuordner sind eingehalten, und im Falle (4.7) definiert also die abstrakte Struktur einen Automaten, der den gegebenen Ausgangsautomaten substituiert.
Bei der Konstruktion der abstrakten Struktur, d. h. bei der Konstruktion der Beziehungen (4.2) aus der Gleichung (4.4) mit Hilfe der Tabelle 4.9, konnten wir über die Zahlen n, s, k_i und r_j in verschiedener Weise verfügen, wenn nur die Bedingungen (4.5) beachtet wurden. Dabei hängt nicht nur die Art der Funktionen f_i auf den rechten Seiten der Gleichungen (4.2),

sondern auch die Zahl der Gleichungen in diesem System von der Wahl dieser Zahlen ab. Unter Benutzung dieser Willkür kann man eine ganze Menge von abstrakten Strukturen konstruieren, die einen gegebenen endlichen Automaten A substituieren.

Als wichtiges Beispiel betrachten wir den Fall, daß alle k_i und r_j gleich 2 sind, d. h. x und u logische Veränderliche sind. Die abstrakte Struktur ist nun von der Form

$$x_i^{p+1} = L_i[x_1^p, x_2^p, \ldots, x_n^p; u_1^p, u_2^p, \ldots, u_s^p], \quad i = 1, 2, \ldots, n, \tag{4.8}$$

wobei alle L_i logische Funktionen sind. Eine abstrakte Struktur dieser Art soll *logisch* oder *binär* heißen. In unserem Beispiel ist

$$\prod_{i=1}^{n} k_i = 2^n \quad \text{und} \quad \prod_{j=1}^{s} r_j = 2^s. \tag{4.9}$$

Wenn die Zahlen k und r keine glatten Zweierpotenzen sind, so können die Gleichungen (4.6) nicht erfüllt werden. Wegen der Ungleichungen (4.5) ist also n und s so zu wählen, daß

$$k < 2^n \quad \text{und} \quad r < 2^s$$

ist. Wenn z. B. der Automat durch die Zustandstabelle von Tab. 4.10

Tabelle 4.10

$\varkappa$	ϱ		
	ϱ_1	ϱ_2	ϱ_3
$\varkappa_1$	$\varkappa_3$	$\varkappa_4$	$\varkappa_6$
$\varkappa_2$	$\varkappa_2$	$\varkappa_5$	$\varkappa_4$
$\varkappa_3$	$\varkappa_6$	$\varkappa_2$	$\varkappa_3$
$\varkappa_4$	$\varkappa_5$	$\varkappa_1$	$\varkappa_5$
$\varkappa_5$	$\varkappa_3$	$\varkappa_1$	$\varkappa_2$
$\varkappa_6$	$\varkappa_1$	$\varkappa_3$	$\varkappa_2$

gegeben ist, so ist $k = 6$, $r = 3$, und man kann etwa $n = 3$, $s = 2$ wählen. Die für diesen Fall ausgefüllte Tab. 4.9 zeigt die Tab. 4.11.

Man kann auch andere binäre Strukturen konstruieren, die diesen Automaten substituieren, wenn man z. B. $n = 4$, $s = 3$ oder $n = 3$, $s = 3$ usw. setzt.

Wir wollen nun noch zeigen, wie man diesen Automaten durch eine nichtbinäre abstrakte Struktur ersetzen kann. Dazu setzen wir z. B. $n = 2$, $k_1 = 2$, $k_2 = 3$ und wie vorher $s = 1$, $r_1 = 3$. In diesem Falle ist $k = k_1 k_2 = 6$ und $r = r_1 = 3$, d. h., es sind die Gleichungen (4.6) erfüllt. Die ausgefüllte Tab. 4.9 zeigt die Tab. 4.12, und diese Struktur ist nicht mehr binär.

Tabelle 4.11

x^{p-1}			u^{p-1}		$\varkappa^{p-1}$	ϱ^{p-1}	$\varkappa^{p}$	x^{p}		
x_1	x_2	x_3	u_1	u_2				x_1	x_2	x_3
0	0	0	0	0	$\varkappa_1$	ϱ_1	$\varkappa_3$	0	1	0
0	0	1	0	0	$\varkappa_2$	ϱ_1	$\varkappa_2$	0	0	1
0	1	0	0	0	$\varkappa_3$	ϱ_1	$\varkappa_6$	1	0	1
0	1	1	0	0	$\varkappa_4$	ϱ_1	$\varkappa_5$	1	0	0
1	0	0	0	0	$\varkappa_5$	ϱ_1	$\varkappa_3$	0	1	0
1	0	1	0	0	$\varkappa_6$	ϱ_1	$\varkappa_1$	0	0	0
1	1	0	0	0	$\varkappa_1$	ϱ_2	$\varkappa_4$	0	1	1
1	1	1	0	0	$\varkappa_2$	ϱ_2	$\varkappa_5$	1	0	0
0	0	0	0	1	$\varkappa_3$	ϱ_2	$\varkappa_2$	0	0	1
0	0	1	0	1	$\varkappa_4$	ϱ_2	$\varkappa_1$	0	0	0
0	1	0	0	1	$\varkappa_5$	ϱ_2	$\varkappa_1$	0	0	0
0	1	1	0	1	$\varkappa_6$	ϱ_2	$\varkappa_3$	0	1	0
1	0	0	0	1	$\varkappa_1$	ϱ_3	$\varkappa_6$	1	0	1
1	0	1	0	1	$\varkappa_2$	ϱ_3	$\varkappa_4$	0	1	1
1	1	0	0	1	$\varkappa_3$	ϱ_3	$\varkappa_3$	0	1	0
1	1	1	0	1	$\varkappa_4$	ϱ_3	$\varkappa_5$	1	0	0
0	0	0	1	0	$\varkappa_5$	ϱ_3	$\varkappa_2$	0	0	1
0	0	1	1	0	$\varkappa_6$	ϱ_3	$\varkappa_2$	0	0	1
0	1	0	1	0	$\varkappa_1$	ϱ_1	$\varkappa_3$	0	1	0
0	1	1	1	0	$\varkappa_1$	ϱ_1	$\varkappa_3$	0	1	0
1	0	0	1	0	$\varkappa_1$	ϱ_1	$\varkappa_3$	0	1	0
1	0	1	1	0	$\varkappa_1$	ϱ_1	$\varkappa_3$	0	1	0
1	1	0	1	0	$\varkappa_1$	ϱ_1	$\varkappa_3$	0	1	0
1	1	1	1	0	$\varkappa_1$	ϱ_1	$\varkappa_3$	0	1	0
0	0	0	1	1	$\varkappa_1$	ϱ_1	$\varkappa_3$	0	1	0
0	0	1	1	1	$\varkappa_1$	ϱ_1	$\varkappa_3$	0	1	0
0	1	0	1	1	$\varkappa_1$	ϱ_1	$\varkappa_3$	0	1	0
0	1	1	1	1	$\varkappa_1$	ϱ_1	$\varkappa_3$	0	1	0
1	0	0	1	1	$\varkappa_1$	ϱ_1	$\varkappa_3$	0	1	0
1	0	1	1	1	$\varkappa_1$	ϱ_1	$\varkappa_3$	0	1	0
1	1	0	1	1	$\varkappa_1$	ϱ_1	$\varkappa_3$	0	1	0
1	1	1	1	1	$\varkappa_1$	ϱ_1	$\varkappa_3$	0	1	0

§ 4.3 Netze

Wir wollen den einfachsten endlichen Automaten betrachten, dessen Gleichung (4.1) von der einfachen Form

$$\varkappa^{p+1} = \varrho^{p} . \tag{4.10}$$

ist. Bei einem solchen Automaten setzen wir also voraus, daß Symbole aus dem Alphabet $\{\varkappa\}$, die nicht auch in dem Alphabet $\{\varrho\}$ vorkommen, nur im Anfangszustand auftreten können. Das zum Takt p von dem Automaten abgegebene Symbol ist identisch mit beim vorhergehenden Takt am Eingang

Tabelle 4.12

x^p		u^p	$\varkappa^p$	ϱ^p	$\varkappa^{p+1}$	x^{p+1}	
x_1	x_2					x_1	x_2
0	0	0	$\varkappa_1$	ϱ_1	$\varkappa_3$	0	2
0	1	0	$\varkappa_2$	ϱ_1	$\varkappa_2$	0	1
0	2	0	$\varkappa_3$	ϱ_1	$\varkappa_6$	1	2
1	0	0	$\varkappa_4$	ϱ_1	$\varkappa_5$	1	1
1	1	0	$\varkappa_5$	ϱ_1	$\varkappa_3$	0	2
1	2	0	$\varkappa_6$	ϱ_1	$\varkappa_1$	0	0
0	0	1	$\varkappa_1$	ϱ_2	$\varkappa_4$	1	0
0	1	1	$\varkappa_2$	ϱ_2	$\varkappa_5$	1	1
0	2	1	$\varkappa_3$	ϱ_2	$\varkappa_2$	0	1
1	0	1	$\varkappa_4$	ϱ_2	$\varkappa_1$	0	0
1	1	1	$\varkappa_5$	ϱ_2	$\varkappa_1$	0	0
1	2	1	$\varkappa_6$	ϱ_2	$\varkappa_3$	0	2
0	0	2	$\varkappa_1$	ϱ_3	$\varkappa_6$	1	2
0	1	2	$\varkappa_2$	ϱ_3	$\varkappa_4$	1	0
0	2	2	$\varkappa_3$	ϱ_3	$\varkappa_3$	0	2
1	0	2	$\varkappa_4$	ϱ_3	$\varkappa_5$	1	1
1	1	2	$\varkappa_5$	ϱ_3	$\varkappa_2$	0	1
1	2	2	$\varkappa_6$	ϱ_3	$\varkappa_2$	0	1

aufgetretenen Symbol. Der einfachste Automat dieser Art heißt eine *Verzögerung um einen Takt* oder einfach nur *Verzögerungsglied.*

Mit der neuen Veränderlichen μ (das Alphabet $\{\mu\}$ soll mit dem Alphabet $\{\varkappa\}$ identisch sein) können wir einen Automaten vom Typ $V-V$ nach Gleichung (4.1) nun durch die Beziehungen

$$\left.\begin{aligned} \mu^p &= F[\varkappa^p, \varrho^p]\,, \\ \varkappa^p &= \mu^{p-1} \end{aligned}\right\} \tag{4.11}$$

beschreiben. Auf diese Bezeichnung waren wir schon im § 3.3 gestoßen. Jetzt wollen wir annehmen, daß die erste Gleichung (4.11) einen Zuordner

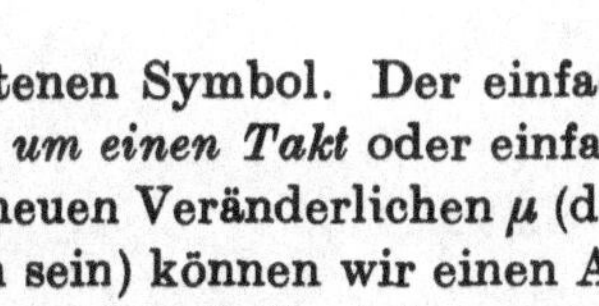

Bild 4.8

zwischen den Symbolen $\varkappa$, ϱ und μ definiert und die zweite Gleichung ein Verzögerungsglied. Die Beziehungen (4.11) kann man demnach durch eine Schaltung wie in Bild 4.8 realisieren, wobei wir wie auch immer im folgenden ein Verzögerungsglied durch einen Kreis darstellen.

Wir betrachten nun irgendeine abstrakte Struktur eines Automaten von z. B. dem Typ $V-V$, nach (4.2) also ein Gleichungssystem

$$x_i^{p+1} = f_i[x_1^p, x_2^p, \ldots, x_n^p; u_1^p, u_2^p, \ldots, u_s^p], \quad i = 1, 2, \ldots, n. \quad (4.12)$$

Jede Gleichung dieses Systems, z. B.

$$x_1^{p+1} = f_1[x_1^p, x_2^p, \ldots, x_n^p; u_1^p, u_2^p, \ldots, u_s^p]$$

kann als eine Zusammensetzung von Verzögerungsglied

$$x_1^{p+1} = y_1^p$$

und Zuordner

$$y_1 = f_1[x_1, x_2, \ldots, x_n; u_1, u_2, \ldots, u_s] \quad (4.13)$$

angesehen werden. Die ganze abstrakte Struktur (4.12) kann man also durch n Verzögerungsglieder und n Zuordner realisieren (Bild 4.9). Auf den

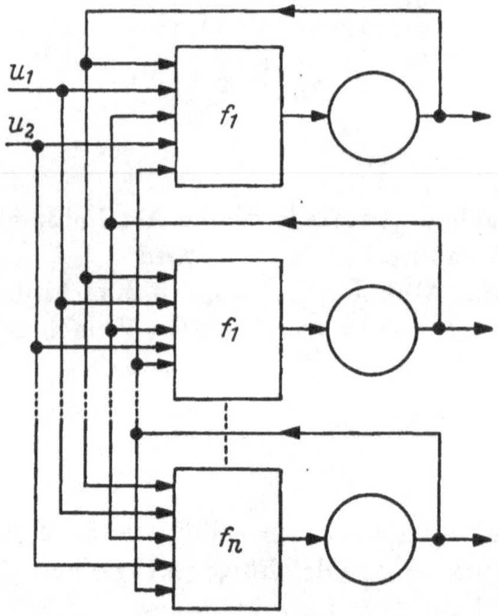

Bild 4.9

Eingang eines jeden Verzögerungsgliedes wird der Ausgang des zugehörigen Zuordners gegeben. Die Ausgänge aller Verzögerungsglieder sind auf die Eingänge aller Zuordner geschaltet, auf die daneben noch die äußeren Einwirkungen gegeben werden.

Verfügt man über mehrere abstrakte Strukturen, so kann man diese zu einer neuen abstrakten Struktur „verbinden". Unter der „Verbindung" von Automaten wollen wir dabei verstehen, daß die Ausgangssymbole des einen Automaten die Eingangssymbole des anderen sind. Man kann sich also vorstellen, daß der Ausgang des einen Automaten auf den Eingang eines anderen wirkt, wenn nur alle Symbole des Ausgangsalphabetes vom ersten Automaten in dem Eingangsalphabet des zweiten enthalten sind. Wenn dies nicht der Fall ist, so ist eine „Verbindung" von Automaten nur über zusätzliche Zuordner möglich.

Es mögen z. B. die beiden abstrakten Strukturen A

$$x_i^{p+1} = f_i(x_1^p, x_2^p, x_3^p, x_4^p; u_1^p, u_2^p, u_3^p), \quad i = 1, 2, 3, 4 \tag{4.14}$$

und B

$$y_j^{p+1} = \varphi_j(y_1^p, y_2^p, y_3^p, v_1^p, v_2^p, v_3^p, v_4^p), \quad j = 1, 2, 3 \tag{4.15}$$

gegeben sein. Diese Gleichungen ergänzen wir durch die drei Zuordner

$$\left.\begin{aligned} v_3 &= \Phi_1(x_3, x_4, w_1), \\ v_1 &= \Phi_2(y_1, x_1), \\ u_1 &= \Phi_3(y_2, w_2). \end{aligned}\right\} \tag{4.16}$$

Hierbei sind w_1 und w_2 zusätzliche Eingänge der Zuordner. Das Bild 4.10 zeigt die Verbindung der Strukturen A und B durch diese drei Zuordner.

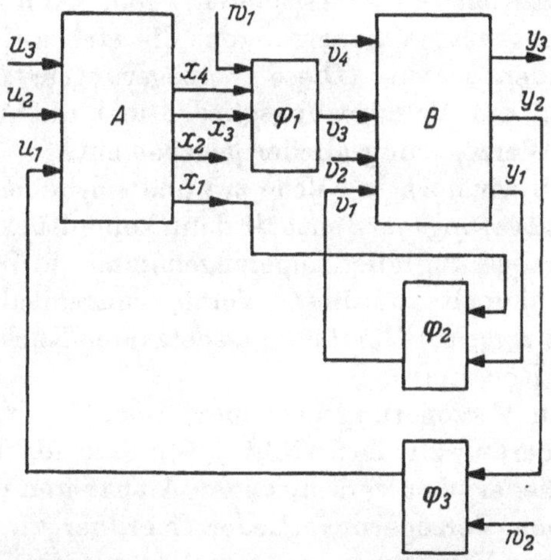

Bild 4.10

Die Gleichungen (4.14), (4.15) und (4.16) bilden zusammen betrachtet eine neue abstrakte Struktur. Setzt man nämlich die Gleichungen (4.16) in (4.14) und (4.15) ein, so ergibt sich ein rekursives System von sieben Gleichungen mit den Koordinaten $x_1, x_2, x_3, x_4, y_1, y_2, y_3$ und den Eingangsgrößen u_2, u_3, v_2, w_1 und w_2, das wir oben eine abstrakte Struktur genannt hatten.

Jede Gesamtheit aus einer endlichen Anzahl rekursiver Beziehungen der Form (4.2) mit zusätzlichen Zuordnern, bei denen einige der Eingänge durch Koordinaten ausgedrückt werden, nennen wir ein *Netz*.

Ein Netz ist selbst wieder eine abstrakte Struktur. Seine Koordinaten sind alle verallgemeinerten Koordinaten aller abstrakten Strukturen, die das

Netz bilden. Die Eingänge eines Netzes sind sowohl die Eingänge der abstrakten Strukturen, auf die keine Zuordner einwirken, als auch die Eingänge der Zuordner, auf die keine Koordinaten der abstrakten Strukturen wirken. Um für ein Netz das Gleichungssystem der Form (4.2) zu erhalten, muß man die Gleichungen der Zuordner zur Elimination derjenigen Eingangsgrößen benutzen, auf die die Zuordner geschaltet sind. Da ein Netz selbst eine abstrakte Struktur ist, kann es einen endlichen Automaten substituieren. Durch die Vereinigung von abstrakten Strukturen mit Zuordnern zu einem Netz konstruieren wir also aus einzelnen endlichen Automaten einen neuen endlichen Automaten.

Ein Netz nennen wir speziell ein *Verzögerungsnetz*, wenn es nur Verzögerungsglieder und Zuordner enthält. Aus den obigen Überlegungen folgt, daß sich jede abstrakte Struktur und jedes Netz durch ein Verzögerungsnetz darstellen läßt. Wir haben das in Bild 4.9 gezeigt. Eine solche Darstellung ist nicht eindeutig in dem Sinne, daß zwar jedes Verzögerungsnetz einen Automaten substituiert, daß man aber zu jedem Automaten, wie im vorigen Paragraphen gezeigt, eine ganze Menge von abstrakten Strukturen konstruieren kann, die alle diesen Automaten substituieren. Man kann also eine ganze Menge von Verzögerungsnetzen konstruieren, die sich auf ein und denselben Automaten abbilden lassen. Diese Verzögerungsnetze unterscheiden sich durch die Zahl der Verzögerungsglieder und die Alphabete voneinander, über denen die Verzögerungsglieder gegeben sind.

Die Verzögerungsnetze wollen wir noch in solche *mit* und solche *ohne Rückführung* unterteilen. Ein Verzögerungsnetz enthält dann keine Rückführung, wenn man sich von einem Verzögerungsglied angefangen immer in Wirkungsrichtung bewegt und dabei niemals auf dieses Verzögerungsglied zurückkommen kann. Das Bild 4.11 zeigt ein Verzögerungsnetz ohne Rückführung, das Bild 4.12 ein solches mit Rückführung.

Ein wichtiges Beispiel für ein Verzögerungsnetz ohne Rückführung ist die Serienschaltung von q Verzögerungsgliedern (Bild 4.13). Sind die Ein- und Ausgänge der Verzögerungsglieder über verschiedenen Alphabeten definiert, so sind zwischen die einzelnen Verzögerungsglieder Zuordner zu schalten (Bild 4.14). Ein so aufgebautes Verzögerungsnetz wollen wir eine *Verzögerungsstrecke* nennen.

Eine Verzögerungsstrecke ist wie jedes Netz ein endlicher Automat. Betrachtet man nur das Symbol μ am Eingang und das Symbol μ_q am Ausgang, so wird μ_q nicht durch den Wert μ im vorhergehenden Takt, sondern durch den Wert q Takte vorher festgelegt. Die Gleichung dieses endlichen Automaten lautet also

$$\mu_q^{p+q} = f(\mu^p) .$$

Wenn die Ein- und Ausgangssymbole aller Verzögerungsglieder aus einem Alphabet entnommen sind, so ist μ_q mit dem Symbol μ vor q Takten iden-

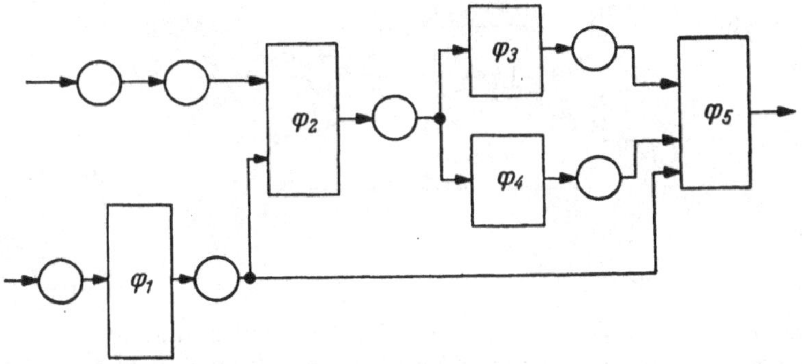

Bild 4.11

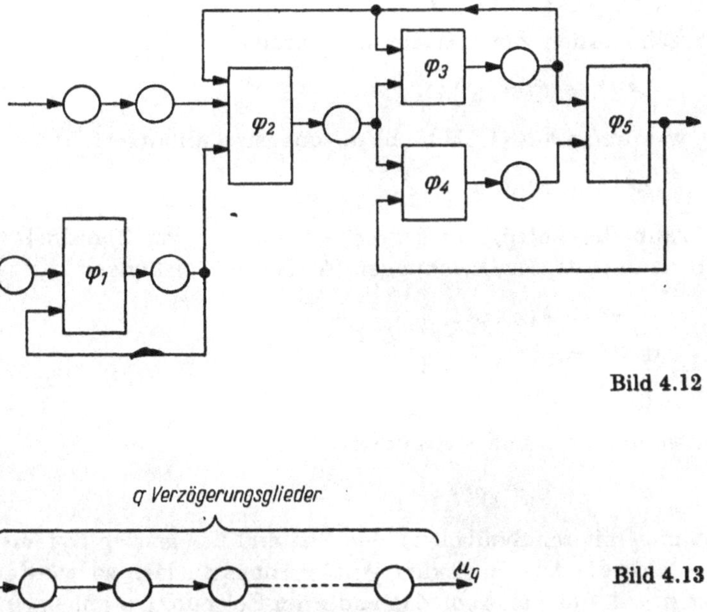

Bild 4.12

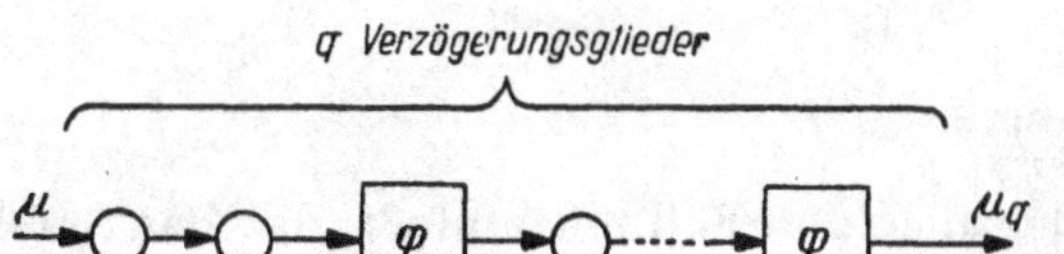

Bild 4.13

Bild 4.14

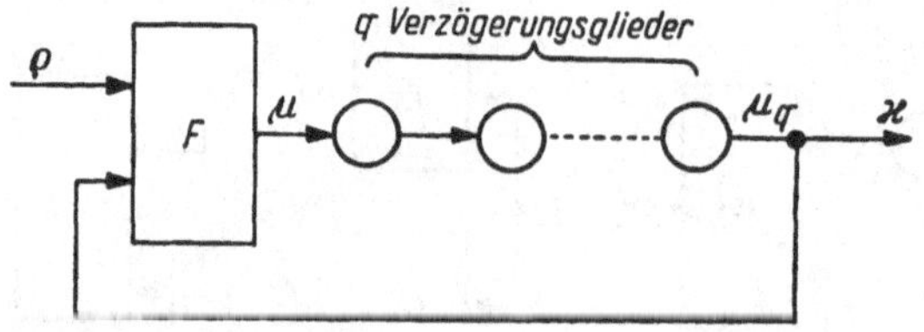

Bild 4.15

tisch:

$$\mu_q^{p+q} = \mu^p .$$

Kehren wir zu der Schaltung von Bild 4.8 zurück und ersetzen das Verzögerungsglied durch eine ganze Verzögerungsstrecke (Bild 4.15). An Stelle der Gleichungen (4.11) haben wir nun

$$\left.\begin{aligned} \mu^p &= F(\varkappa^p, \varrho^p) , \\ \varkappa^{p+q} &= \mu^p . \end{aligned}\right\} \tag{4.17}$$

Nach Elimination von μ ergibt sich daraus

$$\varkappa^{p+q} = F(\varkappa^p, \varrho^p) , \tag{4.18}$$

oder, wenn man aus (4.17) nicht μ, sondern $\varkappa$ eliminiert,

$$\mu^{p+q} = F(\mu^p, \varrho^{p+q}) . \tag{4.19}$$

Man kann die Verzögerungsstrecke auch vor den Zuordner schalten und erhält dann statt der Gleichungen (4.17) die Gleichungen

$$\left.\begin{aligned} \mu^p &= F(\varkappa^p, \psi^p) , \\ \psi^{p+q} &= \varrho^p , \\ \varkappa^{p+q} &= \mu^p , \end{aligned}\right\} \tag{4.20}$$

oder, wenn man ψ und $\varkappa$ eliminiert,

$$\mu^{p+q} = F(\mu^p, \varrho^p) . \tag{4.21}$$

Wenn man mit den Symbolen $\varkappa$ den Zustand des ganzen Sytems beschreiben würde (also die Ausgänge aller Verzögerungsglieder), so würde $\varkappa$ zum Zeitpunkt $p + 1$ nur von dem Zustand $\varkappa$ im Zeitpunkt p abhängen. Wenn wir mit $\varkappa$ nur den Ausgang des letzten Verzögerungsgliedes beschreiben, so erhalten wir einen Automaten mit der Gleichung (4.19). Gerade dies meinten wir, als wir im Kap. III von einem endlichen Automaten sprachen, der sich durch die Gleichung (3.5′)

$$\varkappa^{p+1} = F(\varkappa^p, \varrho^p)$$

beschreiben läßt und der auch den Fall mit umfaßt, daß das Symbol $\varkappa^{p+q}$ von den um q Takte zurückliegenden Werten $\varkappa^p$ und ϱ^p abhängt.

Nachdem wir die Begriffe „Verzögerungsglied“ und „Netz“ eingeführt haben, wollen wir zu der Frage der Beziehung zwischen endlichen Automaten und sequentiellen Maschinen vom Typ $V-V$ und $V-G$ zurückkehren. Dazu betrachten wir die durch die Gleichungen (4.11) beschriebene Schaltung von Bild 4.8. Wie schon in Kap. III gezeigt, führen die Gleichungen (4.11) auf Automaten des Typs $V-V$ oder $V-G$, je nachdem ob man aus den Gleichungen (4.11) die Veränderliche μ oder $\varkappa$ eliminiert. In Bild 4.8 entspricht dieser Betrachtung die Veränderliche $\varkappa$ als Ausgang ($V-V$-Automat) oder μ als Ausgang ($V-G$-Automat). Die Schaltungen der Bilder 4.16a und b zeigen diese beiden Möglichkeiten.

Wie schon in Kap. III erwähnt, unterscheiden sich sequentielle Maschinen vom Typ $V-V$ von denen des Typs $V-G$ nur dadurch, daß der in der Schaltung enthaltene endliche Automat von diesem oder jenem Typ ist. Die beiden verschiedenen Typen von sequentiellen Maschinen zeigen die Bilder 4.17a und b.

Wir erinnern daran, daß man eine sequentielle Maschine vom Typ $V-G$ immer durch eine solche vom Typ $V-V$ substituieren kann. Dazu braucht man nur den Zuordner zu ändern. Dagegen gilt nicht die Umkehrung, daß man eine Maschine des Typs $V-V$ nur durch Änderung des Ausgangszuordners auch immer in eine Maschine vom Typ $V-G$ überführen kann. Nachdem wir wissen, wie man einen endlichen Automaten durch seine Zustandstabelle vorgeben kann, und die Schaltungen von Bild 4.16 und 4.17 kennen, können wir dies an einem Beispiel zeigen.

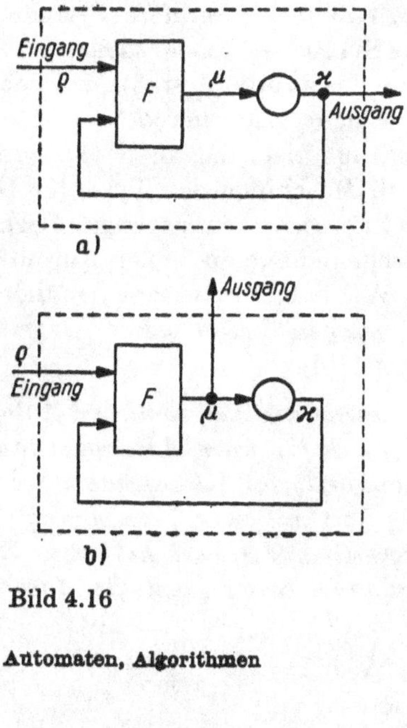

Bild 4.16

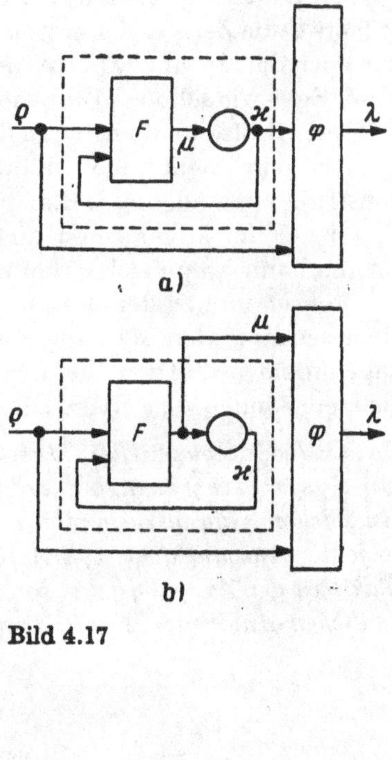

Bild 4.17

Eine sequentielle Maschine vom Typ $V-V$ (Bild 4.17a) sei durch die Zustandstabellen der Zuordner F (Tab. 4.13) und Φ (Tab. 4.14) gegeben. Unter Beibehaltung des Zuordners F versuchen wir nun einen neuen Zuordner $\lambda = \Phi^*(\mu, \varrho)$ zu finden, so daß die sequentielle Maschine vom Typ $V-G$ nach Bild 4.17b unsere ursprünglich durch F und Φ gegebene Maschine substituiert.

Tabelle 4.13

Zuordner F

$\varkappa$	ϱ		
	ϱ_1	ϱ_2	ϱ_3
$\varkappa_1$	$\varkappa_3$	$\varkappa_1$	$\varkappa_2$
$\varkappa_2$	$\varkappa_3$	$\varkappa_3$	$\varkappa_4$
$\varkappa_3$	$\varkappa_2$	$\varkappa_1$	$\varkappa_2$
$\varkappa_4$	$\varkappa_2$	$\varkappa_4$	$\varkappa_3$

Tabelle 4.14

Zuordner Φ

$\varkappa$	ϱ		
	ϱ_1	ϱ_2	ϱ_3
$\varkappa_1$	λ_2	λ_3	λ_2
$\varkappa_2$	λ_3	λ_1	λ_3
$\varkappa_3$	λ_2	λ_1	λ_2
$\varkappa_4$	λ_1	λ_2	λ_3

Wir betrachten nun z. B. die Zelle im Schnittpunkt der ersten Zeile mit der ersten Spalte in der Tabelle des Zuordners Φ (Tab. 4.14). In dieser Zelle steht das Symbol λ_2. In der Tabelle 4.13 des Zuordners F steht in derselben Zelle das Symbol $\varkappa_3$. In die Tab. 4.15 des neuen Zuordners Φ^* schreiben wir daher in die Zelle der ersten Spalte und dritten Zeile das Symbol λ_2. Auf diese Weise könnte man die ganze Tab. 4.15 des neuen Zuordners konstruieren.

Wenn wir nun die Prozedur wiederholen und in der Tab. 4.14 des alten Zuordners Φ die Zelle in der ersten Spalte und zweiten Zeile betrachten, so finden wir dort das Symbol λ_3. In der Tab. 4.13 des Zuordners F finden wir in dieser Zelle wie schon vorhin wieder das Symbol $\varkappa_3$. In der neuen Tabelle 4.15 müßten wir also in die Zelle, in der schon das Symbol λ_2 steht, nun das Symbol λ_3 eintragen. Damit läßt sich also der neue Zuordner Φ^* nicht eindeutig konstruieren, und dieses Beispiel bestätigt also, daß man Maschinen vom Typ $V-V$ im allgemeinen nicht durch Maschinen des Typs $V-G$ substituieren kann, wenn sich dabei nur der Zuordner am Ausgang ändern darf.

Wir kehren nun zu der Beziehung zwischen einem endlichen Automaten und einer sequentiellen Maschine zurück. Wir haben inzwischen soviele Fakten angesammelt, daß wir die Beziehung zischen diesen beiden Begriffen präzisieren können (s. a. Satz 1 der Arbeit [16]).

Satz. *Jeder sequentiellen Maschine S kann man einen endlichen Automaten A mit Ausgangszuordner so zuordnen, daß sich für jeden Anfangszustand von S ein solcher Anfangszustand von A finden läßt, daß bei irgendeiner Eingangsfolge die Ausgangsfolge von A für alle $p \geqq 1$ mit einer Verzögerung um einen Takt mit der Ausgangsfolge von S übereinstimmt. Umgekehrt kann man jedem endlichen Automaten A mit Ausgangszuordner eine sequentielle Maschine S so* *zuordnen, daß sich zu jedem Anfangszustand von A ein Anfangszustand von S so finden läßt, daß für jede Eingangsfolge die Ausgangsfolge von S für alle $p \geqq 0$ mit einem Takt Voreilung mit der Ausgangsfolge des Automaten A übereinstimmt.*

Beweis. Wir wollen zunächst den ersten Teil des Satzes beweisen. Die sequentielle Maschine S sei durch die Gleichungen

$$\varkappa^{p+1} = F(\varkappa^p, \varrho^p), \tag{4.22}$$

$$\lambda^p = \Phi(\varkappa^p, \varrho^p) \tag{4.23}$$

gegeben. Wir konstruieren dann ein Netz, das aus zwei endlichen Automaten besteht und durch die beiden Gleichungen

$$y^{p+1} = F_1(y^p, z^p), \tag{4.24}$$

$$z^{p+1} = \varrho^p \tag{4.25}$$

definiert ist. Das Netz habe ferner noch den Zuordner

$$\chi^p = \Phi(y^p, z^p) \tag{4.26}$$

am Ausgang, wobei die Alphabete $\{y\}$ bzw. $\{\chi\}$ mit den Alphabeten $\{\varkappa\}$ bzw. $\{\lambda\}$ identisch seien. Das Alphabet $\{z\}$ unterscheidet sich von $\{\varrho\}$ durch ein zusätzliches Symbol z_0. Die Funktion Φ ist in den Gleichungen (4.23) und (4.26) dieselbe für alle Paare von Symbolen aus $\{\varkappa\}$, $\{\varrho\}$ und

Tabelle 4.15

Zuordner Φ^*

$\varkappa$	ϱ		
	ϱ_1	ϱ_2	ϱ_3
$\varkappa_1$			
$\varkappa_2$			
$\varkappa_3$	λ_2		
$\varkappa_4$			

für $z = z_0$ nicht (oder beliebig) definiert. Die Funktion F_1 in (4.24) stimmt mit der Funktion F in (4.22) für alle Symbolkombinationen, die z_0 nicht enthalten, überein, während sonst $F_1(y, z_0) \equiv y$ ist. Die Gleichungen (4.24) und (4.25) beschreiben einen endlichen Automaten A, dessen Zustand durch das Symbolpaar (y, z) codiert wird, während die Gleichung (4.26) den Ausgangszuordner dieses endlichen Automaten beschreibt. Jedem Anfangszustand $\varkappa^0$ von S ordnen wir denjenigen Anfangszustand von A zu, für den

$$y^0 = \varkappa^0, \quad z^0 = z_0 \tag{4.27}$$

ist. Für $p = 0$ folgt aus (4.24) $y^1 = y^0 = \varkappa^0$. Für $p \geqq 1$ kann das Symbol z^0 nicht auftreten, und für diese Takte kann man F_1 in (4.24) durch F ersetzen, woraus

$$y^{p+1} = F(y^p, z^p)\,, \qquad p \geqq 1 \tag{4.28}$$

folgt. Mit der neuen Veränderlichen $Y^p \equiv y^{p+1}$ $(p \geqq 0)$ kann man unter Berücksichtigung von (4.24) auch schreiben

$$Y^{p+1} = F(Y^p, \varrho^p)\,, \qquad p \geqq 0\,, \tag{4.29}$$

wobei $Y^0 = y^1 = \varkappa^0$ ist. Die Gleichungen (4.22), (4.29) und die Anfangszustände $\varkappa(0) = \varkappa^0$ sind identisch, weshalb für beliebige $p \geqq 1$

$$Y^p \equiv \varkappa^p$$

gilt. Es ist aber $y^p = Y^{p-1}$ und deshalb

$$y^p = \varkappa^{p-1}\,, \qquad p \geqq 1\,. \tag{4.30}$$

Setzt man (4.25) und (4.30) in die Gleichung (4.26) ein und vergleicht sie mit Gleichung (4.23), so erhält man

$$\chi^p = \Phi(\varkappa^p, \varrho^p) = \lambda^{p-1}\,, \qquad p \geqq 1\,,$$

womit die erste Behauptung des Satzes bewiesen ist.
Zum Beweis der zweiten Behauptung sei der endliche Automat A

$$\varkappa^{p+1} = F(\varkappa^p, \varrho^p) \tag{4.31}$$

mit dem Ausgangszuordner

$$\chi^p = \Phi(\varkappa^p) \tag{4.32}$$

gegeben. Diesem Automaten ordnen wir die sequentielle Maschine S

$$y^{p+1} = F(y^p, \varrho^p)\,, \tag{4.33}$$

$$\lambda^p = \Phi[F(y^p, \varrho^p)] \tag{4.34}$$

zu, wobei die Alphabete $\{y\}$ und $\{\varkappa\}$ identisch sind. Jedem Anfangszustand von A ordnen wir einen Anfangszustand von S zu. Da die Gleichung (4.31) und (4.33) und die Anfangszustände identisch sind, gilt für alle $p \geqq 0$

$$y^p = \varkappa^p\,. \tag{4.35}$$

Setzt man (4.35) in die Gleichung (4.34) ein, so erhält man unter Berücksichtigung von (4.31) und (4.32) für alle $p > 0$

$$\lambda^p = \Phi[F(\varkappa^p, \varrho^p)] = \Phi(\varkappa^{p+1}) = \chi^{p+1}\,,$$

womit auch der zweite Teil des Satzes bewiesen wäre.

Wenn also die Frage zu beantworten ist, was endliche Automaten und sequentielle Maschinen „können“, so braucht man nach dem eben bewiesenen Satz diese Frage nicht getrennt zu behandeln. Diese Begriffe sind aber nicht in dem Sinne äquivalent, daß man zur Erfüllung ein und desselben „Problems“ in einer sequentiellen Maschine weniger Zustände fordern könnte als in dem entsprechenden endlichen Automaten. Dieser Umstand wird wesentlich, wenn es sich um das Problem der Minimisierung der Zahl der Zustände (Kap. IX) handelt.

§ 4.4 Abstrakte Bausteinsynthese von endlichen Automaten und sequentiellen Maschinen

Aus dem Inhalt des vorigen Paragraphen ergab sich, daß man ein und denselben endlichen Automaten durch verschiedene abstrakte Strukturen substituieren kann und jede abstrakte Struktur durch verschiedenartige Netze. Wenn man andererseits eine abstrakte Struktur als einen Automaten betrachtet, so zeigt der Begriff des Netzes, daß man aus Automaten allein andere Automaten konstruieren kann. Es erhebt sich also der Gedanke, ob man nicht einen Satz von Automaten und Zuordnern angeben kann, aus dem sich Netze aufbauen lassen, die verschiedene Automaten und sequentielle Maschinen substituieren können.

Dieses Verfahren der Konstruktion von Netzen unter alleiniger Verwendung von Automaten und Zuordnern eines gegebenen Satzes nennen wir die *Bausteinsynthese* von endlichen Automaten und sequentiellen Maschinen. Die in dem Satz enthaltenen Automaten und Zuordner heißen die *Elemente des Satzes*. Der Satz ist *vollständig*, wenn sich aus seinen Elementen Netze konstruieren lassen, die jeden beliebigen endlichen Automaten oder jede beliebige sequentielle Maschine substituieren.

Wir haben oben gezeigt, daß man aus Verzögerungsgliedern verschiedenen Typs (d. h. über beliebigen Alphabeten) und Zuordnern ein Netz konstruieren kann, mit dem man jeden gegebenen Automaten substituieren kann.

Wenn wir ein Verzögerungsglied über dem Alphabet $\{\mu\}$ haben und wenn wir außerdem über einen Satz von elementaren Zuordnern verfügen, mit denen sich beliebige Zuordner über $\{\mu\}$ aufbauen lassen, so haben wir einen solchen vollständigen Satz. Ein wichtiges Beispiel für einen vollständigen Satz bilden die Elemente: binäres Verzögerungsglied (d. h. mit zwei Zuständen), Disjunktion, Konjunktion, Negation.

Tatsächlich kann man jeden Automaten durch eine logische abstrakte Struktur substituieren, d.h. eine Struktur mit $k_i = 2$, $r_j = 2$ ($i = 1, 2, \ldots, n$; $j = 1, 2, \ldots, s$). Eine solche abstrakte Struktur kann man sich aber immer als ein Netz vorstellen, das nur aus Verzögerungsgliedern und logischen Zuordnern besteht. Jede logische Funktion kann man in Form einer Konjunktion von disjunktiven Gruppen darstellen, und also kann man jeden logischen Zuordner aus Zuordnern aufbauen, die die Disjunktion, Konjunktion und Negation realisieren (s. Kap. I und II). Der erwähnte Satz ist also vollständig.

Der Satz bliebe auch vollständig, wenn er neben dem binären Verzögerungsglied aus anderen logischen Zuordnern bestehen würde, mit denen sich jede logische Funktion aufbauen läßt, wenn er z. B. als Zuordner nur den „SHEFFERschen Strich" enthalten würde.

Analog dazu kann man vollständige Sätze über Alphabeten mit mehr als 2 Symbolen konstruieren. Es handelt sich dann um das Problem, logische Funktionen einer m-wertigen Logik durch einige „Stammfunktionen" auszudrücken. Diese Stammfunktionen bilden dann zusammen mit Verzögerungsgliedern einen vollständigen Satz.

Im Kap. V werden wir die technische Realisierung verschiedener vollständiger Sätze und Methoden beschreiben, um daraus endliche Automaten und sequentielle Maschinen zu konstruieren. Bevor wir jedoch zu diesem Problemkreis übergehen, wollen wir kurz ein wichtiges abstraktes Modell behandeln, das im Zusammenhang mit physiologischen Problemen steht.

§ 4.5 Abstraktes Neuron und abstrakte Neuronennetze

Das Studium der Nervenzellen (Neuronen) und Nervengewebe führte zur Betrachtung abstrakter, idealisierter Neuronen und abstrakter Modelle von Neuronennetzen. Das Neuronennetz von MCCULLOCH und PITTS ist eine der bekanntesten Abstraktionen dieser Art.[1])

Das Neuron von MCCULLOCH und PITTS kann man sich als ein logisches Element vorstellen, daß nur zweier Zustände fähig ist: es ist „erregt" oder „nicht erregt". Das Neuron hat eine beliebige, endliche Zahl von Eingängen und einen Ausgang mit beliebig vielen Verzweigungswegen Bild (4.18). Die Enden der verzweigten Ausgänge können wieder Eingänge von anderen Neuronen oder auch des eigenen Neurons sein. Die mit einem Kreis in Bild 4.18 bezeichneten Enden haben eine „hemmende", die Pfeile eine „erregende" Wirkung. Auf einige Eingänge der Neuronen können auch Einwirkungen von außen erfolgen, die aber ebenfalls nur zwei mögliche Zustände haben können. Auf diese Weise entsteht ein abstraktes Neuronennetz, ein Modell des Nervengewebes (z. B. Bild 4.19).

Mit $f(t)$ bezeichnen wir die zur Zeit t erregten Eingänge („→"), mit $g(z)$ die Zahl der zur Zeit t wirksamen hemmenden Eingänge („●"). Die Arbeits-

[1]) Das schon im Jahre 1943 (s. [169]) erarbeitete Modell hat seine Bedeutung für die Physiologie angesichts der späteren Untersuchungen über die Eigenschaften von Neuronen inzwischen verloren.

weise des Neurons wird dann durch die folgende Bedingung beschrieben: Das Neuron ist zur Zeit $t + \tau$ erregt, wenn zur Zeit t die Bedingungen

$$g(t) = 0\,, \qquad f(t) \geqq h \tag{4.36}$$

erfüllt sind, wobei h eine gegebene endliche Zahl, die sog. Erregungsschwelle des Neurons ist. Das Neuron ist nicht erregt, wenn diese Bedingungen

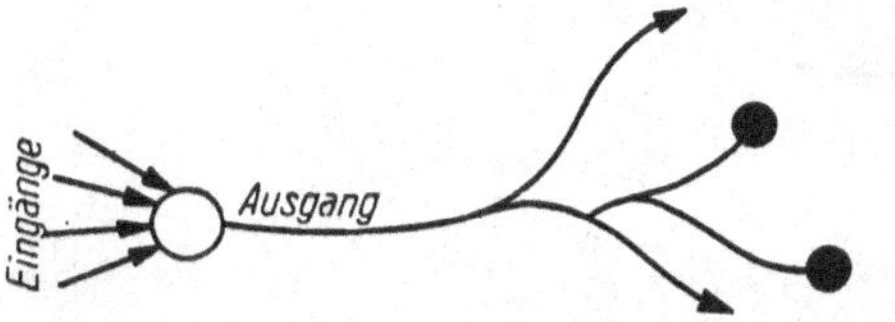

Bild 4.18

nicht erfüllt sind. Der hemmende Eingang hat also ein „Vetorecht". Auch wenn die Ungleichung (4.36) erfüllt ist, ist der Ausgang nicht erregt, wenn auf das betreffende Neuron nur wenigstens ein hemmender Zweig von einem erregten Neuron ausgeht. (Oft werden auch andere Bedingungen für die Arbeitsweise eines Neurons verwendet, z. B. [200]).

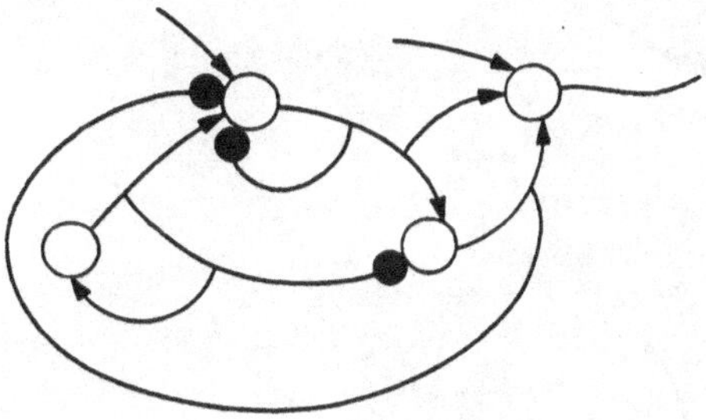
Bild 4.19

Wenn man mit w_i die Zustände der erregenden Eingänge ($i = 1, 2, \ldots, s$) und mit v_j ($j = 1, 2, \ldots, q$) die Zustände der hemmenden Eingänge und schließlich mit x den Zustand des Neurons bezeichnet, so wird das Neuron von McCulloch und Pitts z. B. im Falle $s = 3$, $h = 2$, $q = 2$ durch die Formel

$$x\,(t + \tau) = \{[w_1(t) \,\&\, w_2(t)] \vee [w_1(t) \,\&\, w_3(t)] \vee \\ \vee [w_2(t) \,\&\, w_3(t)]\} \,\&\, \overline{v_1(t)} \,\&\, \overline{v_2(t)} \tag{4.37}$$

beschrieben. Auf der Zeitachse markieren wir die Punkte $0, \tau, 2\tau, 3\tau, \ldots$ und beobachten das Neuron und das Neuronennetz nur zu diesen Zeitpunkten. Die Zeitpunkte dieser Takte bezeichnen wir mit $0, 1, 2, \ldots, p, \ldots$ Dann kann man die Gleichung (4.37) auch in der Form

$$x^{p+1} = [(w_1^p \,\&\, w_2^p) \vee (w_1^p \,\&\, w_3^p) \vee (w_2^p \,\&\, w_3^p)] \,\&\, \overline{v_1^p} \,\&\, \overline{v_2^p} \tag{4.38}$$

schreiben.

Wir betrachten nun ein abstraktes Neuronennetz aus n Neuronen mit s „freien" Eingängen, die von außen beschaltet werden können. Die Neuronen werden von 1 bis n durchnumeriert, die freien Eingänge von 1 bis s. Mit x_i bezeichnen wir den Zustand des i-ten Neurons, mit u_j den Zustand

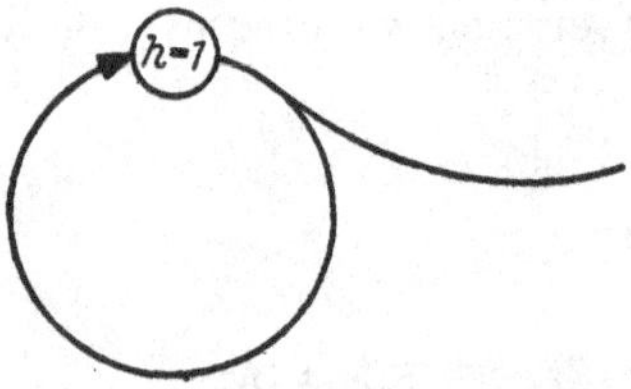

Bild 4.20

des j-ten Eingangs. Wir können dann ingesamt n Gleichungen der Form (4.38) für dieses Neuronennetz anschreiben. Auf den Eingang eines jeden Neurons soll der Ausgang eines Neurons oder eine äußere Einwirkung führen. In der Gleichung (4.38) sind in unserem Beispiel die Größen w^p und v^p also durch x^p und u^p zu ersetzen.

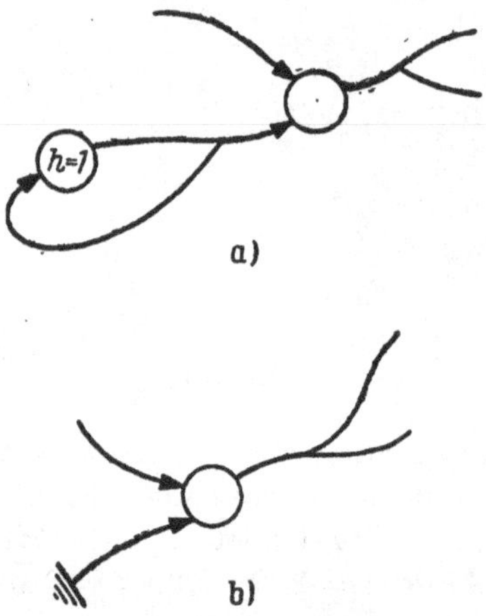

Bild 4.21

Dieses Neuronennetz von McCulloch und Pitts kann also durch das System

$$x_i^{p+1} = L_i(x_1^p, x_2^p, \ldots, x_n^p;\ u_1^p, u_2^p, \ldots, u_s^p)\,, \quad i = 1, 2, \ldots, n\,, \quad (4.39)$$

beschrieben werden, wobei die L_i logische Funktionen der Form (4.38) sind. Dieses Neuronennetz ist also in unserer Sprechweise ein endlicher Automat. Da aber auf den rechten Seiten der Gleichungen (4.39) nicht beliebige logische Funktionen, sondern solche von der speziellen Form (4.38) stehen, erhebt sich natürlich die Frage ob man für jeden endlichen Automaten ein entsprechendes Neuronennetz angeben kann.

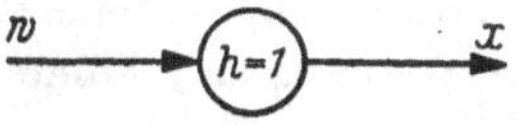

Bild 4.22

Zur Beantwortung dieser Frage sei zunächst vermerkt, daß ein auf sich selbst zurückgeführtes erregtes Neuron mit $h = 1$ (Bild 4.20) immer erregt ist. Man spricht dann auch von einem blockierten Neuron. Wir können deshalb annehmen, daß auf die Neuronen ein immer erregter Eingang führt (Bild 4.21a), den wir so wie in Bild 4.21b bezeichnen wollen. Einen solchen Eingang bezeichnen wir als fest.

Wir betrachten nun ein Neuron mit $h = 1$, $s = 1$ und $q = 0$ (Bild 4.22). Ein solches Neuron wird durch die Gleichung

$$x^{p+1} = w^p$$

beschrieben, d. h., dieses Neuron entspricht dem Verzögerungsglied um einen Takt. Die Hintereinanderschaltung von q solchen Neuronen führt dann auf eine Verzögerungsstrecke von q Takten (Bild 4.23).

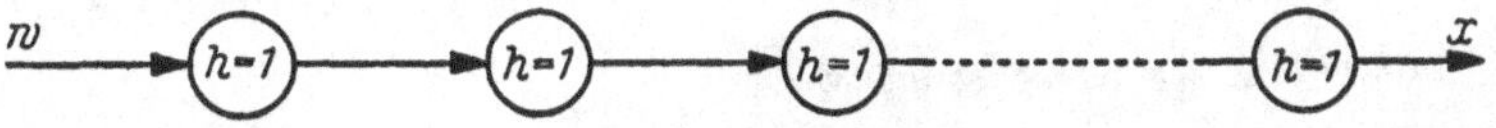

Bild 4.23

Wir betrachten dann weiter ein Neuron mit $h = 1$, $s = 1$, $q = 1$ und einem festen Erregungseingang (Bild 4.24), das die Beziehung

$$x^{p+1} = \overline{v^p}$$

realisiert. Dieses Neuron entspricht also der Negation mit Verzögerung um einen Takt.

Das Neuron mit $h = 1$, $q = 0$ und beliebigem s (Bild 4.25) bewirkt die Disjunktion von s Veränderlichen mit einer Verzögerung um einen Takt:

$$x^{p+1} = w_1^p \vee w_2^p \vee \cdots \vee w_s^p .$$

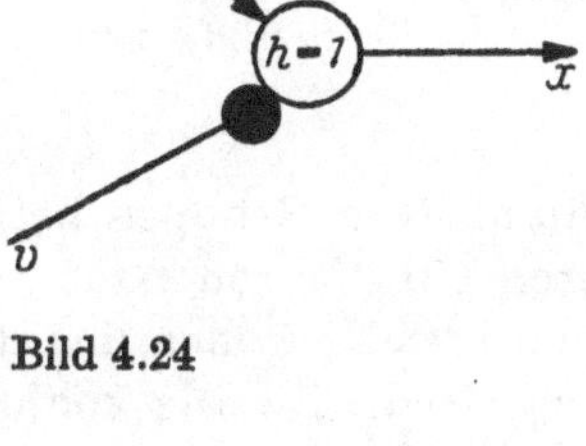

Bild 4.24

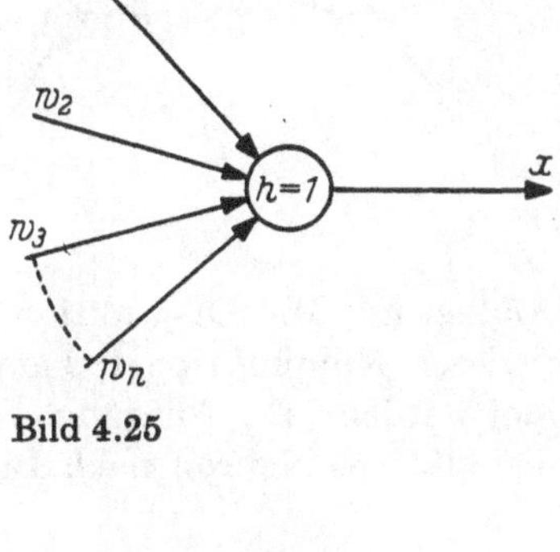

Bild 4.25

Ein Neuron mit $h = s$ (s beliebig) und $q = 0$ (Bild 4.26) realisiert die Konjunktion von s Veränderlichen mit einer Verzögerung um einen Takt.

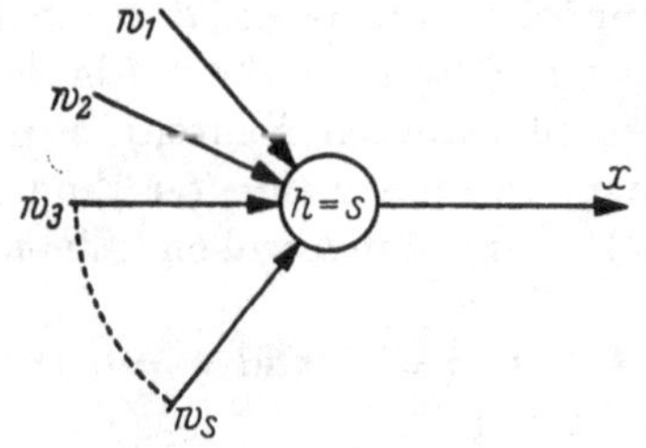

Bild 4.26

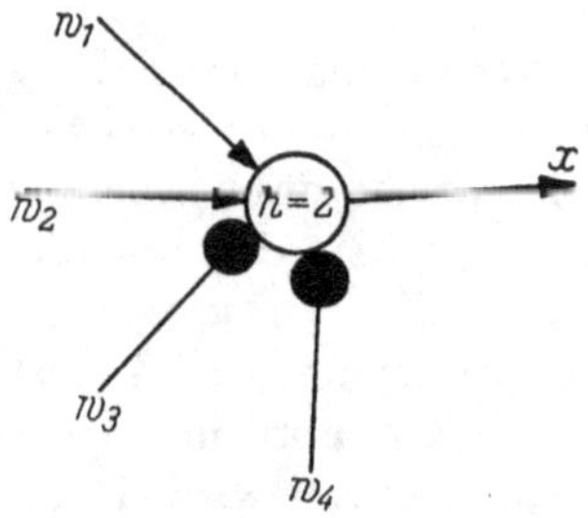

Bild 4.27

Wenn man die Konjunktion von s Veränderlichen nachbilden will, wobei einige der Veränderlichen negiert sind, so müssen die negierten Veränderlichen auf die hemmenden Eingänge geführt werden, und h muß gleich der Zahl der negierten Veränderlichen sein. So wird z. B. die Konjunktion

$$x^{p+1} = w_1^p \,\&\, w_2^p \,\&\, \overline{w_3^p} \,\&\, \overline{w_4^p}$$

durch das Neuron von Bild 4.27 bewirkt.

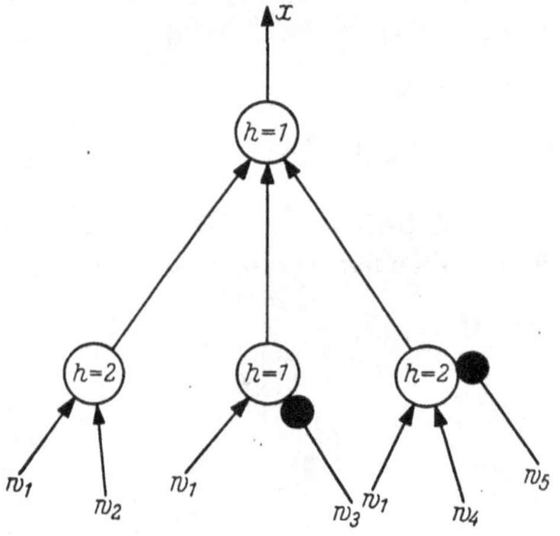

Bild 4.28

Wir wollen nun die Disjunktion von m konjunktiven Gruppen betrachten. Jede dieser Konjunktionen kann dann durch ein Neuron nach Bild 4.27 gebildet werden. Die Ausgänge dieser konjunktiven Neuronen sind dann auf ein disjunktives Neuron nach Bild 4.25 zu schalten. Da alle konjunktiven

Neuronen in einem Takt arbeiten und ein weiterer Takt zur Bildung der Disjunktion notwendig ist, so wird also die ganze logische Funktion in zwei Takten arbeiten, d. h. in der Zeit 2τ. Das Neuronennetz von Bild 4.28 wird also durch die Gleichung

$$x^{p+2} = (w_1^p \mathbin{\&} w_2^p) \vee (w_1^p \mathbin{\&} \overline{w_3^p}) \vee (w_4^p \mathbin{\&} \overline{w_5^p} \mathbin{\&} w_1^p)$$

beschrieben. Durch eine disjunktive Verknüpfung von Konjunktionen kann man aber jede logische Funktion darstellen und also auch in zwei Takten durch ein solches Neuronennetz realisieren. Durch diese Neuronen von McCulloch und Pitts kann man also jeden logischen Zuordner konstruieren, der aber im Gegensatz zu der sonst üblichen Voraussetzung nicht momentan, sondern in zwei Takten arbeitet.

Wir wollen nun unterstellen, daß sich die Eingänge ändern, und wir die Zustände des Netzes zu den Zeitpunkten $0, 2\tau, 4\tau, \ldots$ beobachten. Durch eine solche Taktung kann man aus den Neuronen ein Netz konstruieren, das irgendeinen logischen Zuordner in einem Takt realisiert. Andererseits kann man aus Neuronen auch ein Verzögerungsglied mit einem solchen „Doppeltakt" aufbauen, wenn man nur zwei Verzögerungsglieder nach Bild 4.22 hintereinanderschaltet. Mit beliebigen Zuordnern und Verzögerungsgliedern kann man aber jeden beliebigen endlichen Automaten aufbauen, der in dieser Taktzeit arbeitet.

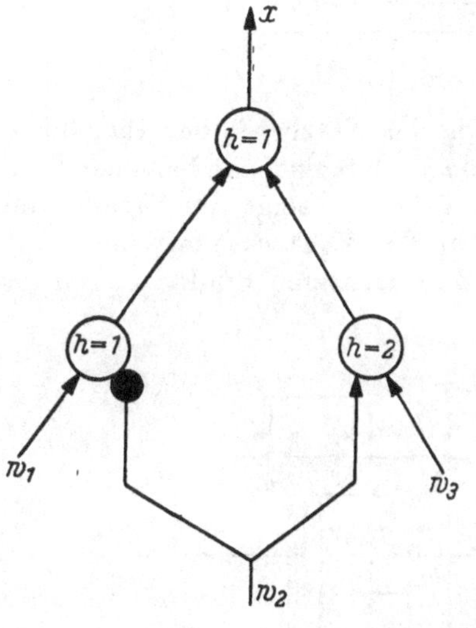

Bild 4.29

Im Kap. X werden wir Methoden kennenlernen, um Automaten zu konstruieren, die in einem beliebigen „langsamen" Takt arbeiten, während die Elemente dieses Automaten einen „schnellen" Takt haben, wenn man nur die „langsamen“ Takte von außen zuführt. Wir werden zeigen, daß man dazu nur Verzögerungsglieder mit einem beliebigen, von außen zugeführten Takt braucht.

Damit wir später nicht mehr auf Neuronennetze zurückzukommen brauchen, wollen wir gleich hier zeigen, wie man aus unseren Neuronen ein solches Verzögerungsglied aufbauen kann. Zu diesem Zweck nehmen wir das durch Gleichung

$$x^{p+2} = (w_1^p \mathbin{\&} \overline{w_2^p}) \vee (w_3^p \mathbin{\&} w_2^p)$$

beschriebene Neuronennetz von Bild 4.29. Zwei solcher Netze vereinigen wir zu einem mit den zwei Eingängen u und u_t, so wie dies Bild 4.30 zeigt.

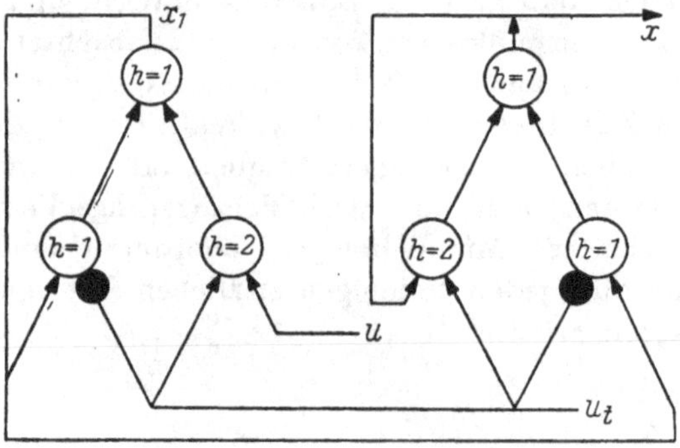

Bild 4.30

Der Eingang u ist der Haupteingang des Netzes, u_t der Eingang zum Aufschalten der Takte, wobei wir annehmen, daß ein Takt bei einer Veränderung von u_t von 1 auf 0 auftritt. Das Bild 4.31 zeigt die Veränderung von x und x_1 in Abhängigkeit von u und u_t. Der Wert x ist mit einer Verzögerung von einem Takt mit u identisch. Zum richtigen Funktionieren des Netzes

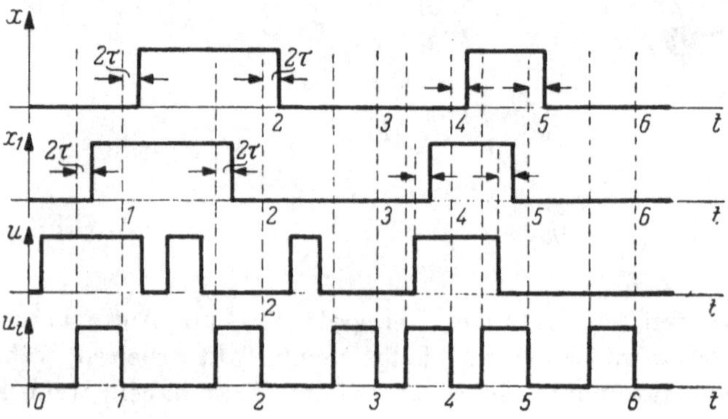

Bild 4.31

wird nur verlangt, daß die Signale u_t nicht öfter als nach der Zeit 4τ aufeinander folgen. Die Pfeile in Bild 4.31 bedeuten den Zeitraum von 2τ. Verfügt man über Verzögerungsglieder mit einem von außen vorgebbaren Takt und einen beliebigen Zuordner, der mit der Taktzeit 2τ arbeitet, so kann man mit den in Kap. X beschriebenen Methoden durch ein Netz von Neuronen nach McCulloch und Pitts jeden Automaten (und jede sequentielle Maschine) mit einem beliebigen Takt konstruieren, wenn der Zwischenraum zwischen Takten nur nicht kleiner als 4τ ist.

KAPITEL V

Technische Realisierung von endlichen Automaten und sequentiellen Maschinen

§ 5.1 Zwei Methoden zur technischen Realisierung

In den vorangegangenen Kapiteln haben wir die Begriffe „endlicher Automat“, „sequentielle Maschine“ und „abstrakte Struktur“ formal eingeführt. Bisher bedeuteten diese Begriffe nur Gleichungen oder Gleichungssysteme bestimmten Typs, und es kümmerte uns die physikalische Natur der dynamischen Systeme nicht, deren Bewegung durch diese Gleichungen beschrieben wurde. In diesem Kapitel werden wir sehen, daß diesen Begriffen wichtige technische Systeme entsprechen.

Im Kap. IV hatten wir gezeigt, daß ein und demselben endlichen Automaten oder ein und derselben sequentiellen Maschine verschiedene abstrakte Strukturen entsprechen können. Jeder abstrakten Struktur kann ihre technische Realisierung zugeordnet werden, d. h. ein Gerät, dessen Prozesse durch diese abstrakte Struktur beschrieben werden. Demnach kann man ein und denselben endlichen Automaten auf verschiedene Weise realisieren. Darüber hinaus kann man, wie sich zeigen wird, noch jede abstrakte Struktur durch verschiedene technische Mittel verwirklichen.

In diesem Kapitel betrachten wir nur die Realisierung von binären abstrakten Strukturen. Wir nehmen also an, daß ein endlicher Automat durch die Gleichungen

$$x_i^{p+1} = F_i[x_1^p, x_2^p, \ldots, x_n^p, u_1^p, u_2^p, \ldots, u_s^p] \quad (i = 1, 2, \ldots, n) \qquad (5.1)$$

gegeben ist, wobei x_i $(i = 1, 2, \ldots, n)$ und u_j $(j = 1, 2, \ldots, s)$ logische Veränderliche mit den Werten 0 oder 1 sind, und die F_i $(i = 1, 2, \ldots, n)$ ebenfalls logische Funktionen mit nur diesen beiden Werten sind. Die Taktzeit möge durch die diskreten Zeitpunkte $0, 1, 2, \ldots, p, \ldots$ festgelegt sein.

Um die Beziehungen (5.1) technisch zu realisieren, braucht man zunächst logische Zuordner zur Nachbildung der Funktionen F_i. Derartige Geräte hatten wir im Kap. II behandelt.

Wir müssen nun allerdings nicht die Funktionen F_i nachbilden, sondern die Beziehungen (5.1), die diese Funktionen auf den rechten Seiten enthalten. Wie muß man also die logischen Zuordner von Kap. II ändern oder was muß man hinzufügen, damit ein Gerät entsteht, dessen Zustände sich zeitlich nach den Gleichungen (5.1) ändern? Wir werden im folgenden zwei wesentlich verschiedene Methoden zur Lösung dieses Problems behandeln.

§ 5.2 Baustein-Konstruktion

In Kap. IV haben wir schon erwähnt, wie man die abstrakte Struktur (5.1) durch ein Blockschaltbild darstellen kann. Für $n = 3$, $s = 2$ zeigt das Bild 5.1 eine solche Schaltung. Die Schaltung enthält s Eingangsleitungen $(u_1, u_2, \ldots, u_s)$ und n Ausgangsleitungen $(x_1, x_2, \ldots, x_n)$. Zu jedem der n logischen Zuordner $F_1, F_2, \ldots, F_n$ führen alle $n + s$ Leitungen. Der

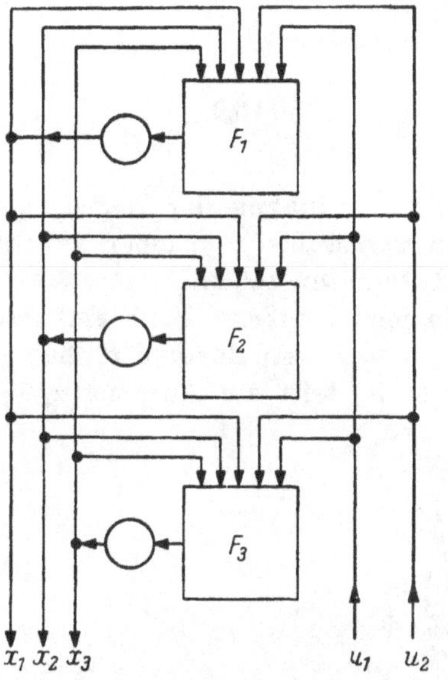

Bild 5.1

Ausgang des i-ten Zuordners speist über ein Verzögerungsglied (in Bild 5.1 wieder durch einen Kreis dargestellt) die Ausgangsleitung x_i. Bei dem Verzögerungsglied sind Ein- und Ausgang durch die Beziehung

$$x_a^{p+1} = x_e^p$$

verbunden.

Man sieht leicht ein, daß diese Schaltung genau den Gleichungen (5.1) entspricht. Für die Konstruktion eines technischen Gerätes braucht man also neben den logischen Zuordnern nur noch ein Verzögerungsglied für einen Takt.

Damit also ein vollständiger Satz von Elementen, aus denen sich jede logische Funktion darstellen läßt, auch ein vollständiger Satz für die Darstellung eines beliebigen endlichen Automaten wird, muß man ihn durch ein solches Verzögerungsglied ergänzen. Dieser Satz ist dann auch vollständig für die Konstruktion einer jeden sequentiellen Maschine, weil sich diese von einem endlichen Automaten nur durch einen zusätzlichen Zuordner unterscheidet.

Ein Verzögerungsglied muß zwei Eingänge haben, den Haupteingang x_e und einen Hilfseingang x_t für den Takt, und einen Ausgang x_a. Ein solches Element soll wie in Bild 5.2 dargestellt werden, wobei wir aber, wenn dies dem Verständnis der Schaltung nicht schadet, den Eingang x_t gewöhnlich

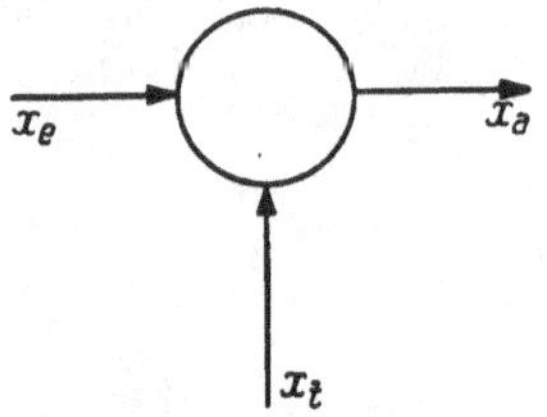

Bild 5.2

weglassen. Der Hilfseingang x_t dient zur Aufnahme der Taktsignale. Diese Taktsignale werden dem Automaten von außen von einer Taktuhr zugeführt, die wir nicht selbst zu dem Automaten zählen.

Dieses Verzögerungsglied arbeitet folgendermaßen. Beim Auftreten eines Taktes möge die Eingangsgröße einen gewissen Zustand x_e^* haben. Nach der kleinen Zeit τ, der Verzögerungszeit, tritt am Ausgang $x_a = x_e^*$ auf.

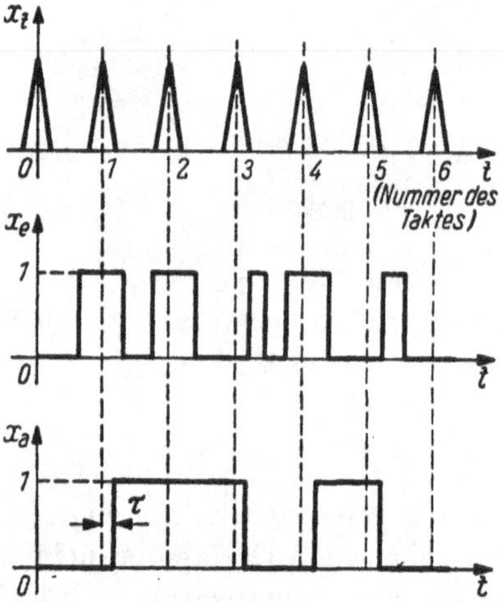

Bild 5.3

Der Ausgang behält dann, was auch am Eingang geschehen möge, diesen Wert so lange bei, bis der folgende Takt eintrifft. Bei diesem folgenden Takt wiederholt sich dieser Prozeß von neuem. Auf eine Veränderung des Eingangs zwischen zwei Takten regiert das Verzögerungsglied überhaupt nicht.

Das Bild 5.3 zeigt ein Beispiel für dieses Verhalten. Als Taktsignale dienen dabei kurze Impulse. Man nimmt aber als Taktsignal häufig einfach die

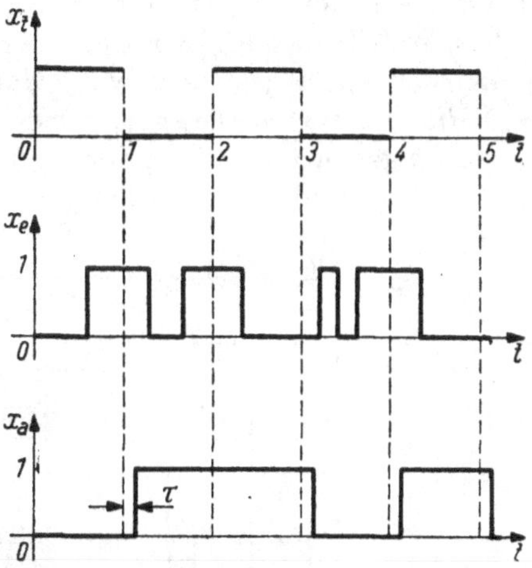

Bild 5.4

Änderung des Zustands von x_t (Bild 5.4) oder auch nur den Übergang von 1 auf 0 bei x_t (Bild 5.5).

Als Beispiel wollen wir ein Verzögerungsglied aus pneumatischen Elementen betrachten. Dieses konstruieren wir aus sog. Speicherzellen. Zwei solcher Speicherzellen sind in den Bildern 5.6a und b dargestellt. Als Taktsignal dient der Übergang der Größe P_t vom Zustand 0 auf 1.

Eine Speicherzelle besteht aus zwei pneumatischen Relais (s. § 2.4). Das Ausgangsrelais ist als „Wiederholung" geschaltet (vgl. Bild 2.23) und gibt

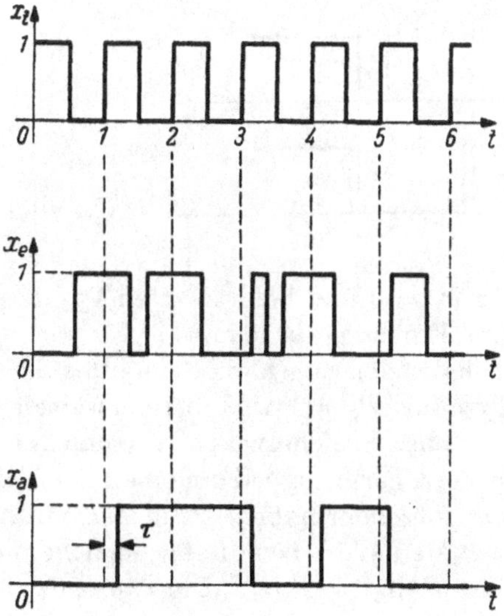

Bild 5.5

als Ausgang immer den Druck P ab, der gleich P_w ist. Das Eingangsrelais funktioniert wie ein pneumatisches Ventil, das bei der Speicherzelle des ersten Typs (Bild 5.6a) von dem Druck P_t so gesteuert wird, daß es für $P_t = 1$ geschlossen und bei $P_t = 0$ offen ist, während es bei Speichergliedern des zweiten Typs (Bild 5.6b) gerade umgekehrt ist. Eine solche Konstruktion der Speicherzelle führt dazu, daß entweder ihr Ausgang gleich dem

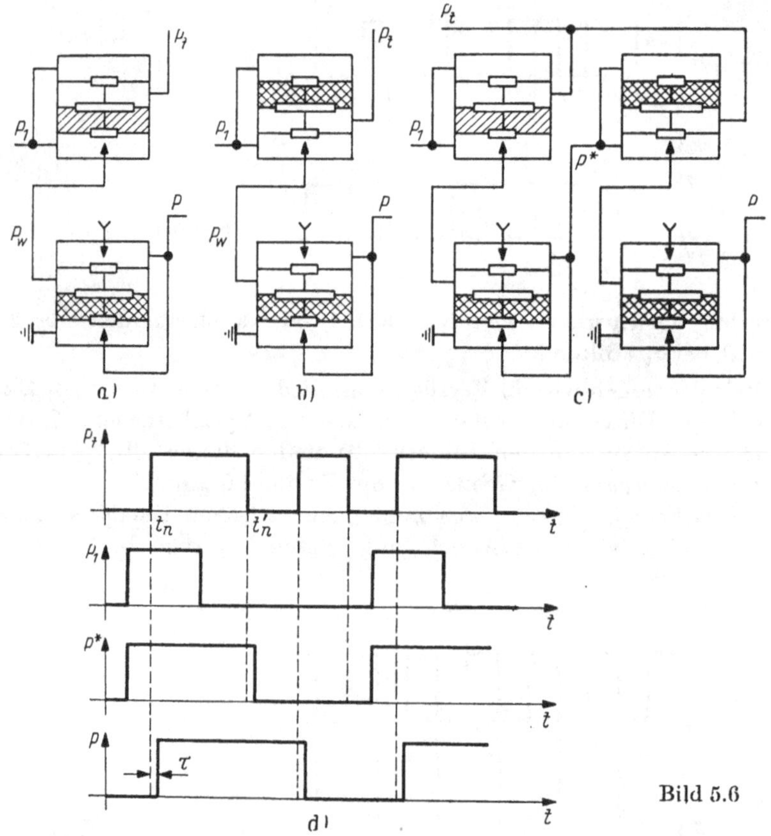

Bild 5.6

Eingang ist (beim ersten Typ für $P_t = 0$ und beim zweiten Typ für $P_t = 1$) oder aber der Ausgang mit dem Eingang überhaupt nicht verbunden ist und unverändert seinen Wert behält, der durch die Größe des Druckes P_w bestimmt wird (beim ersten Typ für $P_t = 1$ und beim zweiten Typ für $P_t = 0$). Schaltet man zwei solche Speicherzellen verschiedenen Typs hintereinander, so erhält man ein Verzögerungsglied um einen Takt (Bild 5.6c) Dieses Verzögerungsglied arbeitet folgendermaßen. Zum Zeitpunkt t_n (dem Beginn des n-ten Taktes), wenn P_t den Wert 1 annimmt, speichert die erste Zelle den Eingangswert, d. h. es ist $P^*(t_n) = P_1(t_n)$. Die zweite Speicherzelle läßt zu diesem Zeitpunkt (genauer zum Zeitpunkt $t_n + \Delta t$) den in der ersten Zelle gespeicherten Wert an den Ausgang durch, wo sich der Druck $P(t_n) = P^*(t_n) = P_1(t_n^*)$ einstellt. Solange $P_t = 1$ bleibt, ändert sich in der Schaltung nichts, weil die erste Speicherzelle den Eingangswert $P_1(t_n)$ solange festhält. Wird P_t zum Zeitpunkt t_n' gleich 0, so ist also in dem Intervall $t_n \leqq t \leqq t_n'$ immer $P(t) = P^*(t) = P_1(t_n)$.

Zum Zeitpunkt t_n' (s. Bild 5.6d) speichert die zweite Zelle den Eingangswert $P^*(t_n') = P_1(t_n)$, und dies führt dazu, daß der Ausgang des Elementes zu

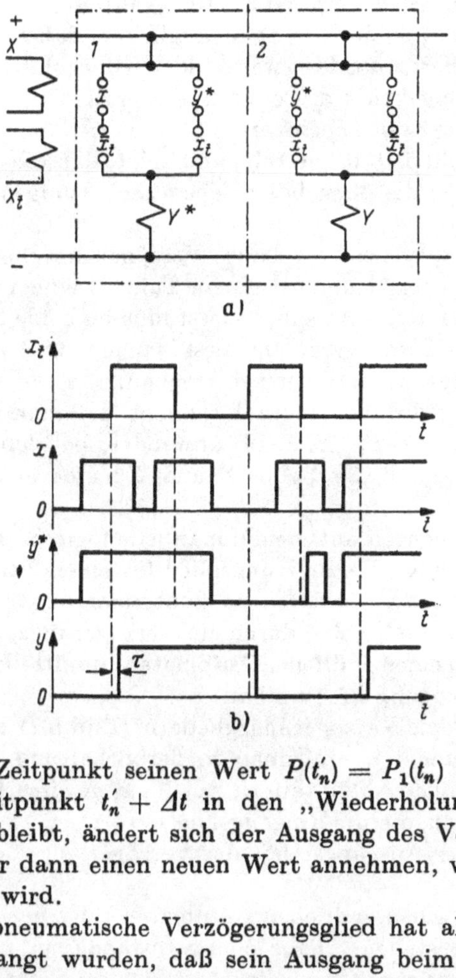

Bild 5.7

diesem Zeitpunkt seinen Wert $P(t_n') = P_1(t_n)$ behält. Die erste Zelle geht zum Zeitpunkt $t_n' + \Delta t$ in den „Wiederholungs"-Zustand über. Solange $P_t = 0$ bleibt, ändert sich der Ausgang des Verzögerungsgliedes nicht. Es kann nur dann einen neuen Wert annehmen, wenn zur Zeit t_{n+1} erneut P_t gleich 1 wird.

Dieses pneumatische Verzögerungsglied hat also genau die Eigenschaften, die verlangt wurden, daß sein Ausgang beim Eintreten eines Taktes (bei $P_t = 1$) gleich dem Wert am Eingang wird, und dieser Ausgangswert dann bis zum Eintreten des nächsten Taktes unverändert bleibt, was auch zwischen den Takten am Eingang geschehen möge (vgl. Bild 5.6d mit Bild 5.5).

Das Bild 5.7a zeigt die Realisierung eines Verzögerungsgliedes um einen Takt durch elektromechanische Relais. Diese Schaltung ist der mit Hilfe von pneumatischen Relais außerordentlich ähnlich. Dieses Verzögerungsglied hat die beiden Eingänge X und X_t. X_t ist wieder der zeitliche Eingang durch dessen Änderung von 0 auf 1 das Eintreten eines Taktes definiert ist. Auch erreichen wir ein Verzögerungsglied wieder durch die Hintereinanderschaltung zweier Speicherzellen (in Bild 5.7 mit 1 und 2 bezeichnet). Als Ausgang dient die Wicklung des Relais Y.

Zur Speicherung dienen die sich selbst verriegelnden Kontakte y^* in dem Speicherglied 1 und y in dem Speicherglied 2. Der Takteingang X_t wirkt mit seinen Kontakten x_t und $\bar{x}_t$ so auf die Speicherglieder, daß bei $X_t = 1$ das erste Speicherglied speichert und das zweite als Wiederholung arbeitet ($Y = Y^*$) und bei $X_t = 0$ umgekehrt das erste Speicherglied den Eingang wiederholt ($Y^* = X$) und das zweite speichert.

Der zeitliche Verlauf ist in Bild 5.7b dargestellt und zeigt, daß diese Relaisschaltung genauso arbeitet wie die oben beschriebene Schaltung mit pneumatischen Relais.

Damit das aus zwei Speichergliedern aufgebaute Verzögerungsglied richtig funktioniert, müssen die Speicherglieder bei einem Takt in einem ganz bestimmten Rhythmus ihren Zustand wechseln. Zuerst müssen beide Speicherglieder in der Stellung „speichern" sein, und erst danach muß eines der Speicherglieder in die Stellung „wiederholen" übergehen.

Bei den pneumatischen Relais wird dies dadurch erreicht, daß man verschiedene „Verschiebedrücke" P_{v1} und P_{v2} (s. S. 49) anwendet, bei den elektromechanischen Relais dadurch, daß die Relais Y und Y^* eine eigene Verzögerungszeit haben.

Ein Satz von technischen Elementen, mit denen man jede logische Funktion realisieren kann, ergänzt durch ein Verzögerungsglied für einen Takt, bietet die Möglichkeit, jeden endlichen Automaten zu konstruieren. Wenn man z. B. die pneumatischen Relais (vgl. § 2.4) durch ein Verzögerungsglied nach Bild 5.6 ergänzt, so kann man einen endlichen Automaten unmittelbar durch Realisierung der Schaltung von Bild 5.1 aufbauen.

Bei der Verwendung von Relais-Verzögerungsgliedern (Bild 5.7) zur Konstruktion von endlichen Automaten muß man in der Schaltung der Verzögerungsglieder statt der Eingangskontakte $x_1, x_2, \ldots, x_s$ gewisse Kontaktnetzwerke $f_1, f_2, \ldots, f_n$ nehmen, die die Eingangskontakte $x_1, x_2, \ldots, x_s$ und die Kontakte $y_1, y_2, \ldots, y_n$ der Ausgangsrelais der Verzögerungsglieder enthalten.

Die allgemeine Schaltung für einen endlichen Automaten zeigt das Bild 5.8, wobei folgende Beziehungen bestehen. Den Eingangszuständen $u_1, u_2, \ldots, u_s$ des Automaten von Bild 5.1 entsprechen die Zustände der Eingangskontakte $x_1, x_2, \ldots, x_s$ (Bild 5.8), den Automatenzuständen $x_1, x_2, \ldots, x_n$ von Bild 5.1 entsprechen die Zustände der Relaiswicklungen $Y_1, Y_2, \ldots, Y_n$ von Bild 5.8,

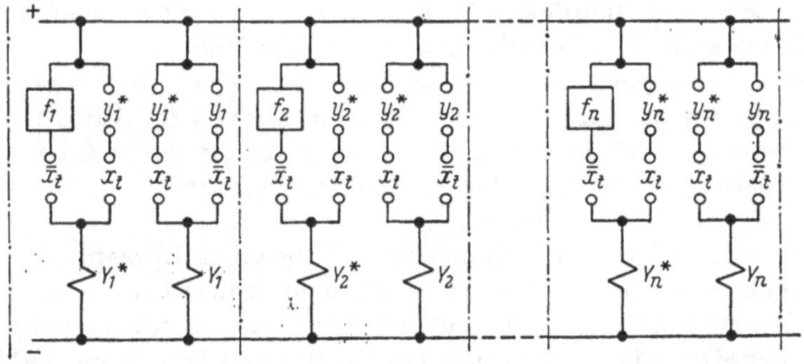

Bild 5.8

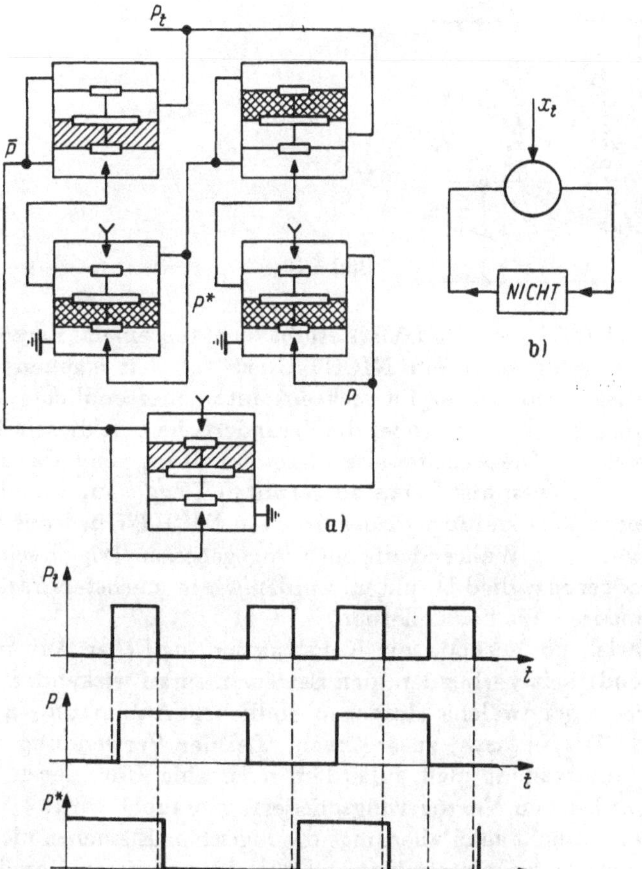

Bild 5.9

und den logischen Zuordnern $F_1, F_2, \ldots, F_n$ von Bild 5.1 schließlich entsprechen die Kontaktnetzwerke $f_1, f_2, \ldots, f_n$ von Bild 5.8.
Das Verzögerungsglied ist selbst natürlich ein, wenn auch sehr einfacher endlicher Automat. Ein Satz von Elementen, der zum Aufbau nicht nur von Zuordnern, sondern von Automaten notwendig ist, muß entweder ein Verzögerungsglied oder irgendeinen anderen elementaren, nicht autonomen endlichen Automaten enthalten.
Weit verbreitet ist auch die Ergänzung der logischen Elemente durch einen elementaren endlichen Automaten, mit dem man zwar nicht alle, aber wenigstens die praktisch wichtigen endlichen Automaten konstruieren kann. In der Digitaltechnik benutzt man dafür z. B. einen Trigger mit Zähleingang (autonomer Automat). Ein pneumatischer Trigger ist in Bild 5.9 dargestellt.

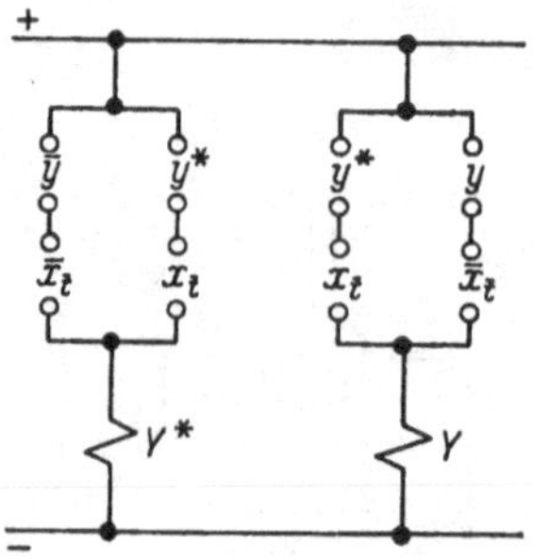

Bild 5.10

Der pneumatische Trigger (Bild 5.9a) ergibt sich aus einem Verzögerungsglied, dessen Ausgang über ein NICHT-Glied auf den eigenen Eingang zurückgeführt ist. Dadurch ergibt sich ein autonomer endlicher Automat mit der Gleichung $x^{p+1} = \bar{x}^p$, wobei die Veränderliche x in diesem Fall dem Druck P entspricht. Die Arbeitsweise dieser Schaltung zeigt das Bild 5.9c. Das Bild 5.10 zeigt einen aus Relais aufgebauten Trigger, und auch hier ist der Ausgang eines Verzögerungsgliedes über ein NICHT-Glied auf den eigenen Eingang geführt. Während die hier angegebenen Triggerschaltungen auf einem Verzögerungsglied beruhten, werden wir im nächsten Paragraphen Schaltungen anderer Art kennenlernen.
Die hier beschriebene Methode zur Konstruktion endlicher Automaten ist mit der Notwendigkeit verbunden, den Satz momentan wirkender logischer Elemente durch irgendwelche einfachen endlichen Automaten, z. B. Verzögerungsglied, Trigger usw., zu ergänzen. Bei der Verwendung von Verzögerungsgliedern braucht man außerdem noch eine Uhr, deren Ausgang als Hilfseingang bei den Verzögerungsgliedern gebraucht wird.
In vielen Fällen braucht man allerdings die logischen Elemente nicht durch neue zu ergänzen, da jedes reale Element mit einer gewissen Verzögerungszeit τ arbeitet. Durch diese natürliche Verzögerung um die Zeit τ ist auch ein logisches Element ein elementarer endlicher Automat, dessen Taktzeit

durch eine gleichmäßige Unterteilung der Zeitachse in Abschnitte der Länge τ festgelegt ist. Dies führt zu einer zwar verbreiteten, aber in ihren Möglichkeiten begrenzteren Methode zur Konstruktion von endlichen Automaten. Sie ist für die Anwendungen nur dann brauchbar, wenn die Takte durch jede Änderung des Eingangszustandes definiert sind.

§ 5.3 Konstruktion unter Benutzung der natürlichen Verzögerungen und Rückführungen

Kehren wir zunächst zur Betrachtung des einfachsten elektromechanischen Relais zurück. Im Kap. II hatten wir unterstellt, daß es momentan arbeitet. In Wirklichkeit hat es aber eine gewisse, wenn auch kleine Verzögerungszeit τ. Damit sind Ausgang (Zustand des Kontaktes x) und Eingang (Strom in der Wicklung X) durch die zeitliche Beziehung

$$x^{t+\tau} = X^t$$

miteinander verknüpft, obgleich beides logische Veränderliche mit den beiden Werten 0 und 1 sind. Wenn man die Zeitachse in die äquidistanten Punkte $0, \tau, 2\tau, 3\tau, \ldots$ zerlegt und annimmt, daß sich nur zu diesen Zeitpunkten der Eingang ändert und der Ausgang beobachtet wird, so ergibt sich die Gleichung

$$x^{p+1} = X^p ,$$

d. h., ein Relais ist ein elementarer endlicher Automat wie ein Verzögerungsglied mit der Taktzeit τ.[1])
Wenn man die Kontakte zu einem Netzwerk vereinigt (s. Kap. II), so erhält man dabei keine „momentane" Funktion

$$x = F(u_1, u_2, \ldots, u_s) ,$$

sondern einen Automaten

$$x^{p+1} = F[u_1^p, u_2^p, \ldots, u_s^p] ,$$

mit der Taktzeit $0, \tau, 2\tau, 3\tau, \ldots$.
Wir betrachten nun eine Kette von Relais, in der jeder Arbeitskontakt die Wicklung des folgenden Relais schaltet (Bild 5.11). Eingangsgröße der ganzen Kette ist der Strom in der Wicklung des ersten Relais, Ausgangsgröße der Zustand des Kontaktes x_n des letzten Relais. Die ganze Kette

[1]) Wir sprechen hier von dem Arbeitskontakt. Ist im Ruhezustand der Arbeitskontakt geschlossen, so kann man ein solches Relais als ein Verzögerungsglied mit Negation ansehen.

hat dann die Gleichungen

$$x_n^{p+1} = X_n^p = x_{n-1}^p\,, \quad x_{n-1}^{p+1} = X_{n-1}^p = x_{n-2}^p\,, \ldots,$$

$$x^2_{p+1} = X_2^p = x_1^p\,, \quad x_1^{p+1} = X_1^p$$

oder

$$x_n^{p+n} = X_1^p$$

und bildet also einen typischen Automaten ohne Rückführung, eine Verzögerungsstrecke von n Takten.

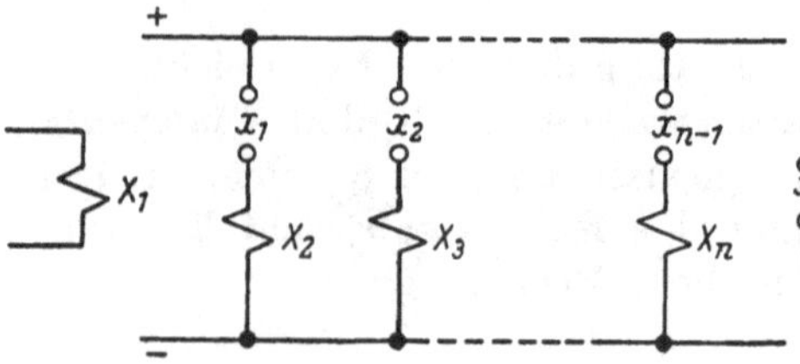

Bild 5.11

Wir bilden nun eine Rückführung, indem wir die Wicklung des ersten Relais von dem Arbeitskontakt des letzten Relais schalten lassen (Bild 5.12).

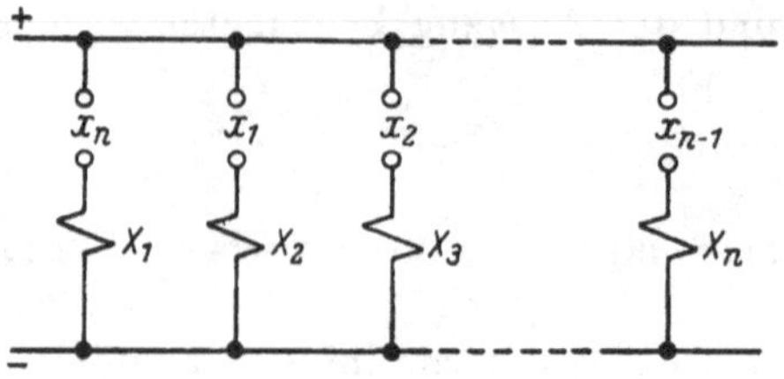

Bild 5.12

Nach einem beliebigen Anfangszustand der Kontakte wird der Automat „mit der Taktzeit τ" in eine der beiden stabilen Zustände übergehen (entweder alle Kontakte offen oder alle Kontakte geschlossen) und sich dann nicht mehr ändern.

Wenn man von dem ersten Relais den Ruhekontakt und von den übrigen den Arbeitskontakt nimmt, so entsteht ein dauerndes zyklisches Umschalten der Kontakte. In dem Zustandsdiagramm eines solchen Automaten sind alle Zustände in einer Schleife vereinigt. Ein einfaches Beispiel zeigt das Bild 5.13. Unter diesem Gesichtspunkt ist jedes Kontaktnetzwerk ein endlicher Automat mit der Taktzeit τ. Wie wir gesehen haben, gibt es dabei Automaten ohne Rückführung (z. B. die Verzögerungsstrecke von Bild 5.11) und solche mit Rückführung (Bild 5.12 und 5.13). Dabei hat es natürlich nur Sinn, von autonomen Automaten zu sprechen, weil die Annahme, während der Taktzeit τ die Eingangsgröße zu ändern, irreal wäre.

Bei autonomen Automaten ohne Rückführung kann das Zustandsdiagramm nur einen stabilen Punkt enthalten (die Gleichgewichtslage), zu dem der Automat aus jeder Anfangslage hinstrebt. Bei Automaten mit Rückführung können geschlossene Schleifen, mehrere Gleichgewichtslagen usw. auftreten (ausführlicher wird dies in Kap. VI behandelt). Obgleich Automaten dieser Art manchmal benutzt werden, ist ihre praktische Bedeutung nicht sehr groß, weil in ihnen die Taktzeit durch die Verzögerungszeit der Relais bestimmt wird und diese sehr klein ist.

Verbreiteter sind Automaten, bei denen die Taktzeit durch eine Änderung der Eingangsgröße definiert ist und diese nicht zu oft vorkommt. Die Zeit zwischen zwei Änderungen der Eingangsgröße ist bedeutend größer als die Ansprechzeit des Relais. Diese Takte wollen wir *langsam* nennen und die durch die Verzögerungszeit der Relais bedingten Takte *schnell*.

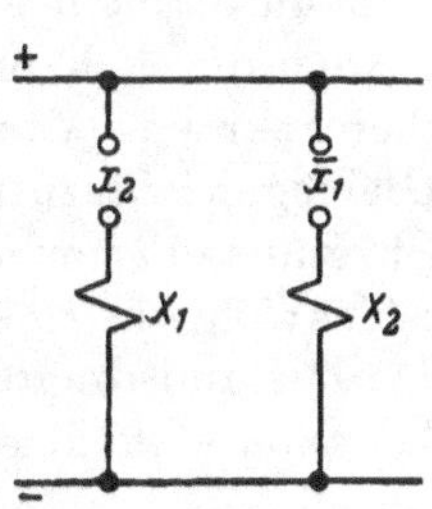

Bild 5.13

Man kann nun einen Automaten mit langsamen Takten aus solchen mit schnellen Takten aufbauen. Dabei wird eine *Transformation der Taktzeit* erreicht, auf die wir im Kap. X genauer eingehen werden. Zu diesem Zweck benutzt man die Möglichkeit, aus Relais schnelle autonome Automaten zu bauen, deren Zustandsdiagramme mehrere stabile Zustände haben.

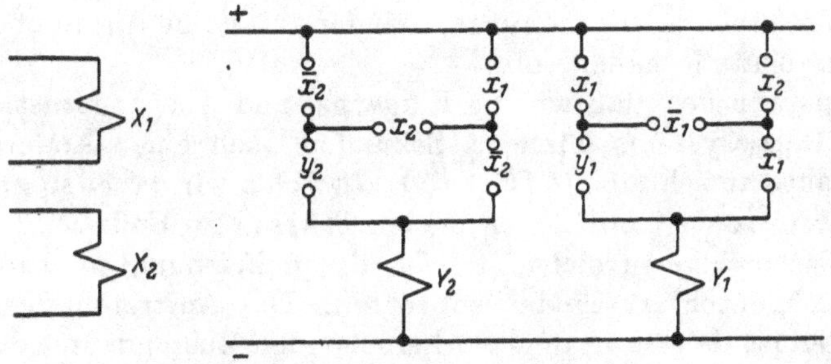

Bild 5.14

Als Beispiel betrachten wir die einfache Relaisschaltung von Bild 5.14. Diese Schaltung enthält zwei Relais, deren Wicklungen Y_1 und Y_2 in das Kontaktnetzwerk geschaltet sind, in dem auch die Kontakte dieser Relais enthalten sind. Es handelt sich also um einen endlichen Automaten mit

Rückführungen. Die Schaltung enthält außerdem noch die Kontakte x_1 und x_2 zweier Relais X_1 und X_2, durch die Signale von außen auf das Kontaktnetzwerk gegeben werden können.
Diese Eingangskontakte mögen irgendeine fixierte Lage haben und sich dann nicht mehr ändern. Wenn man dann für die übrigen Kontakte eine bestimmte Anfangslage vorgibt, so arbeitet die Schaltung wie ein autonomer Automat mit schnellen Takten. Wenn das Zustandsdiagramm dieses Automaten keine geschlossenen Schleifen, sondern einige Gleichgewichtslagen hat, so wird das System in eine dieser Gleichgewichtslagen übergehen. Welche Gleichgewichtslage erreicht wird, hängt von der Anfangslage ab.
Es möge irgendein Gleichgewichtszustand A erreicht worden sein. Nach einiger Zeit soll sich dann der Zustand der Eingangskontakte ändern und anschließend wiederum unverändert bleiben. Mit diesem neuen Zustand der Eingangskontakte bildet die Schaltung einen neuen autonomen endlichen Automaten mit einem neuen Zustandsdiagramm. Auch dieses kann wieder einige stabile Gleichgewichtszustände haben, wobei aber der alte Gleichgewichtszustand A nicht notwendig auch ein Gleichgewichtszustand im neuen Diagramm zu sein braucht. In diesem Fall beginnt ein neuer „Übergangsprozeß", d. h., der Automat geht in schneller Taktfolge in einen neuen Gleichgewichtszustand B über, der sowohl durch das Zustandsdiagramm des neuen Automaten als auch durch die Lage des Zustands A in diesem Diagramm definiert ist.
Der beschriebene Prozeß wiederholt sich jedesmal, wenn sich der Zustand der Eingangskontakte ändert. Wenn die Kontakte nach einiger Zeit in die Ausgangsstellung zurückkehren, muß das System nicht unbedingt wieder in die Stellung A übergehen. Es entsteht dabei zwar wieder der alte Automat mit dem alten Zustandsdiagramm, aber der Punkt B kann sich dabei an einer anderen Stelle befinden als der Anfangszustand, von dem wir ausgegangen sind, und der Automat kann in eine andere Gleichgewichtslage C übergehen. Wir haben ja angenommen, daß der autonome Automat mehrere Gleichgewichtszustände haben soll.
Wir stellen uns nun vor, daß wir die Eingangs- und Ausgangszustände des betrachteten Relaissystems immer α Sekunden nach einer Änderung der Eingangskontakte aufschreiben. Die Größe α wählen wir dabei so groß, daß die „Übergangsprozesse" mit der schnellen Taktzeit zu Ende sind und die neue Gleichgewichtslage erreicht ist. Zu diesen Zeitpunkten werden wir dann nur Gleichgewichtszustände beobachten. Das Auftreten dieses oder jenes Zustandes ist dann von dem vorhergehenden Zustand und dem Eingangszustand abhängig, d. h., wir haben einen endlichen Automaten vor uns, dessen Takte durch eine Änderung der Eingangszustände bestimmt sind. Wenn der Ausgang und auch der Eingang dieses Automaten auf den Eingang eines Zuordners geschaltet sind, dann haben wir auch eine sequentielle Maschine mit einem langsamen Takt konstruiert.

Obgleich also die Schaltung eigentlich in einem sehr schnellen Takt arbeitet, ist dies für uns nicht wichtig, wenn wir uns nur für die Zustände zu den erwähnten Augenblicken interessieren, an denen die Übergangsprozesse beendet sind.

Es erhebt sich nun die Frage, ob man nach dieser Methode einen beliebig vorgegebenen endlichen Automaten (bzw. sequentielle Maschine) konstruieren kann, dessen Takte durch die Änderung der Eingangszustände definiert sind, Diese Frage ist positiv zu beantworten, weil es Methoden gibt, um beliebig vorgegebene endliche Automaten und sequentielle Maschinen zu realisieren. Eine dieser Methoden, die Methode von Huffman, werden wir im § 5.4 behandeln.

Eine andere Frage ist die nach einem wirtschaftlicheren Netz, d. h., ob die nach dem obigen Verfahren konstruierte Schaltung den Automaten realisiert und zugleich eine minimale Anzahl von Relais, Kontakten, inneren Zuständen hat oder andere Parameter minimisiert. Einem Problem dieser Art wird das Kap. X gewidmet sein.

Das obige Verfahren beruhte darauf, daß Netze erzeugt wurden, bei dem die Zustandsdiagramme der entstandenen autonomen endlichen Automaten mehrere Gleichgewichtszustände hatten. Mehrere Gleichgewichtszustände sind aber nur in Automaten mit Rückführungen möglich. Der schnelle Automat muß also notwendig ein Automat mit Rückführung sein. Bei Relaisschaltungen heißt dies, daß die Wicklungen der Relais zugleich mit ihren Kontakten in dem Netzwerk vorkommen. Langsame Automaten lassen sich also nur durch eine Rückführung erreichen. Die in der Rückführung liegenden Relais wollen wir deshalb auch *Rückführungsrelais* nennen im Gegensatz zu den Relais für die Steuerung der Eingangskonstakte (die Eingangsrelais) und die für die Abnahme der Ergebnissignale (die Ausgangsrelais).

Wenn wir die im vorigen Paragraphen beschriebene Methode der aggregatweisen Konstruktion mit der Benutzung von stabilen Zuständen vergleichen, so ist für das erste Verfahren ein Verzögerungsglied das entscheidende Element, während beim zweiten keine zusätzlichen Elemente benötigt werden. Es werden die ohnehin zur Bildung der logischen Funktionen notwendigen Relais verwendet und die zeitliche Arbeitsweise wird durch die Rückführungen und spezielle Eingangskontakte erreicht. Damit kann man aber nur endliche Automaten und sequentielle Maschinen konstruieren, deren Takt durch die Änderung der Eingangszustände erzeugt wird.

Selbstverständlich können bei der aggregatweisen Konstruktion alle Elemente und insbesondere auch die Verzögerungsglieder durch stabile Zustände erzeugt werden (s. z. B. die Schaltung von Bild 5.7). Wenn die einzelnen Elemente aber nach diesem Prinzip aufgebaut sind, dann braucht man bei einer aggregatweisen Verwendung notwendig am Ausgang Leistungsverstärker, d. h. aktive Elemente.

Relaisschaltungen werden häufig so konstruiert, daß die Zustandsdiagramme der autonomen Automaten, die sich für verschiedene Zustände der Eingangskontakte ergeben, die in Bild 5.15 gezeigte spezielle Form haben. Diese Zustandsdiagramme enthalten mehrere Gleichgewichtszustände (die von einem solchen Zustand ausgehenden Pfeile gehen wieder zu demselben Zustand zurück), und alle übrigen Zustände sind unmittelbar durch einen Pfeil mit einem dieser Gleichgewichtszustände verbunden. Zur Erreichung eines Gleichgewichtszustandes wird also genau eine Taktzeit τ benötigt, und die Zeit α braucht deshalb nur wenig größer zu sein. Die Zustände eines langsamen Automaten kann man also sehr bald nach einer Änderung am Eingang beobachten. Selbstverständlich können während dieses einen Taktes mehrere Relais gleichzeitig umschalten.

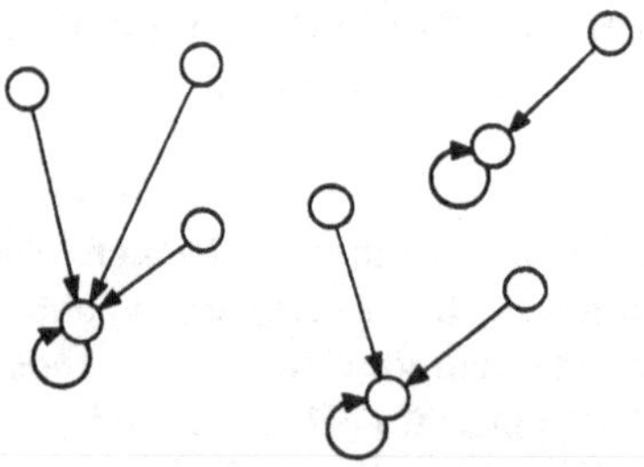

Bild 5.15

Wenn die Zeit τ für alle Relais exakt gleich wäre, so würde das gleichzeitige Arbeiten mehrerer Relais keinerlei Schwierigkeiten machen. In Wirklichkeit ist aber τ nicht für alle Relais gleich. Das kann dazu führen, daß das System bei der schnellen Taktfolge seine Zustände nicht in der Reihenfolge ändert, wie das bei streng synchronen Relais der Fall wäre. Die Zustandsfolge wird vom Zufall abhängig, je nachdem welches Relais früher anzieht, und unterliegt keiner Kontrolle mehr. Ein Beispiel dafür werden wir im § 5.4 kennenlernen.

Diese Erscheinung nennt man gewöhnlich *Wettrennbedingungen* (races) der Relais, und man will damit betonen, daß die Arbeitsweise der Schaltung von dem am schnellsten schaltenden Relais bestimmt wird. Wir wollen derartige Wettrennbedingungen für unsere Systeme nicht zulassen. Um diese Erscheinung zu vermeiden, muß die Schaltung noch zusätzlichen Forderungen genügen. So muß z. B. der Übergang von einem Zustand in einen anderen während eines schnellen Taktes nur von einem Relais verursacht werden. Das hat die Notwendigkeit zur Folge, die Schaltungen komplizierter zu machen und die Zahl der Elemente (Relais, Kontakte) zu vergrößern. Schaltungen, die dieser Bedingung genügen, wollen wir *Realisierungen* nennen.

Es gibt eine Reihe von typischen Realisierungen. Eine davon hat HUFFMAN vorgeschlagen, die wir im folgenden Paragraphen beschreiben werden. Das

Problem entfällt natürlich, wenn die Relais streng synchronisiert sind. Dies ist bei gewissen magnetischen Systemen möglich, die aus Magnetverstärkern und Gleichrichtern aufgebaut sind, weil die Zeit τ in diesen Systemen allen Elementen von außen durch die Speisespannung aufgezwungen wird.

§ 5.4 Methode von Huffman

Die Arbeit von Huffman [108] über Relaiskontakt-Schaltungen enthält noch nicht die Begriffe sequentielle Maschine und endlicher Automat oder irgendeinen äquivalenten Begriff. An einer Reihe von Beispielen zur Synthese solcher Schaltungen zeigt Huffman, wie man in diesen Fällen eine spezielle Tabelle konstruieren kann — Huffman nennt sie Übergangstabelle (flow table) —, die seiner Methode zugrunde liegt. Unter der Annahme, daß diese Tabelle bekannt ist, zeigt Huffman, wie man sie vereinfachen kann (aber nicht, daß diese Vereinfachung die weitest mögliche ist), und entwickelt ein universelles Verfahren, um eine Schaltung zur Realisierung dieser Übergangstabelle zu konstruieren. In der Arbeit werden dazu die Gleichgewichtszustände benutzt. Ohne die Begriffe endlicher Automat und sequentielle Maschine einzuführen, besteht die Arbeit von Huffman aber im wesentlichen in der Konstruktion einer sequentiellen Maschine mit schnellen Takten, die durch ihre stabilen Zustände eine langsame sequentielle Maschine realisiert, deren Takte durch Eingangsänderungen definiert sind.
Wir werden die Methode von Huffman auf der Grundlage unserer Begriffe beschreiben. Als Ausgangsdaten nehmen wir die Zustandstabelle des Automaten und des Zuordners unserer zu realisierenden sequentiellen Maschine. Bei jeder Beschreibung der Huffmanschen Methode werden wir außerdem jeden Schritt genau erläutern.
Es sei also die Zustandstabelle eines endlichen Automaten und die des Ausgangszuordners gegeben, und außerdem sei die Taktzeit durch eine Änderung des Eingangszustandes definiert. Es soll eine Schaltung gefunden werden, durch deren stabile Zustände nach den in § 5.3 erläuterten Prinzipien die so gegebene sequentielle Maschine realisiert wird. Die Lösung dieses Problems mit Hilfe der Huffmanschen Methode werden wir an einem einfachen Beispiel zeigen. Doch ergibt sich aus den weiteren Darlegungen, daß sich diese Methode auch in jedem anderen Fall anwenden läßt.

a) Bemerkungen über den Typ des Automaten oder der sequentiellen Maschine

Nach § 3.4 läßt sich jede sequentielle Maschine und also auch jeder endliche Automat durch ein Gleichungssystem der Form

$$\left.\begin{aligned} \mu &= F(\varkappa, \varrho)\,, \\ \varkappa^{p+1} &= \mu^{p}\,, \\ \lambda &= \Phi(\varkappa, \varrho) \end{aligned}\right\} \qquad (5.2)$$

mit

$$\mu, \varkappa = \{\varkappa_1, \ldots, \varkappa_k\}, \quad \varrho = \{\varrho_1, \ldots, \varrho_r\}, \quad \lambda = \{\lambda_1, \ldots, \lambda_l\}$$

beschreiben. Jede durch das Gleichungssystem

$$\left.\begin{aligned} \mu &= F(\varkappa, \varrho), \\ \varkappa^{p+1} &= \mu^p, \\ \lambda &= \Phi(\mu, \varrho) \end{aligned}\right\} \tag{5.3}$$

definierte Maschine oder jeden Automat kann man nämlich durch Einführung der Funktion

$$\Phi(\mu, \varrho) = \Phi[F(\varkappa, \varrho), \varrho]$$

auf die Form (5.2) bringen. Die umgekehrte Behauptung gilt nicht, d. h., das durch (5.2) gegebene Gebilde läßt sich nur manchmal ohne Änderung der Zahl der Zustände auf die Form (5.3) bringen. Insbesondere läßt sich ein durch das System

$$\left.\begin{aligned} \mu &= F(\varkappa, \varrho), \\ \varkappa^{p+1} &= \mu^p, \\ \lambda &= \mu \end{aligned}\right\} \tag{5.4}$$

gegebener Automat immer durch das System

$$\left.\begin{aligned} \mu &= F(\varkappa, \varrho), \\ \varkappa^{p+1} &= \mu^p, \\ \lambda &= F(\varkappa, \varrho) \end{aligned}\right\} \tag{5.5}$$

darstellen. Aber ein durch

$$\left.\begin{aligned} \mu &= F(\varkappa, \varrho), \\ \varkappa^{p+1} &= \mu^p, \\ \lambda &= \varkappa \end{aligned}\right\} \tag{5.6}$$

gegebener Automat läßt sich nicht auf die Form (5.3) bringen.

Die durch das System (5.2) beschriebenen sequentiellen Maschinen wurden in § 3.4 Maschinen vom Typ $V-V$ genannt, die durch (5.3) gegebenen Maschinen als vom Typ $V-G$ bezeichnet. Wir wollen diese Terminologie auch weiterhin benutzen. Die Universalität des Systems (5.2) ist der Grund dafür, daß wir dieses für die Beschreibung des Verfahrens nehmen.

Dem System (5.2) entsprechen zwei Tabellen mit den Argumenten $\varkappa$ und ϱ. Um die Allgemeinheit der Argumente zu unterstreichen, und auch wegen der Kompaktheit der Schreibweise, wollen wir im folgenden diese Tabellen zusammenfassen. Die Daten für endlichen Automaten und Ausgangszuordner der zu synthetisierenden sequentiellen Maschine werden also in einer Tabelle zusammengefaßt. Die Spalten dieser Tabelle entsprechen den verschiedenen Eingangszuständen, die Zeilen den verschiedenen Automatenzuständen. In die einzelnen Zellen dieser Tabelle schreiben wir nach Gleichung (5.2) zwei Symbole: den Zustand des Automaten und den Ausgang der sequentiellen Maschine S. Diese Tabelle wollen wir nun in der folgenden Weise behandeln. Die Zeilen und Spalten entsprechen den gegenwärtigen Zuständen von Automat und Eingang (Zustand zur Zeit p), während die Symbole in der zugehörigen Zeile Zustand von Automat und Ausgang der Maschine S zum Zeitpunkt $p + 1$ darstellen. Dieses Verfahren ergibt sich, wenn man sich das System (5.2) in der Form

$$\varkappa^{p+1} = F(\varkappa^p, \varrho^p) ,$$

$$\lambda^p = \Phi(\varkappa^p, \varrho^p)$$

geschrieben denkt. Die Tab. 5.1 und 5.2 sind Beispiele für solche Tabellen.

Tabelle 5.1

$\varkappa$	ϱ			
	ϱ_1	ϱ_2	ϱ_3	ϱ_4
$\varkappa_1$	$\varkappa_3\,\lambda_2$	$\varkappa_4\,\lambda_4$	$\varkappa_3\,\lambda_2$	$\varkappa_2\,\lambda_1$
$\varkappa_2$	$\varkappa_3\,\lambda_2$	$\varkappa_4\,\lambda_4$	$\varkappa_1\,\lambda_3$	$\varkappa_4\,\lambda_4$
$\varkappa_3$	$\varkappa_2\,\lambda_1$	$\varkappa_4\,\lambda_4$	$\varkappa_2\,\lambda_1$	$\varkappa_4\,\lambda_4$
$\varkappa_4$	$\varkappa_1\,\lambda_3$	$\varkappa_1\,\lambda_3$	$\varkappa_3\,\lambda_2$	$\varkappa_2\,\lambda_1$

Tabelle 5.2

$\varkappa$	ϱ			
	ϱ_1	ϱ_2	ϱ_3	ϱ_4
$\varkappa_1$	$\varkappa_3\,\lambda_2$	$\varkappa_4\,\lambda_2$	$\varkappa_3\,\lambda_2$	$\varkappa_2\,\lambda_2$
$\varkappa_2$	$\varkappa_3\,\lambda_3$	$\varkappa_4\,\lambda_3$	$\varkappa_1\,\lambda_3$	$\varkappa_4\,\lambda_3$
$\varkappa_3$	$\varkappa_2\,\lambda_4$	$\varkappa_4\,\lambda_4$	$\varkappa_2\,\lambda_4$	$\varkappa_4\,\lambda_4$
$\varkappa_4$	$\varkappa_1\,\lambda_1$	$\varkappa_1\,\lambda_1$	$\varkappa_3\,\lambda_1$	$\varkappa_2\,\lambda_1$

Durch die Tab. 5.1 ist ein Automat beschrieben, der nach Wunsch als Typ V—V oder V—G behandelt werden kann. Das sieht man daran, daß in allen Zellen zu gleichen $\varkappa$ dieselben λ gehören (und in diesem Beispiel gilt auch das umgekehrte).

Die Tab. 5.2 definiert einen Automaten, der nicht als Automat vom Typ V—G behandelt werden kann. Ein Kennzeichen dafür ist, daß in ein und derselben Spalte zu gleichen $\varkappa$ verschiedene λ gehören.

Die Tab. 5.3 beschreibt eine sequentielle Maschine vom Typ $V-G$, da in jeder Spalte zu jedem $\varkappa$ eindeutig ein λ gehört und (in diesem Beispiel) auch umgekehrt.

Tabelle 5.3

$\varkappa$	ϱ			
	ϱ_1	ϱ_2	ϱ_3	ϱ_4
$\varkappa_1$	$\varkappa_3\,\lambda_1$	$\varkappa_4\,\lambda_2$	$\varkappa_3\,\lambda_2$	$\varkappa_2\,\lambda_4$
$\varkappa_2$	$\varkappa_3\,\lambda_1$	$\varkappa_4\,\lambda_2$	$\varkappa_1\,\lambda_4$	$\varkappa_4\,\lambda_3$
$\varkappa_3$	$\varkappa_2\,\lambda_3$	$\varkappa_4\,\lambda_2$	$\varkappa_2\,\lambda_1$	$\varkappa_4\,\lambda_3$
$\varkappa_4$	$\varkappa_1\,\lambda_2$	$\varkappa_1\,\lambda_1$	$\varkappa_3\,\lambda_2$	$\varkappa_2\,\lambda_4$

Tabelle 5.4

$\varkappa$	ϱ			
	ϱ_1	ϱ_2	ϱ_3	ϱ_4
$\varkappa_1$	$\varkappa_3\,\lambda_1$	$\varkappa_4\,\lambda_2$	$\varkappa_3\,\lambda_2$	$\varkappa_2\,\lambda_4$
$\varkappa_2$	$\varkappa_3\,\lambda_1$	$\varkappa_4\,\lambda_2$	$\varkappa_1\,\lambda_4$	$\varkappa_4\,\lambda_3$
$\varkappa_3$	$\varkappa_2\,\lambda_3$	$\varkappa_4\,\lambda_3$	$\varkappa_2\,\lambda_1$	$\varkappa_4\,\lambda_3$
$\varkappa_4$	$\varkappa_1\,\lambda_2$	$\varkappa_1\,\lambda_1$	$\varkappa_3\,\lambda_2$	$\varkappa_2\,\lambda_4$
α_i	3	3	3	2

Die Tab. 5.4 und 5.5 definieren schließlich sequentielle Maschinen, die sich nicht auf den Typ $V-G$ zurückführen lassen. Die Besonderheit der Tab. 5.4 im Vergleich zu 5.5 besteht darin, daß in einer Spalte zu gleichen λ immer dieselben $\varkappa$ gehören, daß die Beziehung zwischen den $\varkappa$ und λ aber nicht notwendig eindeutig sein muß.

Tabelle 5.5

$\varkappa$	ϱ			
	ϱ_1	ϱ_2	ϱ_3	ϱ_4
$\varkappa_1$	$\varkappa_3\lambda_1$	$\varkappa_4\lambda_2$	$\varkappa_3\lambda_2$	$\varkappa_2\lambda_4$
$\varkappa_2$	$\varkappa_3\lambda_1$	$\varkappa_4\lambda_2$	$\varkappa_1\lambda_4$	$\varkappa_4\lambda_3$
$\varkappa_3$	$\varkappa_2\lambda_3$	$\varkappa_4\lambda_1$	$\varkappa_2\lambda_1$	$\varkappa_4\lambda_3$
$\varkappa_4$	$\varkappa_1\lambda_2$	$\varkappa_1\lambda_1$	$\varkappa_3\lambda_2$	$\varkappa_2\lambda_4$

Die Tab. 5.1—5.4 haben das gemeinsame Merkmal, daß bei ihnen der zukünftige Zustand des Automaten (das Symbol $\varkappa$ in einer Zelle) eindeutig durch den gegenwärtigen Zustand von Eingang und Ausgang der Maschine S definiert ist. Nur die Tab. 5.5 hat diese Eigenschaft nicht.
Die Methode von HUFFMAN läßt sich auf alle diejenigen Fälle unmittelbar anwenden, die nicht durch eine Tabelle vom Typ der Tab. 5.5 gegeben sind. Mit anderen Worten, es lassen sich also mit dieser Methode alle endlichen Automaten (auf den Typ $V-G$ zurückführbar oder nicht), sequentiellen Maschinen vom Typ $V-G$ und einige Maschinen, die sich nicht auf den Typ $V-G$ zurückführen lassen, aber die Besonderheit der Tab. 5.4 haben, realisieren.

b) Konstruktion der Übergangstabelle

Eine sequentielle Maschine S vom Typ $V-V$ sei in Form der zusammengefaßten Tabelle von Automat und Zuordner, der *Ausgangstabelle*, gegeben, und es soll eine Konstruktion aus stabilen Zuständen für diese Maschine gefunden werden. Die Takte seien dabei durch eine Änderung des Eingangszustandes definiert. Von der zu realisierenden Maschine wird weiter angenommen, daß der zukünftige Zustand des Automaten eindeutig durch den gegenwärtigen Zustand von Ein- und Ausgang der Maschine S bestimmt ist, d. h., in ein und derselben Spalte der Tabelle kommt nie ein und dasselbe λ mit einem verschiedenen $\varkappa$ vor. Die Tab. 5.6 genügt dieser Forderung.
Zur Lösung des Problems nach der Methode von HUFFMAN muß aus dieser Ausgangstabelle zunächst die *Übergangstabelle* aufgestellt werden. Wir wollen dies an der Tab. 5.6 demonstrieren.

Dazu ergänzen wir die Tab. 5.6 der zu realisierenden Maschine durch eine Zeile mit solchen Zahlen α_i, die die Zahl der verschiedenen Ausgangszustände (der verschiedenen λ) bei ein und demselben i-ten Eingang angeben. In unserem Fall ist $\alpha_1 = 3$, $\alpha_2 = \alpha_3 = \alpha_4 = 2$. Dann wird die Zahl $\sigma = \sum_{i=1}^{r} \alpha_i$ berechnet, wobei r die Zahl der verschiedenen Eingangszustände ist. In unserem Fall ist $r = 4$ und $\sigma = 9$. Damit legen wir nun eine neue Tabelle (Tab. 5.7) an, die ebensoviele Spalten wie die Ausgangstabelle (Tab. 5.6) und σ Zeilen hat. Die Spalten bekommen dieselben Bezeichnungen wie bei der alten Tabelle, die Zeilen werden mit den neuen Veränderlichen $\varkappa' = \{\varkappa_1', \varkappa_2', \ldots, \varkappa_\sigma'\}$ bezeichnet. In unserem Fall haben wir also 9 Zeilen, $\varkappa_1', \varkappa_2', \ldots, \varkappa_9'$.

Tabelle 5.6

$\varkappa$	ϱ			
	ϱ_1	ϱ_2	ϱ_3	ϱ_4
$\varkappa_1$	$\varkappa_2\,\lambda_1$	$\varkappa_2\,\lambda_1$	$\varkappa_1\,\lambda_3$	$\varkappa_1\,\lambda_1$
$\varkappa_2$	$\varkappa_1\,\lambda_3$	$\varkappa_3\,\lambda_2$	$\varkappa_3\,\lambda_1$	$\varkappa_1\,\lambda_1$
$\varkappa_3$	$\varkappa_1\,\lambda_2$	$\varkappa_2\,\lambda_1$	$\varkappa_1\,\lambda_3$	$\varkappa_2\,\lambda_3$
α	3	2	2	2

Die einzelnen Zellen dieser Tabelle werden nun nach folgender Regel ausgefüllt. In die erste Spalte tragen wir von oben nach unten verschiedene Symbole λ ein (im allgemeinen Fall α_1), die wir der ersten Spalte der Ausgangstabelle entnehmen. Bei Tab. 5.6 sind dies λ_1, λ_3 und λ_2. Die Reihenfolge dieser Symbole in der ersten Spalte von Tab. 5.7 ist beliebig. In dieselben Zellen tragen wir die Symbole $\varkappa'$ ein, durch die diese Zeilen bezeichnet sind. Damit sind in unserem Fall die ersten 3 Zellen der ersten Spalte ausgefüllt. Diesen Zellen entsprechen die Gleichgewichtszustände, und wir wollen sie durch ein Quadrat einrahmen. In der zweiten Spalte füllen wir ebenso α_2 Zellen mit Symbolen λ, beginnen aber in der $(\alpha_1 + 1)$-ten Zeile. Bei uns stehen in der 4. und 5. Zeile der zweiten Spalte die Paare $\varkappa_4'\,\lambda_1$ und $\varkappa_5'\,\lambda_2$. So werden schließlich α_i Zellen der i-ten Spalte gefüllt.

In der ersten Zeile der Tab. 5.7 finden wir in der ersten Spalte das Symbol λ_1 und suchen in der ersten Spalte der Ausgangstabelle 5.6 die Zelle mit demselben Symbol λ_1. Wir finden dort das Symbol $\varkappa$ und notieren dieses[1]) (bei uns $\varkappa_2$).

Aus der Zeile $\varkappa$ (bei uns $\varkappa_2$) der Ausgangstabelle übertragen wir dann unter Beibehaltung der Reihenfolge die Symbole λ in die freien Felder der ersten Zeile von Tab. 5.7 (hier $\lambda_2, \lambda_1, \lambda_1$). In gleicher Weise verfahren wir mit den

[1]) Wir haben bei der Ausgangstabelle 5.6 vorausgesetzt, daß dies immer eindeutig möglich ist, obgleich ein und dasselbe Symbol λ mehrfach vorkommen kann.

Tabelle 5.7

$\varkappa'$	ϱ				
	ϱ_1	ϱ_2	ϱ_3	ϱ_4	x''
$\varkappa_1'$	$\boxed{\varkappa_1'}\lambda_1$	$\varkappa_5'\lambda_2$	$\varkappa_7'\lambda_1$	$\varkappa_9'\lambda_1$	x_1''
$\varkappa_2'$	$\boxed{\varkappa_2'}\lambda_3$	$\varkappa_4'\lambda_1$	$\varkappa_6'\lambda_3$	$\varkappa_9'\lambda_1$	$\varkappa_2''$
$\varkappa_3'$	$\boxed{\varkappa_3'}\lambda_2$	$\varkappa_4'\lambda_1$	$\varkappa_6'\lambda_3$	$\varkappa_9'\lambda_1$	$\varkappa_3''$
$\varkappa_4'$	$\varkappa_2'\lambda_3$	$\boxed{\varkappa_4'}\lambda_1$	$\varkappa_7'\lambda_1$	$\varkappa_9'\lambda_1$	$\varkappa_4''$
$\varkappa_5'$	$\varkappa_3'\lambda_2$	$\boxed{\varkappa_5'}\lambda_2$	$\varkappa_6'\lambda_3$	$\varkappa_8'\lambda_2$	$\varkappa_5''$
$\varkappa_6'$	$\varkappa_1'\lambda_1$	$\varkappa_4'\lambda_1$	$\boxed{\varkappa_6'}\lambda_3$	$\varkappa_9'\lambda_1$	$\varkappa_6''$
$\varkappa_7'$	$\varkappa_3'\lambda_2$	$\varkappa_4'\lambda_1$	$\boxed{\varkappa_7'}\lambda_1$	$\varkappa_8'\lambda_2$	$\varkappa_7''$
$\varkappa_8'$	$\varkappa_2'\lambda_3$	$\varkappa_5'\lambda_2$	$\varkappa_7'\lambda_1$	$\boxed{\varkappa_8'}\lambda_2$	$\varkappa_8''$
$\varkappa_9'$	$\varkappa_1'\lambda_1$	$\varkappa_4'\lambda_1$	$\varkappa_6'\lambda_3$	$\boxed{\varkappa_9'}\lambda_1$	x_6''

übrigen Zeilen der Tab. 5.7, die so nur mit Symbolen λ gefüllt werden. Diese Symbole λ werden nun durch Symbole $\varkappa'$ so ergänzt, daß in jeder Spalte bei gleichen Symbolen λ auch dieselben Symbole $\varkappa'$ stehen wie in den Quadraten. Diese Tab. 5.7 ist äquivalent mit der Übergangstabelle von Huffman. Sie muß als die Tabelle der „schnellen" sequentiellen Maschine vom Typ $V-V$ interpretiert werden. Diese „schnelle" Maschine arbeitet, wenn man in ihr die Veränderlichen ϱ und λ nur in den Gleichgewichtszuständen beobachtet, wie die Ausgangsmaschine.

c) Verkürzung der Übergangstabelle

Wenn es in der Tabelle der „schnellen" Maschine, der Huffmanschen Übergangstabelle, Zeilen mit gleicher Beschriftung gibt, so kann man diese durch einen „schnellen" Automaten mit weniger Zuständen ersetzen. Wir wollen dies am Beispiel der Tab. 5.7 zeigen.

Dazu führen wir die neuen Veränderlichen $\varkappa''$ ein, deren Werte mit denen von $\varkappa'$ übereinstimmen bis auf diejenigen Zeilen mit gleicher Beschriftung, denen wir ein und denselben Wert $\varkappa''$ geben. Dazu ergänzen wir die Tab. 5.7 durch eine Spalte ganz rechts mit diesen Werten $\varkappa''$. In Tab. 5.7 sind die 6. und 9. Zeile gleich, die also beide mit $\varkappa_6''$ bezeichnet werden. Danach wird eine neue verkürzte Tab. 5.8 angelegt, die ebensoviele Spalten wie Tab. 5.7 enthält, und in der nur die Veränderlichen $\varkappa'$ durch $\varkappa''$ ersetzt sind. Dabei taucht nun in der 6. Zeile ein neues Quadrat, d. h. ein neuer Gleichgewichtszustand auf. Durch die verkürzte Tab. 5.8 ist (in der Form $V-V$) eine

„schnelle" Maschine definiert, die mit ihren Gleichgewichtszuständen wie die „langsame" Ausgangsmaschine arbeitet und eine minimale Anzahl von Gleichgewichtszuständen hat. Diese letzte Behauptung werden wir in Kap. X erklären.

Tabelle 5.8

$\varkappa''$	ϱ			
	ϱ_1	ϱ_2	ϱ_3	ϱ_4
$\varkappa_1''$	$\boxed{\varkappa_1''}\,\lambda_1$	$\varkappa_5''\,\lambda_2$	$\varkappa_7''\,\lambda_1$	$\varkappa_6''\,\lambda_1$
$\varkappa_2''$	$\boxed{\varkappa_2''}\,\lambda_3$	$\varkappa_4''\,\lambda_1$	$\varkappa_6''\,\lambda_3$	$\varkappa_6''\,\lambda_1$
$\varkappa_3''$	$\boxed{\varkappa_3''}\,\lambda_2$	$\varkappa_4''\,\lambda_1$	$\varkappa_6''\,\lambda_3$	$\varkappa_6''\,\lambda_1$
$\varkappa_4''$	$\varkappa_2''\,\lambda_3$	$\boxed{\varkappa_4''}\,\lambda_1$	$\varkappa_7''\,\lambda_1$	$\varkappa_6''\,\lambda_1$
$\varkappa_5''$	$\varkappa_3''\,\lambda_2$	$\boxed{\varkappa_5''}\,\lambda_2$	$\varkappa_6''\,\lambda_3$	$\varkappa_8''\,\lambda_2$
$\varkappa_6''$	$\varkappa_1''\,\lambda_1$	$\varkappa_4''\,\lambda_1$	$\boxed{\varkappa_6''}\,\lambda_3$	$\boxed{\varkappa_6''}\,\lambda_1$
$\varkappa_7''$	$\varkappa_3''\,\lambda_2$	$\varkappa_4''\,\lambda_1$	$\boxed{\varkappa_7''}\,\lambda_1$	$\varkappa_8''\,\lambda_2$
$\varkappa_8''$	$\varkappa_2''\,\lambda_3$	$\varkappa_5''\,\lambda_2$	$\varkappa_7''\,\lambda_1$	$\boxed{\varkappa_8''}\,\lambda_2$

Damit ist die Synthese einer schnellen sequentiellen Maschine beendet, die durch ihre Gleichgewichtszustände die Ausgangsmaschine realisiert, deren Takte durch Änderungen am Eingang definiert sind. Es bleibt nun noch übrig, eine Relaisschaltung für diese schnelle Maschine anzugeben.

d) Aufstellen der Tabelle für die Relaisschaltung

Wir codieren nun die Zustände, indem wir die Indizes durch Dualzahlen ausdrücken. Das ergibt die Tab. 5.9, 5.10, 5.11. Die Dualzahl der Eingangszustände identifizieren wir mit den Zuständen der Eingangsrelais, die Dual-

Tabelle 5.9

$\varkappa_1''$	000
$\varkappa_2''$	001
$\varkappa_3''$	010
$\varkappa_4''$	011
$\varkappa_5''$	100
$\varkappa_6''$	101
$\varkappa_7''$	110
$\varkappa_8''$	111

Tabelle 5.10

ϱ_1	00
ϱ_2	01
ϱ_3	10
ϱ_4	11

Tabelle 5.11

λ_1	00
λ_2	01
λ_3	10
λ_4	11

zahl der Automatenzustände mit den Zuständen der Rückführungsrelais und die Dualzahl der Ausgangszustände mit den Zuständen der Ausgangsrelais. Im vorliegenden Beispiel gibt es zwei Eingangs-, drei Rückführungs- und zwei Ausgangsrelais.

Tabelle 5.12

Zustand der Rückführungskontakte	Zustand der Kontakte der Eingangsrelais			
	x_2x_1 0 0	x_2x_1 0 1	x_2x_1 1 0	x_2x_1 1 1
0 0 0	0 0 0	1 0 0	1 1 0	1 0 1
0 0 1	0 0 1	0 1 1	1 0 1	1 0 1
0 1 0	0 1 0	0 1 1	1 0 1	1 0 1
0 1 1	0 0 1	0 1 1	1 1 0	1 0 1
1 0 0	0 1 0	1 0 0	1 0 1	1 1 1
1 0 1	0 0 0	0 1 1	1 0 1	1 0 1
1 1 0	0 1 0	0 1 1	1 1 0	1 1 1
1 1 1	0 0 1	1 0 0	1 1 0	1 1 1
$y_3y_2y_1$	$Y_3Y_2Y_1$	$Y_3Y_2Y_1$	$Y_3Y_2Y_1$	$Y_3Y_2Y_1$

Tabelle 5.13

Zustand der Rückführungskontakte	Zustand der Kontakte der Eingangsrelais			
	x_2x_1 0 0	x_2x_1 0 1	x_2x_1 1 0	x_2x_1 1 1
0 0 0	0 0	0 1	0 0	0 0
0 0 1	1 0	0 0	1 0	0 0
0 1 0	0 1	0 0	1 0	0 0
0 1 1	1 0	0 0	0 0	0 0
1 0 0	0 1	0 1	1 0	0 1
1 0 1	0 0	0 0	1 0	0 0
1 1 0	0 1	0 0	0 0	0 1
1 1 1	1 0	0 1	0 0	0 1
$y_3y_2y_1$	Z_2Z_1	Z_2Z_1	Z_2Z_1	Z_2Z_1

Unter Benutzung der Tab. 5.9—5.11 konstruieren wir nun die Tab. 5.8 um und erhalten dabei die Tab. 5.12 (für den Automaten) und die Tab. 5.13 (für den Ausgangszuordner). Wir verfügen damit über die logischen Funktionen, die die Schaltung realisieren muß, weil die Dualzahlen der Zeilen und Spalten von Tab. 5.12 und 5.13 die Werte der logischen Veränderlichen (die Zustände der Kontakte bei Eingangs- und Rückführungsrelais) definieren und in den Zellen dieser Tabellen Dualzahlen stehen, die den Wert der Logischen Funktion angeben (Strom in der Wicklung der Rückführungs- und Ausgangsrelais).

Um die Wahrheitstabelle in expliziter Form zu erhalten, bezeichnen wir die Zustände der Eingangskontakte mit x_1, x_2, die Zustände der Rückführungskontakte mit y_1, y_2, y_3, die Zustände der Rückführungswicklungen mit Y_1, Y_2, Y_3 und die Zustände der Ausgangswicklungen mit Z_1, Z_2. Der obere Teil. der Tab. 5.14 enthält alle möglichen Zustände der Kontakte x_1, x_2, y_1, y_2, y_3 Jeder Spalte dieser Tabelle entspricht eine Zelle von Tab. 5.12 und Tab. 5.13. In die Zeilen Y_1, Y_2, Y_3, Z_1, Z_2 des unteren Teils von Tab. 5.14 tragen wir die Dualzahlen ein, die in den entsprechenden Zellen von Tab. 5.12 und 5.13 stehen.

Hat man diese Tab. 5.14 aufgestellt, so kann man nach den in § 2.3 beschriebenen Verfahren eine entsprechende Schaltung aufbauen.

e) Realisierung der Schaltung nach Huffman

Wir haben uns bisher nur darum bemüht, irgendeine Schaltung für die sequentielle Maschine zu finden, und nicht darum gekümmert, ob durch das ungleichmäßige Schalten der Relais nicht etwa Wettrennbedingungen auftreten können. Bei unserem Beispiel treten Fälle auf, wo bei einem Übergang von einem Gleichgewichtszustand in einen anderen mehrere Relais gleichzeitig schalten müssen. Wenn sich der Automat z. B. beim Eingang $x_1 = 0$, $x_2 = 0$ in dem Zustand $Y_1 = 0$, $Y_2 = 1$, $Y_3 = 0$ befunden hat (1. Spalte und 3. Zeile von Tab. 5.12), so muß er beim Eingang $x_1 = 1$, $x_2 = 1$ in den Zustand $Y_1 = 1$, $Y_2 = 0$, $Y_3 = 1$ übergehen. Dabei müssen alle drei Relais Y_1, Y_2, Y_3 gleichzeitig schalten. Wenn dabei eines oder einige Relais schneller sind als die anderen, z. B. Y_1 und Y_3 schon gleich 1 sind und Y_2

Tabelle 5.14

y_1	0	1	0	1	0	1	0	1	0	1	0	1	0	1	0	1	0	1	0	1	0	1	0	1	0	1	0	1	0	1	0	1
y_2	0	0	1	1	0	0	1	1	0	0	1	1	0	0	1	1	0	0	1	1	0	0	1	1	0	0	1	1	0	0	1	1
y_3	0	0	0	0	1	1	1	1	0	0	0	0	1	1	1	1	0	0	0	0	1	1	1	1	0	0	0	0	1	1	1	1
x_1	0	0	0	0	0	0	0	0	1	1	1	1	1	1	1	1	0	0	0	0	0	0	0	0	1	1	1	1	1	1	1	1
x_2	0	0	0	0	0	0	0	0	0	0	0	0	0	0	0	0	1	1	1	1	1	1	1	1	1	1	1	1	1	1	1	1
Y_1	0	1	0	1	0	0	0	1	0	1	1	1	0	1	1	0	0	1	1	0	1	1	0	0	1	1	1	1	1	1	1	1
Y_2	0	0	1	0	1	0	1	0	0	1	1	1	0	1	1	0	1	0	0	1	0	0	1	1	0	0	0	0	1	0	1	1
Y_3	0	0	0	0	0	0	0	0	1	0	0	0	1	0	0	1	1	1	1	1	1	1	1	1	1	1	1	1	1	1	1	1
Z_1	0	0	1	0	1	0	1	0	1	0	0	0	1	0	0	1	0	0	0	0	0	0	0	0	0	0	0	0	1	0	1	1
Z_2	0	1	0	1	0	0	0	1	0	0	0	0	0	0	0	0	0	1	1	0	1	1	0	0	0	0	0	0	0	0	0	0

noch nicht auf 0 umgeschaltet hat, so kommt die Schaltung in die stabile Lage $Y_1 = Y_2 = Y_3 = 1$, d. h. der Automat arbeitet nicht richtig.
Konstruiert man den Automaten mit Hilfe von Verzögerungsgliedern, so vermeidet man diese Schwierigkeiten. Es ist allerdings schwierig, den Ausgangsautomaten durch Verzögerungsglieder aufzubauen, da seine Takte ja durch eine Änderung am Eingang definiert sind. Man müßte dann zusätzlich noch eine Taktuhr zur Steuerung der Verzögerungsglieder haben, die auf eine Änderung am Eingang reagiert (vgl. Bild 5.2).
Die Übergangstabelle ist ja die Zustandstabelle des „schnellen" Automaten, der dem Ausgangsautomaten in dem Sinne entspricht, daß die Beobachtung der stabilen Zustände des „schnellen" Automaten ein Bild von der Arbeitsweise des ursprünglichen Automaten vermittelt, dessen Takte durch eine Änderung am Eingang definiert werden. Man könnte also den „schnellen" Automaten mit Hilfe von Verzögerungsgliedern konstruieren, um die Schwierigkeiten der verschiedenen Schaltzeiten zu vermeiden. Dies ist leichter zu machen, weil man dann die Taktuhr einfacher konstruieren kann.
Die Realisierung von HUFFMAN besteht darin, daß die Schaltung des „schnellen" Automaten mit Hilfe von Relais-Verzögerungsgliedern nach der Übergangstabelle konstruiert wird und auch die Taktuhr aus Relais aufgebaut wird. Diese Schaltung enthält einen Automaten aus Verzögerungsgliedern (s. Bild 5.8) mit den durch die Übergangstabelle bestimmten Kontaktnetzwerken f_i. Besteht die Übergangstabelle aus m Zeilen, so enthält dieser Teil der Schaltung $2\,s_0$ Relais (je 2 Relais in jedem Verzögerungsglied), wobei die Anzahl s_0 der Verzögerungsglieder gleich der kleinsten ganzen Zahl ist, die der Bedingung $m \leqq 2^{s_0}$ genügt.
Die Kontaktnetzwerke f_i werden durch dieselben logischen Funktionen definiert, durch die nach der Übergangstabelle die Zustände der Rückführungsrelais Y_i festgelegt sind.

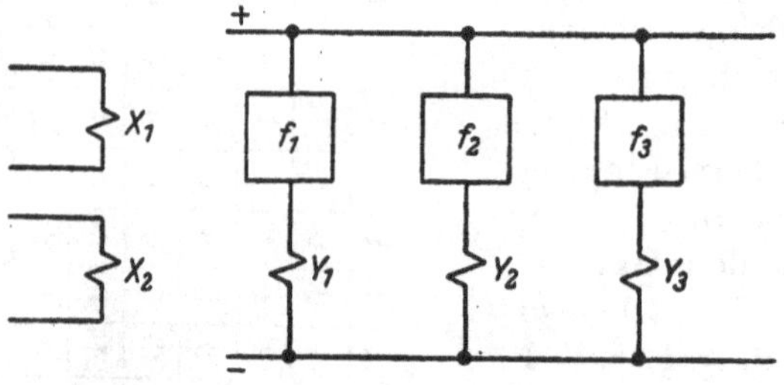

Bild 5.16

Die Bilder 5.16 und 5.17 zeigen die Kontaktnetzwerke für den Automaten in unserem Beispiel. Die Schaltung von Bild 5.16 nimmt auf die Wettrennbedingungen keine Rücksicht, während Bild 5.17 der Realisierung nach HUFFMAN entspricht, bei der diese Schwierigkeiten vermieden werden. Bei diesen Schaltungen sind f_1, f_2, f_3 ein und dieselben, durch Tab. 5.14 definierten

Kontaktnetzwerke. Diese Kontaktnetzwerke können z. B. nach der in § 2.3 beschriebenen Methode von BLOCH konstruiert werden.
Die in der HUFFMANschen Schaltung vorkommenden Kontakte x_t und $\bar{x}_t$ dienen zur Steuerung der Verzögerungsglieder und gehören zu dem speziellen

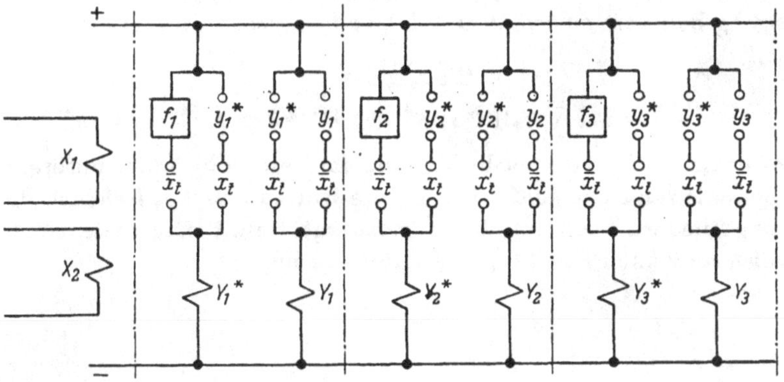

Bild 5.17

Relais X_t. Dieses Relais ist der Ausgang der Taktuhr. HUFFMAN gibt dafür eine universelle Schaltung an, die auf den folgenden Überlegungen beruht. Die Übergangstabelle ist so aufgebaut, daß sich ein danach konstruierter Automat nach einer Änderung des Eingangszustandes nach Verlauf eines

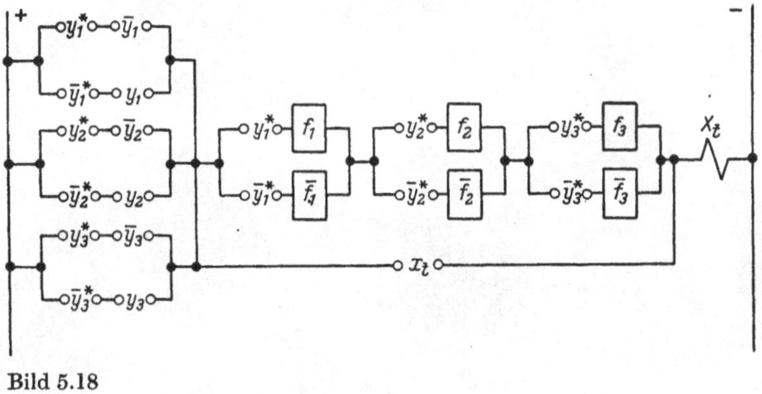

Bild 5.18

„schnellen" Taktes in einem Gleichgewichtszustand befindet, d. h. seinen Zustand in den folgenden „schnellen" Takten nicht ändert. Bei Verwendung von Verzögerungsgliedern entspricht ein Gleichgewichtszustand der Gleichheit von Ein- und Ausgang bei jedem Verzögerungsglied. Der Takt x_t kann also zu dem Zeitpunkt auftreten, zu dem erstens bei irgendeinem Verzögerungsglied Ungleichheit zwischen Ein- und Ausgang auftritt (d. h. die Beziehung $Y_i^* \nabla Y_1 = 1$ besteht) und zu dem zweitens sich alle solchen Ungleichheiten, die ja durch einen veränderten Eingang bedingt sind, eingestellt haben. Nimmt man noch die Forderung hinzu, daß der Takt x_t erst dann wieder gelöscht wird, wenn alle Verzögerungsglieder gleichen Ein- und Ausgang besitzen, so erhält man folgende logische Formel für den Takt:

$$X_t = [(y_1^* \nabla y_1) \vee (y_2^* \nabla y_2) \vee \ldots$$
$$\ldots \vee (y_n^* \nabla y_n)] \,\&\, \{[(y_1^* \sim f_1) \,\&\, (y_2^* \sim f_2) \,\&\, \ldots \,\&\, (y_n^* \sim f_n)] \vee x_t\}.$$

Die Schaltung für eine solche Taktuhr im Falle $n = 3$ (der unserem Beispiel entspricht) zeigt das Bild 5.18. Da die Uhr zu den $2\,s_0$ Relais in den Verzögerungsgliedern noch ein Relais hinzufügt, nennt man diese HUFFMANsche Realisierung auch eine $(2\,s_0 + 1)$-Realisierung.

KAPITEL VI

Autonome endliche Automaten und sequentielle Maschinen

§ 6.1 Was „können" autonome endliche Automaten und sequentielle Maschinen?

Das Ziel dieses und des folgenden Kapitels ist die Frage, was endliche Automaten und sequentielle Maschinen „können", was natürlich gleichbedeutend mit der Frage ist, was Automaten und Maschinen prinzipiell nicht zu leisten in der Lage sind. In diesem Kapitel wollen wir diese Frage für autonome endliche Automaten untersuchen, im folgenden Kap. VII für nichtautonome Automaten (und sequentielle Maschinen).

Wir erinnern daran, daß ein endlicher Automat autonom ist, wenn in der Gleichung (3.5′) die Veränderliche ϱ unter der Funktion F fest ist, und daß man aus einem Automaten mit der Gleichung

$$\varkappa^{p+1} = F(\varkappa^p, \varrho^p)$$

r verschiedene autonome Automaten (s. Gleichung (3.7))

$$\varkappa^{p+1} = F(\varkappa^p, \varrho_*) \tag{6.1}$$

bilden kann, da man ja das Symbol ϱ_* als eines von r Symbolen aus dem Alphabet $\{\varrho\}$ ansehen kann. Das konstante Symbol ϱ_* kann man als einen Parameter auffassen.

Wenn man von einem Anfangssymbol $\varkappa^0$ ausgeht, dann ergibt sich nach Gleichung (6.1) das Symbol $\varkappa^1$, daraus nach (6.1) das Symbol $\varkappa^2$ usw. Angefangen bei einem $\varkappa^0$ gibt der autonome endliche Automat also eine nicht beschränkte Folge von Symbolen $\varkappa$ ab:

$$\varkappa^0, \varkappa^1, \varkappa^2, \ldots, \varkappa^p, \ldots .$$

Das Alphabet $\{\varkappa\}$ besteht aus den (endlich vielen) k Symbolen. In der erzeugten Folge wird also nach endlich vielen Takten q $(q \leqq k)$ ein Symbol $\varkappa$ auftreten, das bereits früher vorgekommen ist. Es ist dies in der Folge

$$\varkappa_2\, \varkappa_3\, \varkappa_6\, \varkappa_5\, \varkappa_4\, \varkappa_7\, \varkappa_6 \ldots$$

das Symbol $\varkappa_6$. Vom $(q + 1)$-ten Takt an wird der Automat periodisch arbeiten, in unserem Beispiel also immer die unterstrichene Symbolfolge wiederholen:

$$\varkappa_2\, \varkappa_3\, \underline{\varkappa_6\, \varkappa_5\, \varkappa_4\, \varkappa_7}\, \varkappa_6\, \varkappa_5\, \varkappa_4\, \varkappa_7\, \varkappa_6\, \varkappa_5\, \varkappa_4\, \varkappa_7 \ldots .$$

Ein autonomer Automat wird also, von irgendeinem Anfangszustand $\varkappa^0$ aus beginnend, nach höchstens k Takten anfangen, eine bestimmte Folge von höchstens k Symbolen $\varkappa$ periodisch zu wiederholen.

Beginnt der Automat bei einem anderen Symbol, so kann sich eine andere periodische Folge ergeben.

Wir betrachten den Fall besonders, wenn diese periodische Folge aus nur einem Symbol besteht. Dann muß also das erste erneut vorkommende Symbol unmittelbar nach dem ersten Auftreten stehen, z. B.

$$\varkappa_2\,\varkappa_3\,\varkappa_6\,\varkappa_6\,\varkappa_6\,\ldots$$

oder

$$\varkappa_2\,\varkappa_2\,\varkappa_2\,\varkappa_2\,\ldots\,.$$

Ein Symbol, das in einer Folge zweimal unmittelbar hintereinander vorkommt, nennen wir einen *Gleichgewichtszustand* und sagen, daß der Automat den Gleichgewichtszustand erreicht hat, wenn dieses Symbol zum erstenmal auftritt.

Die Bedingung dafür, daß $\varkappa_j$ ein Gleichgewichtszustand ist, ist offensichtlich die Gleichung

$$\varkappa_j = F(\varkappa_j, \varrho_*)\,. \tag{6.2}$$

Man kann alles, was wir bisher gesagt haben, sehr schön an dem Zustandsdiagramm verfolgen. Das Zustandsdiagramm besteht aus k Kreisen, die den k möglichen Symbolen $\varkappa$ entsprechen. Zu jedem Kreis können mehrere Pfeile führen, aber nur einer davon ausgehen. Bei einer Bewegung durch das Diagramm muß man also nach spätenstens k Schritten zu einem Kreis ge-

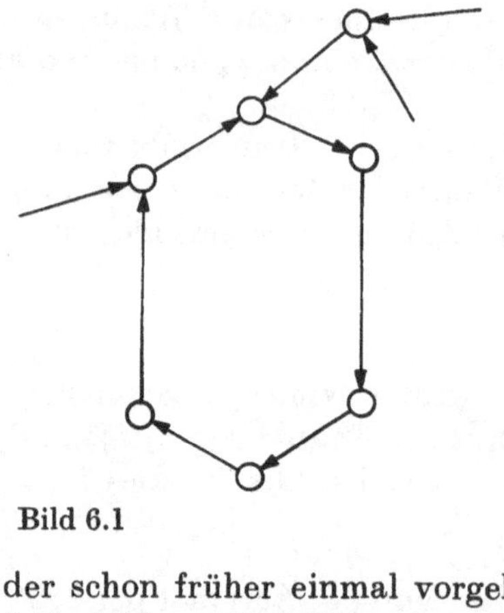

Bild 6.1

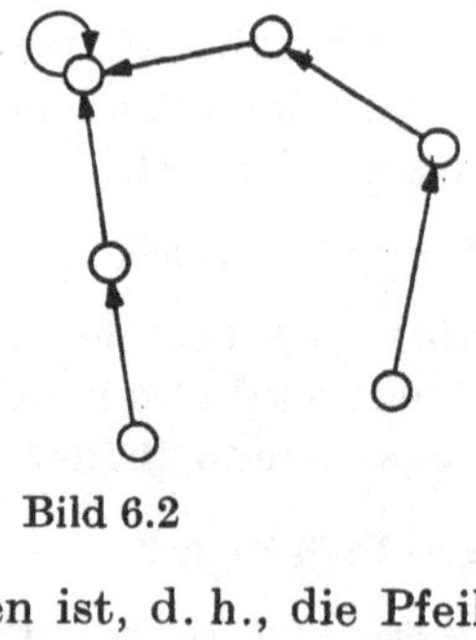

Bild 6.2

langen, der schon früher einmal vorgekommen ist, d. h., die Pfeile müssen eine Schleife bilden (Bild 6.1), oder aber wir kommen zu einem Kreis, bei dem der von dort ausgehende Pfeil selbst wieder auf denselben Kreis zurückführt (Bild 6.2). Im zweiten Fall liegt dann ein Gleichgewichtszustand vor. Das Bild 6.3 zeigt einige Beispiele für den Fall $k = 12$.

Im Falle von Bild 6.3a erstreckt sich die Schleife über alle 12 Symbole. Der Automat wiederholt also periodisch alle 12 Symbole. Die Reihenfolge hängt nur von dem Anfangswert ab. Beim Bild 6.3b besteht die Schleife aus nur 5 Kreisen, und von den übrigen sieben führen die Pfeile alle zu ein und demselben Kreis der Schleife. Der Automat erzeugt eine Periode der Länge 5, und diese Periode beginnt spätestens nach dem 1. Takt. Beim Bild 6.3c besteht die Schleife ebenfalls aus 5 Kreisen, und die Periode beginnt spätestens nach dem 4. Takt.

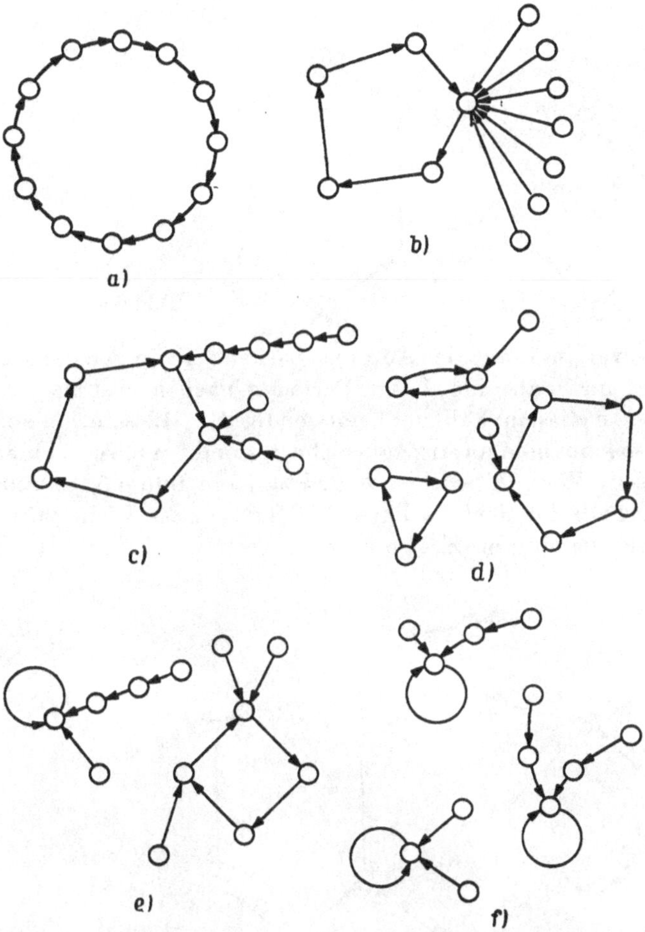

Bild 6.3

Bei dem Zustandsdiagramm von Bild 6.3d wird in Abhängigkeit von dem Anfangswert eine verschiedene Periode der Länge 2, 3, oder 5 erzeugt. Der Automat von Bild 6.3e erreicht je nach Anfangswert nach höchstens drei Takten einen Gleichgewichtszustand oder nach höchstens einem Takt eine Periode der Länge 4. Der Automat von Bild 6.3f hat schließlich drei verschiedene Gleichgewichtszustände. Je nach dem Anfangszustand gelangt er nach höchstens zwei Takten zu einem dieser drei Gleichgewichtszustände.

Wenn man also einen autonomen Automaten konstruieren soll, der eine periodische Folge der Länge q erzeugen soll und außerdem diese Periode nach höchstens einer bestimmten Zahl von Takten erreichen soll, so muß man eben ein entsprechendes Zustandsdiagramm entwerfen. Wir haben in Kap. III gesehen, daß das Zustandsdiagramm den Automaten eindeutig beschreibt und daß man daraus die Zustandstabelle ableiten kann.

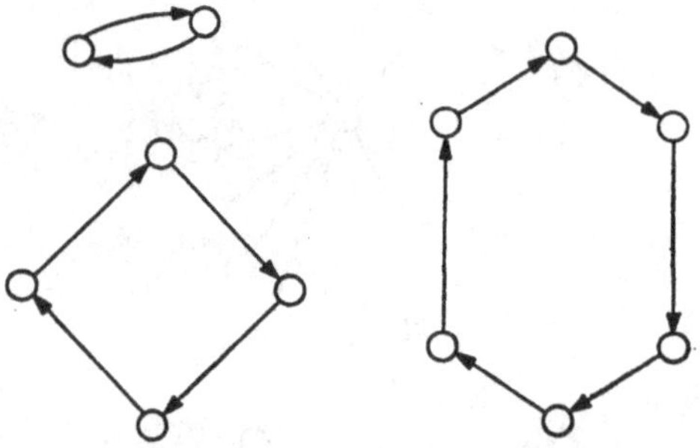

Bild 6.4

Als Beispiel sei verlangt, daß der Automat periodische Folgen der Längen 2, 4 oder 6 erzeugt und daß eine dieser Perioden nach höchstens einem Takt erreicht wird. In diesem Fall muß notwendig $k \geqq 12$ sein. Wenn $k = 12$ ist (Bild 6.4), so kann man nur irgendwelche 2, 4 und 6 Kreise zu einer Schleife zusammenfassen. Wenn $k > 12$ ist z. B. $k = 16$ in Bild 6.5, so müssen von den vier außerhalb der Schleife liegenden Kreisen die Pfeile zu einem der an einer Schleife beteiligten Kreise führen.

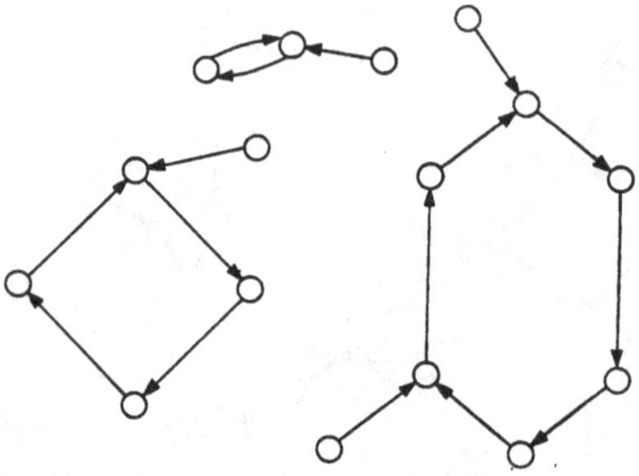

Bild 6.5

Analog dazu kann man auch die Frage stellen, wie sich eine Veränderung des Parameters ϱ_* auswirkt. Zu jedem Wert $\varrho = \varrho_*$ gehört ein bestimmter autonomer Automat und also auch ein eigenes Zustandsdiagramm. Alle diese Automaten arbeiten aber über demselben Alphabet $\{\varkappa\}$. Alle Zustandsdiagramme dieser verschiedenen Automaten für verschiedene Parameterwerte $\varrho = \varrho^*$ bestehen also aus der gleichen Anzahl k von Kreisen.

Wie eben soll ein Automat periodische Folgen der Längen 2, 4 oder 6 erzeugen, diesmal aber nicht in Abhängigkeit von dem Anfangswert, sondern von dem Parameter ϱ_* (ϱ_1, ϱ_2 oder ϱ_3). Für jedes dieser ϱ_* soll die Periode wieder nach spätestens einem Takt anfangen.
Die Zahl k muß mindestens so groß sein wie die längste Folge, weil sonst eine Periode dieser Länge für kein ϱ zustande kommen kann. Nehmen wir z. B. $k = 6$ und konstruieren das Zustandsdiagramm für $\varrho_* = \varrho_3$ (Bild 6.6),

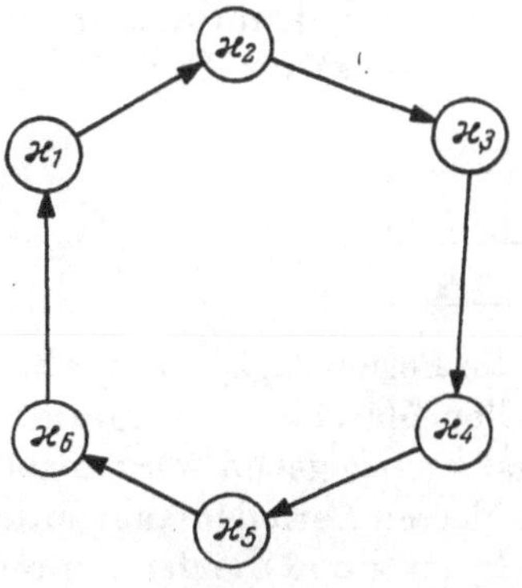

Bild 6.6

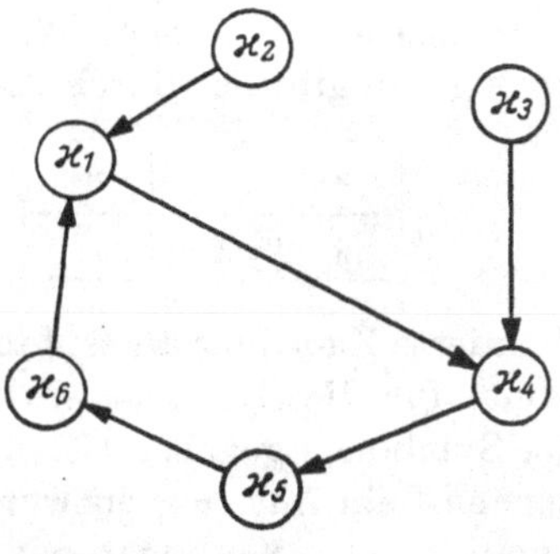

Bild 6.7

indem wir aus den 6 Kreisen eine Schleife bilden. Auch für $\varrho_* = \varrho_2$ besteht das Zustandsdiagramm aus 6 Kreisen, wobei wir beliebig vier davon zu einer Schleife zusammenfassen, während von den beiden übrigen die Pfeile unmittelbar zu zwei Kreisen der Schleife führen müssen (Bild 6.7). Für $\varrho_* = \varrho_1$ bilden schon zwei Kreise eine Schleife, und von den übrigen vier Kreisen führen die Pfeile wieder unmittelbar zu einem dieser beiden Kreise (Bild 6.8).
Die drei Zustandsdiagramme von Bild 6.6, 6.7 und 6.8 beschreiben den gesuchten Automaten. Aus ihnen kann man die Zustandstabelle aufstellen. Sie ist in Tab. 6.1 gezeigt.

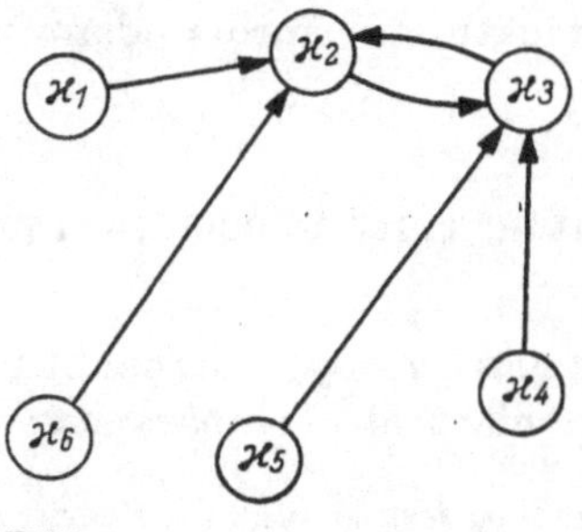

Bild 6.8

Tabelle 6.1

$\varkappa$	ϱ_*		
	ϱ_1	ϱ_2	ϱ_3
$\varkappa_1$	$\varkappa_2$	$\varkappa_4$	$\varkappa_2$
$\varkappa_2$	$\varkappa_3$	$\varkappa_1$	$\varkappa_3$
$\varkappa_3$	$\varkappa_2$	$\varkappa_4$	$\varkappa_4$
$\varkappa_4$	$\varkappa_3$	$\varkappa_5$	$\varkappa_5$
$\varkappa_5$	$\varkappa_3$	$\varkappa_6$	$\varkappa_6$
$\varkappa_6$	$\varkappa_2$	$\varkappa_1$	$\varkappa_1$

Aus dem Beispiel geht hervor, wie man die Zustandstabelle eines Automaten aufzustellen hat, der in Abhängigkeit von dem Anfangswert und dem Parameter gewisse endliche Folgen periodisch erzeugen soll.
Wir wollen uns nun den sequentiellen Maschinen zuwenden und müssen dazu den Automaten durch einen Zuordner am Ausgang ergänzen.[1])
Wenn aber der Automat eine periodische Folge von Symbolen $\varkappa$ abgibt, so wird auch am Ausgang des Zuordners eine periodische Folge von Symbolen λ entstehen, und zwar von derselben Länge. Während in der Periode der $\varkappa$ nicht zwei gleiche Symbole vorkommen können, kann dies in der λ-Folge durchaus der Fall sein. Wenn z. B. der Automat die Periode $\varkappa_1 \varkappa_7 \varkappa_2 \varkappa_5 \varkappa_3$ erzeugt, so gibt der durch die Tabelle

$\varkappa$	$\varkappa_1$	$\varkappa_2$	$\varkappa_3$	$\varkappa_5$	$\varkappa_7$
λ	λ_1	λ_1	λ_2	λ_2	λ_1

definierte Zuordner an seinem Ausgang die Periode $\lambda_1 \lambda_1 \lambda_1 \lambda_2 \lambda_2$ ab.
Wenn für die Synthese einer sequentiellen Maschine die geforderte Folge der Symbole λ gegeben ist, die am Ausgang ausgegeben werden soll, so muß zunächst ein Automat entworfen werden, dessen Periodenlänge mit der von λ identisch ist. Wenn man dann die Periode der $\varkappa$ und die der λ untereinander schreibt, hat man unmittelbar auch die Tabelle für den Zuordner. Alle diese Überlegungen haben wichtige technische Konsequenzen.
Wenn irgendein technisches Gerät von der Abstraktion „autonomer endlicher Automat" erfaßt wird, und wenn die Symbole $\varkappa$ die möglichen Zustände dieses Gerätes beschreiben, so kann dieses Gerät nur nach endlich vielen Takten entweder einen Gleichgewichtszustand oder einen periodischen Betriebszustand erreichen. Wie die verschiedenen Perioden endlicher Länge auch gegeben sein mögen, man kann immer einen Automaten angeben, der eine dieser periodischen Folgen in Abhängigkeit von dem Anfangszustand oder dem Eingangsparameter erzeugt.
Um diese Folgerung etwas konkreter zu zeigen, wollen wir die Frage nach der Synthese von binären abstrakten Strukturen etwas eingehender behandeln, durch die eine autonome sequentielle Maschine substituiert werden kann. Die Erweiterung auf andere abstrakte Strukturen erfordert dann nur noch einige kurze Bemerkungen.

§ 6.2 Synthese der binären Struktur einer autonomen sequentiellen Maschine

Wir beginnen mit dem Fall, daß der Parameter $\varrho = \varrho_*$ überhaupt nur einen Wert annehmen kann, d. h., wir suchen nicht eine einparametrige Schar

[1]) Da bei einem autonomen Automaten das Symbol ϱ_* fest ist, sind die Begriffe „sequentielle Maschine" und „endlicher Automat mit Ausgangszuordner" identisch.

endlicher Automaten oder sequentieller Maschinen, sondern nur eine solche Maschine.
Die allgemeine Problemstellung für die Synthese einer binären Struktur einer autonomen sequentiellen Maschine kann man dann folgendermaßen formulieren. Es ist die Zahl der Anfangszustände anzugeben, die die Zahl der möglichen Varianten festlegt. Für jede dieser Varianten ist eine Folge von Nullen und Einsen gegeben, die die Maschine realisieren soll, und diese Folge soll nach höchstens einem Takt am Ausgang beginnen. Gesucht ist die binäre Struktur eines endlichen Automaten und eines Zuordners, die diesen Bedingungen genügen. Es müssen also nicht nur die logischen Funktionen auf der rechten Seite der binären Struktur bestimmt werden, sondern auch deren Zahl n. Die Synthese ist für eine minimale Zahl n durchzuführen. Da wir die Aufgabe als gelöst betrachten, wenn wir die Gleichungen für die abstrakte Struktur für ein kleinstes n gefunden haben, wollen wir eine weitere Vereinfachung der Gleichungen nach den Regeln des Aussagenkalküls außer Betracht lassen.
Das Problem der Synthese einer autonomen sequentiellen Maschine kann man also in vier Teilprobleme unterteilen:

1. Bestimmung der minimalen Zahl n.
2. Konstruktion eines endlichen Automaten, an dessen Ausgang Folgen gegebener Länge auftreten.
3. Synthese der logischen abstrakten Struktur, die den konstruierten endlichen Automaten substituiert.
4. Synthese des Zuordners am Ausgang.

Wir betrachten zunächst den Fall, daß nur eine periodische Folge aus Nullen und Einsen der Länge q gegeben ist, und fordern, daß diese Folge von einem beliebigen Anfangszustand aus (bis auf eine zyklische Vertauschung der Symbole) mit dem zweiten Takt von der sequentiellen Maschine periodisch erzeugt wird. Dazu wählen wir die kleinste Zahl n, die der Bedingung

$$2^n \geqq q$$

genügt. Wir betrachten nun einen Automaten mit $k = 2^n$ Zuständen. Als Alphabet $\{\varkappa\}$ nehmen wir die natürlichen Zahlen $\{0, 1, 2, \ldots, 2^n - 1\}$.
Beim Graphen dieses Automaten seien die ersten q Kreise zu einer Schleife zusammengefaßt. Wenn $2^n > q$ ist, so werden die übrigen Kreise unmittelbar mit einem der Kreise der Schleife verbunden. Wir wollen verabreden, diese übrigen Kreise mit dem Kreis, der das Symbol $\varkappa_0$ trägt, zu verbinden. Für $n = 3, q = 5$ ist der Graphen in Bild 6.9 gezeigt.
Aus diesem Graphen ergibt sich sofort die Zustandstabelle dieses autonomen Automaten. Für das Diagramm von Bild 6.9 lautet die Zustandstabelle wie die Tab. 6.2.

Wir wollen nun die logische Struktur dieses Automaten aufstellen. Nach § 4.2 nehmen wir dazu n logische Veränderliche $x_1, x_2, \ldots, x_n$ (die nur Werte aus dem Alphabet $\{0, 1\}$ annehmen können) und stellen die Tab. 6.3 auf.

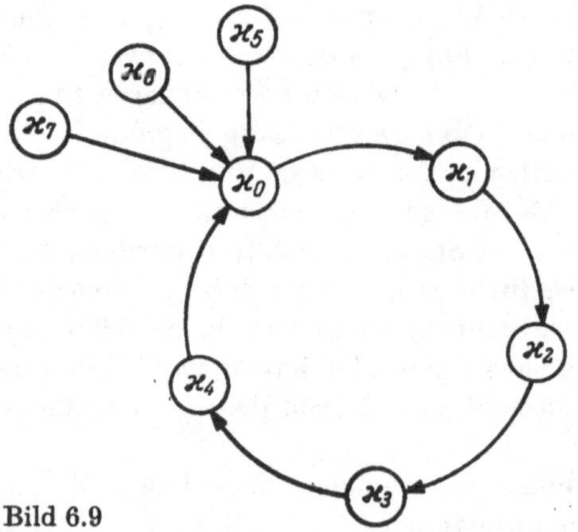

Bild 6.9

Tabelle 6.2

$\varkappa$	ϱ / ϱ_*
$\varkappa_0$	$\varkappa_1$
$\varkappa_1$	$\varkappa_2$
$\varkappa_2$	$\varkappa_3$
$\varkappa_3$	$\varkappa_4$
$\varkappa_4$	$\varkappa_0$
$\varkappa_5$	$\varkappa_0$
$\varkappa_6$	$\varkappa_0$
$\varkappa_7$	$\varkappa_0$

Tabelle 6.3

x^p					$\varkappa^p$	$\varkappa^{p+1}$	x^{p+1}				
x_{n-1}	...	x_2	x_1	x_0			x_{n-1}	...	x_2	x_1	x_0
0	...	0	0	0	0	1	0	...	0	0	1
0	...	0	0	1	1	2	0	...	0	1	0
0	...	0	1	0	2	3	0	...	0	1	1
0	...	0	1	1	3	4	0	...	1	0	0
0	...	1	0	0	4	0	0	...	0	0	0
0	...	1	0	1	5	0	0	...	0	0	0
0	...	1	1	0	6	0	0	...	0	0	0
0	...	1	1	1	7	0	0	...	0	0	0
...	...	...	...	...	...	...	...	...	...	...	...
1	...	1	1	1	2^n-1	...	...	...	...	...	...

Diese Tabelle hat 2^n Zeilen und wird durch die mit x^p und x^{p+1} bezeichneten Spalten in einen linken und einen rechten Teil unterteilt. In die Spalte $\varkappa^p$ schreiben wir von oben nach unten der Reihe nach die Ziffern 0, 1, 2, ..., $2^n - 1$, d. h. die Indizes von $\varkappa$ aus der linken Spalte der Zustandstabelle 6.2 des Automaten, und in die Spalte $\varkappa^{p+1}$ die Indizes von $\varkappa$ aus der rechten Spalte der Tab. 6.2. In Tab. 6.3 sind die ersten acht Zeilen der Spalten $\varkappa^p$ und $\varkappa^{p+1}$ entsprechend Tab. 6.2 ausgefüllt.

In den linken Teil der Tabelle, die Spalten x^p, schreiben wir die in der Spalte $\varkappa^p$ stehende Zahl in ihrer dualen Form. Dazu benutzt man zweckmäßigerweise die in Kap. I angegebene Regel, nach der man in die Spalte x_0 ab-

wechselnd 0 und 1 schreibt, in die Spalte x_1 jeweils abwechselnd 0,0 und 1,1, in die Spalte x_2 abwechselnd Vierergruppen von 0 und 1, in die Spalte x_3 Achtergruppen von 0 und 1 usw.
In den rechten Teil der Tabelle, in die Spalten x^{p+1}, schreiben wir ebenso die Zahlen aus der Spalte $\varkappa^{p+1}$ in dualer Form. Dazu hat man schon in dem linken Teil die duale Darstellung einer jeden vorkommenden Zahl.
Die Tab. 6.4 entspricht dem Zustandsdiagramm von Bild 6.9 und der Tab. 6.2. Wir wenden uns der Spalte x_0 ganz rechts zu und nehmen alle Zeilen mit $x_0 = 1$ heraus. Wir nehmen irgendeine dieser Zeilen und bilden die Konjunktion aller x_k, wobei wir diejenigen x_k, bei denen in derselben Zeile aber in der linken Hälfte eine 0 steht, negieren. So bilden wir von allen diesen Zeilen diese Konjunktionen. Diese Konjunktionen (von denen es so viele gibt, wie 1 in der Spalte ganz rechts vorkommen) verknüpfen wir disjunktiv. Die so gefundene vollständige disjunktive Normalform ist die erste Gleichung der gesuchten logischen abstrakten Struktur. Für das Beispiel von

Tabelle 6.4

Wert x^p			$\varkappa^p$	$\varkappa^{p+1}$	Wert x^{p+1}		
x_2	x_1	x_0			x_2	x_1	x_0
0	0	0	0	1	0	0	1
0	0	1	1	2	0	1	0
0	1	0	2	3	0	1	1
0	1	1	3	4	1	0	0
1	0	0	4	0	0	0	0
1	0	1	5	0	0	0	0
1	1	0	6	0	0	0	0
1	1	1	7	0	0	0	0

Tab. 6.4 lautet diese Gleichung

$$x_0^{p+1} = [\overline{x_0^p} \mathbin{\&} \overline{x_1^p} \mathbin{\&} \overline{x_2^p}] \vee [\overline{x_0^p} \mathbin{\&} x_1^p \mathbin{\&} \overline{x_2^p}] \equiv \overline{x_0^p} \mathbin{\&} \overline{x_2^p} . \tag{6.3}$$

Wir gehen nun zu der Spalte x_1 auf der rechten Seite über und bilden auch dazu in derselben Weise diese vollständige disjunktive Normalform. Für Tab. 6.4 ist sie von der Form

$$x_1^{p+1} = [x_0^p \mathbin{\&} \overline{x_1^p} \mathbin{\&} \overline{x_2^p}] \vee [\overline{x_0^p} \mathbin{\&} x_1^p \mathbin{\&} \overline{x_2^p}] \equiv [x_0^p \sim \overline{x_1^p}] \mathbin{\&} \overline{x_2^p} . \tag{6.4}$$

Für die Spalte x_2 ergibt sich

$$x_2^{p+1} = x_2^p \mathbin{\&} x_1^p \mathbin{\&} \overline{x_2^p} \tag{6.5}$$

usw., und so kann man für alle n Spalten der rechten Hälfte diese Normalformen aufstellen, womit man die n Gleichung der gesuchten binären Struktur gefunden hat.

Den logischen Zuordner am Ausgang

$$y = L(x_0, x_1, \ldots, x_{n-1}) \tag{6.6}$$

bilden wir dann in folgender Weise. Im Graphen des autonomen Automaten haben wir die Kreise der Schleife mit den Zahlen $0, 1, 2, \ldots, q-1$ durchnumeriert. Mit denselben Zahlen numerieren wir auch die Symbole 0 und 1 der gegebenen periodischen Folge der Länge q. Wenn also z. B. die Folge 10010 periodisch erzeugt werden soll, so notieren wir

1 0 0 1 0

0 1 2 3 4 .

Somit haben wir jedem Kreis der Schleife ein Symbol der gegebenen Folge zugeordnet. Wir markieren nun in Gedanken diejenigen Kreise, zu denen das Symbol 1 gehört. In unserem Beispiel sind dies die Kreise 0 und 3, und ihnen ordnen wir die Zustände $\varkappa_0$ und $\varkappa_3$ zu.
Wir bilden dann die Konjunktion, die den Wert aller Koordinaten in jedem dieser markierten Zustände charakterisiert, z. B. $\varkappa_*$. Zu diesem Zweck bilden wir die Konjunktion aller x_i und negieren dabei diejenigen, bei denen in der Zeile $\varkappa_*$ in der linken Hälfte von Tab. 6.3 eine 0 steht. So verfahren wir mit allen markierten Zuständen und verknüpfen die so entstandenen Konjunktionen disjunktiv.
Bei unserem Beispiel hatten wir die beiden Zustände $\varkappa_0$ und $\varkappa_3$ markiert. In der Zeile $\varkappa_0$ der Tab. 6.4 stehen überhaupt nur 0. Die Konjunktion für diesen Zustand lautet also

$$\bar{x}_0 \;\&\; \bar{x}_1 \;\&\; \bar{x}_2 \,.$$

Nach der vierten Zeile der linken Hälfte von Tab. 6.4 ergibt sich für den Zustand $\varkappa_3$ die Konjunktion

$$x_0 \;\&\; x_1 \;\&\; \bar{x}_2 \,.$$

Für die logische Funktion des Zuordners ergibt sich somit

$$L(x_0, x_1, x_2) = (\overline{x_0} \;\&\; \overline{x_1} \;\&\; \overline{x_2}) \vee (x_0 \;\&\; x_1 \;\&\; \overline{x_2}) \,. \tag{6.7}$$

Diese so konstruierte Funktion ist offensichtlich dann und nur dann gleich 1, wenn $\varkappa_i$ mit einem der oben markierten Zustände übereinstimmt, d. h. wenn am Ausgang des Zuordners eine 1 auftreten soll. Diese Funktion (6.7) definiert also den gesuchten Zuordner am Ausgang.
Die disjunktiven Normalformen für den Automaten und den Zuordner könnte man nun noch nach irgendeinem Optimalkriterium vereinfachen.
Die gefundene binäre Struktur der sequentiellen Maschine realisiert die gestellte Aufgabe. Dabei ist die angegebene Zahl n der Zustände notwendig und hinreichend. Daß sie hinreichend ist, folgt daraus, daß oben ein Verfahren zur Konstruktion eines Automaten für dieses n angegeben wurde.

Die Notwendigkeit ergibt sich aus der Überlegung, daß bei kleinerem n die Zahl der Kreise in dem Graphen kleiner als q wird und also, selbst wenn alle Kreise in der Schleife enthalten sind, nur noch Perioden der Länge kleiner als q erzeugt werden können.

Es mögen nun m verschiedene Perioden der Längen q_i $(i = 1, 2, \ldots, m)$ gegeben sein. Unter ihnen kann es insbesondere eine Periode der Länge 1 geben. Wir nehmen dann das kleinste n, das der Bedingung

$$2^n \geqq \sum_{i=1}^{i=m} q_i \tag{6.8}$$

genügt. Wenn

$$2^n = \sum_{i=1}^{i=m} q_i$$

ist, so hat der Graph gerade m Schleifen mit den Längen $q_i (i = 1, 2, \ldots, m)$. Wenn aber

$$2^n > \sum_{i=1}^{i=m} q_i$$

ist, so bleiben in dem Graphen Kreise „übrig", die in keiner Schleife enthalten sind, und von jedem dieser übrigen Kreise zeichnen wir einen Pfeil zu irgendeinem Kreis irgendeiner Schleife. Danach kann man die abstrakte Struktur von Automat und Zuordner in derselben Weise aufstellen wie oben im Falle nur einer periodischen Folge. Bei der Konstruktion des Zuordners schreibt man nacheinander alle m Folgen auf und numeriert die Symbole 0 und 1 in diesen Folgen durch.

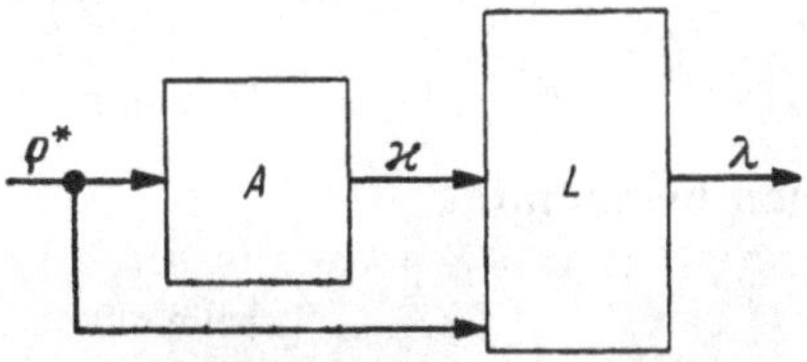

Bild 6.10

Wir wollen nun zu dem Fall übergehen, daß die sequentielle Maschine von dem Parameter ϱ_* abhängig ist, d. h. die binäre Struktur

$$x_i^{p+1} = L_i[x_0^p\, x_1^p, \ldots, x_{n-1}^p; u_1^p, u_2^p, \ldots, u_s^p], \tag{6.9}$$
$$i = 0, 1, 2, \ldots, n-1$$

enthält s binäre Parameter, die man auf 2^s verschiedene Arten wählen kann. Es seien weiter m Folgen gegeben. Es wird die binäre Struktur einer sequentiellen Maschine der üblichen Form von Bild 6.10 gesucht, d. h. eine solche binäre Struktur des Automaten A (6.9) und des Zuordners

$$y = L[x_0, x_1, \ldots, x_{n-1}; u_1, u_2, \ldots, u_s], \tag{6.10}$$

daß die Maschine die gegebenen m Folgen periodisch erzeugt. Dabei sollen die Zahlen n und s möglichst klein sein. Die Auswahl der zu erzeugenden Folgen geschieht durch Wahl der Parameter $u_1, u_2, \ldots, u_s$.
Die längste der m Folgen habe die Länge $q_{\max}$, d. h. sie besteht aus $q_{\max}$ Symbolen. Es sind dann die kleinsten Werte von n und s zu bestimmen, die den Bedingungen

$$2^n \geqq q_{\max}\,, \tag{6.11}$$

$$2^s \geqq m \tag{6.12}$$

genügen. Diese Werte wollen wir mit $n_{\min}$ und $s_{\min}$ bezeichnen. Wir konstruieren dann m Graphen mit jeweils $2^{n_{\min}}$ Kreisen. Darauf werden die Folgen durchnumeriert. In dem ersten Graphen werden so viele Kreise zu einer Schleife vereinigt, wie die erste Folge Symbole enthält. Die übrigbleibenden Kreise verbinden wir mit irgendwelchen Kreisen der Schleife. Ebenso verfahren wir mit dem zweiten Graphen, in dem so viele Kreise zu einer Schleife verbunden werden, wie die zweite Folge Symbole enthält, usw. Diese Konstruktion ist immer möglich, weil nach (6.11) jeder Graph nicht weniger Kreise enthält, als Symbole in der längsten Folge vorkommen. Nach der oben beschriebenen Methode stellen wir für jeden Graphen eine Tabelle der Form von Tab. 6.3 auf, d. h. wir bestimmen die rechten Seiten der Gleichungen

$$x_i^{p+1} = L_i[x_0^p, x_1^p, \ldots, x_{n_{\min}}^p]\,, \qquad i = 0, 1, \ldots, n_{\min} - 1\,, \tag{6.13}$$

wodurch jedem Graphen eine binäre Struktur zugeordnet wird. Für den j-ten Graphen ($j = 1, 2, \ldots, m$) seien diese Beziehungen von der Form

$$x_i^{p+1} = L_{ij}[x_0^p, x_1^p, \ldots, x_{n_{\min}}^p]\,, \qquad i = 0, 1, 2, \ldots, n_{\min} - 1 \tag{6.14}$$

und damit sind m solche Gleichungen bestimmt.

Tabelle 6.5

u_k					Nummer u
$u_{s_{\min}-1}$	$u_{s_{\min}-2}$	...	u_1	u_0	
0	0	...	0	0	1
0	0	...	0	1	2
0	0	...	1	0	3
...	...	...	...	...	...
...	...	...	...	...	m
...	...	...	...	...	...
1	1	...	1	1	$2^{s_{\min}}$

Wir führen nun die $s_{\min}$ binären Veränderlichen u_k ($k = 1, 2, \ldots, s_{\min}$) in die Betrachtung ein und konstruieren eine Tabelle für alle möglichen Kombinationen der u_k. Diese Tabelle 6.5 bauen wir wie die linke Seite von Tab. 6.3 auf. Die Tabelle 6.5 hat $2^{s_{\min}}$ Zeilen. In der rechten Spalte numerieren wir die ersten m Zeilen von 1 bis m durch Das ist immer möglich, weil es nach (6.12) nicht weniger als m Zeilen gibt.

Zu der Beziehung (6.14), die zu dem j-ten Graphen gehört, fügen wir nun eine Konjunktion aller derjenigen Symbole u_k hinzu, bei denen in der j-ten Zeile der Tab. 6.5 eine 1 steht. Die Beziehungen (6.14) werden von dann von der Foım

$$x_i^{p+1} = L_{ij}[x_0^p, x_1^p, \ldots, x_{n_{\min}-1}^p] \mathbin{\&} u_{\alpha_1} \mathbin{\&} u_{\alpha_2} \mathbin{\&} \ldots \mathbin{\&} u_{\alpha k}, \quad i = 0, 1, 2, \ldots, n_{\min} - 1 . \tag{6.15}$$

Wenn man nacheinander $j = 1, 2, \ldots, m$ setzt, so ergeben sich m Gleichungssysteme der Form (6.15).

Wir verknüpfen nun alle ersten Gleichungen dieser m Systeme disjunktiv und verfahren ebenso mit den zweiten, dritten usw. Gleichungen. Wir erhalten so ein System der Form

$$\left.\begin{aligned} x_i^{p+1} = {} & \{L_{i1}[x_0^p, x_1^p, \ldots, x_{n_{\min}-1}^p] \mathbin{\&} \mathfrak{U}_1\} \vee \\ & \vee \{L_{i2}[x_0^p, x_1^p, \ldots, x_{n_{\min}-1}^p] \mathbin{\&} \mathfrak{U}_2\} \vee \\ & \ldots\ldots\ldots\ldots\ldots\ldots \\ & \vee \{L_{im}[x_0^p, x_1^p, \ldots, x_{n_{\min}-1}^p] \mathbin{\&} \mathfrak{U}_m\}, \\ & i = 0\,1, 2, \ldots, n_{\min} - 1 , \end{aligned}\right\} \tag{6.16}$$

wobei wir mit $\mathfrak{U}_j =$ ($j = 1, 2, \ldots, m$) die Konjunktionen aller Elemente u_k bezeichnet haben, bei denen in der j-ten Zeile von Tab. 6.5 eine 1 steht.

Alle u_k betrachten wir nun als Parameter und wählen sie z. B. entsprechend der dritten Zeile von Tab. 6.5. Dann ist $\mathfrak{U}_3 = 1$ und die übrigen $\mathfrak{U}$ alle gleich 0. In jeder Gleichung von (6.16) bleibt also nur das dritte konjunktive Glied stehen, d. h., das System (6.16) ist dann mit dem System (6.41) für $j = 3$ identisch. Der Graph dieses Systems besteht aus einer Schleife, die gerade so viele Kreise enthält, wie Symbole (d. h. 0 und 1) in der dritten gegebenen Folge vorkommen.

Die Gleichungen (6.16) sind also eine abstrakte Struktur, die denjenigen Automaten substituiert, bei dem durch Wahl des Vektors $\mathfrak{U}$ entsprechend den ersten m Zeilen der Tab. 6.5 die m oben konstruierten Graphen erhalten werden. Damit werden also die m Folgen gegebener Länge erzeugt.

Damit diese Folgen mit den gegebenen identisch sind, muß man noch den Zuordner am Ausgang entwerfen. Dazu konstruieren wir nach der obigen Methode zuerst für jedes System (6.14) einen einzelnen Zuordner, so daß die j-te Gleichung (6.14) gerade die j-te von den m gegebenen Folgen erzeugt. Diese Zuordner seien

$$y = L_j(x_1, \ldots, x_{n_{\min}-1}) \,. \tag{6.17}$$

Der gesuchte Zuordner, durch den (6.16) zu ergänzen ist, wird dann durch die Gleichung

$$\begin{aligned} y = {} & [L_1(x_0, x_1, \ldots, x_{n_{\min}-1}) \;\&\; \mathfrak{U}_1] \vee \\ & \vee [L_1(x_0, x_1, \ldots, x_{n_{\min}-1}) \;\&\; \mathfrak{U}_2) \vee \ldots \\ & \ldots \vee [L_m(x_0, x_1, \ldots, x_{n_{\min}-1}) \;\&\; \mathfrak{U}_m] \end{aligned}$$

beschrieben.

Es ist leicht einzusehen, daß Idee und Durchführung der beschriebenen Synthese nicht nur auf binäre Strukturen beschränkt sind, sondern auch auf beliebige andere abstrakte Strukturen anwendbar sind. Man muß dann nur solche Graphen aufstellen, bei denen so viele Kreise zu einer Schleife verbunden werden, wie Buchstaben in der gegebenen Folge vorkommen. Der Übergang von den Graphen zu der Struktur erfolgt dann durch eine Tabelle der Form 6.3, deren Ausfüllung und Zeilenzahl durch die Besonderheiten der gesuchten Struktur und das Alphabet festgelegt wird.

KAPITEL VII

Darstellung von Ereignissen in endlichen Automaten und sequentiellen Maschinen

§ 7.1 Problemstellung

Im Kap. III hatten wir den Begriff des Bandes bei endlichen Automaten (Tab. 7.1) und sequentiellen Maschinen (Tab. 7.2) eingeführt.

Tabelle 7.1

Takt	0	1	2	3	4	5	...	p	...
ϱ							...		...
$\varkappa$									

Tabelle 7.2

Takt	0	1	2	3	4	5	...	p	...
ϱ							...		...
$\varkappa$							...		...
λ									

Das Band spiegelt die Arbeitsweise eines endlichen Automaten (oder einer sequentiellen Maschine) wider, wenn die Eingangsfolge ϱ und der Anfangszustand $\varkappa^0$ gegeben sind.
Wenn man Folgen der Symbole ϱ vom 0-ten bis zum p-ten Takt betrachtet, so ist diese Folge endlich. Da die Arbeitszeit eines Automaten unbegrenzt ist, ist die Länge einer jeden Folge zwar endlich, aber beliebig lang, und die Zahl der möglichen Folgen ϱ ist unendlich groß. Ein Automat (bzw. sequentielle Maschine) ordnet, beginnend mit einem Anfangszustand $\varkappa^0$, jeder Folge von Symbolen ϱ eine Folge von Symbolen $\varkappa$ (bzw. λ) zu, d. h., er verarbeitet eine Folge von Symbolen des einen Alphabetes in eine Folge von Symbolen aus einem anderen Alphabet.
Welches sind nun die allgemeinen Gesetzmäßigkeiten dieser Verarbeitung von Folgen durch einen endlichen Automaten?
Es sei K die Menge aller möglichen Folgen von Symbolen $\varkappa$ und E die Menge aller möglichen Folgen von Symbolen ϱ. Diese beiden Mengen haben die gleiche Mächtigkeit, d. h., jeder Folge aus K kann man eine Folge aus E zuordnen. Wenn wir diese Zuordnung *irgendwie* festsetzen, so erhebt sich

die Frage, ob es einen endlichen Automaten gibt, der diese Zuordnung realisiert? Oder gibt es überhaupt Zuordnungen zwischen diesen beiden Mengen, die sich durch einen Automaten realisieren lassen und andere, für die das nicht möglich ist? Und wenn diese Frage positiv zu beantworten ist, so entsteht die neue Frage nach Kriterien, um die Realisierbarkeit von solchen Zuordnungen ermitteln zu können. Alle diese Fragen gelten natürlich in gleicher Weise auch für sequentielle Maschinen.
Diese Probleme lassen sich auch mit anderen Ausdrücken formulieren. Wir wollen das $\varrho, \varkappa$-Band eines endlichen Automaten mit dem festen Anfangssymbol $\varkappa^0$ betrachten. Wir markieren nun irgendein Symbol $\varkappa^*$ und vermerken bei der Durchsicht des Bandes alle jene Takte, bei denen das Symbol $\varkappa^*$ auftritt. Dabei notieren wir, (angefangen beim 0-ten Takt), alle Folgen ϱ, die zum Auftreten des Symbols $\varkappa^*$ geführt haben. Wir nehmen nun an, daß wir alle denkbaren $\varrho, \varkappa$-Bänder dieses Automaten daraufhin durchsehen könnten, und trennen so aus der Menge E aller denkbaren Eingangsfolgen eine Untermenge G^* ab, wobei zu G^* alle diejenigen Folgen aus E gehören, die zum Auftreten des Symbols $\varkappa^*$ führen. Wir sagen dann, der sich im Anfangszustand $\varkappa^0$ befindliche Automat ***stellt die Eingangsfolgen aus der Menge G^* durch das Auftreten des Zustandes $\varkappa^*$ dar.*** In analoger Weise stellen sequentielle Maschinen Eingangsfolgen aus einer Untermenge G^* durch das Auftreten des Symbols λ^* dar. Können beliebige Untermengen von E in einem Automaten oder einer Maschine dargestellt werden? Wenn nein, wie lauten dann die Bedingungen für die Darstellbarkeit einer Menge von Eingangsfolgen? Wie kann man die darstellbaren Mengen beschreiben?
Bevor wir diese Fragen beantworten, müssen wir das Problem zunächst noch etwas genauer formulieren, und zu diesem Zweck wollen wir den neuen Ausdruck „*Ereignis*" einführen und Ereignisse klassifizieren.

§ 7.2 Ereignisse und die Darstellung von Ereignissen

Von dem Band eines Automaten oder einer sequentiellen Maschine wollen wir nur den oberen Teil mit der ϱ-Folge betrachten. Wir sprechen dann von dem ***Eingangsband*** (s. Tab. 7.3).

Tabelle 7.3

Takt	0	1	2	3	4	5	6	7	…
ϱ	ϱ_3	ϱ_1	ϱ_5	ϱ_7	ϱ_1	ϱ_{12}	ϱ_1	ϱ_3	…

Für einen festen Wert p, z. B. $p = 5$ oder $p = 1000$, ist das Eingangsband endlich. Da aber p jeden beliebigen Wert haben kann, unterliegt die Länge keiner Beschränkung.
Es sei G die Menge aller denkbaren Eingangsbänder für einen Automaten. Es sei weiter ein Merkmal (Kriterium) angegeben, das es möglich macht,

aus der Menge G die Teilmenge G^* abzutrennen. Wie dieses Merkmal auch beschaffen sein mag, so wollen wir sagen, das Ereignis G^* ist jedesmal (d. h. zu jedem Zeitpunkt p) *eingetroffen*, wenn das vom 0-ten bis zum p-ten Takt betrachtete Eingangsband zu der Teilmenge G^* gehört.

Im Laufe der Zeit, d. h. mit wachsendem p, kann sich die Tatsache der Zugehörigkeit dieses Bandes zur Teilmenge G^* ändern, d. h. ein und dasselbe ablaufende Eingangsband kann für die einen p zu G^* und für andere p nicht zu G^* gehören.

Beispiel 1. Das Ereignis tritt ein, wenn bei zwei aufeinander folgenden Takten am Eingang nacheinander die Symbole ϱ_5 und ϱ_3 auftreten. Das Ereignis tritt bei den Eingangsbändern

1

0	1	$p = 2$
ϱ_3	ϱ_5	ϱ_3

2

0	1	2	3	4	$p = 5$
ϱ_2	ϱ_1	ϱ_7	ϱ_4	ϱ_5	ϱ_3

3

0	1	2	3	4	5	6	7	8	$p = 9$
ϱ_4	ϱ_1	ϱ_5	ϱ_3	ϱ_7	ϱ_5	ϱ_3	ϱ_2	ϱ_5	ϱ_3

4

0	1	2	3	4	5	6	7	8	9	$p = 10$
ϱ_3	ϱ_5	ϱ_3	ϱ_5	ϱ_3	ϱ_5	ϱ_3	ϱ_5	ϱ_3	ϱ_5	ϱ_3

zum Zeitpunkt p auf und z. B. bei den Eingangsbändern

5

0	1	$p = 2$
ϱ_5	ϱ_3	ϱ_5

6

0	1	2	3	4	$p = 5$
ϱ_2	ϱ_1	ϱ_7	ϱ_4	ϱ_3	ϱ_5

7

0	1	2	3	4	5	6	7	8	$p = 9$
ϱ_4	ϱ_1	ϱ_5	ϱ_3	ϱ_7	ϱ_5	ϱ_3	ϱ_2	ϱ_4	ϱ_1

8

0	1	2	3	4	5	6	7	8	9	$p = 10$
ϱ_3	ϱ_5	ϱ_3	ϱ_5	ϱ_3	ϱ_5	ϱ_3	ϱ_5	ϱ_3	ϱ_3	ϱ_5

nicht. Bei dem Band

0	1	2	3	4	5	6	7	8	9	10	11	12	13	14	15	16	17	18	19	20	...
ϱ_3	ϱ_1	ϱ_4	ϱ_8	ϱ_6	ϱ_5	ϱ_3	ϱ_7	ϱ_9	ϱ_1	ϱ_5	ϱ_3	ϱ_5	ϱ_3	ϱ_5	ϱ_2	ϱ_4	ϱ_3	ϱ_5	ϱ_5	ϱ_3	...

tritt das Ereignis zu den Takten $p = 6$, $p = 11$, $p = 13$ und $p = 20$ auf und bei den übrigen Werten p nicht.

Beispiel 2. Das Ereignis tritt ein, wenn auf dem bereits durchgesehenen Teil des Bandes wenigstens einmal nach dem Symbol ϱ_5 das Symbol ϱ_3 gekommen ist. In diesem Fall gehören alle Bänder des vorigen Bespiels außer dem 6. von einem gewissen p an zu dieser Teilmenge G^*. Zu G^* gehört Band 2 für $p \geqq 5$, Band 3 für $p \geqq 3$, Band 4 für $p \geqq 4$ usw.

Ohne Erklärungen und Abbildungen seien noch einige Formulierungen von Ereignissen aufgeführt.

Beispiel 3. Die letzten sechs Takte des Eingangsbandes enthalten die Folge $\varrho_2 \varrho_0 \varrho_1$.

Beispiel 4. Während der letzten drei Takte ist wenigstens eine der drei Folgen $\varrho_1 \varrho_2 \varrho_6$, $\varrho_2 \varrho_4 \varrho_5$ oder $\varrho_3 \varrho_2 \varrho_1$ aufgetreten.

Beispiel 5. Im Laufe der letzten drei Takte ist das Symbol ϱ_3 nicht vorgekommen.

Beispiel 6. Während der letzten fünf Takte ist das Symbol ϱ_1 nur nach dem Symbol ϱ_3 aufgetreten.

Beispiel 7. Bis zum Takt p ist das Symbol ϱ_5 wenigstens einmal vorgekommen.

Beispiel 8. Bis zum Takt p ist das Symbol ϱ_3 wenigstens einmal nach dem Symbol ϱ_7 aufgetreten.

Beispiel 9. Vom 0-ten Takt an ist das Symbol ϱ_7 nie aufgetreten.

Beispiel 10. Nach einem Symbol mit geradem Index ist niemals dreimal hintereinander ein Symbol mit ungeradem Index gekommen.

Beispiel 11. Beim dritten Takt ist ϱ_7 gekommen.

Beispiel 12. Beim fünften Takt ist eines der drei Symbole ϱ_1, ϱ_2 oder ϱ_6 aufgetreten.

Beispiel 13. Zu den Takten drei, sieben und neun ist ein Symbol mit ungeradem Index aufgetreten.

Beispiel 14. Zu jedem Takt, dessen Nummer durch drei teilbar ist, tritt das Symbol ϱ_5 auf.

Beispiel 15. Es trat der k-te Takt auf. (Die Menge G^* besteht in diesem Fall aus allen Bändern der Länge k.)

Beispiel 16. Bei allen Takten, deren Nummer eine Quadratzahl ist (1, 4, 9, 16, 25, . . .), tritt ein Symbol mit geradem Index auf.

Beispiel 17. Immer, wenn die Nummer des Taktes eine Primzahl ist, tritt das Symbol ϱ_5 oder ϱ_9 auf.

Um die Ereignisse vernünftig klassifizieren zu können, müssen wir zuerst die Verfahren zur Bildung der Mengen von Eingangsbändern etwas genauer betrachten. Dieser Frage ist der § 7.3 gewidmet.

Als wir oben über das Auftreten von Ereignissen sprachen, hatten wir einen Menschen im Auge, der das Eingangsband betrachtet und die Frage beantwortet, ob die Folge der Symbole ϱ, die zum Zeitpunkt p vorliegt, zu der gegebenen Menge G^* gehört oder nicht. Es bleibt die Frage offen, ob diese Arbeit auch ein endlicher Automat oder eine sequentielle Maschine verrichten kann. Um diese Frage exakt formulieren zu können, wollen wir den Begriff der Darstellung von Ereignissen durch einen Automaten oder eine sequentielle Maschine einführen.

Wir betrachten die Menge K aller möglichen Zustände $\varkappa_1, \varkappa_2, \ldots, \varkappa_k$ eines endlichen Automaten. Davon trennen wir eine nicht leere Teilmenge M ab, die insbesondere aus nur einem Element bestehen kann. Wir sagen dann, *daß der Automat, der bei einem gewissen Anfangszustand $\varkappa^0$ anfängt, das gegebene Ereignis G^* am Eingang durch die Zustände aus der Menge M darstellt, wenn sich der Automat (der bei $t = 0$ mit $\varkappa^0$ angefangen hat) zum Zeitpunkt $p + 1$ dann und nur dann in einem der Zustände aus der Menge M befindet, wenn zur Zeit p am Eingang das Ereignis G^* aufgetreten ist.*

Wenn man an den Ausgang einen Zuordner schaltet, so kann man es immer so einrichten, daß am Ausgang des Zuordners eine 1 auftritt, wenn $\varkappa$ zu M gehört, und eine 0 bei anderen $\varkappa$. In diesem Fall stellt der Automat das Ereignis durch das Auftreten einer 1 am Ausgang dar, wenn zum Zeitpunkt $p + 1$ dann und nur dann eine 1 auftritt, wenn das Ereignis zum Zeitpunkt p eingetreten ist.

Ähnliches gilt auch für sequentielle Maschinen, wo das Auftreten eines Symbols λ^* zum Zeitpunkt $p + 1$ anzeigt, daß das Ereignis zum Zeitpunkt p am Eingang vorlag.

Wir sagen, das Ereignis G^* ist in einem endlichen Automaten *darstellbar*, wenn ein Automat A existiert, der das Ereignis G^* darstellt.

Aus der Darstellbarkeit von Ereignissen durch Zustände aus M folgt offensichtlich die Darstellbarkeit durch das Auftreten einer 1 am Ausgang eines Zuordners und umgekehrt. Darüber hinaus ist auch die Behauptung richtig, daß aus der Darstellbarkeit eines Ereignisses durch einen endlichen Automaten zugleich die Darstellbarkeit dieses Ereignisses durch eine sequentielle Maschine folgt und umgekehrt. Dies folgt aus dem allgemeinen Satz, den wir in § 4.3 bewiesen haben. Bei der Lösung des Problems der Darstellbarkeit von Ereignissen können wir uns also auf endliche Automaten beschränken.

§ 7.3 Operationen über Mengen von Eingangsfolgen. Reguläre Ereignisse

Unter einem Eingangsband haben wir bisher immer den oberen Teil des Bandes von einem Automaten verstanden, d. h. die Folge der Symbole ϱ und die bei $t = 0$ beginnende Taktfolge. Zu Beginn dieses Paragraphen wollen wir nur die Folge der ϱ betrachten, ohne sie an den Anfang oder das Ende einer Taktfolge zu knüpfen. Zur Bezeichnung einer konkreten Eingangsfolge endlicher Länge werden wir die ersten Buchstaben des kleinen lateinischen Alphabetes benutzen: a, b, c, usw. oder a_1, a_2, a_3 usw.
Es seien A und B (endliche oder unendliche) Mengen von Eingangsfolgen mit den Elementen $a_1, a_2, \ldots$ bzw. $b_1, b_2 \ldots$. Zur Bildung von neuen Mengen aus A und B wollen wir drei Operationen einführen.
Operation I: Die Vereinigung. Die neue Menge C soll sowohl die Folgen der Menge A als auch die Folgen der Menge B enthalten. Wir sagen dann, C ist die *Vereinigung* von A und B und schreiben $C = A \vee B$. Besteht z. B. die Menge A aus den Folgen

a_1:	ϱ_1	ϱ_5	ϱ_3	ϱ_2	,				
a_2:	ϱ_1	ϱ_1	ϱ_3	ϱ_5	ϱ_7	ϱ_1	,		
a_3:	ϱ_1	ϱ_1	,						
a_4:	ϱ_2	ϱ_1	ϱ_4	ϱ_5	ϱ_1	ϱ_3	ϱ_6	ϱ_2	ϱ_8

und die Menge B aus den beiden Folgen

b_1:	ϱ_2	ϱ_3	ϱ_6	,
b_2:	ϱ_{12}			

so besteht die Menge C aus den sechs oben angeschriebenen Folgen:

$$c_1 = a_1\,, \quad c_2 = a_2\,, \quad c_3 = a_3\,, \quad c_4 = a_4\,, \quad c_5 = b_1\,, \quad c_6 = b_2\,.$$

Operation II: Die Multiplikation. Aus den Folgen der Mengen A und B bilden wir nach der folgenden Vorschrift eine neue Menge von Folgen. Neben irgendeine Folge a_i der Menge A schreiben wir rechts irgendeine Folge b_j der Menge B und bilden so die neue Folge $c_k = a_i\, b_j$. Wir bilden nun alle möglichen Folgen dieser Art, d. h. wir schreiben rechts neben jede Folge aus A jede Folge aus B. Die Elemente der neuen Folge werden also nach der Regel

$$c_k = a_i\, b_j$$

gebildet, und wir nennen diese Menge C das *Produkt* aus A und B und die Operation die Multiplikation der beiden Mengen:

$$C = A \cdot B\,.$$

Wenn z. B. die Menge A aus den vier und die Menge B aus den beiden Folgen des vorigen Beispiels bestehen, so hat die Menge C die folgenden acht Elemente:

$c_1 = a_1 b_1 =$

ϱ_1	ϱ_5	ϱ_3	ϱ_2 ‖	ϱ_2	ϱ_3	ϱ_6

,

$c_2 = a_1 b_2 =$

ϱ_1	ϱ_5	ϱ_3	ϱ_2 ‖	ϱ_{12}

,

$c_3 = a_2 b_1 =$

ϱ_1	ϱ_1	ϱ_3	ϱ_5	ϱ_7	ϱ_1 ‖	ϱ_2	ϱ_3	ϱ_6

,

$c_4 = a_2 b_2 =$

ϱ_1	ϱ_1	ϱ_3	ϱ_5	ϱ_7	ϱ_1 ‖	ϱ_{12}

,

$c_5 = a_3 b_1 =$

ϱ_1	ϱ_1 ‖	ϱ_2	ϱ_3	ϱ_6

,

$c_6 = a_3 b_2 =$

ϱ_1	ϱ_1 ‖	ϱ_{12}

,

$c_7 = a_4 b_1 =$

ϱ_2	ϱ_1	ϱ_4	ϱ_5	ϱ_1	ϱ_3	ϱ_6	ϱ_2	ϱ_8 ‖	ϱ_2	ϱ_3	ϱ_6

$c_8 = a_4 b_2 =$

ϱ_2	ϱ_1	ϱ_4	ϱ_5	ϱ_1	ϱ_3	ϱ_6	ϱ_2	ϱ_8 ‖	ϱ_{12}

,

Operation III: Die Iteration. Bei den Operationen I und II wurde aus zwei Mengen A und B eine neue Menge C gebildet. Im Gegensatz dazu wird jetzt aus einer einzigen Nenge eine neue Menge gebildet.

Betrachten wir z. B. eine Menge B. Aus dieser Menge nehmen wir irgendeine Folge heraus und fügen rechts an diese Folge irgendeine andere Folge derselben Menge. An diese neue Folge kann man wiederum beliebig, aber endlich oft, irgendeine Folge aus B anfügen usw.

Dieser Prozeß des Anfügens von Folgen aus B aneinander kann nach einem beliebigen (endlichen) Schritt abgebrochen werden, insbesondere schon nach dem ersten Schritt, d. h., an die erste ausgewählte Folge aus B wird überhaupt keine andere angefügt. Dabei kann man jedesmal eine beliebige Folge aus B auswählen, auch die schon früher benutzten.

Führt man diesen Prozeß der Bildung von neuen Folgen aus den Folgen einer Menge B auf alle denkbare Möglichkeiten durch, d. h. fügt man an irgendeine Folge irgendwelche Folgen in irgendwelchen Kombinationen aus beliebig (endlich) vielen Folgen, so ergibt sich eine neue Menge C. Wenn man zu dieser Menge C noch die „leere"[1]) Folge Λ (die aus keinem Symbol besteht) zählt, so ergibt sich eine Menge C', die man die *Iteration* von B nennt und so schreibt:

$$C' = B^* .$$

Auch wenn die Menge B endlich ist, ist die Menge $C' = B^*$ unendlich. In unserem Beispiel bestand die Menge B aus den beiden Folgen

b_1:	ϱ_2	ϱ_3	ϱ_6	,
b_2:	ϱ_{12}	.		

Elemente der unendlichen Menge $C' = B^*$ sind z. B. die Folgen

$c_0 = \Lambda$	„Leere" Folge									
$c_1 = b_1$:	ϱ_2	ϱ_3	ϱ_6	,						
$c_2 = b_2$:	ϱ_{12}	,								
$c_3 = b_1 b_1$:	ϱ_2	ϱ_3	ϱ_6	ϱ_2	ϱ_3	ϱ_6	,			
$c_4 = b_1 b_1 b_1$:	ϱ_2	ϱ_3	ϱ_6	ϱ_2	ϱ_3	ϱ_6	ϱ_2	ϱ_3	ϱ_6	,
$c_5 = b_1 b_2$:	ϱ_2	ϱ_3	ϱ_6	ϱ_{12}	,					
$c_6 = b_2 b_1$:	ϱ_{12}	ϱ_2	ϱ_3	ϱ_6	,					
$c_7 = b_2 b_2 b_2$:	ϱ_{12}	ϱ_{12}	ϱ_{12}	,						
$c_8 = b_2 b_1 b_2$:	ϱ_{12}	ϱ_2	ϱ_3	ϱ_6	ϱ_{12}	,				
$c = b_2 b_2 b_2 b_1$:	ϱ_{12}	ϱ_{12}	ϱ_{12}	ϱ_2	ϱ_3	ϱ_6	,			
$c_{10} = b_2 b_1 b_2 b_1$:	ϱ_{12}	ϱ_2	ϱ_3	ϱ_6	ϱ_{12}	ϱ_2	ϱ_3	ϱ_6		

usw.

Aus den obigen Erklärungen und dem Beispiel ist ersichtlich, wie die drei Operationen zusammenhängen. Die Iteration ist das Ergebnis der Vereini-

[1]) Die „leere" Folge Λ ist durch die Eigenschaft gekennzeichnet, daß die Multiplikation mit einer Folge a wieder a ergibt: $a \cdot \Lambda = \Lambda \cdot a = a$. Die Einführung der leeren Folge ist für die Beschreibung regulärer Ausdrücke (s. a. Beispiel 2) bequem.

gung aller derjenigen Mengen, die sich durch Multiplikation der Menge B beliebig oft mit sich selbst ergeben. Die Iteration kann man daher auch als „unendliche Reihe"[1])

$$B^* = \Lambda \vee B \vee (B \cdot B) \vee ((B \cdot B) \cdot B) \vee (((B \cdot B) \cdot B) \cdot B) \vee \ldots$$

schreiben.

Mit Hilfe dieser drei Operationen erzeugen wir aus den Mengen A und B neue Mengen. Diese neuen Mengen kann man wiederum durch diese Operationen miteinander verknüpfen und wieder neue Mengen bilden. Auch wenn die Ausgangsmengen endlich sind (und sogar beide aus nur einer Folge mit einem Element bestehen), so führt schon die einmalige Anwendung der Iteration zu einer neuen, unendlichen Menge.

Wir führen nun die *universelle Menge* E ein, die aus einer beliebigen Folge beliebiger (aber endlicher) Länge besteht.

Wenn man als Menge $\bar{A}$ die Menge der Folgen nimmt, die nur ein Symbol ϱ enthalten, d. h. $\bar{a}_1 = \varrho_1$, $\bar{a}_2 = \varrho_2, \ldots, \bar{a}_r = \varrho_r$ setzt, so ergibt sich die universelle Menge E dadurch aus den Elementen der Menge $\bar{A}$, daß man sie in beliebiger Weise aneinander fügt, d. h. durch

$$E = \bar{A}^* .$$

Als *ursprüngliche*[2]) Mengen bezeichnen wir a) jede Menge, die aus einer Eingangsfolge endlicher Länge besteht und b) die universelle Menge E.

Als *reguläre Menge* von Eingangsfolgen bezeichnen wir

a) jede ursprüngliche Menge,

b) jede Menge, die man durch endlich viele Operationen der Vereinigung, Multiplikation und Iteration aus den ursprünglichen Mengen erzeugen kann.

Reguläre Mengen bezeichnen wir mit dem Buchstaben R, und wir wollen einige Beispiele für solche Mengen anführen.

Beispiel 1.

$$R = [(a \vee b) \vee c] .$$

[1]) Diese drei Operationen hat zuerst KLEENE [131] eingeführt. Unsere Darlegungen unterscheiden sich von der KLEENES in zweifacher Hinsicht. a) KLEENE benutzt an Stelle der Iteration die Operation $C = A * B$. Diese Operation können wir mit unseren drei Operationen durch die Beziehung $A * B = A \vee A \cdot B^*$ ausdrücken. b) Im Gegensatz zu KLEENE fügen wir bei der Multiplikation und Iteration die Folgen immer rechts an (bei KLEENE links).

[2]) Man könnte als ursprünglich nicht Eingangsfolgen endlicher Länge nehmen, sondern Folgen der Länge 1: $\bar{a}_1 = \varrho_1$, $\bar{a}_2 = \varrho_2, \ldots$, die nur ein Symbol enthalten. Tatsächlich kann man ja endliche Längen daraus durch Anwendung der Multiplikation gewinnen. Für den Beweis der KLEENEschen Sätze in diesem Kapitel ist es aber bequemer, als ursprüngliche Mengen Folgen endlicher Länge zu nehmen. Im Kap. VIII werden wir einen anderen Beweis der KLEENEschen Sätze bringen und dort werden wir von Folgen mit nur einem Symbol ausgehen.

Diese reguläre Menge ist die Vereinigung von drei ursprünglichen Folgen.

Beispiel 2.

$$R = [b \cdot (a)^*] .$$

R ist die Menge aller Folgen, die mit b beginnen und dann beliebig oft die Folge a enthalten; z. B.

$$b\,, \quad ba\,, \quad baa\,, \quad baaa, \ldots .$$

Wegen der Einführung der leeren Folge Λ in die Definition $(a)^*$ gehört auch die Folge b allein zu der Menge R.

Beispiel 3.

$$R = \{[(a \vee b)^*]\, c\} .$$

Diese Menge besteht aus allen Folgen, die aus einer beliebigen Wiederholung der Folgen a und b bestehen und immer mit der Folge c abschließen, z. B. *c, abc, bac, aabc, baabc, baaaabbc*, usw.

Beispiel 4.

$$R = (E \cdot a) .$$

R ist die Menge aller Folgen, die mit der Folge a enden.

Beispiel 5.

$$R = [(E \cdot a) \cdot b] .$$

R besteht aus allen Folgen, die mit der Folge ab enden.

Beispiel 6.

$$R = \{[(a \cdot E) \cdot (c \cdot E)]\, b\} .$$

In diesem Fall besteht R aus allen Folgen, die mit a anfangen, mit b enden und irgendwo im Innern die Folge c enthalten.
Alle Ausdrücke wie in diesen sechs Beispielen, bei denen ursprüngliche Folgen ($a, b, c, \ldots$ und E) durch die Operationen der Vereinigung ($\vee$), Multiplikation ($\cdot$) und Iteration (*) miteinander verknüpft sind, nennen wir *reguläre Ausdrücke*.
Jedes Operationszeichen in einem regulären Ausdruck kann nur auf zwei (Vereinigung, Multiplikation) oder eines (Iteration) der ursprünglichen Elemente oder auf Klammern, die das Ergebnis einer solchen Operation enthalten, angewendet werden. In den regulären Ausdrücken können also „Klammern in Klammern" vorkommen (vgl. die angeführten Beispiele).

Die größte Zahl von „Klammern in Klammern“ in einem regulären Ausdruck nennen wir die *Tiefe eines regulären Ausdruckes*[1]).
Bei den obigen Beispielen war nur bei Beispiel 4 die Tiefe 1, bei den Beispielen 1, 2, 5 war die Tiefe 2, bei den Beispielen 3, 6 war sie 3.
Reguläre Ausdrücke, die überhaupt keine Operation enthalten, z. B. $R = a$, $R = b$, $R = E$ usw., haben die Tiefe 0.
Es sei darauf hingewiesen, daß ein und dieselbe reguläre Menge durch verschiedene reguläre Ausdrücke beschrieben werden kann. Die Ausdrücke

$$R = [(a \cdot b) \cdot (c \cdot d)] \qquad \text{und} \qquad R = \{[(a \cdot b) \cdot c] \cdot d\}$$

definieren ein und dieselbe Menge, haben aber verschiedene Tiefen. Der Begriff der Tiefe charakterisiert also einen konkreten regulären Ausdruck und nicht eine reguläre Menge.
Und es sei weiter vermerkt, daß die Teilmenge einer regulären Menge von Eingangsfolgen nicht notwendig wieder regulär ist. Das folgt z. B. einfach daraus, daß die universelle Menge E nach Voraussetzung regulär ist, und es andererseits nichtreguläre Mengen gibt (ein Beispiel wird in § 7.6 angegeben werden).
In diesem Paragraphen haben wir bisher die Eingangsfolgen unabhängig von der Taktfolge betrachtet. Wir wollen nun irgendeine Menge S von solchen Eingangsfolgen nehmen und jeder Folge die Taktnummer (von 0 an) hinzufügen. Aus der Menge der Eingangsfolgen ergibt sich so eine zugehörige Menge von Eingangsbändern. So wird z. B. aus der Menge der drei Eingangsfolgen

ϱ_1	ϱ_5	ϱ_{12}	ϱ_3	ϱ_1	ϱ_4	ϱ_6

,

ϱ_2	ϱ_5	ϱ_3

,

ϱ_2	ϱ_1	ϱ_2	ϱ_5	ϱ_6	ϱ_1	ϱ_2	ϱ_8	ϱ_1

,

die Menge der drei Eingangsbänder

Takt	0	1	2	3	4	5	6
ϱ	ϱ_1	ϱ_5	ϱ_{12}	ϱ_3	ϱ_1	ϱ_4	ϱ_6

Takt	0	1	2
ϱ	ϱ_2	ϱ_5	ϱ_3

[1]) Die Operationen $\vee$, $\cdot$ und * könnte man der Konstruktion von algebraischen Operationen über Mengen von Eingangsfolgen zugrunde legen. Man könnte z. B. durch $(E \cdot B)^* = E\,B$ (B eine beliebig gegebene Menge) die Identität erhalten, um reguläre Ausdrücke zu vereinfachen. Wir werden in diesem Buch von einer solchen Algebra keinen Gebrauch machen.

Takt	0	1	2	3	4	5	6	7	8
ϱ	ϱ_2	ϱ_1	ϱ_2	ϱ_5	ϱ_6	ϱ_1	ϱ_2	ϱ_8	ϱ_1

War die Menge der Eingangsfolgen regulär, so wollen wir auch von einer regulären Menge der Eingangsbänder sprechen. Jeder solchen Menge von Eingangsbändern ordnen wir denjenigen regulären Ausdruck zu, der die entsprechende reguläre Menge von Eingangsfolgen definiert.

Wir können nun die Ereignisse am Eingang eines Automaten klassifizieren: *Ein Ereignis am Eingang eines Automaten heißt regulär, wenn die Menge der Eingangsbänder (in der ganzen Länge vom 0-ten bis zum p-ten Takt betrachtet), die das Auftreten des Ereignisses definieren, eine reguläre Menge bilden.*

Unter den regulären Ereignissen kann man die durch

$$R = E \cdot A$$

ausgedrückten Ereignisse zu einer Unterklasse zusammenfassen, wobei A eine beliebige Menge von Eingangsfolgen mit nicht mehr als q Symbolen ist. Ein solches reguläres Ereignis heißt ein *bestimmtes Ereignis der Länge q* oder einfach auch nur ein *bestimmtes Ereignis.*

Die Besonderheit eines bestimmten Ereignisses liegt darin, daß man für seine Indikation nicht das ganze Eingangsband vom 0-ten bis zum p-ten Takt zu betrachten braucht, sondern nur das „Schwanzstück“ der Länge q, also während der Takte $p, p-1, p-2, \ldots, p-q$. Bildlich kann man sich einen durchsichtigen Schieber der Länge q vorstellen, der über das Eingangsband geschoben wird. Bei jedem Takt wird der Schieber um ein Feld nach rechts geschoben, so daß das durch den Schieber sichtbare Feld ganz rechts immer dem Takt p entspricht.

Die bestimmten Ereignisse unterscheiden sich dadurch, daß man jedesmal einen solchen Schieber wählen kann, daß zu jedem Zeitpunkt p das Auftreten oder Nichtauftreten eines Ereignisses nur durch die im Schieber sichtbaren Felder des Bandes angezeigt wird.

§ 7.4 Darstellbarkeit von regulären Ereignissen

Wir sind nun in der Lage, die folgenden Hauptsätze formulieren und beweisen zu können.

Erster Satz von Kleene. *Jedes reguläre Ereignis ist in einem endlichen Automaten mit Ausgangszuordner durch das Auftreten einer 1 am Ausgang des Zuordners darstellbar, wenn der Automat mit einem passend gewählten Anfangszustand anfängt.*

Wir werden diesen Satz effektiv beweisen, d. h. durch Angabe eines Automaten, der das durch einen beliebigen regulären Ausdruck gegebene reguläre Ereignis darstellt.[1])
Wir führen einen *Hilfsautomaten* mit einem Ausgangszuordner ein, an dessen Ausgang nur 0 oder 1 auftritt, und der neben dem Eingang ϱ noch den Hilfseingang α hat, wobei α nur aus dem Alphabet $\{0, 1\}$ genommen wird (Bild 7.1).[2])

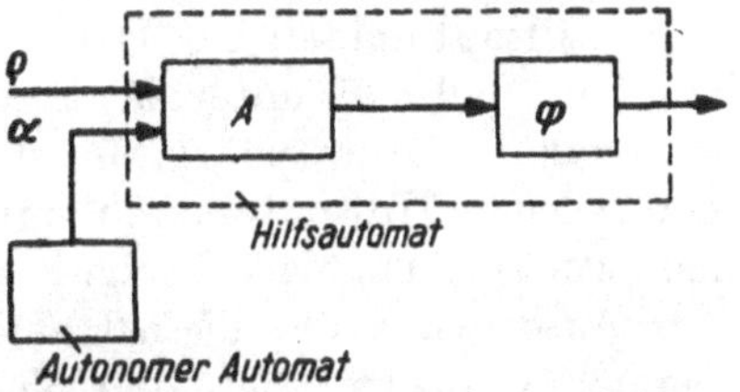

Bild 7.1

Gegeben sei eine reguläre Menge R von Eingangsfolgen. Wir sagen, daß bei einem Hilfsautomaten zur Zeit p am Eingang das Ereignis R_α aufgetreten ist, wenn es einen solchen Zeitpunkt t $(0 \leqq t \leqq p)$ gibt, daß

1) zur Zeit t auf den Hilfseingang das Symbol $\alpha = 1$ wirkt, und

2) die zwischen t und p liegende Folge von Symbolen ϱ zu R gehört.

Als Beispiel möge die Menge R aus den drei Folgen

$$\varrho_1 \varrho_2 \varrho_3, \quad \varrho_3 \varrho_2 \varrho_1 \quad \text{und} \quad \varrho_5$$

bestehen. Für das Eingangsband unseres Hilfsautomaten (Tab. 7.4) tritt das Ereignis R_α also zu den Takten 3, 5, 7, 14, 18 und sonst nie auf.
Wir sagen, daß der Hilfsautomat das Ereignis R_α durch das Auftreten einer 1 am Ausgang darstellt, wenn am Ausgang seines Zuordners dann und nur dann eine 1 erscheint, wenn am Eingang des Hilfsautomaten das Ereignis R_α auftritt.
Wir stellen uns nun vor, daß es einen autonomen Automaten mit dem Ausgangsalphabet $\{0, 1\}$ gibt, und daß der Ausgang dieses Automaten den Eingang α des Hilfsautomaten speist (Bild 7.1). Das gesamte Gebilde ist

Tabelle 7.4

Takt	0	1	2	3	4	5	6	7	8	9	10	11	12	13	14	15	16	17	18
ϱ	ϱ_1	ϱ_3	ϱ_2	ϱ_1	ϱ_2	ϱ_3	ϱ_5	ϱ_5	ϱ_3	ϱ_4	ϱ_5	ϱ_2	ϱ_1	ϱ_2	ϱ_3	ϱ_5	ϱ_3	ϱ_2	ϱ_1
Hilfseingang α	0	1	1	1	0	1	0	1	1	0	0	0	1	1	1	0	1	0	1

[1]) Im Kap. VIII werden wir die Methode von GLUSCHKOW behandeln und dabei einen anderen effektiven Beweis anführen.

[2]) Die Eingangssymbole dieses Automaten sind also die Symbolpaare $(\varrho, 1)$ oder $(\varrho, 0)$.

dann ein endlicher Automat mit dem einzigen Eingang ϱ. Der autonome Automat sei so beschaffen, daß er zum 0-ten Takt $\alpha = 1$ abgibt und zu den folgenden Takten $\alpha = 0$. Das ganze Netz von Bild 7.1 stellt dann das Ereignis R durch das Erscheinen einer 1 am Ausgang dar.

Der autonome Automat kann offensichtlich so konstruiert werden, daß man ein Verzögerungsglied nimmt, dessen Anfangszustand gleich 1 gewählt wird und auf dessen Eingang immer eine 0 gegeben wird.

Um die Darstellbarkeit eines regulären Ereignisses R zu beweisen, braucht man also nur zu zeigen, daß es einen Hilfsautomaten zur Darstellung des Ereignisses R_α gibt. Wir werden beweisen, daß man unter Benutzung einer Induktion hinsichtlich der Tiefe des regulären Ausdruckes, der das darzustellende Ereignis R_α definiert, einen solchen Hilfsautomaten immer konstruieren kann. Wir zeigen zunächst, wie ein beliebiges Ereignis R_α dargestellt werden kann, dessen regulärer Ausdruck R die Tiefe 0 hat. Weiter zeigen wir dann, wie man einen regulären Ausdruck mit der Tiefe ν darstellen kann, und daß dann auch ein Ausdruck von der Tiefe $\nu + 1$ dargestellt werden kann.

Erster Induktionsschritt. Es sei daran erinnert, daß ein regulärer Ausdruck der Tiefe 0 einfach nur aus den Symbolen der Eingangsfolgen $a, b, c, \ldots$ und dem Symbol E besteht. Die Darstellung des Ereignisses R_α, das einfach nur durch das Symbol E ausgedrückt wird, bedeutet die Schaffung eines Automaten, an dessen Ausgang von dem Augenblick an, wo zuerst $\alpha = 1$ ist, immer eine 1 erscheint unabhängig von der Eingangsfolge. Ein solcher Automat kann z. B. aus einem binären Verzögerungsglied bestehen, das zu Anfang im nicht erregten Zustand ist, und wenn auf den Eingang dieses Gliedes über eine Disjunktion sowohl sein eigener Ausgang als auch das Symbol α gegeben wird (Bild 7.2).[1]

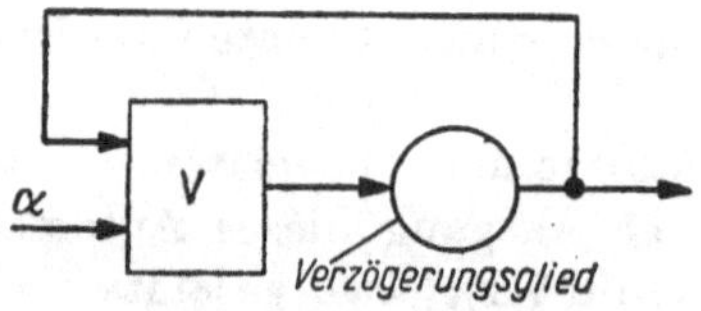

Bild 7.2

Wir wollen nun einen Automaten konstruieren, der das Ereignis R_α darstellt, wenn die Menge R nur eine Eingangsfolge der Länge q enthält. Er besteht (Bild 7.3) aus zwei Verzögerungsstrecken (jede aus q Verzögerungsgliedern) und einem Zuordner. Die erste (Haupt-)Verzögerungsstrecke arbeitet über dem Alphabet $\{\varrho\}$, die zweite (Hilfs-)Verzögerungsstrecke über dem binären Alphabet $\{\alpha\}$. Am Ausgang des Umformers erscheint dann und nur dann eine 1, wenn die Ausgänge der einzelnen Verzögerungsglieder der

[1]) Um die Übereinstimmung mit anderen Automaten zu haben, kann man annehmen, daß es noch einen ϱ-Eingang gibt, der Ausgang aber nicht davon abhängt.

(Haupt-)Verzögerungsstrecke gerade die gegebene Folge der Länge q bilden. Während der Anfangszustand der einzelnen Glieder der (Haupt-)Verzögerungsstrecke bedeutungslos ist, müssen die Glieder der (Hilfs-)Verzögerungsstrecke zu Anfang alle auf 0 stehen. Der Ausgang dieses Automaten ist dann eine Konjunktion aus dem Ausgang des Zuordners und dem Ausgang der (Hilfs-)Verzögerungsstrecke.
Ersichtlich tritt dann und nur dann eine 1 am Ausgang der Konjunktion auf, wenn 1) vor q Takten am Eingang α eine 1 stand (die jetzt nach q Takten am Ausgang der Verzögerungsstrecke steht) und 2) im Verlaufe der letzten q Takte die gegebene Folge der Symbole ϱ aufgetreten ist (und deshalb jetzt am Ausgang des Zuordners eine 1 erscheint).

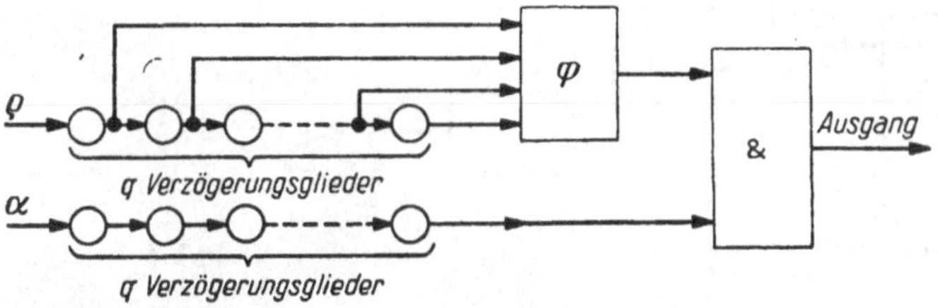

Bild 7.3

Der Konstruktion des Automaten nach kann die 1 am Ausgang nicht vor Ablauf von q Takten auftreten, weil zu Beginn alle Verzögerungsglieder der Hilfsstrecke auf 0 standen. Deshalb hat der Anfangszustand der Glieder der (Haupt-)Verzögerungsstrecke keinerlei Einfluß auf das Ergebnis, und die Ausgänge der einzelnen Glieder werden allein von der Eingangsfolge bestimmt. Nach Bild 7.3 kann man also einen endlichen Automaten bauen, der das Ereignis R_α darstellt, wenn R aus einem regulären Ausdruck der Tiefe 0 besteht.

Induktion. Wir wollen folgendes beweisen. Wenn es einen Hilfsautomaten zur Darstellung des Ereignisses R_α mit einem regulären Ausdruck der Tiefe ν ($\nu \geqq 0$) gibt, so kann man auch einen Automaten zur Darstellung eines Ereignisses R_α mit der Tiefe $\nu + 1$ konstruieren.
Aus der Definition des Begriffes „Tiefe eines regulären Ausdruckes" folgt, daß sich ein Ausdruck mit der Tiefe $\nu + 1$ aus einem oder zwei Ausdrücken der Tiefe ν durch einmalige Anwendung der Operation Vereinigung, Multiplikation oder Iteration ergibt. Für unseren Induktionsschluß müssen wir also zeigen, daß aus der Darstellbarkeit des durch die Ausdrücke R_1 und R_2 definierten Ereignisses auch die Darstellbarkeit des durch die Ausdrücke

$$R = (R_1 \vee R_2)\,,$$
$$R = (R_1 \cdot R_2)\,,$$
$$R = (R_1^*) \quad \text{oder} \quad R = (R_2^*)$$

definierten Ereignisses R_a folgt. Wir wollen diese drei Operationen getrennt behandeln. Zur Abkürzung des Textes wollen wir überall, wo es keine Mißverständnisse geben kann, den regulären Ausdruck, das ihm entsprechende Ereignis und den das Ereignis R_a darstellenden Automaten mit ein und demselben Buchstaben R bezeichnen.

Vereinigung. Der Automat, der die Vereinigung

$$R = (R_1 \vee R_2)$$

darstellt, ergibt sich aus den Automaten, die R_1 und R_2 getrennt darstellen, indem man ihre Ausgänge auf eine Disjunktion führt und die Eingänge zusammen auf die einzelnen Automaten führt (Bild 7.4).

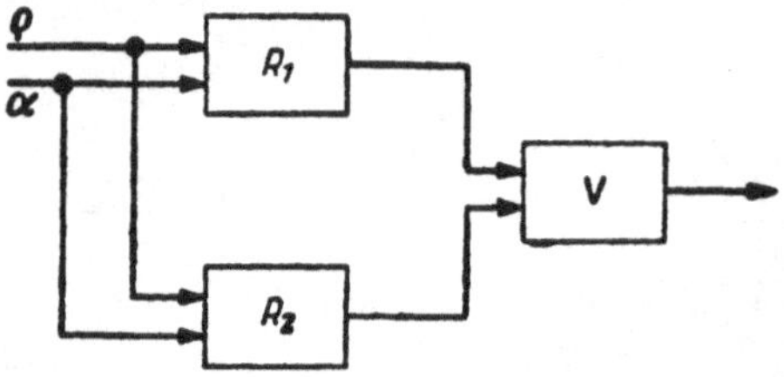

Bild 7.4

Multiplikation. Der Automat, der die Multiplikation

$$R = (R_1 \cdot R_2)$$

darstellt, ergibt sich aus den Automaten, die R_1 und R_2 getrennt darstellen, indem man den Ausgang von R_1 über ein Verzögerungsglied als Hilfseingang vom Automaten R_2 verwendet (Bild 7.5). Hilfseingang für den so konstruierten Automaten ist der Hilfseingang von Automat R_1, und als Ausgang dient der Ausgang von R_2.

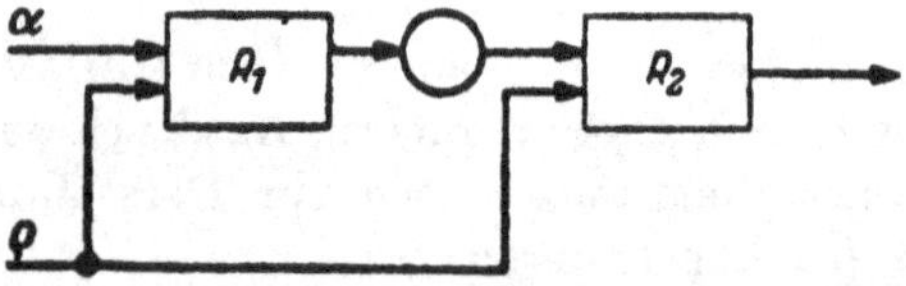

Bild 7.5

Am Ausgang von R_2 tritt nämlich dann eine 1 auf, wenn das Ereignis R_2 dargestellt ist, das nach dem Takt begonnen hat, als eine 1 am Ausgang von Automat R_1 erschienen war. Eine 1 am Ausgang von R_1 bedeutet aber, daß zu diesem Moment das Ereignis R_1 dargestellt worden ist, das zu demjenigen Zeitpunkt angefangen hat, zu dem am Hilfseingang von R_1 (d. h. also am Hilfseingang des ganzen Automaten) eine 1 aufgetreten war. Im ganzen gesehen stellt der Automat von Bild 7.4 also das Ereignis R_a dar: „unmittelbar nach R_1 tritt das Ereignis R_2 auf", d. h. die Multiplikation $R_1 \cdot R_2$.

Iteration. Wenn es einen Automaten zur Darstellung des Ereignisses R_1 gibt, so erhält man den Automaten zur Darstellung des Ereignisses $R = (R_1^*)$ folgendermaßen (Bild 7.6). Der Ausgang einer zusätzlichen Disjunktion dient als Hilfseingang von R_1, und die beiden Eingänge der Disjunktion sind der Hilfseingang des Automaten und der über ein Verzögerungsglied geführte Ausgang von R_1.

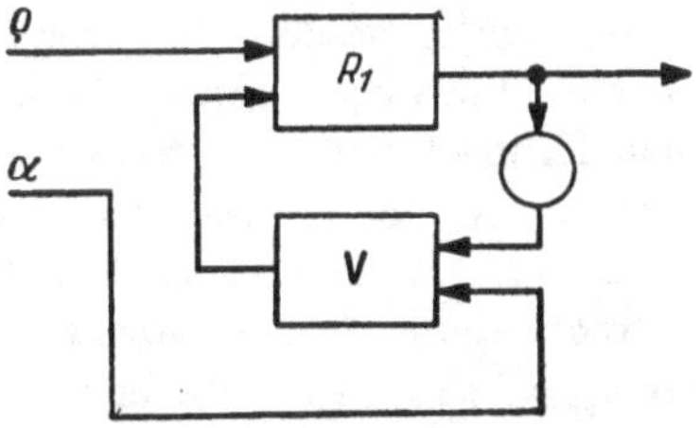

Bild 7.6

Am Ausgang dieses Automaten ergibt sich jedesmal dann eine 1, wenn das Ereignis R_1 dargestellt worden ist, das beim Aufstreten einer 1 am Hilfseingang oder bei dem Takt angefangen hat, der unmittelbar nach Darstellung des Ereignisses R_1 folgte. Am Ausgang ergibt sich also immer eine 1, wenn das Ereignis R_1 mehrmals hintereinander vorgekommen ist. Das entspricht aber gerade der Iteration $R = (R^*)$.

Damit ist der Induktionsbeweis nach der Tiefe des regulären Ausdruckes beendet und der Satz 1 bewiesen.

Anmerkung 1. Bei der Formulierung des ersten Satzes von KLEENE war von einer passenden Wahl des Anfangszustandes die Rede. Aus dem Beweisgang geht hervor, daß bei der oben beschriebenen Art, den ein reguläres Ereignis darstellenden Automaten zu konstruieren, die passende Wahl des Anfangszustandes zurückgeführt werden kann 1) auf die Sicherstellung des Zustandes 0 bei allen Elementen der Hilfsverzögerungsstrecke bei Darstellung der ursprünglichen Menge, die nur aus einer Eingangsfolge besteht (Bild 7.3); 2) auf die Sicherstellung des Zustandes 1 des Verzögerungsgliedes bei dem Automaten zur Darstellung des universellen Ereignisses (Bild 7.2); 3) auf die Sicherstellung des Zustandes 1 des Verzögerungsgliedes von dem autonomen Automaten (Bild 7.1), der das Ereignis $t = 0$ darstellt.

Anmerkung 2. Die Darstellung des Ereignisses ER unterscheidet sich von der Darstellung des Ereignisses R nur durch die Verwendung des Hilfseinganges bei dem Automaten, der das Ereignis R_a darstellt. Für die Darstellung des Ereignisses R wird dieser Eingang mit dem autonomen Automaten vereinigt, der nur beim ersten Takt eine 1 abgibt, und zur Darstellung von ER wird auf diesen Eingang der Ausgang des Automaten geführt, der das Ereignis E darstellt (Bild 7.2), d. h., es wird zu allen Takten eine 1 zugeführt. Das betrifft insbesondere die Darstellung des bestimmten Ereignisses $E \cdot a$.

§ 7.5 Regularität von darstellbaren Ereignissen

In diesem Paragraphen wollen wir die Umkehrung des eben bewiesenen Satzes behandeln.

Zweiter Satz von Kleene. *In einem endlichen Automaten sind nur reguläre Ereignisse darstellbar.*

Zum Beweis dieser Behauptung führen wir zunächst den Begriff einer regulären Menge von Triadenketten ein, beweisen einen Hilfssatz und können dann unter Berufung auf diesen Hilfssatz unseren Satz beweisen.
Triadenlabyrinth und Wege in ihm. In der unendlichen Menge von Bändern, die in einem konkreten endlichen Automaten realisiert werden können, sind nur (endlich viele) kr verschiedene Triaden enthalten. Diese Triaden wollen wir mit den Buchstaben $\mu_1, \mu_2, \ldots, \mu_{kr}$ bezeichnen und jeder Triade μ_i einen Punkt in einer Ebene zuordnen.
Bei jedem Band des betrachteten Automaten kann auf eine Triade μ_i nicht eine beliebige andere Triade folgen, weil zwei aufeinander folgende Triaden ein gemeinsames Symbol haben müssen. So kann z B. auf die Triade

ϱ_1	
$\varkappa_2$	$\varkappa_4$

nur eine Triade folgen, in deren linkem unteren Feld das Symbol $\varkappa_4$ steht:

ϱ_2		ϱ_1		ϱ_4		ϱ_6	
$\varkappa_4$	$\varkappa_6$	$\varkappa_4$	$\varkappa_2$	$\varkappa_4$	$\varkappa_1$	$\varkappa_4$	$\varkappa_4$

Es können z. B. nicht Triaden der Form

ϱ_1		ϱ_3		ϱ_5		ϱ_4	
$\varkappa_1$	$\varkappa_4$	$\varkappa_1$	$\varkappa_4$	$\varkappa_2$	$\varkappa_6$	$\varkappa_5$	$\varkappa_4$

folgen. Von dem Punkt, der der Triade μ_i entspricht, zeichnen wir Pfeile zu allen denjenigen Triaden, die auf μ_i folgen können (Bild 7.7). So verfahren wir mit allen Triaden μ_i ($i = 1, 2, \ldots, kr$). In der Ebene ergibt sich so ein Graph (z. B. von Bild 7.8), den wir ein *Triadenlabyrinth* nennen wollen.
Wir nehmen nun eine Triade μ_i als Anfang und gehen auf einer beliebigen Folge, immer in Pfeilrichtung, durch das Labyrinth. Eine solche Folge wollen wir einen *Weg in dem Triadenlabyrinth* oder auch einfach nur einen *Weg* nennen. Einen Weg messen wir durch die Anzahl der darin vorkom-

menden Triaden. Bei dem Triadenlabyrinth von Bild 7.8 gibt es von der Anfangstriade μ_2 ausgehend z. B. Wege, die sich durch die Triadenkette

$\mu_2\ \mu_3\ \mu_4\ \mu_5\ \mu_6\ \mu_1\ \mu_2$,

$\mu_2\ \mu_4\ \mu_3\ \mu_1\ \mu_4\ \mu_5$,

$\mu_2\ \mu_1\ \mu_3\ \mu_4$ usw.

beschreiben lassen, während der Weg

$\mu_2\ \mu_3\ \mu_6$

nicht möglich ist, weil die Triade μ_3 nicht auf μ_6 folgen kann (in dem Labyrinth zeigt kein Pfeil von μ_3 nach μ_6).

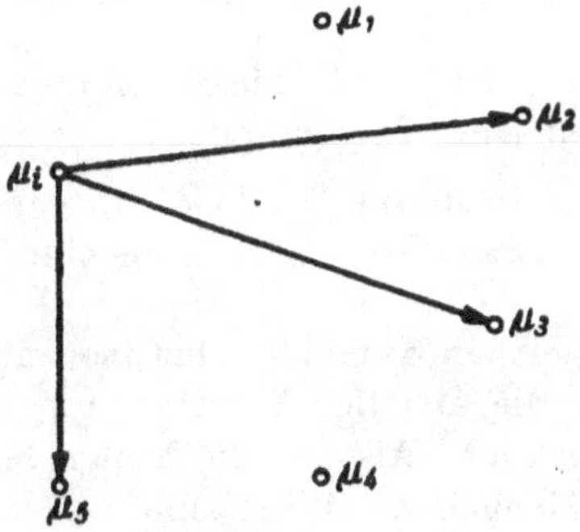

Bild 7.7

Wir betrachten nun eine Folge (Kette) von Triaden ohne Anlehnung an einen konkreten endlichen Automaten und sein Triadenlabyrinth. In folgender Weise definieren wir dann induktiv eine *reguläre Menge von Triadenketten*. Jede Menge, die nur eine Triade enthält, ist per definitionem regulär.

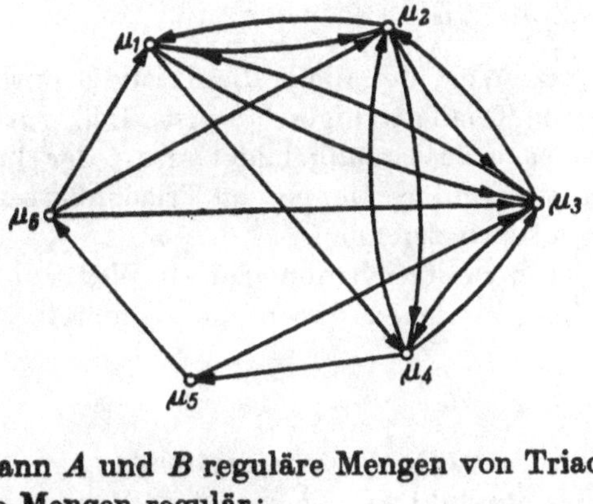

Bild 7.8

Wenn dann A und B reguläre Mengen von Triadenketten sind, so sind auch folgende Mengen regulär:

a) die Vereinigung ($A \vee B$), d. h. die Menge, die sowohl die Ketten aus A wie auch aus B enthält;

b) die Multiplikation $(A \cdot B)$, d. h. die Menge aller Ketten, die sich daraus ergeben, daß man an irgendeine Kette aus A irgendeine Kette aus B rechts anfügt;
c) die Iteration (A^*), d. h. die Menge aller Triadenketten, die sich daraus ergeben, daß man an irgendeine Kette von A in beliebiger Wiederholung irgendwelche Ketten aus A rechts anfügt.

Lemma. *Die Menge aller Wege, die in dem Triadenlabyrinth eines beliebigen endlichen Automaten von der Triade $\bar{\mu}$ zu der Triade $\tilde{\mu}$ führen, bilden eine reguläre Menge von Triadenketten.*

Wir werden dieses Lemma durch vollständige Induktion beweisen. Dazu bezeichnen wir die Zahl der verschiedenen Triaden auf dem Weg von $\bar{\mu}$ nach $\tilde{\mu}$ mit q.
Für $q = 1$ ist das Lemma offensichtlich richtig. In diesem Falle ist $\bar{\mu}$ mit $\tilde{\mu}$ identisch, und es sind nur die beiden Unterfälle möglich:

a) Wenn die Symbole $\varkappa$ in der unteren Zeile dieser Triade $\bar{\mu} = \tilde{\mu}$ verschieden sind, so besteht die Menge der Wege aus einem Weg, der nur die eine Triade $\bar{\mu}$ enthält.
b) Wenn $\bar{\mu}$ in der unteren Zeile die gleichen Symbole $\varkappa$ hat, so enthält die Menge der Wege alle Triadenketten, die aus der Wiederholung ein und derselben Triade $\bar{\mu}$ bestehen, d. h. es ist $\bar{\mu}^*$. Also ist die Menge regulär.
Angenommen, das Lemma sei für alle Mengen von Wegen mit $q \leqq m$ richtig. Dann werden wir beweisen, daß es auch für jede Menge von Wegen mit $q = m + 1$ richtig ist. Wir schreiben die in einem Weg vorkommenden Triaden $\bar{\mu}$ und die letzte Triade $\tilde{\mu}$ auf, wobei wir die übrigen Triaden (und auch $\tilde{\mu}$, wenn es nicht am Ende vorkommt) durch eine Folge von drei Punkten andeuten:

$$\bar{\mu} \ldots \bar{\mu} \ldots \bar{\mu} \ldots \bar{\mu} \ldots \bar{\mu} \ldots \tilde{\mu} .$$

Jede Punktfolge steht für einen Weg, der nicht die Triade $\bar{\mu}$ enthält und wenigstens um eine verschiedene Triade weniger lang ist, d. h., für ihn gilt $q \leqq m$. Nach unserer Induktionsvoraussetzung bildet also jeder durch eine Punktfolge angedeutete Weg eine reguläre Menge von Triadenketten. Diese Wege wollen wir mit $\bar{r}_i, \bar{r}_j, \bar{r}_k$ usw. bezeichnen.
Zunächst sei $\tilde{\mu} = \bar{\mu}$. Dann kann man sich den ganzen Weg von $\bar{\mu}$ nach $\tilde{\mu} = \bar{\mu}$ aus Triaden $\bar{\mu}$ vorstellen, zwischen denen die regulären Mengen $\bar{r}$ liegen:

$$\bar{\mu}\bar{r}_i\, \bar{\mu}\bar{r}_j\, \bar{\mu}\bar{r}_g\, \bar{\mu}\, \bar{\mu}\bar{r}_s \ldots \bar{\mu}\bar{r}_q\, \bar{\mu} .$$

Diese Wegfolge unterteilen wir paarweise so, wie dies oben angedeutet ist. Jedes solche Paar ist dann das Produkt zweier regulärer Mengen, nämlich das Produkt aus der Menge, die nur aus dem einen Element $\bar{\mu}$ besteht, und der entsprechenden Menge $\bar{r}$. Ein solches Paar gehört also zu der regulären

Menge $\bar{\mu} \cdot \bar{R}$. Alle von $\bar{\mu}$ nach $\tilde{\mu} = \bar{\mu}$ führenden Wege sind also Elemente der Iteration dieses Produktes

$$(\bar{\mu} \cdot \bar{R})^* \cdot \bar{\mu} \,,$$

d. h., sie bilden eine reguläre Menge von Triadenketten.
Wenn aber $\bar{\mu} \neq \tilde{\mu}$ ist, so ist analog dazu die Menge aller Wege von $\bar{\mu}$ nach $\tilde{\mu}$

$$(\bar{\mu} \cdot \bar{R})^* \cdot \tilde{\mu} \,,$$

d. h. regulär, womit das Lemma bewiesen ist.

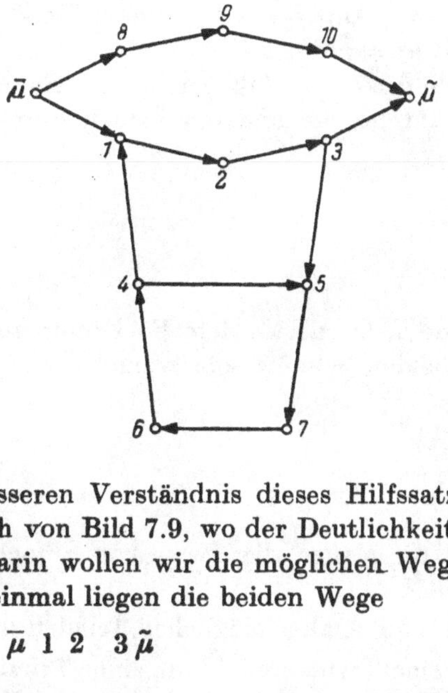

Bild 7.9

Zum besseren Verständnis dieses Hilfssatzes betrachten wir das Triadenlabyrinth von Bild 7.9, wo der Deutlichkeit halber einige Pfeile weggelassen sind. Darin wollen wir die möglichen Wege von $\bar{\mu}$ nach $\tilde{\mu}$ betrachten. Zunächst einmal liegen die beiden Wege

$$\bar{\mu}\ 1\ 2\ \ 3\,\tilde{\mu}$$

und

$$\bar{\mu}\ 8\ 9\ 10\ \tilde{\mu}$$

nahe. Den ersten Weg kann man noch durch eine Schleife verlängern:

$$\bar{\mu}\ 1\ 2\ 3\ 5\ 7\ 6\ 4\ 1\ 2\ 3\ \tilde{\mu}\,.$$

Diese Schleife kann man mehrfach durchlaufen, z. B.

$$\bar{\mu}\ 1\ 2\ 3\ 5\ 7\ 6\ 4\ 1\ 2\ 3\ 5\ 7\ 6\ 4\ 1\ 2\ 3\ 5\ 7\ 6\ 4\ 1\ 2\ 3\ \tilde{\mu}\,,$$

oder durch die innere Schleife noch komplizierter machen:

$$\bar{\mu}\,1\,2\,3\,5\,7\,6\,4\,1\,2\,3\,5\,7\,6\,4\,5\,7\,6\,4\,5\,7\,6\,4\,1\,2\,3\,\tilde{\mu}\ \text{usw.}$$

Eine Situation dieser Art gilt nicht nur für dieses Beispiel, sondern allgemein in Triadenlabyrinthen. Jede Menge von Wegen von $\bar{\mu}$ nach $\tilde{\mu}$ kann vor allem gewisse Varianten einfacher Wege enthalten (Vereinigung!), sie besteht dabei aus nacheinander zu durchlaufenden Pfeilen (Multiplikation!) oder aus dem Umlaufen von Schleifen in einer beliebigen Wiederholung (Iteration!). Jeder Weg von $\bar{\mu}$ nach $\tilde{\mu}$ kann aus diesen drei Elementen aufgebaut werden. Dieser beim Betrachten des Triadenlabyrinths nahezu triviale Tatbestand wird durch das Lemma bestätigt. Mit diesem Lemma können wir nun unmittelbar den zweiten Satz von Kleene beweisen.

Beweis des zweiten Satzes von Kleene. Wir betrachten irgendeinen endlichen Automaten und notieren alle seine Triaden (von denen es nur endlich viele gibt). Es sei weiter M die Menge aus einigen Symbolen $\varkappa$ (ein Element dieser Menge werden wir mit $\tilde{\varkappa}$ bezeichnen), und der Automat stellt ein Ereignis am Eingang durch das Auftreten des Zustandes $\tilde{\varkappa}$ aus der Menge M bei dem Anfangszustand $\varkappa^0 = \bar{\varkappa}$ dar.

Wir wählen nun irgendeine Triade $\tilde{\mu}$ so aus, daß bei ihr das Symbol $\tilde{\varkappa}$ in dem Feld rechts unten steht (während die anderen beiden Symbole beliebig sind):

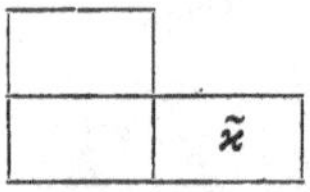

Wir wählen auch irgendeine Triade $\bar{\mu}$, bei der in dem Feld links unten das Symbol $\bar{\varkappa}$ steht und die anderen beiden beliebig sein können:

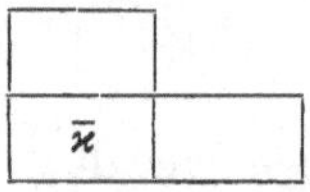

Nach dem bewiesenen Lemma ist die Menge aller Wege von $\bar{\mu}$ nach $\tilde{\mu}$ eine reguläre Menge von Triadenketten.

Wir betrachten nun die Mengen $\bar{A}$ und $\tilde{A}$ aller möglichen Triaden $\bar{\mu}$ und $\tilde{\mu}$. Die Menge aller Wege, durch die eine Triade aus $\bar{A}$ mit einer Triade aus $\tilde{A}$ verbunden werden kann, ist die Vereinigung der Mengen aller Wege, die von einer festen Triade $\bar{\mu}$ zu einer festen Triade $\tilde{\mu}$ führen, d. h. sie ist regulär.

Jeder Triade entspricht ein Symbol ϱ, das in dem oberen Feld der Triade steht, und die Triadenkette entspricht einer Folge von Symbolen ϱ. Wenn nun eine Menge von Triadenketten regulär ist, so entspricht nach der Definition von § 7.3 der Menge von Folgen eine reguläre Menge von Eingangsfolgen.

Bei der Aufstellung neuer Wege aus den gegebenen mit Hilfe der drei Operationen Vereinigung, Muliplikation und Iteration haben wir auch mit den zu diesen Triadenketten gehörenden Folgen von Symbolen ϱ nur diese drei Operationen angewendet, wodurch nach § 7.3 aber reguläre Mengen von Folgen erzeugt werden.

Bei unserem Beweis haben wir dem Automaten keinerlei Beschränkungen auferlegt, weder bei der Anzahl noch der Art der Triaden oder dem Anfangszustand. Wir haben also bewiesen, daß bei jedem Automaten und jedem Anfangszustand die Menge der Eingangsfolgen, die von einem Anfangszustand $\varkappa^0$ zu irgendeinem Zustand aus M führen, regulär ist, womit der zweite Satz von KLEENE vollständig bewiesen ist.

§ 7.6 Gibt es nicht reguläre (nicht darstellbare) Ereignisse?

Wir haben oben bewiesen, daß jedes reguläre Ereignis in einem endlichen Automaten darstellbar ist (§ 7.4) und daß auch nur solche Ereignisse darstellbar sind (§ 7.5). Vielleicht ist jedes Ereignis regulär und damit auch darstellbar? Diese Frage ist zu verneinen, da es nicht reguläre, d. h. in einem Automaten nicht darstellbare Ereignisse gibt. Um dies zu zeigen, wollen wir hier einige Beispele von solchen nicht regulären Ereignissen anführen. Wir werden sogar eine ganze Klasse von nicht regulären Ereignissen angeben können.

Es sei irgendeine konkrete unendliche Folge von Symbolen

$$\varrho_5\ \varrho_2\ \varrho_1\ \varrho_5\ \varrho_4\ \varrho_3\ \varrho_2\ \varrho_1 \cdots$$

gegeben, die wir mit L bezeichnen wollen. Die Folge soll *periodisch* heißen, wenn sich ein endliches Stück vom q-ten Symbol an (von links nach rechts gerechnet) periodisch wiederholt.

Wir betrachten nun das Ereignis, das darin besteht, daß die Eingangsfolge der ϱ zu jedem Zeitpunkt p mit dem Abschnitt der gegebenen unendlichen Folge L identisch ist, der zwischen dem 0-ten und dem p-ten Symbol liegt. Wenn dieses Ereignis in einem Automaten dargestellt werden kann, so sagen wir, der Automat *stellt die Folge L dar.*

Satz. *Eine gegebene unendliche Folge L von Eingangssymbolen ϱ ist in einem endlichen Automaten dann und nur dann darstellbar, wenn sie in dem obigen Sinne periodisch ist.*

Beweis. Wir beweisen zunächst, daß jede solche periodische Folge darstellbar ist.

Die Folge möge aus einem Anfangsstück A der endlichen Länge h und dem periodisch sich wiederholenden Stück B der ebenfalls endlichen Länge T bestehen. Wir betrachten alle Anfangsstücke $B_1, B_2, \ldots, B_{T-1}$ des Stückes B (dabei besteht B_1 aus dem ersten Symbol von B, B_2 aus den ersten beiden Symbolen von B usw.) und die Anfangsstücke $A_1, A_2, \ldots,$ von A. Das oben formulierte Ereignis besteht dann darin, daß die Eingangsfolge aus dem Anfangsstück A, einer beliebig vielfachen Wiederholung von B und am Ende aus einem der Abschnitte $B_1, B_2, \ldots, B_{T-1}, B$ besteht. Dieses Ereignis kann durch den regulären Ausdruck

$$R = \{[A(B)^*] \cdot (B_1 \vee B_2 \vee \cdots \vee B_{T-1} \vee B)\} \vee (A_1 \vee A_2 \vee \ldots)$$

beschrieben werden. Nach dem ersten Satz von KLEENE ist dieses Ereignis in einem endlichen Automaten darstellbar.
Wir beweisen nun die Umkehrung, daß jede darstellbare Folge in diesem Sinne periodisch sein muß.
Die Folge L sei in einem endlichen Automaten mit k inneren Zuständen darstellbar. Auf den Eingang dieses Automaten geben wir die Folge L und betrachten die ersten $k + 1$ Takte. Wenigstens ein innerer Zustand $\bar{\varkappa}$ muß dann in diesem Zeitraum wenigstens zweimal vorkommen. Dies geschehe zu den Takten t' und t'' $(0 \leqq t' < t'' \leqq k + 1)$.
Wir bilden dann die Folge $\bar{L}$, die sich von der Folge L dadurch unterscheidet, daß bei ihr das Stück von t' bis t'' weggelassen ist, und geben diese Folge $\bar{L}$ auf den Eingang desselben Automaten. Wenn wir z. B. für $k = 8$ bei der Folge L das Band von Tab. 7.5 hatten, bei dem $t' = 3$ und $t'' = 6$ ist, so hat für die Folge $\bar{L}$ das Band die Form von Tab. 7.6. Die Folge der Symbole $\varkappa$ beim ersten Band nach dem Takt t'' $(= 7)$ ist mit der Folge nach

Tabelle 7.5

t	0	1	2	$t' = 3$	4	5	$t'' = 6$	7	8	9	...
ϱ	ϱ_1	ϱ_3	ϱ_5	ϱ_1	ϱ_7	ϱ_6	ϱ_{12}	ϱ_{10}	ϱ_1	ϱ_5	...
$\varkappa$	...	...	...	$\bar{\varkappa}$	...	...	$\bar{\varkappa}$	...	...	...	...

Tabelle 7.6

t	0	1	2	3	4	5	6	7	8	9	...
ϱ	ϱ_1	ϱ_3	ϱ_5	ϱ_{12}	ϱ_{10}	ϱ_1	ϱ_5	...	...	...	...
$\varkappa$	...	...	...	$\bar{\varkappa}$	...	...	...	...	...	...	...

dem Takt t' $(= 4)$ beim zweiten Band identisch, weil von diesem Takt an bei gleichem Zustand $\bar{\varkappa}$ des Automaten die gleiche Eingangsfolge vorliegt. Aus der Tatsache, daß die Folge L darstellbar ist, folgt auch die Darstellbarkeit von $\bar{L}$ in diesem Automaten. Das widerspricht nicht der Definition des Begriffes „eine Folge wird in einem Automaten dargestellt", wenn nur die Folgen L und $\bar{L}$ identisch sind. Zwei unendliche Folgen, bei denen sich die zweite von der ersten durch das Fehlen aller Symbole zwischen t' und t'' unterscheidet, können aber nur identisch sein, wenn die Folge L von t' an aus einer periodischen Wiederholung des Stückes zwischen t' und t'' besteht. Damit ist der Satz bewiesen.
Nach diesem Satz kann man eine nicht beschränkte Zahl von Beispielen für nicht reguläre Ereignisse konstruieren. Zwei davon seien angeführt.

Beispiel 1. Das Ereignis tritt ein, wenn am Eingang des Automaten zu den Zeitpunkten $t = \alpha^2$ $(\alpha = 1, 2, 3, \ldots)$ das Symbol ϱ_1 und sonst immer das Symbol ϱ_2 vorkommt.

Beispiel 2. Das Ereignis tritt ein, wenn sich in der Eingangsfolge die Zahl der Symbole ϱ_2 zwischen zwei nicht hintereinander stehenden Symbolen ϱ_1 immer verdoppelt. Eine solche Folge ist z. B. von der Form

$$\varrho_1\,\varrho_2\,\varrho_1\,\varrho_2\,\varrho_2\,\varrho_1\,\varrho_2\,\varrho_2\,\varrho_2\,\varrho_2\,\varrho_1\,\varrho_1\,\varrho_2\,\varrho_2\,\varrho_2\,\varrho_2\,\varrho_2\,\varrho_2\,\varrho_2\,\varrho_2\,\varrho_1\,\varrho_1\,\varrho_1 \cdots,$$

während dies bei einer Folge

$$\varrho_1\,\varrho_2\,\varrho_1\,\varrho_2\,\varrho_2\,\varrho_1\,\varrho_2\,\varrho_2\,\varrho_2\,\varrho_2\,\varrho_1\,\varrho_1\,\varrho_2\,\varrho_2\,\varrho_1 \cdots$$

nicht der Fall ist.

Die Ereignisse in diesen beiden Beispielen sind nicht darstellbar, weil die beiden unendlichen Folgen nicht im obigen Sinne periodisch sind.

Es ist allerdings der Gedanke falsch, daß alle nicht darstellbaren Ereignisse von diesem Satz erfaßt würden. Es möge das Eingangsalphabet ϱ aus den beiden Symbolen $\{0, 1\}$ und das Ereignis darin bestehen, daß zur Zeit p die Zahl der Symbole 1 in der Eingangsfolge gleich der Zahl der Symbole 0 ist. Dieses Ereignis, dessen Eintreten nicht durch eine konkrete Eingangsfolge definiert wird, sondern durch eine ganze Klasse von Folgen, wird nicht von dem obigen Satz erfaßt und ist zudem auch nicht darstellbar. Wir wollen dies beweisen.

Es sei ein beliebiger endlicher Automat A gegeben. Auf diesen Automaten geben wir eine nur aus Nullen bestehende Eingangsfolge. Dabei muß sich wenisgtens ein Zustand $\bar{\varkappa}$ früher oder später wiederholen. Der Zustand $\bar{\varkappa}$ möge zu den Takten t' und t'' auftreten ($0 \leqq t' < t''$). Wir betrachten dann die beiden folgenden Eingangsfolgen:

1) Die Folge $\boldsymbol{L}$ bestehe aus t'' Nullen, auf die t'' Einsen folgen.
2) Die Folge $\boldsymbol{L}^*$ bestehe aus t' Nullen, auf die t'' Einsen folgen.

Die Tab. 7.7 und 7.8 zeigen die Bänder des Automaten für diese beiden Folgen $\boldsymbol{L}$ und $\boldsymbol{L}^*$.

Tabelle 7.7

t	0	1	2	...	$t'-1$	t'	...	$t''-1$	t''	...	$2t''-1$
ϱ	0	0	0	...	0	0	...	0	1	...	1
$\varkappa$	...	...	...	...	...	...	...	...	$\bar{\varkappa}$	...	$\varkappa^*$

Tabelle 7.8

t	0	1	2	...	$t'-1$	t'	...	$t'+t''-1$
ϱ	0	0	0	...	0	1	...	1
$\varkappa$	...	...	...	...	...	$\bar{\varkappa}$	...	$\varkappa^*$

Die bei t' beginnende und bei $t' + t''$ endende Folge der Automatenzustände für die Eingangsfolge $\boldsymbol{L}^*$ ist identisch mit der bei t'' beginnenden und bei $2\,t''$ endenden Folge der Automatenzustände bei $\boldsymbol{L}$, weil die ursprünglichen Zustände (bei t' bzw. t'') und die Eingangsfolgen (nacheinander t'' Einsen) identisch sind. Beim Eingangsband L^* kommt der Automat also zum Zeitpunkt $t' + t''$ in einen Zustand $\varkappa^*$, der bei dem Eingangsband L zum Zeitpunkt $2t''$ auftritt. Bei der Eingangsfolge L tritt das Ereignis (Zahl der Nullen gleich Zahl der Einsen) ein, bei der Eingangsfolge L^* aber nicht (mehr Einsen als Nullen), während der Automat bei beiden Folgen in den gleichen Zustand gelangt. Das bedeutet aber doch, daß der Automat dieses Ereignis nicht darstellen kann, was wir zeigen wollten.

Es ist leicht einzusehen, weshalb die Darstellung bei diesen Beispielen nicht möglich war. Der endliche Automat hat seiner Definition nach (die Zahl der Zustände ist endlich!) nur ein „endliches Gedächtnis". Bei den obigen Beispielen wuchs aber mit wachsender Taktnummer der Umfang an Information, den der Automat speichern müßte, um bei jedem Takt die Frage beantworten zu können, ob das Ereignis vorliegt oder nicht. Beim ersten Beispiel muß er die Nummer des Taktes kennen, d. h. sich erinnern, wieviele Takte vergangen sind. Beim zweiten Beispiel muß er die Zahl der Nullen zwischen zwei nicht aufeinander folgenden Einsen „zählen". Diese Zahl ist aber nicht beschränkt.

Zum Schluß dieses Paragraphen sei noch einmal betont, daß die Menge der Folgen, die nicht reguläre Ereignisse beschreiben, als Teilmenge in der regulären Menge der Folgen enthalten sein kann. Das Ereignis z. B., das darin besteht, daß am Eingang niemals zwei 1 hintereinander vorkommen, ist darstellbar. Die Eingangsmengen von unserem ersten Beispiel sind Teilmengen dieser regulären Menge, bilden aber selbst eine nicht reguläre Menge.

§ 7.7 Was „kann" ein endlicher Automat?

Im vorigen Kapitel haben wir erläutert, was ein autonomer Automat „kann". Nach den obigen Sätzen über die Darstellung von Ereignissen können wir nun auch die Frage beantworten, was ein nicht autonomer Automat „kann".

Ein endlicher Automat A mit Ausgangszuordner oder eine sequentielle Maschine mögen durch das Auftreten eines gewissen Symbols (z. B. der 1) am Ausgang ein reguläres Ereignis am Eingang darstellen. Beim Auftreten einer 1 am Ausgang des Automaten A möge dieser anhalten und einen autonomen Automaten B in Gang setzen, der eine von vornherein gegebene Folge M abgibt. Der Ausgang von B wird mit dem Eingang eines Automaten C identifiziert, der das Ereignis M darstellt.

Das Auftreten von 1 am Ausgang des Automaten C wird dazu benutzt, den Automaten A in Gang zu setzen und B anzuhalten. Dieses macht ein Automat Φ, der zur Darstellung des einfachen Ereignisses dient: Auftreten eines gegebenen Eingangssymbols (Bild 7.10). Dieses ganze System ist wieder ein endlicher Automat. Ein solcher endlicher Automat reagiert auf ein be-

liebiges reguläres Ereignis, indem er am Ausgang eine vorher definierte endliche Folge von Zuständen (Symbolen) abgibt, und ist danach wieder bereit, eine äußere Einwirkung aufzunehmen, d. h. auf ein Ereignis zu reagieren.
Der Automat von Bild 7.10 reagiert nicht auf den Teil der Eingangssymbole ϱ, der am Eingang auftritt, solange der Automat B arbeitet. Wenn der Automat B in einem so schnellen Takt arbeitet, daß die ganze periodische Folge am Ausgang von B zwischen zwei Takten von A Platz hat, braucht man den Automaten Φ nicht dazwischen zu schalten und kann den Ausgang

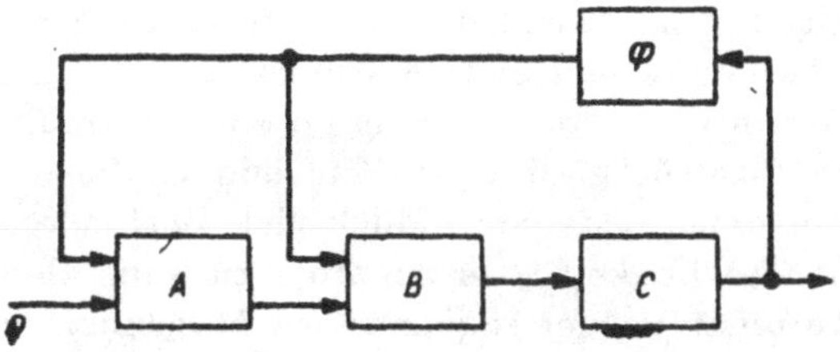

Bild 7.10

von A allein als Eingang von B nehmen. Ein so konstruierter Automat gibt an seinem Ausgang eine beliebige gegebene periodische Folge von Symbolen so lange ab, bis das Ereignis dargestellt wird, und eine andere vorher gegebene Folge, wenn das Ereignis nicht dargestellt wird.
Selbstverständlich sind auch andere Kombinationen von Automaten denkbar. Aber schon die beiden oben beschriebenen Kombinationen zeigen, wie ein Automat durch einen beliebig vorgebbaren Zyklus auf reguläre Ereignisse reagieren kann.
Kann ein endlicher Automat noch irgendetwas mehr? Und wenn ja, was? Die Antworten auf diese Fragen hängen damit zusammen, in welcher Sprache die Verarbeitung von Folgen durch endliche Automaten formuliert wird. Die Sätze von Kleene formulieren diese Gesetzmäßigkeiten in der Sprache der Darstellbarkeit von Ereignissen. Bisher sind keine anderen passenden Sprachen vorgeschlagen worden, in denen man die notwendigen und hinreichenden Bedingungen dafür beschreiben könnte, was ein endlicher Automat prinzipiell zu leisten vermag und was nicht. Im Zusammenhang damit ergibt sich eine Reihe neuer Fragen, denen das folgende Kapitel gewidmet sein soll.

KAPITEL VIII

Das Erkennen der Realisierbarkeit eines Problems und die abstrakte Synthese von endlichen Automaten und sequentiellen Maschinen

§ 8.1 Die Problemstellung

Bei der Projektierung von automatischen Geräten muß man eine Reihe von selbständigen Schritten unterscheiden. Die Projektierung beginnt mit der Analyse und Idealisierung derjenigen Operationen, die das automatische Gerät ausführen soll. Wenn diese Idealisierung zu einer Formulierung der Arbeitsweise durch die Ausdrücke diskrete Zeit und endliche Zahl von Veränderlichen führt, von denen jede nur endlich viele Zustände annehmen kann, so ergibt sich die Möglichkeit, das zu projektierende Gerät in der Klasse der endlichen Automaten oder sequentiellen Maschinen zu suchen. Eine solche Möglichkeit kann indessen nicht immer realisiert werden, weil nicht jede solche Aufgabe, auch wenn sie mit diesen Ausdrücken formuliert werden kann, durch einen endlichen Automaten oder eine sequentielle Maschine gelöst werden kann.

So kann z. B. weder ein endlicher Automat noch eine sequentielle Maschine den Zustand am Eingang „vorhersagen", d. h. zur Zeit p am Ausgang ein Symbol λ^p abgeben, das von dem Symbol λ^{p+1} im folgenden Takt am Eingang abhängig ist. Aber selbst wenn die Aufgabe so formuliert werden kann, daß der Ausgang zur Zeit p nur von den vorhergehenden Zuständen am Eingang abhängig ist, braucht es nicht immer einen endlichen Automaten oder eine sequentielle Maschine zu geben, die das Problem lösen. Ein Beispiel dafür war der Versuch, einen Automaten zur Darstellung von nicht regulären Ereignissen zu konstruieren (s. § 7.6).

Nach der Formulierung des Problems liegt also der nächste Schritt in der Erkennung, ob das vorliegende Problem durch einen endlichen Automaten oder eine sequentielle Maschine gelöst werden kann. Das sich bei diesem Schritt ergebende Problem bei der Projektierung eines automatischen Gerätes wollen wir kurz das *Erkennungsproblem* nennen.

Ist dieses Erkennungsproblem positiv gelöst, d. h. gibt es einen endlichen Automaten oder eine sequentielle Maschine für das vorliegende Problem, so ist die Zustandstabelle des Automaten (und des Zuordners, wenn es eine sequentielle Maschine ist) zu finden. Die Lösung dieses Problems bezeichnen wir als die *abstrakte Synthese*.

Die abstrakte Synthese beendet den wichtigsten Schritt der Projektierung, weil es der Entwicklungsingenieur vorher nur mit der Beschreibung des zu projektierenden Gerätes in Form von Eingangs- und Ausgangsfolgen und deren Beziehungen zu tun hatte. Nach der abstrakten Synthese verfügt er über die Zustandstabelle des Automaten (und des Zuordners) und die ganze folgende Arbeit ist mit dieser Tabelle verbunden. Sie besteht in der Vereinfachung dieser Tabelle, der Wahl der prinzipiellen Methoden zur Realisierung sowie in der Lösung technischer Fragen, die mit den Besonderheiten dieses Problems verknüpft sind, d. h. der Realisierung dieser Tabellen.

In allen früheren Kapiteln, außer dem Kap. VII, haben wir die Zustandstabellen von Automat und Zuordner als gegeben hingenommen und uns nicht darum gekümmert, woher diese Tabellen kamen. In diesem Kapitel, das sich sehr eng an das vorige über die Darstellung von Ereignissen anschließt, werden uns gerade Verfahren zur Herleitung der Zustandstabellen von Automat und Zuordner interessieren, und zwar ausgehend von den an ein automatisches Gerät zu stellenden Forderungen, d. h. also Probleme, die wir eben als Erkennungsproblem und abstrakte Synthese bezeichnet haben.

Jedes „Festlegen eines zu projektierenden Gerätes" beinhaltet die Aufstellung der Beziehungen zwischen gegebenen Eingangs- und Ausgangsfolgen. Am einfachsten wird die Sache, wenn die Zahl der gegebenen Eingangs- und Ausgangsfolgen endlich ist. Dabei bekommt der Ausdruck „Festlegung eines zu projektierenden Gerätes" einen konkreten Sinn; unter ihm ist die Aufzählung aller gegebenen Folgen und der Beziehungen zwischen ihnen zu verstehen. Diesen Fall werden wir in § 8.2 behandeln.

Sehr viel komplizierter wird die Angelegenheit, wenn die Zahl der gegebenen Folgen (und folglich auch ihre Länge) nicht mehr beschränkt werden kann. Man kann dann nicht mehr alle Folgen und Beziehungen aufzählen und muß sich nach anderen Verfahren umsehen, um diese Folgen und die zwischen ihnen existierenden Beziehungen zu beschreiben. Ein bestimmtes Verfahren zur Beschreibung unendlicher Mengen von Folgen und der zwischen ihnen bestehenden Beziehungen werden wir die *Festlegungssprache* nennen.

Die uns interessierenden Probleme der Erkennung und abstrakten Synthese kann man folgendermaßen formulieren. Es wird eine Festlegungssprache gewählt und in dieser Sprache werden die Mengen der Ein- und Ausgangsfolgen sowie die zwischen ihnen bestehenden Beziehungen formuliert. Gesucht ist ein Algorithmus zur Erkennung, ob es einen Automaten (oder eine sequentielle Maschine) gibt, der diese Beziehungen vermittelt, und einen Algorithmus zur Bestimmung der Zustandstabelle, falls es einen solchen Automaten gibt.[1])

Es zeigt sich allerdings, daß auch die Auffindung solcher Algorithmen selbst wesentlich davon abhängt, wie die Festlegungssprache gewählt wird. Wenn diese Sprache sehr umfassend ist, so gibt es solche Algorithmen nicht, d. h.,

[1]) Wir gebrauchen hier zum erstenmal den Ausdruck „Algorithmus". Im folgenden werden wir es noch häufig mit diesem Begriff zu tun haben. Eine Definition dieses Begriffes und die Grundlagen der Theorie der Algorithmen (die eng mit der Theorie der rekursiven Funktionen verknüpft ist) werden wir im Kap. XII behandeln.

die Probleme der Erkennung und abstrakten Synthese sind algorithmisch nicht entscheidbar. Dieser Frage ist der § 8.3 gewidmet.
Damit erhebt sich also das Problem der Einengung der Festlegungssprache, in der die Festlegung beschrieben wird. Eine Sprache dieser Art, die Sprache der regulären Formeln, werden wir im § 8.4 behandeln, wo wir in allgemeinen Zügen zeigen werden, wie man aus einer gegebenen regulären Formel eine relativ wirtschaftliche (im Sinne der Zahl der Zustände) sequentielle Maschine finden kann, die der betreffenden Festlegung entspricht. Die Frage nach der prinzipiellen Möglichkeit für die Synthese einer solchen Maschine ergibt sich nicht, weil die Sprache selbst in diesem Fall nur die realisierbaren Festlegungen zu beschreiben vermag.

§ 8.2 Aufzählung der Beziehungen zwischen Ein- und Ausgangsfolgen

Es ist die Synthese für eine sequentielle Maschine durchzuführen, deren Arbeitsweise folgendermaßen definiert ist. Gegeben ist eine endliche Zahl von Bändern mit möglicherweise verschiedener Länge, bei denen die Zeile für $\varkappa$ nicht ausgefüllt ist. Als Beispiel mögen die Bänder von Tab. 8.1–8.4 dienen.

Tabelle 8.1

Takt	0	1	2	3	4	5
ϱ	ϱ_1	ϱ_2	ϱ_0	ϱ_1	ϱ_3	—
$\varkappa$						
λ	λ_1	λ_2	λ_1	λ_1	λ_3	λ_1

Tabelle 8.2

Takt	0	1
ϱ	ϱ_0	ϱ_3
$\varkappa$		
λ	λ_2	λ_2

Tabelle 8.3

Takt	0	1	2
ϱ	ϱ_3	ϱ_1	—
$\varkappa$			
λ	λ_3	λ_1	λ_2

Tabelle 8.4

Takt	0	1	2
ϱ	ϱ_2	ϱ_0	—
$\varkappa$			
λ	λ_2	λ_1	λ_1

Gesucht ist eine sequentielle Maschine, die von einem gewissen Anfangszustand $\varkappa^0$ aus diese gegebenen Bänder realisiert.
Bei dieser Fragestellung bleibt es noch offen, wie die übrigen Bänder dieser sequentiellen Maschine aussehen (nämlich die bei anderen Eingangsfolgen). Wenn darüber nichts besonderes gesagt wird, wollen wir immer annehmen,

daß andere Eingangsfolgen nicht auftreten können oder, was dasselbe besagt, daß die anderen Bänder beliebig sein können. Eine solche besondere Vorschrift könnte z. B. lauten, daß irgendein anderes Band in der λ-Zeile von einem Takt an, von dem ab es sich in der ϱ-Zeile von den aufgezählten Bändern unterscheidet, ein festes gegebenes Symbol (z. B. λ_0) stehen hat. Diese Vorschrift bedeutet bei dem Beispiel mit den vier Bändern von Tab. 8.1—8.4, daß die zu findende sequentielle Maschine z. B. Bänder der Form von Tab. 8.5—8.7 haben soll. Die Takte, von denen ab das feste Symbol λ_0 erscheinen soll, sind durch einen fetten Strich abgetrennt.

Tabelle 8.5

Takt	0	1	2	3	4	5
ϱ	ϱ_1	ϱ_2	ϱ_0	ϱ_3	ϱ_1	—
$\varkappa$						
λ	λ_1	λ_2	λ_1	λ_1	λ_0	λ_0

Tabelle 8.6

Takt	0	1	2
ϱ	ϱ_3	ϱ_2	—
$\varkappa$			
λ	λ_3	λ_1	λ_0

Tabelle 8.7

Takt	0	1	2	3	4	5
ϱ	ϱ_0	ϱ_3	ϱ_1	ϱ_3	ϱ_1	—
$\varkappa$						
λ	λ_2	λ_2	λ_3	λ_1	λ_0	λ_0

Da nach Voraussetzung auf allen Bändern in dem ersten $\varkappa$-Feld ein und dasselbe Symbol $\varkappa^0$ stehen soll, kann die gestellte Aufgabe unlösbar werden. Betrachten wir als Beispiel die beiden Bänder von Tab. 8.8 und 8.9. Offensichtlich kann es keine sequentielle Maschine geben, die diese beiden Bänder hat, weil von dem gemeinsamen Anfangszustand $\varkappa^0$ ausgehend nach der Eingangsfolge $\varrho^2\,\varrho_2\,\varrho_0$ beim ersten Band (Tab. 8.8) der Zustand λ_1 und beim zweiten Band (Tab. 8.9) der Zustand λ_3 erreicht werden soll. Dies widerspricht der Definition einer sequentiellen Maschine als einem determinierten Gerät. Wir sprechen hier von einer *widersprüchlichen* Problemstellung.

Tabelle 8.8

Takt	0	1	2	3	4	5
ϱ	ϱ_1	ϱ_2	ϱ_0	ϱ_3	ϱ_1	—
$\varkappa$	$\varkappa^0$					
λ	λ_1	λ_2	λ_1	λ_1	λ_3	λ_1

Tabelle 8.9

Takt	0	1	2	3	4	5	6
ϱ	ϱ_1	ϱ_2	ϱ_0	ϱ_3	ϱ_2	ϱ_1	—
$\varkappa$	$\varkappa^0$						
λ	λ_1	λ_2	λ_1	λ_3	λ_1	λ_2	λ_1

Bevor man an die Lösung des Syntheseproblems geht, muß man prüfen, ob die vorgelegte Aufgabe widerspruchsfrei ist. Zu diesem Zweck muß man alle Abschnitte betrachten, die sich aus den gegebenen Bändern durch Abschneiden nach einem Takt ergeben, wie dies an dem folgenden Beispiel gezeigt wird. Die Aufgabe ist dann und nur dann widerspruchsfrei, wenn es unter diesen Abschnitten keine zwei gibt, bei denen die Eingangsfolgen völlig identisch und die Ausgangsfolgen verschieden sind.

Bei den in Tab. 8.8 und 8.9 angeführten widersprüchlichen Bändern würde diese abschnittsweise Betrachtung folgendermaßen aussehen:

für $p = 1$

Takt	0	1
ϱ	ϱ_1	—
$\varkappa$	$\varkappa^0$	
λ	λ_1	λ_2

Takt	0	1
ϱ	ϱ_1	—
$\varkappa$	$\varkappa^0$	
λ	λ_1	λ_2

für $p = 2$

Takt	0	1	2
ϱ	ϱ_1	ϱ_2	—
$\varkappa$	$\varkappa^0$		
λ	λ_1	λ_2	λ_1

Takt	0	1	2
ϱ	ϱ_1	ϱ_2	—
$\varkappa$	$\varkappa^0$		
λ	λ_1	λ_2	λ_1

für $p = 3$

Takt	0	1	2	3
ϱ	ϱ_1	ϱ_2	ϱ_0	—
$\varkappa$	$\varkappa^0$			
λ	λ_1	λ_2	λ_1	λ_1

Takt	0	1	2	3
ϱ	ϱ_1	ϱ_2	ϱ_0	—
$\varkappa$	$\varkappa^0$			
λ	λ_1	λ_2	λ_1	λ_2

für $p = 4$

Takt	0	1	2	3	4
ϱ	ϱ_1	ϱ_2	ϱ_0	ϱ_2	—
$\varkappa$	$\varkappa^0$				
λ	λ_1	λ_2	λ_1	λ_1	λ_2

Takt	0	1	2	3	4
ϱ	ϱ_1	ϱ_2	ϱ_0	ϱ_2	—
$\varkappa$	$\varkappa^0$				
λ	λ_1	λ_2	λ_1	λ_2	λ_1

für $p = 5$

Takt	0	1	2	3	4	5
ϱ	ϱ_1	ϱ_2	ϱ_0	ϱ_2	ϱ_1	—
$\varkappa$	$\varkappa^0$					
λ	λ_1	λ_2	λ_1	λ_1	λ_2	λ_1

Takt	0	1	2	3	4	5
ϱ	ϱ_1	ϱ_2	ϱ_0	ϱ_2	ϱ_2	—
$\varkappa$	$\varkappa^0$					
λ	λ_1	λ_2	λ_1	λ_2	λ_1	λ_2

Hier ergibt sich der Widerspruch beim dritten Takt.

Wir wollen nun annehmen, daß die Aufgabe widerspruchsfrei ist. Es soll dann eine entsprechende sequentielle Maschine konstruiert werden, d. h., es soll die Zustandstabelle des endlichen Automaten und des Ausgangszuordners aufgestellt werden. Wenn in den gegebenen Bändern auch die $\varkappa$-Zeile ausgefüllt wäre, so könnte man aus der Betrachtung der Triaden dieser Bänder wenigstens einen Teil dieser Tabellen sofort hinschreiben. Die übrigen Zellen der Zustandstabellen könnten, wenn sonst keine Angaben vorliegen, beliebig ausgefüllt werden, und sonst eben diesen Vorschriften gemäß. Das Syntheseproblem besteht also in einer widerspruchsfreien Ausfüllung der $\varkappa$-Zeilen der gegebenen Bänder.

Wenn die Aufgabenstellung widerspruchsfrei ist und von irgendeiner sequentiellen Maschine A erfüllt werden kann, so kann die Problemstellung auch von irgendeiner anderen Maschine erfüllt werden, die A substituiert. Wenn nur irgendeine Maschine A zur Lösung des Problems gefunden werden soll, d. h. wenn bei der Synthese sonst keinerlei zusätzliche Forderungen an die Maschine A gestellt werden, so hat das Syntheseproblem triviale Lösungen, z. B. die folgenden beiden Verfahren:

a) Man fülle die $\varkappa$-Zeilen durch verschiedene, sich nicht wiederholende Symbole $\varkappa_i$ aus. Man erhält also gerade so viele verschiedene Zustände, wie die Summe der Längen aller Bänder ausmacht.

b) Man konstruiere einen Automaten mit Ausgangszuordner, der die bestimmten, durch die gegebenen Bänder „beschriebenen" Ereignisse darstellt. Dazu muß man aus den gegebenen Bändern die Menge G_1 aller derjenigen Eingangsfolgen aufstellen, die zum Auftreten des Symbols λ_1 am Ausgang führen, die Menge G_2 aller derjenigen Eingangsfolgen, die zum Auftreten des Symols λ_2 führen, usw. Danach ist nach den Methoden des Kap. VII ein Automat I zu konstruieren, der das bestimmte Ereignis G_1 durch das Auftreten einer 1 am Ausgang darstellt (beim Ausgangsalphabet $\{0, 1\}$), einen Automaten II, der das bestimmte Ereignis G_2 durch das Auftreten einer 1 darstellt, usw. Die Ausgänge dieser Automaten werden auf einen Zuordner geschaltet, der an seinem Ausgang das Symbol λ_1 abgibt, wenn der erste Eingang des Zuordners eine 1 erhält, das Symbol λ_2, wenn der zweite Eingang eine 1 erhält, usw.

Die nach diesen beiden Verfahren konstruierten Maschinen realisieren zwar die gegebenen Bänder, erfordern aber gewöhnlich eine außerordentlich große Zahl von Zuständen. Die Problemstellung ist daher oft sehr viel schwieriger. Gesucht wird eine sequentielle Maschine, die der Problemstellung genügt und zugleich eine minimale Zahl k von Zuständen $\varkappa$ im Vergleich zu irgendeiner anderen Maschine hat, die das Problem ebenfalls löst.

Die Lösung eines solchen Problems wird gewöhnlich in zwei Schritten vorgenommen: 1) Synthese irgendeiner, der Problemstellung genügenden sequentiellen Maschine, 2) Minimisierung der Zustände der nach 1) gefundenen Maschine. Dieser zweite Schritt wird gewöhnlich das *Minimisierungs-*

problem genannt, und wir wollen uns damit im Kap. IX befassen. Die Anwendung der in Kap. IX beschriebenen Verfahren wird dann sehr kompliziert, wenn die im ersten Schritt ermittelte Maschine sehr viele Zustände hat. Die beiden oben genannten trivialen Methoden sind daher auch für den ersten Schritt unbrauchbar, zumal man oft eine sequentielle Maschine angeben kann, die zwar keine minimale Zahl von Zuständen, aber immerhin sehr viel weniger hat, als die trivialen Lösungen erfordern. Wir wollen ein Verfahren dieser Art beschreiben.

Beginnen wir mit dem folgenden Beispiel. Gesucht wird eine sequentielle Maschine, die, ausgehend von dem Anfangszustand $\varkappa^0 = \varkappa_0$, die beiden Bänder von Tab. 8.10 und 8.11 realisiert. Die Bänder bei anderen Eingangsfolgen können beliebig sein.

Dazu legen wir die Zustandstabellen von Automat und Zuordner an. Da uns die Zahl der Zustände noch unbekannt ist, bleibt die Zahl der Zeilen in diesen Tabellen noch offen, und wir bezeichnen zunächst nur eine Zeile für den Anfangszustand $\varkappa_0$ (Tab. 8.12 für den Automaten und Tab. 8.13 für den Zuordner).

Tabelle 8.10

Takt	0	1	2	3	4	5	6
ϱ	ϱ_0	ϱ_3	ϱ_2	ϱ_3	ϱ_0	ϱ_2	ϱ_3
$\varkappa$	$\varkappa_0$						
λ	λ_1	λ_1	λ_2	λ_3	λ_1	λ_2	λ_3

Tabelle 8.11

Takt	0	1	2	3	4	5	6
ϱ	ϱ_3	ϱ_2	ϱ_0	ϱ_0	ϱ_1	ϱ_3	ϱ_3
$\varkappa$	$\varkappa_0$						
λ	λ_1	λ_2	λ_1	λ_1	λ_3	λ_3	λ_1

Tabelle 8.12
Automat

$\varkappa$	ϱ			
	ϱ_0	ϱ_1	ϱ_2	ϱ_3
$\varkappa_0$				

Tabelle 8.13
Zuordner

$\varkappa$	ϱ			
	ϱ_0	ϱ_1	ϱ_2	ϱ_3
$\varkappa_0$				

Wir tragen nun weiter Symbole $\varkappa_i$ in irgendein Feld der Zeile $\varkappa$ ein und müssen dabei jedesmal prüfen, ob dadurch den bisherigen Eintragungen in dieser Zeile widersprochen wird, d. h. ob sich für den Automaten keine widersprüchlichen Triaden und für den Zuordner keine unvereinbaren Forderungen ergeben.

Beginnen wir mit dem ersten Band von Tab. 8.10. In dem ersten Feld der Zeile $\varkappa$ steht entsprechend der Aufgabenstellung das Symbol $\varkappa_0$. Beim zweiten Feld der $\varkappa$-Zeile hindert uns nichts, auch dort das Symbol $\varkappa_0$ einzutragen. Dasselbe Symbol $\varkappa_0$ schreiben wir auch in die entsprechende Zelle der

Zustandstabelle des Automaten. In die entsprechenden Zellen ($\varkappa_0$, ϱ_0) und ($\varkappa_0$, ϱ_3) des Zuordners tragen wir, in Übereinstimmung mit der ersten und zweiten Spalte von Tab. 8.10, das Symbol λ_1 ein. Weiter sehen wir, daß wir auch in das dritte Feld der $\varkappa$-Zeile von Band 8.10 das Symbol $\varkappa_0$ schreiben können, und also auch in die entsprechenden Zellen von Tab. 8.12 und 8.13. Wir erhalten somit das Band von Tab. 8.14 und die Zustandstabellen wie Tab. 8.15 und 8.16.

Tabelle 8.14
Band

Takt	0	1	2	3	4	5	6
ϱ	ϱ_0	ϱ_3	ϱ_2	ϱ_3	ϱ_0	ϱ_2	ϱ_3
$\varkappa$	$\varkappa_0$	$\varkappa_0$	$\varkappa_0$				
λ	λ_1	λ_1	λ_2	λ_2	λ_1	λ_2	λ_2 .

Tabelle 8.15
Tabelle des Automaten

$\varkappa$	ϱ			
	ϱ_0	ϱ_1	ϱ_2	ϱ_3
$\varkappa_0$	$\varkappa_0$			$\varkappa_0$

Tabelle 8.16
Tabelle des Zuordners

$\varkappa$	ϱ			
	ϱ_0	ϱ_1	ϱ_2	ϱ_3
$\varkappa_0$	λ_1		λ_2	λ_1

Die Eintragung des Symbols $\varkappa_0$ hat bisher zu keinerlei Widersprüchen geführt. Wir versuchen daher, auch das vierte Feld von Band 8.14 damit zu beschriften. Da die entsprechende Zelle der Zustandstabelle des Automaten noch leer ist, ergeben sich auch dort keine Schwierigkeiten. Die Eintragung von λ_2 in die Zelle ($\varkappa_0$, ϱ_3) der Zustandstabelle des Zuordners führt aber zu einem Widerspruch, weil diese Zelle bereits mit dem Symbol λ_1 beschriftet wurde. Es gibt keinen anderen Ausweg, als in das vierte Feld des Bandes 8.14 das neue Symbol $\varkappa_1$ einzutragen und bei den Zustandstabellen gleichzeitig eine neue Zeile aufzumachen, in die die entsprechenden Symbole eingetragen werden.

In dem fünften Feld des Bandes 8.14 versuchen wir es wieder mit dem Symbol $\varkappa_0$. In unserem Beispiel ergibt sich kein Widerspruch. Andernfalls hätten wir es mit dem Symbol $\varkappa_1$ versucht, und wenn auch das nicht möglich gewesen wäre, hätten wir ein neues Symbol $\varkappa_2$ genommen und bei den Zustandstabellen eine neue Zeile für $\varkappa_2$ angefangen.

Tabelle 8.17

1. Band

Takt	0	1	2	3	4	5	6
ϱ	ϱ_0	ϱ_3	ϱ_2	ϱ_3	ϱ_0	ϱ_2	ϱ_3
$\varkappa$	$\varkappa_0$	$\varkappa_0$	$\varkappa_0$	$\varkappa_1$	$\varkappa_0$	$\varkappa_0$	$\varkappa_1$
λ	λ_1	λ_1	λ_2	λ_2	λ_1	λ_2	λ_2

Tabelle 8.18

2. Band

Takt	0	1	2	3	4	5	6
ϱ	ϱ_3	ϱ_2	ϱ_0	ϱ_0	ϱ_1	ϱ_3	ϱ_0
$\varkappa$	$\varkappa_0$	$\varkappa_0$	$\varkappa_1$	$\varkappa_0$	$\varkappa_0$	$\varkappa_1$	$\varkappa_1$
λ	λ_1	λ_2	λ_1	λ_1	λ_2	λ_2	λ_1

Auf diese Weise geht man über das Band von Tab. 8.14 und füllt die $\varkappa$-Zeile Feld für Feld mit Symbolen $\varkappa_i$, wobei man nur dann ein neues Symbol nimmt, wenn alle bisher benutzten zu einem Widerspruch in dem bisher ausgefüllten Teil der Zustandstabellen führen. Nachdem das erste Band ausgefüllt ist, wenden wir uns dem zweiten zu und verfahren bei der Ausfüllung der $\varkappa$-Zeile in gleicher Weise. Jedesmal wird die Widerspruchsfreiheit in den Zustandstabellen von Automat und Zuordner geprüft. Die so ausgefüllten Bänder zeigen die Tab. 8.17 und 8.18, die zugehörigen Zustandstabellen die Tab. 8.19 und 8.20.

Tabelle 8.19

Tabelle des Automaten

$\varkappa$	ϱ			
	ϱ_0	ϱ_1	ϱ_2	ϱ_3
$\varkappa_0$	$\varkappa_0$	$\varkappa_1$	$\varkappa_1$	$\varkappa_0$
$\varkappa_1$	$\varkappa_0$	—	—	$\varkappa_1$

Tabelle 8.20

Tabelle des Zuordners

$\varkappa$	ϱ			
	ϱ_0	ϱ_1	ϱ_2	ϱ_3
$\varkappa_0$	λ_1	λ_2	λ_2	λ_1
$\varkappa_1$	—	—	—	λ_2

Bei den Zustandstabellen von Automat und Zuordner bleiben einige Zellen leer. Da über die Bänder bei anderen Eingangsfolgen keinerlei Aussagen gemacht sind, können diese leeren Zellen beliebig gefüllt werden.

Wir haben dieses Beispiel ganz speziell ausgewählt, weil hier die Ausfüllung der $\varkappa$-Zeile keinerlei Schwierigkeiten macht. Wir wollen daher noch die beiden Bänder von Tab. 8.21 und 8.22 untersuchen. Der Leser möge einmal versuchen, die Bänder nach dem eben beschriebenen Verfahren auszufüllen und die Tabellen von Automat und Zuordner nach dieser Prozedur aufzustellen.

Tabelle 8.21
1. Band

Takt	0	1	2	3	4	5	6
ϱ	ϱ_0	ϱ_1	ϱ_2	ϱ_1	ϱ_0	ϱ_2	ϱ_1
$\varkappa$	$\varkappa_0$						
λ	λ_2	λ_1	λ_2	λ_2	λ_2	λ_1	λ_0

Tabelle 8.22
2. Band

Takt	0	1	2	3	4
ϱ	ϱ_2	ϱ_1	ϱ_2	ϱ_0	ϱ_2
$\varkappa$	$\varkappa_0$				
λ	λ_2	λ_0	λ_2	λ_2	λ_2

Beim ersten Band kann man ohne Schwierigkeiten das zweite und dritte Feld mit dem Symbol $\varkappa_0$ füllen. In dem vierten Feld führt das Symbol $\varkappa_0$ zu einem Widerspruch in der Tabelle des Zuordners, weshalb wir das Symbol $\varkappa_1$ in das vierte Feld schreiben. Wenn man in das fünfte Feld das Symbol $\varkappa_0$ einträgt, so führt das an und für sich zu keinem Widerspruch, in das sechste Feld müssen wir aber das Symbol $\varkappa_0$ eintragen, damit sich in der Tabelle des Automaten kein Widerspruch ergibt (weil die Symbolkombination $(\varkappa_0, \varrho_0)$ schon in der ersten Spalte des Bandes vorgekommen ist und die Eintragung von $\varkappa_0$ in der folgenden Spalte erforderte). In das sechste Feld kann man aber das Symbol $\varkappa_0$ nicht eintragen, weil dies zu einem Widerspruch in der Zuordnertabelle führt. Wir müssen also zum fünften Feld zurückkehren und es dort mit dem Symbol $\varkappa_1$ versuchen, was zu keinem Widerspruch führt. Das gibt uns die Möglichkeit, es in dem sechsten Feld mit dem Symbol $\varkappa_1$ zu versuchen. Die Kombination $(\varkappa_1, \varrho_2)$ ist noch nicht vorgekommen, und von der Tabelle des Automaten her können wir in das siebente Feld ein beliebiges Symbol schreiben. Da $\varkappa_0$ und $\varkappa_1$ wegen der Zuordnertabelle ausgeschlossen sind, müssen wir in das siebente Feld das neue Symbol $\varkappa_2$ schreiben.

Wir kommen nun zu dem zweiten Band. Die Kombination $(\varkappa_0, \varrho_2)$ ist schon im dritten Feld vom ersten Band vorgekommen, und wegen der Tabelle des Automaten können wir in das zweite Feld des zweiten Bandes nur das Symbol $\varkappa_1$ eintragen und sonst kein anderes. Dies aber führt zu einem Widerspruch in der Tabelle des Zuordners. Wir können also nichts anderes tun, als zu dem dritten Feld vom ersten Band zurückzukehren und dort das Symbol $\varkappa_0$ durch $\varkappa_2$ zu ersetzen. Damit können wir beim zweiten Band fortfahren und das erste Band sonst unverändert lassen. Im übrigen beheben wir Widersprüche beim zweiten Band in der gleichen Weise wie beim ersten Band. Bei unserem Beispiel brauchen wir über $\varkappa_2$ hinaus keine neuen Zustände einzuführen. Die ausgefüllten Bänder zeigen die Tab. 8.23 und 8.24, die Zustandstabellen die Tab. 8.25 und 8.26.

Wenn wir noch einmal zu unserem Beispiel zurückkehren, so könnte man vielleicht versuchen, in das dritte Feld des ersten Bandes statt $\varkappa_0$ nicht ein neues Symbol $\varkappa_3$ einzutragen, sondern es erst einmal mit einem der alten Symbole $\varkappa_1$ oder $\varkappa_2$ zu versuchen und dabei, wenn notwendig, die Beschriftung der übrigen Felder des ersten Bandes zu überarbeiten. Dies würde zu einem anderen Automaten und einem anderen Zuordner führen, die vielleicht eine andere Anzahl von Zeilen (d. h. Zuständen) haben.

Tabelle 8.23

1. Band

Takt	0	1	2	3	4	5	6
ϱ	ϱ_0	ϱ_1	ϱ_2	ϱ_1	ϱ_0	ϱ_2	ϱ_1
$\varkappa$	$\varkappa_0$	$\varkappa_0$	$\varkappa_0$ $\varkappa_3$	$\varkappa_0$ $\varkappa_1$	$\varkappa_0$ $\varkappa_1$	$\varkappa_0$ $\varkappa_1$	$\varkappa_0$ $\varkappa_1$ $\varkappa_2$
λ	—	λ_1	λ_2	λ_2	λ_2	λ_1	λ_0

Tabelle 8.24

2. Band

Takt	0	1	2	3	4
ϱ	ϱ_2	ϱ_1	ϱ_2	ϱ_0	ϱ_2
$\varkappa$	$\varkappa_0$	$\varkappa_1$ $\varkappa_2$	$\varkappa_3$ $\varkappa_0$	$\varkappa_1$ $\varkappa_2$	$\varkappa_1$ $\varkappa_2$
λ	—	λ_0	λ_2	λ_2	λ_2

Dieses vorgeführte Verfahren zur Ausfüllung der $\varkappa$-Zeilen ist nicht regulär, weil das Ergebnis bei verschiedenen Wiederholungen des Verfahrens nicht eindeutig festliegt. Diese Beispiele haben auch die Schwierigkeiten gezeigt,

Tabelle 8.25

Tabelle des Automaten

$\varkappa$	ϱ		
	ϱ_0	ϱ_1	ϱ_2
$\varkappa_0$	$\varkappa_0$	$\varkappa_3$	$\varkappa_2$
$\varkappa_1$	$\varkappa_1$	$\varkappa_1$	$\varkappa_2$
$\varkappa_2$	$\varkappa_2$	$\varkappa_0$	—
$\varkappa_3$	—	—	$\varkappa_1$

Tabelle 8.26

Tabelle des Zuordners

$\varkappa$	ϱ		
	ϱ_0	ϱ_1	ϱ_2
$\varkappa_0$	λ_1	λ_1	λ_2
$\varkappa_1$	λ_2	λ_2	λ_1
$\varkappa_2$	λ_2	λ_0	λ_2
$\varkappa_3$	—	—	λ_2

die sich bei der Konstruktion einer jeden sequentiellen Maschine ergeben, die sich für eine weitere Minimisierung eignen soll.

Wir wollen jetzt ein reguläres Verfahren beschreiben, mit dem man eindeutig zu einer relativ wirtschaftlichen (was die Zahl der Zustände anbelangt) sequentiellen Maschine gelangen kann, die eine beliebige Zahl widerspruchsfreier Bänder endlicher Länge realisieren kann. Dabei wollen wir uns wieder auf den Fall beschränken, daß über die anderen, nicht genannten Bänder, keinerlei Aussagen gemacht werden sollen, d. h., sie können beliebig sein.

Während wir die leeren Felder der gegebenen Bänder nach dem unten beschriebenen Algorithmus ausfüllen, stellen wir gleichzeitig, ähnlich wie eben, die Tabellen von Automat und Zuordner auf, wobei wir wieder die Zahl der Zeilen zusammen mit den neuen Symbolen anwachsen lassen.

Ein Teil der leeren Felder der Bänder und ein Teil der Zellen von Automaten- und Zuordnertabelle sei bereits ausgefült. Wir sagen dann, die bisherige Beschriftung ist *richtig*, wenn die folgenden drei Bedingungen erfüllt sind:

1) Die Beschriftung von Bändern und Tabellen muß übereinstimmen, d. h. der ausgefüllte Teil der Bänder darf keine widersprüchlichen Triaden enthalten, und die Tabellen dürfen auch nur genau jene Triaden auf den Bändern enthalten.

2) Dem letzten Takt des ausgefüllten Teils eines jeden Bandes entspricht ein Symbolpaar $(\varrho, \varkappa)$, das eine noch nicht ausgefüllte Zelle der Automatentabelle definiert.

3) Wenn unter den bei 2) genannten Symbolpaaren, genommen für den letzten ausgefüllten Takt eines jeden Bandes, mehrere gleiche vorkommen, und wenn weiter bei den folgenden Takten jener Bänder die gleichen Symbole ϱ stehen, so müssen für alle diese Takte die gleichen Symbole λ stehen.

So ist z. B. die Beschriftung der Tabellen 8.27—8.30 richtig

Tabelle 8.27

1. Band

Takt	0	1	2	3	4	5	6
ϱ	ϱ_2	ϱ_1	ϱ_3	ϱ_3	ϱ_2	ϱ_1	ϱ_3
$\varkappa$	$\varkappa_0$	$\varkappa_0$	$\varkappa_1$	$\varkappa_0$			
λ	λ_2	λ_1	λ_3	λ_1	λ_3	λ_1	λ_1

Tabelle 8.28

2. Band

Takt	0	1	2	3	4	5	6	7
ϱ	ϱ_1	ϱ_2	ϱ_1	ϱ_3	ϱ_1	ϱ_2	ϱ_2	ϱ_2
$\varkappa$	$\varkappa_0$	$\varkappa_1$	$\varkappa_1$	$\varkappa_0$				
λ	λ_1	λ_2	λ_3	λ_1	λ_2	λ_3	λ_1	λ_3

Tabelle 8.29

Tabelle des Automaten

$\varkappa$	ϱ		
	ϱ_1	ϱ_2	ϱ_3
$\varkappa_0$	$\varkappa_1$	$\varkappa_0$	
$\varkappa_1$	$\varkappa_0$	$\varkappa_1$	$\varkappa_0$

Tabelle 8.30

Tabelle des Zuordners

$\varkappa$	ϱ		
	ϱ_1	ϱ_2	ϱ_3
$\varkappa_0$	λ_1	λ_2	λ_1
$\varkappa_1$	λ_3	λ_2	λ_3

während bei den folgenden drei Beispielen die Beschriftung nicht richtig ist.

Beispiel 1 (Tab. 8.31–8.34)

Tabelle 8.31
1. Band

Takt	0	1	2	3	4	5	6	7
ϱ	ϱ_1	ϱ_3	ϱ_2	ϱ_1	ϱ_3	ϱ_2	ϱ_4	ϱ_1
$\varkappa$	$\varkappa_0$	$\varkappa_0$	$\varkappa_1$	$\varkappa_0$	$\varkappa_1$			
λ	λ_1	λ_3	λ_4	λ_1	λ_4	λ_3	λ_1	λ_1

Tabelle 8.32
2. Band

Takt	0	1	2	3	4	5	6
ϱ	ϱ_4	ϱ_2	ϱ_3	ϱ_4	ϱ_3	ϱ_2	ϱ_4
$\varkappa$	$\varkappa_0$	$\varkappa_1$	$\varkappa_0$	$\varkappa_1$			
λ	λ_2	λ_3	λ_3	λ_1	λ_2	λ_3	λ_2

Tabelle 8.33
Tabelle des Automaten

$\varkappa$	ϱ			
	ϱ_1	ϱ_2	ϱ_3	ϱ_4
$\varkappa_0$	$\varkappa_0$?		$\varkappa_1$	
$\varkappa_1$		$\varkappa_0$		

Tabelle 8.34
Tabelle des Zuordners

$\varkappa$	ϱ			
	ϱ_1	ϱ_2	ϱ_3	ϱ_4
$\varkappa_0$	λ_1		λ_3	λ_1
$\varkappa_1$		λ_4 ?	λ_4	

Beispiel 2 (Tab. 8.35–8.38)

Tabelle 8.35
1. Band

Takt	0	1	2	3	4	5	6	7
ϱ	ϱ_2	ϱ_1	ϱ_3	ϱ_2	ϱ_3	ϱ_1	ϱ_1	ϱ_1
$\varkappa$	$\varkappa_0$	$\varkappa_0$	$\varkappa_1$	$\varkappa_0$				
λ	λ_2	λ_1	λ_3	λ_2	λ_2	λ_2	λ_1	λ_2

Tabelle 8.36
2. Band

Takt	0	1	2	3	4	5
ϱ	ϱ_3	ϱ_3	ϱ_2	ϱ_1	ϱ_3	ϱ_1
$\varkappa$	$\varkappa_0$	$\varkappa_1$	$\varkappa_0$	$\varkappa_0$		
λ	λ_1	λ_3	λ_2	λ_1	λ_3	λ_1

Tabelle 8.37
Tabelle des Automaten

$\varkappa$	ϱ		
	ϱ_1	ϱ_2	ϱ_3
$\varkappa_0$	$\varkappa_1$	$\varkappa_0$	$\varkappa_1$
$\varkappa_1$			$\varkappa_0$

Tabelle 8.38
Tabelle des Zuordners

$\varkappa$	ϱ		
	ϱ_1	ϱ_2	ϱ_3
$\varkappa_0$	λ_1	λ_2	λ_1
$\varkappa_1$			λ_3

Beispiel 3 (Tab. 8.39–8.41)

Tabelle 8.39
1. Band

Takt	0	1	2	3	4	5
ϱ	ϱ_2	ϱ_1	ϱ_3	ϱ_3	ϱ_2	ϱ_1
$\varkappa$	$\varkappa_0$	$\varkappa_0$	$\varkappa_1$	$\varkappa_0$		
λ	λ_2	λ_1	λ_3	λ_1	λ_3	λ_2

Tabelle 8.40
2. Band

Takt	0	1	2	3	4	5
ϱ	ϱ_1	ϱ_2	ϱ_1	ϱ_3	ϱ_2	ϱ_1
$\varkappa$	$\varkappa_0$	$\varkappa_1$	$\varkappa_1$	$\varkappa_0$		
λ	λ_1	λ_2	λ_3	λ_1	λ_3	λ_2

Tabelle 8.41
3. Band

Takt	0	1	2	3	4
ϱ	ϱ_1	ϱ_1	ϱ_3	ϱ_2	ϱ_1
$\varkappa$	$\varkappa_0$	$\varkappa_1$	$\varkappa_0$		
λ	λ_1	λ_3	λ_1	λ_2	λ_3

Die falsche Beschriftung bei den Beispielen 1–3 ist eine Folge davon, daß die oben angeführten Bedingungen 1), 2) und 3) für eine richtige Beschriftung nicht eingehalten wurden.

Es sei darauf hingewiesen, daß die uns ursprünglich gegebenen Bänder, die nur im ersten Feld der $\varkappa$-Zeilen das Symbol $\varkappa_0$ enthalten, zusammen mit den, bis auf den eingetragenen Anfangszustand leeren Tabellen von Automat und Zuordner eine richtige Beschriftung ergeben, wenn nur die Problemstellung widerspruchsfrei ist. Die oben genannten Bedingungen 1) und 2) für eine „richtige Beschriftung" sind automatisch erfüllt, während die Widerspruchsfreiheit auch die Erfüllung der Bedingung 3) garantiert.

Wir setzen voraus, daß eine richtige (nicht notwendige Anfangs-) Beschriftung vorliegt. An dieser Beschriftung mögen die Symbole $\varkappa_1, \varkappa_2, \ldots, \varkappa_s$ beteiligt sein. Die weitere Eintragung erfolgt nach dem unten beschriebenen Algorithmus, der in einer endlichen Zahl von Schritten zu einer neuen richtigen Beschriftung führt, und der daher erneut angewendet werden kann, bis die gegebenen Bänder vollständig beschriftet sind. Das Problem ist damit gelöst, da auch die letzte Beschriftung richtig ist und somit keine Widersprüche enthält.

Wir kommen nun zur Beschreibung dieses Algorithmus und nehmen also an, daß ein Teil der Bänder bereits richtig beschriftet ist, und daß dazu die Symbole $\varkappa_0, \varkappa_1, \ldots, \varkappa_s$ benutzt worden sind. Zunächst numerieren wir die Bänder in beliebiger Reihenfolge durch und gehen dann folgendermaßen vor:

1) Wir gehen zum ersten noch leeren Feld der $\varkappa$-Zeile beim ersten noch nicht ganz beschrifteten Band und versuchen das Symbol $\varkappa_0$ hineinzuschreiben.

Dabei prüfen wir, ob dies zu Widersprüchen mit den bisher ausgefüllten Zellen der Zuordnertabelle führt. Wenn dies der Fall ist, versuchen wir es mit dem Symbol $\varkappa_1$, kontrollieren die Widerspruchsfreiheit usw. Führen alle Symbole $\varkappa_0, \varkappa_1, \ldots, \varkappa_s$ zu einem Widerspruch, so nehmen wir ein neues Symbol $\varkappa_{s+1}$ und ergänzen die Tabellen durch eine neue Zeile. Dieses neu gewählte Symbol, das zu keinem Widerspruch in der Zuordnertabelle führt, bezeichnen wir mit $\varkappa'$. Wenn es ein neues Symbol ist, d. h. $\varkappa' = \varkappa_{s+1}$, füllen wir das entsprechende Feld des Bandes und die Zellen der neuen Zeile von Automaten- und Zustandstabelle aus und gehen zu Punkt 3 des Algorithmus über. Wenn aber $\varkappa' = \varkappa_k$ $(0 \leqq k \leqq s)$ ist, so gehen wir nach Eintragung dieses Symbols in das Bandfeld und Ausfüllung der entsprechenden Zellen in den Tabellen zum folgenden Punkt 2 des Algorithmus über.

2) Wir wenden uns nun der Tabelle des Automaten zu, in der eine neue Zelle entsprechend 1) ausgefüllt worden ist, und untersuchen, ob die Beschriftung des ersten Bandes nicht fortgesetzt werden kann (ohne dabei neue Zellen der Automatentabelle auszufüllen).

Wenn dies möglich ist, wird das erste Band weiter beschriftet und dabei immer geprüft, ob sich in der Tabelle des Zuordners ein Widerspruch ergibt. Es gibt dabei zwei Fälle: a) Solange sich keine Widersprüche ergeben, setzen wir die Beschriftung des ersten Bandes fort, bis wir entweder in eine besetzte Zelle der Automatentabelle gelangen oder das erste Band ganz beschriftet ist, worauf wir zu Punkt 3) des Algorithmus übergehen. b) Wenn sich ein Widerspruch mit der Tabelle des Zuordners ergibt, so kehren wir zum Feld des ersten Bandes zurück, in das wir am Ende von Punkt 1) das Symbol $\varkappa' = \varkappa_k$ geschrieben hatten, löschen dieses Symbol in diesem Feld und auch die entsprechenden Eintragungen in den Tabellen von Automat und Zuordner und suchen nach Punkt 1) des Algorithmus ein neues Symbol von $\varkappa_{k+1}$ aus. Nach einer endlichen Zahl von Schritten gelangen wir zu Punkt 3), weil, wenn sich kein passendes $\varkappa'$ unter den Symbolen $\varkappa_0, \varkappa_1, \ldots, \varkappa_s$ finden läßt, ein neues Symbol $\varkappa_{s+1}$ eingetragen wird.

3) Nehmen wir an, daß wir nach Anwendung von Punkt 1) und 2) bei dem Symbol $\varkappa'' = \varkappa_m$ $(k \leqq m \leqq s+1)$ geblieben sind. Nur in diesem Fall nämlich kommen wir überhaupt zu diesem Punkt 3) des Algorithmus. Wir kehren nun zu der richtigen Beschriftung zurück, mit der wir den Algorithmus angefangen hatten, und richten unsere Aufmerksamkeit auf das Symbolpaar $(\varkappa, \varrho)$ in der letzten ausgefüllten Spalte des ersten Bandes. Wir stellen fest, ob dieses Paar in den jeweils letzten Spalten der anderen Bänder vorkommt. Ist das nicht der Fall, gehen wir zu Punkt 4) über. Ist dies der Fall, so muß man bei jedem Band, wo in der letzten Spalte dasselbe Paar $(\varkappa, \varrho)$ wie beim ersten Band steht, die Beschriftung unter Benutzung der Automatentabelle[1]) wie in Punkt 2) beschrieben fortsetzen. Dabei kann es passieren,

[1]) Wenn das neue Symbol $\varkappa_{s+1}$ eingeführt worden war, so ist die Fortsetzung der Beschriftung, wenn überhaupt, dann nur um einen Schritt möglich.

daß a) alle diese Bänder bis zum Ende ausgefüllt werden (d. h. bis man entweder in eine leere Zelle der Automatentabelle trifft oder das Band vollständig beschriftet ist), worauf zu Punkt 4 übergegangen wird, oder b) daß man auf einen Widerspruch in der Tabelle des Zuordners stößt. Dann muß man zu Punkt 1) zurückkehren, das Symbol $\varkappa_m$ und alle dadurch verursachten Eintragungen löschen, und beginnend bei $\varkappa_{m+1}$ ein neues passendes Symbol suchen. Nach endlich vielen Schritten gelangt man dann zu Punkt 4), weil man in jedem Fall zu einem neuen Symbol $\varkappa_{s+1}$ gekommen ist.

4) Es ist zu kontrollieren, ob die neue Beschriftung richtig ist, d. h. es ist die dritte Bedingung der Richtigkeit zu prüfen.

Im Falle einer positiven Antwort ist die Beschriftung richtig und der Algorithmus kann von vorn beginnen. Hat sich keine richtige Beschriftung ergeben, trennen wir uns von dem Symbol $\varkappa'' = \varkappa_m$, löschen alle entsprechenden Eintragungen bei Bändern und Tabellen und setzen die Suche nach einem neuen Symbol nach Punkt 1) fort, wobei wir mit dem Symbol $\varkappa_{m+1}$ beginnen. Hat sich als Symbol $\varkappa''$ das neue Symbol $\varkappa_{s+1}$ ergeben, so verläuft die Kontrolle nach 4) immer positiv und braucht also gar nicht durchgeführt zu werden.

Als Beispiel für die Benutzung dieses Algorithmus empfehlen wir dem Leser, danach die Synthese eines Automaten durchzuführen, der die drei Bänder von Tab. 8.42—8.44 realisiert.

Tabelle 8.42
1. Band

Takt	0	1	2	3	4	5
ϱ	ϱ_2	ϱ_1	ϱ_1	ϱ_3	ϱ_2	ϱ_1
$\varkappa$	$\varkappa_0$					
λ	λ_1	λ_3	λ_2	λ_1	λ_2	λ_3

Tabelle 8.43
2. Band

Takt	0	1	2
ϱ	ϱ_1	ϱ_3	ϱ_2
$\varkappa$	$\varkappa_0$		
λ	λ_3	λ_1	λ_2

Tabelle 8.44
3. Band

Takt	0	1	2	3
ϱ	ϱ_2	ϱ_3	ϱ_1	ϱ_2
$\varkappa$	$\varkappa_0$			
λ	λ_1	λ_2	λ_3	λ_2

Tabelle 8.45
1. Band

Takt	0	1	2	3	4	5
ϱ	ϱ_2	ϱ_1	ϱ_1	ϱ_3	ϱ_2	ϱ_1
$\varkappa$	$\varkappa_0$	$\varkappa_1$	$\varkappa_0$	$\varkappa_0$	$\varkappa_1$	$\varkappa_1$
λ	λ_1	λ_3	λ_2	λ_1	λ_2	λ_3

Nach sechsmaliger Anwendung des Algorithmus lauten die beschrifteten Bänder wie in Tab. 8.45—8.47 gezeigt, wobei die Zustandstabelle des Automaten in Tab. 8.48 und die des Zuordners in Tab. 8.49 dargestellt ist.

Es sei darauf hingewiesen, daß dieser Algorithmus auch in dem einfacheren Fall anwendbar ist, daß die gegebenen Bänder nicht alle mit demselben

Anfangszustand beginnen. Man braucht in diesem Fall nicht einmal die Widerspruchsfreiheit der Problemstellung zu prüfen und kann die richtige Anfangsbeschriftung sofort niederschreiben.

Tabelle 8.46
2. Band

Takt	0	1	2
ϱ	ϱ_1	ϱ_3	ϱ_2
$\varkappa$	$\varkappa_0$	$\varkappa_0$	$\varkappa_1$
λ	λ_2	λ_1	λ_2

Tabelle 8.47
3. Band

Takt	0	1	2	3
ϱ	ϱ_2	ϱ_3	ϱ_1	ϱ_2
$\varkappa$	$\varkappa_0$	$\varkappa_1$	$\varkappa_2$	$\varkappa_1$
λ	λ_1	λ_2	λ_3	λ_2

Tabelle 8.48
Tabelle des Automaten

$\varkappa$	ϱ		
	ϱ_1	ϱ_2	ϱ_3
$\varkappa_0$	$\varkappa_0$	$\varkappa_1$	$\varkappa_1$
$\varkappa_1$	$\varkappa_0$	$\varkappa_1$	$\varkappa_2$
$\varkappa_2$	$\varkappa_1$	—	—

Tabelle 8.49
Tabelle des Zuordners

$\varkappa$	ϱ		
	ϱ_1	ϱ_2	ϱ_3
$\varkappa_0$	λ_2	λ_1	λ_1
$\varkappa_1$	λ_3	λ_2	λ_2
$\varkappa_2$	λ_3	—	—

Die Grundidee dieses Algorithmus besteht darin, daß die bei der bisherigen Beschriftung eingeführten Zustände möglichst bei jedem neuen Schritt benutzt werden, und wenn dies nicht möglich ist, ein neues Symbol eingeführt wird. Selbstverständlich führt dies nicht zu einer minimalen sequentiellen Maschine, weil es vielleicht zweckmäßiger wäre, einen neuen Zustand einzuführen, obgleich sich noch ein alter benutzen ließe, um dafür insgesamt mit weniger Zuständen auszukommen.

Der ganze Inhalt dieses Paragraphen beruht auf der Voraussetzung, daß die Zahl der Paare von Ein- nud Ausgangsfolgen endlich ist und daß sie bei der Problemstellung alle aufgezählt werden. Im folgenden Paragraphen werden wir das allgemeine Syntheseproblem behandeln, bei dem auf die Endlichkeit der gegebenen Beziehungen zwischen Ein- und Ausgangsfolgen verzichtet wird.

§ 8.3 Die algorithmische Unentscheidbarkeit des Problems der Erkennung der Darstellbarkeit rekursiver Ereignisse[1])

Wir setzen voraus, daß die Beziehung zwischen den Ein- und Ausgangsfolgen, die von einer sequentiellen Maschine realisiert werden sollen, irgendwie

[1]) Diejenigen Leser, die mit der Theorie der Algorithmen und rekursiven Funktionen nicht vertraut sind, sollten vorher das Kap. XII lesen.

beschrieben sind. Wir nehmen jetzt an, daß diese Beziehungen völlig beliebig sein können, wenn man sie nur effektiv beschreiben kann, d. h. daß jeder, dem diese Beschreibung bekannt ist, zu jeder Eingangsfolge eindeutig die entsprechende Ausgangsfolge angeben kann.
Um die Frage zu beantworten, ob eine solche sequentielle Maschine existiert, die in der Lage ist, diese Beziehung zu realisieren, muß man den Begriff der effektiven Beschreibung solcher Beziehungen formalisieren. Dies führt uns zu der rekursiven Beschreibung dieser Beziehungen als einzigen bekanntem Mittel der Formalisierung dessen, was man intuitiv mit den Worten „alles, was mit der menschlichen Sprache effektiv gegeben werden kann“ ausdrückt.
Ein mögliches Verfahren zur Beschreibung der Beziehungen zwischen Ein- und Ausgangsfolgen beruht auf der Benutzung des in Kap. VII eingeführten Begriffes der Darstellung von Ereignissen. Anstatt zu jeder Eingangsfolge die entsprechende Ausgangsfolge anzugeben, kann man nämlich auch die Menge G_i aller derjenigen Eingangsfolgen angeben, nach deren Auftreten am Ausgang das gegebene Symbol λ_i auftreten soll.
Wenn diese Mengen $G_0, G_1, \ldots, G_l$ für alle Ausgangssymbole $\lambda_0, \lambda_1, \ldots, \lambda_l$ gegeben sind, so ist eine eindeutige Beziehung zwischen Ein- und Ausgang hergestellt. Wenn also das Eingangsalphabet vier Symbole ϱ enthält und das Ausgangsalphabet aus drei Symbolen λ besteht, und wenn bekannt ist, daß

a) beim Takt p das Symbol λ_1 auftritt, wenn bei den beiden vorhergehenden Takten $p - 2$ und $p - 1$ in der Eingangsfolge zuerst ϱ_1 und danach ϱ_4 aufgetreten sind;

b) das Symbol λ_2 auftritt, wenn die Bedingung a) nicht zutrifft und im Verlauf der letzten drei Takte das Symbol ϱ_3 nicht aufgetreten ist;

c) das Symbol λ_3 in allen übrigen Fällen auftritt, so kann man für jede Eingangsfolge aus dem Alphabet $\{\varrho_1, \varrho_2, \varrho_3, \varrho_4\}$ sofort die Ausgangsfolge hinschreiben.

Bei dieser Art, die Beziehungen zwischen den Folgen zu beschreiben, kann das Syntheseproblem folgendermaßen formuliert werden: Es sind die Ereignisse $G_1, G_2, \ldots, G_l$ gegeben und es ist eine sequentielle Maschine mit dem Ausgangsalphabet $\{\lambda_1, \lambda_2, \ldots, \lambda_l\}$ zu finden, die das Ereignis G_i durch das Auftreten von λ_l am Ausgang darstellt.
Die oben geforderte Formalisierung des Begriffes *„effektive Festlegung der Beziehung zwischen den Folgen“* ist jetzt auf die Formulierung des Begriffes *„effektive Festlegung eines Ereignisses“* zurückgeführt worden. Deshalb kann auch dieser Begriff nur mit Hilfe der Terminologie der rekursiven Beschreibung formalisiert werden, d. h. wenn wir sagen, das Ereignis G_i ist gegeben oder festgelegt, so meinen wir, daß die *rekursive Beschreibung der Menge G_i von Eingangsfolgen gegeben ist.*

Unter Benutzung des Begriffes *rekursive Menge von Folgen* (vgl. Kap. XII) wollen wir sagen, das *Ereignis G_i ist rekursiv*, wenn die Menge G_i der Eingangsfolgen rekursiv ist.

Im Kap. VII haben wir bewiesen, daß in einer sequentiellen Maschine nur reguläre Ereignisse darstellbar sind, und haben aber gleichzeitig gezeigt, daß es auch nicht reguläre Ereignisse gibt. Das Erkennungsproblem, ob es zu jeder Realisierung einer beliebigen effektiv gegebenen Beziehung zwischen Ein- und Ausgangsfolgen eine sequentielle Maschine gibt ist also auf das Problem zurückgeführt, ob jedes konkrete rekursive Ereignis regulär ist. Es entsteht also das Problem der Erkennung der Regularität von rekursiven Ereignissen, das man folgendermaßen formulieren kann: Gibt es einen Algorithmus, der für jedes gegebene rekursive Ereignis die Frage beantwortet, ob es regulär ist?

Satz 1:[1]) *Das Erkennungsproblem für die Regularität von rekursiven Ereignissen ist algorithmisch nicht entscheidbar.*

Beweis. Wir formulieren zunächst ein etwas engeres Problem als es die Erkennung der Darstellbarkeit (also der Regularität) von rekursiven Ereignissen ist, und werden zeigen, daß schon dieses engere Problem algorithmisch unentscheidbar ist, wodurch dann unser Satz bewiesen ist.

Gegeben sei die rekursive Funktion $\varphi(t)$, die auf der Menge der ganzen Zahlen definiert ist und nur Werte aus der endlichen Menge $\{0, 1, 2, \ldots, r - 1\}$ annehmen kann. Wir betrachten einen Automaten A mit den Eingangsalphabet $\{\varrho_0, \varrho_1, \ldots, \varrho_{r-1}\}$. Von allen möglichen Eingangsfolgen bilden wir speziell die Folgen

$$\varrho_{\varphi(0)}\,,$$

$$\varrho_{\varphi(0)}\,\varrho_{\varphi(1)}\,,$$

$$\varrho_{\varphi(0)}\,\varrho_{\varphi(1)}\,\varrho_{\varphi(2)}\,, \ldots$$

wobei $\varrho_{\varphi(t)}$ ein Symbol aus $\{\varrho_i\}$ ist, dessen Index gleich dem Wert der rekursiven Funktion $\varphi(t)$ für $t = i$ ist.

Das Ereignis S^φ möge darin bestehen, daß zu einem bestimmten Zeitpunkt am Eingang des Automaten eine der oben aufgeführten Folgen aufgetreten ist. Anders ausgedrückt tritt das Ereignis S^φ dann und nur dann auf, wenn

[1]) Eine äquivalente Behauptung hat zuerst (ohne Beweis) B. A. TRACHTENBROT in Kap. 5 seiner Arbeit [275] aufgestellt (s. a. [39], [56]). Der Satz 1 ist eine direkte Folge des Satzes von RICE [281], wenn man die Klasse der rekursiven Ereignisse als die Klasse der Ereignisse auffaßt, die von allen möglichen rekursiven Funktionen „erzeugt" werden. Man kann allerdings auch die rekursiven Ereignisse betrachten, die durch primitiv-rekursive Funktionen „erzeugt" werden. Dieser Fall bedarf aber einer Sonderbetrachtung. Der hier angeführte Beweis gilt ohne jede Änderung auch für den Fall primitiv-rekursiver Funktionen.

der Index bei den Symbolen ϱ der Eingangsfolge zu allen Takten 0, 1, 2, ..., p identisch ist mit den aufeinander folgenden Werten $\varphi(0)$, $\varphi(1)$, $\varphi(2)$, ..., $\varphi(p)$ der gegebenen rekursiven Funktion φ. Wir sagen, der Automat A stellt die rekursive Funktion φ dar, wenn er das Ereignis S^{φ} darstellt.

In Übereinstimmung mit § 7.2 werden wir sagen, daß *der Automat A die rekursive Funktion $\varphi(t)$ darstellt*, wenn zu jedem Zeitpunkt p die Automatenzustände $\varkappa(p)$ der ausgewählten Menge M dann und nur dann angehören, wenn die Indizes aller von $t = 0$ bis $t = p$ auftretenden Eingangssymbole die aufeinander folgenden Werte der Funktion $\varphi(t)$ sind.

Es ist leicht einzusehen, daß es rekursive Funktionen gibt, die offensichtlich darstellbar sind (z. B. jede periodische Funktion, weil dafür das Ereignis S^{φ} regulär ist), und solche, die offensichtlich nicht darstellbar sind (z. B. die Funktion $\varphi(t)$, die für $t = n^2$ den Wert 1 hat und sonst überall 0 ist). Es erhebt sich also das Problem, die Darstellbarkeit rekursiver Funktionen zu erkennen. Es ist leicht einzusehen, daß dieses Problem ein Teilproblem des uns interessierenden Falles nach der Erkennung der Darstellbarkeit von rekursiven Ereignissen ist.

Nach dem in § 7.6 bewiesenen Satz ist das rekursive Ereignis S^{φ} dann und nur dann regulär, wenn die rekursive Funktion $\varphi(t)$ periodisch in dem Sinne von S. [redacted] ist. Da aber bekanntlich (s. z. B. [142]) die Erkennung, ob eine beliebig gegebene rekursive Funktion in diesem Sinne periodisch ist, algorithmisch nicht entschieden werden kann, ist auch das Problem der Erkennung der Regularität des Ereignisses S^{φ} und damit also das Problem der Regularität rekursiver Ereignisse algorithmisch unentscheidbar. Damit ist der Satz bewiesen.

Wir setzen nun voraus, daß es, obgleich es keinen Algorithmus für die Erkennung der Regularität von rekursiven Ereignissen gibt, trotzdem in jedem Einzelfall auf irgendeine („schöpferische") Weise möglich ist, die Regularität eines gegebenen rekursiven Ereignisses zu ermitteln. Es ergibt sich dann die Aufgabe, einen Algorithmus für die Synthese eines Automaten anzugeben, der das gegebene rekursive Ereignis darstellt. Wegen des folgenden Satzes von *Trachtenbrot*, den wir ohne Beweis anführen, gibt es auch für dieses Problem kein allgemeines Verfahren zur Lösung der gestellten Aufgabe.

Satz 2. *Wir betrachten die Menge aller rekursiven Ereignisse, die regulär sind. Dann ist das Problem der Synthese eines Automaten, der ein Ereignis dieser Menge darstellt, algorithmisch unentscheidbar.*

Aus den beiden angeführten Sätzen folgt, daß jeder Versuch, ein reguläres Verfahren für die Synthese einer sequentiellen Maschine zur Realisierung einer gewissen Problemstellung zu finden, ebenso zwecklos ist wie der Versuch, die Frage zu beantworten, ob es eine solche Maschine überhaupt gibt, wenn man die zulässigen Verfahren zur Festlegung der gegebenen Beziehungen nicht einengt. Man kann allerdings die Sprache so sehr einengen, daß jede in dieser Sprache formulierte Aufgabe von einer sequentiellen Maschine ausgeführt werden kann, und das Problem der Erkennung ergibt sich deshalb gar nicht und es bleibt nur das Syntheseproblem.

Als Beispiel für eine solche Sprache kann man z. B. einfach die Sprache der regulären Formeln nehmen, d. h. annehmen, daß die Aufgabe immer in der Terminologie der Darstellung von Ereignissen, die durch reguläre Formeln gegeben sind, ausgedrückt werden kann. Dann gibt es offensichtlich einen Algorithmus zur Synthese einer so gegebenen sequentiellen Maschine. Dieser Algorithmus folgt z. B. in einfacher Weise aus den Überlegungen, die wir im Kap. VII beim Beweis des ersten Satzes von KLEENE angestellt hatten. Im § 8.4 werden wir einen anderen (relativ bequemeren und auf weniger Zustände führenden) Algorithmus zur Synthese einer Maschine anführen, die gegebene reguläre Ereignisse darstellt.

Ein anderes Beispiel für eine Sprache, bei der alle in ihr ausgedrückten Aufgaben durch eine sequentielle Maschine realisiert werden können und für die ein Synthesealgorithmus existiert, ist die *Prädikatensprache* von TRACHTENBROT, die in [275] und [276] ausführlich beschrieben ist.

Die praktische Anwendung aller dieser Sprachen läuft aber im Prinzip darauf hinaus, daß die oben beschriebenen Schwierigkeiten von dem Problem, wer macht die Synthese des Automaten, auf die des Problems, wer gibt die Aufgabe für die Synthese, übertragen werden. Um die Vorteile ausnutzen zu können, die eine solche Sprache bietet, muß man die Aufgabe von Anfang an in dieser Sprache formulieren. Deshalb muß die Person, die die Aufgabe stellt, lernen, in dieser Sprache zu „denken", d. h. sie muß in der Lage sein, die an die sequentielle Maschine zu stellenden Forderungen in dieser Sprache zu formulieren. Die ursprüngliche Aufgabenstellung wird indessen notwendig immer in der Umgangssprache erfolgen. Die Aufstellung der regulären Ausdrücke aus der mündlichen Beschreibung bedeutet doch, daß die Möglichkeit dazu zuerst festgestellt werden muß, was aber mit denselben Schwierigkeiten verbunden ist, von denen oben die Rede war.

Eine Sprache, die sich zur Formulierung der Aufgabe und für die weitere Synthese eignen soll, sollte also den folgenden drei Bedingungen genügen:

1) Die natürlichen und häufig vorkommenden mündlichen Beschreibungen sollen sich leicht in diese Sprache „übersetzen" lassen.

2) Die Sprache muß hinreichend weit sein, damit dieser Kreis der „übersetzbaren" mündlichen Beschreibungen auch die natürlichen und häufig vorkommenden mündlichen Beschreibungen umfaßt, die indessen nicht von einer sequentiellen Maschine realisierbar sind.

3) Für alle möglichen, in dieser Sprache formulierbaren Probleme soll sowohl das Erkennungsproblem als auch das Syntheseproblem algorithmisch entscheidbar sein.

Bisher sind nur die ersten Schritte in Richtung einer solchen Sprache getan worden, die diesen drei Bedingungen genügt. Im folgenden Paragraphen werden wir einen Algorithmus für die Synthese kennenlernen, wobei die Aufgabe in der Sprache der regulären Formeln ausgedrückt ist, und das Problem der Erkennung damit entfällt.

§ 8.4 Die Synthese von endlichen Automaten und sequentiellen Maschinen bei der Problemstellung durch reguläre Ausdrücke[1])

Es seien ein oder mehrere reguläre Ausdrücke (s. § 7.3) gegeben und es soll eine sequentielle Maschine konstruiert werden, die die durch diese regulären Ausdrücke definierten Ereignisse dadurch darstellt, daß für jedes dieser Ereignisse am Ausgang ein bestimmtes Symbol auftritt[2]). Diese Aufgabe werden wir auf die Synthese eines endlichen Automaten zurückführen, der jedes dieser Ereignisse durch seine Zustandsmenge darstellt.
Eine Aufgabe dieser Art haben wir im wesentlichen schon im Kap. VII gelöst. Wir haben in diesem Kapitel nämlich den ersten Satz von Kleene effektiv bewiesen, d. h., der Beweis dieses Satzes enthielt eine Methode zur Konstruktion eines Automaten, der jedes durch einen regulären Ausdruck definierte Ereignis darstellen kann. Sind mehrere reguläre Ausdrücke gegeben, so kann man nach dieser Methode für jeden Ausdruck einzeln einen zugehörigen Automaten konstruieren und die Ausgänge dieser Automaten auf einen Zuordner führen. Wir stoßen hier allerdings auf eine ähnliche Situation wie schon in § 8.2. Die Lösung ist zwar prinzipiell bekannt, sie befriedigt uns aber nicht, weil die sich ergebende Maschine außerordentlich viele Zustände k hat und für die folgende Minimisierung ungeeignet ist.
Wir wollen daher im folgenden kurz eine andere Methode beschreiben, um einen Automaten zu konstruieren, der eine oder mehrere, durch reguläre Ausdrücke definierte Ereignisse darstellen kann. Diese Methode ist eigentlich eine graphische Interpretation einer von Gluschkow [84] vorgeschlagenen Methode und führt auf Automaten, die weniger Zustände haben als die, die sich nach dem Beweis des ersten Satzes von Kleene in Kap. VII ergeben würden.
Beginnen wir mit dem Fall, daß nur ein regulärer Ausdruck gegeben ist. Für unsere Zwecke eignet sich eine Schreibweise der regulären Ausdrücke, die sich etwas von der in Kap. VII eingeführten unterscheidet. Dort hatten wir bei der Aufstellung eines regulären Ausdruckes als ursprüngliche Elemente endlich lange Stücke der Eingangsbänder genommen (d. h. endliche Folgen der Eingangssymbole ϱ_i), die wir mit den ersten Buchstaben des lateinischen Alphabetes $a, b, c, \ldots$ bezeichnet hatten. Hier nehmen wir als ursprüngliche Elemente die Eingangssymbole ϱ_i selbst, d. h. also nur Eingangsfolgen der Länge 1.

[1]) Auf Wunsch der Autoren hat diesen Paragraphen O. P. Kusnezow geschrieben.
[2]) Wie schon oben bemerkt, bleiben wir dabei völlig bei jenen Überlegungen, von denen wir uns bei der Wahl dieser regulären Ausdrücke leiten ließen.

Für endliche Folgen $a, b, c, \ldots$ kann man einen regulären Ausdruck durch die Multiplikation bilden. So entspricht z. B. der Folge $a = \varrho_1 \varrho_5 \varrho_3 \varrho_4$ der Ausdruck

$$R = \{[(\varrho_1 \cdot \varrho_5) \cdot \varrho_3] \cdot \varrho_4\} .$$

Aus einem regulären Ausdruck mit den ursprünglichen Elementen $a, b, c, \ldots$ kann man also sofort den regulären Ausdruck mit den ursprünglichen Elementen ϱ_i aufstellen.

Ein regulärer Ausdruck, der nach Kap. VII z. B. die Form

$$R = \{[(b \vee c)^*] \vee (a \cdot c)\} ,$$

mit $a = \varrho_1$, $b = \varrho_2 \cdot \varrho_3$ und $c = \varrho_1 \cdot \varrho_2$ hat, wird jetzt in der Form

$$R = \{([(\varrho_2 \cdot \varrho_3) \vee (\varrho_1 \cdot \varrho_2)]^*) \vee [\varrho_1 \cdot (\varrho_1 \cdot \varrho_2)]\}$$

geschrieben. Selbstverständlich kann die Tiefe eines solchen regulären Ausdruckes nun sehr viel größer werden.

Der nächste Schritt besteht nun darin, den gegebenen regulären Ausdruck auf einem Graphen abzubilden. Die Konstruktion des Graphen ist in folgender Weise induktiv definiert:

1) Für die ursprünglichen Klammern, d. h.

$$(\varrho_i \vee \varrho_j) , \quad (\varrho_i \cdot \varrho_j) \quad \text{und} \quad (\varrho_i)^*$$

sind die Graphen in Bild 8.1 dargestellt.

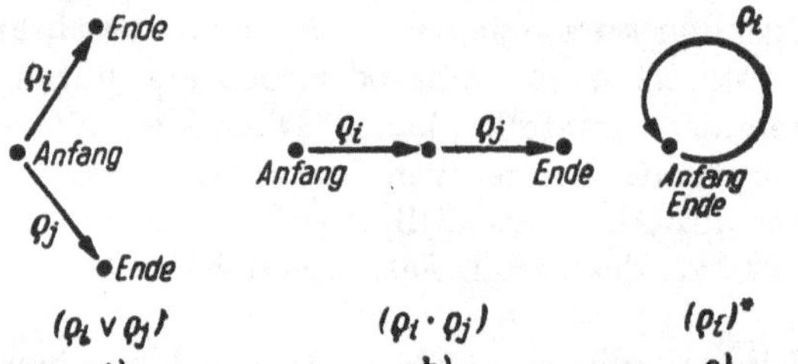

a) b) c) Bild 8.1

Die Disjunktion $(\varrho_i \vee \varrho_j)$ wird durch einen Graphen mit zwei Pfeilen dargestellt (Bild 8.1 a), die von einem Punkt ausgehen und die Beschriftungen ϱ_i bzw. ϱ_j tragen. Der Graph für die Disjunktion hat einen Anfang und zwei Enden.

Das Produkt $(\varrho_i \cdot \varrho_j)$ wird durch zwei Pfeile hintereinander mit den Beschriftungen ϱ_i und ϱ_j dargestellt (Bild 8.1 b). Der Graph hat einen Anfang und ein Ende.

Die Iteration $(\varrho_i)^*$ wird durch einen Pfeil dargestellt (Bild 8.1 c), dessen Spitze auf den eigenen Anfang zeigt. Er trägt die Bezeichnung ϱ_i und Anfang und Ende fallen hier zusammen.

2) Wir können nun die Graphen für die regulären Ausdrücke R_1 und R_2 folgendermaßen konstruieren. Jeder dieser Graphen hat einen Anfang und wenigstens ein Ende, wobei im Falle der Iteration das Ende mit dem Anfang zusammenfallen kann.
Der Graph des Ausdruckes $(R_1 \vee R_2)$ ergibt sich dann durch die Vereinigung der Anfänge der Graphen von R_1 und R_2. In dem erhaltenen Graphen dient dann der Punkt als Anfang, der sich durch die Vereinigung der Anfänge von R_1 und R_2 ergibt, und als Enden alle Enden sowohl von R_1 als auch von R_2.
Der Graph von $(R_1 \cdot R_2)$ ergibt sich dadurch, daß man alle Enden von R_1 mit dem Anfang von R_2 vereinigt, d. h. die Pfeile von R_1, die auf seine Enden zeigen, zeigen auf den Anfang von R_2. Der Anfang von $(R_1 \cdot R_2)$ ist der Anfang von R_1, die Enden sind alle Enden von R_2.

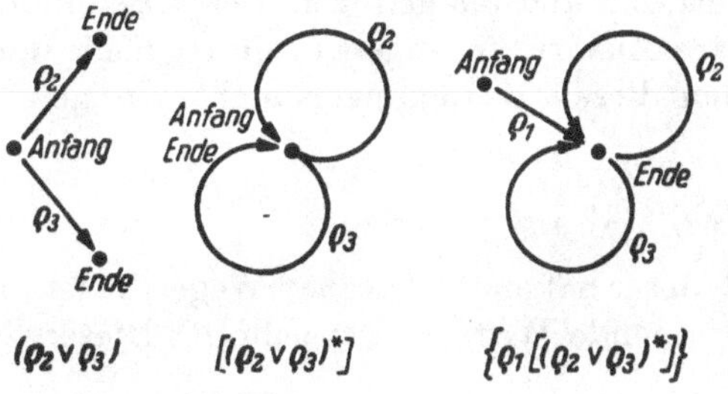

Bild 8.2

Der Graph von $(R_1)^*$ ergibt sich aus R_1 dadurch, daß man alle seine Enden mit seinem Anfang vereinigt, d. h. alle nach Enden zeigenden Pfeile auf den Anfang zurückführt. Der Anfang von R_1 ist also gleichzeitig Anfang und Ende von $(R_1)^*$.
Nachdem wir diese Operationen über Graphen definiert haben, können wir für jeden regulären Ausdruck den zugehörigen Graphen konstruieren. Betrachten wir einige Beispiele.
Der reguläre Ausdruck

$$R = \{\varrho_1 \cdot [(\varrho_2 \vee \varrho_3)^*]\}$$

hat den Graphen von Bild 8.2, wo auch die einzelnen Schritte zur Gewinnung dieses Graphen abgebildet sind.
Der reguläre Ausdruck

$$R = \{([(\varrho_2 \cdot \varrho_3) \vee (\varrho_1 \cdot \varrho_2)]^*) \cdot (\varrho_1 \cdot (\varrho_1 \cdot \varrho_2)]\}$$

hat den Graphen von Bild 8.3.
Ein Graph, der einen regulären Ausdruck abbildet, soll nun den folgenden Forderungen genügen. Jeder Weg im Graphen vom Anfang zu irgendeinem der Enden definiert eine Eingangsfolge, deren Auftreten am Eingang des Automaten dem Eintreten des Ereignisses entspricht, das durch den regulären

Ausdruck R definiert ist, und umgekehrt soll jeder Folge, der das Eintreten eines Ereignisses entspricht, im Graphen ein Weg vom Anfang zu einem der Enden entsprechen.

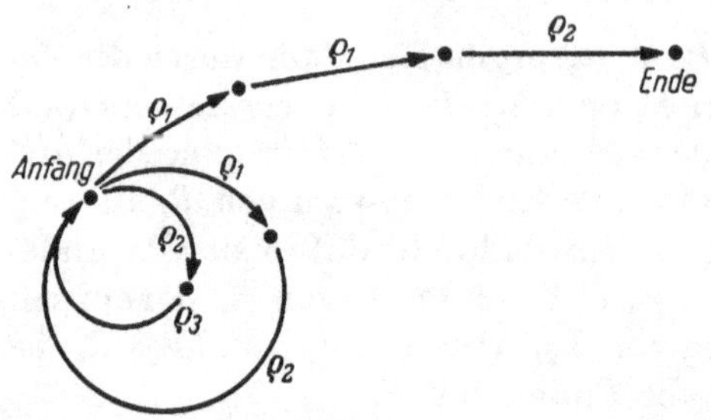

Bild 8.3

Die Graphen von den Bildern 8.2 und 8.3 genügen dieser Bedingung. Man kann aber unschwer reguläre Ausdrücke angeben, deren nach den obigen Regeln konstruierte Graphen diesen Bedingungen nicht genügen. So entspricht dem Ausdruck

$$R = [([\varrho_1 \cdot (\varrho_2)^*] \vee \varrho_2) \cdot \varrho_3\}$$

der Graph von Bild 8.4, und dieser hat auch „falsche" Wege. So ist in Bild 8.4 der der Folge $\varrho_2 \varrho_2 \varrho_3$ entsprechende Weg fett gezeichnet. Dieser Weg wird druch den Ausdruck

$$\{[\varrho_2 \cdot (\varrho_2)^*] \cdot \varrho_3\}$$

beschrieben und ihm entspricht kein Ereignis R.

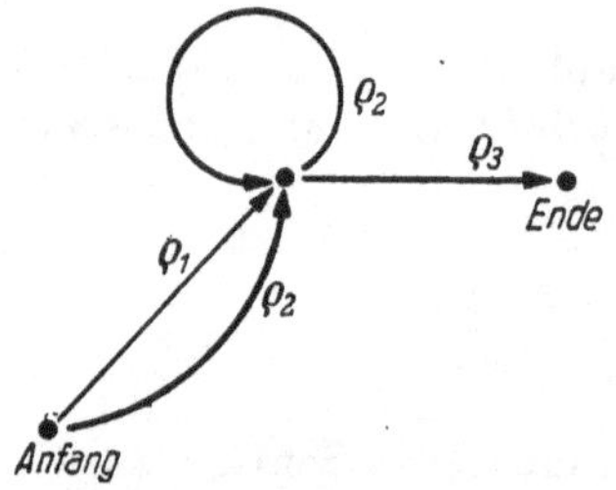

Bild 8.4

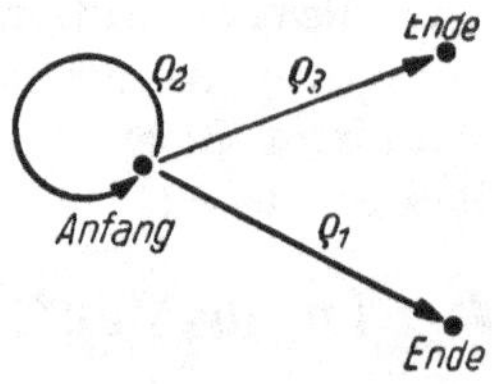

Bild 8.5

Als zweites Beispiel dieser Art betrachten wir den Graphen von Bild 8.5, zu dem der reguläre Ausdruck

$$R = \{[(\varrho_2)^* \cdot \varrho_3] \vee \varrho_1\}$$

gehört. Auch dem in Bild 8.5 fett gezeichneten Weg entspricht kein Ereignis R. Sehen wir uns noch ein Beispiel an. Zu dem Ausdruck

$$R = \{(\varrho_1 \cdot [(\varrho_2)^* \cdot (\varrho_3)^*]) \cdot \varrho_4\}$$

gehört der Graph von Bild 8.6. In diesem Graphen gibt es den Weg $\varrho_1 \varrho_3 \varrho_2 \varrho_4$ vom Anfang zum Ende, der wieder kein Ereignis ist.
Die angeführten drei Beispiele von Bild 8.4—8.6 charakterisieren alle drei möglichen Fälle, die zu falschen Wegen in einem Graphen führen können. Diese Fälle sind bei den folgen Operationen möglich:

1) Multiplikation von links mit einer Disjunktion, wenn wenigstens eines der disjunktiven Glieder durch eine Iteration abgeschlossen wird:

$$[([A \cdot (B)^*] \vee C) \cdot D] \; ;$$

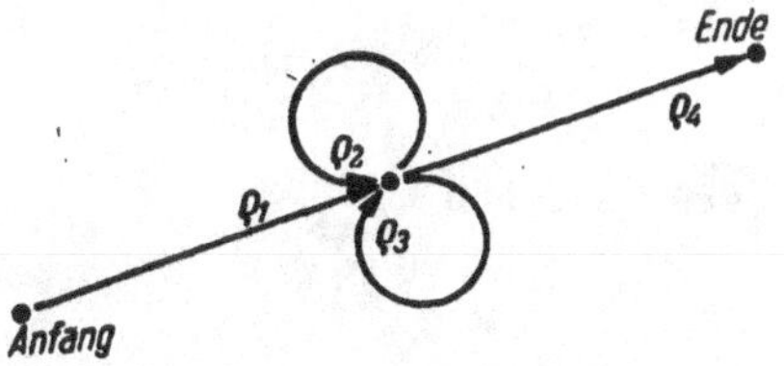

Bild 8.6

2) Disjunktion, wenn wenigstens eines der disjunktiven Glieder mit einer Iteration anfängt:

$$\{[(A)^* \cdot B] \vee C\} \; ;$$

3) Multiplikation zweier Iterationen:

$$[(A)^* \cdot (B)^*] \; .$$

Um in diesen drei Fällen das Auftreten von falschen Wegen in einem Graphen zu verhindern, muß man bei der Konstruktion die entsprechenden Anfänge und Enden durch Pfeile ohne Beschriftung, sog. *leere Pfeile*, verbinden. Ein leerer Pfeil gibt nur die Bewegungsrichtung durch den Graphen an und wird „momentan" durchlaufen, d. h. ohne einen Arbeitstakt des Automaten.

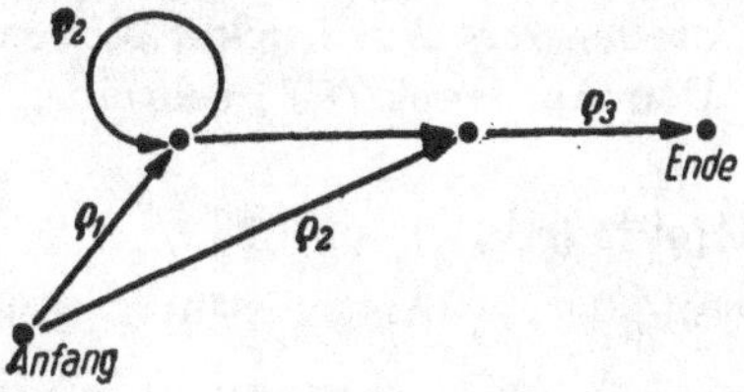

Bild 8.7

Die Verteilung der leeren Pfeile wollen wir an der Korrektur der obigen drei Beispiele demonstrieren. Die verbesserten Graphen zeigen die Bilder 8.7, 8.8, 8.9. Beim ersten Beispiel zeigt der leere Pfeil aus dem Ende der Iteration heraus. Beim zweiten Beispiel führt der leere Pfeil aus dem gemeinsamen Anfangspunkt zum Anfang der Iteration und im dritten Beispiel sind Ende der ersten und Anfang der zweiten Iteration mit dem leeren Pfeil zu verbinden. Diesen Graphen entsprechen die obigen regulären Ausdrücke, und es gibt keine falschen Wege mehr.

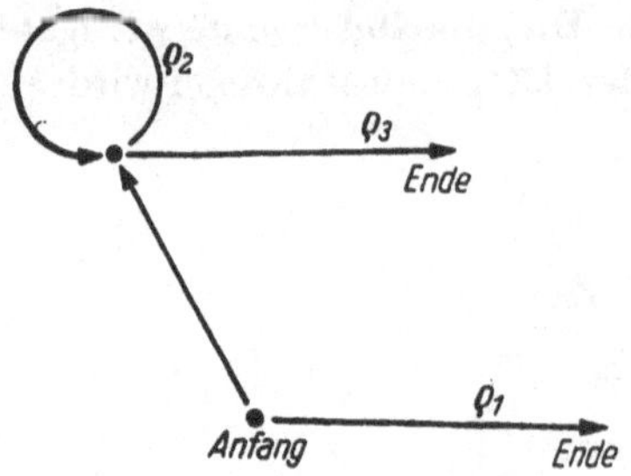

Bild 8.8

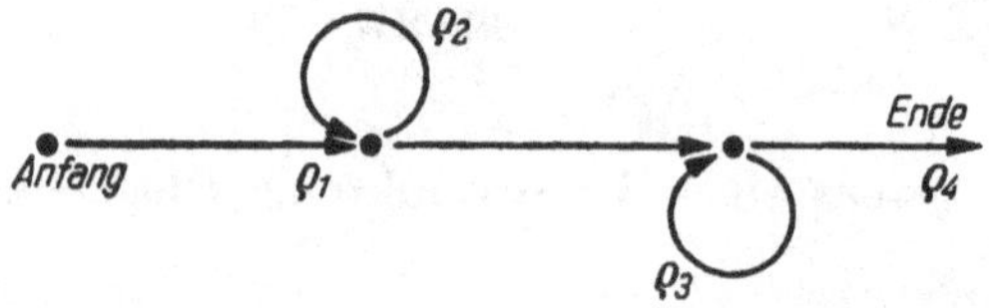

Bild 8.9

An dem folgenden Beispiel werden wir nun die Methode zur Synthese eines Automaten demonstrieren. Es sei der reguläre Ausdruck

$$R = \{[(\varrho_1 \cdot \{[(\varrho_2)^* \cdot \varrho_3] \vee [\varrho_1 \cdot (\varrho_2)^*]\}) \cdot (\varrho_3)^*] \vee \vee ([(\varrho_1 \cdot \varrho_2)^*] \cdot \{[\varrho_3 \vee (\varrho_2 \cdot \varrho_2)]^*\} \cdot \varrho_1)\} \tag{8.1}$$

gegeben, dessen Graph mit allen notwendigen leeren Pfeilen das Bild 8.10 zeigt. Bei diesem Graphen tragen die Pfeilbeschriftungen noch obere Indizes, deren Bedeutung sogleich erklärt werden wird.

Bei dem Ausdruck (8.1) numerieren wir alle Symbole ϱ ohne Rücksicht auf die unteren Indizes von links nach rechts mit 1, 2, 3, ... durch. Diese Nummern schreiben wir als obere Indizes an die Symbole ϱ_i. Dabei erhalten natürlich gleiche, an verschiedenen Stellen des Ausdruckes stehende Symbole ϱ_i verschiedene obere Indizes. Den Ausdruck (8.1) schreiben wir also in der Form

$$R = \{[(\varrho_1^{(1)} \cdot \{[(\varrho_2^{(2)})^* \cdot \varrho_3^{(3)}] \vee [\varrho_1^{(4)} \cdot (\varrho_2^{(5)})]\}) \cdot (\varrho_3^{(6)})^*] \vee \vee ([(\varrho_1^{(7)} \cdot \varrho_2^{(8)})^*] \cdot \{[\varrho_3^{(9)} \vee (\varrho_2^{(10)} \cdot \varrho_2^{(11)})]^*\} \cdot \varrho_1^{(12)})\}\,. \tag{8.2}$$

Die oberen Indizes übertragen wir nun auch auf die Pfeilbeschriftungen. Beim praktischen Gebrauch der Methode wird man zweckmäßiger Weise erst die Durchnumerierung in dem Ausdruck vornehmen und dann den Graphen konstruieren. Der Graph von Bild 8.10 entspricht nun völlig dem Ausdruck (8.2).

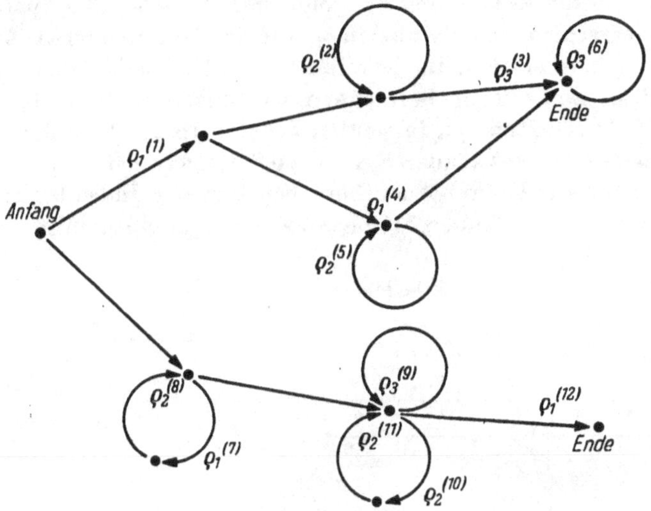

Bild 8.10

Bei jedem Knotenpunkt des Graphen notieren wir nun die oberen Indizes der *darauf zeigenden* Pfeile, und der Anfangsknotenpunkt bekommt außerdem noch den Index 0. Alle Indizes eines Knotens, von dem ein leerer Pfeil ausgeht, werden den Indizes des Knotens, auf den der leere Pfeil zeigt, hinzugerechnet (aber nicht umgekehrt!). Kommen bei einem Knoten zwei gleiche Indizes vor, so werden diese nur einmal hingeschrieben. Bei dem Bild 8.11 sind bei allen Knoten die Indizes vermerkt.

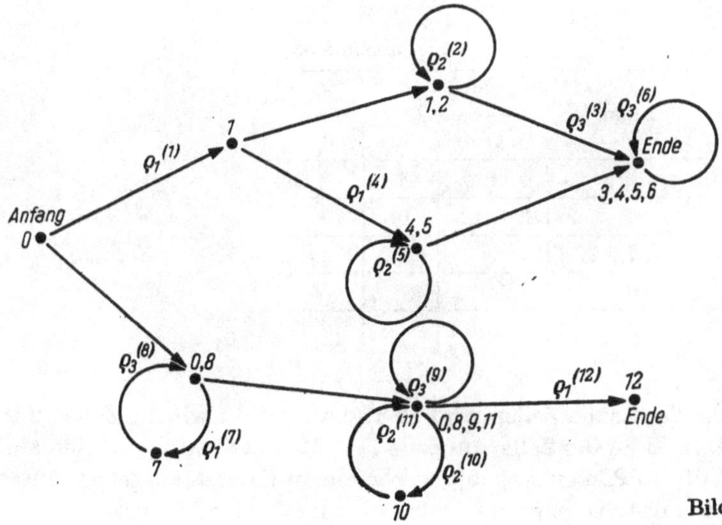

Bild 8.11

Wir gehen nun an die Aufstellung der folgenden Tabelle. Die Spalten entsprechen den verschiedenen Symbolen ϱ_i, die in dem regulären Ausdruck enthalten sind. Die erste Zeile bekommt in allen Zellen das Symbol * (Tab. 8.50). Die zweite Zeile bezeichnen wir mit dem Index 0, und die Zellen dieser Zeile erhalten den folgenden Inhalt. In die Zelle der Spalte ϱ_i werden die oberen Indizes k aller Symbole $\varrho_i^{(k)}$ eingetragen, die an Pfeilen stehen, die von einem Knoten ausgehen, bei dem der Index 0 vorkommt. Für unser Beispiel ist in Tab. 8.51 diese zweite Zeile ausgefüllt.

Tabelle 8.50

Index	ϱ		
	ϱ_1	ϱ_2	ϱ_3
*	*	*	*

Tabelle 8.51

Index	ϱ		
	ϱ_1	ϱ_2	ϱ_3
*	*	*	*
0	1, 7, 12	10	9

Die Tabelle wird nun durch so viele neue Zeilen ergänzt, wie in der Zeile 0 verschiedene Zellenbeschriftungen aufgetreten sind (Tab. 8.52).

Tabelle 8.52

Index	ϱ		
	ϱ_1	ϱ_2	ϱ_3
*	*	*	*
0	1, 7, 12	10	9
1, 7, 12			
10			
9			

Jede Zelle der neuen Zeilen wird ebenso ausgefüllt wie die Zellen der Zeile 0. So stehen z. B. in der Zelle von Zeile 1, 7, 12 und Spalte ϱ_3 alle oberen Indizes von $\varrho_3^{(k)}$, die an Pfeilen stehen, die von einem Knoten ausgehen, unter dessen Indizes wenigstens einer der Indizes 1 oder 7 oder 12 vorkommt. Wenn es keine solchen Pfeile gibt, wird die Zelle mit dem Symbol * beschriftet. In Tab. 8.53 sind die eingeführten drei neuen Zeilen auf diese Weise beschriftet.

Tabelle 8.53

Index	ϱ		
	ϱ_1	ϱ_2	ϱ_3
*	*	*	*
0	1, 7, 12	10	9
1, 7, 12	4	2	3, 8
10	*	11	*
9	12	10	9

Diese Tabelle 8.53 wird nun wiederum durch so viele neuen Zeilen ergänzt, wie bei der Ausfüllung der drei Zeilen neue, noch nicht aufgetretene Beschriftungen vorgekommen sind. Die Zellen dieser neuen Zeilen werden wieder nach der obigen Vorschrift ausgefüllt. Dies hat wieder neue Zeilen zur Folge usw. Dieser Prozeß ist nach endlich vielen Schritten zu Ende, weil die Zahl der verschiedenen Indexkombinationen endlich ist. Kommen in dem regulären Ausdruck N Symbole vor, so gibt es insgesamt $N + 1$ Indizes und also nicht mehr als 2^{N+1} verschiedene Indexkombinationen, d. h. verschieden ausgefüllte Zellen und also höchstens 2^{N+1} Zeilen.

In Tab. 8.54 markieren wir alle diejenigen Zeilen durch einen Haken, in deren linker Spalte ein Index vorkommt, der an einem Endknoten steht. Danach werden die Zeilen nacheinander mit den Symbolen $\varkappa_0, \varkappa_1, \ldots$ bezeichnet und diese Bezeichnung auch in die einzelnen Zellen der Tabelle übernommen. Die so konstruierte Tab. 8.55 ist die Zustandstabelle des endlichen Automaten, der, beginnend mit dem Anfangszustand $\varkappa_1$, durch die Menge der abgehakten Zustände (hier $\varkappa_2, \varkappa_5, \varkappa_7, \varkappa_9, \varkappa_{10}, \varkappa_{11}, \varkappa_{12}, \varkappa_{13}, \varkappa_{14}$) das durch den regulären Ausdruck (8.1) definierte Ereignis darstellt.

An Hand unseres Beispieles wollen wir das etwas näher erläutern. Auf den Eingang unseres Automaten geben wir beim Anfangszustand $\varkappa_1$ die Eingangsfolge $\varrho_1\varrho_3\varrho_1$. Der Automat geht in den Zustand $\varkappa_{13}$ über. Das Symbol $\varkappa_{13}$ entspricht den Indizes 7 und 12. Aus der Art, wie die Tab. 8.54 konstruiert wurde, folgt dann aber, daß es in dem Graphen einen Weg $\varrho_1^{i_1}\varrho_3^{i_2}\varrho_1^{i_3}$ (über möglicherweise leere Pfeile) gibt, der vom Anfang des Graphen ausgeht. und als Symbol $\varrho_1^{i_3}$ die Symbole ϱ_1^7 und ϱ_1^{12} dienen, d. h. $i_3 = 7$ oder $i_3 = 12$, Es ist nun die Frage zu beantworten, ob die Folge $\varrho_1\varrho_3\varrho_1$ das Auftreten eines Ereignisses bedeutet. Auf den Graphen bezogen kann man die Frage auch so stellen: Gibt es im Graphen einen Weg $\varrho_1\varrho_3\varrho_1$, der vom Anfang zu einem der Enden führt? Die Tab. 8.54 beantwortet diese Frage. Da der Weg $\varrho_1\varrho_3\varrho_1$

mit dem Symbol ϱ_1^{12} abgeschlossen werden kann und ein Pfeil mit dieser Beschriftung zu einem Endknoten führt (nämlich zu dem mit dem Index 12), so existiert ein solcher Weg. Jeder Folge überhaupt, die den Automaten in einen der abgehakten Zustände überführt, entspricht in dem Graphen ein Weg, der mit einem, zu einem Endknoten zeigenden Pfeil abgeschlossen wird, d. h., einer solchen Eingangsfolge entspricht ein Weg vom Anfang zu einem der Enden des Graphen. Das aber bedeutet, daß das gegebene Er-

Tabelle 8.54

	Index	ϱ		
		ϱ_1	ϱ_2	ϱ_3
	*	*	*	*
	0	1, 7, 12	10	9
∨	1, 7, 12	4	2	3,8
	10	*	11	*
	9	12	10	9
∨	4	*	5	6
	2	*	2	3
∨	3,8	7, 12	10	6,9
	11	12	10	9
∨	12	*	*	*
∨	5	*	5	6
∨	6	*	*	6
∨	3	*	*	6
∨	7, 12	*	*	8
∨	6, 9	12	10	6,9
	8	7, 12	10	9

eignis eingetreten ist. Der Automat stellt dieses Ereignis also dar. Wenn eine Eingangsfolge auftritt, die für keine in dem Ereignis enthaltene Folge als Anfangsstück dienen kann und das Ereignis also nicht eintreten wird, geht der Automat in den Zustand $\varkappa_0$ über und bleibt in diesem Zustand. In unserem Beispiel ergibt sich diese Situation z. B. bei den Folgen $\varrho_1\varrho_1\varrho_1$ oder $\varrho_1\varrho_3\varrho_2\varrho_1$ (Tab. 8.55).

Sind mehrere Ausdrücke $R_1, R_2, \ldots, R_m$ gegeben, so kann die beschriebene Methode in folgender Weise angewendet werden. Wir numerieren wieder alle in den Ausdrücken vorkommenden Symbole durch (d. h. wenn die Symbole von R_1 mit $1, 2, \ldots, m$ numeriert sind, beginnt die Numerierung von R_2 mit $m + 1$). Für jeden Ausdruck wird ein eigener Graph konstruiert.

Die Anfangsknoten aller Graphen erhalten den Index 0. Für alle Graphen wird eine gemeinsame Tabelle aufgestellt, und in ein und derselben Zelle können durchaus Indizes aus verschiedenen Graphen stehen. Danach werden die Zeilen getrennt markiert, deren Indizes in der linken Spalte zu den Endknoten der einzelnen Graphen gehören, d. h., es wird die Menge derjenigen Symbole bestimmt, die jedes der Ereignisse $R_1, R_2, \ldots, R_m$ darstellen. Der Ausgangszuordner ordnet dann jeder dieser Zustandsmengen

Tabelle 8.55

	$\varkappa$	ϱ		
		ϱ_1	ϱ_2	ϱ_3
	$\varkappa_0$	$\varkappa_0$	$\varkappa_0$	$\varkappa_0$
	$\varkappa_1$	$\varkappa_2$	$\varkappa_3$	$\varkappa_4$
$\vee$	$\varkappa_2$	$\varkappa_5$	$\varkappa_6$	$\varkappa_7$
	$\varkappa_3$	$\varkappa_0$	$\varkappa_8$	$\varkappa_0$
	$\varkappa_4$	$\varkappa_9$	$\varkappa_3$	$\varkappa_4$
$\vee$	$\varkappa_5$	$\varkappa_0$	$\varkappa_{10}$	$\varkappa_{11}$
	$\varkappa_6$	$\varkappa_0$	$\varkappa_6$	$\varkappa_{12}$
$\vee$	$\varkappa_7$	$\varkappa_{13}$	$\varkappa_3$	$\varkappa_{14}$
	$\varkappa_8$	$\varkappa_9$	$\varkappa_3$	$\varkappa_4$
$\vee$	$\varkappa_9$	$\varkappa_0$	$\varkappa_0$	$\varkappa_0$
$\vee$	$\varkappa_{10}$	$\varkappa_0$	$\varkappa_{10}$	$\varkappa_{11}$
$\vee$	$\varkappa_{11}$	$\varkappa_0$	$\varkappa_0$	$\varkappa_{11}$
$\vee$	$\varkappa_{12}$	$\varkappa_0$	$\varkappa_0$	$\varkappa_{11}$
$\vee$	$\varkappa_{13}$	$\varkappa_0$	$\varkappa_0$	$\varkappa_{15}$
$\vee$	$\varkappa_{14}$	$\varkappa_9$	$\varkappa_3$	$\varkappa_{14}$
	$\varkappa_{15}$	$\varkappa_{13}$	$\varkappa_3$	$\varkappa_4$

ihr eigenes Symbol λ zu. Damit wird also jedes Ereignis durch ein eigenes Ausgangssymbol dargestellt.

Beispiel. Gegeben sind drei Ereignisse

$$R_1 = [\varrho_3 \cdot (\varrho_2 \vee \varrho_1)]\,,$$

$$R_2 = [\varrho_2 \cdot (\varrho_3)^*]\,,$$

$$R_3 = \{\varrho_1 \cdot [(\varrho_2)^* \vee \varrho_3]\}\,.$$

deren Graphen in dem Bild 8.12 gezeigt sind. Die Anwendung des Algorithmus führt auf die Tab. 8.56 und 8.57.

Statt der Haken haben wir hier zur Markierung der die Ereignisse R_1, R_2, R_3 darstellenden Zustände die Symbole λ_1, λ_2, λ_3 verwendet. Daß der Zustand $\varkappa_5$ durch zwei Symbole λ_1 und λ_3 markiert ist, hat seinen Grund darin, daß die

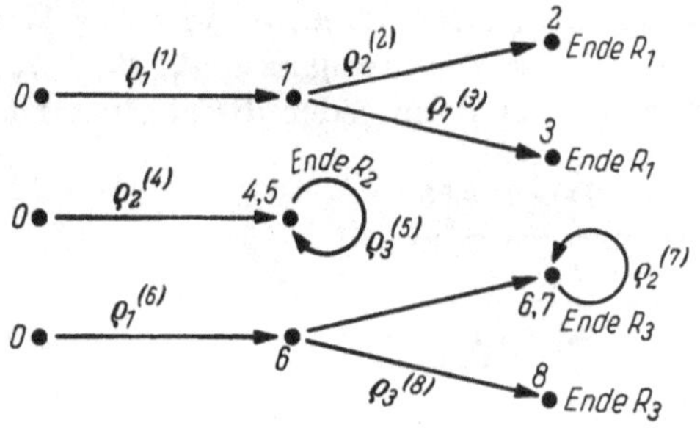

Bild 8.12

Ereignisse R_1 und R_3 die gemeinsame, auf den Zustand $\varkappa_5$ führende Folge $(\varrho_1 \cdot \varrho_2)$ haben. Wir müssen deshalb entweder λ_1 und λ_3 identifizieren (d. h. die Ereignisse R_1 und R_3 nicht unterscheiden) oder aber den Zustand $\varkappa_5$ mit dem neuen Symbol λ_4 bezeichnen.

Tabelle 8.56

		ϱ		
		ϱ_1	ϱ_2	ϱ_3
	*	*	*	*
	0	1,6	4	*
λ_3	1,6	3	2,7	8
λ_2	4	*	*	5
λ_1	3	*	*	*
λ_1, λ_3	2,7	*	7	*
λ_3	8	*	*	*
λ_2	5	*	*	5
λ_3	7	*	7	*

Die ganze Konstruktion des darstellenden Automaten kann man auch ohne Benutzung des Graphen unmittelbar aus dem regulären Ausdruck angeben. Diesen Weg hat der Autor dieser Methode, W. M. GLUSCHKOW, benutzt. Für sehr komplizierte Ausdrücke R, die auf sehr verwickelte Graphen führen, ist dieser Weg mitunter bequemer. Die Benutzung der Graphen ist aber anschaulicher, und für die Zwecke dieses Buches haben wir daher davon Gebrauch gemacht.

Es ist die Beantwortung der Frage von Interesse, ob man die Zahl der Zustände eines so konstruierten Automaten nach oben abschätzen kann. Ohne Beweis wollen wir diese Abschätzung für den Fall angeben, daß der gesuchte Automat bestimmte Ereignisse darstellen soll[1]).

Tabelle 8.57

	$\varkappa$	ϱ		
		ϱ_1	ϱ_2	ϱ_3
	$\varkappa_0$	$\varkappa_0$	$\varkappa_0$	$\varkappa_0$
	$\varkappa_1$	$\varkappa_2$	$\varkappa_3$	$\varkappa_0$
λ_3	$\varkappa_2$	$\varkappa_4$	$\varkappa_5$	$\varkappa_6$
λ_2	$\varkappa_3$	$\varkappa_0$	$\varkappa_0$	$\varkappa_7$
λ_1	$\varkappa_4$	$\varkappa_0$	$\varkappa_0$	$\varkappa_0$
λ_1, λ_3	$\varkappa_5$	$\varkappa_0$	$\varkappa_8$	$\varkappa_0$
λ_3	$\varkappa_6$	$\varkappa_0$	$\varkappa_0$	$\varkappa_0$
λ_2	$\varkappa_7$	$\varkappa_0$	$\varkappa_0$	$\varkappa_7$
λ_3	$\varkappa_8$	$\varkappa_0$	$\varkappa_8$	$\varkappa_0$

Bestimmte Ereignisse bilden eine Unterklasse der regulären Ereignisse. Es seien die bestimmten Ereignisse $ER_1, ER_2, \ldots, ER_m$ gegeben. Wir betrachten die Formel

$$S = R_1 \vee R_2 \vee \cdots \vee R_m ,$$

die keine Iteration enthält (weil die Ereignisse bestimmt sind) und deren Graph also keine Schleifen enthält, d. h., keine führt zweimal über denselben Knoten. Die Formel S kann man auf die Form S' bringen, so daß 1) der Graph von S' einen Baum bildet, d. h., auf jeden Knoten führt nur ein Pfeil und verschiedene Wege führen immer in verschiedene Knoten; 2) aus einem Knoten nicht zwei Pfeile mit ein und demselben Buchstaben aus dem Eingangsalphabet führen können. Die Formel S' ist der für S äquivalent, kann aber aus mehr Buchstaben bestehen. Die Zahl der Buchstaben in S' sei N'. Dann kann man einen Automaten konstruieren, der die Ereignisse $ER_1, ER_2, \ldots, ER_m$ darstellt und nicht mehr als $N' + 1$ Zustände hat. Bei der Benutzung der oben beschriebenen Methode ergeben sich aber praktisch immer Automaten mit sehr viel weniger Zuständen.

[1]) Die Abschätzung der Zustände im Falle beliebiger regulärer Ereignisse hat GLUSCHKOW in [83] angegeben.

KAPITEL IX

Äquivalenz und Minimisierung von sequentiellen Maschinen

§ 9.1 Das Problem der Erkennung von äquivalenten Zuständen

Als wir in Kap. III den Begriff der Eingangsfolge eingeführt haben, sprachen wir davon, daß die Klasse der möglichen Eingangsfolgen beschränkt sein kann. Auf einen Fall dieser Art sind wir in Kap. V gestoßen. In diesem Kapitel wollen wir neben dem Fall, daß die Klasse der möglichen Eingangsfolgen nicht beschränkt ist, auch den Fall betrachten, daß dieser Klasse gewisse Beschränkungen auferlegt sind (s. § 9.7). Wir wollen hier noch einige Beispiele für solche Beschränkungen anführen:

a) Die Eingangsfolge soll nie zwei gleiche, unmittelbar aufeinander folgende Symbole enthalten.

b) Auf ein Symbol ϱ_i soll nie das Symbol ϱ_j folgen.

c) Die Eingangsfolge soll nie mit dem Symbol ϱ_k anfangen (oder auch enden).

d) Wenn in der Eingangsfolge irgendwo das Symbol ϱ_s oder ϱ_t enthalten ist, so soll das Symbol ϱ_q nicht vorkommen.

Bei allen diesen Beispielen kann man die Menge E aller möglichen Eingangsfolgen, d. h. die unendliche Menge aller möglichen Folgen von Eingangssymbolen endlicher Länge, in zwei Teilmengen zerlegen, nämlich in die (endliche oder unendliche) Teilmenge $L \subseteq E$, die alle für eine gegebene sequentielle Maschine zulässigen Eingangsfolgen enthält, und das Komplement dieser Teilmenge $\overline{L}$, die von den verbotenen Eingangsfolgen gebildet wird. Sind alle Eingangsfolgen zulässig, so ist $L = E$.

Die obigen Beschränkungen der Eingangsfolgen waren *in keiner Weise mit den Zuständen der Maschine verknüpft*. Die Menge der Eingangsfolgen kann durch die Konstruktion der sequentiellen Maschine, aber auch durch Beschränkungen anderer Art eingeengt werden. Es kann sich nämlich herausstellen, daß es in dem Zustandsdiagramm Kreise gibt, bei denen die wegführenden Pfeile nicht mit jedem Eingangssymbol verknüpft werden können. So möge es z. B. drei Eingangssymbole $\varrho_1, \varrho_2, \varrho_3$ geben und die Verteilung der Pfeile bei dem i-ten Kreis des Diagramms sei von der in Bild 9.1 gezeigten Art.

Wenn sich diese Maschine in dem Zustand $\varkappa_i$ befindet, sind der folgende Zustand und die Ausgangsgröße nicht für alle Eingangsgrößen definiert.

Bei unserem Beispiel kann die Maschine nicht die Eingangsgröße ϱ_2 aufnehmen. Damit sind also die Eingangsfolgen durch die Eigenschaften der betrachteten sequentiellen Maschine beschränkt.

Solche Beschränkungen können der Maschine für einen, mehrere oder auch alle Zustände auferlegt sein. Dabei können die Beschränkungen für die verschiedenen Zustände im allgemeinen verschieden sein, d. h., die Maschine läßt im Zustand $\varkappa_i$ irgendwelche Eingangsgröße nicht zu, während im Zustand $\varkappa_j$ andere verboten sind.

Wenn für eine sequentielle Maschine eine Eingangsfolge die Beschränkungen für den Zustand $\varkappa_i$ und alle folgenden Zustände nicht verletzt, so nennen wir sie eine für den *Zustand* $\varkappa_i$ *zulässige Eingangsfolge*. Die Menge aller für den Zustand $\varkappa_i$ zulässigen Eingangsfolgen bezeichnen wir mit $L_{\varkappa_i}$.

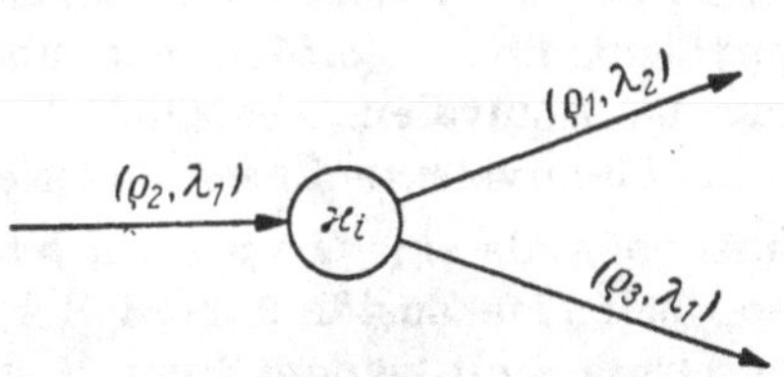

Bild 9.1

Beschränkungen dieser Art hat zuerst Aufenkamp betrachtet. Wir wollen im folgenden deshalb kürzer von *Aufenkamp*schen *Beschränkungen* sprechen.

Im Falle Aufenkampscher Beschränkungen gibt es keine einheitliche Menge von zulässigen Eingangsfolgen, so daß jede Folge von L unabhängig von dem Anfangszustand auf den Eingang gegeben werden kann. Es gibt vielmehr für jeden der k möglichen Anfangszustände eine eigene Menge von zulässigen Eingangsfolgen, die wir mit $L_{\varkappa_i}$ bezeichnen wollen. Im allgemeinen ist $L_{\varkappa_i}$ von den anderen Mengen $L_{\varkappa_j}$ ($j \neq i$) verschieden.

In dem früher betrachteten Fall einer einzigen, vom Anfangszustand unabhängigen Menge L von Eingangsfolgen konnte ein Algorithmus zur Erkennung, ob eine gegebene Folge zu L gehört, unabhängig von dem Anfangszustand und manchmal auch unabhängig von der Maschine formuliert werden. Bei Beschränkungen dieser Art, bei denen ein Erkennungsalgorithmus „an sich" existiert, d. h. unabhängig von der Maschine formuliert werden kann, werden wir in Zukunft von *Beschränkungen an sich* sprechen und sagen, daß die Menge der Eingangsfolgen in diesem Fall „an sich beschränkt" ist.

Wir wollen vorläufig nur an sich beschränkte Folgen betrachten und für diese den Begriff der *Äquivalenz* von Zuständen einführen.

Gegeben seien eine Menge L von zulässigen Eingangsfolgen und zwei sequentielle Maschinen S und G, wobei insbesondere auch S mit G identisch sein kann. *Zwei Zustände — der Zustand $\varkappa_i$ von S und der Zustand $\varkappa_j$ von G — heißen bezüglich der Menge L äquivalent, wenn beide Maschinen — S im Zustand $\varkappa_i$ und G im Zustand $\varkappa_j$ — dieselbe, beliebige Eingangsfolge aus L zu ein und derselben Ausgangsfolge verarbeiten.*

Wenn die Maschinen S und G identisch sind, so erhalten wir eine Definition der Äquivalenz zweier Zustände einer Maschine (eines Automaten) bezüglich L. Sind alle Eingangsfolgen zugelassen, d. h. $L = E$, so sprechen wir einfach von der Äquivalenz der beiden Zustände $\varkappa_i$ und $\varkappa_j$ (und lassen die Formulierung „bezüglich L“ weg).

Nach dieser Definition von äquivalenten Zuständen kann man das folgende Analysenproblem formulieren. Gegeben ist eine sequentielle Maschine und eine Menge L von zulässigen Eingangsfolgen. Es ist ein Verfahren aufzustellen, mit dem man für irgend zwei Zustände der Maschine feststellen kann, ob sie bezüglich der Menge L äquivalent sind. Verfügt man über einen solchen Algorithmus zur Erkennung der Äquivalenz bezüglich L, so kann man alle Zustände in Gruppen bezüglich L äquivalenter Zustände zerlegen.

Wir bezeichnen eine Menge von Zuständen als eine *Gruppe von bezüglich L äquivalenten Zuständen*, wenn 1) zwei beliebige Zustände bezüglich L äquivalent sind und 2) jeder Zustand der Gruppe mit keinem Zustand außerhalb der Gruppe bezüglich L äquivalent ist. Diese Zerlegung der Zustände in Gruppen ist, wie wir sehen werden, für die Minimisierung von sequentiellen Maschine von größter Bedeutung.

Das gestellte Analysenproblem wäre vollständig gelöst, wenn man einen solchen Algorithmus hätte, mit dem man die Äquivalenz von Zuständen für beliebige Maschinen und beliebige Mengen L erkennen kann. Im folgenden Paragraphen werden wir sehen, daß diese Aufgabe nicht algorithmisch entschieden werden kann. Wir werden deshalb in den §§ 9.3 und 9.4 typische Spezialfälle untersuchen, für die sich ein Algorithmus zur Erkennung der Äquivalenz aufstellen läßt.

§ 9.2 Die algorithmische Unentscheidbarkeit des Problems der Erkennung äquivalenter Zustände im allgemeinen Falle

Von den Beschränkungen, die einer Menge von Eingangsfolgen auferlegt sind, wird man natürlich verlangen müssen, daß die Menge in irgendeinem Sinne „effektiv“ gegeben ist. Mit anderen Worten ausgedrückt, die Menge L soll so gegeben sein, daß es einen Algorithmus gibt, mit dem man feststellen kann, ob eine gegebene Folge endlicher Länge zu L gehört oder nicht.

Ist die Menge L endlich, so kann man sie effektiv dadurch geben, daß man alle Folgen dieser Menge aufzählt. Ist die Menge L unendlich, so soll sie durch ein Verfahren gegeben sein, mit dem man in jedem konkreten Fall die Zugehörigkeit zu L ermitteln kann. Die Menge L kann z. B. durch die folgenden verbalen Beschreibungen definiert sein:

1) Die Menge L besteht aus allen Folgen der Länge größer 3, bei denen an der vierten Stelle das Symbol ϱ_i steht.

2) Die Menge L besteht aus allen Folgen, die mit dem Symbol ϱ_j enden und nirgends das Symbol ϱ_q enthalten.

Diese beiden Mengen sind zwar unendlich, sie sind aber durch die verbale Beschreibung vollständig charakterisiert. Man kann in jedem konkreten Fall feststellen, ob eine gegebene Folge zu L gehört oder nicht. Mit dieser Beschreibung ist zugleich ein Algorithmus für diese Entscheidung gegeben. Diese Art der Vorgabe eines Algorithmus ist die weiteste „Sprache", um eine unendliche Menge L effektiv anzugeben.
Das Ziel dieses Praagraphen ist es, die Äquivalenz zweier Zustände bezüglich einer beliebigen, „effektiv" gegebenen Menge L zu erkennen, d. h. der Versuch, einen Erkennungsalgorithmus aufzustellen. Zur Beantwortung dieser Frage muß der Begriff *Erkennungsalgorithmus* formalisiert werden. Wir müssen dazu erneut auf die Theorie der Algorithmen und rekursiven Funktionen in Kap. XII und auch § 8.3 verweisen. Eine unmittelbare Folge der CHURCHschen These von § 12.11 ist die Behauptung, daß jede Menge von Folgen, für die „Erkennungsregeln" aufgestellt werden können, rekursiv ist und umgekehrt.

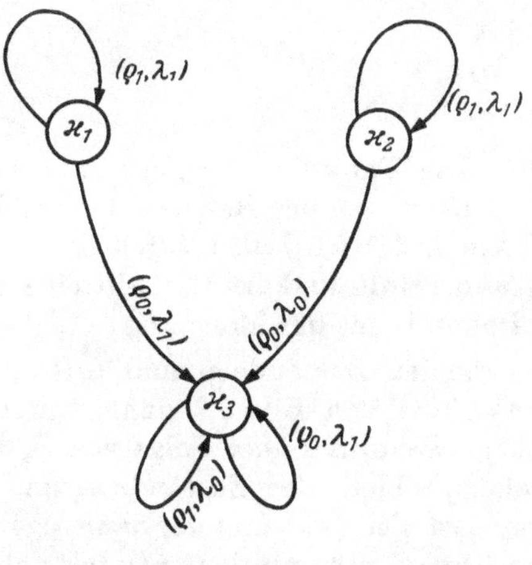

Bild 9.2

Wenn L eine beliebige rekursive Menge von Eingangsfolgen und $\varkappa_i$ bzw. $\varkappa_j$ zwei beliebige Zustände der sequentiellen Maschinen S bzw. G sind, dann gilt der folgende
Satz: *Das Problem der Erkennung der Äquivalenz zweier Zustände $\varkappa_i$ und $\varkappa_j$ bezüglich einer effektiv gegebenen Menge L ist algorithmisch nicht entscheidbar.*

Wir werden diesen Satz beweisen, indem wir zeigen, daß auch schon das engere Problem, nämlich die Erkennung der Äquivalenz zweier Zustände in einer speziellen Maschine bezüglich einer speziellen Teilmenge von L, algorithmisch unentscheidbar ist.

Wir betrachten eine sequentielle Maschine mit drei Zuständen, deren Zustandsdiagramm in Bild 9.2 abgebildet ist. Für diese Maschine ist $r = 2$, d. h., das Eingangsalphabet besteht nur aus den beiden Symbolen $\{0, 1\}$. Am Ausgang können die beiden Symbole λ_0 oder λ_1 auftreten.

Wir betrachten weiter eine spezielle Klasse von rekursiven Mengen, die aus Folgen von 0 und 1 bestehen. Diese Klasse ist folgendermaßen definiert. Wenn $\varphi(t)$ eine allgemein-rekursive Funktion ist, so besteht die Menge L_φ nur aus den Folgen[1])

$$\mathrm{sg}\,(\varphi(0));$$

$$\mathrm{sg}\,(\varphi(0)), \quad \mathrm{sg}\,(\varphi(1));$$

$$\mathrm{sg}\,(\varphi(0)), \quad \mathrm{sg}\,(\varphi(1)), \quad \mathrm{sg}\,(\varphi(2));$$

$$\mathrm{sg}\,(\varphi(0)), \quad \mathrm{sg}\,(\varphi(1)), \quad \mathrm{sg}\,(\varphi(2)), \quad \mathrm{sg}\,(\varphi(3));$$

Die Menge L_φ ist für jede rekursive Funktion $\varphi(t)$ rekursiv. Man kann nämlich jeder Folge von 0 und 1 der Länge $p + 1$ einen bestimmten Wert der ganzzahligen Funktion

$$\Phi(p) = \sum_{t=0}^{t=p} \mathrm{sg}\,(\varphi(t))\, 2^t + 2^{p+1}$$

aus der Menge $\Lambda(L_\varphi)$ zuordnen. Die Funktion $\Phi(p)$ ist eine wachsende Funktion und ist (s. § 12.6 und 12.13) wegen der Rekursivität der Funktion $\varphi(t)$ ebenfalls rekursiv. Die Menge $\Lambda(L_\varphi)$ wird also durch das Anwachsen der rekursiven Funktion $\Phi(p)$ aufgezählt und ist deshalb eine rekursive Menge. Daraus folgt dann die Rekursivität der Menge L_φ.

Wie man leicht sieht, sind die beiden Zustände $\varkappa_i$ und $\varkappa_j$ ($i, j = 1, 2, 3$ und $j \neq i$) der sequentiellen Maschine von Bild 9.2 dann und nur dann bezüglich der Menge L_φ äquivalent, wenn in keiner Folge von L_φ das Symbol ϱ_0 vorkommt. Das Äquivalenzproblem der Zustände $\varkappa_i$ und $\varkappa_j$ einer Maschine N bezüglich der Menge L_φ ist also dann und nur dann algorithmisch entscheidbar, wenn es einen Algorithmus gibt, mit dem man feststellen kann,

[1]) Es ist

$$sg(x) = \begin{cases} 1 & \text{für } x \geqq 1 \\ 0 & \text{für } x = 0 \\ \text{nicht definiert für } x < 0 \end{cases}$$

ob in irgendeiner Folge von L_φ das Symbol ϱ_0 vorkommt oder nicht. Dazu muß man aber notwendig für jede rekursive Funktion $\varphi(t)$ die Frage beantworten können, ob diese Funktion für irgendeinen Wert $t = t_*$ zu Null wird. Es ist, z. B. in [55], bewiesen worden, daß dieses Problem nicht algorithmisch entscheidbar ist.

Wenn aber schon dieses einfache Problem algorithmisch unentscheidbar ist, so ist es auch das allgemeinere, nämlich die Erkennung der Äquivalenz zweier Zustände einer beliebigen sequentiellen Maschine bezüglich einer beliebigen rekursiven Menge L.

Der eben bewiesene Satz steht natürlich nicht im Widerspruch zu der Tatsache, daß man für konkrete Mengen L von Eingangsfolgen solche Algorithmen trotzdem angeben kann.

§ 9.3 Die Erkennung der Äquivalenz von Zuständen bei einer nicht beschränkten Menge von Eingangsfolgen

Für den Fall $L = E$, in dem also alle Eingangsfolgen zugelassen sind, soll die Äquivalenz zweier Zustände einer sequentiellen Maschine erkannt werden. Für diesen Fall gibt es einen einfachen und bequemen Algorithmus von Aufenkamp und Hohn[1]).

Bevor wir an die Beschreibung dieses Algorithmus gehen, wollen wir auf eine evidente Eigenschaft der Äquivalenz hinweisen. Wenn irgend zwei Zustände bezüglich der Menge L_1 äquivalent sind, so sind sie auch bezüglich der Menge $L_2 \subseteq L_1$ äquivalent. Umgekehrt können zwei Zustände bezüglich einer Menge L_1, $L_1 \supseteq L_2$, nur dann äquivalent sein, wenn sie es auch bezüglich der Menge L_2 sind. Wir werden diese Eigenschaft im folgenden benutzen.

Eine sequentielle Maschine sei durch ihre Verknüpfungsmatrix, z. B.

$$C = \begin{array}{c} \\ \varkappa_1 \\ \varkappa_2 \\ \varkappa_3 \\ \varkappa_4 \\ \varkappa_5 \\ \varkappa_6 \end{array} \begin{array}{c} \begin{array}{cccccc} \varkappa_1 & \varkappa_2 & \varkappa_3 & \varkappa_4 & \varkappa_5 & \varkappa_6 \end{array} \\ \begin{bmatrix} (\varrho_0, \lambda_1) & (\varrho_1, \lambda_2) & 0 & 0 & 0 & (\varrho_2, \lambda_1) \\ (\varrho_2, \lambda_0) & (\varrho_1, \lambda_1) & (\varrho_0, \lambda_2) & 0 & 0 & 0 \\ 0 & (\varrho_0, \lambda_1) & (\varrho_2, \lambda_1) & 0 & (\varrho_1, \lambda_2) & 0 \\ 0 & (\varrho_2, \lambda_1) & 0 & (\varrho_0, \lambda_1) & (\varrho_1, \lambda_2) & 0 \\ 0 & 0 & (\varrho_0, \lambda_2) & (\varrho_2, \lambda_0) & (\varrho_1, \lambda_1) & 0 \\ 0 & (\varrho_1, \lambda_1) & (\varrho_0, \lambda_2) & (\varrho_2, \lambda_0) & 0 & 0 \end{bmatrix} \end{array}$$

[1]) In der Arbeit [16] haben Aufenkamp und Hohn nur bewiesen, daß dieser Algorithmus hinreichend ist. Wir geben hier den Beweis etwas anders wieder und zeigen zugleich auch die Notwendigkeit.

gegeben. Die Zeilen dieser Matrix zerlegen wir so in Gruppen, daß jedes Symbolpaar nur in einer Gruppe vorkommt. In unserem Beispiel bilden also die Zeilen $\varkappa_1, \varkappa_4, \varkappa_3$ eine erste Gruppe, die Zeilen $\varkappa_2, \varkappa_5, \varkappa_6$ eine zweite.

Wir schreiben dann die Matrix so um, daß die Zeilen einer Gruppe jeweils untereinander stehen. Dazu muß man die Anordnung der Zeilen und auch Spalten vertauschen, was in unserem Beispiel auf die Form

$$C = \begin{array}{c|cccccc|} & \varkappa_1 & \varkappa_4 & \varkappa_3 & \varkappa_2 & \varkappa_5 & \varkappa_6 \\ \varkappa_1 & (\varrho_0, \lambda_1) & 0 & 0 & (\varrho_1, \lambda_2) & 0 & (\varrho_2, \lambda_1) \\ \varkappa_4 & 0 & (\varrho_0, \lambda_1) & 0 & (\varrho_2, \lambda_1) & (\varrho_1, \lambda_2) & 0 \\ \varkappa_3 & 0 & 0 & (\varrho_2, \lambda_1) & (\varrho_0, \lambda_1) & (\varrho_1, \lambda_2) & 0 \\ \hline \varkappa_2 & (\varrho_2, \lambda_0) & 0 & (\varrho_0, \lambda_2) & (\varrho_1, \lambda_1) & 0 & 0 \\ \varkappa_5 & 0 & (\varrho_2, \lambda_0) & (\varrho_0, \lambda_2) & 0 & (\varrho_1, \lambda_1) & 0 \\ \varkappa_6 & 0 & (\varrho_2, \lambda_0) & (\varrho_0, \lambda_2) & (\varrho_1, \lambda_1) & 0 & 0 \end{array}$$

führt. Durch eine waagerechte Linie unterteilen wir dann die Matrix in Teilmatrizen, so daß die Gruppen getrennt werden. In unserem Beispiel besteht die eine Teilmatrix aus den ersten drei Zeilen, eben den Zuständen $\varkappa_1, \varkappa_4, \varkappa_3$ der ersten Gruppe, und die zweite aus den Zeilen für die Zustände $\varkappa_2, \varkappa_5, \varkappa_6$ der zweiten Gruppe.

Die Zustände einer Gruppe sind offensichtlich äquivalent bezüglich der Menge L^1, die aus allen zulässigen Eingangsfolgen der Länge 1 besteht. Wenn man nämlich irgendein Symbol ϱ_0, ϱ_1 oder ϱ_2 auf den Eingang gibt, so ist das Ausgangssymbol unabhängig davon, von welchem Zustand der Gruppe wir ausgegangen sind. Wenn wir z. B. ϱ_0 auf den Eingang geben, so tritt am Ausgang das Symbol λ_1 unabhängig davon auf, in welchem Anfangszustand $\varkappa_1$, $\varkappa_3$ oder $\varkappa_4$ sich die Maschine befand.

Für jede zulässige Eingangsfolge können also nur zwei Zustände einer Gruppe äquivalent sein, denn zwei Zustände aus verschiedenen Gruppen sind offensichtlich nicht miteinander äquivalent, weil sie es ja schon bezüglich der Menge L^1 der Folgen der Länge 1 nicht sind.

Diese Zerlegung der Matrix ist allerdings nicht hinreichend, weil sich möglicherweise erst bei den späteren Takten herausstellt, daß zwei Zustände einer Gruppe nicht äquivalent sind. Zur Ermittlung aller äquivalenten Zustände zerlegen wir die Matrix symmetrisch durch vertikale und waagerechte Linien in Teilmatrizen. Wenn eine waagerechte Linie zwischen der k-ten und der $(k+1)$-ten Zeile verläuft, dann legen wir auch zwischen die k-te und $(k+1)$-te Spalte eine vertikale Linie. Wenn in einer Teilmatrix von C alle Zeilen nur gleichartige Symbolpaare enthalten, so nennen wir diese eine 1-*Matrix*. Wenn also in irgendeiner Zeile einer 1-Matrix ein Paar auftritt, so muß es auch in allen übrigen Zeilen stehen.

In unserem Beispiel müssen wir nicht nur zwischen den Zeilen $\varkappa_3$ und $\varkappa_2$ eine Trennlinie ziehen, sondern auch zwischen den Spalten $\varkappa_3$ und $\varkappa_2$.

$$C = \begin{array}{c|ccc|ccc|}
 & \varkappa_1 & \varkappa_4 & \varkappa_3 & \varkappa_2 & \varkappa_5 & \varkappa_6 \\
\varkappa_1 & (\varrho_0, \lambda_1) & 0 & 0 & (\varrho_1, \lambda_2) & 0 & (\varrho_2, \lambda_1) \\
\varkappa_4 & 0 & (\varrho_0, \lambda_1) & 0 & (\varrho_2, \lambda_1) & (\varrho_1, \lambda_2) & 0 \\
\varkappa_3 & 0 & 0 & (\varrho_2, \lambda_1) & (\varrho_0, \lambda_1) & (\varrho_1, \lambda_2) & 0 \\
\hline
\varkappa_2 & (\varrho_2, \lambda_0) & 0 & (\varrho_0, \lambda_2) & (\varrho_1, \lambda_1) & 0 & 0 \\
\varkappa_5 & 0 & (\varrho_2, \lambda_0) & (\varrho_0, \lambda_2) & 0 & (\varrho_1, \lambda_1) & 0 \\
\varkappa_6 & 0 & (\varrho_2, \lambda_0) & (\varrho_0, \lambda_2) & (\varrho_1, \lambda_1) & 0 & 0
\end{array} .$$

Bei diesem Beispiel sind die beiden unteren Teilmatrizen, die linke und die rechte, 1-Matrizen. Die linke obere Teilmatrix ist keine 1-Matrix, weil das Paar (ϱ_2, λ_1) nur in der dritten Zeile vorkommt. Ebenso ist die Teilmatrix rechts oben keine 1-Matrix.

Wir versuchen nun, die Matrix C so symmetrisch zu zerlegen, daß alle Teilmatrizen 1-Matrizen sind. Dazu legen wir zunächst eine minimale Anzahl von waagerechten Linien so, daß nur 1-Matrizen auftreten. Um die Symmetrie zu erreichen, müssen dann noch die zugehörigen vertikalen Linien gezogen werden. Wenn sich dann herausstellt, daß nicht alle Teilmatrizen auch 1-Matrizen sind, so muß man erneut waagerechte Linien ziehen usw.

Bei unserem Beispiel muß man noch zwischen den Zeilen $\varkappa_4$ und $\varkappa_3$ eine waagerechte Linie ziehen, ebenso zwischen diesen Spalten, und erhält damit eine Unterteilung in nur 1-Matrizen.

$$C = \begin{array}{c|cc|c|ccc|}
 & \varkappa_1 & \varkappa_4 & \varkappa_3 & \varkappa_2 & \varkappa_5 & \varkappa_6 \\
\varkappa_1 & (\varrho_0, \lambda_1) & 0 & 0 & (\varrho_1, \lambda_2) & 0 & (\varrho_2, \lambda_1) \\
\varkappa_4 & 0 & (\varrho_0, \lambda_1) & 0 & (\varrho_2, \lambda_1) & (\varrho_1, \lambda_2) & 0 \\
\hline
\varkappa_3 & 0 & 0 & (\varrho_2, \lambda_1) & (\varrho_0, \lambda_1) & (\varrho_1, \lambda_2) & 0 \\
\hline
\varkappa_2 & (\varrho_2, \lambda_0) & 0 & (\varrho_0, \lambda_2) & (\varrho_1, \lambda_1) & 0 & 0 \\
\varkappa_5 & 0 & (\varrho_2, \lambda_0) & (\varrho_0, \lambda_2) & 0 & (\varrho_1, \lambda_1) & 0 \\
\varkappa_6 & 0 & (\varrho_2, \lambda_0) & (\varrho_0, \lambda_2) & (\varrho_1, \lambda_1) & 0 & 0
\end{array} .$$

Im allgemeinen endet die symmetrische Zerlegung in 1-Matrizen nach endlich vielen Schritten in einem der beiden Fälle:

1) Die Zerlegung ist *trivial*, d. h., alle Zeilen und Spalten sind durch Linien getrennt, und die Teilmatrizen haben die Ordnung 1×1.

2) Es gibt eine *nicht triviale Zerlegung*, d. h., wenigstens eine Teilmatrix hat die Ordnung $m \times n$ mit $\max(m, n) > 1$. In diesem Fall verläuft nicht zwischen jeder Zeile eine waagerechte Linie.

Die waagerechten Linien zerlegen die Zeilen der Matrix C in Gruppen, und damit auch die Zustände in Gruppen. In unserem Beispiel ergeben sich die drei Gruppen $\{\varkappa_1, \varkappa_4\}$, $\{\varkappa_3\}$, $\{\varkappa_2, \varkappa_5, \varkappa_6\}$.

Satz (von Aufenkamp und Hohn): *Die Zustände einer sequentiellen Maschine sind dann und nur dann äquivalent, wenn sie bei einer symmetrischen Zerlegung der Matrix C in einer Gruppe enthalten sind.*

Beweis. Wir beweisen zunächst, daß dieser Satz hinreichend ist. Die Matrix C möge eine nicht triviale symmetrische Zerlegung in 1-Matrizen haben. Wir betrachten zunächst den einfachen Fall, daß die Matrix von der Form

$$C = \begin{array}{c|c|c|c|c|c|}
 & \varkappa_1 \quad \varkappa_2 \quad \ldots \quad \varkappa_k & \varkappa_{k+1} & \varkappa_{k+2} & \ldots & \varkappa_n \\
\varkappa_1 & \ldots (\varrho_s, \lambda_p) \ldots\ldots & (\varrho_t, \lambda_q) & \cdot & \ldots & \cdot \\
\varkappa_2 & \ldots\ldots (\varrho_s, \lambda_p) \ldots & (\varrho_t, \lambda_q) & \cdot & \ldots & \cdot \\
\vdots & \ldots \boxed{C_{11}} \ldots\ldots & \boxed{C_{12}} & \boxed{C_{13}} & \ldots & \boxed{C_{1\,(n-k)}} \\
\varkappa_k & (\varrho_s, \lambda_p) \ldots\ldots\ldots & (\varrho_t, \lambda_q) & \cdot & \ldots & \ldots \\
\hline
\varkappa_{k+1} & \ldots\ldots\ldots & \ldots & \ldots & \ldots & \ldots \\
\hline
\varkappa_{k+2} & \ldots\ldots\ldots & \ldots & \ldots & \ldots & \ldots \\
\hline
\vdots & \ldots\ldots\ldots & \ldots & \ldots & \ldots & \ldots \\
\hline
\varkappa_n & \ldots\ldots\ldots & \ldots & \ldots & \ldots & \ldots
\end{array}$$

st. Es gibt also nur eine Gruppe mit k Zuständen $\{\varkappa_1, \varkappa_2, \ldots, \varkappa_k\}$ während die übrigen Gruppen nur aus jeweils einem Zustand bestehen. Links oben steht dann eine 1-Matrix der Ordnung $k \times k$, die wir mit C_{11} bezeichnen. Wir notieren dann alle in der Matrix C_{11} vorkommenden Eingangssymbole. Es mögen dies die Symbole $\varrho_{\alpha_1}, \varrho_{\alpha_2}, \ldots, \varrho_{\alpha_i}$ $(i \leqq r)$ sein. Die übrigen Symbole $\varrho_{\alpha_{i+1}}, \varrho_{\alpha_{i+2}}, \ldots, \varrho_{\alpha_r}$ kommen in C_{11} nicht vor. Wir zeigen nun, daß die Zustände $\varkappa_1, \varkappa_2, \ldots, \varkappa_k$ äquivalent sind.
Wir betrachten eine Eingangsfolge

$$\varrho^0\, \varrho^1 \ldots \varrho^j\, \varrho^{j+1} \ldots \tag{9.1}$$

bei der $\varrho^{j+1} = \varrho_{\alpha_{i+m}}$ das erste Symbol dieser Folge ist, das nicht in C_{11} enthalten ist. Bei dieser Eingangsfolge hängt die Ausgangsfolge nicht davon ab, mit welchem Zustand der Gruppe $\{\varkappa_1, \varkappa_2, \ldots, \varkappa_k\}$ die Maschine angefangen hat. Bis zum Moment j bringt die Eingangsfolge nämlich die Maschine nicht aus der Zustandsmenge $\{\varkappa_1, \varkappa_2, \ldots, \varkappa_k\}$ heraus. Innerhalb dieser Menge ist aber das Ausgangssymbol nur durch das Eingangssymbol bestimmt, weil alle Paare der Matrix gleichartig sind. Bis zu dem Zeitpunkt j ist die Ausgangsfolge also unabhängig von dem Anfangszustand der Gruppe $\{\varkappa_1, \varkappa_2, \ldots, \varkappa_k\}$.

Zum Zeitpunkt $j + 1$ kommt das Eingangssymbol ϱ^{j+1}. Dadurch wird die Maschine aus jedem der Zustände $\varkappa_1, \varkappa_2, \ldots, \varkappa_k$ in ein und denselben Zustand $\varkappa_l$ übergehen, weil alle Matrizen $C_{12}, C_{13}, \ldots, C_{1\,(n-k)}$ 1-Matrizen sind. Auch dabei ist das Ausgangssymbol wieder unabhängig davon, welcher der Zustände $\varkappa_1, \varkappa_2, \ldots, \varkappa_k$ beim j-ten Takt vorlag. Die weitere Arbeitsweise der Maschine hängt allein von dem Zustand zum Zeitpunkt $j + 1$ ab und ist also ebenfalls vom Anfangszustand unabhängig. Da die Folge (9.1) völlig willkürlich gewählt werden kann, sind die Zustände $\varkappa_1, \varkappa_2, \ldots, \varkappa_k$ also äquivalent.

Wir behandeln nun den allgemeinen Fall, daß die symmetrische Zerlegung der Matrix C in 1-Matrizen von der Form

$$C = \begin{array}{c|c|c|c|c|c|}
 & \varkappa_1\, \varkappa_2 \ldots \varkappa_k & \varkappa_{k+1}\, \varkappa_{k+2} \ldots \varkappa_{k+s} & \ldots & \varkappa_{n-1} & \varkappa_n \\
\hline
\begin{matrix}\varkappa_1\\ \varkappa_2\\ \cdot\\ \cdot\\ \cdot\\ \varkappa_k\end{matrix} & C_{11} & C_{12} & \ldots & \ldots & \ldots \\
\hline
\begin{matrix}\varkappa_{k+1}\\ \varkappa_{k+2}\\ \cdot\\ \cdot\\ \cdot\\ \varkappa_{k+s}\end{matrix} & C_{21} & C_{22} & \ldots & \ldots & \ldots \\
\hline
\begin{matrix}\cdot\\ \cdot\\ \cdot\end{matrix} & \ldots & \ldots & \ldots & \ldots & \ldots \\
\hline
\varkappa_{n-1} & \ldots & \ldots & \ldots & \ldots & \ldots \\
\hline
\varkappa_n & \ldots & \ldots & \ldots & \ldots & \ldots
\end{array}$$

ist, und werden zeigen, daß die Zustände jeder Gruppe äquivalent sind. Jedes Eingangssymbol überführt die Maschine entweder 1) aus einem Zustand einer Gruppe in einen Zustand derselben Gruppe und der Ausgang ist nur von dem Eingangssymbol abhängig und nicht von dem vorhergehenden Zustand oder 2) aus einem Zustand der i-ten Gruppe in einen Zustand der j-ten Gruppe ($i \neq j$) (aus der Struktur der Matrix C folgt aber, daß dieses Eingangssymbol auch alle übrigen Zustände der Gruppe i in Zustände der Gruppe j überführt und der Ausgang in einen Zustand der Gruppe j ist wiederum unabhängig davon, in welchem konkreten Zustand dieser Gruppe sich die Maschine befindet) oder 3) aus einem Zustand der Gruppe i in einem Zustand $\varkappa_l$, der in keiner Gruppe enthalten ist.

Im Falle 3) ist die Situation ähnlich wie oben, dieses Eingangssymbol überführt dann auch alle anderen Zustände der Gruppe i in diesen Zustand $\varkappa_l$ und die weitere Ausgangsfolge ist allein durch $\varkappa_l$ bestimmt.

Diese Überlegungen lassen sich natürlich mit jeder Gruppe anstellen. Zu jedem Zeitpunkt ist der Ausgang davon unabhängig, mit welchem Zustand der Gruppe i die Maschine angefangen hat. Die Gruppen äquivalenter Zustände verhalten sich also so, daß man jede Gruppe als einen einzigen Zustand auffassen kann. Wir haben damit gezeigt, daß die Bedingungen des Satzes hinreichend sind.

Wir wollen nun die Notwendigkeit beweisen. Wieder betrachten wir zunächst den einfacheren Fall, daß die Zustände $\varkappa_1, \varkappa_2, \ldots, \varkappa_k$ eine Gruppe äquivalenter Zustände bilden und die Zustände $\varkappa_{k+1}, \varkappa_{k+2}, \ldots, \varkappa_n$ untereinander und zu den Zuständen der genannten Gruppe nicht äquivalent sind.

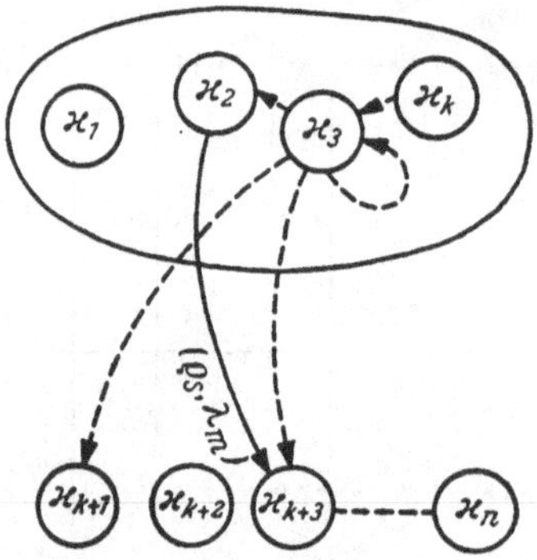

Bild 9.3

Von dem Zustandsdiagramm dieser Maschine (Bild 9.3) können wir dann die folgende Behauptung aufstellen. Wenn von irgendeinem Kreis $\varkappa_1, \varkappa_2, \ldots, \varkappa_k$ ein Pfeil mit dem ersten Index ϱ_s zu einem Kreis $\varkappa_j$ führt, der nicht zu der Gruppe äquivalenter Zustände gehört, dann führt von allen Kreisen dieser Gruppe zu diesem Kreis $\varkappa_j$ ein Pfeil mit demselben ersten Index ϱ_s. Wenn in dem Bild 9.3 von dem Kreis $\varkappa_2$ ein Pfeil mit dem ersten Index ϱ_s zu dem Kreis $\varkappa_{k+3}$ führt, dann führt von allen Kreisen $\varkappa_1, \varkappa_2, \ldots, \varkappa_k$ ein solcher Pfeil nach $\varkappa_{k+3}$.

Nehmen wir als Beispiel den Kreis $\varkappa_3$. Es sind dann die folgenden Fälle denkbar:

1) Ein Pfeil mit dem ersten Index ϱ_s führt von $\varkappa_3$ nach einem Kreis der Gruppe $\{\varkappa_1, \varkappa_2, \ldots, \varkappa_k\}$.

2) Von dem Kreis $\varkappa_3$ führt ein Pfeil mit dem ersten Index ϱ_s zu einem der Kreise $\varkappa_{k+i}$ $(i \neq 3)$, z. B. nach dem Kreis $\varkappa_{k+1}$.

3) Ein Pfeil mit dem ersten Index ϱ_s führt von dem Kreis $\varkappa_3$ nach dem Kreis $\varkappa_{k+3}$.

Wir können zeigen, daß nur der Fall 3) eintreten kann. Dazu beweisen wir, daß die Fälle 1) und 2) nicht möglich sind.

Nehmen wir an, der Fall 1) ist eingetreten. Das bedeutet doch aber, daß die Maschine durch ϱ_s aus dem Zustand $\varkappa_3$ in den Zustand $\varkappa_{k+3}$ übergeführt wurde und aus dem zu $\varkappa_2$ äquivalenten Zustand $\varkappa_3$ in irgendeinen Zustand $\varkappa_j$ der Gruppe $\{\varkappa_1, \varkappa_2, \ldots, \varkappa_k\}$. Der Zustand $\varkappa_{k+3}$ ist aber nach Voraussetzung mit keinem der Zustände $\{\varkappa_1, \varkappa_2, \ldots, \varkappa_k\}$ äquivalent, d. h. $\varkappa_j$ ist nicht äquivalent zu $\varkappa_{k+3}$ und deshalb kann man eine solche Folge $\varrho_{\alpha_1}, \varrho_{\alpha_2}, \varrho_{\alpha_3}, \ldots$ angeben, daß in Abhängigkeit von dem Anfangszustand $\varkappa_j$ oder $\varkappa_{k+3}$ verschiedene Ausgangsfolgen entstehen.

Dann erzeugt aber auch die Folge $\varrho_s, \varrho_{\alpha_1}, \varrho_{\alpha_2}, \ldots$ verschiedene Ausgangsfolgen, je nachdem, ob bei $\varkappa_2$ oder $\varkappa_3$ angefangen wird, was der Äquivalenz der Zustände $\varkappa_2$ und $\varkappa_3$ widerspricht. Der erste Fall kann also nie eintreten.

Wir unterstellen nun, daß der Fall 2) eingetreten ist. Das Symbol ϱ_s überführt dann den Zustand $\varkappa_2$ in den Zustand $\varkappa_{k+3}$ und den Zustand $\varkappa_3$ in den Zustand $\varkappa_{k+1}$. $\varkappa_{k+3}$ und $\varkappa_{k+1}$ sind aber nach Voraussetzung nicht äquivalent zueinander, und man kann analog zu Fall 1) eine Folge $\varrho_{\beta_1}, \varrho_{\beta_2}, \varrho_{\beta_3}, \ldots$ angeben, so daß die Ausgangsfolge davon abhängig ist, ob mit $\varkappa_{k+1}$ oder $\varkappa_{k+3}$ angefangen wurde. Die Folge $\varrho_s, \varrho_{\beta_1}, \varrho_{\beta_2}, \ldots$ zeigt dann wieder, daß auch $\varkappa_2$ und $\varkappa_3$ nicht äquivalent sein können, womit also auch der Fall 2) nie eintreten kann. Damit haben wir also gezeigt, wenn vom Kreis $\varkappa_2$ ein Pfeil mit dem ersten Index ϱ_s nach $\varkappa_{k+3}$ führt, dann führt auch von jedem Kreis $\varkappa_1, \varkappa_3, \varkappa_4, \ldots, \varkappa_k$ ein Pfeil mit dem ersten Index ϱ_s nach $\varkappa_{k+3}$ (Bild 9.4).

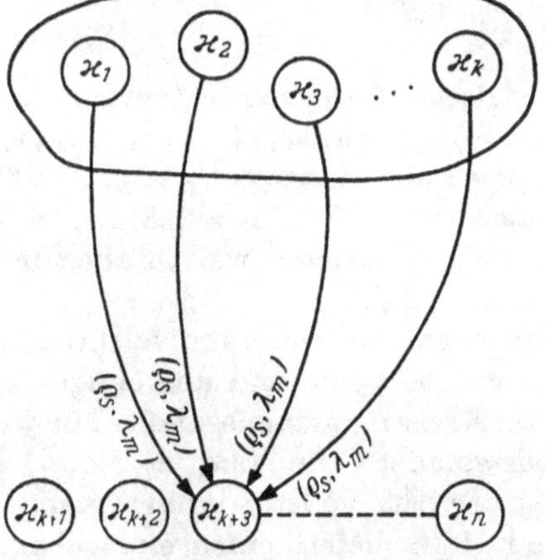

Bild 9.4

Dabei müssen auch die zweiten Indizes dieser Pfeile identisch sein, weil man sonst mit einer Eingangsfolge der Länge 1 zeigen könnte, daß die Zustände der Gruppe $\{\varkappa_1, \varkappa_2, \ldots, \varkappa_k\}$ nicht alle äquivalent zueinander sein könnten.

Insgesamt können wir also feststellen: *Wenn von irgendeinem Kreis der Gruppe* $\{\varkappa_1, \varkappa_2, \ldots, \varkappa_k\}$ *ein Pfeil mit der Beschriftung* (ϱ_s, λ_m) *nach einem der Kreise* $\varkappa_{k+1}, \varkappa_{k+2}, \ldots, \varkappa_n$ *führt, so führt von jedem Kreis der Gruppe* $\{\varkappa_1, \varkappa_2, \ldots, \varkappa_k\}$ *ein Pfeil mit dieser Beschriftung zu diesem Kreis* (Bild 9.4).

Aus dieser Behauptung folgt sofort die andere: *Wenn von einem Kreis der Gruppe $\{\varkappa_1, \varkappa_2, \ldots, \varkappa_k\}$ ein Pfeil mit der Beschriftung (ϱ_s, λ_m) wieder zu einem Kreis derselben Gruppe führt, d. h. nicht zu einem der Kreise $\varkappa_{k+1}, \varkappa_{k+2}, \ldots, \varkappa_n$, so führen alle von einem Kreis der Gruppe $\{\varkappa_1, \varkappa_2, \ldots, \varkappa_k\}$ ausgehenden Pfeile (ϱ_s, λ_m) immer wieder zu einem Kreis dieser Gruppe, d. h., ein solcher Pfeil (ϱ_s, λ_m) führt nie aus der Gruppe $\{\varkappa_1, \varkappa_2, \ldots, \varkappa_k\}$ heraus.*

Aus diesen Überlegungen folgt, daß die Verknüpfungsmatrix C von der Form

$$
C = \begin{array}{c|c|c|c|c|c|}
 & \varkappa_1\ \varkappa_2 \ldots \varkappa_k & \varkappa_{k+1} & \varkappa_{k+2} & & \varkappa_n \\
\hline
\begin{matrix}\varkappa_1\\ \varkappa_2\\ \cdot\\ \cdot\\ \cdot\\ \varkappa_k\end{matrix} & C_{11} & C_{12} & C_{13} & & C_{1\,(n-k+1)} \\
\hline
\varkappa_{k+1} & C_{21} & \ldots & \ldots & \ldots & \ldots \\
\hline
\varkappa_{k+2} & C_{31} & \ldots & \ldots & \ldots & \ldots \\
\hline
\begin{matrix}\cdot\\ \cdot\\ \cdot\end{matrix} & \ldots & \ldots & \ldots & \ldots & \ldots \\
\hline
\varkappa_n & C_{(n-k+1)\,1} & \ldots & \ldots & \ldots & \ldots
\end{array}
$$

ist. Wenn man nun die symmetrische Zerlegung so vornimmt, daß die Zustände in die Gruppen $\{\varkappa_1, \varkappa_2, \ldots, \varkappa_k\}$, $\{\varkappa_{k+1}\}$, $\{\varkappa_{k+2}\}, \ldots, \{\varkappa_n\}$ unterteilt werden, so sind nach dem Obigen alle Matrizen $C_{11}, C_{12}, \ldots, C_{1\,(n-k+1)}$ 1-Matrizen. Die übrigen Teilmatrizen C_{ij} $(i = 2, 3, \ldots, n-k+1;$ $j = 1, 2, \ldots, n-k+1)$ sind ebenfalls 1-Matrizen, weil sie alle nur aus einer Zeile (also einem Element) bestehen.

Im allgemeinen Fall mehrerer Gruppen von paarweise äquivalenten Zuständen bleiben alle obigen Überlegungen gleich, wenn man nur einige der Kreise $\varkappa_{k+1}, \varkappa_{k+2}, \ldots, \varkappa_n$ zu Gruppen von Kreisen zusammegefaßt. Für jede solche Gruppe gilt dann dasselbe, was wir von der Gruppe $\{\varkappa_1, \varkappa_2, \ldots, \varkappa_k\}$ bewiesen hatten. Mit dieser Bemerkung ist der Satz vollständig bewiesen.

Dieser Satz von Aufenkamp und Hohn liefert einen einfachen und sehr bequemen Algorithmus, um alle Gruppen äquivalenter Zustände einer sequentiellen Maschine zu finden. Dieser Algorithmus läuft also auf die symmetrische Zerlegung der Verknüpfungsmatrix C hinaus.

§ 9.4 Die Erkennung der Äquivalenz von Zuständen bei beschränkter Länge der Eingangsfolgen

In diesem Paragraphen untersuchen wir den Fall, daß die zulässigen Eingangsfolgen der Menge L höchstens die Länge q haben. Dabei kann die

Menge L sowohl aus allen möglichen Folgen von höchstens der Länge q bestehen oder auch nur aus einem Teil dieser Folgen.
Wenn wir annehmen, daß am Eingang nur Folgen mit höchstens q Symbolen auftreten, brauchen wir auch die Arbeitsweise der sequentiellen Maschine nur während q Takten zu beobachten. Wir stellen wieder die Frage, ob es unter diesen Bedingungen einen Algorithmus gibt, um die Äquivalenz zweier Zustände bezüglich der Menge L erkennen zu können, und also die Menge aller Zustände in Gruppen äquivalenter Zustände bezüglich L unterteilt werden kann.
Da die Zahl der verschiedenen Eingangssymbole ϱ_i endlich ist und die Länge jeder Eingangsfolge durch die Zahl q beschränkt ist, besteht die Menge L auch nur aus endlich vielen Folgen. Die Frage nach der Existenz eines Algorithmus steht hier außer Zweifel. Um die Äquivalenz zweier Zustände $\varkappa_i$ und $\varkappa_j$ zu erkennen, braucht man ja nur alle Möglichkeiten durchzuprobieren, d. h. zu beobachten, ob die Ausgangsfolgen bei allen möglichen Eingangsfolgen für beide Anfangszustände $\varkappa_i$ und $\varkappa_j$ identisch sind. Diese Kontrolle kann entweder an Hand des Zustandsdiagramms oder der Verknüpfungsmatrix durchgeführt werden, d. h. durch Experimente an einer realen existierenden Maschine.
Im vorliegenden Fall existiert also immer ein Algorithmus zur Erkennung der Äquivalenz, nämlich der Algorithmus des vollständigen Durchprobierens. Eine mögliche Form, einen solchen Algorithmus zu organisieren, ist das Potenzieren der Verknüpfungsmatrix, das wir im § 3.6 ausführlich behandelt hatten. Erinnern wir uns daran, welche Eigenschaften die Matrix C^q hatte:

1) Das Element C^q_{ij} der Matrix C^q zählt alle Eingangsfolgen der Länge q auf, die die Maschine aus dem Zustand $\varkappa_i$ in den Zustand $\varkappa_j$ überführen, so wie die entsprechenden Ausgangsfolgen,

2) Weil der folgende Zustand der sequentiellen Maschine eindeutig von dem gegenwärtigen Zustand und dem Eingangssymbol abhängt, können in ein und derselben Zeile der Matrix C nicht zwei Elemente vorkommen, in denen Glieder mit ein und denselben Eingangsfolgen enthalten sind.

3) In den Elementen jeder Zeile der Matrix C^q kommt jede Eingangsfolge der Länge q vor.

Aus diesen Eigenschaften der Matrix C^q ergibt sich das folgende Verfahren, um die Äquivalenz bezüglich L zu bestimmen. Wir ordnen die Folgen der Menge L nach wachsender Länge. Wir nehmen dann eine der Folgen kleinster Länge und mustern die Matrix C^q, wenn q die maximale Länge der Folgen ist, daraufhin durch, wo die von uns ausgewählte Folge als Anfangsstück vorkommt. Diese Anfangsstücke markieren wir durch Punkte über den entsprechenden Eingangssymbolen. Diese Operation führen wir nun nacheinander mit allen Folgen wachsender Länge durch, wobei die Reihenfolge bei Folgen gleicher Länge beliebig ist. Wenn dabei schon früher über ein Symbol ein Punkt gesetzt worden war, wird dieses Symbol nicht erneut markiert. Zum Schluß wird bei den Elementen der Matrix C^q ein Teil der in den Elementen enthaltenen Eingangsfolgen markiert sein, bei einem Teil nur das Anfangsstück, bei einem anderen Teil der Folgen wird gar kein Punkt stehen.

Es sei z. B. $q = 3$ und die Menge L bestehe aus den Folgen

$$\varrho_1;\ \varrho_1\varrho_2;\ \varrho_2\varrho_1;\ \varrho_2\varrho_1\varrho_2\,.$$

Das Zustandsdiagramm der sequentiellen Maschine habe die Form von Bild 3.11, für das wir die Matrix C^3 schon in § 3.6 berechnet hatten. Bei dieser Matrix C^3 führt die Markierung zu dem folgenden Ergebnis:

$$C^3 = \begin{array}{c} \\ \varkappa_1 \\ \\ \\ \\ \varkappa_2 \\ \\ \\ \\ \\ \varkappa_3 \\ \\ \\ \\ \end{array} \begin{array}{ccc} \varkappa_1 & \varkappa_2 & \varkappa_3 \\ \end{array}$$

$$C^3 = \begin{array}{c|ccc|} & \varkappa_1 & \varkappa_2 & \varkappa_3 \\ \hline \varkappa_1 & \begin{matrix}[(\dot\varrho_1\,\varrho_1\,\varrho_2,\ \lambda_3\,\lambda_1\,\lambda_3)\vee \\ \vee(\dot\varrho_2\,\dot\varrho_1\,\dot\varrho_2,\ \lambda_1\,\lambda_1\,\lambda_3)]\end{matrix} & \begin{matrix}[(\dot\varrho_1\,\dot\varrho_2\,\varrho_2,\ \lambda_3\,\lambda_2\,\lambda_2)\vee \\ \vee(\varrho_2\,\varrho_2\,\varrho_2,\ \lambda_1\,\lambda_2\,\lambda_2)\vee \\ \vee(\dot\varrho_1\,\varrho_1\,\varrho_1,\ \lambda_3\,\lambda_1\,\lambda_2)\vee \\ \vee(\dot\varrho_2\,\dot\varrho_1\,\varrho_1,\ \lambda_1\,\lambda_1\,\lambda_2)]\end{matrix} & \begin{matrix}[(\dot\varrho_1\,\dot\varrho_2\,\varrho_1,\ \lambda_3\,\lambda_2\,\lambda_1)\vee \\ \vee(\varrho_2\,\varrho_2\,\varrho_1,\ \lambda_1\,\lambda_2\,\lambda_1)]\end{matrix} \\ \varkappa_2 & (\dot\varrho_2\,\dot\varrho_1\,\dot\varrho_2,\ \lambda_2\,\lambda_1\,\lambda_3) & \begin{matrix}[(\dot\varrho_1\,\dot\varrho_2\,\varrho_1,\ \lambda_1\,\lambda_3\,\lambda_3)\vee \\ \vee(\dot\varrho_1\,\dot\varrho_2\,\varrho_2,\ \lambda_1\,\lambda_3\,\lambda_1)\vee \\ \vee(\varrho_2\,\varrho_2\,\varrho_2,\ \lambda_2\,\lambda_2\,\lambda_2)\vee \\ \vee(\dot\varrho_1\,\varrho_1\,\varrho_2,\ \lambda_1\,\lambda_2\,\lambda_2)\vee \\ \vee(\dot\varrho_2\,\dot\varrho_1\,\varrho_1,\ \lambda_2\,\lambda_1\,\lambda_2)]\end{matrix} & \begin{matrix}[(\varrho_2\,\varrho_2\,\varrho_1,\ \lambda_2\,\lambda_2\,\lambda_1)\vee \\ \vee(\dot\varrho_1\,\varrho_1\,\varrho_1,\ \lambda_1\,\lambda_2\,\lambda_1)]\end{matrix} \\ \varkappa_3 & (\dot\varrho_1\,\varrho_1\,\varrho_2,\ \lambda_2\,\lambda_1\,\lambda_3) & \begin{matrix}[(\dot\varrho_2\,\dot\varrho_1\,\dot\varrho_2,\ \lambda_3\,\lambda_3\,\lambda_2)\vee \\ \vee(\varrho_2\,\varrho_2\,\varrho_2,\ \lambda_3\,\lambda_1\,\lambda_3)\vee \\ \vee(\dot\varrho_1\,\dot\varrho_2\,\varrho_2,\ \lambda_2\,\lambda_2\,\lambda_2)\vee \\ \vee(\dot\varrho_1\,\varrho_1\,\varrho_1,\ \lambda_2\,\lambda_1\,\lambda_2)]\end{matrix} & \begin{matrix}[(\dot\varrho_2\,\dot\varrho_1\,\varrho_1,\ \lambda_3\,\lambda_3\,\lambda_1)\vee \\ \vee(\varrho_2\,\varrho_2\,\varrho_1,\ \lambda_3\,\lambda_1\,\lambda_1)\vee \\ \vee(\dot\varrho_1\,\dot\varrho_2\,\varrho_1,\ \lambda_2\,\lambda_2\,\lambda_1)]\end{matrix} \end{array}\,.$$

Nach der Markierung streichen wir in den Elementen der Matrix C^3 alle nicht markierten Ein- und Ausgangsfolgen (in unserem Beispiel die Folgen $\varrho_2\varrho_2\varrho_2$ und $\varrho_2\varrho_2\varrho_1$). Bei denjenigen Eingangsfolgen, bei denen nur das Anfangsstück markiert ist, streichen wir das nicht markierte Schlußstück und das zugehörige Schlußstück der Ausgangsfolge. Wir erhalten so eine Matrix, die wir die *bezüglich L verkürzte C^q-Matrix* nennen wollen. In unserem Beispiel ist sie von der Form

$$\begin{array}{c|ccc|} & \varkappa_1 & \varkappa_2 & \varkappa_3 \\ \hline \varkappa_1 & (\varrho_1,\ \lambda_3)\vee(\varrho_2\,\varrho_1\,\varrho_2,\ \lambda_1\,\lambda_1\,\lambda_3) & \begin{matrix}(\varrho_1,\ \lambda_3)\vee(\varrho_2\,\varrho_1,\ \lambda_1\,\lambda_1)\vee \\ \vee(\varrho_1\,\varrho_2,\ \lambda_3\,\lambda_2)\end{matrix} & (\varrho_1\,\varrho_2,\ \lambda_3\,\lambda_2) \\ \varkappa_2 & (\varrho_2\,\varrho_1\,\varrho_2,\ \lambda_2\,\lambda_1\,\lambda_3) & \begin{matrix}(\varrho_1\,\varrho_2,\ \lambda_1\,\lambda_3)\vee(\varrho_1,\ \lambda_1)\vee \\ \vee(\varrho_2\,\varrho_1,\ \lambda_2\,\lambda_1)\end{matrix} & (\varrho_1,\ \lambda_1) \\ \varkappa_3 & (\varrho_1,\ \lambda_2) & \begin{matrix}(\varrho_2\,\varrho_1\,\varrho_2,\ \lambda_3\,\lambda_3\,\lambda_2)\vee \\ \vee(\varrho_1\,\varrho_2,\ \lambda_2\,\lambda_2)\vee(\varrho_1,\ \lambda_2)\end{matrix} & \begin{matrix}(\varrho_2\,\varrho_1,\ \lambda_3\,\lambda_3)\vee \\ \vee(\varrho_1\,\varrho_2,\ \lambda_2\,\lambda_2)\end{matrix} \end{array}\,.$$

In jeder Zeile der bezüglich L verkürzten C^q-Matrix bleiben nur solche Paare von Ein- und Ausgangsfolgen übrig, deren Eingangsfolgen in der Menge L enthalten sind.
Aus der Form dieser bezüglich L verkürzten C^q-Matrix kann man nun die Frage nach der Äquivalenz zweier Zustände beantworten. Es gilt nämlich die Aussage: Zwei Zustände $\varkappa_i$ und $\varkappa_j$ sind dann und nur dann bezüglich L äquivalent, wenn in der i-ten und j-ten Zeile der bezüglich L verkürzten C^q-Matrix nur gleiche Paare von Ein- und Ausgangsfolgen vorkommen. In unserem Beispiel kommen in der ersten Zeile die Paare (ϱ_1, λ_3); $(\varrho_1\varrho_2, \lambda_3\lambda_2)$; $(\varrho_2\varrho_1, \lambda_1\lambda_1)$; $(\varrho_2\varrho_1\varrho_2, \lambda_1\lambda_1\lambda_3)$ vor, in der zweiten Zeile die Paare (ϱ_1, λ_1); $(\varrho_1\varrho_2, \lambda_1\lambda_3)$; $(\varrho_2\varrho_1, \lambda_2\lambda_1)$; $(\varrho_2\varrho_1\varrho_2, \lambda_2\lambda_1\lambda_3)$ und in der dritten die Paare (ϱ_1, λ_2); $(\varrho_1\varrho_2, \lambda_2\lambda_2)$; $(\varrho_2\varrho_1, \lambda_3\lambda_3)$; $(\varrho_2\varrho_1\varrho_2, \lambda_2\lambda_3\lambda_2)$. Da hier nirgends in zwei Zeilen die gleichen Paare vorkommen, gibt es in dieser sequentiellen Maschine keine äquivalenten Zustände.
Der soeben beschriebene Algorithmus der vollständigen Durchmusterung wird für große q außerordentlich aufwendig und zeitraubend. Es ist deshalb von großem Interesse, ob es nicht möglich ist, gewisse Spezialfälle abtrennen zu können, bei denen man eine vollständige Durchmusterung aller Eingangsfolgen vermeiden kann. Wir wollen einen solchen Fall betrachten.
Die Menge L soll alle Folgen der Länge kleiner oder gleich q enthalten. Diese Menge L ist also eine Teilmenge der Menge E aller Eingangsfolgen. Deshalb sind zwei Zustände, die bezüglich der Menge E äquivalent sind (d. h. einfach äquivalent), auch bezüglich L äquivalent.
Man kann damit die Frage auch so formulieren: In welchen Fällen ist die Zerlegung aller Maschinenzustände in Gruppen äquivalenter Zustände identisch mit der Zerlegung in Gruppen äquivalenter Zustände bezüglich L, d. h., wann sind bezüglich L äquivalente Zustände auch bezüglich E äquivalent? Wenn wir diese Frage beantworten könnten, so könnten wir bei einer positiven Antwort (d. h. wenn die Zerlegungen identisch sind) den einfachen Alogrithmus von Aufenkamp und Hohn anwenden. Ist die Antwort negativ, sind die Zerlegungen also verschieden, so benutzen wir den oben beschriebenen Algorithmus der vollständigen Durchmusterung oder suchen irgendein neues Verfahren.
Die Antwort auf die gestellte Frage ist von dem Verhältnis der Zahlen k und q abhängig, also von der Zahl der Zustände und der maximalen Länge der zulässigen Eingangsfolgen. Wie wir unten sehen werden, können bei hinreichend großem q alle nicht äquivalenten Zustände unterschieden werden. Dann ist jedes Paar, das bezüglich E nicht äquivalent ist, auch bezüglich L nicht äquivalent.
Es möge eine sequentielle Maschine S mit k Zuständen gegeben sein. Ihre Verknüpfungsmatrix C zerlegen wir symmetrisch nach dem Verfahren von Aufenkamp und Hohn. Die Zustände von S sind dann in Gruppen von äquivalenten Zuständen zerlegt. Die Zahl dieser Gruppen sei k^* ($k^* \leqq k$).

Wir zeigen nun, daß im Falle $q \geqq k^* - 1$ die nach der Methode von Aufenkamp und Hohn durchgeführte Zerlegung in Gruppen identisch ist mit der Zerlegung in Gruppen äquivalenter Zustände bezüglich L. Für $q \geqq k^* - 1$ kann unser Problem also mit dem Algorithmus von Aufenkamp und Hohn gelöst werden, und die Zahl der Gruppen ist gleich k^*.

Zum Beweis konstruieren wir eine Maschine S^* mit k^* Zuständen, die den folgenden Forderungen genügt:

a) Zu jedem Zustand von S gibt es einen dazu äquivalenten Zustand von S^* und umgekehrt.

b) Alle Zustände von S^* sind paarweise nicht äquivalent.

Im § 9.7 werden wir zeigen, daß man eine Maschine mit diesen Eigenschaften immer konstruieren kann.

Im § 11.2 werden wir einen Satz von Moore kennenlernen, nach dem man bei einer Maschine mit k Zuständen, die alle paarweise nicht äquivalent sind, für jedes Paar von Zuständen $\varkappa_i$ und $\varkappa_j$ immer eine Eingangsfolge von höchstens der Länge $k - 1$ finden kann, mit der man diese Zustände unterscheiden kann.

Wegen der Eigenschaft b) von Maschine S^* „unterscheiden" die Folgen von höchstens der Länge $k^* - 1$ auch alle nicht äquivalenten Zustände dieser Maschine. Wenn also $q \geqq k^* - 1$ ist, so sind diese „unterscheidenden" Folgen alle in L enthalten, woraus sich unsere Behauptung ergibt.

Wenn aber $q < k^* - 1$ ist, so kann die Zerlegung bezüglich L nicht mit der Zerlegung bezüglich E identisch sein. Dann muß man die Zerlegung bezüglich L nach der Methode der Durchmusterung konstruieren, indem man z. B. die Matrix C in die q-te Potenz erhebt.

Außerdem kann man ohne große Mühe die Zahl der Gruppen der bezüglich L äquivalenten Zustände nach unten abschätzen, was in einer Reihe von Fällen dazu benutzt werden kann, die Durchmusterung zu umgehen. Wir zerlegen die Matrix C nur durch waagerechte Linien in 1-Matrizen, d. h. wir unterteilen sie in Gruppen von Zeilen, die bis auf die Reihenfolge der Elemente identisch sind. Die Zustände der Maschine sind damit in m Gruppen unterteilt. Das sind dann Gruppen von Zuständen, die bezüglich der Menge L^1 aller Eingangsfolgen der Länge 1 äquivalent sind (die Menge L^1 ist mit dem Eingangsalphabet $\{\varrho_1, \varrho_2, \ldots, \varrho_r\}$ identisch). Es ist klar, daß die Zahl der bezüglich L äquivalenten Gruppen nicht kleiner als m sein kann, weil $q \geqq 1$ und $L^1 \subseteq L$ ist, und also zwei bezüglich L äquivalente Zustände auch bezüglich L^1 äquivalent sind.

Aus demselben Grund ist k^* eine Abschätzung der Zahl der bezüglich L äquivalenten Gruppen nach oben, weil $L \subseteq E$ ist und deshalb je zwei einfach äquivalente Zustände auch bezüglich L äquivalent sind. Wenn sich also herausstellt, daß $m = k^*$ ist, so kann man trotz $q < k^* - 1$ den Algorithmus von Aufenkamp und Hohn benutzen.

Bei der praktischen Anwendung des Algorithmus von Aufenkamp und Hohn ergeben sich die beiden Zahlen m und k^* bei verschiedenen Schritten des Rechenganges. Die Zahl m ergibt sich schon beim ersten Schritt, wenn man die Matrix durch waagerechte Linien unterteilt. Wenn dann die vertikalen Linien diese Zerlegung „verderben“, so muß man erneut waagerechte Linien ziehen usw., bis sich schließlich die Zahl $k^* > m$ ergibt.
Beschränken wir die Betrachtung des Äquivalenzproblemes auf die in diesem und dem vorigen Paragraphen behandelten Fälle, so können wir zwei kurze Bemerkungen machen, die andere Mengen L von zulässigen Eingangsfolgen betreffen.

1. Von großer Bedeutung, besonders für die Theorie der Relaiskontakt-Schaltungen, ist der Fall, daß die Menge L aus allen solchen Eingangsfolgen besteht, in denen nicht zwei gleiche Symbole unmittelbar aufeinander folgen. Man kann zeigen, daß es für diesen Fall einen Algorithmus zur Erkennung äquivalenter Zustände gibt. Ein für die praktische Anwendung einigermaßen brauchbarer Algorithmus ist den Autoren allerdings nicht bekannt.

2. Bei Aufenkampschen Beschränkungen ändert sich überhaupt die Problemstellung selbst, weil es in diesem Fall keinen Sinn hat, von der Äquivalenz zweier Zustände $\varkappa_i$ und $\varkappa_j$ zu sprechen; denn zu den Zuständen $\varkappa_i$ und $\varkappa_j$ können ja verschiedene zulässige Eingangsfolgen gehören.
Man führt dann manchmal den der Äquivalenz nahestehenden Begriff von der Verträglichkeit von Zuständen ein, der folgendermaßen definiert ist.
Zwei Zustände — der Zustand $\varkappa_i$ der Maschine S und der Zustand ζ_j der Maschine G — sind dann und nur dann verträglich, wenn beide Maschinen — die Maschine S mit dem Anfangszustand $\varkappa_i$ und die Maschine G mit dem Anfangszustand ζ_j — nach Aufschaltung einer Eingangsfolge aus dem Durchschnitt der Menge der für $\varkappa_i$ zulässigen Folgen mit der Menge der für ζ_j zulässigen Folgen ein und dieselbe Ausgangsfolge abgeben. S und G können hierbei wieder dieselbe Maschine bedeuten.
Nach dieser Definition sind die Zustände $\varkappa_i$ und ζ_j dann notwendig verträglich, wenn der Durchschnitt die leere Menge ist, wenn also die beiden Zustände überhaupt keine gemeinsame zulässigen Eingangsfolgen haben. Wenn andererseits die beiden Mengen identisch sind, dann geht die Verträglichkeit in die Äquivalenz bezüglich dieser Menge über.
Die Zustände $\{\varkappa_1, \varkappa_2, \ldots, \varkappa_k\}$ bilden dann und nur dann eine *Gruppe von pseudoäquivalenten Zuständen*, wenn zwei beliebige Zustände dieser Gruppe miteinander verträglich sind.
Der Begriff der Verträglichkeit erweist sich oft als sehr nützlich. Man kann ihn inbesondere bei der Minimisierung von sequentiellen Maschinen bei Aufenkampschen Beschränkungen verwenden. Wir werden darauf im § 9.8 zurückkommen.

§ 9.5 Die Begriffe der Äquivalenz, Abbildung und Minimisierung von sequentiellen Maschinen

Im vorigen Paragraphen haben wir die Äquivalenz von einzelnen Zuständen behandelt. In diesem Paragraphen stellen wir die Frage nach der Äquivalenz von sequentiellen Maschinen.

Zwei sequentielle Maschinen S und G heißen dann und nur dann bezüglich der Menge L äquivalent, wenn es zu jedem Zustand $\varkappa_i$ von S wenigstens einen bezüglich der Menge L äquivalenten Zustand ζ_j von G und umgekehrt für jeden Zustand ζ_s von G wenigstens einen bezüglich L äquivalenten Zustand $\varkappa_l$ von S gibt.

Aus dieser Definition folgt sofort, daß jede Eingangsfolge von L sowohl für S als auch für G zulässig ist. Ist L_S die Menge aller für die Maschine S zulässigen Eingangsfolgen und L_G die analoge Menge für die Maschine G, so ist

$$L \subseteq L_S \cap L_G .$$

In dem Fall, daß L aus allen möglichen Eingangsfolgen besteht, d. h. $L = E$, sagen wir einfach, daß die Maschinen S und G *äquivalent* sind. Es ist dann $L_S = L_G = L = E$.

Die Maschine S wird bezüglich der Menge L dann und nur dann auf die Maschine G abgebildet, wenn es zu jedem Zustand $\varkappa_i$ der Maschine S wenigstens einen bezüglich L äquivalenten Zustand ζ_j der Maschine G gibt. Wenn $L = E$ ist, sprechen wir einfach von einer Abbildung der Maschine S auf die Maschine G.

Aus diesen Definitionen von Abbildung und Äquivalenz ergibt sich die folgende Eigenschaft. Wenn die Maschine S bezüglich L auf die Maschine G abgebildet wird und G bezüglich L auf S, dann sind S und G bezüglich L äquivalente Maschinen. Die Äquivalenz der Maschinen S und G bezeichnen wir durch $S \sim G$ und die Abbildung von S auf G durch $S \subset G$.

Im Sinne der Verarbeitung von Eingangsfolgen in Ausgangsfolgen unterscheiden sich äquivalente Maschinen nicht voneinander. Wenn die Maschine S (bezüglich L) auf die Maschine G abgebildet werden kann, so bedeutet dies praktisch, daß G die Maschine S substituieren kann (aber nicht umgekehrt).

Wir betrachten nun zwei äquivalente sequentielle Maschinen S_1 und S_2. Die Zustände dieser Maschinen seien in Gruppen von äquivalenten Zuständen zerlegt. Aus der Gruppe s_1^α der Maschine S_1 nehmen wir dann irgendeinen Zustand $\varkappa_i$ heraus. Laut Definition gibt es in der Maschine S_2 einen zu $\varkappa_i$ äquivalenten Zustand $\varkappa_j$. Dieser Zustand möge zur Gruppe s_2^β der Maschine S_2 gehören. Dann sind aber irgend zwei Zustände, von denen der erste zu s_1^α der Maschine S_1 gehört und der zweite zu s_2^β der Maschine S_2, zueinander äquivalent. Gleichzeitig ist kein Zustand aus der Gruppe s_1^α von S_1 mit irgendeinem Zustand aus s_2^λ von S_2 für $\gamma \neq \beta$ äquivalent. Jeder Gruppe von äquivalenten Zuständen in S_1 entspricht genau eine Gruppe von äquivalenten Zuständen in S_2.

Wegen der Symmetrie der Äquivalenzbeziehung (aus $S_1 \sim S_2$ folgt $S_2 \sim S_1$) folgt auch die umgekehrte Behauptung, daß jeder Gruppe äquivalenter Zustände von S_2 genau eine Gruppe von S_1 entspricht. Zwei äquivalente Maschinen haben also die gleiche Anzahl von Gruppen äquivalenter Zustände, und die beiden Maschinen können sich nur durch die Anzahl der Zustände in diesen Gruppen unterscheiden.

Wenn von zwei Maschinen S und G die erste auf die zweite abgebildet werden kann ($S \subset G$), so ist die Beziehung zwischen den Gruppen nicht eineindeutig. Man kann nur behaupten, daß zu jeder Gruppe von S genau eine Gruppe von G gehört, aber nicht umgekehrt. Die Maschine G kann also mehr Gruppen äquivalenter Zustände haben als die Maschine S. Die Maschinen S und G können sich also nicht nur durch die Zahl der Zustände in diesen Gruppen unterscheiden, sondern auch durch die Anzahl der Gruppen.

Alles was wir eben über die Beziehung zwischen der Anzahl der Gruppen äquivalenter Zustände bei der Äquivalenz und Abbildung von sequentiellen Maschinen gesagt haben, gilt auch bei „an sich" beschränkten Mengen L von Eingangsfolgen.

Wir führen nun noch den Begriff der *Minimisierung von sequentiellen Maschinen* ein. Bei einer gegebenen sequentiellen Maschine S verstehen wir unter dem Prozeß der Minimisierung bezüglich der Menge L von zulässigen Eingangsfolgen das Aufsuchen einer anderen Maschine G, die den folgenden beiden Bedingungen genügt:

1) Die Maschine S soll auf die Maschine G abgebildet werden können ($S \subset G$).

2) Es gibt keine andere sequentielle Maschine, auf die S bezüglich L abgebildet werden kann, die weniger Zustände als G hat.

Die *sequentielle Maschine* $G^{\bullet}$, die diesen beiden Forderungen genügt, nennen wir *minimal für S bezüglich L.*

Wenn es also einen Algorithmus zur Erkennung der Äquivalenz von Zuständen bezüglich einer Menge L gibt, so existiert auch ein im Prinzip trivialer Algorithmus zur Minimisierung bezüglich L. Hat nämlich die Maschine S k Zustände, so hat auch die für S minimale Maschine G nicht mehr als k Zustände. Im Prinzip wäre es möglich, alle Maschinen durchzumustern, da ihre Zahl endlich ist und mit dem Algorithmus für die Erkennung von Äquivalenzen geprüft werden könnte, ob S auf jede dieser Maschinen abgebildet werden kann. Selbstverständlich ist dieser triviale Algorithmus ohne jede praktische Bedeutung, und es bleibt die Frage offen, ob man nicht praktisch brauchbare Algorithmen für die Minimisierung finden kann. Ein solcher Algorithmus ist bis jetzt nur für den Fall bekannt, daß alle Eingangsfolgen zulässig sind. Mit diesem Fall wollen wir uns im nächsten Paragraphen befassen.

§ 9.6 Die Minimisierung von sequentiellen Maschinen bei nicht beschränkten Eingangsfolgen

Gegeben sei eine sequentielle Maschine S mit k Zuständen. Nach dem Verfahren von § 9.3 können wir diese k-Zustände in Gruppen von jeweils äquivalenten Zuständen zerlegen. In Bild 9.5 ist ein Teil des Zustandsdiagramms von S gezeigt. Die Zustände einer Gruppe werden jeweils durch eine fette Kurve eingerahmt. Betrachten wir irgendeine Gruppe, z. B. die erste, etwas

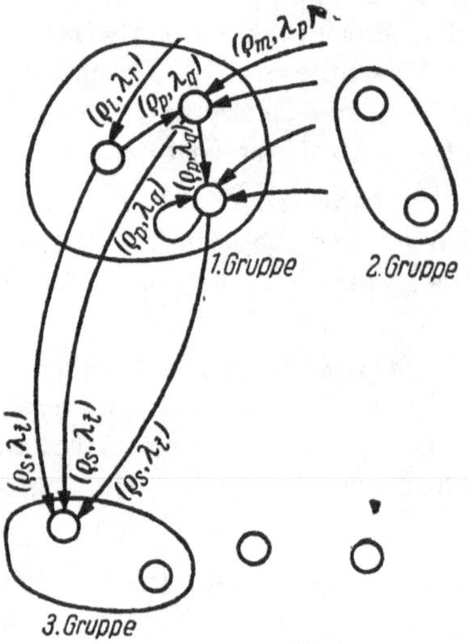

Bild 9.5

genauer. Zu den Zuständen der ersten Gruppe führen Pfeile mit den Beschriftungen (ϱ_l, λ_r), (ϱ_m, λ_p) usw. von anderen Zuständen der Maschine. Bei den von den Zuständen der ersten Gruppe wegführenden Pfeilen können wir nach § 9.3 zwei verschiedene Typen unterscheiden:

a) Wenn von einem Zustand der ersten Gruppe ein Pfeil mit dem ersten Index ϱ_p wieder zu einem Zustand der ersten Gruppe führt, so führen alle Pfeile mit dem ersten Index ϱ_p, die von einem Zustand der ersten Gruppe ausgehen, wieder zu einem Zustand der ersten Gruppe. Die zweiten Symbole aller dieser Pfeile sind gleich.

b) Wenn ein Pfeil mit dem ersten Index ϱ_s von einem Zustand der ersten Gruppe zu einem Zustand der j-ten Gruppe führt ($j \neq 1$), so führen alle von Zuständen der ersten Gruppe ausgehenden Pfeile mit dem ersten Index ϱ_s nur zu Zuständen der j-ten Gruppe. Die zweiten Indizes dieser Pfeile sind identisch.

Mit Hilfe dieser beiden Eigenschaften, die natürlich für jede und nicht bloß die erste Gruppe gelten, ersetzen wir alle Zustände ein und derselben

Gruppe durch einen einzigen Zustand. Alle auf die Zustände einer Gruppe zeigenden Pfeile führen wir auf einen Kreis, der diese Gruppe ersetzt. Die von den Zuständen der Gruppe ausgehenden Pfeile ersetzen wir im Falle a) durch einen Pfeil mit der Beschriftung (ϱ_p, λ_q), der von dem die Gruppe darstellenden Kreis ausgeht und wieder darauf zurückführt, und im Falle b) durch einen Pfeil mit der Beschriftung (ϱ_s, λ_t), der von dem Kreis der i-ten Gruppe zu dem Kreis der j-ten Gruppe zeigt. Im Bild 9.6 ist ein Teil des Zustandsdiagramms von Bild 9.5 in dieser Weise zusammengefaßt worden.

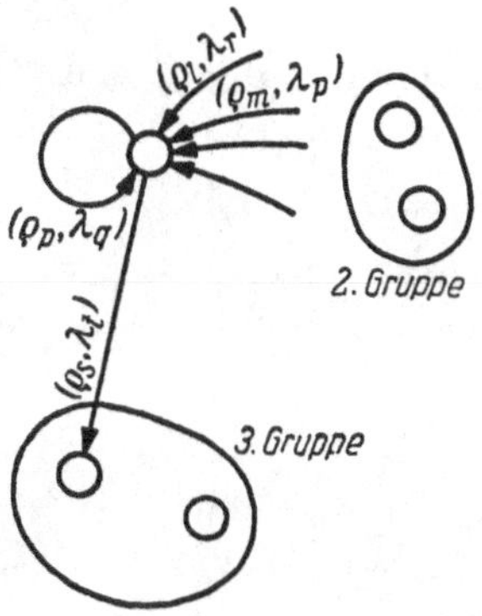

Bild 9.6

Wenn wir so jeweils eine Gruppe von Zuständen durch einen Zustand ersetzt haben, haben wir auch die Maschine G erhalten. Es ist unmittelbar einzusehen, daß die Maschinen S und G äquivalent sind. Wegen der Eigenschaften a) und b) erzeugt nämlich die Maschine S bei einer Eingangsfolge und dem Anfangszustand $\varkappa_i$ dieselbe Ausgangsfolge wie die Maschine G, wenn man auf diese dieselbe Anfangsfolge gibt und von dem Anfangszustand $\varkappa_j$ ausgeht, der die Gruppe mit dem Anfangswert $\varkappa_i$ ersetzt. Die Anzahl der Zustände in Maschine G ist gleich der Anzahl der Gruppen von äquivalenten Zuständen in S, und eine weitere Zusammenfassung von Zuständen zu Gruppen in G ist nicht möglich.

Im § 9.5 haben wir gezeigt, daß äquivalente Maschinen die gleiche Anzahl von Gruppen äquivalenter Zustände haben und eine Maschine, auf die eine andere abgebildet werden kann, nicht weniger Gruppen als die abzubildende Maschine. Eine minimale Maschine kann nicht weniger Zustände haben als die zu minimisierende Maschine Gruppen von äquivalenten Zuständen hat. *Die Maschine G ist also minimal für die Maschine S.* Wenn also die Eingangsfolgen keinerlei Beschränkungen unterworfen sind, kann man die beiden folgenden Aussagen machen:

1) *Die minimale Maschine befindet sich in der Klasse der äquivalenten Maschinen.*

2) *Das Problem der Minimisierung kann auf das Aufsuchen der Gruppen äquivalenter Zustände zurückgeführt, d. h. mit dem Algorithmus von* Aufenkamp *und* Hohn *durchgeführt werden* (s. § 9.3).

Das Ersetzen der Zustandsgruppen durch einen einzigen Zustand wird man zweckmäßigerweise nicht nach dem Zustandsdiagramm, sondern nach der Verknüpfungsmatrix vornehmen. Um ein Beispiel vor Augen zu haben, kehren wir noch einmal zu der Matrix C von § 9.3 zurück.

$$C = \begin{array}{c|cccccc|}
 & \varkappa_1 & \varkappa_2 & \varkappa_3 & \varkappa_4 & \varkappa_5 & \varkappa_6 \\
\varkappa_1 & (\varrho_0, \lambda_1) & (\varrho_1, \lambda_2) & 0 & 0 & 0 & (\varrho_2, \lambda_1) \\
\varkappa_2 & (\varrho_2, \lambda_0) & (\varrho_1, \lambda_1) & (\varrho_0, \lambda_2) & 0 & 0 & 0 \\
\varkappa_3 & 0 & (\varrho_0, \lambda_1) & (\varrho_2, \lambda_1) & 0 & (\varrho_1, \lambda_2) & 0 \\
\varkappa_4 & 0 & (\varrho_2, \lambda_1) & 0 & (\varrho_0, \lambda_1) & (\varrho_1, \lambda_2) & 0 \\
\varkappa_5 & 0 & 0 & (\varrho_0, \lambda_2) & (\varrho_2, \lambda_0) & (\varrho_1, \lambda_1) & 0 \\
\varkappa_6 & 0 & (\varrho_1, \lambda_1) & (\varrho_0, \lambda_2) & (\varrho_2, \lambda_0) & 0 & 0
\end{array}.$$

Die symmetrische Zerlegung in 1-Matrizen führt auf

$$C = \begin{array}{c|cc|c|ccc|}
 & \varkappa_1 & \varkappa_4 & \varkappa_3 & \varkappa_2 & \varkappa_5 & \varkappa_6 \\
\varkappa_1 & (\varrho_0, \lambda_1) & 0 & 0 & (\varrho_1, \lambda_2) & 0 & (\varrho_2, \lambda_1) \\
\varkappa_4 & 0 & (\varrho_0, \lambda_1) & 0 & (\varrho_2, \lambda_1) & (\varrho_1, \lambda_2) & 0 \\
\hline
x_3 & 0 & 0 & (\varrho_2, \lambda_1) & (\varrho_0, \lambda_1) & (\varrho_1, \lambda_2) & 0 \\
\hline
\varkappa_2 & (\varrho_2, \lambda_0) & 0 & (\varrho_0, \lambda_2) & (\varrho_1, \lambda_1) & 0 & 0 \\
\varkappa_5 & 0 & (\varrho_2, \lambda_0) & (\varrho_0, \lambda_2) & 0 & (\varrho_1, \lambda_1) & 0 \\
\varkappa_6 & 0 & (\varrho_2, \lambda_0) & (\varrho_0, \lambda_2) & (\varrho_1, \lambda_1) & 0 & 0
\end{array}.$$

Die Zustände lassen sich demnach in drei Gruppen $\{\varkappa_1, \varkappa_4\}$, $\{\varkappa_3\}$ und $\{\varkappa_2, \varkappa_5, \varkappa_6\}$ äquivalenter Zustände zerlegen. Dem Algorithmus für die Ersetzung jeder Gruppe durch einen Zustand entspricht das Ersetzen jeder 1-Matrix durch ein Element, das eine Disjunktion der Elemente der zu ersetzenden 1-Matrix ist. In unserem Beispiel ist die Verknüpfungsmatrix der minimalen Maschine G von der Form

$$C = \begin{array}{c|ccc|}
 & \varkappa_1' & \varkappa_2' & \varkappa_3' \\
\varkappa_1' & (\varrho_0, \lambda_1) & 0 & (\varrho_1, \lambda_2) \vee (\varrho_2, \lambda_1) \\
\varkappa_2' & 0 & (\varrho_2, \lambda_1) & (\varrho_0, \lambda_1) \vee (\varrho_1, \lambda_2) \\
\varkappa_3' & (\varrho_2, \lambda_0) & (\varrho_0, \lambda_2) & (\varrho_1, \lambda_1)
\end{array}.$$

Ihr Zustandsdiagramm zeigt das Bild 9.7.

In diesem Paragraphen haben wir den Fall betrachtet, daß die Eingangsfolgen keinerlei Beschränkungen unterworfen sind. Das Problem der Minimisierung bei Beschränkungen „an sich" ist ebenso wenig lösbar, wie man in diesem Fall das Problem des Aufstellens von Gruppen äquivalenter Zustände lösen kann (s. § 9.4). Außerdem ist die Minimisierung bezüglich $L \neq E$ noch mit der folgenden Schwierigkeit verbunden. Es möge sogar ein Algorithmus zur Aufstellung der Gruppen bezüglich L äquivalenter Zustände bekannt sein. Für $L = E$ konnten wir alle Zustände einer Gruppe durch einen einzigen Zustand ersetzen. Wir beriefen uns dabei auf die Eigenschaften a) und b) der Pfeile in dem Zustandsdiagramm. Für $L \neq E$ haben die Pfeile diese Eigenschaften aber nicht. Von zwei bezüglich L äquivalenten Zuständen können Pfeile mit gleichem ersten Index durchaus auch zu Zuständen führen, die bezüglich L nicht äquivalent sind.

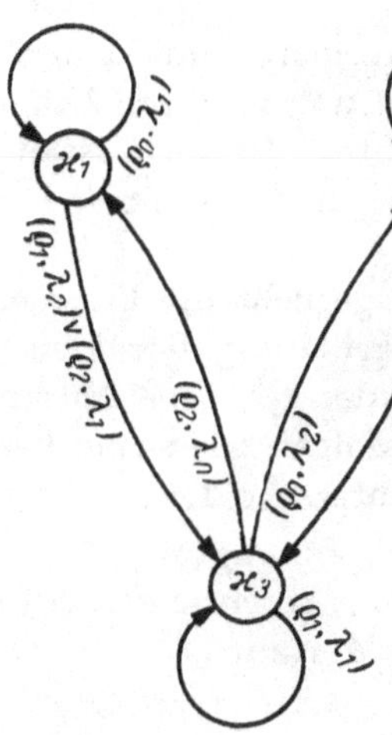

Bild 9.7

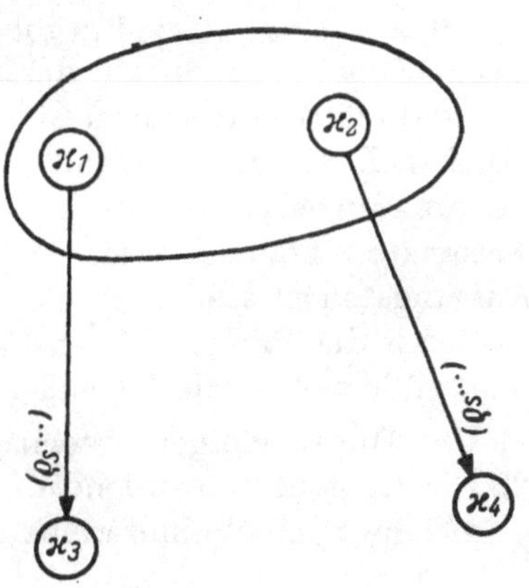

Bild 9.8

Betrachten wir als Beispiel das Stück eines Zustandsdiagramms von Bild 9.8 für den Fall, daß L keine Eingangsfolge mit zwei gleichen Symbolen hintereinander enthält. Die Zustände $\varkappa_1$ und $\varkappa_2$ mögen bezüglich L äquivalent sein, d. h. zu einer Gruppe gehören. Es seien weiter die Zustände $\varkappa_3$ und $\varkappa_4$ bezüglich einer Menge L' äquivalent, die aus allen Folgen von L mit Ausnahme derjenigen besteht, die mit dem Symbol ϱ_s beginnen, und nicht äquivalent bezüglich der Menge L, weil sie verschiedene Ausgangsfolgen bei Eingangsfolgen aus L abgeben, die mit ϱ_s anfangen. Dann widerspricht die Lage der Pfeile in Bild 9.8 durchaus nicht der Tatsache, daß die Zustände $\varkappa_1$ und $\varkappa_2$ bezüglich L äquivalent sind (weil in L keine Folgen vorkommen, die mit $\varrho_s \varrho_s \ldots$ anfangen), wohl aber der Eigenschaft b).

Im Falle $L \neq E$ kann man also im allgemeinen überhaupt nicht alle Zustände einer Gruppe durch einen einzigen Zustand ersetzen, weil es vorkommen könnte, daß von ein und demselben neuen Zustand zwei Pfeile mit gleichem ersten Index ϱ_s zu zwei verschiedenen Zuständen ausgehen könnten, was der Definition einer sequentiellen Maschine widersprechen würde.

In diesem Paragraphen haben wir der Arbeitsweise der sequentiellen Maschine keine Beschränkungen auferlegt. Im folgenden Paragraphen wollen wir den Fall betrachten, daß die sequentielle Maschine wie ein endlicher Automat arbeitet.

§ 9.7 Minimisierung von sequentiellen Maschinen, die sich wie endliche Automaten verhalten

Es sei die Zustandstabelle eines endlichen Automaten mit dem Zustandsalphabet $\{\varkappa_1, \varkappa_2, \ldots, \varkappa_k\}$ gegeben, Wir ersetzen nun $\varkappa_i$ durch λ_i und setzen $l = k$, wobei l die Anzahl der Symbole λ bedeutet. In der Zustandstabelle des endlichen Automaten sind alle Symbole $\varkappa$ durch Symbole λ mit dem gleichen Index zu ersetzen.

Es wird nun eine minimale sequentielle Maschine gesucht, die diesen endlichen Automaten realisiert, die also, was die Verarbeitung der Eingangs- zu Ausgangsfolgen anbelangt, ebenso arbeitet wie der gegebene Automat. Dabei kann die Menge L der zulässigen Eingangsfolgen wiederum beschränkt sein. Wir wollen die folgenden beiden Fälle unterscheiden:

1) Die Eingangsfolgen unterliegen keiner Beschränkung.
2) Die Eingangsfolgen sind durch die Bedingung beschränkt, daß nie zwei gleiche Symbole hintereinander vorkommen dürfen.

1. Die Menge L der Eingangsfolgen ist nicht beschränkt ($L = E$)

Die Konstruktion einer minimalen sequentiellen Maschine, die wie ein gegebener Automat A arbeitet, wollen wir an einem Beispiel betrachten.

Im § 9.6 haben wir gesehen, daß bei unbeschränkt zulässigen Eingangsfolgen die für eine gegebene Maschine N minimale Maschine zu der Klasse der zu N äquivalenten Maschinen gehört und keine zwei zueinander äquivalenten Zustände hat. In dem betrachteten Spezialfall muß die gesuchte minimale Maschine also dem gegebenen Automat A äquivalent sein.

Zuerst konstruieren wir eine Maschine, die zwar nicht minimal ist, die sich aber für die spätere Minimisierung eignet, und die so viele Zustände hat, wie die Zustandstabelle des Automaten A Zeilen (Tab. 9.1). Im Zustandsdiagramm dieser Maschine zeichnen wir so viele Kreise, wie die Zustandstabelle Zeilen hat, und numerieren diese Kreise von 1 bis l durch (Bild 9.9). Diese Kreise verbinden wir entsprechend der Zustandstabelle durch Pfeile, bei deren Beschriftung das erste Symbol den Index von ϱ angibt und das zweite Symbol die Nummer des Kreises, auf den der Pfeil gerichtet ist. Die Beschriftung von Bild 9.9 entspricht der Tab. 9.1.

Tabelle 9.1

λ	ϱ		
	ϱ_1	ϱ_2	ϱ_3
λ_1	λ_4	λ_3	λ_2
λ_2	λ_1	λ_2	λ_4
λ_3	λ_2	λ_1	λ_1
λ_4	λ_4	λ_3	λ_2

Diesen Graphen von Bild 9.9 fassen wir als das Zustandsdiagramm einer sequentiellen Maschine auf. Dazu ersetzen wir die Nummer i eines jeden Kreises durch das Symbol $\varkappa_i$ und die Beschriftung (m, n) durch das Symbolpaar (ϱ_m, λ_n). Damit ergibt sich das Zustandsdiagramm von Bild 9.10.

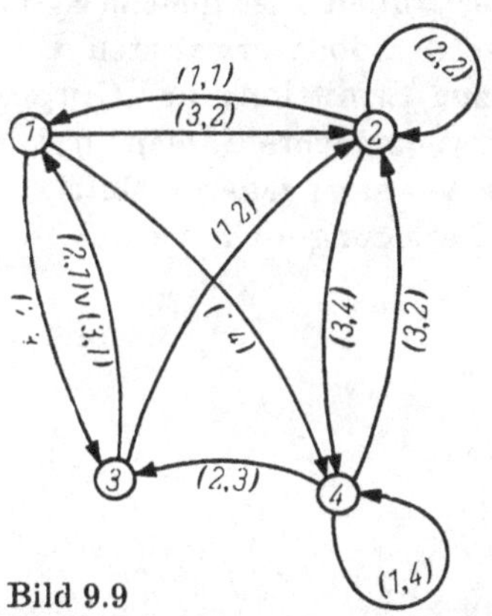

Bild 9.9

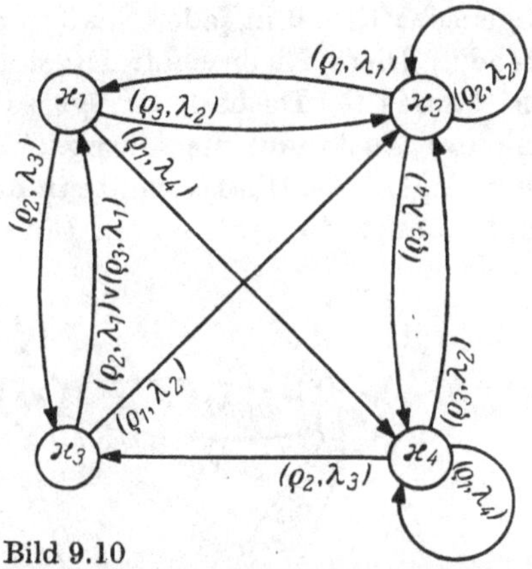

Bild 9.10

Nach Bild 9.10 lautet die Verknüpfungsmatrix dieser sequentiellen Maschine

$$C = \begin{array}{c} \\ \varkappa_1 \\ \varkappa_2 \\ \varkappa_3 \\ \varkappa_4 \end{array} \begin{array}{c} \begin{array}{cccc} \varkappa_1 & \varkappa_2 & \varkappa_3 & \varkappa_4 \end{array} \\ \begin{bmatrix} 0 & (\varrho_3, \lambda_2) & (\varrho_2, \lambda_3) & (\varrho_1, \lambda_4) \\ (\varrho_1, \lambda_1) & (\varrho_2, \lambda_2) & 0 & (\varrho_3, \lambda_4) \\ (\varrho_2, \lambda_1) \vee (\varrho_3, \lambda_1) & (\varrho_1, \lambda_2) & 0 & 0 \\ 0 & (\varrho_3, \lambda_2) & (\varrho_2, \lambda_3) & (\varrho_1, \lambda_4) \end{bmatrix} \end{array}.$$

Nach der Art, wie wir das Zustandsdiagramm konstruiert haben, müssen bei den nicht verschwindenden Elementen dieser Matrix die zweiten Symbole in jeder Spalte gleich sein und deren Indizes mit der Spaltennummer übereinstimmen.

Von dieser Verknüpfungsmatrix C ausgehend, kann man durch eine symmetrische Zerlegung die Verknüpfungsmatrix C' der dazu minimalen Maschine aufstellen, die zu der Ausgangsmaschine äquivalent ist und sich also genauso verhält wie der gegebene Automat A.
Zunächst zerlegen wir die Matrix C nur durch waagerechte Linien in 1-Matrizen, d. h. wir tun den ersten Schritt zur symmetrischen Zerlegung. In unseren Beispielen bilden die Zeilen 1 und 4 eine 1-Matrix. Wir schreiben diese untereinander und C wird damit von der Form

$$C = \begin{array}{c} \\ \varkappa_1 \\ \varkappa_4 \\ \varkappa_2 \\ \varkappa_3 \end{array} \begin{array}{c} \begin{array}{cccc} \varkappa_1 & \varkappa_4 & \varkappa_2 & \varkappa_3 \end{array} \\ \left[\begin{array}{cccc} 0 & (\varrho_1, \lambda_4) & (\varrho_3, \lambda_2) & (\varrho_2, \lambda_3) \\ 0 & (\varrho_1, \lambda_4) & (\varrho_3, \lambda_2) & (\varrho_2, \lambda_3) \\ \hline (\varrho_1, \lambda_1) & (\varrho_3, \lambda_4) & (\varrho_2, \lambda_2) & 0 \\ \hline (\varrho_2, \lambda_1) \vee (\varrho_3, \lambda_1) & 0 & (\varrho_1, \lambda_2) & 0 \end{array}\right] \end{array} .$$

Damit ist die Matrix C in 1-Matrizen zerlegt. Jede 1-Matrix hat dabei die Eigenschaft, daß in jeder Spalte entweder Nullen oder gleiche Symbolpaare stehen. Diese Eigenschaft ist eine Folge der oben erwähnten Eigenschaft der Matrix C. Deshalb genügt es also zur Ermittlung der Gruppen äquivalenter Zustände, die Matrix C durch waagerechte Linien in 1-Matrizen zu zerlegen. Da die Elemente in den Spalten einer jeden 1-Matrix identisch sind, können die senkrechten Linien die Zerlegung nicht verletzen.

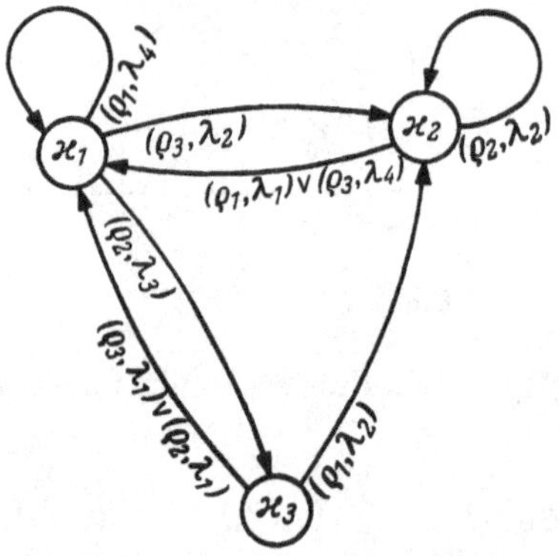

Bild 9.11

Diese Eigenschaft bedeutet, daß die Zerlegung der Zustände einer sequentiellen Maschine mit der Matrix C in Gruppen äquivalenter Zustände mit der Zerlegung in Gruppen bezüglich L_1 äquivalenter Zustände identisch ist, wenn L_1 alle Eingangsfolgen der Länge 1 enthält. Um also alle Gruppen äquivalenter Zustände zu finden, ist es hinreichend, die Zerlegung in Gruppen von bezüglich L_1 äquivalenter Zustände vorzunehmen, was man durch eine Zerlegung der Matrix durch waagerechte Linien in 1-Matrizen erreicht.

In unserem Fall ist also der Zustand $\varkappa_1$ der sequentiellen Maschine, die den Automaten A realisiert, äquivalent mit dem Zustand $\varkappa_4$. Um die minimale sequentielle Maschine anzugeben, ersetzen wir diese beiden Zustände durch einen einzigen Zustand. Dazu zerlegen wir C noch durch senkrechte Linien zwischen der 2. und 3. und der 3. und 4. Spalte und ersetzen jede 1-Matrix dieser symmetrischen Zerlegung durch eine disjunktive Verknüpfung ihrer Elemente. Die Verknüpfungsmatrix C' der minimalen Maschine lautet dann

$$C' = \begin{array}{c} \\ \varkappa_1 \\ \varkappa_2 \\ \varkappa_3 \end{array} \begin{array}{c} \begin{array}{ccc} \varkappa_1 & \varkappa_2 & \varkappa_3 \end{array} \\ \begin{bmatrix} (\varrho_1, \lambda_4) & (\varrho_3, \lambda_2) & (\varrho_2, \lambda_3) \\ (\varrho_1, \lambda_1) \vee (\varrho_3, \lambda_4) & (\varrho_2, \lambda_2) & 0 \\ (\varrho_2, \lambda_1) \vee (\varrho_3, \lambda_1) & (\varrho_1, \lambda_2) & 0 \end{bmatrix} \end{array}$$

und ihr Zustandsdiagramm zeigt Bild 9.11.

Zum Schluß sei noch vermerkt, daß identischen Zeilen der Matrix C (bei uns der 1. und 4. Zeile) immer identische Zeilen der Zustandstabelle des Automaten A entsprechen (1. und 4. Zeile von Tab. 9.1) und umgekehrt. Der Zustandstabelle des Automaten kann man also sofort entnehmen, wieviele Zustände die minimale Maschine haben wird, nämlich genau so viele, wie die Zustandstabelle verschiedene Zeilen hat.

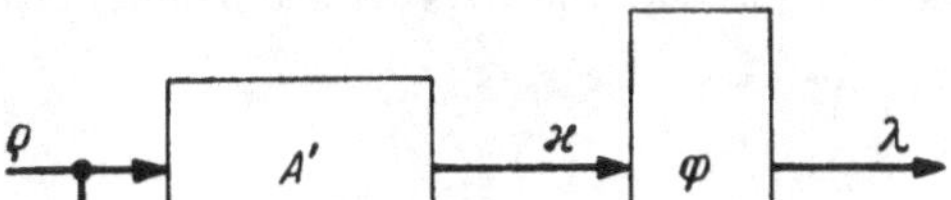

Bild 9.12

Nachdem man das Zustandsdiagramm konstruiert hat, kann man aus ihm die Zustandstabelle eines Automaten A' und eines Zuordners Φ hinschreiben, die nach der Schaltung von Bild 9.12 eine minimale sequentielle Maschine bilden, die wie der Automat A arbeitet. Nach Bild 9.10 sind diese Tabellen in Tab. 9.2 und 9.3 enthalten.

Tabelle 9.2

$\varkappa$	ϱ		
	ϱ_1	ϱ_2	ϱ_3
$\varkappa_1$	$\varkappa_1$	$\varkappa_3$	$\varkappa_2$
$\varkappa_2$	$\varkappa_1$	$\varkappa_2$	$\varkappa_1$
$\varkappa_3$	$\varkappa_2$	$\varkappa_1$	$\varkappa_1$

Tabelle 9.3

$\varkappa$	ϱ		
	ϱ_1	ϱ_2	ϱ_3
$\varkappa_1$	λ_4	λ_3	λ_2
$\varkappa_2$	λ_1	λ_2	λ_4
$\varkappa_3$	λ_2	λ_1	λ_1

Aus der an dem Beispiel beschriebenen Methode geht hervor, wie man in diesem Beispiel und auch ganz allgemein die Tab. 9.2 für den Automaten A' unmittelbar aus der Tab. 9.1 des gegebenen Automaten A herleiten kann. Dazu braucht man in Tab. 9.1 nur eine der identischen Zeilen (z. B. die 4.) zu streichen(bzw. wenn es mehrere identische Zeilen gibt alle bis auf eine) und in der restlichen Tabelle alle diejenigen Symbole, die mit dem in der linken Spalte der gestrichenen Zeilen (bei uns λ_4) stehenden Symbol identisch sind, durch das Symbol zu ersetzen, das in der linken Spalte der stehengelassenen Zeile steht (bei uns λ_1).
Auch die Tab. 9.3 des Zuordners kann man unmittelbar aus der Tab. 9.1 des Automaten A herleiten. Dazu braucht man nur in die Zeile $\varkappa_i$ der Zuordnertabelle die Zeile λ_i aus der Automatentabelle zu übertragen.
Damit haben wir also einen einfachen und bequemen Algorithmus gefunden, um einen Automaten A' und einen Zuordner Φ anzugeben, die nach Bild 9.12 eine minimale sequentielle Maschine bilden, die einen gegebenen endlichen Automaten A realisiert. Die Konstruktion der Zustandsdiagramme und der Verknüpfungsmatrizen waren nur Zwischenschritte, um den Algorithmus beweisen zu können.

2. Die Menge L enthält keine Folgen mit zwei gleichen aufeinanderfolgenden Elementen

Wenn L_1 die Menge aller Eingangsfolgen der Länge 1 ist und E die Menge aller möglichen Eingangsfolgen bedeutet, dann gilt offensichtlich die Beziehung

$$L_1 \subset L \subset E\,. \tag{9.2}$$

Gibt es m^* Gruppen von (bezüglich E) äquivalenten Zuständen, m Gruppen von bezüglich L äquivalenten Zuständen und m^{**} Gruppen von bezüglich L_1 äquivalenten Zuständen, so folgt aus (9.2) die Beziehung

$$m^{**} \leqq m \leqq m^*\,.$$

Im Punkt 1 dieses Paragraphen haben wir gesehen, daß in diesem Fall die Zerlegung in Gruppen von äquivalenten Zuständen und die Zerlegung in Gruppen bezüglich L_1 äquivalenten Zuständen identisch sind, d. h., es ist $m^{**} = m^*$ und nach (9.2) also

$$m^{**} = m = m^*\,.$$

In diesem Fall sind also Zustände, die bezüglich L_1 äquivalent sind, auch bezüglich E äquivalent. Zur Minimisierung kann man also jede Gruppe von Zuständen durch einen Zustand nach der oben beschriebenen Methode im Fall $L = E$ vornehmen. In dem betrachteten Fall sind also die minimale Maschine bezüglich L und die bezüglich E identisch, und die Minimisierung kann so erfolgen, als ob es keine Beschränkung der Eingangsfolgen gäbe.

§ 9.8 Minimisierung von sequentiellen Maschinen bei AUFENKAMPschen Beschränkungen

Das Problem der Minimisierung werden wir in diesem Fall in folgender Weise anpacken. Es möge eine sequentielle Maschine N mit k Zuständen und beliebigen AUFENKAMPschen Beschränkungen geben. Unter dem Ausdruck „die Maschine N minimisieren" wollen wir dann verstehen, daß eine neue Maschine P gesucht wird, die eine minimale Zahl von Zuständen hat und dabei der folgenden Bedingung genügt: Zu jedem Zustand $\varkappa_i$ der Maschine N soll wenigstens ein Zustand χ_j der Maschine P gehören, so daß

a) jede Eingangsfolge, die für die sich im Zustand $\varkappa_i$ befindende Maschine N zulässig ist, auch für die sich in dem Zustand χ_j befindliche Maschine P zulässig ist, und

b) die Maschine N (im Zustand $\varkappa_i$) und die Maschine P (im Zustand χ_j), wenn sie eine beliebige (aber ein und dieselbe) Eingangsfolge aus der Menge der für N im Zustand $\varkappa_i$ zulässigen Folgen erhalten, diese in ein und dieselbe Ausgangsfolge umformen.

Wir wollen dann sagen, daß *die (nicht notwendig minimale) Maschine P, für die die Bedingung a) und b) erfüllt sind, eine Pseudoabbildung der Maschine N realisiert.* Eine solche Maschine P „kann" also alles, was auch die Maschine N kann. Sie kann jede für N zulässige Eingangsfolge aufnehmen und gibt dieselbe Ausgangsfolge wie N ab.

Wir werden unten den Algorithmus von AUFENKAMP zur Konstruktion einer solchen Maschine P beschreiben, die eine Pseudoabbildung von N ist und weniger Zustände als N hat (aber nicht notwendig minimal ist).

AUFENKAMPsche Beschränkungen führen im Zustandsdiagramm dazu, daß von gewissen Kreisen weniger als r Pfeile ausgehen, wenn r die Zahl der verschiedenen Eingangssymbole $\varrho_1, \varrho_2, \ldots, \varrho_r$ ist, d. h., die Maschine kann in manchen Zuständen gewisse Eingangsgrößen nicht aufnehmen.

Aus dem Zustandsdiagramm der gegebenen Maschine N kann man ihre Verknüpfungsmatrix C aufstellen. Die AUFENKAMPschen Beschränkungen bedeuten in der Matrix C, daß in manchen Zeilen weniger als r Paare von Symbolen auftreten, so daß also in manchen Zeilen einige Eingangsgrößen fehlen. Betrachten wir als Beispiel die Verknüpfungsmatrix

$$C = \begin{array}{c} \\ \varkappa_1 \\ \varkappa_2 \\ \varkappa_3 \\ \varkappa_4 \\ \varkappa_5 \end{array} \begin{array}{c} \begin{array}{ccccc} \varkappa_1 & \varkappa_2 & \varkappa_3 & \varkappa_4 & \varkappa_5 \end{array} \\ \begin{bmatrix} 0 & (\varrho_1, \lambda_0) & (\varrho_3, \lambda_2) & 0 & 0 \\ (\varrho_2, \lambda_1) & 0 & 0 & (\varrho_3, \lambda_2) & 0 \\ 0 & (\varrho_3, \lambda_2) & 0 & 0 & (\varrho_1, \lambda_0) \\ 0 & 0 & (\varrho_2, \lambda_2) & 0 & 0 \\ (\varrho_2, \lambda_2) & 0 & (\varrho_1, \lambda_3) & 0 & 0 \end{bmatrix} \end{array}.$$

In der ersten Zeile gibt es kein Paar mit ϱ_2, in der zweiten keines mit ϱ_1 und in der vierten Zeile gibt es überhaupt nur ein Paar mit ϱ_2.
Unter einer *verallgemeinerten* 1-*Matrix* verstehen wir eine Teilmatrix von C mit der folgenden Eigenschaft: *Wenn in irgendeiner Zeile der verallgemeinerten* 1-*Matrix das Paar* (ϱ_m, λ_n) *vorkommt, so gibt es in den übrigen Zeilen keine Paare mit demselben ersten Symbol* ϱ_m *und einem anderen zweiten Symbol.*
In der Arbeit [14] wird der folgende Satz bewiesen, den wir hier ohne Beweis anführen wollen: *Wenn die Matrix C symmetrisch in verallgemeinerte* 1-*Matrizen zerlegt wird, wobei in jeder Zeile der verallgemeinerten* 1-*Matrizen nie zwei Matrizen auftreten, die Paare mit gleichen ersten Symbolen enthalten, so sind die Zustände in jeder Gruppe dieser Zerlegung pseudoäquivalent.*
Die Zahl der Zustände in der Maschine kann man verkleinern, wenn man jede Gruppe pseudoäquivalenter Zustände durch einen Zustand ersetzt. Dazu kann man jede verallgemeinerte 1-Matrix der symmetrischen Zerlegung von C durch ein Element ersetzen, das eine disjunktive Verknüpfung aller Elemente dieser verallgemeinerten 1-Matrix ist. Es ergibt sich dabei eine Matrix C' einer Maschine P, die eine Pseudoabbildung der Maschine N ist und weniger Zustände als N hat, wenn nicht gerade die Zerlegung von C trivial ist.

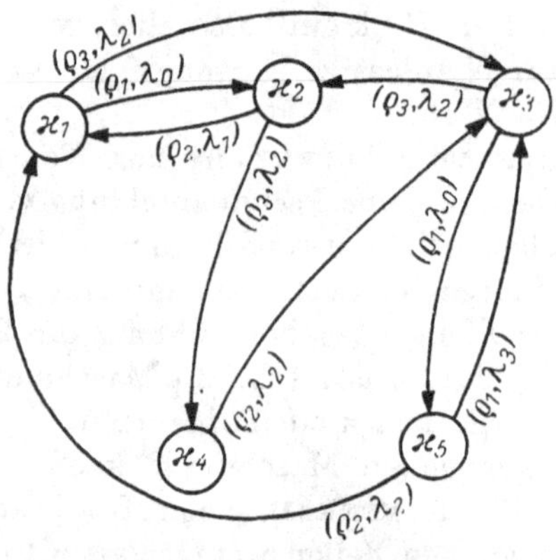

Bild 9.13

Diese symmetrische Zerlegung der Verknüpfungsmatrix C wollen wir an einem Beispiel demonstrieren. Die Maschine N habe das Zustandsdiagramm von Bild 9.13. Ihre Verknüpfungsmatrix wurde schon auf S. 247 angeführt. Wir zerlegen die Matrix C zuerst durch waagerechte Linien in verallgemeinerte 1-Matrizen. Im Unterschied zu dem Fall fehlender Beschränkungen, wo die Zerlegung eindeutig (bis auf die Reihenfolge der Zeilen in einer Gruppe) durchgeführt werden konnte, sind hier einige verschiedene Varianten möglich. So kann man etwa die 1. und 4. Zeile zu einer Gruppe zusammenfassen (weil sie eine verallgemeinerte 1-Matrix bilden), die 2. und 3. Zeile zu einer zweiten Gruppe und die 5. Zeile bildet für sich eine dritte Gruppe. Man könnte aber auch in anderer Weise nur zwei Gruppen bilden, nämlich aus der 1., 2. und 3. Zeile eine erste Gruppe und aus der 4. und 5. Zeile eine zweite Gruppe. Von der Wahl dieser oder jener Varianten hängt natürlich das Ergebnis der Zerlegung ab.

Wir wählen z. B. die ökonomischste Variante der Zerlegung in zwei Gruppen, nämlich die 1., 2. und 3. Zeile als erste Gruppe, die 4. und 5. Zeile als zweite Gruppe. Wir ziehen also zwischen der 3. und 4. Zeile eine waagerechte Linie und zerlegen so die Matrix C in zwei verallgemeinerte 1-Matrizen.

Wir müssen nun auch zwischen der 3. und 4. Spalte eine vertikale Gerade legen. Diese Gerade „verdirbt" aber unsere Zerlegung, weil sich zwei verallgemeinerte 1-Matrizen ergeben, die Paare mit den gleichen ersten Symbolen ϱ_1 und ϱ_3 enthalten. Zur Verbesserung der Situation muß man noch zwischen der 1. und 2. und der 2. und 3. Zeile Horizontalen ziehen (und im allgemeinen gibt es mehrere Varianten zur Verbesserung). Jetzt gibt es keine Zeilen von Teilmatrizen mehr mit gleichen ersten Symbolen.

Die zugehörigen Senkrechten zwischen 1. und 2. und 2. und 3. Spalte zerstören die Zerlegung erneut, weil es in der oberen Zeile der Teilmatrizen zwei verallgemeinerte 1-Matrizen mit dem Symbol ϱ_2 gibt. Wir müssen also eine letzte Horizontale und Vertikale zwischen der 4. und 5. Zeile bzw. 4. und 5. Spalte legen. Damit ist die Zerlegung trivial geworden, und die ursprünglich gegebene Maschine ließ sich nicht minimisieren.

Wenn man von Anfang an die weniger ökonomische Zerlegung in die drei Gruppen 1. und 4. Zeile, 2. und 3. Zeile und schließlich die 5. Zeile genommen hätte, also die Matrix C in der Form

$$C = \begin{array}{c|cc|cc|c|} & \varkappa_1 & \varkappa_4 & \varkappa_2 & \varkappa_3 & \varkappa_5 \\ \varkappa_1 & 0 & 0 & (\varrho_1, \lambda_0) & (\varrho_3, \lambda_0) & 0 \\ \varkappa_4 & 0 & 0 & 0 & (\varrho_2, \lambda_2) & 0 \\ \hline \varkappa_2 & (\varrho_2, \lambda_1) & (\varrho_3, \lambda_1) & 0 & 0 & 0 \\ \varkappa_3 & 0 & 0 & (\varrho_3, \lambda_2) & 0 & (\varrho_1, \lambda_0) \\ \hline \varkappa_5 & (\varrho_2, \lambda_2) & 0 & 0 & (\varrho_1, \lambda_3) & 0 \end{array}$$

geschrieben hätte, so hätte man nur einmal korrigieren müssen und zwischen der 3. und 4. Zeile und Spalte Geraden legen müssen. Als Ergebnis hätte man die Gruppe von pseudoäquivalenten Zuständen $\{\varkappa_1, \varkappa_4\}$ abtrennen und eine Maschine P' mit vier Zuständen konstruieren können, die eine Pseudoabbildung der Maschine N realisiert hätte.

Wenn man schließlich als erste Zerlegung die drei Gruppen 1. und 2. Zeile, 3. und 4. Zeile und 5. Zeile genommen hätte, also

$$C = \begin{array}{c} \\ \varkappa_1 \\ \varkappa_2 \\ \varkappa_3 \\ \varkappa_4 \\ \varkappa_5 \end{array} \begin{array}{c} \begin{array}{ccccc} \varkappa_1 & \varkappa_2 & \varkappa_3 & \varkappa_4 & \varkappa_5 \end{array} \\ \left[\begin{array}{cc|cc|c} 0 & (\varrho_1, \lambda_0) & (\varrho_3, \lambda_2) & 0 & 0 \\ (\varrho_2, \lambda_1) & 0 & 0 & (\varrho_3, \lambda_2) & 0 \\ \hline 0 & (\varrho_3, \lambda_2) & 0 & 0 & (\varrho_1, \lambda_0) \\ 0 & 0 & (\varrho_2, \lambda_2) & 0 & 0 \\ \hline (\varrho_2, \lambda_2) & 0 & (\varrho_1, \lambda_3) & 0 & 0 \end{array}\right] \end{array},$$

so wäre keine Korrektur notwendig gewesen. Die Pseudoabbildung wäre dann von einer Maschine P'' mit nur drei Zuständen und der Matrix

$$C'' = \begin{array}{c} \\ \varkappa_1 \\ \varkappa_2 \\ \varkappa_3 \end{array} \begin{array}{c} \begin{array}{ccc} \varkappa_1 & \varkappa_2 & \varkappa_3 \end{array} \\ \left[\begin{array}{ccc} (\varrho_1, \lambda_0) \vee (\varrho_2, \lambda_1) & (\varrho_3, \lambda_2) & 0 \\ (\varrho_3, \lambda_2) & (\varrho_2, \lambda_2) & (\varrho_1, \lambda_0) \\ (\varrho_2, \lambda_2) & (\varrho_1, \lambda_3) & 0 \end{array}\right] \end{array}$$

realisiert worden. Das Zustandsdiagramm dieser Maschine zeigt das Bild 9.14. Um also das beste Ergebnis mit diesem Algorithmus zu erzielen, müßte man alle Varianten für die symmetrische Zerlegung der Verknüpfungsmatrix in verallgemeinerte 1-Matrizen durchprüfen.[1])

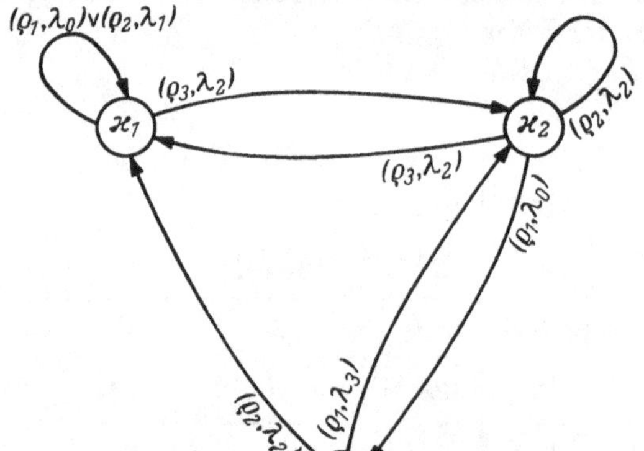

Bild 9.14

Außerdem liefert der Algorithmus nicht notwendig eine minimale Maschine P. Es sind Beispiele dafür bekannt, daß man bei der Maschine N Gruppen von pseudoäquivalenten Zuständen durch einen Zustand ersetzen

[1]) Es sei bemerkt, daß dieser Algorithmus der Durchmusterung aller Zusatzdefinitonen der gegebenen Maschine gleichwertig ist, d. h. der Durchmusterung aller möglichen Varianten des Legens von unzulänglichen Pfeilen mit anschließender Minimisierung der erhaltenen Maschinen ohne Beschränkung der Eingangsfolgen.

kann (und also N minimisiert), während die Bedingungen des in diesem Paragraphen angeführten Satzes nicht erfüllt sind.
Als ein Beispiel dafür betrachten wir das Zustandsdiagramm von Bild 9.15. Die Beschränkung der Eingangsfolgen besteht hier darin, daß beim Zustand $\varkappa_1$ das Eingangssymbol ϱ_1 nicht zulässig ist. Die zu Bild 9.15 gehörende Verknüpfungsmatrix lautet

$$C = \begin{array}{c} \\ \varkappa_1 \\ \varkappa_2 \\ \varkappa_3 \end{array} \begin{array}{c} \begin{array}{ccc} \varkappa_1 & \varkappa_2 & \varkappa_3 \end{array} \\ \begin{bmatrix} (\varrho_2, \lambda_0) & (\varrho_3, \lambda_0) & 0 \\ (\varrho_1, \lambda_0) & (\varrho_3, \lambda_0) & (\varrho_2, \lambda_0) \\ (\varrho_3, \lambda_0) & (\varrho_2, \lambda_0) & (\varrho_1, \lambda_1) \end{bmatrix} \end{array}.$$

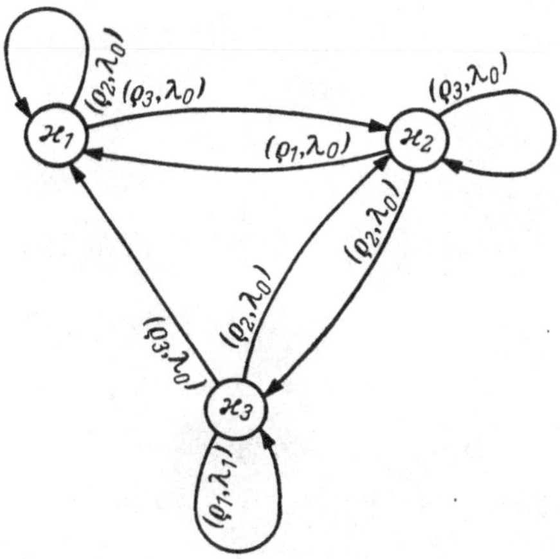

Bild 9.15

Diese Matrix C läßt sich nur auf zwei Möglichkeiten in verallgemeinerte 1-Matrix zerlegen, nämlich

$$C = \begin{array}{c} \\ \varkappa_1 \\ \varkappa_2 \\ \varkappa_3 \end{array} \begin{array}{c} \begin{array}{ccc} \varkappa_1 & \varkappa_2 & \varkappa_3 \end{array} \\ \left[\begin{array}{cc|c} (\varrho_2, \lambda_0) & (\varrho_3, \lambda_0) & 0 \\ (\varrho_1, \lambda_0) & (\varrho_3, \lambda_0) & (\varrho_2, \lambda_0) \\ \hline (\varrho_3, \lambda_0) & (\varrho_2, \lambda_0) & (\varrho_1, \lambda_1) \end{array}\right] \end{array},$$

und

$$C = \begin{array}{c} \\ \varkappa_1 \\ \varkappa_3 \\ \varkappa_2 \end{array} \begin{array}{c} \begin{array}{ccc} \varkappa_1 & \varkappa_3 & \varkappa_2 \end{array} \\ \left[\begin{array}{cc|c} (\varrho_2, \lambda_0) & 0 & (\varrho_3, \lambda_0) \\ (\varrho_3, \lambda_0) & (\varrho_1, \lambda_1) & (\varrho_2, \lambda_0) \\ \hline (\varrho_1, \lambda_0) & (\varrho_2, \lambda_0) & (\varrho_3, \lambda_0) \end{array}\right] \end{array}.$$

Man kann sich leicht davon überzeugen, daß in beiden Fällen die Bedingungen des letzten Satzes von AUFENKAMP (s. S. 248) nicht erfüllt sind. Im ersten Fall haben die beiden oberen 1-Matrizen das Paar (ϱ_2, λ_0) gemeinsam, im zweiten Fall kommen in den beiden oberen 1-Matrizen die Paare (ϱ_2, λ_0) und (ϱ_3, λ_0) gemeinsam vor. Demgegenüber hat aber die Maschine von Bild 9.15 eine minimale sequentielle Maschine mit zwei Zuständen, deren Zustandsdiagramm in Bild 9.16 gezeigt ist. Bei der Pseudoabbildung entsprechen die Zustände $\varkappa_1$ und $\varkappa_2$ dem Zustand $\varkappa_A$ und der Zustand $\varkappa_3$ dem Zustand $\varkappa_B$.[1])
Wir werden unten eine Methode von GILL kennenlernen, mit der man für jede gegebene sequentielle Maschine mit AUFENKAMPschen Beschränkungen eine minimale Maschine konstruieren kann [68]. Bei der Anwendung dieser

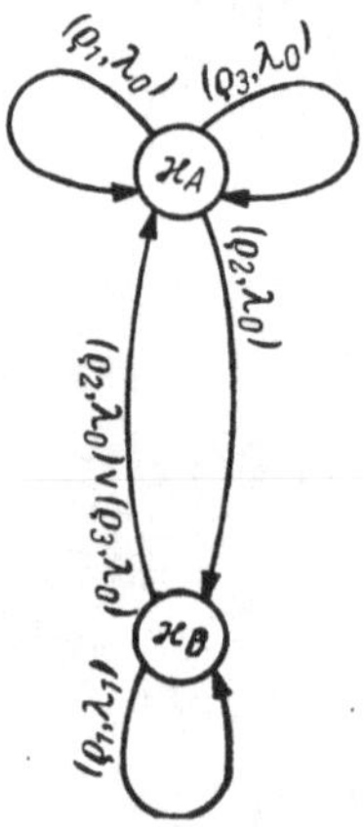

Bild 9.16

Methode muß man zuerst alle Paare von verträglichen Zuständen der gegebenen Maschine aufschreiben. Zur Bestimmung der Verträglichkeit von Zuständen ist eine Reihe von Verfahren bekannt, und wir wollen eines davon beschreiben.
Es soll z. B. festgestellt werden, ob der i-te und der j-te Zustand verträglich sind. Dazu konstruieren wir aus den Spitzen (i, j) nach oben die Zweige eines „Baumes", die den Eingängen $\varkappa_i$ und $\varkappa_j$ entsprechen. Wenn sich dabei für wenigstens einen Eingang verschiedene Ausgänge ergeben, so ist die Unverträglichkeit der Zustände ermittelt. Im gegenteiligen Falle wird an die Zweige das Paar „Eingang—Ausgang" geschrieben, und am Ende der Zweige ergeben sich jene Zustände, in die die Zustände $\varkappa_i$ und $\varkappa_j$ übergehen.

[1]) An diesem Beispiel wird auch klar, daß nicht jede Zusatzdefinition der durch Bild 9.15 gegebenen Maschine zu einer minimalen Maschine mit zwei Zuständen führt. Für jede Variante mit einem Pfeil vom Zustand $\varkappa_1$, dessen erster Index ϱ_1 und dessen zweiter Index beliebig ist, ergeben sich keine äquivalenten Zustände.

Der Prozeß wird dann von neu konstruierten Knoten ausgehend wiederholt. Die sich bei der Konstruktion ergebenden neuen Knoten werden in den folgenden drei Fällen gestrichen:

1. wenn ein Knoten mit einer Beschriftung auftritt, die auf derselben Stufe oder schon früher bei der Konstruktion des Baumes aufgetreten ist;

2. wenn bei einem Knoten beide Beschriftungen identisch sind, d. h. wenn man von den Zuständen $\varkappa_i$ und $\varkappa_j$ ausgehend bei diesem Schritt wieder zu einem dieser Zustände gelangt;

3. wenn von diesem Knoten kein neuer Zweig ausgehen kann, d. h. die zu diesem Knoten gehörenden Zustände keine gemeinsamen Eingänge haben.

Die Konstruktion des Baumes ist fertig, wenn man entweder die Unverträglichkeit der beiden Zustände gezeigt hat oder alle Wege im Baum auf ausgestrichene Knoten führen. Im letzteren Falle kann man schließen, daß alle Paare von Zuständen, denen (gestrichene oder nicht gestrichene) Knoten dieses Baumes entsprechen, verträglich sind.

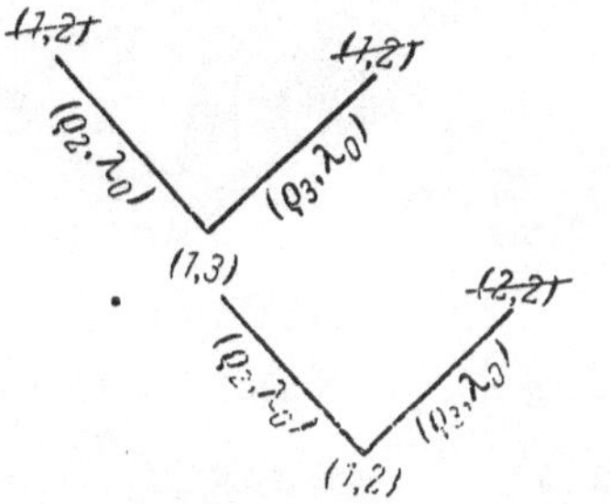

Bild 9.17

Als Beispiel zeigt das Bild 9.17 einen solchen Baum zur Bestimmung der Verträglichkeit der Zustände $\varkappa_1$ und $\varkappa_2$ der Maschine von Bild 9.15. Ob von der in Bild 9.18 dargestellten sequentiellen Maschine die Zustände $\varkappa_2$ und $\varkappa_3$

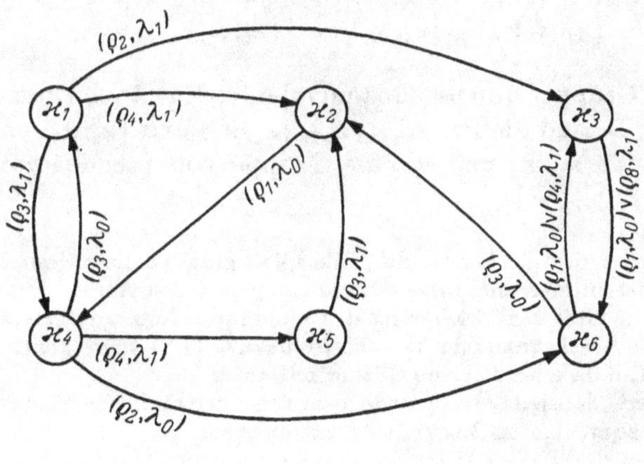

Bild 9.18

verträglich sind, zeigt der Baum von Bild 9.19. Sowohl im ersten als im zweiten Beispiel sind die Zustände verträglich. Im ersten Fall ergibt sich, daß außer dem Paar $\varkappa_1$ und $\varkappa_2$ auch noch das Paar $\varkappa_1$ und $\varkappa_3$ verträglich ist. Beim zweiten Beispiel sind außer $\varkappa_2$ und $\varkappa_3$ auch noch die Paare $\varkappa_4$ und $\varkappa_6$, $\varkappa_3$ und $\varkappa_5$ sowie $\varkappa_1$ und $\varkappa_2$ miteinander verträglich.

Mit diesem Verfahren kann man auch die Zahl der Schritte abschätzen, die man im schlechtesten Fall bei der Bestimmung der Verträglichkeit von zwei Zuständen bei einer Maschine mit n Zuständen höchstens machen muß. Diese Abschätzung ist von der Form[1])

$$l = \frac{n^2 - n}{2}.$$

Nachdem wir über die Möglichkeit verfügen, die Verträglichkeit von zwei Zuständen festzustellen, kann man für jede Maschine alle Paare von ver-

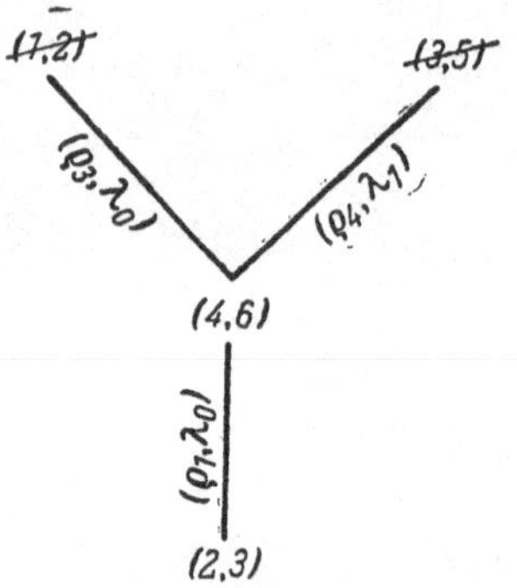

Bild 9.19

träglichen Zuständen aufschreiben. Die Maschine von Bild 9.15 hat die beiden Paare $\{\varkappa_1, \varkappa_2\}$ und $\{\varkappa_1, \varkappa_3\}$, die Maschine von Bild 9.18 die neun Paare

$$\left.\begin{array}{lllll} \{\varkappa_1, \varkappa_2\}, & \{\varkappa_1, \varkappa_3\}, & \{\varkappa_1, \varkappa_5\}, & \{\varkappa_2, \varkappa_3\}, & \{\varkappa_2, \varkappa_4\}, \\ \{\varkappa_2, \varkappa_5\}, & \{\varkappa_3, \varkappa_5\}, & \{\varkappa_3, \varkappa_6\}, & \{\varkappa_4, \varkappa_6\}. & \end{array}\right\} \quad (9.3)$$

Weiter hat man die Gruppen von pseudoäquivalenten Zuständen aufzustellen. In der Liste (9.3) z. B. sind die Paare $\{\varkappa_1, \varkappa_2\}$, $\{\varkappa_1, \varkappa_3\}$ und $\{\varkappa_2, \varkappa_3\}$ enthalten, weshalb die Zustände $\varkappa_1$, $\varkappa_2$ und $\varkappa_3$ eine Gruppe von pseudoäquivalenten Zuständen bilden.[2])

[1]) Diese Abschätzung ist ziemlich genau, da es Beispiele gibt, wo diese Grenze wirklich erreicht wird. Es ist interessant, diese Abschätzung mit der Abschätzung für die Länge eines Experimentes zur Erkennung der Nichtäquivalenz von Zuständen bei einer Maschine ohne Beschränkungen (s. weiteres dazu § 11.2) zu vergleichen. Diese Länge ist $l = n - 1$, d. h. enthält keine Glieder mit n^2.

[2]) Es sei daran erinnert, daß jede Gruppe von paarweise verträglichen Zuständen eine Gruppe von pseudoäquivalenten Zuständen genannt wird.

Durch ähnliche Überlegungen kann man alle Zustände einer Maschine in eine minimale Zahl von Gruppen pseudoäquivalenter Zustände zerlegen. In unserem Beispiel gibt es vier solcher Gruppen

$$\{\varkappa_1, \varkappa_2, \varkappa_3, \varkappa_5\}, \quad \{\varkappa_2, \varkappa_4\}, \quad \{\varkappa_3, \varkappa_6\}, \quad \{\varkappa_4, \varkappa_6\}.$$

Im allgemeinen überschneiden sich diese Gruppen genauso wie in unserem Beispiel.

Wir kehren nun zur Minimisierung einer sequentiellen Maschine bei AUFENKAMPschen Beschränkungen zurück. Gegeben sei eine Maschine S mit n Zuständen und für sie sei wenigstens eine minimale Maschine $S_{\min}$ mit k Zuständen konstruiert. Wenn $k < n$ ist, so müssen bei einer Pseudoabbildung von S auf $S_{\min}$ wenigstens einem Zustand von $S_{\min}$ zwei oder mehr Zustände von S entsprechen. Es mögen die Zustände $\sum_i$ von S dem Zustand $\varkappa_i$ von $S_{\min}$ entsprechen, und es sollen ganz allgemein die Zustandsmengen $\sum_1, \sum_2, \ldots, \sum_k$ jeweils den Zuständen $\varkappa_1, \varkappa_2, \ldots, \varkappa_k$ von $S_{\min}$ entsprechen. Diese Zerlegung der Zustände von S hat dann die folgenden Eigenschaften:

1. Die Zerlegung $\sum_1, \sum_2, \ldots, \sum_k$ erfaßt alle Zustände von S, d. h. von jedem Zustand der Maschine S kann man eine oder mehrere Mengen $\sum$ angeben, zu denen dieser Zustand gehört.
2. Die Zustände der Menge $\sum_i$ sind pseudoäquivalent.
3. Unter der Einwirkung des Eingangssymbols ϱ_s gehen alle jene Zustände einer Menge $\sum_i$, für die ϱ_s zulässig ist, in Zustände ein und derselben neuen Menge $\sum_j$ über, wobei durchaus $i = j$ sein kann.

Die ersten beiden Eigenschaften sind evident, während die dritte Eigenschaft einer Erklärung bedarf. Der Zustand $\varkappa_i$ von $S_{\min}$ möge zur Gruppe $\sum_i$ von S gehören und der Zustand $\varkappa_j$, in den die Maschine unter der Einwirkung ϱ_s von $\varkappa_i$ aus übergeht, zur Gruppe $\sum_j$. Wir nehmen an, daß es in der Gruppe $\sum_i$ einen solchen Zustand gibt, der unter der Einwirkung von ϱ_s in einen Zustand $\varkappa_l$ übergeht, der nicht zu $\sum_j$ gehört. Wenn man dann das Verhalten der beiden Maschinen S und $S_{\min}$ bei beliebigen, für die Gruppe $\sum_i$ zulässigen Eingangsfolgen beobachtet, kann man zu folgenden Schlüssen kommen:

a) Jede, für den Zustand $\varkappa_l$ der Maschine S zulässige Eingangsfolge ist auch für den Zustand $\varkappa_j$ der Maschine $S_{\min}$ zulässig.

b) Bei jeder für $\varkappa_l$ zulässigen Eingangsfolge geben beide, die bei $\varkappa_l$ beginnende Maschine S und die bei $\varkappa_j$ beginnende Maschine $S_{\min}$, die gleichen Ausgangsfolgen ab.

Das bedeutet aber doch, daß bei einer Pseudoabbildung der Zustand $\varkappa_l$ dem Zustand $\varkappa_j$ entspricht und also, entgegen unserer Annahme, zu der Gruppe $\sum_j$ gehört. Damit ist auch die Richtigkeit der dritten Eigenschaft gezeigt.

Die Zerlegung $\sum_1, \sum_2, \ldots, \sum_k$ nennen wir eine *eigentliche Zerlegung der Zustände von Maschine S.*

Der Minimisierungsalgorithmus besteht also in der Aufsuchung einer (oder auch mehrerer) minimaler eigentlicher Zerlegungen der Zustände der Maschine S und einer nachfolgenden Ersetzung der Gruppen $\sum_i$ durch jeweils einen Zustand. Da alle Zustände einer Gruppe $\sum_i$ pseudoäquivalent sind, muß jede Gruppe $\sum_i$ in einer der Gruppen der minimalen Zerlegung der Zustände von Maschine S in Gruppen pseudoäquivalenter Zustände enthalten (oder mit ihr identisch) sein.

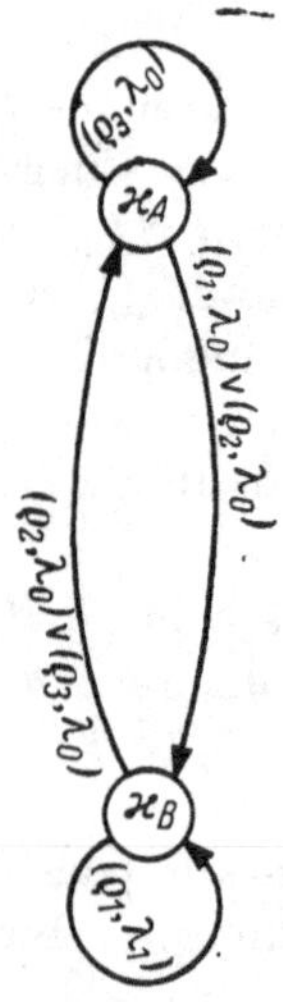

Bild 9.20

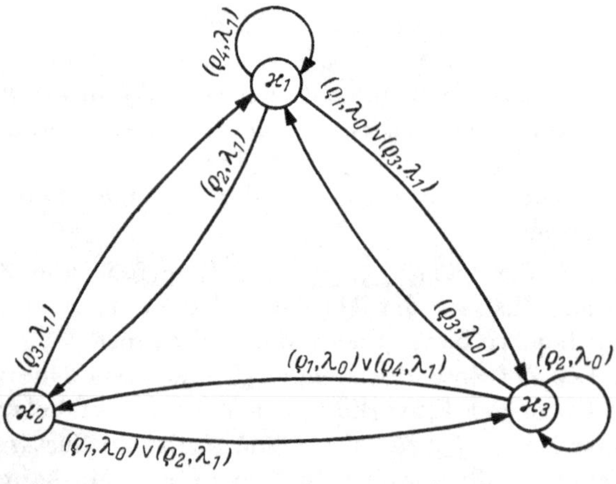

Bild 9.21

Dieser Algorithmus beinhaltet also eine Durchmusterung der verschiedenen eigentlichen Zerlegungen der gegebenen Maschine S bei der Suche nach der minimalen eigentlichen Zerlegung. Es gibt einen Algorithmus (s. z. B. [68]), um diese Durchmusterung zu systematisieren. Es gibt aber auch „Zwischen"-Algorithmen, mit denen man die mit der Durchmusterung verbundene Arbeit verkleinern kann und bessere Ergebnisse als mit dem AUFENKAMPschen Algorithmus erzielt, wenn auch nicht unbedingt minimale Maschinen.

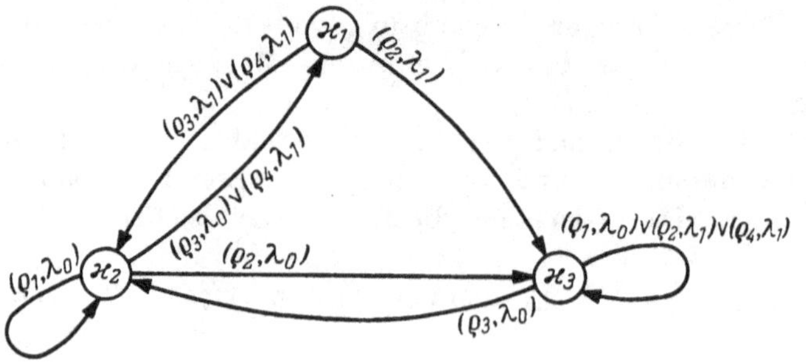

Bild 9.22

Kommen wir zu unseren beiden Beispielen von Bild 9.15 und 9.18 zurück. Bei der Maschine von Bild 9.15 ist die Zerlegung in die beiden Gruppen pseudoäquivalenter Zustände $\{\varkappa_1, \varkappa_2\}$ und $\{\varkappa_1, \varkappa_3\}$ auch eine minimale eigentliche Zerlegung. Zur Kontrolle bezeichnen wir die Gruppe $\{\varkappa_1, \varkappa_2\}$ mit dem Buchstaben A, die Gruppe $\{\varkappa_1, \varkappa_3\}$ mit dem Buchstaben B. Verfolgen wir nun die möglichen Übergänge:

$$\text{Gruppe A}\left\{\begin{array}{lllll} \text{bei } \varrho_1 & \text{für } \varkappa_1 & \text{unzulässig} & \varrho_1, & \left.\right\} \text{Gruppe A oder} \\ & \varkappa_2 & \text{geht über in} & \varkappa_1, & \text{Gruppe B,} \\ \text{bei } \varrho_2 & \varkappa_1 & \text{geht über in} & \varkappa_1, & \left.\right\} \text{Gruppe B,} \\ & \varkappa_2 & \text{geht über in} & \varkappa_3, & \\ \text{bei } \varrho_3 & \varkappa_1 & \text{geht über in} & \varkappa_2, & \left.\right\} \text{Gruppe A,} \\ & \varkappa_2 & \text{geht über in} & \varkappa_2, & \end{array}\right.$$

$$\text{Gruppe B}\left\{\begin{array}{lllll} \text{bei } \varrho_1 & \text{für } \varkappa_1 & \text{unzulässig} & \varrho_1, & \left.\right\} \text{Gruppe B,} \\ & \varkappa_3 & \text{geht über in} & \varkappa_3, & \\ \text{bei } \varrho_2 & \varkappa_1 & \text{geht über in} & \varkappa_1, & \left.\right\} \text{Gruppe A,} \\ & \varkappa_3 & \text{geht über in} & \varkappa_2, & \\ \text{bei } \varrho_3 & \varkappa_1 & \text{geht über in} & \varkappa_2, & \left.\right\} \text{Gruppe A.} \\ & \varkappa_3 & \text{geht über in} & \varkappa_1, & \end{array}\right.$$

Ersetzt man die Zustände der Gruppe A durch den Zustand $\varkappa_A$ und die Zustände der Gruppe B durch den Zustand $\varkappa_B$, so kann man leicht zwei minimale Maschinen für die von Bild 9.15 konstruieren. Die eine davon ist in Bild 9.16, die andere in Bild 9.20 dargestellt. Auch für die Maschine von Bild 9.18 gibt es zwei minimale eigentliche Zerlegungen, nämlich $\{\varkappa_1, \varkappa_2\}$, $\{\varkappa_3, \varkappa_5\}$, $\{\varkappa_4, \varkappa_6\}$ und $\{\varkappa_1, \varkappa_5\}$, $\{\varkappa_2, \varkappa_4\}$, $\{\varkappa_3, \varkappa_6\}$. Das Zustandsdiagramm für die erste Zerlegung zeigt das Bild 9.21, für die zweite Zerlegung das Bild 9.22.

§ 9.9 Eine andere Definition der Äquivalenz sequentieller Maschinen

In der Literatur trifft man manchmal auf eine Definition der Äquivalenz von sequentiellen Maschinen, die sich von unserer in § 9.4 unterscheidet. Obgleich diese Definition der unsrigen äußerlich sehr ähnlich ist, besteht doch ein sehr wesentlicher Unterschied.

Diese andere Definition kann man folgendermaßen formulieren: Zwei sequentielle Maschinen S und G heißen äquivalent, wenn bei einer Aufschaltung der gleichen Eingangsfolge auf beide Maschinen jedem Zustand $\varkappa_i$ von S wenigstens ein Zustand ξ_j von G entspricht und umgekehrt jedem Zustand ξ_j von G wenigstens ein Zustand $\varkappa_i$ von S entspricht, so daß die Maschinen S und G, wenn man die Zustände $\varkappa_i$ und ξ_j einander zuordnet, die gleichen Ausgangsfolgen abgeben.

Hier hängt, allgemein gesprochen, die Zuordnung der Zustände von S und G von der Eingangsfolge ab. Bei manchen Eingangsfolgen entspricht gewissen Zuständen von S ein Zustand von G, aber bei anderen Eingangsfolgen entsprechen denselben Zuständen von S andere Zustände von G (und umgekehrt). Es wird nur gefordert, daß für irgendeine Eingangsfolge diese umkehrbar eindeutige Beziehung besteht.
Der praktische Nachteil dieser Definition liegt darin, daß man bei der Wahl äquivalenter Anfangszustände im voraus die entsprechende Eingangsfolge kennen muß. In der Mehrzahl der praktischen Fälle ist die Eingangsfolge aber vorher nicht bekannt.
Bei unserer Definition in § 9.4 wird mehr verlangt als bei der Definition in diesem Paragraphen. Wir hatten gefordert, daß die Beziehung zwischen den Zuständen von S und G nicht von der Eingangsfolge abhängig ist und *für alle zulässigen Eingangsfolgen ein und dieselbe sein soll.* Wenn danach z. B. der Zustand $\varkappa_i$ von S und der Zustand ξ_j von G äquivalent sind, so geben diese Maschinen bei diesen Anfangszuständen für jede zulässige Eingangsfolge die gleiche Ausgangsfolge ab.[1])

Tabelle 9.4

λ	ϱ	
	ϱ_1	ϱ_2
λ_1	λ_3	λ_3
λ_2	λ_2	λ_3
λ_3	λ_2	λ_1

Die Forderung von § 9.4 ist stärker. Wenn man die neue Definition der Äquivalenz zugrunde legt, so kann man für eine gegebene sequentielle Maschine S eine dazu äquivalente minimale Maschine G konstruieren, die weniger Zustände hat als die im Sinne von § 9.4 äquivalente minimale Maschine. Wir wollen dies an einem Beispiel zeigen.
Beispiel. Gegeben sei ein Automat A und eine Menge L von zulässigen Eingangsfolgen, die aus allen Folgen besteht, bei denen nicht zwei gleiche Symbole unmittelbar hintereinander auftreten. Der Automat A sei durch die Zustandstabelle 9.4 gegeben[2]) und es wird eine minimale Maschine gesucht, auf die sich A bezüglich L abbilden läßt. Das Zustandsdiagramm des Automaten A zeigt das Bild 9.23. Aus der Tab. 9.4 folgt nach § 9.7, daß die minimale Maschine bei einer Äquivalenz im Sinne von § 9.4, die wie der Automat A arbeitet, drei Zustände haben wird, weil es in der Tab. 9.4 keine identischen Zeilen gibt.

[1]) In manchen Arbeiten wird die Äquivalenz im Sinne von § 9.4 auch *starke Äquivalenz* genannt, die im Sinne dieses Paragraphen *schwache Äquivalenz.*
[2]) In Tab. 9.4 ist $\varkappa_i$ durch λ_i ersetzt worden (s. § 9.7).

Wir benutzen nun die Definition dieses Paragraphen und konstruieren das Zustandsdiagramm (Bild 9.23) des Automaten A um, in dem wir es durch das Diagramm einer (im Sinne von § 9.4) äquivalenten Maschine ersetzen, die für die folgende Minimisierung bequem ist. Für diese Umkonstruktion ersetzen wir jeden Kreis $\varkappa_i$ des ursprünglichen Diagramms durch r Kreise mit den Bezeichnungen $\varkappa_i', \varkappa_i'', \varkappa_i''', \ldots$. Von jedem der r neuen Kreise lassen wir dieselben Pfeile mit denselben Beschriftungen ausgehen wie von dem alten Kreis $\varkappa_i$. Die zu dem Kreis $\varkappa_i$ hinzeigenden Pfeile verteilen wir in folgender Weise auf die neuen Kreise: Auf den Kreis $\varkappa_i'$ führen wir nur die auf $\varkappa_i$ zeigenden Pfeile, deren erster Index ϱ_1 ist, auf $\varkappa_i''$ die mit dem ersten Index ϱ_2 usw.

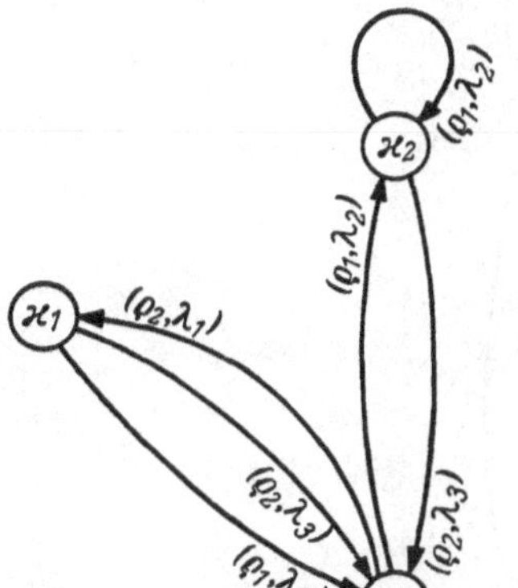

Bild 9.23

Das nach dieser Vorschrift umkonstruierte Zustandsdiagramm von Bild 9.23 zeigt das Bild 9.24. Bei diesem Beispiel wird der ringförmige Pfeil mit der Beschriftung (ϱ_1, λ_2), der in Bild 9.23 von $\varkappa_2$ ausgeht und wieder dorthin zurückkehrt, sowohl als abgehender wie als ankommender Pfeil gezählt. Als abgehender Pfeil wird er durch Pfeile ersetzt, die von den Kreisen $\varkappa_2'$ und $\varkappa_2''$ ausgehen und nur zu dem Kreis $\varkappa_2'$ führen (Bild 9.24). Der Kreis $\varkappa_2'$ wird dabei von einem Ring umgeben. Aus der Eigenschaft des Zustandsdiagramms von Bild 9.23, daß zu dem Kreis $\varkappa_i$ nur Pfeile mit einer Beschriftung führen, deren zweites Symbol λ_i ist (weil die sequentielle Maschine wie ein endlicher Automat arbeitet), folgt für das Zustandsdiagramm von Bild 9.24, daß zu jedem Kreis der Gruppe $\varkappa_i'$, $\varkappa_i''$, $\varkappa_i'''$ usw. nur Pfeile mit dem zweiten Symbol λ_i führen. In Bild 9.24 sind diese Kreise durch eine punktierte Linie eingerahmt.

Das Zustandsdiagramm von Bild 9.24 gehört zu einer Maschine N', die (im Sinne von § 9.4) bezüglich der Menge E aller möglichen Eingangsfolgen zu dem ursprünglichen Automaten A äquivalent ist. Davon kann man sich leicht überzeugen, wenn man nachprüft, daß die Zustände einer jeden punktiert eingerahmten Gruppe von Bild 9.24 unter sich äquivalent sind, also eine Gruppe äquivalenter Zustände bilden. Ersetzt man jede Gruppe durch einen einzigen Zustand, so kommt man zum Diagramm von Bild 9.23. Wir haben also eine (im Sinne von § 9.4) zu dem Automaten A äquivalente Maschine N' konstruiert, die wesentlich mehr Zustände als der Automat A hat (nämlich $r \cdot n$). Dieses Zustandsdiagramm erlaubt es aber, in sehr einfacher Weise von Beschränkungen „an sich" zu AUFENKAMPschen Beschränkungen überzugehen.

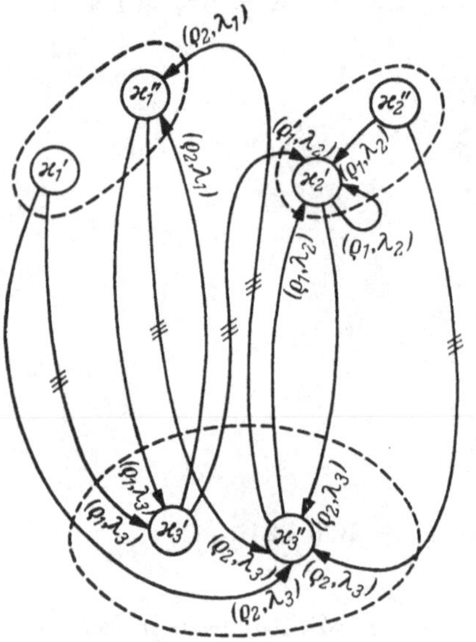

Bild 9.24

Wir betrachten irgendeinen Zustand von Bild 9.24, z. B. $\varkappa_1''$. Auf den Eingang von N' geben wir nun nur Folgen aus der Menge L (die Maschine N' ist wegen $L \subset E$ im Sinne von § 9.4 auch bezüglich L zu A äquivalent). Weil wir zu dem Zustand $\varkappa_1''$ nur auf einem Pfeil mit der Beschriftung (ϱ_2, λ_1) gelangen können, d. h. durch Aufschaltung des Symbols ϱ_2, und von ihm nur auf einem Pfeil mit der Beschriftung (ϱ_1, λ_3) ausgehen, weil nach dem Symbol ϱ_2 nicht sofort wieder ϱ_2 folgen kann, kann man den von $\varkappa_1''$ ausgehenden Pfeil (ϱ_2, λ_3) niemals benutzen und ihn also streichen. Eine Ausnahme kann nur der Anfangszustand bilden. Wenn sich die Maschine zu Anfang in dem Zustand $\varkappa_1''$ befindet und das Symbol ϱ_2 kommt, dann würde sie in den Zustand $\varkappa_3''$ übergehen. Wenn wir jetzt aber unsere neue Definition der Äquivalenz nehmen, dann können wir die Schwierigkeit umgehen, wenn wir an Stelle von $\varkappa_1''$ den Kreis $\varkappa_2'$ als Anfang nehmen, von dem ein Pfeil mit der Beschriftung (ϱ_2, λ_3) nach $\varkappa_3''$ führt.

Durch diese Überlegung können wir alle durch drei Striche markierten Pfeile in Bild 9.24 entfernen. Dieses „Streichen von Pfeilen" erfolgt im allgemeinen Falle nach der folgenden Vorschrift. Der Pfeil mit dem ersten Index ϱ_s, der von den Kreis $\varkappa_i^s$ (wobei s die Zahl der oberen Stiche ist) ausgeht, muß gestrichen werden. Wenn man die gestrichenen Pfeile in Bild 9.24 wegläßt, so ergibt sich das Zustandsdiagramm vom Bild 9.25, das zu einer Maschine N'' gehören möge. Diese Maschine N'' arbeitet genauso wie die Maschine N' (und wie der Automat A), wenn man nur Folgen aus L auf den Eingang gibt. Die Maschine N'' ist aber in dem neuen Sinne bezüglich L zu N' äquivalent (und folglich auch zu A), weil jetzt die Beziehung zwischen den Zuständen von N' und N'' von der Eingangsfolge abhängig geworden ist.

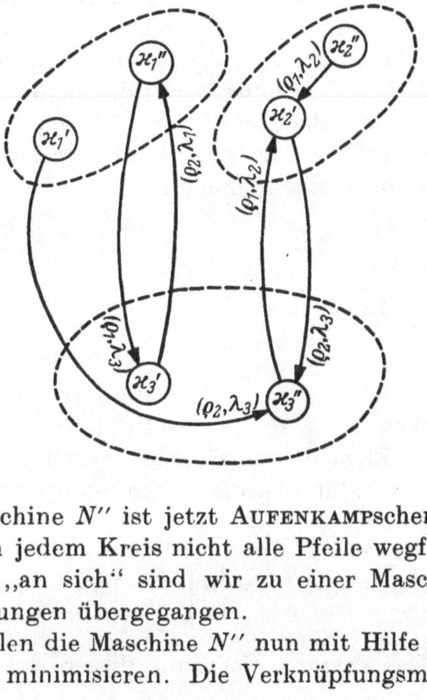

Bild 9.25

Die Maschine N'' ist jetzt AUFENKAMPschen Beschränkungen unterworfen, weil von jedem Kreis nicht alle Pfeile wegführen, d. h., von den Beschränkungen „an sich" sind wir zu einer Maschine mit AUFENKAMPschen Beschränkungen übergegangen.

Wir wollen die Maschine N'' nun mit Hilfe des in § 9.8 beschriebenen Algorithmus minimisieren. Die Verknüpfungsmatrix von N'' ist von der Form

$$C'' = \begin{array}{c|cccccc|} & \varkappa_1' & \varkappa_1'' & \varkappa_2' & \varkappa_2'' & \varkappa_3' & \varkappa_3'' \\ \varkappa_1' & 0 & 0 & 0 & 0 & 0 & (\varrho_2, \lambda_3) \\ \varkappa_1'' & 0 & 0 & 0 & 0 & (\varrho_1, \lambda_3) & 0 \\ \varkappa_2' & 0 & 0 & 0 & 0 & 0 & (\varrho_2, \lambda_3) \\ \varkappa_2'' & 0 & 0 & (\varrho_1, \lambda_2) & 0 & 0 & 0 \\ \varkappa_3' & 0 & (\varrho_2, \lambda_1) & 0 & 0 & 0 & 0 \\ \varkappa_3'' & 0 & 0 & (\varrho_1, \lambda_2) & 0 & 0 & 0 \end{array}\,.$$

Im allgemeinen hat die Matrix C'' die Eigenschaft, daß in der dem Zustand $\varkappa_i^s$ entsprechenden Spalte (s ist wieder die Anzahl der oberen Striche) nur die Paare (ϱ_s, λ_i) stehen können. Dies ist eine Folge der oben erwähnten Eigenschaft des Zustandsdiagrammes. Nach unserem Algorithmus müssen wir zur Verringerung der Zustände von N'' nun die Matrix C'' in verallgemeinerte 1-Matrizen zerlegen. Im vorliegenden Falle brauchen wir nur waagerechte Linien zu ziehen, weil die senkrechten Linien die symmetrische Zerlegung nie verletzen können.

Die Matrix C'' kann man auf verschiedene Weise in verallgemeinerte 1-Matrizen zerlegen. So kann man z. B. die Gruppen $\{\varkappa_1', \varkappa_1''\}$, $\{\varkappa_2', \varkappa_2''\}$, $\{\varkappa_3', \varkappa_3''\}$ bilden.

Wenn man jede Gruppe durch einen Zustand ersetzt, kommt man wieder zu dem ursprünglichen Automaten A mit drei Zuständen zurück (Bild 9.23). Unter den Zerlegungen der Matrix C'' gibt es aber auch solche mit einer minimalen Anzahl von Gruppen. Eine Zerlegung in nur die beiden Gruppen $\{\varkappa_1', \varkappa_1'', \varkappa_2'\}$ und $\{\varkappa_2'', \varkappa_3', \varkappa_3''\}$ ist ein Beispiel dafür. Weniger als zwei Gruppen kann es nicht geben, weil die 1. und 4. Zeile der Matrix nicht in einer verallgemeinerten 1-Matrix vorkommen können.

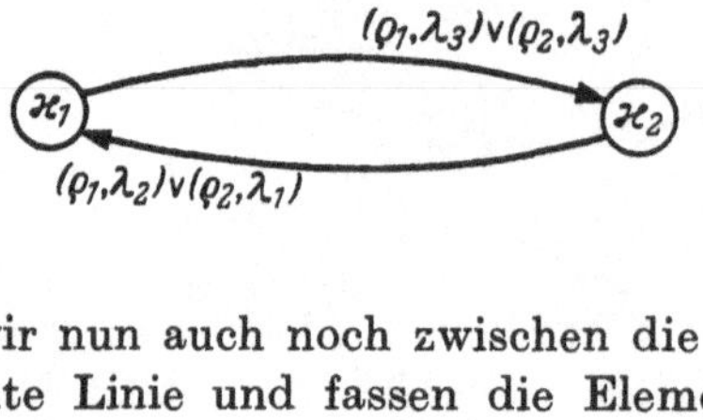

Bild 9.26

Legen wir nun auch noch zwischen die 3. und 4. Spalte die symmetrische senkrechte Linie und fassen die Elemente einer jeden verallgemeinerten 1-Matrix disjunktiv zusammen, so ergibt sich die Verknüpfungsmatrix C'''

$$C''' = \begin{array}{c} \\ \varkappa_1 \\ \varkappa_2 \end{array}\begin{array}{c} \begin{array}{cc} \quad\varkappa_1 \quad & \quad \varkappa_2 \quad \end{array} \\ \begin{bmatrix} 0 & (\varrho_1, \lambda_3) \vee (\varrho_2, \lambda_3) \\ (\varrho_1, \lambda_2) \vee (\varrho_2, \lambda_1) & 0 \end{bmatrix} \end{array}$$

der minimalen Maschine N'''. Das Zustandsdiagramm dieser Maschine ist in Bild 9.26 dargestellt.

Die Maschine N''' ist eine Pseudoabbildung der Maschine N''. Weil aber in diesem Fall die Mengen der zulässigen Eingangsfolgen für alle Zustände von N'' miteinander und mit L identisch sind, so ist N''' auch eine Abbildung von N'' bezüglich L.

Die Matrix C'' hat zwei Paare identischer Zeilen, nämlich die 1. und 3. und die 4. und 6. Die erste Zeile entspricht dem Zustand $\varkappa_1'$ (Bild 9.25), die vierte Zeile dem Zustand $\varkappa_2''$. Aus dem Bild 9.25 geht hervor, daß diese Zustände nur Anfangszustände sein können, weil zu diesen Kreisen keine Pfeile hinführen. Diese Zustände können aus dem Diagramm entfernt werden, weil der Zustand $\varkappa_1'$ als Anfangszustand durch den Zustand $\varkappa_2'$ ersetzt werden kann. Von beiden Kreisen $\varkappa_2'$ und $\varkappa_1'$ führt nämlich ein Pfeil mit der Beschriftung (ϱ_2, λ_3) zu dem Kreis $\varkappa_3''$. In gleicher Weise kann der Anfangszustand $\varkappa_2''$ durch den Zustand $\varkappa_3''$ ersetzt werden.

Wenn wir diese Vereinfachungen wo immer möglich durchführen, kommen wir zu einem Zustandsdiagramm mit weniger Kreisen und also auch zu einer Verknüpfungsmatrix von kleinerer Ordnung. In unserem Fall können wir also statt von C'' auch von der Matrix

$$C_*'' = \begin{array}{c} \\ \varkappa_1'' \\ \varkappa_2' \\ \varkappa_3' \\ \varkappa_3'' \end{array} \begin{array}{c} \begin{array}{cccc} \varkappa_1'' & \varkappa_2' & \varkappa_3' & \varkappa_3'' \end{array} \\ \begin{bmatrix} 0 & 0 & (\varrho_1, \lambda_3) & 0 \\ 0 & 0 & 0 & (\varrho_2, \lambda_3) \\ (\varrho_2, \lambda_1) & 0 & 0 & 0 \\ 0 & (\varrho_1, \lambda_2) & 0 & 0 \end{bmatrix} \end{array}$$

ausgehen, in der es keine Zeilen oder Spalten gibt, die nur aus Nullen bestehen. Die symmetrische Zerlegung von C_*'' führt zu demselben Ergebnis wie die Zerlegung von C''.

Wenn wir nun die Maschine N''' mit dem Zustandsdiagramm von Bild 9.26, mit dem ursprünglichen Automaten A (Bild 9.23) vergleichen, so sehen wir, daß die Beziehung zwischen den Zuständen wirklich von der Wahl der Eingangsfolge abhängig ist. Wenn die Maschine von Bild 9.23 von dem Anfangszustand $\varkappa_2$ ausgehend die Eingangsfolge $\varrho_1\varrho_2\varrho_1\varrho_2\varrho_1\varrho_2 \ldots$ erhält, so muß man zur Erzeugung derselben Ausgangsfolge durch die Maschine von Bild 9.26 diese in den Anfangszustand $\varkappa_2$ bringen. Erhält die Maschine von Bild 9.23 bei demselben Anfangszustand $\varkappa_2$ die Eingangsfolge $\varrho_2\varrho_1\varrho_2\varrho_1\varrho_2\varrho_1 \ldots$, so muß man zur Erzeugung derselben Ausgangsfolge durch die Maschine von Bild 9.26 diese in den Anfangszustand $\varkappa_1$ bringen.

KAPITEL X

Transformation der Taktgebung von sequentiellen Maschinen

§ 10.1 Allgemeine Überlegungen über die Transformation der Taktgebung. Definition der Begriffe Abbildung und Nachbildung

Im Kap. V hatten wir verschiedene Methoden zur technischen Realisierung von endlichen Automaten und sequentiellen Maschinen behandelt und dabei besonders den Fall betrachtet, daß ein Automat durch die stabilen Zustände einer Relaiskontakt-Schaltung, einer Diodenschaltung, magnetischer Systeme usw. realisiert wird. Bei der technischen Realisierung einer sequentiellen Maschine mit einer bestimmten Taktgebung nach dieser Methode benutzt man die Gleichgewichtszustände einer anderen Maschine, die mit einer sehr viel schnelleren Taktgebung arbeitet. Wir wollen zu diesem Problem zurückkehren, um von einem allgemeineren Standpunkt aus das Problem der Transformation der Taktgebung zu untersuchen, d. h. das Problem zu behandeln, wie man eine sequentielle Maschine unter Benutzung einer anderen Maschine mit einer anderen Taktgebung konstruieren kann. Dazu müssen wir uns einige Begriffe und Definitionen aus Kap. V ins Gedächtnis zurückrufen.

Gegeben sei eine sequentielle Maschine S. Auf den Eingang von S geben wir eine Folge von Symbolen ϱ, z. B. $\varrho^0 \varrho^1 \ldots \varrho^p$, und betrachten das dieser Folge entsprechende Band (Tab. 10.1).

Tabelle 10.1

Takt	0	1	2	...	p	...
ϱ	ϱ^0	ϱ^1	ϱ^2	...	ϱ^p	...
λ	λ^0	λ^1	λ^2	...	λ^p	...

Auf irgendeine Weise wählen wir nun eine wachsende Folge von Takten

$$t_0 < t_1 < t_2 < \cdots < t_s \tag{10.1}$$

aus, z. B. den 0., 2., 5. Takt usw., und schreiben von dem Band der Maschine S (von der Tab. 10.1) die Spalten zu diesen Takten auf. Diese Spalten bilden die Tab. 10.2.

Tabelle 10.2

t	t_0	t_1	...	t_s	...
ϱ	ϱ^{t_0}	ϱ^{t_1}	...	ϱ^{t_s}	...
λ	λ^{t_0}	λ^{t_1}	...	λ^{t_s}	...

Wir führen nun eine neue Taktgebung ein, indem wir als Zeitpunkt t_i das Auftreten des i-ten Taktes nehmen. Aus der Tab. 10.2 wird dann die Tab. 10.3, die man als das Ergebnis der Arbeitsweise einer anderen sequentiellen Maschine G ansehen kann.

Tabelle 10.3

Takt	0	1	...	s	...
ϱ	ϱ^{t_0}	ϱ^{t_1}	...	ϱ^{t_s}	...
λ	λ^{t_0}	λ^{t_1}	...	λ^{t_s}	...

Wenn das gegebene Band der Maschine S (Tab. 10.1) und also auch das daraus gewonnene Band von Tab. 10.3, endlich sind, so gibt es offensichtlich eine Maschine G, die dieses Band realisiert (s. § 8.2).

Der Anschaulichkeit halber wollen wir uns vorstellen, daß die arbeitende sequentielle Maschine zu den Zeitpunkten $t_0, t_1, \ldots, t_s, \ldots$ von einem Stroboskop beleuchtet wird. Dann scheint es uns, als ob die Maschine die Eingangsfolge $\varrho^{t_0}, \varrho^{t_1}, \ldots, \varrho^{t_s}$ zu der Ausgangsfolge $\lambda^{t_0}, \lambda^{t_1}, \ldots, \lambda^{t_s}$ verarbeitet (Tab. 10.3), während doch in Wirklichkeit die Maschine S entsprechend Tab. 10.1 arbeitet.

Wir nehmen nun an, daß die Zeitpunkte $t_0, t_1, \ldots$ (in unserem Vergleich die Zeitpunkte für das Aufblitzen des Stroboskops) derart in bezug auf die Maschine S ausgewählt werden, daß sie, von einem passenden Anfangszustand $\varkappa_S^0$ ausgehend und nur zu den Zeiten $t_0, t_1, \ldots$ beobachtet, eine Eingangsfolge zu einer Ausgangsfolge verarbeitet, die auch eine gewisse andere Maschine G mit einem (vielleicht für jede Eingangsfolge anderen) Anfangswert $\varkappa_G^0$ erzeugen kann.

Wir sprechen in diesem Fall von einer *Transformation der Taktgebung* und sagen, die Maschine S arbeitet in einem *schnellen* Takt, die Maschine G in einem *langsamen* Takt[1]).

Wir sagen dann auch, daß die *Maschine S bei langsamer Taktgebung die Maschine G abbildet.*

Diese Definitionen von Abbildung und Transformation von Taktgebung sind zwar hinreichend weit, haben aber einen Mangel. Der Anfangszustand $\varkappa_G^0$ der Maschine G ist nämlich nicht nur durch den Anfangszustand $\varkappa_S^0$ der Maschine S definiert, sondern auch von der Eingangsfolge $\varrho(t)$ abhängig. Damit können bei verschiedenen Eingangsfolgen $\varrho(t)$ zu ein und demselben Anfangszustand $\varkappa_S^0$ von S verschiedene Anfangszustände von G gehören. Um also den Anfangszustand von G bestimmen zu können, muß man neben

[1]) Man kann sich vorstellen, daß die Maschine S auch im buchstäblichen Sinn des Wortes schneller arbeitet als die langsame Maschine G. Das ist aber nicht notwendig. Die Maschinen S und G sind in keiner Weise miteinander verknüpft, und bei der folgenden Betrachtung können die Taktgebungen von S und G völlig beliebig sein.

dem Anfangszustand von S auch die Eingangsfolge vorher kennen. Diese Situation ist jener von Kap. IX bei der Definition des Begriffes Äquivalenz von sequentiellen Maschinen sehr ähnlich. In Kap. IX hatten wir den Begriff der Äquivalenz so eingeengt, daß die vorherige Kenntnis der Eingangsfolge nicht mehr notwendig war.

Ein Versuch der Autoren, die Begriffe der Abbildung und Transformation der Taktgebung in ähnlicher Weise einzuengen, führten zu keinem Ziel. Wenn wir fordern würden, daß zu einem Anfangszustand $\varkappa_S^0$ von S immer (unabhängig von der Eingangseinfolge) ein und derselbe Anfangszustand $\varkappa_G^0$ von G gehört, so müßten wir eine Reihe von wichtigen und in der Praxis häufig auftretenden Fällen von Takttransformationen von der Betrachtung ausschließen. Wir kommen auf diese Frage noch zurück und werden an Beispielen diese Behauptung noch erläutern.

Wir werden daher eine andere engere Formulierung angeben, so daß bei der Bestimmung des Anfangszustandes nicht die ganze Eingangsfolge vorher bekannt zu sein braucht.

Den Algorithmus zur Auswahl der wachsenden Folge $t_0, t_1, t_2, \ldots$ werden wir das *Transformationsgesetz der Taktgebung* nennen. *Die in einem schnellen Takt arbeitende Maschine S bildet die in einem langsamen Takt arbeitende Maschine G ab,* wenn sich zu jedem Anfangszustand $\varkappa_S^0$ von S und jeder Eingangsfolge $\varrho^0\, \varrho^1\, \varrho^2 \ldots$ wenigstens ein Anfangszustand $\varkappa_G^0$ von G angeben läßt, den man aus $\varkappa_S^0$ und dem ersten Glied ϱ^0 der Eingangsfolge bestimmen kann, so daß das zu $\varkappa_S^0$ und der Folge $\varrho^0\, \varrho^1\, \varrho^2 \ldots$ gehörende Band der Maschine S nur zu den Zeitpunkten $t_0, t_1, t_2, \ldots$ betrachtet identisch ist mit dem Band der Maschine G, die in einem langsamen Takt arbeitet und von $\varkappa_G^0$ ausgehend die Eingangsfolge $\varrho^{t_0}, \varrho^{t_1}, \varrho^{t_2}, \ldots$ verarbeitet.

Bei dieser Definition der Abbildung bestimmt sich der Anfangswert $\varkappa_G^0$ von G aus dem Anfangszustand $\varkappa_S^0$ der schnellen Maschine S und nur aus dem ersten Symbol der Eingangsfolge.

Wir richten unsere Aufmerksamkeit nun darauf, daß die schnelle Maschine S, die eine beliebige Eingangsfolge aufnimmt, gewöhnlich eine langsame Maschine G abbildet, die ihre Eingangsfolgen nur aus einer beschränkten Menge L_G entnimmt. Dies bedeutet, daß eine Variante der Arbeitsweise von S, die immer nur zu den Zeitpunkten $t_0, t_1, t_2, \ldots$ betrachtet wird, sich uns als eine Variante der Arbeitsweise der abgebildeten Maschine G mit einer Eingangsfolge aus L_G darstellt.

Einen Fall dieser Art werden wir in § 10.2 behandeln, wo die Menge L_G nur aus Folgen der Länge 1 besteht. Die Abbildung ist im allgemeinen nicht eindeutig. Bei gegebenem Transformationsgesetz kann die Maschine S viele Maschinen $G_1, G_2, G_3, \ldots$ abbilden. Diese Schlußfolgerung ist auch dann richtig, wenn die Menge der Eingangsfolgen von G nicht beschränkt ist, wenn also $L_G = E$ ist.

In Analogie zu dem Begriff der Äquivalenz bezüglich einer Menge (s. Kap. IX) kann man auch von einer *Abbildung bezüglich einer Menge* sprechen. Diese Abbildung unterscheidet sich von der oben definierten dadurch, daß *die schnelle Maschine S nur Folgen aus einer gegebenen Menge L_S von zulässigen Eingangsfolgen aufnehmen kann.* Wir sagen dann, die *Maschine S bildet die Maschine G bezüglich der Menge L_S ab.*

Für $L_S \subseteq E$ kann die Menge L_G mit L_S identisch sein, umfassender sein, sich mit ihr überschneiden usw. Im Falle $L_S = E$ kann die Menge L_G beschränkt sein und umgekehrt kann $L_S \subset E$ aber $L_G = E$ sein.

Die Abbildung einer Maschine G durch die Maschine S hängt natürlich davon ab, wie die Zeitpunkte $t_0, t_1, t_2, \ldots$ ausgewählt werden. Diese Zeitpunkte können auch so gewählt werden, daß S überhaupt keine Maschine abbildet. Die Auswahl der Zeitpunkte $t_0, t_1, t_2, \ldots$ kann abhängen von der Eingangsfolge $\varrho(t)$, der Ausgangsfolge $\lambda(t)$, der Zustandsfolge $\varkappa(t)$ von S und auch der Zeit t.

Die Taktuhr, die die Signale für das Auftreten der langsamen Takte $t_0, t_1, t_2, \ldots$ abgibt, empfängt die Zeit t und die Symbole $\varrho(t)$, $\lambda(t)$ und $\varkappa(t)$ (oder einige dieser Symbole), die mit der Arbeitsweise der schnellen Maschine S verknüpft sind. Die „Uhr" realisiert einen Algorithmus zur Verarbeitung dieser Symbolfolgen zu der Folge $t_0, t_1, t_2, \ldots$ (und ist also nach Kap. XIII eine TURING-Maschine).

Wir nehmen an, daß die Uhr selbst ein endlicher Automat mit Ausgangszuordner ist, der in demselben schnellen Takt wie die Maschine S arbeitet Das Eingangsalphabet dieses Automaten ist die Vereinigung der Alphabete $\{\varrho\}$, $\{\varkappa\}$ und $\{\lambda\}$ oder eines Teils davon, je nachdem wie die Takte $t_0, t_1, t_2, \ldots$ definiert sind. Die Erzeugung der Signale für den langsamen Takt kann man dann als die Darstellung von Ereignissen am Eingang durch den Uhrautomaten auffassen.

Nach Einführung der Begriffe Abbildung (auch bezüglich einer Menge) und Takttransformation erheben sich die folgenden Probleme:

1. Gegeben ist eine Maschine S, die Menge L_S und eine Uhr (d. h. ein Automat A mit einem Zuordner Φ). Gesucht ist wenigtsens eine Maschine G, die von der Maschine S bezüglich L_S abgebildet wird, und die Menge L_G ihrer zulässigen Eingangsfolgen.
2. Gegeben sind die Maschinen S und G. Es ist festzustellen, ob es für die Taktgebungen ein Transformationsgesetz gibt, so daß G durch S abgebildet wird, und wenn ja, ist es anzugeben (also der Automat A und der Zuordner Φ der Taktuhr zu konstruieren). Wenn nach einer Abbildung bezüglich einer Menge L_G gefragt ist, so ist auch diese zu bestimmen.
3. Gegeben sind eine Maschine S, eine Menge L_S und das Transformationsgesetz für die Taktgebungen. Gesucht wird eine minimale Maschine $G_{\min}$, die durch die Maschine S bezüglich L_S abgebildet wird, und die Menge $L_{G_{\min}}$ der zulässigen Eingangsfolgen.

Die hier formulierten Probleme sind bisher noch nicht allgemein gelöst worden. Möglicherweise stellt sich heraus, daß sich einige überhaupt nicht algorithmisch entscheiden lassen.

Es sei noch vermerkt, daß man die Begriffe Abbildung und Transformation der Taktgebung noch erweitern kann, wenn man die Zuordner $\lambda^* = \Phi_2(\lambda)$ und $\varrho^* = \Phi_1(\varrho)$ zuschaltet, wie dies das Bild 10.1 zeigt. Zu den Zeitpunkten $t_0, t_1, t_2, \ldots$ werden dann nicht die Paare (ϱ, λ), sondern die Paare (ϱ^*, λ^*) beobachtet. Wir wollen eine solche Erweiterung nicht vornehmen, da wir sie für das Folgende nicht brauchen.

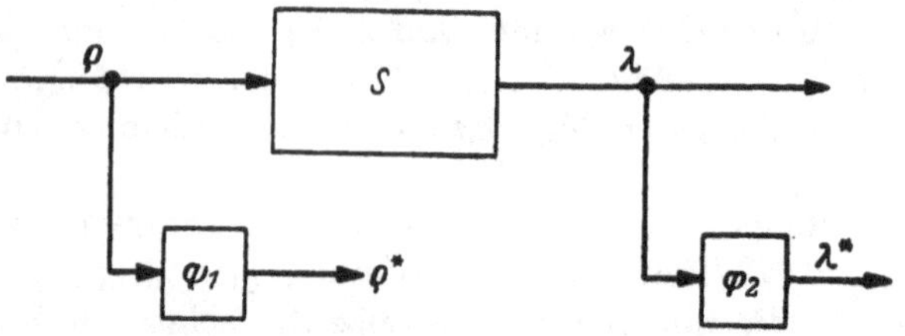

Bild 10.1

Es seien nun das Transformationsgesetz für die Taktgebung, eine ,,langsame'' Maschine G und eine ,,schnelle'' Maschine S und die Menge L_G der für G zulässigen Eingangsfolgen gegeben. Die Vorgabe der Maschine G und der Menge L_G bedeutet, daß man jede Variante der Arbeitsweise von G bestimmen kann, d. h., daß man das Ergebnis der Verarbeitung einer Folge aus L_G durch die Maschine G für irgendeinen Anfangszustand $\varkappa_G^0$ angeben kann.

Wir wollen nun den Begriff der *Nachbildung bezüglich einer Menge* einführen.

Gegeben sei das Transformationsgesetz für die Taktgebung. *Die in schnellem Takt arbeitende Maschine S bildet die in einem langsamen Takt arbeitende Maschine G bezüglich der Menge* L_G *nach, wenn sich für jeden Anfangszustand* $\varkappa_G^0$ *von G und jede Eingangsfolge* $\varrho^*(t) = \varrho^0 \varrho^1 \varrho^2 \ldots$ *aus* L_G *wenigstens ein Anfangszustand* $\varkappa_S^0$ *von S, der durch* $\varkappa_G^0$ *und das erste Glied* ϱ^0 *der Eingangsfolge definiert ist, und wenigstens eine Folge* $\tilde{\varrho}(t)$ *so angeben läßt, daß das zu* $\tilde{\varrho}(t)$ *und* $\varkappa_S^0$ *gehörige und nur zu den Zeitpunkten* $t_0, t_1, t_2, \ldots$ *betrachtete Band der Maschine S mit dem Band der Maschine G identisch ist.*

Im Falle $L_G = E$ sprechen wir nur von einer *Nachbildung* und lassen das ,,bezüglich E'' weg.

Um im folgenden Verwechslungen zu vermeiden, wollen wir besonders betonen, daß die Begriffe Abbildung und Nachbildung wesentlich verschieden sind. Bei der Abbildung fordern wir, daß jede Variante der Arbeitsweise von S zu den Zeitpunkten $t_0, t_1, t_2, \ldots$ mit einer der Varianten der Arbeitsweise von G identisch ist. Bei der Nachbildung fordern wir aber, daß sich für jede Variante der Arbeitsweise der langsamen Maschine G eine solche Variante der Arbeitsweise der schnellen Maschine S finden läßt, die zu den Zeitpunkten $t_0, t_1, t_2, \ldots$ mit der Maschine G identisch sein würde.

Es lassen sich Beispiele anführen, daß die Maschine S eine Maschine G zwar abbildet, aber nicht nachbildet, und umgekehrt, daß sie eine Maschine G nachbildet, aber nicht abbildet.

Die Nachbildung ist ebenso wie die Abbildung nicht eindeutig. Bei gegebenem Transformationsgesetz für die Taktgebung kann es viele verschiedene schnelle Maschinen $S_1, S_2, S_3, \ldots$ geben, von denen jede eine gegebene langsame Maschine nachbildet.

Auch die Menge L_S der zulässigen Eingangsfolgen für die schnelle Maschine S, die eine gegebene Maschine G bezüglich L_G[1]) nachbildet, ist nicht eindeutig bestimmt[2]). In einer Reihe von Fällen kann darüber hinaus die Menge L_S sogar neue Eingangssymbole enthalten, die in den Folgen der Menge L_G nicht vorkommen.

Nach der Definition kann man nämlich bei der Nachbildung zu jeder Folge $\varrho^*(t)$ aus L_G und jeden Anfangszustand $\varkappa_G^0$ wenigstens eine zugehörige Folge $\tilde{\varrho}(t)$ finden, die auf den Eingang von S gegeben wird. Im allgemeinen entsprechen den gegebenen Größen $\varrho^*(t)$ und $\varkappa_G^0$ aber nicht eine, sondern mehrere (sogar unendlich viele) verschiedene Folgen $\tilde{\varrho}(t)$. Aus allen Folgen $\tilde{\varrho}(t)$, die für beliebige $\varkappa_G^0$ allen $\varrho^*(t)$ entsprechen, kann man (vielleicht sogar unendlich) viele verschiedene Mengen $L_S^1, L_S^2, L_S^3, \ldots$ bilden, wobei jede der Mengen L_S^i wenigstens eine Folge $\tilde{\varrho}(t)$ enthält, die irgendeiner gegebenen Folge $\varrho^*(t)$ aus L_G und einem $\varkappa_G^0$ entspricht.

Jede Menge L_S^i kann man also als eine Menge von zulässigen Eingangsfolgen für die schnelle Maschine S auffassen, die die Maschine G bezüglich L_G nachbildet. Die Wahl dieser oder jener Menge wird durch zusätzliche Überlegungen praktischer Art bestimmt. Manchmal nimmt man als Menge der zulässigen Eingangsfolgen für S die Menge $L_S = \bigcup_i L_S^i$ oder auch die Menge E (die in allen Fällen genommen werden kann).

Bei der Nachbildung erheben sich ebenso wie bei der Abbildung die Probleme, aus der gegebenen Uhr und einer der Maschinen die andere zu konstruieren oder aus zwei gegebenen Maschinen die Uhr zu konstruieren oder auch das Problem der Minimisierung.

Es sei schließlich noch darauf hingewiesen, daß wir bei der Definition der Nachbildung dieselbe Einschränkung gemacht haben wie bei der Definition der Abbildung, daß sich nämlich der Zustand $\varkappa_S^0$ von S aus dem Zustand $\varkappa_G^0$

1) L_G kann auch mit E identisch sein.

2) Bei der Abbildung gibt es eine solche Mehrdeutigkeit nicht. Aus der Menge L_S, dem Transformationsgesetz für die Taktgebung und der Maschine S ist die Menge L_G immer eindeutig bestimmbar.

von G und nur aus dem ersten Glied der Eingangsfolge $\varrho^*(t)$ bestimmen läßt.

Wenn man zuläßt, daß sich $\varkappa_S^0$ aus $\varkappa_G^0$ und der ganzen Eingangsfolge ergibt, so erhielten wir zwar einen umfassenderen Begriff der Nachbildung, der dafür aber sehr viel ungeeigneter wäre. Wieder müßte die gesamte Eingangsfolge vorher bekannt sein.

Die oben formal eingeführten Begriffe wollen wir nun an zwei einfachen Beispielen erläutern.

§ 10.2 Beispiele für die Abbildung und Nachbildung

a) Trigger

Als erstes Beispiel wollen wir den in Kap. V beschriebenen Trigger behandeln. Wir betrachten zunächst den endlichen Automaten vom Typ $V-G$ mit der Zustandstabelle von Tab. 10.4 unter der Bedingung, daß die Menge R der Eingangsfolgen aus allen Folgen besteht, in denen nicht zwei gleiche Symbole unmittelbar hintereinander vorkommen. Die Striche in der Zustandstabelle sollen bedeuten, daß man in diese Zellen niemals gelangen kann und ihr Inhalt daher unwesentlich ist. Wir wollen sie so ausfüllen, wie dies Tab. 10.5 zeigt.

Tabelle 10.4

$\varkappa$	ϱ	
	$\varrho_1 = 0$	$\varrho_2 = 1$
$\varkappa_1$	$\varkappa_2$	—
$\varkappa_2$	—	$\varkappa_1$
$\varkappa_3$	—	$\varkappa_4$
$\varkappa_4$	$\varkappa_3$	—

Tabelle 10.5

$\varkappa$	ϱ	
	$\varrho_1 = 0$	$\varrho_2 = 1$
$\varkappa_1$	$\varkappa_2$	$\varkappa_4$
$\varkappa_2$	$\varkappa_3$	$\varkappa_1$
$\varkappa_3$	$\varkappa_2$	$\varkappa_4$
$\varkappa_4$	$\varkappa_3$	$\varkappa_1$

Das Zustandsdiagramm dieses Automaten zeigt das Bild 10.2. Wir wollen den Automaten nur zu denjenigen Zeitpunkten $t_0, t_1, t_2, \ldots$ beobachten, wenn sich der Eingang von $\varrho_1 = 0$ auf $\varrho_2 = 1$ ändert, und untersuchen, welche Maschine G dieser Automat bezüglich R abbildet.

Zuerst kann man die Menge L_G der für die Maschine G zulässigen Eingangsfolgen bestimmen. Weil wir unseren Automaten nur dann beobachten, wenn $\varrho = \varrho_2 = 1$ ist, so bestehen alle Folgen aus L_G nur aus Folgen von Einsen. Anders ausgedrückt bedeutet dies also, daß G eine autonome sequentielle Maschine sein wird.

Wenn man verschiedene Varianten der Arbeitsweise des Automaten von Bild 10.2 betrachtet, so gelangt man leicht zu dem Schluß, daß die Maschine G (oder genauer gesagt, eine der möglichen Maschinen G) ein Zustandsdiagramm wie in Bild 10.3 hat. Wie man sieht, ist die erhaltene langsame Maschine G ein Trigger (s. § 5.2). Den Zusammenhang zwischen den Zuständen von Automat S und Maschine G (dem Trigger) kann man leicht verfolgen. Er ist in Tab. 10.6 dargestellt.

Tabelle 10.6

S	G	Bei welchem Eingang
$\varkappa_1$	$\varkappa_{1G}$	unabhängig von der Eingangsfolge
$\varkappa_2$	$\varkappa_{1G}$	wenn die Eingangsfolge mit $\varrho_1 = 0$ beginnt
$\varkappa_2$	$\varkappa_{2G}$	wenn die Eingangsfolge mit $\varrho_2 = 1$ beginnt
$\varkappa_3$	$\varkappa_{2G}$	wenn die Eingangsfolge mit $\varrho_1 = 0$ beginnt
$\varkappa_3$	$\varkappa_{1G}$	wenn die Eingangsfolge mit $\varrho_2 = 1$ beginnt
$\varkappa_4$	$\varkappa_{1G}$	unabhängig von der Eingangsfolge

Wenn wir die leeren Zellen der Zustandstabelle 10.4 anders ausgefüllt hätten, z. B. so wie in Tab. 10.7, so hätte sich für die Zustände von ursprünglichem Automat S und dem dadurch abgebildeten Trigger G ein Zusammenhang ergeben, wie ihn die Tab. 10.8 zeigt.

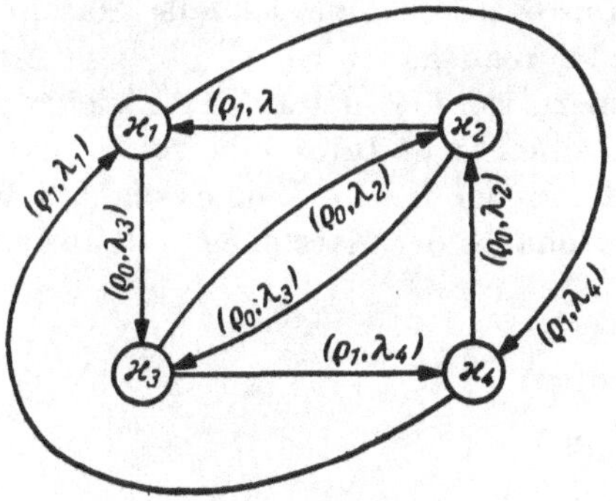

Bild 10.2

Als „Uhr" kann man in diesem Fall einen endlichen Automaten nehmen, der das Ereignis „nach ϱ_1 folgt ϱ_2" darstellt.

Bei diesem Beispiel bildet der ursprüngliche Automat S den Trigger G nicht nur bezüglich R ab, sondern er bildet ihn auch bezüglich L_G nach, wenn

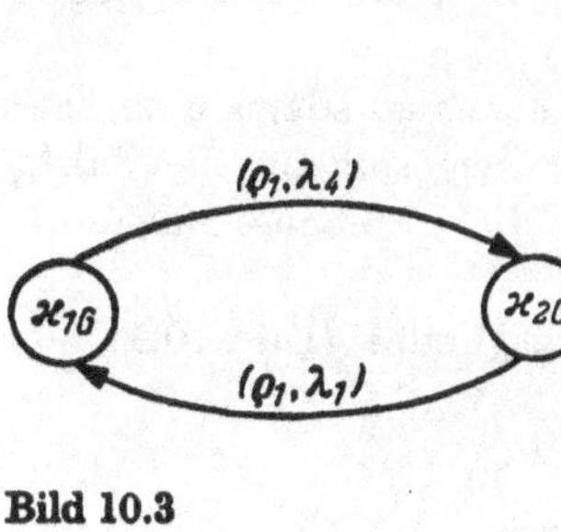

Bild 10.3

Tabelle 10.7

$\varkappa$	ϱ	
	$\varrho_1 = 0$	$\varrho_2 = 1$
$\varkappa_1$	$\varkappa_3$	$\varkappa_4$
$\varkappa_2$	$\varkappa_2$	$\varkappa_1$
$\varkappa_3$	$\varkappa_3$	$\varkappa_4$
$\varkappa_4$	$\varkappa_2$	$\varkappa_1$

Tabelle 10.8

S	G	Bei welchem Eingang
$\varkappa_1$	$\varkappa_{1G}$	unabhängig von der Eingangsfolge
$\varkappa_2$	$\varkappa_{2G}$	unabhängig von der Eingangsfolge
$\varkappa_3$	$\varkappa_{1G}$	unabhängig von der Eingangsfolge
$\varkappa_4$	$\varkappa_{2G}$	unabhängig von der Eingangsfolge

L_G nur aus Folgen von Einsen besteht. Als Menge L_S für den Automaten kann man bei der Nachbildung die Menge E nehmen, die alle Folgen aus Nullen und Einsen enthält, oder die Menge R oder irgendeine Menge, in der R enthalten ist.

b) Verzögerungsstrecke

Als zweites Beispiel betrachten wir noch einmal (s. Kap. V) die Nachbildung einer langsamen Maschine G durch eine schnelle Maschine S, die durch schnelle Verzögerungsglieder realisiert wird.
Es soll eine Maschine G konstruiert werden, deren Takte sich durch eine gleichmäßige Unterteilung der Zeitachse in Intervalle von τ Sekunden ergeben. Die Menge L_G soll gleich der Menge E sein, d. h., es sind alle Eingangsfolgen zugelassen. Das Eingangsalphabet der Maschine G soll aus r verschiedenen Symbolen ϱ bestehen.

Bild 10.4

Wenn wir über r-stellige Verzögerungsglieder verfügen würden, die mit dem Takt τ arbeiten, so ließe sich die Maschine G nach einer der oben beschriebenen Methoden konstruieren. Wir wollen aber annehmen, daß wir solche Verzögerungsglieder nicht haben, sondern nur „schnelle" r-stellige Verzögerungsglieder mit der Taktgebung τ/q, d. h. also q-mal schneller (und $q \geqq 2$).
Wir versuchen, aus den schnellen Verzögerungsgliedern eine schnelle Maschine S aufzubauen und das Transformationsgesetz für die Taktgebung so zu wählen, daß die schnelle Maschine S die gegebene Maschine G nachbildet.
Die Gleichung des schnellen Verzögerungsgliedes (Bild 10.4) ist von der Form

$$x\left(t + \frac{\tau}{q}\right) = u(t)\,, \tag{10.2}$$

und die Gleichung des gesuchten langsamen Verzögerungsgliedes von der Form

$$x\,(t+\tau)=u(t)\,. \tag{10.3}$$

Aus q schnellen Verzögerungsgliedern bilden wir nun, wie in Bild 10.5 dargestellt, eine Verzögerungsstrecke, die durch

$$\left.\begin{aligned} x\left(t+\frac{\tau}{q}\right)&=x_1(t)\,,\\ x_1\left(t+\frac{\tau}{q}\right)&=x_2(t)\,,\\ \dots\dots&\dots\dots\\ x_{q-1}\left(t+\frac{\tau}{q}\right)&=u(t)\end{aligned}\right\} \tag{10.4}$$

beschrieben wird. Wenn wir aus diesem System alle x_i eliminieren, so ergibt sich

$$x\,(t+\tau)=u(t)\,. \tag{10.5}$$

Die Gleichung (10.5) ist mit (10.3) identisch, und also ist eine Verzögerungsstrecke aus q schnellen Verzögerungsgliedern einem langsamen Verzögerungsglied gleichwertig.

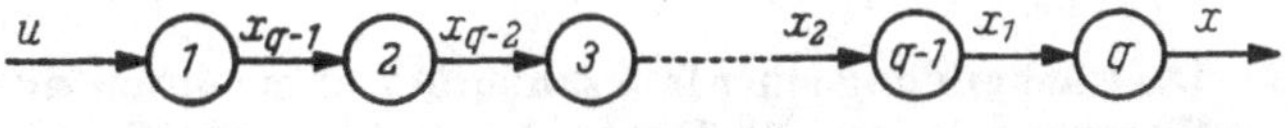

Bild 10.5

Demnach kann man die Maschine S in folgender Weise aufbauen. Wir unterstellen vorläufig, daß wir langsame Verzögerungsglieder der Form (10.3) hätten und bauen aus ihnen und momentan wirkenden logischen Zuordnern die Maschine G nach einem der in Kap. V beschriebenen Verfahren auf.
In dieser Maschine ersetzen wir dann die langsamen Verzögerungsglieder jeweils durch eine Kette von q schnellen Verzögerungsgliedern. Es ergibt sich dann eine schnelle Maschine S, die mit der Taktgebung der schnellen Verzögerungsglieder arbeitet. Wenn wir S dann nur zu den Zeitpunkten $t_0=0$, $t_1=\tau$, $t_2=2\,\tau,\ldots$ betrachten, so bildet S die Maschine G nach, weil die Gleichung einer jeden schnellen Verzögerungsstrecke (10.4) für diese Zeitpunkte mit der Gleichung eines langsamen Verzögerungsgliedes identisch ist.
Der Zusammenhang zwischen den Zuständen von S und G ist unabhängig von der Eingangsfolge und in folgender Weise eindeutig festgelegt. Jedem Zustand $\varkappa_{iG}$ von G entspricht ein beliebiger Zustand aller schnellen Verzögerungsglieder von S, bei dem der Zustand der ersten schnellen Verzögerungsglieder jeder Kette identisch ist mit dem Zustand der entsprechenden langsamen Verzögerungsglieder.

Eine Abzählung zeigt, daß es bei der Nachbildung für jeden der r^k-Zustände von G $r^{k(q-1)}$ entsprechende Zustände von S gibt.
Als Menge L_S der zulässigen Eingangsfolgen für die Maschine S kann man bei der Nachbildung entweder die Menge E oder die Menge R (die keine Folge mit sich wiederholenden Elementen enthält) oder die Menge M nehmen, die alle Folgen der Form

$$\underbrace{\varrho_{\alpha_0}\varrho_{\alpha_0}\cdots\varrho_{\alpha_0}}_{q\text{ mal}}\ \underbrace{\varrho_{\alpha_1}\varrho_{\alpha_1}\cdots\varrho_{\alpha_1}}_{q\text{ mal}}\ \underbrace{\varrho_{\alpha_2}\varrho_{\alpha_2}\cdots\varrho_{\alpha_2}}_{q\text{ mal}}\cdots\underbrace{\varrho_{\alpha_S}\varrho_{\alpha_S}\cdots\varrho_{\alpha_S}}_{q\text{ mal}}$$

$$(\text{möglicherweise } \varrho_{\alpha_i} = \varrho_{\alpha_{i+1}})$$

enthält, oder aber eine der vielen noch möglichen Mengen, die alle die Eigenschaft haben müssen, daß die Symbole einer jeden Folge, die an den Stellen $0, q, 2q, 3q, \ldots$ stehen, insgesamt die Menge E bilden müssen.
Die Uhr ist in diesem Fall ein Ringzähler, d. h. ein autonomer endlicher Automat aus schnellen Verzögerungsgliedern, der nach q schnellen Takten ein Signal für einen langsamen Takt abgibt.
Bei beiden Beispielen läßt sich die Konstruktion so durchführen, daß nicht nur eine Nachbildung, sondern auch eine Abbildung vorliegt; die Maschine S bildet die Maschine G ab, und zwar bezüglich der Menge E und also auch bezüglich jeder anderen Menge. Die Beziehung zwischen den Zuständen der beiden Maschinen bleibt dieselbe.

§ 10.3 Die Nachbildung einer langsamen Maschine durch eine schnelle Maschine, wenn die Takte der langsamen Maschine durch einen Wechsel am Eingang definiert sind

Wir haben das in der Überschrift genannte Problem schon in Kap. V untersucht und teilweise gelöst. Wir wollen hier eine andere Lösungsmethode behandeln, die sich für Maschinen beliebigen Typs eignet.
Gegeben sei irgendeine sequentielle Maschine G, deren Taktgebung durch eine Änderung am Eingang definiert ist. Die Maschine G sei entweder durch ihre Verknüpfungsmatrix oder ihr Zustandsdiagramm gegeben. Die Menge L_G der zulässigen Eingangsfolgen besteht aus allen Folgen, bei denen nirgends zwei gleiche Elemente unmittelbar hintereinander vorkommen.
Es wird eine Maschine S gesucht, die die gegebene Maschine G bezüglich L_G bei dem folgenden Transformationsgesetz für die Taktgebung nachbildet. Die Zeitpunkte $t_0, t_1, t_2, \ldots$ für das Auftreten der langsamen Takte sind diejenigen Zeitpunkte, zu denen die Maschine S nach einer Eingangsänderung in einem Gleichgewichtszustand angelangt ist (d. h. in einem Zustand, der bei den schnellen Takten und unveränderlichem Eingang in sich übergeht).
Wenn die maximale Anzahl von schnellen Takten m ist, die notwendig sind, um die Maschine S bei unverändertem Eingang von einem Gleich-

gewichtszustand in einen anderen zu überführen, so nehmen wir als Menge L_S der zulässigen Eingangsfolgen für die Maschine S bei der Nachbildung alle Folgen der Form

$$\underbrace{\varrho_{\alpha_0}\varrho_{\alpha_0}\cdots\varrho_{\alpha_0}}_{q_0\text{ mal}}\ \underbrace{\varrho_{\alpha_1}\varrho_{\alpha_1}\cdots\varrho_{\alpha_1}}_{q_1\text{ mal}}\cdots\underbrace{\varrho_{\alpha_i}\varrho_{\alpha_i}\cdots\varrho_{\alpha_i}}_{q_i\text{ mal}}\quad(\varrho_{\alpha_i}\neq\varrho_{\alpha_{i+1}}),\qquad(10.6)$$

mit $q_i \geqq m$ für alle $i = 1, 2, 3, \ldots$. Damit verbieten wir eine Änderung am Eingang von S, solange die Maschine nicht die nächste Gleichgewichtslage erreicht hat.

Die Menge der Folgen (10.6) wollen wir unter der Bedingung $q_i \geqq q^*$ durch das Symbol T_{q*} bezeichnen. Die Menge T_{q*} genügen dann der Beziehung

$$T_1 \supset T_2 \supset T_3 \supset \cdots \supset T_{q*} \supset \ldots,\qquad(10.7)$$

und es ist $T_1 = E$. Als Menge L_S für die Maschine S kann man also jede Folge T_{q*} mit $q^* \geqq m$ nehmen.

Wenn die Maschinen S und G synchron arbeiten sollen, damit die Maschine S die Maschine G substituieren kann, bedeutet die Bedingung $q^* \geqq m$, daß die Maschine S so schnell arbeiten soll, daß zwischen zwei Takten von G wenigstens m Takte von S liegen.

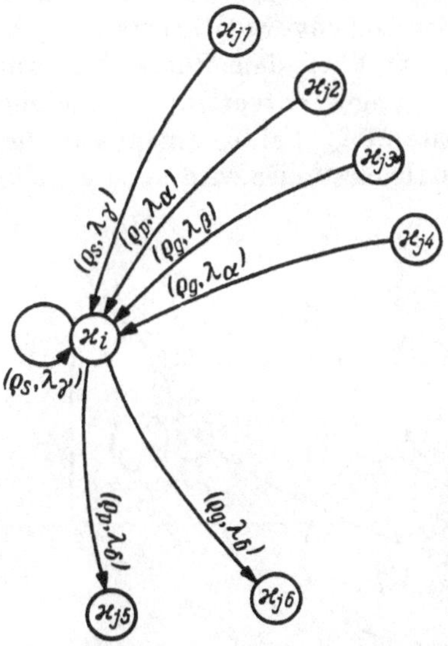

Bild 10.6

Zur Konstruktion der Maschine S formen wir das Zustandsdiagramm von G um. Wir betrachten den Kreis $\varkappa_i$ des Zustandsdiagramms der gegebenen Maschine G. Dieser Kreis möge die ankommenden und wegführenden Pfeile wie in Bild 10.6 haben. Den Kreis $\varkappa_i$ ersetzen wir durch so viele Kreise, wie Pfeile mit verschiedenen Beschriftungen nach $\varkappa_i$ zeigen (der ringförmige

Pfeil wird sowohl als ankommender wie als wegführender Pfeil gerechnet). Zu jedem neuen Kreis führen wir von den anderen Kreisen nur Pfeile mit jeweils gleichen Beschriftungen. Außerdem wird noch jeder neue Kreis mit einem ringförmigen Pfeil versehen, dessen Beschriftung gleich der aller anderen zu diesem Kreis zeigenden Pfeile ist. In unserem Beispiel von Bild 10.6 ist $\varkappa_i$ durch die vier Kreise $\varkappa_{i1}, \varkappa_{i2}, \varkappa_{i3}, \varkappa_{i4}$ zu ersetzen, die in Bild 10.7 durch eine punktierte Linie eingerahmt sind.

Von jedem neuen Kreis gehen an die anderen Kreise des Diagramms dieselben Pfeile, die auch im ursprünglichen Diagramm von $\varkappa_i$ wegführen, nur mit Ausnahme derjenigen Pfeile, bei denen das erste Symbol mit dem ersten Symbol des ringförmigen Pfeils übereinstimmt.

In unserem Beispiel gehen von dem Kreis $\varkappa_{i1}$ die Pfeile $(\varrho_p, \lambda_\delta)$ und $(\varrho_g, \lambda_\sigma)$ zu den Kreisen $\varkappa_{j5}$ und $\varkappa_{j6}$, von dem Kreis $\varkappa_{i2}$ der Pfeil $(\varrho_g, \lambda_\sigma)$ zu dem Kreis $\varkappa_{j6}$ und der Pfeil $(\varrho_s, \lambda_\gamma)$ zu dem Kreis $\varkappa_{i1}$, von den Kreisen $\varkappa_{i3}$ und $\varkappa_{i4}$ die Pfeile $(\varrho_p, \lambda_\delta)$ zu dem Kreis $\varkappa_{j5}$ und die Pfeile mit der Beschriftung $(\varrho_s, \lambda_\gamma)$ zu dem Kreis $\varkappa_{i1}$, der von der Schleife $(\varrho_s, \lambda_\gamma)$ umfaßt wird.

In dieser Weise verfahren wir mit allen Kreisen des Zustandsdiagrammes von G. Wir erhalten so das Zustandsdiagramm der Maschine S, die die Maschine G bezüglich L_G nachbildet. Die Zustände von S und G stehen dabei in dem folgenden Zusammenhang (Bild 10.6 und 10.7). Dem Zustand $\varkappa_{j1}$ von G beim Eingang ϱ_s entspricht der Gleichgewichtszustand $\varkappa_{i1}$ von S bei diesem ϱ_s. Derselbe Zustand entspricht auch dem Zustand $\varkappa_i$ von G beim Eingang ϱ_s. Dem Zustand $\varkappa_{j2}$ beim Eingang ϱ_s entspricht der Gleichgewichtszustand $\varkappa_{i2}$ von S bei ϱ_p. Dem Zustand $\varkappa_{j3}$ bei ϱ_g entspricht der Gleichgewichtszustand $\varkappa_{i3}$ bei ϱ_g usw. In analoger Weise wird auch im allgemeinen Fall der Zusammenhang hergestellt.

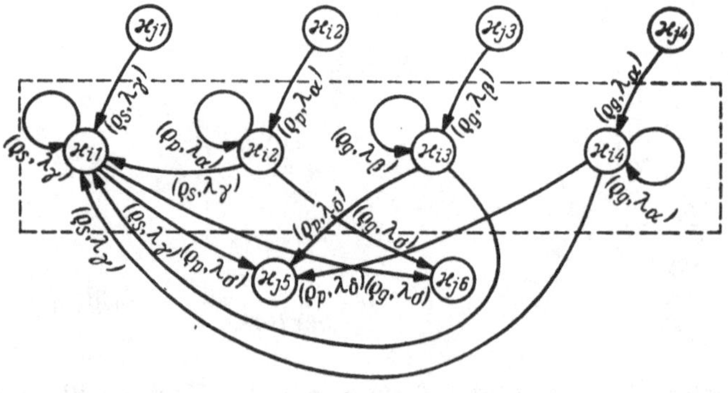

Bild 10.7

Wie man dem Zustandsdiagramm unmittelbar entnehmen kann, geht die Maschine S bei einer Änderung am Eingang in einem schnellen Takt von einem Gleichgewichtszustand in einen anderen über. Die oben eingeführte Zahl m ist also gleich 1. Wie man außerdem sehen kann, hat die Maschine S

für keinen Eingangswert einen instabilen Zustand. Für jedes Eingangssymbol ist jeder Zustand eine Gleichgewichtslage und in dem Zustandsdiagramm von einem ringförmigen Pfeil umfaßt.

Die schnelle Eingangsfolge, die bei der Nachbildung der Eingangsfolge $\varrho_{\alpha_0}\varrho_{\alpha_1}\varrho_{\alpha_2}\ldots\varrho_{\alpha_i}\ldots(\varrho_{\alpha_i}\neq\varrho_{\alpha_{i+1}})$ der langsamen Maschine G entspricht, hat die Form (10.6), wobei alle $q_i \geqq 1$ sind. Nimmt man in diesen Beziehungen das Gleichheitszeichen, so findet man, daß eine der entsprechenden Eingangsfolgen von S die Form $\varrho_{\alpha_0}\varrho_{\alpha_1}\varrho_{\alpha_2}\ldots$ hat, d. h. mit der Eingangsfolge der Maschine G identisch ist.

Die Zeitpunkte $t_0, t_1, t_2, \ldots$ der Beobachtung der schnellen Maschine S werden die Zeitpunkte, die einen schnellen Takt nach einer Änderung am Eingang von S auftreten. Wenn man als Eingangsfolge von S diejenige Folge nimmt, die mit der Eingangsfolge von G identisch ist, so erfolgt die Beobachtung von S zu allen schnellen Takten.

Die beschriebene Konstruktion des Zustandsdiagrammes löst also das Problem der Synthese einer schnellen sequentiellen Maschine, die eine gegebene Maschine G bezüglich L_G nachbildet, deren Takte durch eine Änderung am Eingang definiert sind.

Wir haben dieses Problem nur der Anschaulichkeit wegen an Hand des Zustandsdiagrammes gelöst. Praktisch ist es manchmal bequemer, zu dieser Konstruktion die Verknüpfungsmatrix zu benutzen. Dies kann folgendermaßen geschehen.

Gegeben sei die Verknüpfungsmatrix C^G der Maschine G. Wir betrachten die i-te Zeile und i-te Spalte dieser Matrix, die von der Form

$$
\begin{array}{cc}
 & \begin{array}{ccccccc} \ldots & i & \ldots & j5 & \ldots & j6 & \ldots \end{array} \\
C^G = \begin{array}{c} \cdot \\ \cdot \\ \cdot \\ j1 \\ j2 \\ \cdot \\ \cdot \\ \cdot \\ i \\ \cdot \\ \cdot \\ \cdot \\ j3 \\ \cdot \\ \cdot \\ \cdot \\ j4 \\ \cdot \\ \cdot \\ \cdot \end{array} &
\left[\begin{array}{ccccccc}
 & & & & & & \\
 & \ldots & & & & & \\
 & & & & & & \\
 & (\varrho_s, \lambda_\gamma) & & & & & \\
 & (\varrho_p, \lambda_\alpha) & & & & & \\
 & & & & & & \\
 & \ldots & & & & & \\
 & & & & & & \\
\ldots & (\varrho_s, \lambda_\gamma) & \ldots & (\varrho_p, \lambda_\delta) & \ldots & (\varrho_g, \lambda_\sigma) & \ldots \\
 & & & & & & \\
 & \ldots & & & & & \\
 & & & & & & \\
 & (\varrho_g, \lambda_\beta) & & & & & \\
 & & & & & & \\
 & \ldots & & & & & \\
 & & & & & & \\
 & (\varrho_g, \lambda_\alpha) & & & & & \\
 & & & & & & \\
 & \ldots & & & & & \\
 & & & & & &
\end{array}\right]
\end{array}
$$

sein möge. Diese i-te Zeile und i-te Spalte ersetzen wir durch so viele Zeilen und Spalten, wie verschiedene Symbolpaare in der i-ten Spalte vorkommen. In unserem Beispiel sind dies die vier Paare $(\varrho_s, \lambda_\gamma)$, $(\varrho_p, \lambda_\alpha)$, $(\varrho_g, \lambda_\beta)$ und $(\varrho_g, \lambda_\alpha)$. Demnach ersetzen wir die i-te Zeile und i-te Spalte durch die vier Zeilen und Spalten $i1$, $i2$, $i3$ und $i4$:

$$
C = \begin{array}{c}
 \\ j1 \\ \cdot \\ \cdot \\ \cdot \\ j2 \\ \cdot \\ \cdot \\ \cdot \\ i1 \\ i2 \\ i3 \\ i4 \\ \cdot \\ \cdot \\ \cdot \\ j3 \\ \cdot \\ \cdot \\ \cdot \\ j4 \\ \cdot \\ \cdot \\ \cdot
\end{array}
\begin{array}{c}
\begin{array}{cccccc} i1 & i2 & i3 & i4 \ldots & j5 \ldots & j6 \end{array} \\
\left[\begin{array}{lcccccc}
\ldots & (\varrho_s, \lambda_\gamma) & & & & & \\
 & & & & & & \\
 & & & & & & \\
 & & & & & & \\
 & & (\varrho_p, \lambda_\alpha) & & & & \\
 & & & & & & \\
 & & & & & & \\
 & & & & & & \\
\ldots & (\varrho_s, \lambda_\gamma) & & & & (\varrho_p, \lambda_\delta) & (\varrho_g, \lambda_\sigma) \\
\ldots & (\varrho_s, \lambda_\gamma) & (\varrho_p, \lambda_\alpha) & & & & (\varrho_g, \lambda_\sigma) \\
\ldots & (\varrho_s, \lambda_\gamma) & & (\varrho_g, \lambda_\beta) & & (\varrho_p, \lambda_\delta) & \\
\ldots & (\varrho_s, \lambda_\gamma) & & & (\varrho_g, \lambda_\alpha) & (\varrho_p, \lambda_\delta) & \\
 & & & & & & \\
 & & & & & & \\
 & & & & & & \\
 & & & (\varrho_g, \lambda_\beta) & & & \\
 & & & & & & \\
 & & & & & & \\
 & & & & & & \\
 & & & & (\varrho_g, \lambda_\alpha) & & \\
 & & & & & & \\
 & & & & & & \\
 & & & & & &
\end{array}\right]
\end{array} .
$$

In die Diagonale dieser vier neuen Zeilen und Spalten schreiben wir (in beliebiger Reihenfolge) die vier verschiedenen Paare aus der i-ten Zeile der Matrix C^G.

In der Zeile $j1$ der i-ten Spalte von C^G stand das Paar $(\varrho_s, \lambda_\gamma)$, das wir in dieselbe Zeile $j1$ und in diejenige Spalte von C schreiben, in der schon das Paar $(\varrho_s, \lambda_\gamma)$ steht. In unserem Beispiel ist es die Spalte $i1$. In gleicher Weise verfahren wir mit den anderen Paaren aus der i-ten Spalte von C^G. Danach sind die Spalten $i1$, $i2$, $i3$ und $i4$ von C ausgefüllt. In jeder Spalte stehen nur gleiche Paare.

Wir gehen nun an die Ausfüllung der Zeilen $i1$, $i2$, $i3$ und $i4$. Dazu betrachten wir die i-te Zeile von C^G. Alle in dieser Zeile enthaltenen Paare (außer dem Paar $(\varrho_s, \lambda_\gamma)$ in der Diagonalen von C^G) schreiben wir in allen vier Zeilen der Matrix C in dieselben Spalten wie in der Matrix C^G, mit Ausnahme derjenigen Paare, bei denen das erste Symbol identisch ist mit dem ersten Symbol des Paares, das ohnehin schon in dieser Zeile steht. Das Paar $(\varrho_s, \lambda_\gamma)$ schreiben wir in allen vier Zeilen in diejenige Spalte, in der es schon in C^G steht.

In unserem Beispiel kommen in der i-ten Zeile die drei Paare $(\varrho_s, \lambda_\gamma)$, $(\varrho_p, \lambda_\delta)$, $(\varrho_g, \lambda_\sigma)$ vor. In der Zeile $i1$ steht das Paar $(\varrho_s, \lambda_\gamma)$ schon, und wir schreiben in die Spalte $j5$ das Paar $(\varrho_p, \lambda_\delta)$ und in die Spalte $j6$ das Paar $(\varrho_g, \lambda_\sigma)$. In der Zeile $i2$ kommt das Paar $(\varrho_p, \lambda_\alpha)$ vor. In dieser Zeile fügen wir in der Spalte $i1$ das Paar $(\varrho_s, \lambda_\gamma)$ und in der Spalte $j6$ das Paar $(\varrho_g, \lambda_\sigma)$ hinzu, während die Spalte $j5$ leer bleibt, weil in dieser Zeile schon das Paar $(\varrho_p, \lambda_\alpha)$ steht. Analog dazu werden die Zeilen $i3$ und $i4$ ausgefüllt. Nachdem jede Zeile und Spalte der Verknüpfungsmatrix C^G so behandelt worden ist, hat sich die Verknüpfungsmatrix C^S der schnellen Maschine S ergeben.

Diese Matrix C^S hat die Eigenschaft, daß sich in *jeder Spalte nur gleiche Paare befinden.* Wie man leicht sieht, entspricht diese Umformung der Verknüpfungsmatrix C^G zu der Matrix C^S genau der Umformung, die wir oben schon an dem Zustandsdiagramm von G vorgenommen hatten.

Zum Schluß seien noch zwei Bemerkungen hinzugefügt.

Bemerkung 1. Im § 10.3 wie auch in § 10.2 ist die Konstruktion der Maschine S so „gut" gelungen, daß nicht nur eine Nachbildung, sondern auch eine Abbildung vorlag. Bei der Abbildung kann man als Menge der zulässigen Eingangsfolgen jede Menge nehmen, darunter auch die Menge E, weil sich die Eingänge der schnellen Maschine S sogar mit der Frequenz der schnellen Takte ändern dürfen (und die Zahl m gleich 1 war). Zwischen den Zuständen der beiden Maschinen besteht derselbe Zusammenhang wie bei der Nachbildung.

Bemerkung 2. Wir haben eine Methode zur Konstruktion einer schnellen Maschine S beschrieben, die eine gegebene Maschine G bezüglich L_G nachbildet. Es gibt auch andere Verfahren zur Lösung dieses Problems, weil die Maschine S nicht eindeutig definiert ist. Damit ergibt sich das Problem, die Maschine S zu minimisieren, d. h. eine die Maschine G bezüglich L_G nachbildende Maschine $S_{\min}$ mit einer minimalen Anzahl von Zuständen zu konstruieren.

§ 10.4 Minimisierung der nachbildenden Maschine von § 10.3

Wir wollen versuchen, eine solche Maschine $S_{\min}$ mit möglichst wenig Zuständen zu finden, die eine gegebene Maschine G bezüglich der Menge L_G nachbildet. Die gesuchte Maschine S soll den folgenden beiden Bedingungen genügen:

Bedingung 1. Jeder Zustand von $S_{\min}$ ist für wenigstens ein Eingangssymbol ein Gleichgewichtszustand.

Bedingung 2. Bei jeder Änderung am Eingang geht die Maschine $S_{\min}$ in einem schnellen Takt in einen neuen Gleichgewichtszustand über (d. h. für $S_{\min}$ ist $m = 1$).

Wir wollen zunächst zeigen, daß durch diese Bedingungen die Allgemeinheit der Untersuchungen nicht eingeschränkt wird. Nehmen wir an, daß die erste Bedingung nicht erfüllt ist. Die Maschine $S_{\min}$ hat dann wenigstens einen Zustand $\varkappa_h$, der kein Gleichgewichtszustand ist, und im Zustandsdiagramm gibt es einen Kreis $\varkappa_h$, der nicht von einer Schleife umgeben ist (Bild 10.8). Dann kann man diesen Kreis $\varkappa_h$ eliminieren, indem man den

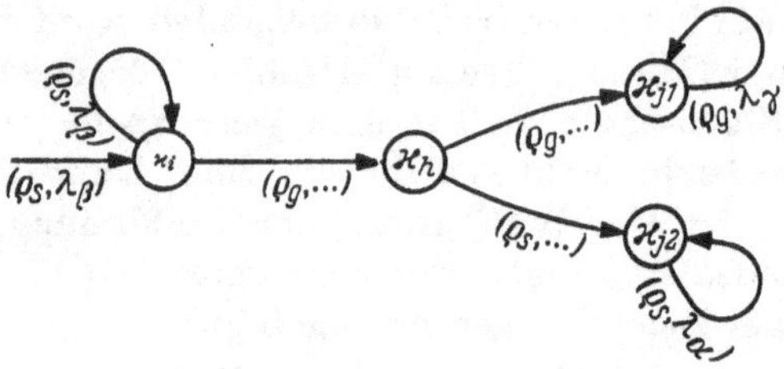

Bild 10.8

ankommenden und den wegführenden Pfeil mit gleichem ersten Index[1]) ϱ_g durch einen Pfeil ersetzt, der denselben ersten Index hat und die beiden Kreise $\varkappa_i$ und $\varkappa_{j1}$ verbindet. Den vom Kreis $\varkappa_h$ wegführenden Pfeil mit dem ersten Index ϱ_s, für den es keinen entsprechenden ankommenden Pfeil gibt, können wir weglassen (Bild 10.9). Auf diese Weise kann man grundsätzlich alle Zustände entfernen, die keine Gleichgewichtszustände sind.

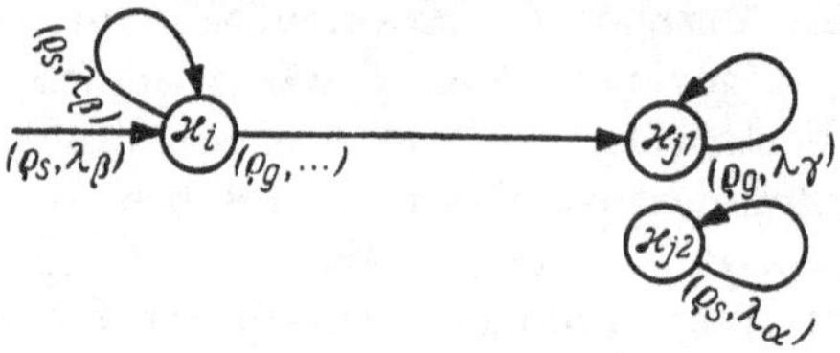

Bild 10.9

Diese Umformung des Zustandsdiagramms verändert die Arbeitsweise der Maschine $S_{\min}$ offensichtlich nur zwischen zwei Gleichgewichtszuständen, wenn wir die Maschine ohnehin nicht beobachten. Die Reihenfolge beim Wechsel der Gleichgewichtslagen wird dadurch nicht berührt, und die veränderte Maschine wird also nach wie vor die Maschine G nachbilden. Durch diese Umformung wird aber die Zahl der Zustände von $S_{\min}$ verringert, und eine Maschine, die der Bedingung 1 nicht genügt, kann also nicht minimal sein. Die Bedingung 1 ist also für eine minimale Maschine $S_{\min}$ notwendig.

Im allgemeinen kann es zu einer gegebenen Maschine G mehrere verschiedene minimale Maschinen $S_{\min}$ geben, die G bezüglich L_G nachbilden. Alle diese

[1]) Die Punkte an Stelle des zweiten Index λ bedeuten, daß an zweiter Stelle ein beliebiges Symbol stehen kann.

Maschinen müssen die gleiche Zahl $k_{\min}$ von Zuständen haben. Wir werden unser Problem als gelöst betrachten, wenn wir wenigstens eine dieser minimalen Maschinen gefunden haben.

Wir wenden uns nun der Eigenschaft 2 zu und wollen die folgende Behauptung beweisen. Wenn es eine Maschine $S_{\min}$ mit $k_{\min}$ Zuständen gibt, die G bezüglich L_G nachbildet und der Bedingung 2 nicht genügt, so gibt es eine andere Maschine $\tilde{S}_{\min}$ mit ebenfalls $k_{\min}$ Zuständen, die ebenfalls G bezüglich L_G nachbildet und außerdem noch der Beingung 2 genügt. Damit ist also gezeigt, daß die Bedingung 2 keinerlei Einschränkung bedeutet.

Zum Beweis zeigen wir, daß man das Zustandsdiagramm von $\tilde{S}_{\min}$ durch Umformung des Zustandsdiagramms von $S_{\min}$ erhalten kann, ohne dabei die Zahl der Zustände zu ändern.

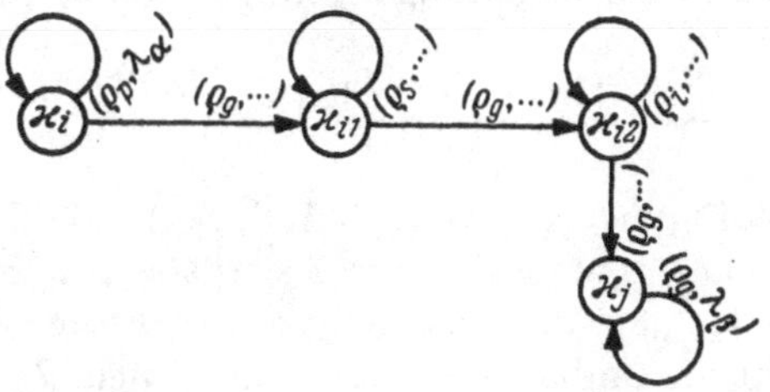

Bild 10.10

Die Maschine $S_{\min}$ möge in m schnellen Takten von dem zu $\varrho = \varrho_p$ gehörenden Gleichgewichtszustand $\varkappa_i$ in den zu $\varrho = \varrho_g$ gehörenden Gleichgewichtszustand $\varkappa_j$ übergehen. Wegen der Erreichbarkeit der Gleichgewichtszustände kann es keine geschlossenen Schleifen geben, und die Maschine geht also bei diesen m Takten durch $m - 1$ Zwischenzustände $\varkappa_{i1}, \varkappa_{i2}, \ldots, \varkappa_{i(m-1)}$. In Bild 10.10 ist der Fall $m = 3$ dargestellt.

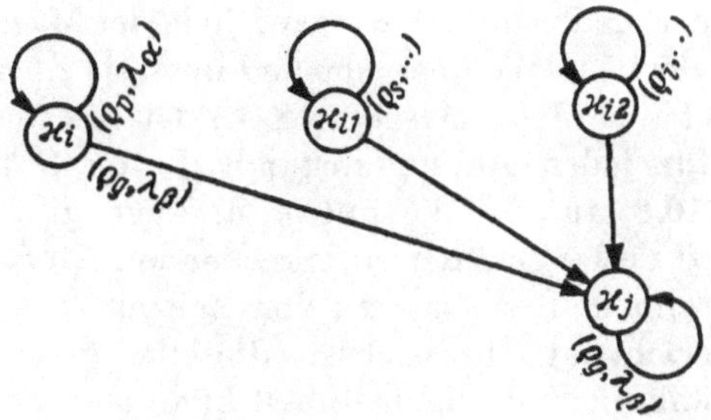

Bild 10.11

Wenn man die Kreise i, $i1$, $i2, \ldots, i\,(m-1)$ durch Pfeile mit der Beschriftung $(\varrho_g, \lambda_\beta)$ unmittelbar mit dem Kreis j verbindet, so ergibt sich das Zustandsdiagramm vom Bild 10.11, und der Übergang vom Zustand $\varkappa_i$, ebenso wie aus den Zuständen $\varkappa_{i1}, \varkappa_{i2}, \ldots, \varkappa_{i(m-1)}$ in den Zustand $\varkappa_j$ geschieht unter der Einwirkung von ϱ_g in einem schnellen Takt.

Wenn wir in dieser Weise das ganze Zustandsdiagramm umformen, so ergibt sich das der Maschine $\tilde{S}_{\min}$ mit der gleichen Zahl von Zuständen. Die Arbeitsweise der Maschinen $S_{\min}$ und $\tilde{S}_{\min}$ unterscheidet sich nur zwischen den Gleichgewichtszuständen, wenn wir die Maschinen nicht beobachten. Beide Maschinen verhalten sich, was den Wechsel der Gleichgewichtszustände anbelangt, gegenüber einer zulässigen Eingangsfolge völlig gleich. Damit ist unsere Behauptung bewiesen.

Unter allen Maschinen $S_1, S_2, S_3, \ldots$, die eine gegebene Maschine G bezüglich der Menge L_G nachbilden und den Bedingungen 1 und 2 genügen, wollen wir eine minimale heraussuchen.

Wie schon im vorigen Paragraphen gezeigt, entspricht einer Eingangsfolge

$$\varrho_{\alpha_0}\varrho_{\alpha_1}\varrho_{\alpha_2}\cdots\varrho_{\alpha_s}\cdots \qquad (\varrho_{\alpha_i} \neq \varrho_{\alpha_{i+1}}) \tag{10.8}$$

der Maschine G bei der Nachbildung eine Eingangsfolge (10.6)

$$\underbrace{\varrho_{\alpha_0}\varrho_{\alpha_0}\cdots\varrho_{\alpha_0}}_{q_0 \text{ mal}}\underbrace{\varrho_{\alpha_1}\varrho_{\alpha_1}\cdots\varrho_{\alpha_1}}_{q_1 \text{ mal}}\cdots\underbrace{\varrho_{\alpha_S}\varrho_{\alpha_S}\cdots\varrho_{\alpha_S}}_{q_S \text{ mal}} \qquad (\varrho_{\alpha_i} \neq {}_{\alpha_{i+1}}\varrho)$$

der Maschine S unter der Bedingung $q_i \geqq m$ $(i = 1, 2, \ldots)$. Weil für jede Maschine S_i aber $m = 1$ ist, kann man als Menge der zulässigen Eingangsfolgen jede Menge T_{q^*} $(q^* = 1, 2, 3, \ldots)$ aller Folgen der Form (10.6) für $q_i \geqq q^*$ $(i = 1, 2, 3, \ldots)$ nehmen und insbesondere also auch $T_1 = E$.

Wir nehmen bei der Nachbildung als Menge L_S die Menge $T_{\bar{q}^*}$ und beweisen die folgende Behauptung. Wenn der Zustand $\varkappa_{\alpha_i}$ von S_α und der Zustand $\varkappa_{\beta_j}$ von S_β bezüglich der Menge $T_{\bar{q}^*}$ äquivalent sind, so sind sie bezüglich aller Mengen $T_1, T_2, T_3, \ldots$ äqiuvalent und wegen $T_1 = E$ einfach äquivalent. Dabei können S_α und S_β ein und dieselbe Maschine bedeuten.

Für $q > \bar{q}^*$ ist unsere Behauptung offensichtlich richtig, weil in diesem Fall $T_q \subset T_{\bar{q}^*}$ ist (vgl. § 10.3 Gleichung (10.7)). Für $q < \bar{q}^*$ folgt die Behauptung daraus, daß bei einer Änderung am Eingang jede der Maschinen S_i in einem Takt in eine Gleichgewichtslage übergeht und dort bis zur nächsten Änderung am Eingang verbleibt. Jede Maschine S_i bildet die Maschine G bezüglich L_G nach, d. h., für jeden Anfangszustand $\varkappa_G^0$ von G und jede Eingangsfolge $\boldsymbol{L}$ der Form (10.8) aus L_G, die mit ϱ_{α_0} anfängt, gibt es einen Anfangszustand $\varkappa_{S_i}^0$ von S_i, so daß S_i bei der entsprechenden Eingangsfolge (10.6) aus der Menge $T_{\bar{q}^*}$, wenn man sie nur zu den Zeitpunkten des Ankommens in einer Gleichgewichtslage beobachtet, dieselbe Ausgangsfolge wie G abgibt. Ohne Einschränkung der Allgemeinheit kann man annehmen, daß $\varkappa_{S_i}^0$ von S_i für $\varrho = \varrho_{\alpha_0}$ ein Gleichgewichtszustand ist. Wenn dies nicht wäre, so würde die Maschine S_i in einem schnellen Takt von $\varkappa_{S_i}^0$ nach $\varkappa_{S_i}^1$ übergehen, der für $\varrho = \varrho_{\alpha_0}$ ein Gleichgewichtszustand wäre. Dann kann man aber diesen Zustand $\varkappa_{S_i}^1$ als Zustand $\varkappa_{S_i}^0$ der Maschine S_i nehmen, der dem Zustand $\varkappa_G^0$ von G entspricht.

Wir betrachten nun irgend zwei Maschinen S_i und S_j aus der Menge $S_1, S_2, S_3, \ldots$. Dem Anfangszustand $\varkappa_G^0$ von G für ϱ_α möge der Zustand $\varkappa_{S_i}^0$ von S_i und dem Zustand $\varkappa_{S_j}^0$ von S_j entsprechen. Da die Zustände $\varkappa_{S_i}^0$ und $\varkappa_{S_j}^0$ zu ein und demselben Zustand von G für ein und dasselbe ϱ_{α_0} gehören, sind die Ausgangsfolgen der bei $\varkappa_{S_i}^0$ bzw. $\varkappa_{S_j}^0$ anfangenden Maschinen S_i bzw. S_j für jede mit ϱ_{α_0} beginnende Eingangsfolge aus $T_{\bar{q}^*}$ einen Takt nach einer Änderung am Eingang identisch. Da sich zu den dazwischen liegenden schnellen Takten der Eingang nicht ändert, bleiben die Maschinen S_i und S_j in der Gleichgewichtslage, und die Ausgangsfolgen sind also auch zu den schnellen Zwischentakten identisch.

Die Zustände $\varkappa_{S_i}^0$ und $\varkappa_{S_j}^0$ sind also für alle mit ϱ_{α_0} beginnenden Eingangsfolgen aus $T_{\bar{q}^*}$ äquivalent. Diese Zustände sind aber auch bezüglich der Menge $T_{\bar{q}^*}$ äquivalent, weil sie Gleichgewichtszustände für $\varrho = \varrho_{\alpha_0}$ sind. Wenn nämlich die Eingangsfolge mit einem gewissen $\varrho_{\beta_0} \neq \varrho_{\alpha_0}$ beginnt, so kann man die Folge

$$\underbrace{\varrho_{\alpha_0}\,\varrho_{\alpha_0}\cdots\varrho_{\alpha_0}}_{\bar{q}^*\ \text{mal}}\,\varrho_{\beta_0} \qquad (10.9)$$

aufstellen, die mit ϱ_{α_0} beginnt und zu $T_{\bar{q}^*}$ gehört. Bezüglich dieser Folge sind aber die Zustände $\varkappa_{S_i}^0$ und $\varkappa_{S_j}^0$ äquivalent. Nach Verlauf von $\bar{q}^*$ Takten gehen beide Zustände in sich über. Die Eingangsbedingungen ändern sich also nicht, und man kann als Beginn der Zeitrechnung den $(\bar{q}^* + 1)$-ten schnellen Takt nehmen. Die zum $(\bar{q}^* + 1)$-ten Takt betrachtete Folge (10.9) beginnt aber mit dem Symbol ϱ_β.

Damit haben wir bewiesen, daß alle für $\varrho = \varrho_{\alpha_0}$ ein und demselben Zustand $\varkappa_G^0$ von G entsprechenden Zustände von S_i $(i = 1, 2, \ldots)$ bezüglich der gewählten Menge $T_{\bar{q}^*}$ äquivalent sind. Wegen der oben bewiesenen Behauptung sind sie dann auch bezüglich $T_1 = E$ äquivalent.

Wir nehmen nun an, daß es uns gelungen ist, unter den Maschinen $S_1, S_2, S_3, \ldots$ eine solche schnelle Maschine $\bar{S}$ zu finden, die die Maschine G bezüglich L_G nicht nur nachbildet, sondern die Maschine G bezüglich E auch abbildet. Das würde bedeuten, daß man für jedes $\varrho = \varrho_{\alpha_0}$ jedem Zustand der Maschine S einen Zustand von G so zuordnen kann, daß eine Abbildung vorliegt.

Wir nehmen irgendeinen Zustand $\tilde{\varkappa}_{\bar{S}}$ von Maschine $\bar{S}$. Dies möge für $\varrho = \varrho_{\alpha_0}$ ein Gleichgewichtszustand sein. Für ϱ_{α_0} entspricht dann bei der Abbildung dem Zustand $\tilde{\varkappa}_{\bar{S}}$ der Zustand $\tilde{\varkappa}_G$ von G. Gibt man auf den Eingang von $\bar{S}$ verschiedene, mit ϱ_{α_0} beginnende Eingangsfolgen und beobachtet die Maschinen $\bar{S}$ und G, so kommt man leicht zu dem Schluß, daß, wenn für $\varrho = \varrho_{\alpha_0}$ bei der Abbildung der Zustand $\tilde{\varkappa}_G$ zu dem Zustand $\tilde{\varkappa}_{\bar{S}}$ gehört, dann für dasselbe ϱ_{α_0} bei der Nachbildung zu dem Zustand $\tilde{\varkappa}_{\bar{S}}$ der Zustand $\tilde{\varkappa}_G$ gehört (die Maschine $\bar{S}$ ist eine Nachbildung und Abbildung von G).

Da man für $\tilde{\varkappa}_{\bar{S}}$ jeden Zustand von S nehmen kann, so folgt daraus, daß man für jeden Zustand $\tilde{\varkappa}_{\bar{S}}$ von $\bar{S}$ solche ϱ_{α_s} und $\tilde{\varkappa}_G$ von G finden kann, daß der Zustand $\tilde{\varkappa}_{\bar{S}}$ für ϱ_{α_s} bei der Nachbildung dem Zustand $\tilde{\varkappa}_G$ zugeordnet werden kann. Daraus folgt aber sofort, daß sich für jeden Zustand von $\bar{S}$ ein dazu äquivalenter Zustand $\tilde{\varkappa}_{S_i}$ in einer anderen Maschine S_i finden läßt, d. h., man kann alle Maschinen S_i auf die Maschine $\bar{S}$ abbilden, wobei selbstverständlich einige Maschinen S_i auch äquivalent zu $\bar{S}$ sein können. Es genügt also, wenn wir die Maschine $\bar{S}$ minimisieren, also eine zu $\bar{S}$ äquivalente minimale Maschine $S_{\min}$ konstruieren, was mit dem Algorithmus von AUFENKAMP und HOHN erledigt werden kann (s. § 9.6)[1]). Die so gefundene Maschine $S_{\min}$ ist eine minimale Maschine, die die gegebene Maschine G bezüglich L_G nachbildet.

Wie wir schon in § 10.2 gesehen haben, ist die durch eine Umformung der Verknüpfungsmatrix von G konstruierte Maschine S gleichzeitig eine Nachbildung von G bezüglich L_G als auch eine Abbildung bezüglich E. Damit genügt auch die so konstruierte Maschine S den Bedingungen 1 und 2. Damit kann man also sagen:

Um eine der minimalen Maschinen $S_{\min}$ zu erhalten, braucht man nur die Maschine S mittels einer symmetrischen Zerlegung der Verknüpfungsmatrix zu minimisieren. Das Ergebnis der Minimisierung ist unabhängig davon, welche der Mengen $T_{\bar{q}^*}$ man als Menge L_S bei der Nachbildung ausgewählt hat. Eine Beschränkung der Menge der Eingangsfolgen liefert im vorliegenden Fall keine Möglichkeit, die Zahl der Zustände der nachbildenden Maschinen weiter zu verkleinern.

Wir wollen ein Beispiel dafür angeben, wie man zu einer gegebenen Maschine G die nachbildende minimale Maschine $S_{\min}$ erzeugen kann.

Beispiel. Die „langsame" Maschine G sei durch ihre Verknüpfungsmatrix C^G gegeben. Mit den Alphabeten $\{\varrho\} = \{1, 2, 3\}$, $\{\varkappa\} = \{1, 2, 3\}$ und $\{\lambda\} = \{1, 2\}$ sei diese von der Form

$$C^G = \begin{array}{c} \\ 1 \\ 2 \\ 3 \end{array}\begin{array}{c} \begin{array}{ccc} \quad 1 \quad & \quad 2 \quad & \quad 3 \quad \end{array} \\ \begin{bmatrix} (1,1) & (2,1) & (3,1) \\ (2,2) \vee (1,2) & 0 & (3,1) \\ (2,2) \vee (1,1) & (3,2) & 0 \end{bmatrix} \end{array}.$$

Das Zustandsdiagramm dieser Maschine zeigt das Bild 10.12.

Nach dem in § 10.3 beschriebenen Verfahren formen wir die Matrix C^G so um, daß sich die Verknüpfungsmatrix C^S der „schnellen" Maschine S ergibt,

[1]) Für die Maschine S_i ist die Zerlegung aller Zustände in Gruppen, die äquivalent bezüglich der Menge $T_{\bar{q}^*}$ sind, identisch mit der Zerlegung in Gruppen, die bezüglich E äquivalent sind.

die die Maschine G nachbildet. Die Matrix C^S ist hier von der Form

$$C^S = \begin{array}{c} \\ 1^1 \\ 1^2 \\ 1^3 \\ 2^1 \\ 2^2 \\ 3 \end{array} \begin{array}{c} \begin{array}{cccccc} 1^1 & 1^2 & 1^3 & 2^1 & 2^2 & 3 \end{array} \\ \left[\begin{array}{cccccc} (1,1) & 0 & 0 & (2,1) & 0 & (3,1) \\ (1,1) & (2,2) & 0 & 0 & 0 & (3,1) \\ 0 & 0 & (1,2) & (2,1) & 0 & (3,1) \\ 0 & 0 & (1,2) & (2,1) & 0 & (3,1) \\ 0 & (2,2) & (1,2) & 0 & (3,2) & 0 \\ (1,1) & (2,2) & 0 & 0 & 0 & (3,1) \end{array}\right] \end{array}.$$

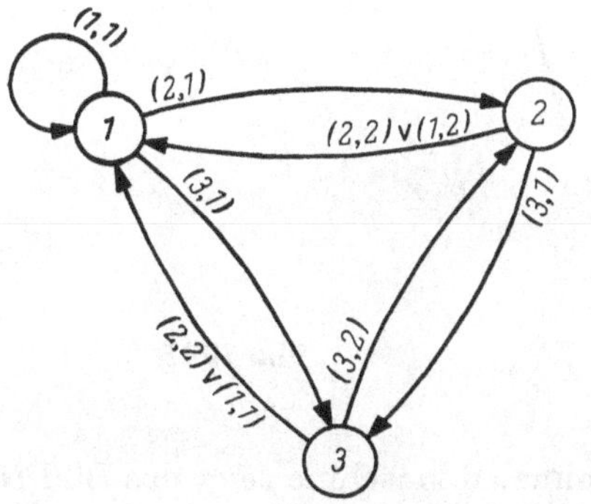

Bild 10.12

Das Zustandsdiagramm der Maschine S zeigt das Bild 10.13. Wir wollen die Maschine S nun minimisieren. In der Verknüpfungsmatrix C^S bilden die 2. und 6. und die 3. und 4. Zeile 1-Matrizen. Wir schreiben diese Zeilen untereinander und zerlegen die Matrix symmetrisch:

$$C^S = \begin{array}{c} \\ 1^3 \\ 2^1 \\ 1^2 \\ 3 \\ 1^1 \\ 2^2 \end{array} \begin{array}{c} \begin{array}{cc|cc|c|c} 1^3 & 2^1 & 1^2 & 3 & 1^1 & 2^2 \end{array} \\ \left[\begin{array}{cc|cc|c|c} (1,2) & (2,1) & 0 & (3,1) & 0 & 0 \\ (1,2) & (2,1) & 0 & (3,1) & 0 & 0 \\ \hline 0 & 0 & (2,2) & (3,1) & (1,1) & 0 \\ 0 & 0 & (2,2) & (3,1) & (1,1) & 0 \\ \hline 0 & (2,1) & 0 & (3,1) & (1,1) & 0 \\ \hline (1,2) & 0 & (2,2) & 0 & 0 & (3,2) \end{array}\right] \end{array}.$$

Damit erhalten wir die Verknüpfungsmatrix $C^S_{\min}$ der minimalen Maschine $S_{\min}$ mit den vier Zuständen $\varkappa_1$, $\varkappa_2$, $\varkappa_3$, $\varkappa_4$:

$$C^S_{\min} = \begin{array}{c} \\ \varkappa_1 \\ \varkappa_2 \\ \varkappa_3 \\ \varkappa_4 \end{array} \begin{array}{c} \begin{array}{cccc} \varkappa_1 & \varkappa_2 & \varkappa_3 & \varkappa_4 \end{array} \\ \left[\begin{array}{cccc} (1,2) \vee (2,1) & (3,1) & 0 & 0 \\ 0 & (2,2) \vee (3,1) & (1,1) & 0 \\ (2,1) & (3,1) & (1,1) & 0 \\ (1,2) & (2,2) & 0 & (3,2) \end{array}\right] \end{array}.$$

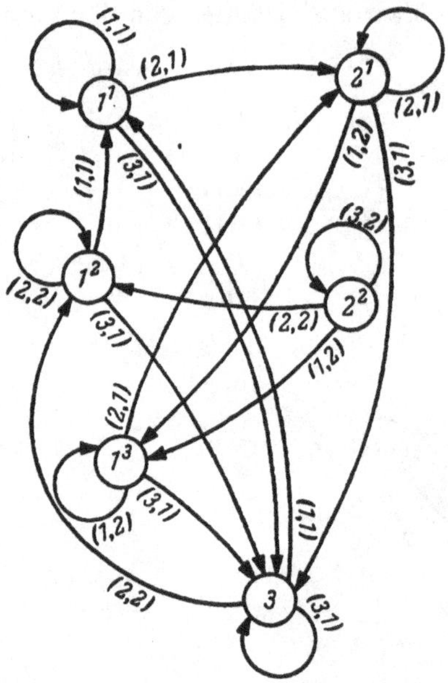

Bild 10.13

Das Zustandsdiagramm dieser minimalen Maschine zeigt das Bild 10.14. Da, wie oben schon erwähnt, in den Spalten der Verknüpfungsmatrix C^S nur gleiche Paare stehen, hat die Matrix $C^S_{\min}$ die folgende Eigenschaft. In einer Spalte können nie zwei Paare mit gleichem ersten und verschiedenem zweiten Index vorkommen. Damit kann man das Zustandsdiagramm der Maschine $S_{\min}$ wahlweise als das Zustandsdiagramm einer sequentiellen Maschine vom Typ $V-V$ oder vom Typ $V-G$ behandeln (s. dazu die Bemerkung in § 3.4).

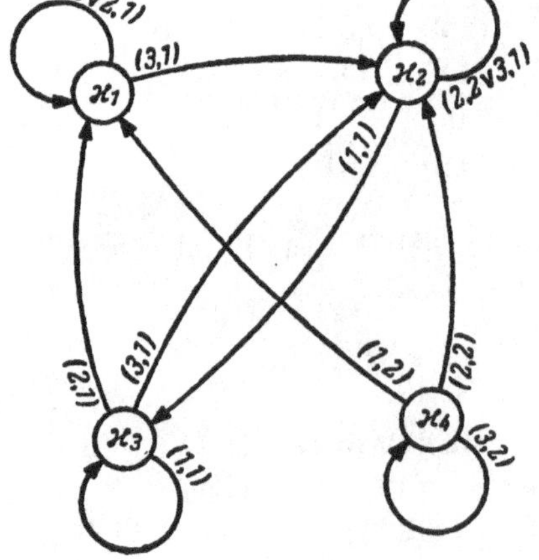

Bild 10.14

Wir wollen annehmen, daß die Maschine S_{min} vom Typ $V-V$ ist, und zeigen, wie man eine Relaisschaltung zur Realisierung dieser Maschine aufbauen kann. Aus dem Zustandsdiagramm kann man die Zustandstabelle von Automat und Zuordner gewinnen, aus denen die Maschine S_{min} gebildet wird. Bei unserem Beispiel haben diese Tabellen die Form der Tab. 10.9 und 10.10.

Tabelle 10.9

$\varkappa$	ϱ		
	ϱ_1	ϱ_2	ϱ_3
$\varkappa_1$	$\varkappa_1$	$\varkappa_1$	$\varkappa_2$
$\varkappa_2$	$\varkappa_3$	$\varkappa_2$	$\varkappa_2$
$\varkappa_3$	$\varkappa_3$	$\varkappa_1$	$\varkappa_2$
$\varkappa_4$	$\varkappa_1$	$\varkappa_2$	$\varkappa_4$

Tabelle 10.10

$\varkappa$	ϱ		
	ϱ_1	ϱ_2	ϱ_3
$\varkappa_1$	λ_2	λ_1	λ_1
$\varkappa_2$	λ_1	λ_2	λ_1
$\varkappa_3$	λ_1	λ_1	λ_1
$\varkappa_4$	λ_2	λ_2	λ_2

Die Tab. 10.9 kann man als Übergangstabelle von HUFFMAN auffassen. Wir brauchen nur die Gleichgewichtszustände durch Quadrate einzurahmen, d. h. jene Zustände, deren Index mit der Nummer der Zeile identisch ist. Aus der Tab. 10.9 wird somit die Tab. 10.11.

Tabelle 10.11

$\varkappa$	ϱ		
	ϱ_1	ϱ_2	ϱ_3
$\varkappa_1$	$\boxed{\varkappa_1}$	$\boxed{\varkappa_1}$	$\varkappa_2$
$\varkappa_2$	$\varkappa_3$	$\boxed{\varkappa_2}$	$\boxed{\varkappa_2}$
$\varkappa_3$	$\boxed{\varkappa_3}$	$\varkappa_1$	$\varkappa_2$
$\varkappa_4$	$\varkappa_1$	$\varkappa_2$	$\boxed{\varkappa_4}$

Nachdem wir über die Tab. 10.10 und 10.11 verfügen, kann man die Maschine S_{min} nach der in § 5.4 beschriebenen Methode durch eine Relais-

Tabelle 10.12

$\varkappa$	y	
	y_2	y_1
$\varkappa_1$	0	0
$\varkappa_2$	0	1
$\varkappa_3$	1	0
$\varkappa_4$	1	1

Tabelle 10.13

ϱ	x	
	x_2	x_1
ϱ_1	0	0
ϱ_2	0	1
ϱ_3	1	0

Tabelle 10.14

λ	Z
	Z
λ_1	0
λ_2	1

schaltung realisieren. Dazu codieren wir die Symbole $\varkappa$, ϱ und λ so, daß ihre Indizes den Dualzahlen entsprechen (Tab. 10.12—10.14).
Dann kann man die Tab. 10.9 und 10.10 in der Form der Tab. 10.15 und 10.16 darstellen.

Tabelle 10.15

y	x		
	00	01	10
00	00	00	01
01	10	01	01
10	10	00	01
11	00	01	11

Tabelle 10.16

y	x		
	00	01	10
00	1	0	0
01	0	1	0
10	0	0	0
11	1	1	1

Diese Tabellen 10.15 und 10.16 wiederum kann man zu der Tab. 10.17 zusammenfassen.

Tabelle 10.17

y_1	0	1	0	1	0	1	0	1	0	1	0	1
y_2	0	0	1	1	0	0	1	1	0	0	1	1
x_1	0	0	0	0	1	1	1	1	0	0	0	0
x_2	0	0	0	0	0	0	0	0	1	1	1	1
Y_1	0	0	0	0	0	1	0	1	1	1	1	1
Y_2	0	1	1	0	0	0	0	0	0	0	0	1
Z	1	0	0	1	0	1	0	1	0	0	0	1

Durch die Tab. 10.17 sind drei logische Funktionen Y_1, Y_2, Z der vier unabhängigen Veränderlichen x_1, x_2, y_1 und y_2 gegeben. Wir fassen dann x_1 und x_2 als die Zustände der Eingangskontakte, y_1 und y_2 als die Zustände der Kontakte der Sekundärrelais und Y_1 und Y_2 als die Zustände in den Wicklungen der Sekundärrelais auf. Die Größe Z ist der Zustand der Wicklung des Ausgangsrelais. Jedes Kontaktnetzwerk aus den Kontakten x_1, x_2, y_1, y_2 mit den zwischengeschalteten Wicklungen Y_1, Y_2, Z, das die Tab. 10.17 realisiert, realisiert auch die Maschine $S_{\min}$. Wie man zu einem solchen Kontaktnetzwerk kommt, ist in Kap. II beschrieben.
Wir wollen nun die oben beschriebene Methode zur Konstruktion der Maschine $S_{\min}$, die durch ihre Gleichgewichtszustände eine gebene Maschine G nachbildet, mit der Methode von Huffman vergleichen, die zur Lösung dieses Problems dient und in § 5.4 beschrieben ist.
Die Methode von Huffman und die in diesem Kapitel beschriebene Methode unterscheiden sich hauptsächlich dadurch, daß der Anwendungsbereich der letzteren keinerlei Einschränkungen unterliegt. Die Methode von Huffman kann man, wie schon in Kap. V bemerkt, nur zur Konstruktion solcher sequentiellen Maschinen verwenden, bei denen der zukünftige Zustand des in der Maschine enthaltenen Automaten eindeutig durch die Zustände am Eingang und Ausgang der Maschine zum gegenwärtigen Augenblick be-

stimmt ist. In denjenigen Fällen, in denen beide Methoden anwendbar sind, führen beide zu dem gleichen Resultat und damit auch zu der gleichen minimalen Maschine.

Der in § 10.3 beschriebene Algorithmus zur Vervielfältigung der Zustände ist auch dann anwendbar, wenn die gegebene langsame Maschine Beschränkungen vom AUFENKAMPschen Typ unterliegt. Die mit diesem Algorithmus konstruierte schnelle Maschine S, die G bezüglich L_G nachbildet, unterliegt dann ebenfalls Beschränkungen vom AUFENKAMPschen Typ. Zur Minimisierung dieser Maschine S muß man dann das am Ende von § 9.8 beschriebene Verfahren anwenden (oder ein anderes Minimisierungsverfahren bei AUFENKAMPschen Beschränkungen).

Der Beweis dafür, daß die so minimisierte Maschine S eine, die Maschine G bezüglich L_G nachbildende minimale Maschine ist, kann man analog zu dem Beweis in diesem Kapitel führen, bei dem ja keinerlei Beschränkungen vorlagen. Man muß nur die Menge der zulässigen Eingangsfolgen für jeden Zustand einzeln verfolgen.

KAPITEL XI

Bestimmung der Eigenschaften von sequentiellen Maschinen aus ihrer Reaktion auf Eingangsfolgen endlicher Länge

§ 11.1 Grundlegende Definitionen und Problemstellung

In diesem Kapitel betrachten wir endliche Automaten und sequentielle Maschinen als existierende Objekte, mit denen man experimentieren kann, über deren innere Struktur man aber nur sehr beschränkte Kenntnisse hat.
Wir wollen annehmen, daß der Experimentator nur Folgen endlicher Länge auf den Eingang eines endlichen Automaten oder einer sequentiellen Maschine geben und den Ausgang beobachten kann. Die Aufgabe besteht dann darin, auf Grund dieser Beobachtungen auf die Besonderheiten der inneren Struktur zu schließen, den Zustand zu bestimmen, in dem sich der Automat oder die Maschine befindet, und wenn möglich das Zustandsdiagramm aufzustellen.
Wenn wir auf den Eingang einer sequentiellen Maschine eine Folge der Länge l geben, so wollen wir kurz von einem *Experiment der Länge l* sprechen.
Wenn auf den Eingang einer sequentiellen Maschine die Eingangsfolge $\varrho(t) = \varrho^0 \varrho^1 \ldots \varrho^p$ gegeben wird, so kann man synchron dazu am Ausgang eine Folge $\lambda(t) = \lambda^0 \lambda^1 \ldots \lambda^p$ beobachten. Die Ausgangsfolge $\lambda(t)$ nennen wir die *Reaktion* der sequentiellen Maschine auf die Eingangsfolge $\varrho(t)$.
Die Folge am Eingang und die dazu synchrone Folge am Ausgang, d. h. das Band der sequentiellen Maschine (ohne die Zeile $\varkappa$), nennen wir in diesem Kapitel das *Ergebnis des Experiments*.
Man kann sich verschiedene Typen von Experimenten vorstellen. Hat der Experimentator ein Exemplar der zu untersuchenden sequentiellen Maschine zur Verfügung und gibt auf deren Eingang eine vorher festgelegte Folge, so liegt ein *einfaches unverzweigtes Experiment* vor. Wenn bei der Eingangsfolge von dem Experimentator jedes Symbol in Abhängigkeit von den vorhergehenden Symbolen ausgewählt wird, so sprechen wir von einem *einfachen verzweigten Experiment* (oder auch kürzer von einem *verzweigten* Experiment). Stehen dem Experimentator mehrere Exemplare der gleichen sequentiellen Maschine und alle mit dem gleichen Anfangszustand zur Verfügung, so kann er ein *mehrfaches* Experiment durchführen, indem er gleichzeitig verschiedene Folgen auf die Eingänge aller Maschinen gibt. Eine Abart des mehrfachen Experiments ist das Experiment mit einer Maschine, die einen „*Rückstellknopf*" hat, d. h. eine Einrichtung, mit der man die Maschine nach Durchführung eines Experiments wieder in den Anfangszustand zurücksetzen kann.

Das Problem, diese oder jene Besonderheit der inneren Struktur aus den Ergebnissen eines endlichen Experimentes zu ermitteln, kann man nur in Abhängigkeit davon formulieren, was über diese Maschine schon vorher bekannt ist. Wir werden unten näher auf die notwendigen a priori-Informationen eingehen, die man vor dem Experiment schon über die Maschine haben muß, um neue Informationen über die innere Struktur gewinnen zu können.

Zu allererst kann man die folgende, intuitiv einleuchtende Behauptung aufstellen: *Wenn über eine sequentielle Maschine gar nichts bekannt ist, so kann man durch kein endliches Experiment die Zahl ihrer Zustände feststellen.* Es ist evident, daß man zur Untersuchung einer Maschine vorher notwendig die Art und Zahl r der Eingangssymbole ϱ kennen muß.

Es möge eine sequentielle Maschine S mit k inneren Zuständen $\varkappa_1, \varkappa_2, \ldots, \varkappa_k$ geben (die Zahl k ist uns unbekannt!), mit der wir ein endliches Experiment der Länge l durchführen. Dann kann man immer eine andere sequentielle Maschine S^* mit mehr als k Zuständen konstruieren, die bei Experimenten von einer Länge nicht größer als l genauso arbeitet wie die Maschine S, und die sich von der Maschine S erst bei längeren Experimenten unterscheidet.

Es liege ein endlicher Automat A mit einem Ausgangszuordner vor, zu denen das Zustandsdiagramm von Bild 11.1 gehört. Damit führen wir Experimente der Länge $l \leqq 3$ durch. Der Automat B mit dem Zustandsdiagramm von Bild 11.2 verhält sich dann für $l \leqq 3$ und die Anfangszustände $\varkappa_1$ oder $\varkappa_2$ genauso wie der Automat A. Beide Automaten unterscheiden sich für $l \leqq 3$ nicht. Erst wenn man ein viertes Eingangssymbol aufschaltet, zeigt sich der Unterschied.

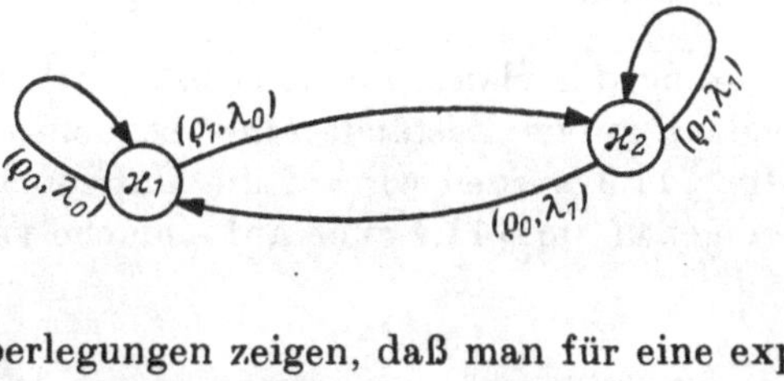

Bild 11.1

Diese Überlegungen zeigen, daß man für eine experimentelle Untersuchung der inneren Struktur außer der Zahl r der Eingangssymbole in jedem Fall auch eine Abschätzung für die Zahl k der Zustände kennen muß. Im folgenden wollen wir immer voraussetzen, daß r und k bekannt sind. Damit kann man dann die folgenden Probleme experimentell anpacken:

a) Die Bestimmung der Äquivalenz zweier Zustände ein und derselben oder von zwei verschiedenen Maschinen.

b) Die Bestimmung der Äquivalenz zweier Maschinen.

c) Die Bestimmung des Zustandsdiagramms.

d) Die Bestimmung des Anfangszustandes, in dem sich die Maschine zu Beginn des Experimentes befunden hat, oder des Zustandes am Ende des Experimentes.

Um diese Probleme lösen zu können, muß man noch wissen, welche Experimente durchgeführt werden können, ob z. B. mehrfache Experimente möglich sind. Weiter braucht man gewisse Kenntnisse über die Menge der zu untersuchenden Maschinen. So kann z. B. bekannt sein, daß es sich um die Menge der Maschinen handelt, von denen die Zahl der Zustände bekannt ist und bei denen alle Zustände nicht äquivalent zueinander sind.

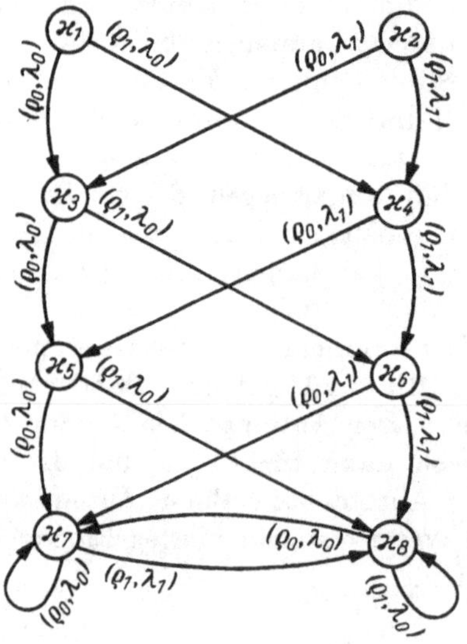

Bild 11.2

Im § 11.2 werden wir die Lösung des Hauptproblems behandeln, nämlich die Bestimmung der Äquivalenz zweier Zustände einer sequentiellen Maschine (Satz von MOORE). Im § 11.3 werden wir auf die Untersuchung mit mehrfachen Experimenten eingehen, im § 11.4 auch auf einfache verzweigte Experimente.

§ 11.2 Die Bestimmung der Äquivalenz von Zuständen durch Experimente endlicher Länge

Wir betrachten zwei äquivalente Zustände einer sequentiellen Maschine. Nach der Definition äquivalenter Zustände sind die Ausgangsfolgen für jede Eingangsfolge identisch, welchen der beiden äquivalenten Zustände man auch als Anfangszustand genommen hat. Wenn man aber umgekehrt zwei nicht äquivalente Zustände als Anfangszustände nimmt, so gibt es immer eine Eingangsfolge, so daß sich von einem gewissen q-ten Takt ab die Ausgangsfolgen unterscheiden. Diese Zahl q hängt sowohl von der benutzten sequentiellen Maschine (der Zahl ihrer Zustände und ihrer Struktur) als auch von der „unterscheidenden" Eingangsfolge ab. Es erhebt sich ganz natürlich die Frage nach der kleinsten Länge, die eine Eingangsfolge haben kann, so daß man damit die Frage nach der Äquivalenz zweier Zustände beantworten kann. Es zeigt sich, daß man diese kleinste Länge abschätzen kann, wenn man nur die Zahl k der Zustände kennt. Diese Abschätzung gibt der folgende

Satz 1 (MOORE)[1]: *Wenn alle k Zustände einer sequentiellen Maschine N nicht äquivalent sind, so gibt es für jedes Paar von Zuständen eine Eingangsfolge von höchstens der Länge $k - 1$, mit der man die Nichtäquivalenz der beiden Zustände unterscheiden kann.*

Wir betrachten eine Zerlegung der Zustände von Maschine N in Gruppen von Zuständen, die bezüglich der Menge L_s äquivalent sind, wobei L_s aus allen Folgen der Länge s besteht ($s = 1, 2, \ldots, n - 1$). Den Satz 1 werden wir durch vollständige Induktion nach s beweisen. Wir werden zeigen, daß es nicht weniger als $m_s + 1$ Gruppen von bezüglich L_{s+1} äquivalenten Zuständen gibt, wenn es m_s-Gruppen von bezüglich L_s äquivalenten Zuständen gegeben hat (d. h. $m_{s+1} \geqq m_s + 1$).

Wenn $s = 1$ ist, also alle Eingangsfolgen die Länge 1 haben, so kann man die Zustände von N in wenigstens zwei Gruppen unterteilen, deren Zustände bezüglich L_1 äquivalent sind. Wenn nämlich alle Zustände von N bezüglich L_1 äquivalent wären, so wären sie es auch bezüglich der Menge E aller möglichen Eingangsfolgen, weil in diesem Fall der Ausgang der Maschine allein durch den Eingang bestimmt wäre. Das kann aber nicht sein, weil N keine bezüglich E äquivalenten Zustände enthält. Also ist $m_1 \geqq 2$.

Wir nehmen nun zwei bezüglich L_s äquivalente Zustände $\varkappa_i$ und $\varkappa_j$. Da nach Voraussetzung $\varkappa_i$ und $\varkappa_j$ nicht äquivalent (bezüglich E) sind, gibt es eine gewisse Eingangsfolge zur Unterscheidung der Nichtäquivalenz, die nur nicht in L_s enthalten ist. Die kleinste Länge dieser unterscheidenden Folge sei gleich q ($q > 1$). Unter der Einwirkung der ersten $q - (s + 1)$ Symbole dieser Eingangsfolge gehen die Zustände $\varkappa_i$ und $\varkappa_j$ in die Zustände $\varkappa_g$ bzw. $\varkappa_h$ über, die ebenfalls bezüglich L_s äquivalent sind. Da nämlich q die *kleinste* Länge dieser unterscheidenden Eingangsfolge ist, werden die Ausgangsfolgen bei den Anfangszuständen $\varkappa_i$ und $\varkappa_j$ vom $(q - s - 1)$-ten Takt bis zum $(q - 1)$-ten Takt einschließlich identisch sein. Im Verlauf von s Takten, beginnend beim Takt $q - s - 1$ (in dem sich die Maschine in dem Zustand $\varkappa_g$ bzw. $\varkappa_h$ befindet), sind die Ausgangssymbole identisch. Gleichzeitig werden aber die Zustände $\varkappa_g$ und $\varkappa_h$ durch die Eingangsfolge der Länge $s + 1$ unterschieden, weil der $(s + 1)$-te Takt bei

[1]) Siehe die Arbeit [185] sowie die Arbeit [272], wo ein analoger Satz unabhängig von MOORE angeführt ist.

den Anfangszuständen $\varkappa_g$ und $\varkappa_h$ der q-te Takt für die Anfangszustände $\varkappa_i$ und $\varkappa_j$ ist, und die Zahl q so gewählt worden war, daß die ursprünglichen Symbole beim q-ten Takt unterschieden werden können. Die Zustände $\varkappa_g$ und $\varkappa_h$ gehören also offensichtlich zu verschiedenen Gruppen von Zuständen, die bezüglich L_{s+1} äquivalent sind.

Wenn nun aber weiter zwei Zustände bezüglich L_s äquivalent und bezüglich L_{s+1} nicht äquivalent sind, so kann man die Gruppe von Zuständen, die bezüglich L_s äquivalent sind und in der $\varkappa_g$ und $\varkappa_h$ enthalten sind, in wenigstens zwei Gruppen von Zuständen zerlegen, die bezüglich L_{s+1} äquivalent sind. Damit haben wir gezeigt, daß $m_{s+1} \geqq m_s + 1$ ist.

Aus dieser Ungleichung und der obigen Ungleichung $m_1 \geqq 2$ folgt nun aber immer eine Zahl $q^* \leqq k - 1$, so daß die Zahl der Gruppen von bezüglich L_{q^*} äquivalenten Zuständen immer genau gleich k ist, d. h., je zwei Zustände von N sind bezüglich L_{q^*} nicht äquivalent. Das aber bedeutet, daß es für jedes Paar von Zuständen eine Folge aus L_{q^*} gibt, deren Länge nicht größer als

$$q^* = k - 1 \tag{11.1}$$

ist, und bei der sich die Ausgangsfolgen unterscheiden. Damit ist der Satz bewiesen. Diesem Satz wollen wir noch einige Bemerkungen hinzufügen.

Bemerkung 1. *Wenn man einen Automaten mit Ausgangszuordner betrachtet, und nicht nur die Zahl k der nicht äquivalenten Zustände, sondern auch die Zahl l der Symbole des Zuordners bekannt ist, so gilt statt der Abschätzung $k - 1$ die Abschätzung*

$$q^* = k - l + 1 \,. \tag{11.2}$$

Der Beweis dieser Behauptung ist eine wörtliche Wiederholung des obigen Beweises für den Satz von MOORE, wenn man nur an Stelle der Ungleichung $m_1 \geqq 2$ von der Ungleichung $m_1 \geqq l$ ausgeht, da die Zahl der Gruppen von Zuständen, die bezüglich L_1 äquivalent sind, nicht kleiner als l sein kann. Wenn l vorher nicht bekannt ist, so muß man bei der Abschätzung von dem schlechtesten Fall $l = 2$ ausgehen und also $k - l + 1 = k - 1$ annehmen.

Bemerkung 2. *Die Abschätzung von Satz* 1 *für die Länge einer Folge zur Erkennung der Nichtäquivalenz zweier Zustände ist in dem Sinne exakt, daß sie nicht verbessert werden kann, wenn man beliebige sequentielle Maschinen mit k nicht äquivalenten Zuständen im Auge hat.* Man kann nämlich für jedes k Beispiele angeben, bei denen man zwei nicht äquivalente Zustände mit Folgen kürzer als $k - 1$ nicht unterscheiden kann.

Beispiel. Ein endlicher Automat mit Ausgangszuordner habe das Zustandsdiagramm von Bild 11.3, der Automat die Tab. 11.1 und der Zuordner die Tab. 11.2.

Wie man leicht sieht, ist nur durch Eingangsfolgen von mindestens der Länge $k - 1$ zu erkennen, daß die beiden Zustände $\varkappa_{k-1}$ und $\varkappa_k$ nicht äquivalent sind. Beginnt die Maschine nämlich mit einem dieser beiden Zustände, so wird am Ausgang bei Folgen kürzer als $k - 1$ nur das Symbol λ_0 abgegeben.

Tabelle 11.1

$\varkappa$	ϱ	
	ϱ_0	ϱ_1
$\varkappa_1$	$\varkappa_2$	$\varkappa_2$
$\varkappa_2$	$\varkappa_3$	$\varkappa_1$
$\varkappa_3$	$\varkappa_4$	$\varkappa_2$
...	...	...
$\varkappa_{k-1}$	$\varkappa_k$	$\varkappa_{k-2}$
$\varkappa_k$	$\varkappa_k$	$\varkappa_{k-1}$

Tabelle 11.2

$\varkappa$	λ
$\varkappa_1$	λ_1
$\varkappa_2$	λ_0
$\varkappa_3$	λ_0
...	...
$\varkappa_{k-1}$	λ_0
$\varkappa_k$	λ_0

Wenn z. B. dem Zustand $\varkappa_2$ das Symbol λ_2 entsprechen würde, so brauchte man zur Ermittlung der Nichtäquivalenz von $\varkappa_{k-1}$ und $\varkappa_k$ nur eine Folge der Länge $k - 2$ (d. h. $k - l + 1$ mit $l = 3$).

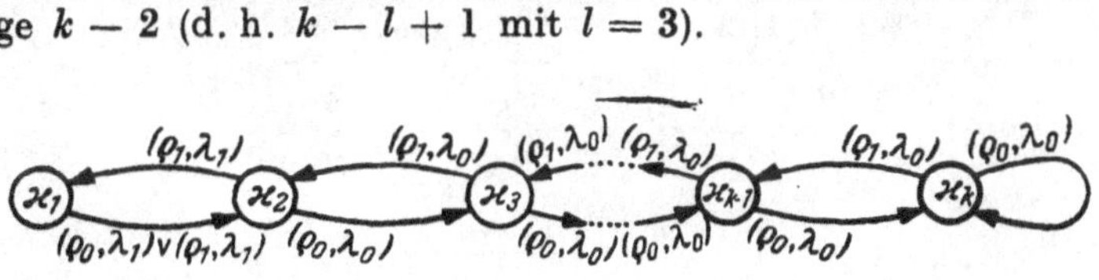

Bild 11.3

Bemerkung 3. *Die Überlegungen, die wir zum Beweis von Satz 1 angestellt hatten, können auch zur Ermittlung der Äquivalenz oder Nichtäquivalenz zweier Zustände einer sequentiellen Maschine benutzt werden, wenn deren Struktur bekannt ist, z. B. das Zustandsdiagramm oder die Tabellen von Automat und Zuordner.*

Dazu werden zunächst alle Zustände in Gruppen unterteilt, die bezüglich L_1 äquivalent sind. Danach wird jede dieser Gruppen in neue Gruppen von Zuständen unterteilt, die bezüglich L_2 äquivalent sind usw., so lange, bis die beiden zu untersuchenden Zustände in zwei verschiedenen Gruppen liegen. Wenn dies auch beim $(k - 1)$-ten Schritt noch nicht der Fall ist, d. h. bei der Unterteilung in Gruppen von bezüglich L_{k-1} äquivalenten Zuständen, so sind die beiden Zustände nach Satz 1 äquivalent. Ähnliche Überlegungen haben wir auch schon im § 9.4 benutzt.

Bemerkung 4. Obgleich man zwei nicht äquivalente Zustände durch eine Eingangsfolge von höchstens der Länge $k - 1$ unterscheiden kann, können bei verschiedenen Paaren von Zuständen die sie unterscheidenden Folgen durchaus (auch in der Länge) verschieden sein.

Im allgemeinen Falle gibt es nicht nur eine Eingangsfolge endlicher Länge, die irgendeinen Zustand von irgendeinem anderen unterscheidet.

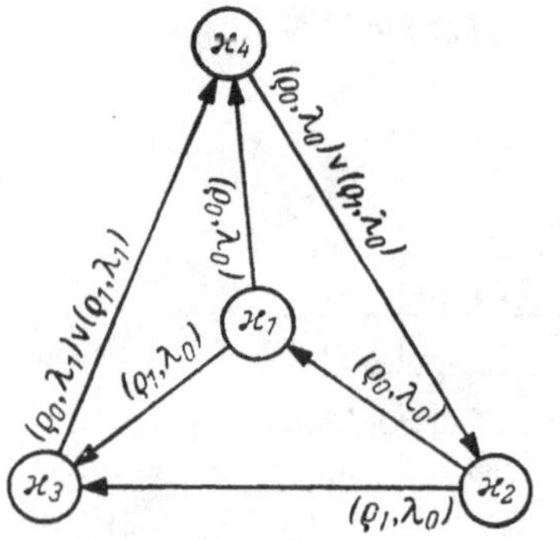

Bild 11.4

Beispiel. Ein endlicher Automat mit Ausgangszuordner habe das Zustandsdiagramm von Bild 11.4, der Automat die Tab. 11.3 und der Zuordner die Tab. 11.4.

Tabelle 11.3

$\varkappa$	ϱ	
	ϱ_0	ϱ_1
$\varkappa_1$	$\varkappa_4$	$\varkappa_3$
$\varkappa_2$	$\varkappa_1$	$\varkappa_3$
$\varkappa_3$	$\varkappa_4$	$\varkappa_4$
$\varkappa_4$	$\varkappa_2$	$\varkappa_2$

Tabelle 11.4

$\varkappa$	λ
$\varkappa_1$	λ_0
$\varkappa_2$	λ_0
$\varkappa_3$	λ_0
$\varkappa_4$	λ_1

Zur Unterscheidung der Zustände $\varkappa_1$ und $\varkappa_2$ muß die Eingangsfolge mit dem Symbol ϱ_0 anfangen, zur Unterscheidung der Zustände $\varkappa_1$ und $\varkappa_3$ aber mit dem Symbol ϱ_1.

Bemerkung 5. Eine unmittelbare Folge der Bemerkung 4 ist die folgende Aussage. *Es gibt kein einfaches Experiment, mit dem man, auch wenn das Zustandsdiagramm bekannt ist, feststellen kann, in welchem Anfangszustand sich die Maschine befunden hat.*

Wie wir gezeigt haben, gibt es kein endliches Experiment, um einen gegebenen Anfangszustand von allen übrigen zu unterscheiden. Wenn wir ein Experiment durchführen und sich die Maschine in dem Anfangszustand $\varkappa_i$ befunden hat, so wird die Maschine durch das Experiment in einen Zustand $\varkappa_j$ übergeführt, und es gibt keine Möglichkeit, den vorangegangenen Zustand zu ermitteln.

Hat die Maschine keine äquivalenten Zustände, so kann der Anfangszustand durch ein mehrfaches Experiment ermittelt werden, d. h. durch Experimente an mehreren identischen Maschinen oder einer Maschine mit einem Rückstellknopf.

Bemerkung 6. *Aus dem Satz 1 kann man die Länge eines Experimentes abschätzen, um die Nichtäquivalenz zweier Zustände von zwei Maschinen zu erkennen, die k_1 bzw. k_2 Zustände haben.* Dazu braucht man diese Zustände nur als die Zustände einer einzigen Maschine zu betrachten, die sich durch eine einfache Vereinigung der beiden Maschinen ergibt. Dann kann die Nichtäquivalenz zweier Zustände durch ein Experiment höchstens der Länge

$$q^* = k_1 + k_2 - 1 \tag{11.3}$$

erkannt werden. Die Nichtäquivalenz von Zuständen zweier verschiedener Automaten mit Ausgangszuordnern kann (s. Bemerkung 1) durch ein Experiment von höchstens der Länge

$$q^* = k_1 + k_2 - l + 1 \tag{11.4}$$

ermittelt werden.
Für $k_1 = k_2$ ergibt sich für zwei sequentielle Maschinen die Abschätzung

$$q^* = 2\,k - 1 \tag{11.5}$$

und für zwei Automaten mit Ausgangszuordnern

$$q^* = 2\,k - l + 1\,. \tag{11.6}$$

Aus dem folgenden Beispiel geht hervor, daß man diese Abschätzung nicht verbessern kann.

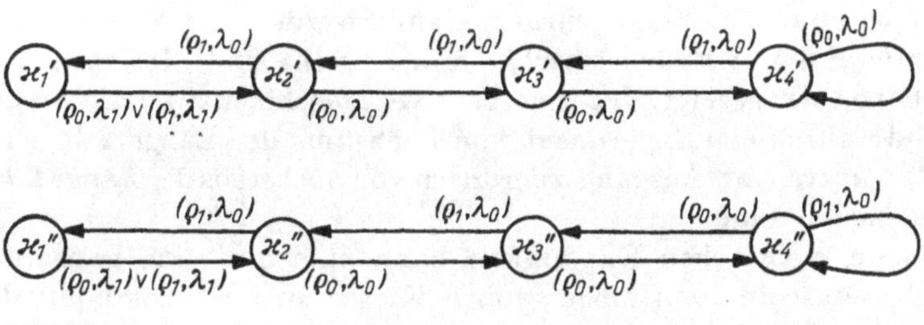

Bild 11.5

Beispiel. Bild 11.5 zeigt die Zustandsdiagramme von zwei endlichen Automaten mit Ausgangszuordnern mit jeweils $l = 2$ Ausgangssymbolen. Zur Unterscheidung der nicht äquivalenten Zustände $\varkappa_1'$ und $\varkappa_1''$ dieser beiden Automaten muß man ein Experiment von mindestens der Länge $4 + 4 - 2 + 1 = 7$ machen, z. B. kann man die Folge $\varrho(t) = \varrho_0\,\varrho_0\,\varrho_0\,\varrho_0\,\varrho_1\,\varrho_1\,\varrho_1$ nehmen.

Wenn den Symbolen $\varkappa_2'$ und $\varkappa_2''$ das neue Ausgangssymbol λ_2 entsprechen würde, d. h. $l = 3$ wäre, so genügte zur Unterscheidung der Zustände $\varkappa_1'$ und $\varkappa_1''$ eine Folge der Länge 6. Es lassen sich leicht ähnliche Beispiele für beliebige Zahlen k konstruieren.

§ 11.3 Untersuchung von sequentiellen Maschinen durch mehrfache Experimente

Ein mehrfaches Experiment kann man nur durchführen, wenn man entweder mehrere identische Maschinen zur Verfügung hat oder aber eine Maschine mit einem Rückstellknopf, durch den sie immer in ein und denselben Anfangszustand gebracht werden kann. Bei einem solchen Experiment werden nur diejenigen Zustände betrachtet, in die die Maschine nach endlich vielen Schritten aus dem Anfangszustand $\varkappa^0$ übergehen kann.

Eine sequentielle Maschine heißt $\varkappa^0$-*gekoppelt*, wenn ihr Zustandsdiagramm so beschaffen ist, daß man für jeden Zustand $\varkappa_i$ ($i = 1, 2, \ldots, k$) eine Eingangsfolge angeben kann, die die Maschine aus dem Anfangszustand $\varkappa^0$ in den Zustand $\varkappa_i$ überführt. Ein mehrfaches Experiment hat nur bei einer $\varkappa^0$-gekoppelten Maschine einen Sinn, weil man andernfalls nur denjenigen Teil der Maschine experimentell untersuchen kann, der $\varkappa^0$-gekoppelt ist. Wir wollen in diesem Paragraphen daher nur $\varkappa^0$-gekoppelte Maschinen mit einem Rückstellknopf betrachten.

Für eine solche Maschine entfällt das Problem der Bestimmung von Anfangs- und Endzustand, und es bleibt nur die Aufgabe übrig, die Äquivalenz zweier sequentieller Maschinen und das Zustandsdiagramm zu bestimmen.

Wir wollen uns zunächst mit dem ersten Problem befassen. Offensichtlich kann die Frage nach der Äquivalenz zweier $\varkappa^0$-gekoppelter sequentieller Maschinen auf die Frage zurückgeführt werden, ob zwei entsprechende Zustände $\varkappa^0$ dieser beiden Maschinen äquivalent sind. Im vorigen Paragraphen haben wir gezeigt, daß man bei zwei Maschinen zwei nicht äquivalente Zustände durch ein Experiment von höchstens der Länge $2k - 1$ und bei zwei Automaten mit Ausgangszuordnern von höchstens der Länge $2k - l + 1$ unterscheiden kann.

Mit einem mehrfachen Experiment kann man also eine bestimmte $\varkappa^0$-gekoppelte Maschine von einer ganzen Klasse zu ihr nicht äquivalenter $\varkappa^0$-gekoppelter Maschinen abtrennen, deren Zustandsdiagramme bekannt sind. Daraus ergibt sich ein Verfahren zur Lösung des zweiten Problems, nämlich der Konstruktion des Zustandsdiagramms einer $\varkappa^0$-gekoppelten Maschine. Diese Konstruktion kann nach dem folgenden Algorithmus erfolgen.

1. Wir machen mit der Maschine alle möglichen Experimente der Länge $2k - 1$, im ganzen also r^{2k-1} Experimente. Das Ergebnis schreiben wir in Form von Bändern auf, wobei wir die Zeile für die Zustände freilassen.

2. Dem Anfangszustand geben wir eine Nummer i ($1 \leqq i \leqq k$) und schreiben diese Nummer in die entsprechenden Zeilen der Bänder.

3. Nach dem ersten Schritt des Experimentes wird ein Zustand $\varkappa^1$ vorliegen. Es kann nicht mehr als r verschiedene Zustände $\varkappa^1$ geben. An allen Folgen der Länge $k - 1$ kontrollieren wir, ob es unter den Zuständen $\varkappa^0$ und $\varkappa^1$ äquivalente gibt. Allen Zuständen $\varkappa^1$, die weder untereinander noch zu $\varkappa^0$ äquivalent sind, geben wir irgendwelche, voneinander verschiedene Nummern i und j ($1 \leqq i, j \leqq k$). Die äquivalenten Zustände bekommen alle dieselbe Nummer. Die Zahl der verschiedenen Zustände $\varkappa^1$ sei r_1.

4. Von jedem der so bezeichneten Zustände kommt man beim nächsten Takt zu nicht mehr als r neuen Zuständen $\varkappa^2$, und es gibt also nicht mehr als $r_1 r$ Zustände $\varkappa^2$. An allen möglichen Folgen der Länge $k - 1$ wird wieder geprüft, ob es unter den Zuständen $\varkappa^0$, $\varkappa^1$ und $\varkappa^2$ äquivalente gibt. Den Zuständen $\varkappa^2$ werden wie bei Punkt 3 wieder Nummern zugeordnet.

5. Dieser Prozeß wird fortgesetzt, solange man nicht k untereinander nicht äquivalente Zustände erhalten hat. Dazu kann man offensichtlich auch in weniger als $2k - 1$ Schritten gelangen, d. h. man braucht nicht alle Bänder durchzusehen, die sich bei den Experimenten ergeben haben.

6. Wir konstruieren das Zustandsdiagramm, die Zustandstabelle oder die Verknüpfungsmatrix aus den Ergebnissen aller durchgeführten Experimente.

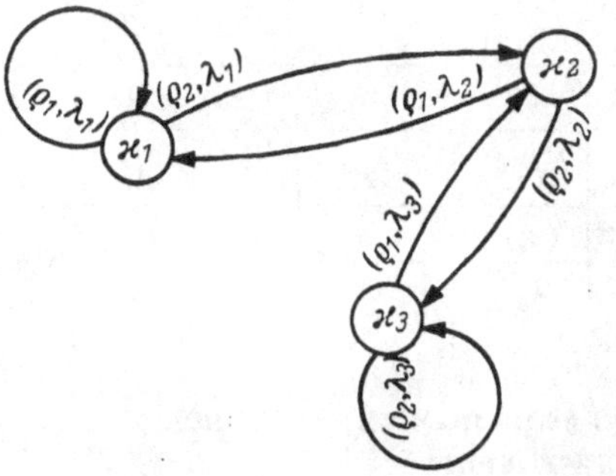

Bild 11.6

Bemerkung. Bei einem endlichen Automaten mit Ausgangszuordner ist das Ausgangssymbol allein von dem Zustand $\varkappa$ abhängig und nicht von dem Eingangssymbol ϱ in dem gegebenen Zeitpunkt. Zur Konstruktion des Zustandsdiagramms eines solchen Automaten braucht man also nicht r^{2k-l+1}, sondern nur r^{2k-l} Experimente der Länge $2k - l + 1$ durchzuführen, wobei das letzte Eingangssymbol aller Experimente beliebig sein kann, u. a. also auch bei jedem Experiment gleich.

Beispiel. Bei einem endlichen Automaten mit Ausgangszuordner sei die Zahl der untereinander nicht äquivalenten Zustände $k = 3$, die Zahl der Eingänge $r = 2$ und die Zahl der Ausgangssymbole $l = 3$. Aus den Ergebnissen von Experimenten der Länge $2k - l + 1 = 4$ (Tab. 11.5) kann man nach dem obigen Algorithmus die Zustandszeilen ausfüllen (in Tab. 11.5 eingeklammert) und daraus das Zustandsdiagramm von Bild 11.6 konstruieren.

Tabelle 11.5

t	0	1	2	3
ϱ	ϱ_1	ϱ_1	ϱ_1	ϱ_1
$\varkappa$	$(\varkappa_1)$	$(\varkappa_1)$	$(\varkappa_1)$	$(\varkappa_1)$
λ	λ_1	λ_1	λ_1	λ_1

t	0	1	2	3
ϱ	ϱ_2	ϱ_2	ϱ_1	ϱ_1
$\varkappa$	$(\varkappa_1)$	$(\varkappa_2)$	$(\varkappa_3)$	$(\varkappa_2)$
λ	λ_1	λ_2	λ_3	λ_2

t	0	1	2	3
ϱ	ϱ_1	ϱ_1	ϱ_2	ϱ_1
$\varkappa$	$(\varkappa_1)$	$(\varkappa_2)$	$(\varkappa_1)$	$(\varkappa_2)$
λ	λ_1	λ_1	λ_1	λ_2

t	0	1	2	3
ϱ	ϱ_2	ϱ_1	ϱ_1	ϱ_1
$\varkappa$	$(\varkappa_1)$	$(\varkappa_2)$	$(\varkappa_1)$	$(\varkappa_1)$
λ	λ_1	λ_2	λ_1	λ_1

t	0	1	2	3
ϱ	ϱ_1	ϱ_2	ϱ_2	ϱ_1
$\varkappa$	$(\varkappa_1)$	$(\varkappa_1)$	$(\varkappa_2)$	$(\varkappa_3)$
λ	λ_1	λ_1	λ_2	λ_3

t	0	1	2	3
ϱ	ϱ_2	ϱ_2	ϱ_2	ϱ_1
$\varkappa$	$(\varkappa_1)$	$(\varkappa_2)$	$(\varkappa_3)$	$(\varkappa_3)$
λ	λ_1	λ_2	λ_3	λ_3

t	0	1	2	3
ϱ	ϱ_2	ϱ_1	ϱ_2	ϱ_1
$\varkappa$	$(\varkappa_1)$	$(\varkappa_2)$	$(\varkappa_1)$	$(\varkappa_2)$
λ	λ_1	λ_2	λ_1	λ_2

t	0	1	2	3
ϱ	ϱ_1	ϱ_2	ϱ_1	ϱ_1
$\varkappa$	$(\varkappa_1)$	$(\varkappa_1)$	$(\varkappa_2)$	$(\varkappa_1)$
λ	λ_1	λ_1	λ_2	λ_1

§ 11.4 Untersuchung von sequentiellen Maschinen durch einfache Experimente

Einfache Experimente wird man dann vornehmen, wenn die Bedingungen für die Durchführung eines mehrfachen Experimentes nicht erfüllt sind.

Das Problem der Unterscheidbarkeit von sequentiellen Maschinen und die Bestimmung ihrer inneren Struktur durch einfache Experimente ist nur für solche Maschinen gelöst worden, bei denen alle Zustände untereinander nicht äquivalent sind. Ein Beispiel dafür ist die Menge der verschiedenen stark gekoppelten Maschinen. Eine sequentielle Maschine heißt *stark gekoppelt, wenn es für jedes Zustandspaar $\varkappa_i$ und $\varkappa_j$ dieser Maschine eine Eingangsfolge gibt, die die Maschine von dem Zustand $\varkappa_i$ in den Zustand $\varkappa_j$ überführt.*

Angesichts dessen, daß die Klasse der stark gekoppelten Maschinen enger ist als die Klasse der $\varkappa^0$-gekoppelten Maschinen, sind nach dem vorigen Paragraphen zwei stark gekoppelte Maschinen zueinander äquivalent, wenn wenigstens zwei Zustände dieser beiden Maschinen äquivalent sind. Bei einer Menge von stark gekoppelten Maschinen sind also alle Zustände aller Maschinen nicht äquivalent untereinander.

Wie in der Bemerkung 5 zu Satz 1 in § 11.2 gezeigt, gibt es im allgemeinen kein einfaches Experiment, um den Anfangszustand einer Maschine von den anderen, dazu nicht äquivalenten Zuständen zu unterscheiden. Wir suchen daher ein einfaches Experiment, das die Maschine in einen eindeutig bestimmten Zustand überführt oder, anders ausgedrückt, bei dem eine eindeutige Beziehung zwischen dem Ergebnis des Experimentes und dem *letzten Zustand* $\varkappa^p$ des Experimentes besteht, der dem letzten beobachtbaren Eingangssymbol entspricht.

Den Beweis für die Existenz eines solchen Experimentes für eine ganze Klasse von sequentiellen Maschinen und die Abschätzung der Länge dieses Experimentes liefert der folgende

Satz 2 (MOORE-KARAZUBA): *Zur Bestimmung des letzten Zustandes einer sequentiellen Maschine mit k nicht äquivalenten inneren Zuständen genügt ein Experiment von höchstens der Länge* $k(k-1)/2$ *und bei einem endlichen Automaten von höchstens der Länge* $(k-1)(k-2)/2+1$.

Beweis. Es möge das Zustandsdiagramm der Maschine gegeben sein. Die Eingangsfolge, die den letzten Zustand unterscheidet, suchen wir in Form einer Reihe von aufeinander folgenden Folgen a_s $(s = 1, 2, \ldots)$. Diese Folgen werden so gewählt, daß die Menge T_s der Zustände[1]), die nach dem Einwirken des letzten Symbols des Experimentes a_s auftreten können und also mögliche Anfangszustände für das folgende Experiment a_{s+1} sind, nicht mehr als $k - s$ Elemente enthält. Wenn die sequentielle Maschine ein Automat ist, gäbe es unter diesen Zuständen nicht mehr als zwei, durch ein beliebiges Experiment der Länge 1 unterscheidbare Zustände.

Vor Beginn des Experiments, bei $s = 0$, ist diese Bedingung erfüllt. Wir wollen nun zeigen, daß die Bedingung für a_{s+1} erfüllt ist, wenn sie es für a_s war. Der Anfangszustand für das Experiment a_{s+1} gehört zur Menge T_s. Wenn man den Satz 1 und die dabei angestellten Überlegungen benutzt, kann man feststellen, daß die Elemente von T_s, von denen es nach Voraussetzung nicht mehr als $k - s$ gibt, gehören können zu

[1]) In den Arbeiten [185], [78], [132], [157], [158] heißt T_s die Menge der assoziierten Zustände. Es sei nochmals betont, daß T_s die Menge derjenigen Zustände ist, die nach dem Einwirken der Folge a_s auftreten können, und nicht derjenigen Zustände, die das letzte beobachtbare Ausgangssymbol bestimmen und damit eine Zerlegung aller Zustände in Gruppen von bezüglich a_s äquivalenten Zuständen festlegen.

a) nicht weniger als zwei Gruppen von Zuständen, die bezüglich der Menge L_{s+1} aller Experimente von höchstens der Länge $s + 1$ äquivalent sind (die Zahl dieser Gruppen ist nach Satz 1 nicht kleiner als $s + 2$);

b) nicht weniger als drei Gruppen von Zuständen, die bezüglich der Menge L_{s+2} aller Experimente von höchstens der Länge $s + 2$ äquivalent sind (die Zahl dieser Gruppen ist nicht kleiner als $s + 3$). Bei jeder sequentiellen Maschine ist also unter den $k - s$ Zuständen der Menge T_s immer ein Paar, das durch das Experiment a_{s+1} der Länge $s + 1$ unterschieden werden kann. Die Menge T_{s+1} enthält also wenigstens ein Element weniger als die Menge T_s, d. h., sie besteht aus nicht mehr als $k - (s + 1)$ Zuständen.

Wenn die zu untersuchende Maschine ein endlicher Automat ist, so gibt es wegen b) unter den Zuständen von T_s immer ein Paar, das durch ein Experiment der Länge $s + 2$ unterschieden werden kann, und die ersten $s + 1$ Symbole dieses Experimentes kann man als Folge a_{s+1} nehmen. Da bei einem Automaten nach Voraussetzung wenigstens zwei Zustände von T_s durch irgendein Eingangssymbol unterscheidbar sind, unterscheidet das erste Symbol des Experimentes a_{s+1} diese Zustände. Die Menge T_{s+1} enthält also wenigstens ein Element weniger als die Menge T_s, also $k - (s + 1)$ Zustände, und wegen der Wahl unseres Experimentes sind wenigstens zwei von ihnen durch irgendein Eingangssymbol unterscheidbar.

Da die Bedingungen des Satzes für s und $s + 1$ erfüllt sind, gilt der Satz also für alle positiven s. Die Menge T_{k-2} besteht also aus nicht mehr als zwei Zuständen, die durch ein Experiment a_{k-1} von höchstens der Länge $k - 1$ unterschieden werden können, bei einem Automaten wieder schon durch ein Experiment der Länge 1.

Jede Folge a_s hat höchstens die Länge s und zur Bestimmung des letzten Zustandes ist also ein Experiment von höchstens der Länge

$$\tilde{q} = \sum_{s=1}^{k-1} s = \frac{k(k-1)}{2} \tag{11.7}$$

bei sequentiellen Maschinen und

$$\tilde{q} = \sum_{s=1}^{k-2} s + 1 = \frac{(k-1)(k-2)}{2} + 1 \tag{11.8}$$

für endliche Automaten notwendig.

Bemerkung 1. Die beiden folgenden Beispiele zeigen, daß *diese Abschätzungen nicht verbessert werden können.*

Beispiel 1. Um den letzten Zustand des Automaten von Bild 11.7 zu ermitteln ($k = 4$) muß man das Experiment $\varrho_1 \varrho_2 \varrho_1 \varrho_1$ der Länge

$$\frac{(4-1)(4-2)}{2} + 1 = 4$$

durchführen.

Beispiel 2. Um den letzten Zustand der sequentiellen Maschine von Bild 11.8 zu ermitteln, muß man das Experiment $\varrho_3\,\varrho_1\,\varrho_3\,\varrho_2\,\varrho_1\,\varrho_3$ der Länge

$$4\,(4-1)/2 = 6$$

durchführen.

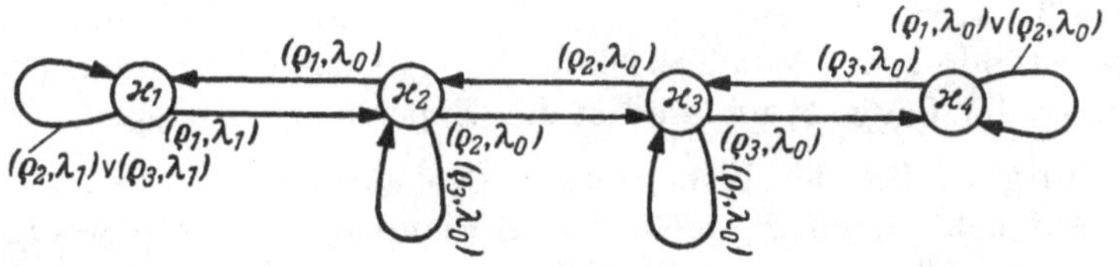

Bild 11.7

Man kann leicht nachprüfen, daß es in beiden Fällen keine kürzeren Experimente zur Unterscheidung des letzten Zustandes gibt. Man kann auch leicht ähnliche Beispiele für andere k konstruieren.

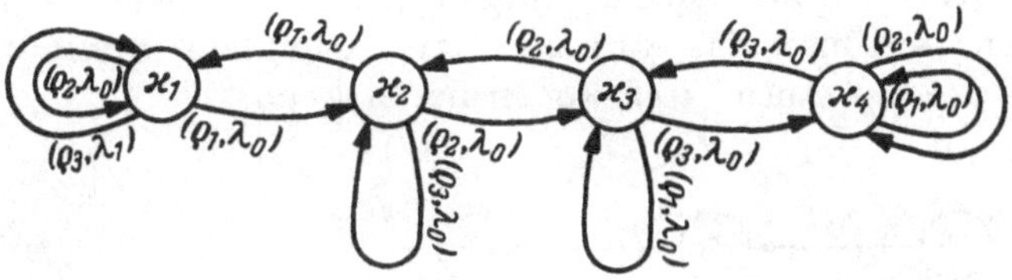

Bild 11.8

Bemerkung 2. Wenn man berücksichtigt, daß das Ausgangsalphabet l Symbole enthält, so kommt man ähnlich wie oben zu der Länge

$$\tilde{q} = \frac{(k-l+1)\,(k-l)}{2} + 1 \tag{11.9}$$

eines Experimentes zur Ermittlung des letzten Zustandes eines endlichen Automaten mit Ausgangszuordner. Für Automaten ohne Zuordner ist $k = l$ und also $\tilde{q} = 1$.

Bemerkung 3. Die Länge des Experimentes zur Bestimmung des letzten Zustandes kann man verringern, wenn man weiß, daß die Anfangszustände eine Teilmenge aller möglichen k Zustände bilden. Wenn es ν Anfangszustände gibt $(1 \leq \nu \leq k)$ und unter diesen ein Zustand ist, der durch irgendein Eingangssymbol unterscheidbar ist, dann kann man durch ähnliche Überlegungen wie oben beim Beweis von Satz 2 zeigen, daß bei Automaten mit Zuordnern zur Unterscheidung des letzten Zustandes ein Experiment der Länge

$$\tilde{q} = \frac{\nu-2}{2}\,(2\,k - 2\,l - \nu + 3) + 1 \tag{11.10}$$

genügt. Ist unter den ν Anfangszuständen keiner, der durch ein Experiment der Länge 1 unterschieden werden kann, so hat das Experiment die Länge

$$\tilde{q} = \frac{(\nu - 1)(2k - 2l - \nu + 4)}{2}. \tag{11.11}$$

Beispiel 3. Wenn bei Beispiel 1 (Bild 11.7) nur die Zustände $\varkappa_0$ und $\varkappa_4$ Anfangszustände sein können, so braucht man nach Gleichung (11.11) ein Experiment der Länge 3, und das ist das Experiment $\varrho_2 \varrho_1 \varrho_2$.

Bemerkung 4. Bei der Konstruktion des kürzesten Experimentes muß man darauf achten, ob T_s nicht $k - s$ Elemente, sondern weniger, z. B. nur $k - s - m$ Elemente enthält. Mit den gleichen Überlegungen wie oben beim Beweis von Satz 2 kann man dann zeigen, daß die Länge der auf a_s folgenden Folge nicht $s + 1$, sondern $s + m + 1$ beträgt. Dabei verkürzt sich die gesamte Länge des Experimentes, durch das die Maschine in einen bestimmten Endzustand gebracht wird, da die Folgen der Länge von $s + 1$ bis $s + m$ weggelassen werden.

Für einen endlichen Automaten mit Ausgangszuordner wollen wir an einem Beispiel zeigen, wie man das kürzeste Experiment zur Bestimmung des letzten Zustandes des Automaten konstruieren kann.

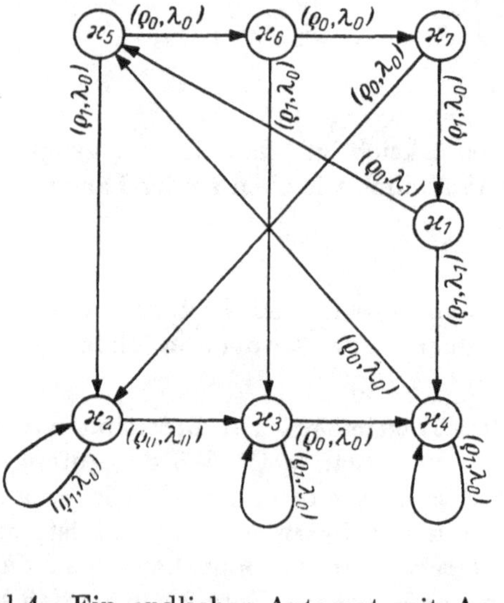

Bild 11.9

Beispiel 4. Ein endlicher Automat mit Ausgangszuordner habe das Zustandsdiagramm von Bild 11.9, und die Tab. 11.6 und 11.7 seien die zugehörigen Zustandstabellen. In der Tab. 11.8 ist die Konstruktion für das kürzeste Experiment gezeigt, mit dem man den letzten Zustand des Automaten bestimmen kann.

Weil wir hier einen Automaten betrachten, so wählen wir in Übereinstimmung mit Satz 2 für jedes s solche Eingangsfolgen der Länge $s + 1$, die irgend zwei Zustände der Menge T_s unterscheiden, und nehmen die ersten s Symbole dieser Folgen (das letzte $(s + 1)$-te Symbol ist in der Tabelle gestrichen). Nach der Bemerkung 4 kann man bei diesem Beispiel von $s = 1$ unmittelbar zu $s = 4$ übergehen und $s = 2$ und $s = 3$ weglassen. Zur Unterscheidung der beiden vorletzten Zustände $\varkappa_3$ und $\varkappa_1$ braucht man nur ein Eingangssymbol. Das gesamte Experiment zu Bestimmung des letzten Zustandes ist also $\varrho_1 \varrho_0 \varrho_0 \varrho_0 \varrho_1 \varrho_0 \varrho_0 \varrho_0 \varrho_0 \varrho_1 \varrho_0$ oder $\varrho_1 \varrho_0 \varrho_0 \varrho_0 \varrho_1 \varrho_0 \varrho_0 \varrho_0 \varrho_0 \varrho_1 \varrho_1$ und hat die Länge 11.

Tabelle 11.6

$\varkappa$	ϱ	
	ϱ_0	ϱ_1
$\varkappa_1$	$\varkappa_5$	$\varkappa_4$
$\varkappa_2$	$\varkappa_3$	$\varkappa_2$
$\varkappa_3$	$\varkappa_4$	$\varkappa_3$
$\varkappa_4$	$\varkappa_5$	$\varkappa_4$
$\varkappa_5$	$\varkappa_6$	$\varkappa_2$
$\varkappa_6$	$\varkappa_7$	$\varkappa_3$
$\varkappa_7$	$\varkappa_2$	$\varkappa_1$

Tabelle 11.7

$\varkappa$	λ
$\varkappa_1$	λ_1
$\varkappa_2$	λ_0
$\varkappa_3$	λ_0
$\varkappa_4$	λ_0
$\varkappa_5$	λ_0
$\varkappa_6$	λ_0
$\varkappa_7$	λ_0

Tabelle 11.8

s	a_s	T_s	Zahl der Elemente T_s
0		$\{\varkappa_1, \varkappa_2, \varkappa_3, \varkappa_4, \varkappa_5, \varkappa_6, \varkappa_7\}$	$k = 7$
1	$a_1 = \varrho_1 \bar{\varrho}_1$	$\{\varkappa_4\}\ \{\varkappa_2, \varkappa_3, \varkappa_4, \varkappa_1\}$	$k-s-m=7-1-2=4$
4	$a_4 = \varrho_0 \varrho_0 \varrho_0 \varrho_1 \bar{\varrho}_1$	$\{\varkappa_1\}\ \{\varkappa_2, \varkappa_3, \varkappa_1\}$	$k-s=7-4=3$
5	$a_5 = \varrho_0 \varrho_0 \varrho_0 \varrho_0 \varrho_1$	$\{\varkappa_2\}\ \{\varkappa_3, \varkappa_1\}$	$k-s=7-5=2$
	$(\bar{\varrho}_0 \vee \bar{\varrho}_1)\, \varrho_0 \vee \varrho_1$		

Bemerkung 5. *Wenn eine Menge $\{S\}$ von Maschinen S_i mit k_i inneren Zuständen $(i = 1, 2, \ldots, N)$ und von jeder Maschine das Zustandsdiagramm bekannt ist und alle Zustände dieser Maschinen untereinander nicht äquivalent sind, so existiert ein einfaches verzweigtes Experiment, nach dessen Durchführung an irgendeiner Maschine S aus der Menge $\{S\}$ diese Maschine von den anderen unterschieden werden kann.*

Diese Behauptung folgt aus Satz 2, und bei der Abschätzung der Länge dieses Experimentes sowie der Konstruktion des Experimentes selbst sind zwei Wege möglich.

Man kann erstens ein verzweigtes Experiment konstruieren, das aus einer Reihe von Folgen besteht, von denen jede jede Maschine der Menge in einen bestimmten Endzustand überführt. Darauf schließt sich eine Folge an, die diese letzten Zustände voneinander unterscheidet. Diesen Weg hat MOORE in der Arbeit [72] vorgeschlagen. Wenn man die Menge der sequentiellen Maschinen S_i mit den inneren Zuständen k_i $(i = 1, 2, \ldots, N)$ betrachtet, so ergibt sich nach (11.3) und (11.7) für die Länge dieses Experimentes

$$q_S^* = \sum_{i=1}^{N} k_i \frac{(k_i - 1)}{2} + (N - 1)(k_{1\,\max} + k_{2\,\max} - 1)\,, \tag{11.12}$$

wobei $k_{1\,\max}$ und $k_{2\,\max}$ die maximale Zahl von Zuständen ist. Sind alle k_i gleich groß, dann ergibt sich daraus

$$q_S^* = N\frac{k(k-1)}{2} + (N-1)(2k-1)\,. \tag{11.13}$$

Für endliche Automaten mit Ausgangszuordnern ergibt sich nach (11.4) und (11.9)

$$q_A^* = \sum_{i=1}^{N}\left[\frac{(k_i - l)(k_i - l + 1)}{2} + 1\right] + $$
$$+ (N - 1)(k_{1\,\max} + k_{2\,\max} - l + 1) \tag{11.14}$$

und für gleiche k_i

$$q_A^* = N\left[\frac{(k-l)(k-l+1)}{2} + 1\right] + (N-1)(2k - l + 1)\,. \tag{11.15}$$

Wenn man schließlich einen Automaten ohne Zuordner, also den Fall $k = l$ betrachtet, so bestimmt *jedes* Eingangssymbol, in welchem Zustand sich jeder der Automaten befunden hat (Bemerkung 2), und die Abschätzung für die Länge des Experimentes, mit dem man einen Automaten von den anderen N Automaten unterscheiden kann, ergibt

$$q_{\Sigma A} = 1 + (N-1)(k+1)\,. \tag{11.16}$$

Wenn man eine reale Maschine S der Menge $\{S\}$ hat und die Zustandsdiagramme aller anderen Maschinen dieser Menge kennt, so kann man das Experiment in folgender Weise konstruieren.

1. Wir bestimmen (in Gedanken nach den Zustandsdiagrammen) für die Maschinen $S_1, S_2, \ldots, S_N$ der Menge alle Experimente zur Bestimmung der letzten Zustände aller Maschinen. Es mögen dies die Experimente $a_1, a_2, \ldots, a_M$ $(M \leq N)$ sein. Obwohl alle Maschinen der Menge nicht äquivalent sind, können die Ergebnisse eines jeden Experimentes (die von dem Anfangszustand der entsprechenden Maschine abhängen) gleich sein, sowohl für die Maschine, für die dieses Experiment den letzten Zustand eindeutig definiert, wie auch für die anderen Maschinen der Menge.

2. Wir führen mit der Maschine S_1 das entsprechende Experiment a_1 (in Gedanken) für alle ihre möglichen Anfangszustände durch und mit der Maschine S in Wirklichkeit. Wenn die Ergebnisse dieses Experimentes für irgendeinen Anfangswert von S_1 mit dem der Maschine S übereinstimmen, so stellen wir den letzten Zustand der Maschine S_1 entsprechend diesem Ergebnis fest und dadurch den möglichen letzten Zustand von Maschine S. Sind die Ergebnisse bei S und S_1 für alle Anfangswerte verschieden, so scheiden wir diese Maschine von der weiteren Betrachtung aus.
Wenn ein und dasselbe Experiment a_1 den letzten Zustand von mehreren Maschinen der Menge $\{S\}$ bestimmt, z. B. für die Maschinen $S_{\alpha_1}, S_{\alpha_2}, \ldots, S_{\alpha_q}$, so stellen wir im Falle, daß die Experimente mit allen oder einigen dieser Maschinen bei bestimmten Anfangszuständen mit dem Ergebnis bei S übereinstimmen, die letzten Zustände dieser Maschinen fest, d. h. die möglichen letzten Zustände von S_x. Im entgegengesetzten Fall werden diese Maschinen wieder ausgeschlossen.

3. Das Experiment a_2 führen wir bei allen möglichen Anfangszuständen mit der entsprechenden Maschine S_2 (oder den Maschinen $S_{\beta_1}, S_{\beta_2}, \ldots, S_{\beta_h}$) wieder in Gedanken, mit der Maschine S_y in Wirklichkeit und ebenfalls (in Gedanken) mit der Maschine S_1 oder den nicht in 2. ausgeschlossenen Maschinen $S_{\alpha_1}, S_{\alpha_2}, \ldots, S_{\alpha_q}$. Bei den Maschinen S_1 oder $S_{\alpha_1}, S_{\alpha_2}, \ldots, S_{\alpha_q}$ nehmen wir diejenigen Zustände als Anfangszustände, die durch die letzten Zustände und das letzte Symbol des Experimentse a_1 bestimmt wurden. Von den Maschinen S_1 und S_2 (oder $S_{\alpha_1}, S_{\alpha_2}, \ldots, S_{\alpha_q}$ und $S_{\beta_1}, S_{\beta_2}, \ldots, S_{\beta_h}$) schließen wir wieder diejenigen aus, deren Ergebnisse beim Experiment a_2 nicht mit dem Ergebnis bei Maschine S_x übereinstimmen und ermitteln die letzten Zustände der übrigen Maschinen.
Dieses Verfahren setzen wir so lange fort, bis alle Experimente a_i zur Bestimmung der letzten Zustände aller Maschinen der Menge $\{S\}$ durchgeführt sind. Als Resultate ergibt sich, daß die Maschine S_x zu einer Teilmenge $\{\bar{S}\} \subseteq \{S\}$ von Maschinen gehören kann, die in einen bestimmten Zustand übergeführt worden sind. Handelt es sich um eine Menge von Automaten ohne Zuordner, dann sind, wie gesagt, die letzten Zustände aller Automaten auf einmal nach einem Eingangssymbol festgelegt.

4. Wir stellen (in Gedanken nach dem Zustandsdiagramm) ein Experiment b_1 zur Untersuchung der Zustände auf, in denen sich zwei beliebige Maschinen S_m und S_n aus $\{\bar{S}\}$ befinden können. Dieses Experiment führen wir (in Gedanken) mit den Maschinen S_m und S_n und (in Wirklichkeit) mit der Maschine S_x aus. Wir eliminieren auf diese Weise entweder diese beiden Maschinen oder eine davon. Wir ermitteln dann den letzten Zustand der nicht ausgeschlossenen Maschine.

5. Wir wählen noch ein oder zwei Maschinen aus der Menge $\{\bar{S}\}$ und machen mit ihr (oder ihnen) dasselbe Experiment b_1. Stimmt das Ergebnis mit dem

für die Maschine S_x nach Punkt 4 überein, so ermitteln wir den letzten Zustand der neu gewählten Maschine (oder Maschinen).
6. Wir stellen ein Experiment b_2 auf, mit dem man den Zustand von der in Punkt 4 nicht ausgeschlossenen Maschine von dem der in Punkt 5 nicht ausgeschlossenen Maschine unterscheiden kann. Wir führen dieses Experiment sowohl (in Gedanken) mit diesem Paar von Maschinen als (in Wirklichkeit) mit der Maschine S_x wie in Punkt 4 durch. Die Punkte 1—5 werden so lange wiederholt, bis alle Maschinen von $\{\bar{S}\}$ bis auf eine eliminiert sind, deren Zustandsdiagramm dann das der Maschine S_x sein wird.

Beispiel 5. Gegeben sind die Zustandsdiagramme der drei Automaten von Bild 11.10. Es ist festzustellen, welches dieser Zustandsdiagramme zu einem realen Automaten gehört, mit dem man experimentieren kann.

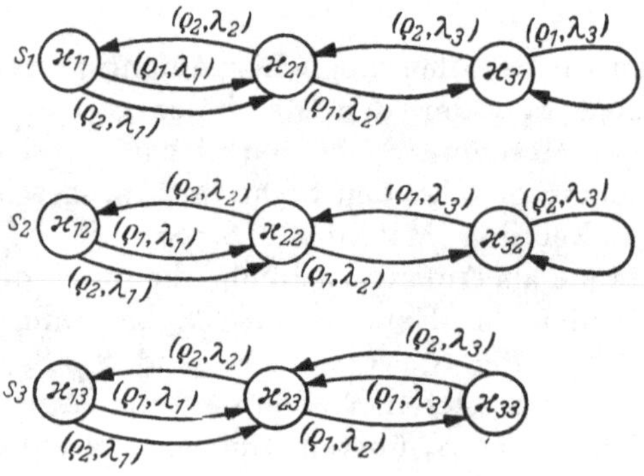

Bild 11.10

In Wirklichkeit möge der Automat S_3 in dem Anfangszustand $\varkappa_{23}$ vorliegen. Geben wir auf alle drei Eingänge z. B. das Symbol ϱ_2, so ergeben sich sofort die möglichen Anfangszustände $\varkappa_{21}$, $\varkappa_{22}$ und $\varkappa_{23}$ der Automaten. Wenn wir danach die Folge von vier Symbolen $\varrho_2\,\varrho_1\,\varrho_1\,\varrho_2$ anwenden, so können wir die beiden Zustände $\varkappa_{11}$ und $\varkappa_{12}$ von den drei Zuständen $\varkappa_{11}$, $\varkappa_{12}$ und $\varkappa_{13}$ unterscheiden, in die der Automat nach dem ersten Symbol ϱ_2 übergehen könnte. Mit der Folge $\varrho_2\,\varrho_1\,\varrho_2\,\varrho_2$ kann man schließlich die Zustände $\varkappa_{12}$ und $\varkappa_{13}$ unterscheiden, die nach den ersten fünf Eingangssymbolen auftreten können. Das gesamte verzweigte Experiment $\varrho_2\,\varrho_2\,\varrho_1\,\varrho_1\,\varrho_2\,\varrho_2\,\varrho_1\,\varrho_2\,\varrho_2$ zur Abtrennung eines Automaten aus einer gegebenen Menge hat also die Länge 9, was genau der Gleichung (11.16) entspricht. Wie man sieht, gibt es in diesem Fall auch ein kürzeres Experiment, z. B. $\varrho_1\,\varrho_2\,\varrho_1\,\varrho_1\,\varrho_2$. Dazu müßte man aber bei jeder Folge, die das ganze Experiment bilden (zuerst ϱ_1 und dann die Folgen $\varrho_2\,\varrho_1$ und $\varrho_1\,\varrho_2$ zur Unterscheidung der entsprechenden Zustände), für alle Anfangszustände alle möglichen letzten Zustände durchsehen, wodurch der Algorithmus sehr viel kompliziert wird.

Man kann auch die Länge eines einfachen unverzweigten Experimentes zur Abtrennung einer bestimmten Maschine aus einer gegebenen Menge $\{S\}$ abschätzen, wenn alle Zustände untereinander nicht äquivalent sind, indem man von der Vereinigung aller Maschinen von $\{S\}$ ausgeht. Ein Experiment zur Bestimmung des letzten Zustandes dieser vereinigten Maschine für alle möglichen Anfangszustände erlaubt es dann, eine beliebige Maschine der gegebenen Menge abzutrennen.

Nach Bemerkung 6 zu Satz 1 kann man zwei Zustände einer solchen vereinigten Maschine durch ein Experiment von höchstens der Länge $k_{m_1} + k_{m_2} - 1$ (oder $k_{m_1} + k_{m_2} - l + 1$ für Automaten mit Zuordner) unterscheiden, wobei k_{m_1} und k_{m_2} die größere der Zahlen k_i sind. Das gesamte Experiment zur Bestimmung des letzten Zustandes der vereinigten Maschine ist aus Folgen zusammengesetzt, deren Längen von 1 bis $k_{m_1} + k_{m_2} - 1$ (oder $k_{m_1} + k_{m_2} - l + 1$ für Automaten mit Zuordnern) wächst und dann konstant bleibt.

Dieselben Überlegungen wie beim Beweis von Satz 2 ergeben die folgenden Abschätzungen. Für eine Menge von sequentiellen Maschinen mit der gleichen Zahl von Zuständen ist

$$q_{\cup S} = k\,(2\,k - 1)\,(N - 1) \tag{11.17}$$

für Automaten mit Zuordnern

$$q_{\cup A} = (2\,k - l + 1)\left(N\,k - k - \frac{l}{2}\right) + 1\,; \tag{11.18}$$

und für Automaten ohne Zuordner ($k = l$)

$$q_{\cup A} = k\,(k + 1)\left(N - \frac{3}{2}\right) + 1\,. \tag{11.19}$$

Es läßt sich zeigen, daß die Abschätzungen (11.17)–(11.19) für die Länge eines unverzweigten Experimentes, die sich für die Vereinigung aller Maschinen der Menge ergeben, immer schlechter sind als die Abschätzungen (11.13), (11.15) und (11.16) für die Länge des verzweigten Experimentes nach der ersten Methode durch die Überführung einer jeden Maschine in einen bestimmten Zustand. Außerdem ist das zweite Verfahren sehr viel komplizierter für die Konstruktion eines Experimentes zu gebrauchen als das erste, weil man beim Aufstellen der einzelnen Folgen nicht die Maschinen getrennt, sondern immer im ganzen betrachten muß.

KAPITEL XII

Algorithmen

§ 12.1 Beispiele von Algorithmen

Wir wollen mit der Betrachtung einiger typischer Beispiele von Algorithmen beginnen. Bei der Untersuchung von endlichen Automaten in den vorangegangenen Kapiteln haben wir es mehrfach mit endlichen oder unendlichen Folgen verschiedener Symbole zu tun gehabt, z. B. mit aus 0 und 1 bestehenden Folgen. Was heißt es aber, eine unendliche Folge von 0 und 1 zu „betrachten"? Es ist doch sicher unmöglich, die ganze Folge auf einmal zu überblicken. Eine Vorstellung von einer solchen Folge kann man sich nur dadurch verschaffen, in dem man diese oder jene Eigenschaften der Folge beschreibt.

Bestimmung eines Symbols in einer unendlichen Folge. Wir wollen eine unendliche Folge aus 0 und 1 betrachten, in der die Symbole 0 und 1 immer abwechselnd vorkommen.

Wenn man nur das abgebildete Anfangsstück einer unendlichen Folge kennt und sonst nichts weiter über die Folge weiß, so ist es unmöglich, sich eine Vorstellung von der ganzen Folge zu bilden. Wenn man aber

0	1	0	1	0	1	0	1	0	1	0	1	...

weiß, daß sich die Symbole 0 und 1 abwechseln, so kann man sofort angeben, welches Symbol an der 12., 87. oder 1275642. Stelle steht. Man braucht nur zu wissen, ob die Nummer der Stelle gerade oder ungerade ist.

Eine Folge möge aus der periodischen Wiederholung der Zahlengruppe

0	7	5	3	0	7	5	3	0	7	5	3	...

0, 7, 5, 3 bestehen. Weiß man, daß die Folge periodisch ist, und kennt man die Ziffern einer Periode, so kann man ebenfalls sofort angeben, welche Ziffern auf einem bestimmten Platz der Folge zu finden ist. Dazu braucht man nur a) die Nummer der Stelle durch die Periodenlänge zu dividieren (durch die Anzahl der Ziffern einer Periode) und b) sich anzusehen, welche Ziffer der ersten Periode auf demjenigen Platz steht, der dem Rest bei der Division entspricht. Dem Rest Null entspricht also die letzte Ziffer der Periode.

Wir betrachten schließlich noch eine dritte Folge, bei der an denjenigen Stellen, deren Nummer das Quadrat einer ganzen Zahl ist, eine 1 stehen soll, an den übrigen Stellen jeweils eine 0.

1	0	0	1	0	0	0	0	1	0	0	0	0	0	0	1	0	0	...

Auch bei diesem Bildungsgesetz können wir sofort angeben, ob an einer bestimmten Stelle eine 0 oder 1 steht. Man braucht nur die Quadratwurzel aus der Nummer der Stelle zu ziehen. Wenn die Wurzel eine ganze Zahl ergibt, dann steht an dieser Stelle eine 1, sonst eine 0.
Bei allen drei Beispielen bestand die „Eigenschaft", mittels der wir uns eine Vorstellung von der ganzen unendlichen Folge verschaffen konnten, in einer Prozedur, die es erlaubte, das an einer beliebigen, gegebenen Stelle der Folge stehende Symbol anzugeben. Kürzer kann man sagen, es gab bei diesen Beispielen einen *Algorithmus*, um das Symbol an einer bestimmten Stelle anzugeben.
Allgemein verstehen wir intuitiv unter einem Algorithmus eine formale Vorschrift, nach der man die Lösung eines Problems finden kann. Diese Formulierung erhebt keinen Anspruch auf Exaktheit, sondern spiegelt vielmehr die intuitive Anschauung des Begriffes Algorithmus wider, wie sie sich schon im Altertum gebildet hat.[1])
Um eine vollständigere Vorstellung von den grundlegenden Eigenschaften zu bekommen, über die ein Algorithmus verfügen muß, wollen wir noch einige typische Beispiele betrachten und gewisse Schlüsse daraus ziehen.
Der Euklidische Algorithmus. Es sei das Problem zu lösen, den größten gemeinsamen Teiler zweier ganzer positiver Zahlen a und b zu finden. Die Lösung läßt sich mit Hilfe des Euklidischen Algorithmus finden, der sich durch die folgenden Regeln beschreiben läßt:

1) Nimm die gegebenen Zahlen a und b zur Kenntnis und gehe zur nächsten Regel über.

2) Vergleiche die beiden Zahlen ($a = b$ oder $a < b$ oder $a > b$) und gehe zur nächsten Regel über.

3) Wenn die beiden Zahlen gleich sind, so ist jede von ihnen das gesuchte Ergebnis. Der Rechenprozeß ist zu Ende. Sind die Zahlen nicht gleich, so gehe zur nächsten Regel über.

4) Wenn die erste Zahl kleiner ist als die zweite, so müssen die beiden Zahlen ihre Plätze tauschen. Gehe zur nächsten Regel über.

[1]) Die Bezeichnung „Algorithmus" stammt von dem Namen des usbekischen Mathematikers Al Chwarizmi, der schon im 9. Jahrhundert Regeln angegeben hat, um die vier arithmetischen Grundrechnungsarten im Dezimalsystem auszuführen. Man kann diese arithmetischen Regeln als eine formale Vorschrift ansehen, die immer und überall gleich ausgeführt und wenn nötig automatisiert werden können.

5) Subtrahiere die zweite Zahl von der ersten und betrachte von nun an die beiden Zahlen: Subtrahend und Differenz. Gehe zur Regel 2) über.

Nach Ausführung der Regel 5 hat man also mit den beiden neuen Zahlen bei Regel 2 erneut anzufangen, bis die Regel 3 zu einer Beendigung des Verfahrens führt.

Der Euklidische Algorithmus ist hier in Form einer hinreichend detaillierten Vorschrift dargestellt. Als elementare Operationen werden nur die Bildung der Differenz und der Vergleich zweier Zahlen benutzt. Beide Operationen könnte man natürlich noch durch einfachere Operationen ersetzen, was wir der Einfachheit und Gewöhnung halber nicht getan haben.

Besteht die Ausführung eines Algorithmus in der Ausführung arithmetischer Operationen, so spricht man von einem *numerischen Algorithmus.* Die oben betrachteten Beispiele sind Beispiele für numerische Algorithmen. Numerische Algorithmen sind demnach auch alle Formeln zur Lösung gewisser Probleme, wenn durch diese Formeln sowohl die Art der Operation (z. B. Multiplikation, Division, Subtraktion) als auch die Reihenfolge, in der diese Operationen durchgeführt werden müssen, eindeutig festgelegt sind.

Beispiel eines logischen Algorithmus. Wir wollen nun einen Algorithmus betrachten, bei dem sich die Vorschriften nicht auf numerische Objekte beziehen. Dieser Algorithmus dient zur Lösung eines logischen Problems, zum Auffinden eines Weges in einem endlichen Labyrinth.

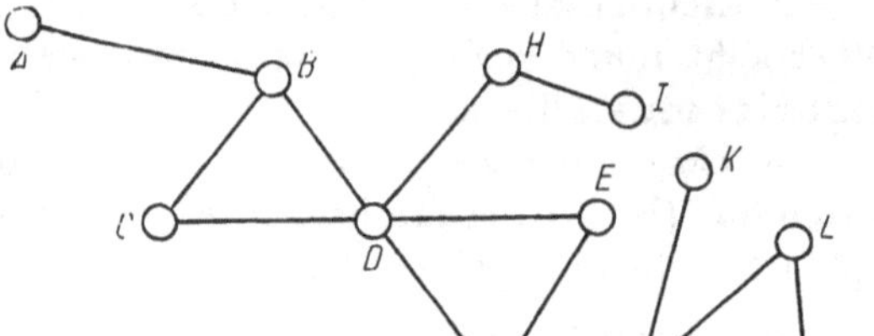

Bild 12.1

Wir wollen uns ein Labyrinth vorstellen, bei dem endlich viele Plätze durch Gänge miteinander verbunden sind, und wobei jeder Gang zwei Plätze verbinden soll, die wir dann benachbarte Plätze nennen. Es gebe dabei auch Plätze, von denen nur ein Gang ausgeht (sog. Sackgassen). Geometrisch kann man ein solches Labyrinth durch eine Anzahl Kreise A, B, C, ... für die Plätze darstellen, die durch Geradenstücke, die Gänge, miteinander verbunden sind (Bild 12.1).

Wir sagen, der Platz Y ist von dem Platz X aus erreichbar, wenn es einen von X ausgehenden Weg über Gänge und Plätze nach Y gibt. Dies bedeutet, daß X und Y entweder benachbarte Plätze sind oder aber eine Folge

$$X, X_1, X_2, X_3, \ldots, X_n, Y$$

von benachbarten Plätzen existiert. Offensichtlich kann man, wenn *Y* überhaupt von *X* aus erreichbar ist, *Y* auch auf einem einfachen Weg (d. h. ohne Schleife) erreichen, also auf einem Weg, bei dem jeder Platz nur einmal aufgesucht wird.

Bei dem in Bild 12.1 abgebildeten Labyrinth ist *HDCB* ein einfacher von *H* nach *B* führender Weg. Der Platz *L* ist von *A* aus nicht erreichbar. Es liege das Problem vor zu klären, ob der Platz *F* von *A* aus erreichbar ist, und wenn ja, ist ein Weg von *A* nach *F* anzugeben. Die Suche soll bei *A* beginnen. Wenn *F* nicht erreichbar ist, soll nach der Suche zu *A* zurückgekehrt werden.

Wir nehmen dabei an, daß uns über die Struktur des Labyrinths nichts bekannt sei. Wir wissen auch nicht, wo sich die Plätze *A* und *F* in dem Labyrinth befinden. Die Lösung dieses Problems gilt also ganz allgemein für jedes beliebige Labyrinth mit endlich vielen Plätzen und einer beliebigen Lage von *A* und *F*.

Zur Lösung wollen wir eine Methode benutzen, bei der die Person, die den Weg sucht, einen Faden hat, der bei *A* befestigt wird, und der bei dem Gang durch das Labyrinth auf- und abgewickelt wird.

Weiter nehmen wir an, daß die Gänge markiert werden können, und wollen verabreden, daß ein noch nicht benutzter Gang grün, ein einmal durchlaufener Gang gelb und ein zweimal durchlaufener Gang rot sein soll. Von irgendeinem Platz des Labyrinths kann man dann durch eine der beiden Möglichkeiten zu einem benachbarten Platz gelangen:

a) Abwickeln des Fadens. Man gelangt durch einen grünen Gang zu einem benachbarten Platz. Dieser Gang ist danach gelb und in ihm liegt der abgewickelte Faden.

b) Aufwickeln des Fadens. Rückkehr von dem betreffenden Platz über den zuletzt durchlaufenen gelben Gang zu dem benachbarten Platz. Dabei wird der Faden aufgewickelt und der Gang wird als rot markiert.

Es sei darauf hingewiesen, daß man eigentlich nur grüne und rote Gänge zu unterscheiden brauchte. Die gelben Gänge unterscheiden sich von diesen durch den Faden, der in einem gelben Gang liegt.

Befindet man sich in irgendeinem Platz, so kann man fünf Möglichkeiten unterscheiden, die durch die folgenden Merkmale gekennzeichnet sind:

1) Es ist der Platz *F*. Das Ziel ist erreicht.
2) Schleife: Von dem Platz gehen wenigstens zwei gelbe Gänge aus, d. h. über den Platz verläuft der Faden.
3) Grüner Gang: Von dem Platz geht wenigstens ein grüner Gang aus.
4) Es ist der Ausgangsplatz *A*.
5) 5. Fall: Es liegt keines der Merkmale 1–4 vor.

Die Suchmethode kann man durch das folgende Schema beschreiben:

Merkmal	Zug
1) Platz *F*	Anhalten
2) Schleife	Aufwickeln des Fadens
3) Grüner Gang	Abwickeln des Fadens
4) Platz *A*	Anhalten
5) 5. Fall	Aufwickeln des Fadens

Befindet man sich auf irgendeinem Platz, so sind die Merkmale der linken Seite der Reihe nach zu prüfen. Trifft ein Merkmal zu, so ist die entsprechende Tätigkeit der rechten Seite auszuführen, und die weiteren Merkmale werden nicht mehr geprüft. Dies wird so lange getan, bis der Fall ,,Anhalten" eintritt.

Bei dieser Suchmethode kann man die folgenden drei Aussagen beweisen:

1. Bei jeder Lage der Plätze *A* und *F* bleibt man nach endlich vielen Zügen in *A* oder *F* stehen.

2. Wenn man bei *F* ankommt, erstreckt sich der Faden auf einem einfachen Weg (ohne Schleife) von *A* nach *F*.

3. Wenn man auf dem Platz *A* anhält, ist der Platz *F* nicht erreichbar.

Am Beispiel des Labyrinths von Bild 12.1 wollen wir diese Suchmethode verfolgen. In Tab. 12.1 sind die Züge im einzelnen beschrieben.

Tabelle 12.1

Nr. des Zuges	Merkmal	Zug	Durchlaufener Gang	Gangfarbe nach Durchlauf
1	Grüner Gang	Abwickeln	AB	Gelb
2	Grüner Gang	Abwickeln	BC	Gelb
3	Grüner Gang	Abwickeln	CD	Gelb
4	Grüner Gang	Abwickeln	DH	Gelb
5	Grüner Gang	Abwickeln	HI	Gelb
6	5. Fall	Aufwickeln	IH	Rot
7	5. Fall	Aufwickeln	HD	Rot
8	Grüner Gang	Abwickeln	DB	Gelb
9	Schleife	Aufwickeln	BD	Rot
10	Grüner Gang	Abwickeln	DF	Gelb
11	Platz *F*	Anhalten		

Im vorliegenden Beispiel ist der Platz *F* erreichbar. Wenn man in der vorletzten Spalte diejenigen Gänge markiert, die gelb geblieben sind, dann hat man einen einfachen Weg von *A* nach *F*.

In dieser Methode, in einem endlichen Labyrinth zu suchen, steckt eine Willkür, die es bei den anderen Beispielen oben nicht gab. Wenn verschiedene

Personen den Euklidischen Algorithmus ausführen und dabei die Regeln 1–5 einhalten, so sind die einzelnen Operationen zur Bestimmung des größten gemeinsamen Teilers zweier Zahlen bei allen Personen völlig identisch. Es kann nie der Fall eintreten, daß eine der rechnenden Personen eine willkürliche Ansicht vertreten kann.

Wenn bei unserem Beispiel aber von einem Platz mehrere grüne Gänge ausgehen, bleibt es der Willkür überlassen, welchen der möglichen grünen Gänge die Versuchsperson benutzt. Verschiedene Personen können also auf verschiedenen Wegen von A nach F gelangen.

Traditionsgemäß nennt man nur ein streng determiniertes System von Regeln einen Algorithmus. Um unser Suchverfahren als Algorithmus bezeichnen zu können, muß man die Regeln 1–5 noch durch eine Vorschrift über die Wahl der grünen Gänge ergänzen. Man kann z. B. vereinbaren, daß bei mehreren grünen Gängen der erste im Uhrzeigersinn zu nehmen ist.

§ 12.2 Allgemeine Eigenschaften von Algorithmen

Aus den betrachteten Beispielen ergeben sich deutlich einige allgemeine Eigenschaften, über die ein Algorithmus verfügen muß:

a) Determiniertheit des Algorithmus

Von einem Algorithmus wird verlangt, daß das durch ihn beschriebene Verfahren so exakt und allgemein verständlich ist, daß keinerlei Willkür übrigbleibt. Man muß das Verfahren einer anderen Person in Form von endlich vielen Regeln mitteilen können, so daß für jeden Schritt des Verfahrens eindeutige Anweisungen vorliegen. Die nach diesen Regeln durchgeführten Schritte hängen nicht von der Willkür der betreffenden Person ab, sondern bilden einen determinierten Prozeß, der jederzeit von anderen Personen mit demselben Ergebnis durchgeführt wird.

b) Allgemeinheit des Algorithmus

Ein Algorithmus dient nicht zur Lösung eines einzelnen, konkreten Problems, sondern zur Lösung einer ganzen Klasse von Problemen. Die Regeln des Verfahrens sind auf Anfangswerte anzuwenden, die von Fall zu Fall variieren können.

So ist der Euklidische Algorithmus für jedes Paar ganzer Zahlen $a > 0$, $b > 0$ anwendbar. Die Formeln zur Lösung von zwei linearen Gleichungen mit zwei Unbekannten bestimmen die Lösung für beliebige Werte der Koeffizienten. Die arithmetischen Regeln sind auf beliebige Zahlen anwendbar. Das obige Suchverfahren gilt für ein beliebig kompliziertes endliches Labyrinth usw.

In der Mathematik nennt man eine Reihe von Problemen eines bestimmten Typs lösbar, wenn es für die Lösung einen Algorithmus gibt. Das Auffinden solcher Algorithmen ist das eigentliche Problem der Mathematik. Wenn man zur Lösung aller Aufgaben eines Typs keinen Algorithmus kennt, so muß man sich für die einzelnen Fälle spezielle Verfahren ausdenken, die auf andere Fälle dieses Typs nicht anwendbar sind.

Ein Verfahren zur Lösung eines individuellen Problems bezeichnen wir nicht als Algorithmus. So ist z. B. kein Algorithmus bekannt, um für jedes $n = 1, 2, 3, \ldots$ die ganzzahligen Lösungen der Gleichung

$$x^n + y^n = z^n \tag{12.1}$$

zu bestimmen. Trotzdem kann dieses Problem für konkrete Werte von n gelöst werden. So findet man für $n = 2$ leicht das Zahlentripel $x = 3$, $y = 4$, $z = 5$, das der Gleichung (12.1) genügt. Für $n = 3$ konnte bewiesen werden, daß die Gleichung (12.1) überhaupt keine ganzzahlige Lösungen hat. Dieser Beweis gilt aber nicht für andere Werte von n.

c) Endlichkeit des Algorithmus

Diese Eigenschaft verlangt, daß der Algorithmus, auf einen speziellen Fall angewandt, nach einer endlichen Zahl von Schritten anhält, und daß man danach das gesuchte Resultat angeben kann.

Wenden wir etwa den oben geschilderten Suchalgorithmus auf ein beliebig kompliziertes (aber endliches) Labyrinth an, so gelangt nan nach endlich vielen Schritten notwendig entweder zu dem gesuchten Platz F oder an den Ausgangsplatz A zurück. Ist das algorithmische Verfahren zu Ende, so kann man als Ergebnis die Aussage machen, ob der Platz F von A aus erreichbar ist oder nicht.

Auch bei der Anwendung des Euklidischen Algorithmus auf zwei beliebige ganze Zahlen $a \geqq 1$, $b \geqq 1$ kommt man früher oder später zu einem Ende, und man kann dann den größten gemeinsamen Teiler der beiden Zahlen angeben. Der Algorithmus für die arithmetische Summe ist beendet, wenn die Ziffern der höchsten Stelle addiert sind.

Formal kann man natürlich die Regeln 1—5 des Euklidischen Algorithmus auch auf Zahlen $a \geqq 0$, $b \geqq 0$ oder auch negative ganze Zahlen anwenden. Auch dann sind noch alle Schritte des Verfahrens genau determiniert. Es kann aber passieren, daß der Algorithmus nicht anhält. Nehmen wir z. B. die Zahlen $a = 0$, $b = 4$ (deren größter gemeinsamer Teiler ja 4 ist), so ergeben die Regeln 1—5 des Euklidischen Algorithmus die Paare

0,4
0,4
0,4
0,4
. . .

und diese Folge bricht nie ab. Dasselbe ergibt sich bei den Zahlen $a = -2$, $b = 6$.

Aus dieser Forderung des Abbrechens eines algorithmischen Verfahrens folgt der Begriff des *Anwendungsbereiches eines Algorithmus.* Unter diesem Anwendungsbereich wollen wir den größten Bereich derjenigen Anfangswerte verstehen, für die der Algorithmus abbricht. Anders ausgedrückt heißt das, wenn die Bedingungen des betreffenden Problems aus dem Anwendungsbereich entnommen sind, so verarbeitet der Algorithmus diese Bedingungen in die Lösung des Problems und hält an. Stammen die Bedingungen nicht aus dem Anwendungsbereich, so kommt das algorithmische Verfahren entweder zu keinem Ende oder aber liefert keine Lösung.

So ist der Anwendungsbereich des Euklidischen Algorithmus die Menge aller ganzen Zahlen 1, 2, 3, ... Der Anwendungsbereich des Suchalgorithmus ist die Menge aller endlichen Labyrinthe. Der Anwendungsbereich des dezimalen Summationsalgorithmus ist die Menge aller Dezimalzahlen mit endlich vielen Stellen usw.

Dabei ist zu betonen, daß die Zahl der Operationen bei einem algorithmischen Prozeß vorher nicht bekannt ist, sondern von den Anfangswerten abhängt. Die Realisierung eines algorithmischen Verfahrens ist daher als ein potentiell möglicher Prozeß zu verstehen, da bei gewissen konkreten Problemen aus dem Anwendungsbereich eines Algorithmus bei der praktischen Durchführung vielleicht das Papier oder die Zeit oder, bei der Durchführung auf einem Digitalrechner, der Speicher nicht ausreicht.

Diese drei Eigenschaften der Determiniertheit, der Allgemeinheit und der Endlichkeit sind empirische Eigenschaften, die man bei allen bisher konstruierten Algorithmen festgestellt hat.

Wegen der Ungenauigkeit und Verschwommenheit dieser Eigenschaften können sie nicht bei einer exakten mathematischen Definition des Begriffes „Algorithmus" benutzt werden, und man kann auf ihnen keine mathematische Theorie der Algorithmen aufbauen.

§ 12.3 Das Wortproblem in assoziativen Systemen

Eine weitgehende Verallgemeinerung des Suchproblems in einem Labyrinth ist das Wortproblem. Kann das oben beschriebene Suchverfahren in einem beliebigen endlichen Labyrinth angwendet werden, so handelt es sich bei dem Wortproblem im gewissen Sinne um das Suchen in einem unendlichen Labyrinth.

Dieses Problem entstand zunächst in der Algebra, in der Theorie der assoziativen Systeme und der Gruppentheorie; seine Bedeutung geht aber heute weit über den Rahmen dieser speziellen Theorien hinaus.[1])

[1]) Einen bedeutenden Beitrag zur Lösung dieses Problems leisteten A. A. Markow, P. S. Nowik und ihre Schüler. Die Kenntnis dieses Problemkreises hilft uns, die Elemente der Theorie der rekursiven Funktionen besser zu verstehen.

Ein beliebiges endliches System von verschiedenen Symbolen nennen wir ein *Alphabet*. Die das Alphabet bildenden Symbole nennen wir *Buchstaben*. So ist z. B. $\{\alpha, 5, *, ?\}$ ein Alphabet, das aus den Buchstaben α, 5, * und ? gebildet wird. Eine beliebige endliche Folge von Buchstaben eines Alphabetes nennen wir ein *Wort* aus diesem Alphabet.

In dem Alphabet $\{a, b, c\}$ aus den drei Buchstaben a, b, c sind z. B. die Folgen *ac*, *a*, *abbca*, *bbbbb*, *bbacab* usw. Wörter. Das *leere Wort*, das überhaupt keinen Buchstaben enthält, wollen wir mit dem Symbol Λ bezeichnen.

Wir betrachten nun zwei Wörter L und M aus dem Alphabet A. Wenn das Wort L Teil des Wortes M ist, so sagen wir, L ist in M enthalten. Als Beispiel für das Enthaltensein von L in M mögen die beiden Wörter $L = ac$ und $M = bb\underbrace{ac}ab$ dienen.

Im allgemeinen Fall kann ein Wort L in einem anderen Wort M auch mehrfach enthalten sein. So kommt das Wort *bcb* mit dem Wort $a\underbrace{bc\underbrace{b}cb}ab$ zweimal vor.

Wir wollen nun einen Prozeß zur Transformation von Wörtern beschreiben, durch die man aus einem gegebenen Wort neue Wörter erzeugen kann. Dazu geben wir in einem Alphabet ein endliches System von definierenden Relationen

$$P - Q, \quad L - M, \ldots, S - T$$

vor, wobei P, Q, L, M, ..., S, T Wörter aus demselben Alphabet sein sollen.

Eine Relation $L - M$ kann man auf ein Wort R aus diesem Alphabet in folgender Weise anwenden: Ist das Wort L in dem Wort R ein- oder mehrfach enthalten, so kann man L jeweils durch M ersetzen. Ist umgekehrt M in R enthalten (ein- oder mehrfach), so kann man jeweils M auch durch L ersetzen. So ist z. B. die Relation *ab* — *bcb* in vierfacher Weise auf das Wort *abcbcbab* anwendbar. Das Wort *bcb* ist zweimal enthalten, und wenn man es durch *ab* ersetzt, so ergeben sich die beiden neuen Wörter *aabcbab* und *abcabab*. Ersetzt man das zweimal vorkommende Wort *ab* durch *bcb*, so ergeben sich noch *bcbcbcbab* und *abcbcbbcb*.

Die Relation *ab* — *bcb* ist auf das Wort *bacb* nicht anwendbar, weil in ihm weder das Wort *ab* noch *bcb* enthalten ist.

Auf die mittels der definierenden Relationen erzeugten Wörter kann man nun erneut diese Relationen anwenden, auf diese neuen Wörter wiederum usw.

Die Menge aller Wörter aus einem gegebenen Alphabet zusammen mit dem System der definierenden Relationen nennt man *assoziatives System*[1]). Ein assoziatives System ist also durch ein Alphabet und die den aierenden Relationen vollständig beschrieben.

---

[1]) Anmerkung d. Übersetzers: Auch Halbgruppe oder Semi-Thue-System genannt.

In einem assoziativen System heißen zwei Wörter P_1 und P_2 *benachbart*, wenn eines von ihnen aus dem anderen durch einmalige Anwendung einer definierenden Relation hervorgeht. Eine Folge von Wörtern $P, P_1, P_2, P_3, \ldots, Q$ heißt eine *deduktive Kette*, die von dem Wort P zu dem Wort Q führt, wenn jeweils zwei nebeneinander stehende Wörter dieser Kette benachbart sind. Zwei Wörter P und Q heißen äquivalent, wenn es eine von P nach Q führende deduktive Kette gibt. Die Äquivalenzbeziehung wollen wir mit $P \sim Q$ bezeichnen. Selbstverständlich folgt aus $P \sim Q$ auch $Q \sim P$, da die definierenden Relationen in beiden Richtungen angewendet werden können.

Beispiel. Gegeben sei das folgende assoziative System

$$\{a, b, c, d, e\} \text{ — Alphabet},$$

$$\left.\begin{array}{c} ac - ca \\ ad - da \\ bc - cb \\ bd - db \\ abac - abacc \\ eca - ae \\ edb - be \end{array}\right\} \text{definierende Relationen}$$

In diesem System sind die Wörter *abcde* und *acbde* benachbart, weil das Wort *abcde* durch die Relation *bc* — *cb* in das Wort *acbde* übergeht. Zu dem Wort *aaabb* gibt es hingegen überhaupt kein benachbartes Wort, weil sich keine der definierenden Relationen auf dieses Wort anwenden läßt. Die Wörter *abcde* und *cadedb* sind zueinander äquivalent, weil die deduktive Kette

$$a\underbrace{bc}de,\ \underbrace{ac}bde,\ ca\underbrace{bd}e,\ cad\underbrace{be},\ cadedb$$

existiert. Hier sind nacheinander die 3., 1., 4. und 5. Relation anzuwenden.

Einem assoziativem System kann man in folgender Weise ein unendliches Labyrinth gegenüberstellen. Jedem Wort aus dem Alphabet entspricht ein bestimmter Platz des Labyrinthes. Da man aus den Buchstaben eines Alphabets beliebig viele verschiedene Wörter bilden kann, besteht das Labyrinth also aus unendlich vielen Plätzen. Zwei Plätze, die zu benachbarten Wörtern gehören, werden durch einen Gang verbunden.

Die Äquivalenz zweier Wörter P und Q bedeutet dann in diesem unendlichen Labyrinth, daß der dem Wort Q entsprechende Platz von dem Platz P aus erreichbar ist. In dem Labyrinth gibt es also einen von P nach Q führenden Weg.

Manchmal werden assoziative Systeme spezieller Art betrachtet, die durch ein Alphabet und die *gerichteten Relationen* $P \to Q$ gegeben sind. Der Pfeil bedeutet dabei, daß die Relation nur in einer Richtung erlaubt ist. Man darf in einem Wort P durch Q ersetzen, aber nicht umgekehrt. Einem so definierten assoziativen System entspricht ein unendliches Labyrinth, in dem die Gänge nur in einer Richtung benutzt werden dürfen. In einem solchen assoziativen System, folgt selbstverständlich aus $P \sim Q$ nicht auch umgekehrt $Q \sim P$. Wir wollen aber hier auf die mit solchen speziellen assoziativen Systemen verbundenen Probleme nicht weiter eingehen.

Für jedes assoziative System erhebt sich das dafür spezielle *Wortproblem*, nämlich das Problem, *ob zwei beliebige Wörter in diesem System äquivalent sind oder nicht.*

Es handelt sich dabei wieder um das Problem der Erreichbarkeit von zwei Plätzen, nur ist das Labyrinth nun unendlich. Das oben beschriebene Suchverfahren ist dafür ungeeignet, weil man ein unendliches Labyrinth nicht in einer endlichen Zeit absuchen kann.

Da es in jedem assoziativen System eine unendliche Menge verschiedener Wörter gibt, stellt sich das Äquivalenzproblem als eine unendliche Serie von gleichartigen Problemen dar, für deren Lösung ein Algorithmus gesucht wird, mit dem man erkennen kann, ob irgend zwei Wörter äquivalent sind oder nicht.

Kennt man einen Suchalgorithmus in einem endlichen Labyrinth, so läßt sich daraus leicht ein Algorithmus für das sog. *beschränkte Wortproblem* herleiten. Dabei geht es um die Frage, ob sich ein Wort in ein anderes überführen läßt, wenn dabei die definierenden Relationen nicht mehr als k mal angewendet werden. Dabei ist k eine feste gegebene Zahl. Beim Suchen im Labyrinth werden dem Labyrinth selbst Beschränkungen auferlegt. Es sollte nur endlich viele Plätze und Gänge haben, wodurch sich das Labyrinth ganz absuchen ließ. Beim beschränkten Wortproblem handelt es sich um ein Labyrinth mit zwar unendlich vielen Plätzen, aber nur endlich vielen Gängen. Es sollen jetzt alle Plätze des unendlichen Labyrinthes abgesucht werden, die durch nicht mehr als k Gänge voneinander getrennt sind. Der übrige Teil des Labyrinthes interessiert uns nicht.

Bezüglich der Relationen heißt dies, daß wir zunächst alle Wörter konstruieren, die zu dem Ausgangswort benachbart sind. Zu allen diesen Wörtern werden wiederum die benachbarten erzeugt usw., insgesamt k-mal. Als Ergebnis erhalten wir eine Liste aller derjenigen Wörter, die sich durch höchstens k-maliges Anwenden der definierenden Relationen aus dem Ausgangswort erzeugen lassen. Kommt das zweite gegebene Wort in dieser Liste vor, so ist die obige Frage positiv zu beantworten, andernfalls zu verneinen. Selbstverständlich läßt sich dieser „Aufzähl"-Algorithmus noch verbessern, indem man etwa überflüssige Wiederholungen (d. h. Schleifen in dem Labyrinth) wegläßt.

Die Lösung des beschränkten Wortproblems bringt uns aber leider keinen Schritt näher an die Lösung des unbeschränkten Wortproblems. Da die von P nach Q führende deduktive Kette (wenn sie überhaupt existiert) beliebig lang sein kann, heißt das doch, daß es unbekannt ist, wann der

oben beschriebene Aufzählprozeß beendet werden muß. Um das gewünschte Ergebnis zu erhalten, muß man die einfache Aufzählung aufgeben und einen Algorithmus nach anderen Ideen zu konstruieren versuchen.
Wir haben oben gesehen, wie man das logische Problem des Suchens in einem Labyrinth in der Sprache der assoziativen Systeme formulieren kann. Ebenso kann man auch andere deduktive logische Prozesse als assoziative Systeme behandeln. So läßt sich z. B. jede logische Formel als ein Wort in einem Alphabet ansehen, das die logischen Symbole v, &, $^-$, $\rightarrow$, (,) usw., die logischen Veränderlichen und logischen Funktionen enthält.
Die Umformungen dieser logischen Formel kann man dann als die Transformation dieses Wortes entsprechend den definierenden Relationen in diesem assoziativen System auffassen, wobei jeder Relation eine elementare logische Schlußfolgerung entspricht. Die Relationen haben hierbei die Form von logischen Regeln oder Identitäten, z. B. $\overline{\overline{x}} - x$ oder

$$\left.\begin{array}{l}(\forall\, x)\,[(A_1 \vee x)\ \&\ (A_2 \vee x)] - A_1\ \&\ A_2 \\ (\exists\, x)\,[(A_1 \vee x)\ \&\ (A_2 \vee x)] - A_1 \vee A_2\end{array}\right\}\ \begin{array}{l}\text{Eliminationsregel}\\ \text{u. ä.}\end{array}$$

Wendet man auf eine gegebene Voraussetzung, d. h. das entsprechende Wort, irgendwelche Relationen an, so ergeben sich nacheinander immer neue Folgerungen. Im einfachsten Fall, im Rahmen des Aussagenkalküls, gibt es Methoden, um aus einem gegebenen Axiomensystem *alle* Folgerungen zu erzeugen.
Es gibt einen Algorithmus zur Erkennung der Ableitbarkeit, d. h. man kann prüfen, ob irgendeine Behauptung aus dem Axiomensystem folgt oder nicht.
Der Aussagenkalkül kann allerdings nicht alles umfassen, weil man darin die Beziehungen eines Gegenstandes zu einem anderen nicht durch eine Aussage ausdrücken kann. Dazu braucht man den Prädikatenkalkül, der in analoger Weise als assoziatives System behandelt werden kann.
Als Ereignis haben wir also eine Variante eines assoziativen Systems, nämlich ein logisches System mit den erwähnten definierenden Relationen. Die Frage der Ableitbarkeit wird also zur Frage nach der Existenz einer deduktiven Kette, die von dem der Voraussetzung entsprechenden Wort zu dem der Schlußfolgerung entsprechenden Wort führt. Auf diese Weise kommen wir auch hier zu dem Problem der Äquivalenz von Wörtern in einem assoziativen System.

In demselben Sinne ist jeder Prozeß der Herleitung einer Formel, jede mathematische Berechnung und Transformation eine deduktive Kette in einem geeignet gewählten assoziativen System.
Im folgenden Paragraphen wollen wir einige Beispiele dafür anführen, daß auch arithmetische Prozesse als assoziative Systeme behandelt werden können.

Es ist also natürlich anzunehmen, daß die Konstruktion von assoziativen Systemen die universelle Methode ist, um einen determinierten Prozeß der „Verarbeitung" von Ausgangsdaten zu beschreiben, d. h. einen Algorithmus anzugeben. Um eine solche Annahme zu machen, müssen wir vorher genauer klären, was wir unter einem Algorithmus über einem Alphabet zu verstehen haben.

§ 12.4 Algorithmus über einem Alphabet *A* Normaler Algorithmus von Markow

Analog zu der obigen intuitiven Definition des Begriffes Algorithmus könnten wir auch hier den Begriff „Algorithmus über einem Alphabet" folgendermaßen definieren:

I. Ein Algorithmus über einem Alphabet A heißt jede *allgemeinverständliche exakte Vorschrift*, die einen potentiell realisierbaren Prozeß über den Wörtern aus A festlegt, durch den aus irgendeinem Ausgangswort nacheinander neue Wörter aus dem Alphabet A erzeugt werden.

Der Algorithmus ist auf irgendein Wort P *anwendbar*, wenn man ausgehend von P entsprechend den Regeln des Algorithmus vorgehend schließlich zu einem neuen Wort Q kommt, bei dem der Prozeß abbricht. Wir sagen dann, der Algorithmus hat P in Q übergeführt oder P mit dem Ergebnis Q verarbeitet.

So genügt z. B. die folgende Vorschrift unserer Definition: Schreibe das gegebene Wort umgekehrt von hinten nach vorn hin. Das erhaltene Wort ist das Ergebnis. Stopp. Dieser Algorithmus ist eine völlig exakte und auf jedes Wort anwendbare Vorschrift.

Die Definition I ist indessen zu weit. Die Präzisierung des Begriffes „Algorithmus über einem Alphabet" ist mit der Benutzung von Relationen verknüpft, d. h. mit der Konstruktion eines assoziativen Systems.

II. *Ein Algorithmus über einem Alphabet A besteht aus einem System definierender Relationen und einer allgemeinverständlichen exakten Vorschrift, wie und in welcher Reihenfolge diese Relationen anzuwenden sind und wann der Algorithmus zu Ende ist.*

Ein Alphabet ergibt zusammen mit den definierenden Relationen ein assoziatives System, das man, wie wir wissen, als ein unendliches Labyrinth auffassen kann. Der zweite Teil unserer obigen Definition (d. h. die allgemeinverständliche und exakte Vorschrift über die Anwendung der Relationen) bedeutet dann eine exakte Vorschrift über die Bewegung in diesem Labyrinth. Als Beispiel für einen Algorithmus der Definition II wollen wir den folgenden Fall betrachten.

Das Alphabet A bestehe aus drei Buchstaben: $A = \{a, b, c\}$. Der Algorithmus sei durch die folgenden Relationen

$$cb - cc$$
$$cca - ab$$
$$ab - bca$$

definiert, zu denen noch die folgende Anweisung über die Anwendung dieser Relationen kommt. Bei dem Ausgangswort P prüfe man, ob die links stehenden Wörter in ihm enthalten sind. Diese Prüfung erfolgt in derselben Reihenfolge, in der die Relationen aufgeführt sind. Ist dies nicht der Fall, so ist der Algorithmus zu Ende. Andernfalls wende man die (von oben) erste mögliche Relation an. Kommt das betreffende Wort mehrfach in P vor, so ist es beim ersten Auftreten (von links her gerechnet) entsprechend der Relation zu ersetzen. Mit diesem neuen Wort P_1 wird wie oben verfahren. Der Algorithmus ist zu Ende, wenn man nach n Schritten zu einem Wort P_n gelangt ist, in dem keines der bei den Relationen links stehenden Wörter enthalten ist.

Wir wollen den so definierten Algorithmus auf einige Wörter anwenden. Das Wort *babaac* geht nach der dritten Relation in das Wort *bbcaaac* über, womit der Algorithmus schon zu Ende ist. Das Wort *cbacacb* geht nacheinander über in die Wörter *ccacacb*, *ccacacc*, *abcacc* und schließlich in *bcacacc*, wo der Prozeß abbricht. Das Wort *bcacabc* geht nach *bcacabc*, *bcacbcac*, *bcaccac*, *bcacabc* in sich selbst über, d. h., der Algorithmus geht nie zu Ende. Auf das Wort *bcacabc* ist der Algorithmus also nicht anwendbar.

Unseren Algorithmus können wir als Bewegung in einem Labyrinth deuten. Ausgehend von einem Platz hat man den ersten Gang nach rechts zu nehmen usw. Gerät man in eine Sackgsase, so ist der Prozeß zu Ende. Es gibt auch hier drei Fälle: Ausgehend von einem Platz P geraten wir entweder in eine Sackgasse (s. die Wörter *bbcaaac* und *cbacacb*), durchlaufen endlos eine Schleife (s. das Wort *bcacabc*) oder bewegen uns schließlich endlos lange in dem Labyrinth, ohne in eine Schleife zu kommen.

Auf den ersten Blick hat es den Anschein, als ob die Definition II enger ist als die Definition I. Das ist aber nicht der Fall. Man kann zu jedem Algorithmus im Sinne von I einen dazu äquivalenten Algorithmus im Sinne von II konstruieren. Das ist natürlich kein Beweis dafür, daß die Definitionen I und II gleichwertig sind. Da in beiden Definitionen die verschwommenen Formulierungen „allgemeinverständliche und exakte Vorschrift" vorkommen, kann es einen solchen Beweis auch gar nicht geben. Auf alle Fälle ist es aber einleuchtend, daß die Definition II einen Schritt vorwärts auf dem Wege zur Präzisierung des Begriffes „Algorithmus" darstellt.

Wir wollen nun definieren, was wir unter der Äquivalenz zweier Algorithmen verstehen wollen. *Zwei Algorithmen A_1 und A_2 über einem Alphabet heißen äquivalent, wenn ihre Anwendungsbereiche identisch sind und ihre Ergebnisse bei der Anwendung auf ein Wort aus dem gemeinsamen Anwendungsbereich übereinstimmen.* Wenn also der Algorithmus A_1 auf das Wort P anwendbar ist, dann muß auch A_2 auf dieses Wort anwendbar sein und umgekehrt. Beide Algorithmen überführen das Wort P in ein Wort Q. Ist einer der Algorithmen auf ein Wort B nicht anwendbar, so ist es auch der andere nicht.

Um zu einer exakten mathematischen Definition des Begriffes Algorithmus zu kommen, müssen wir nun noch einen weiteren Schritt tun. Dieser Schritt stammt von A. A. MARKOW, der den Begriff „*normaler Algorithmus*" eingeführt hat. Ein normaler Algorithmus wird nach MARKOW im Sinne der Definition II durch ein System definierender Relationen beschrieben, wobei aber der verschwommene Ausdruck „allgemeinverständliche Vorschrift über die Benutzung der Relationen" durch ein für alle Mal definierte exakte Standardanweisungen über die Reihenfolge der Benutzung der Relationen ersetzt wird.

Danach ist ein MARKOWscher normaler Algorithmus folgendermaßen definiert. Gegeben ist ein Alphabet A und ein fester Satz von Relationen.[1]) Der Algorithmus schreibt vor, daß man bei einem Ausgangswort P aus A die Relationen in der gegebenen Reihenfolge durchmustert, ob die linken Seiten in P enthalten sind. Ist dies für keine Relation der Fall, so ist der Prozeß beendet. Andernfalls nehme man die erste anwendbare Relation und wende sie in P dort an, wo sie, von links her gesehen, das erste Mal vorkommt. Mit diesem neuen Wort P_1 ist wie vorher mit P zu verfahren usw., bis der Prozeß beendet ist. Der Prozeß kann nur auf zwei Arten beendet werden: 1) Es entsteht ein Wort P_n, in dem keines der Wörter auf der linken Seite der Relationen enthalten ist, oder 2) auf P_n ist die letzte Relation anzuwenden. In beiden Fällen sagen wir, unser Algorithmus überführt das Wort P in das Wort P_n.

Wie man sieht, ist der Algorithmus oben in dem Beispiel nach der Definition II ein „fast normaler" Algorithmus. Der ganze Unterschied besteht nur darin, daß der Algorithmus des obigen Beispiels in nur einem Falle beendet wird (wenn keine Relation anwendbar ist), während jetzt ein Stop auf zwei Arten verursacht werden kann.

Die verschiedenen normalen Algorithmen unterscheiden sich nur durch die Alphabete und die Relationensysteme. Die Vorschrift über die Anwendung der Relationen ist immer dieselbe. Ein normaler Algorithmus ist also durch die Angabe des Alphabets und die Relationen vollständig beschrieben.

[1]) Anmerkung d. Übers.: Die Relationen sind nur von links nach rechts anwendbar, weshalb $P \to Q$ geschrieben wird. Es handelt sich damit um sog. semiassoziative Systeme, und in der deutschen Literatur spricht man dann manchmal von Substitutionen an Stelle von Relationen.

Beispiel für normale Algorithmen

Das Alphabet A und die Relationen seien von der Form

$$A = \{1, +\} \qquad \begin{array}{r} 1 + \to + 1 \\ + 1 \to 1 \\ 1 \to 1 \end{array}$$

Wir wollen nun verfolgen, in welches Wort dieser Algorithmus das Wort $1\,1\,1\,1 + 1\,1 + 1\,1\,1$ überführt:

$$\begin{array}{ccccccccccc}
1 & 1 & 1 & 1 & + & 1 & 1 & + & 1 & 1 & 1 \\
1 & 1 & 1 & + & 1 & 1 & 1 & + & 1 & 1 & 1 \\
1 & 1 & + & 1 & 1 & 1 & 1 & + & 1 & 1 & 1 \\
1 & + & 1 & 1 & 1 & 1 & 1 & + & 1 & 1 & 1 \\
+ & 1 & 1 & 1 & 1 & 1 & 1 & + & 1 & 1 & 1 \\
+ & 1 & 1 & 1 & 1 & 1 & + & 1 & 1 & 1 & 1 \\
+ & 1 & 1 & 1 & 1 & + & 1 & 1 & 1 & 1 & 1 \\
+ & 1 & 1 & 1 & + & 1 & 1 & 1 & 1 & 1 & 1 \\
+ & 1 & 1 & + & 1 & 1 & 1 & 1 & 1 & 1 & 1 \\
+ & 1 & + & 1 & 1 & 1 & 1 & 1 & 1 & 1 & 1 \\
+ & + & 1 & 1 & 1 & 1 & 1 & 1 & 1 & 1 & 1 \\
 & + & 1 & 1 & 1 & 1 & 1 & 1 & 1 & 1 & 1 \\
 & & 1 & 1 & 1 & 1 & 1 & 1 & 1 & 1 & 1 \\
 & & 1 & 1 & 1 & 1 & 1 & 1 & 1 & 1 & 1
\end{array}$$

Des Verfahren ist zu Ende, wenn die letzte Relation $1 \to 1$ anzuwenden ist, die das Wort $1\;1\;1\;1\;1\;1\;1\;1\;1$ in sich selbst überführt.

Für dasselbe Alphabet mögen die Relationen von der Form

$$\begin{array}{r} + \to \Lambda \\ 1 \to 1 \end{array}$$

sein (Λ ist das leere Wort). Das Wort $1\;1 + 1\;1\;1 + 1 + 1\;1$ wird durch diesen normalen Algorithmus in der folgenden Weise verarbeitet:

$$\begin{array}{llllllllll}
1 & 1 & + & 1 & 1 & 1 & + & 1 & + & 1 \;\; 1 \\
1 & 1 & 1 & 1 & 1 & + & 1 & + & 1 & 1 \\
1 & 1 & 1 & 1 & 1 & 1 & + & 1 & 1 & \\
1 & 1 & 1 & 1 & 1 & 1 & 1 & 1 & & \\
1 & 1 & 1 & 1 & 1 & 1 & 1 & 1\,. & &
\end{array}$$

Wie man sieht, bilden beide Algorithmen die Summe der Einsen in dem Ausgangswort, und man kann leicht zeigen, daß beide normalen Algorithmen äquivalent sind.

Einen dritten dazu äquivalenten Algorithmus erhält man, wenn man die Relationen

$$\begin{array}{r} 1 + \to + 1 \\ + + \to + \\ + \to \Lambda \end{array}$$

benutzt.

Der Leser überzeuge sich davon, daß der über dem Alphabet $A = \{1, *, V, ?\}$ durch die Relationen

$$
\begin{aligned}
*11 &\to V * 1\,,\\
*1 &\to V\,,\\
1V &\to V1?\,,\\
?V &\to V.?\,,\\
?1 &\to 1?\,,\\
V1 &\to V\,,\\
V? &\to ?\,,\\
? &\to 1\,,\\
1 &\to 1
\end{aligned}
$$

definierte Algorithmus jedes Wort der Form $\underbrace{11\ldots11}_{m\text{-mal}} * \underbrace{11\ldots11}_{n\text{-mal}}$ in das Wort $\underbrace{11\ldots11}_{m\cdot n\text{-mal}}$ überführt, d. h. die Multiplikation realisiert.

Markow hat den Begriff eines Algorithmus über einem Alphabet noch genauer zu formulieren versucht. Markow äußerte die Vermutung, daß *jeder Algorithmus über einem Alphabet A einem gewissen normalen Algorithmus über demselben Alphabet äquivalent ist.*

Dies ist, wie gesagt, eine Hypothese, die nicht exakt bewiesen werden kann, weil darin einerseits der ungenaue Ausdruck „jeder Algorithmus" und andererseits der exakte Ausdruck „normaler Algorithmus" gebraucht wird. Diese Behauptung läßt sich zwar nicht beweisen, sie wird aber durch die Erfahrung bestätigt. Bisher ist es noch nicht gelungen, über dem Alphabet A einen Algorithmus anzugeben, zu dem sich kein äquivalenter normaler Algorithmus angeben läßt.

Wenn wir noch einmal zum letzten Teil des vorigen Paragraphen zurückkehren, so zeigt sich also, daß ein normaler Markowscher Algorithmus die angemessene Form ist, um irgendeinen Algorithmus zu beschreiben, wenn man die obige Hypothese als richtig annimmt. Wenn man dies aber tut, dann zeigt sich sofort ein Weg, um für diesen oder jenen Problemkreis einen Beweis für die algorithmische Entscheidbarkeit zu führen.

Bei dem Wortproblem z. B. ging es um die Frage, ob es einen Algorithmus gibt, mit dem in einem beliebigen assoziativen System entschieden werden kann, ob zwei beliebige Wörter P und Q zueinander äquivalent sind. Um zu zeigen, daß es keinen solchen Algorithmus gibt, daß also das Wortproblem nicht algorithmisch entscheidbar ist, genügt es, als Beispiel ein assoziatives System zu konstruieren und zu beweisen, daß es für dieses System *keinen normalen Algorithmus gibt, mit dem man die Äquivalenz zweier Wörter erkennen kann.* Die ersten Beispiele dieser Art haben A. A. Markow 1946 und E. Post 1947 konstruiert.

Danach war es klar, daß es um so mehr keinen Algorithmus geben kann, um die Äquivalenz zweier Wörter in einem beliebigen assoziativen System zu erkennen.

Die von Markov und Post angeführten assoziativen Systeme waren sehr umfangreich und enthielten Hunderte von definierenden Relationen. Später hat der sowjetische Mathematiker G. S. Zeitin ein assoziatives System mit nur sieben definierenden Relationen angegeben, in dem das Problem der Äquivalenz von Wörtern algorithmisch nicht entscheidbar ist.

Zur Erläuterung wollen wir hier den Beweis für die algorithmische Unentscheidbarkeit skizzieren. Über dem Alphabet $A = \{a_1, a_2, \ldots, a_n\}$ sei durch ein System von Relationen ein normaler Algorithmus U gegeben. In der Niederschrift dieses Algorithmus kommen außer den Buchstaben des Alphabets A noch die Symbole $\rightarrow$ und , vor. Fassen wir diese beiden Symbole als neue Buchstaben auf und geben ihnen die Bezeichnungen a_{n+1}, a_{n+2}, so können wir den Algorithmus U als ein Wort in dem erweiterten Alphabet $A = \{a_1, \ldots, a_{n+2}\}$ auffassen. Wir wenden nun den Algorithmus U auf das ihn selbst darstellende Wort an.

Wenn der Algorithmus U dieses Wort in ein anderes Wort überführt, und danach ein Stop eintritt, so sagen wir, der Algorithmus ist *auf sich selbst anwendbar*. Es erhebt sich damit das neue Problem, ob ein Algorithmus auf sich selbst anwendbar ist oder nicht.

Zur Lösung dieses Problems könnte man sich vorstellen, einen normalen Algorithmus V zu konstruieren, der jeden selbstanwendbaren Algorithmus in ein Wort M und jeden nicht selbstanwendbaren Algorithmus in ein anderes Wort L überführt. Aus dem Ergebnis des Algorithmus V läßt sich dann entnehmen, ob ein Algorithmus U selbstanwendbar ist oder nicht.

Es ist bewiesen worden, daß ein solcher normaler Algorithmus V nicht existiert (s. [160]). Damit ist bewiesen, daß das Problem der Erkennung, ob ein Algorithmus selbstanwendbar ist, algorithmisch nicht entscheidbar ist. Der Beweis läßt sich indirekt führen. Wir nehmen an, es gibt einen solchen normalen Algorithmus V, der jede Schreibweise eines selbstanwendbaren Algorithmus in das Wort M, jede Schreibweise eines nicht selbstanwendbaren Algorithmus in das Wort L überführt.

Wenn man das Relationensystem des normalen Algorithmus V etwas abändert, so ergibt sich ein anderer normaler Algorithmus $\tilde{V}$, der jede Schreibweise eines nicht selbstanwendbaren Algorithmus nach wie vor in das Wort L überführt, auf jede Schreibweise eines selbstanwendbaren Algorithmus nicht anwendbar ist (es tritt kein Ende ein). Diese Eigenschaft des Algorithmus $\tilde{V}$ führt aber auf einen Widerspruch:

1) $\tilde{V}$ sei selbstanwendbar, d. h., es ist auf die eigene Schreibweise in Form eines Wortes anwendbar (es tritt ein Stop ein). Das ist aber gerade das Kennzeichen dafür, daß $\tilde{V}$ nicht selbstanwendbar ist.

2) $\tilde{V}$ sei nicht selbstanwendbar. Dann ist er auf die eigene Schreibweise anwendbar (weil er auf jede Schreibweise eines nicht selbstanwendbaren Algorithmus anwendbar ist). Das heißt aber doch, daß $\tilde{V}$ selbstanwendbar ist.

Dieser Widerspruch beweist, daß das Problem der Erkennung der Selbstanwendbarkeit eines Algorithmus algorithmisch nicht entscheidbar ist.

Wenn man also ein Problem löst, muß man im Auge behalten, ob es einen Algorithmus für die Lösung gibt oder nicht. Und es sei nochmals betont, daß das Fehlen eines Algorithmus zur Lösung einer Problemklasse keineswegs bedeutet, daß die Probleme dieser Klasse überhaupt nicht lösbar sind. Dies bedeutet doch nur, daß die betrachtete Klasse von Problemen so weit ist, daß es keine gemeinsame Lösung für alle Probleme der Klasse gibt. Obwohl G. S. Zeitin mit Hilfe eines assoziativen Systems gezeigt hat, daß das Problem der Äquivalenz zweier Wörter algorithmisch nicht lösbar ist, kann man in einem konkreten Fall gewöhnlich doch feststellen, ob zwei gegebene Wörter äquivalent sind.

Bevor der Begriff „Algorithmus" so präzisiert worden war, gab es in der Mathematik zwei Standpunkte:

1) *Alle Probleme, für deren Lösung man noch keinen Algorithmus finden konnte, sind algorithmisch lösbar; man hat mit den gegenwärtigen Mitteln der Mathematik nur noch keinen solchen Algorithmus aufstellen können.* Mit anderen Worten heißt dies, daß wir uns bei einer Reihe von Problemen in einer ähnlichen Situation befinden wie früher, als man noch versuchte, die Fläche eines Kreises mit Hilfe von Zirkel und Lineal zu finden oder allgemein eine Gleichung n-ten Grades in Radikalen zu lösen. Man konnte keine Lösungen für diese Probleme finden, solange man unzureichende Hilfsmittel gebrauchte. Vielleicht trifft dies auch für Probleme zu, die heute noch algorithmisch unentscheidbar sind, daß die heutige Mathematik nur nicht über die geeigneten Hilfsmittel verfügt und daß die gesuchten Algorithmen morgen konstruiert werden können?

2) *Es gibt Problemklassen, für deren Lösung es überhaupt keinen Algorithmus gibt.* Es gibt also Probleme, die sich nicht mechanisch durch formale Überlegungen und Berechnungen lösen lassen, sondern den schöpferischen Verstand erfordern.

Diese Behauptung ist eine Prognose für alle Zukunft und besagt, daß es gar keinen Zweck hat, Mühe auf die Suche nach nicht existierenden Algorithmen zu verschwenden. Wie könnten die Anhänger dieses zweiten Standpunktes aber die Nichtexistenz eines Algorithmus beweisen? Solange man zur Definition eines Algorithmus solche Ausdrücke wie „allgemeinverständliche exakte Vorschrift" benutzt, kann man nicht an einen Beweis denken, weil es unmöglich ist, alle „allgemeinverständlichen exakten Vorschriften" durchzumustern und zu zeigen, daß sie nicht geeignet sind.

Dieser zweite Standpunkt bezieht also seine Existenzberechtigung aus der kühnen Hypothese, daß sich jeder Algorithmus in einer „Standardform" darstellen läßt, z. B. in Form eines normalen MARKOWschen Algorithmus, wodurch die Begriffe „Algorithmus" und „algorithmische Entscheidbarkeit" exakt formuliert werden können.

§ 12.5 Zurückführung eines Algorithmus auf einen numerischen Algorithmus. Gödelisierung

In diesem Kapitel haben wir bisher einige Beispiele von numerischen und logischen Algorithmen betrachtet. Die intuitive Definition ist für beide Arten von Algorithmen ähnlich. In beiden Fällen kann der Algorithmus als ein System von Regeln zur Lösung einer bestimmten Klasse von Problemen bezeichnet werden, das die Eigenschaften der Determiniertheit, Allgemeinheit und Endlichkeit im Sinne von § 12.2 hat.

Die Bemühungen, den Begriff Algorithmus zu präzisieren, haben uns zu dem Begriff eines normalen Algorithmus geführt. Dieser Begriff mag für die Spezialisten der Logik sehr nützlich sein. Für diejenigen aber, die es vorzugsweise mit Rechenmaschinen zu tun haben, wäre es zweifellos wichtiger, Algorithmen durch eine Standardform zu beschreiben, die der Form numerischer Algorithmen ähnelt.

Im Laufe der Entwicklung einer Theorie der numerischen Algorithmen zeigte es sich, daß man jeden logischen Algorithmus mit einfachen Methoden auf einen numerischen Algorithmus zurückführen kann. Bei der Vervollkommnung dieser Methoden stellte sich dann heraus, daß sich überhaupt jeder Algorithmus immer auf einen numerischen Algorithmus zurückführen läßt.

Die Theorie der numerischen Algorithmen (und im folgenden wollen wir diesen Begriff mit dem Begriff „Theorie der berechenbaren Funktionen" identifizieren) wurde der universelle Apparat zur Untersuchung aller algorithmischen Probleme. In diesem Paragraphen wollen wir zeigen, wie man jedes algorithmische Problem auf die Berechnung des Funktionswertes einer ganzzahligen Funktion eines ganzzahligen Argumentes zurückführen kann.

Alle Problembedingungen, die der Verarbeitung durch einen gegebenen Algorithmus A zugänglich sind, schreiben wir in Form einer numerierten Folge nicht negativer Zahlen

$$A_0, A_1, A_2, \ldots, A_n, \ldots$$

auf. Ebenso bringen wir alle möglichen Lösungen in die Form einer solchen Folge

$$B_0, B_1, B_2, \ldots, B_n, \ldots .$$

Sobald diese Numerierung durchgeführt ist, sieht man, daß ein Algorithmus, der aus der Bedingung A_n die Lösung B_m erarbeitet, auf die Berechnung des Funktionswertes einer numerischen Funktion

$$m = \varphi(n)$$

zurückgeführt werden kann. Nach der Einführung der Nummern haben wir es nur noch mit diesen Nummern und nicht mehr mit der Schreibweise der einzelnen Bedingungen und Lösungen zu tun. Wir können von einem Algorithmus sprechen, der die Nummer von formulierten Bedingungen in die Nummer einer formulierten Lösung überführt. Damit handelt es sich dann um einen numerischen Algorithmus.

Es ist auch einleuchtend, daß zugleich mit dem Algorithmus für die Lösung eines Problems auch ein Algorithmus zur Berechnung der entsprechenden Funktion existiert. Möchte man nämlich den Wert der Funktion $\varphi(n)$ für $n = n^*$ bestimmen, so kennt man ja die n^* entsprechende Formulierung der Problembedingungen und kann danach mit dem Algorithmus die Lösung formulieren. Dieser entspricht aber eine Nummer m^*, und also ist

$$\varphi(n^*) = m^* .$$

Umgekehrt gilt aber auch, daß man zugleich mit dem Algorithmus zur Berechnung der Funktion $\varphi(n)$ auch einen Algorithmus zur Lösung des entsprechenden Problems kennt. Zu n^* gehören ja bestimmte Bedingungen, und man kann unter $m^* = \varphi(n^*)$ die Formulierung der Lösung finden.

Wir wollen nun eine weit verbreitete Methode zur Numerierung beschreiben, nämlich die von GÖDEL.

Jede Zahl n kann man in der Form

$$n = 2^{a_1} \cdot 3^{a_2} \cdot 5^{a_3} \cdot 7^{a_4} \times \ldots \times p_{m-1}^{a_m}$$

schreiben, wobei $p_0 = 2$, $p_1 = 3$, $p_2 = 5$ und allgemein p_m die m-te Primzahl ist. Aus dem Satz über die eindeutige Zerlegung einer Zahl in Primfaktoren folgt damit, daß jede Zahl n durch den Satz von Zahlen $a_1, a_2, \ldots, a_m$ eindeutig bestimmt ist.

Umgekehrt gehört zu jedem Satz von Zahlen $a_1, a_2, \ldots, a_m$ eindeutig eine Zahl n. Für $n = 60$ ist z. B.

$$60 = 2^2 \cdot 3^1 \cdot 5^1$$

und damit also $a_1 = 2$, $a_2 = 1$, $a_3 = 1$.

Mit diesem Verfahren kann man nun jede geordnete Folge von m Zahlen numerieren. Betrachten wir dazu einige Beispiele.

1) Jedem Zahlenpaar a_1, a_2, für das der größte gemeinsame Teiler q gesucht ist, kann man die „GÖDEL-Nummer" dieses Paares

$$n = 2^{a_1} \cdot 3^{a_2}$$

zuordnen. Der Euklidische Algorithmus ist dann auf die Berechnung der Funktion $q = \varphi(n)$ zurückgeführt.

2) Es ist das Symbol zu bestimmen, das an der r-ten Stelle einer periodischen Folge steht, die sich durch unendliche Wiederholungen der Zahlen $a_1, a_2, \ldots, a_m$ ergibt. Dieser Problembedingung kann man die GÖDEL-Nummer

$$n = 2^r \cdot 3^{a_1} \cdot 5^{a_2} \times \ldots \times p_m^{a_m}$$

zuordnen. Der Algorithmus zur Erkennung der Zahl, die an der r-ten Stelle dieser Folge steht, führt damit auf die Berechnung der Funktion

$$q = \varphi(n)\,,$$

wobei q nur einen der Werte $\{a_1, a_2, \ldots, a_m\}$ haben kann.

3) Der Gleichung n-ten Grades

$$x^n + b_1\,x^{n-1} + b_1\,x^{n-2} + \cdots + b_n = 0\,,$$

in der die b_i Buchstaben und keine konkreten Zahlen sein sollen, kann man die Nummer n zuordnen. Aus n kann man offensichtlich die Gleichung wieder rekonstruieren. Für $n = 2$ ist die Gleichung von der Form

$$x^2 + b_1\,x + b_2 = 0\,.$$

Diese Gleichung hat die Lösung

$$x = -\frac{b_1}{2} \pm \sqrt[2]{\left(\frac{b_1}{2}\right)^2 - b_2}\,. \qquad (12.2)$$

Diese Gleichung kann man in einer Zeile schreiben als

$$x = -\,b_1 : 2 + -\sqrt[2]{}(b_1 \times b_1 : 4 - b_2)\,,$$

wenn man vereinbart, daß die Wurzel auf die folgende Klammer angewandt werden soll. Wir nehmen an, daß wir die Lösung einer Gleichung n-ten Grades in Radikalen angeben wollen. Wie diese Lösung auch aussehen mag, sie besteht sicher aus den folgenden Symbolen:

$$+,\ -,\ \times,\ :,\ (,\ ),\ 1,\ b_1,\ b_2,\ \ldots,\ b_n,\ \sqrt[2]{},\ \sqrt[3]{},\ \ldots,\ \sqrt[r]{}\,.$$

Da in dieser Aufzählung die Symbole 1 und + vorkommen, kann man durch diese Symbole jede Zahl in der Form $1 + 1 + \cdots + 1$ anschreiben. Diesen Symbolen ordnen wir nun die Zahlen

$\sqrt[r]{}$	entspricht der Zahl	$2\,r$	)	entspricht der Zahl	13
$+$	entspricht der Zahl	3	1	entspricht der Zahl	15
$-$	entspricht der Zahl	5	b_1	entspricht der Zahl	17
$\times$	entspricht der Zahl	7	b_2	entspricht der Zahl	19
:	entspricht der Zahl	9	. . . .	. . . .	. . . .
(	entspricht der Zahl	11	. . . .	. . . .	. . . .
			b_n	entspricht der Zahl	$(2\,n + 15)$

zu. Jedem aus diesen Symbolen aufgebauten Ausdruck entspricht damit ein Satz von Zahlen. So gehört z. B. zu

$$\sqrt[3]{(b_1 + b_2)}$$

der Zahlensatz

$$6, 11, 17, 3, 19, 13 .$$

Diesem Zahlensatz, und damit auch dem obigen Ausdruck, können wir die GÖDEL-Nummer

$$2^6 \cdot 3^{11} \cdot 5^{17} \cdot 7^3 \cdot 11^{19} \cdot 13^{13}$$

geben. Da umgekehrt zu jeder GÖDEL-Nummer eindeutig ein Satz von Zahlen gehört, denen wiederum die obigen Symbole zugeordnet sind, gehört also zu jeder GÖDEL-Nummer umgekehrt auch irgendeine Formel.

Wir haben damit ein Verfahren gefunden, um beliebige, aus Ziffern, Buchstaben, Operationssymbolen usw. bestehende Ausdrücke numerieren zu können.

4) Es sei die Aufgabe gestellt, alle Wörter aus einem Alphabet A zu numerieren. Das ist leicht zu machen, wenn man jedem Buchstaben des Alphabets eine Zahl zuordnet. Jedes Wort besteht dann aus einer Folge von Zahlen. Jeder dieser Zahlenfolgen entspricht eine GÖDEL-Nummer, womit also die Wörter aus dem Alphabet „gödelisiert" sind. Selbstverständlich ist die GÖDEL-Nummer eines Wortes davon abhängig, welche Zahlen man welchen Buchstaben des Alphabets zugeordnet hat. In einem weiteren Schritt kann man nun einfach auch eine Folge von Wörtern, z. B. eine deduktive Kette, durchnumerieren. Der Folge von Wörtern entspricht eindeutig die Folge der entsprechenden GÖDEL-Nummern. Wird diese Folge erneut gödelisiert, so ergibt sich für jede dieser Folgen von GÖDEL-Nummern selbst eine GÖDEL-Nummer.

Damit kann man also nicht nur arithmetische Algorithmen auf die Berechnung des Funktionswertes einer ganzzahligen Funktion zurückführen. Mit Hilfe der Gödelisierung führt auch jeder normale MARKOWsche Algorithmus auf dieses Problem. Man kann deshalb den Algorithmus zur Berechnung des Wertes ganzzahliger Funktionen als die universelle Form eines Algorithmus ansehen.

Bevor wir zur Untersuchung ganzzahliger Funktionen übergehen, sei noch die folgende Bemerkung gemacht. Alles oben Gesagte gilt nur unter der Voraussetzung, daß die Ausgangsbedingungen, die von dem Algorithmus verarbeitet werden können, zwar eine unendliche Menge bilden können, daß diese aber dann abzählbar sein muß. Wenn wir im folgenden von einem Algorithmus sprechen, dann meinen wir immer solche Ausgangsbedingungen.

§ 12.6 Elementare und primitiv-rekursive Funktionen

Eine Funktion $y = \varphi(x_1, x_2, \ldots, x_n)$ heißt eine *arithmetische Funktion*, wenn sowohl die Argumente als auch die Funktion selbst nur Werte aus der Menge 0, 1, 2, 3, ... annehmen. Im folgenden werden wir nur arithmetische Funktionen betrachten. Die logischen Funktionen (s. Kap. I) sind ein Spezialfall der arithmetischen Funktionen.
Weiter wollen wir die folgenden Bezeichnungen vereinbaren: Veränderliche werden durch kleine lateinische Buchstaben bezeichnet:

$$a, b, c, \ldots, m, n, \ldots, x, y, z \quad \text{oder} \quad x_1, x_2, \text{ usw.}$$

Funktionen werden durch kleine griechische Buchstaben bezeichnet:

$$\varphi, \psi, \chi, \xi, \ldots, \alpha, \beta, \gamma \quad \text{oder} \quad \varphi_1, \varphi_2, \text{ usw.}$$

Prädikate werden durch große lateinische Buchstaben bezeichnet:

$$A, B, C, P, Q \text{ usw.}$$

Feste Zahlen bezeichnen wir wie die Veränderlichen und fügen oben einen Stern hinzu:

$$a^*, b^*, x^*, y^* \text{ usw.}$$

Wir geben weiter eine Definition der Begriffe berechenbare arithmetische Funktion und entscheidbares Prädikat:
Die Funktion $y = \varphi(x_1, x_2, \ldots, x_n)$ heißt algorithmisch berechenbar oder auch einfach nur berechenbar, wenn es einen Algorithmus gibt, mit dem man zu beliebigen Werten der Veränderlichen $x_1, x_2, \ldots, x_n$ den Wert der Funktion bestimmen kann.
Das über der Menge der ganzen Zahlen definierte Prädikat $P(x_1, x_2, \ldots, x_n)$ heißt algorithmisch entscheidbar oder einfach entscheidbar, wenn es einen Algorithmus gibt, um den Wert des Prädikats P für beliebige $x_1, x_2, \ldots, x_n$ zu bestimmen.
Dies sind intuitive, nicht genaue Definitionen, solange wir nicht exakt definiert haben, was unter einem „einen Wert berechnenden Algorithmus" zu verstehen ist.
Um diese Definitionen genauer fassen zu können, wollen wir versuchen, die Klasse der berechenbaren Funktionen zu konstruieren, und dabei mit den einfachsten elementaren Funktionen beginnen.
Wir nennen eine arithmetische Funktion *elementar*, wenn sie aus nicht negativen Zahlen und Veränderlichen mit Hilfe von endlich vielen arithmetischen Additionen, Subtraktionen (darunter verstehen wir hier die Absolutwertbildung $|x - y|$), Multiplikationen und arithmetischen Divisionen $\left(\text{darunter verstehen wir hier den ganzzahligen Anteil } \left[\frac{x}{y}\right] \text{ für } y \neq 0\right)$ aufgebaut sind.

Die Berechenbarkeit der elementaren Funktionen steht außer Zweifel, da für die Ausführung der genannten zulässigen Operationen hinreichend gut bekannte Algorithmen zur Verfügung stehen.
Als Ausgangszahl für die Konstruktion der elementaren Funktionen braucht man nur die Zahl 1, da

$$0 = |1 - 1|\,, \quad 2 = 1 + 1\,, \quad 3 = (1 + 1) + 1 \quad \text{usw.}$$

ist.
Es seien noch einige Beispiele für elementare Funktionen angeführt.

1) Elementare Funktionen sind alle einfachen Funktionen der Form

$$\varphi(x) \equiv x + 1\,, \qquad \varphi(y) \equiv 12\,y\,, \qquad \psi(a, b, c) \equiv a\,b + c\,,$$
$$\chi(b) \equiv b^2 \qquad (\text{da } b^2 = b \cdot b) \quad \text{usw.}$$

2) Viele in der Zahlentheorie gebräuchlichen Funktionen gehören zu den elementaren Funktionen:

$$\text{a) } \min(x, y) = \left[\frac{|(x + y) - |x - y||}{2}\right];$$

$$\text{b) } \operatorname{sg}(x) = \begin{cases} 1 & \text{für} \quad x \geqq 1\,, \\ 0 & \text{für} \quad x = 0\,. \end{cases}$$

Dabei kann man die Funktion sg (x) durch die Funktion min (x, y) folgendermaßen ausdrücken:

$$\operatorname{sg}(x) = \min(x, 1)\,.$$

Mit Hilfe der Funktion sg (x) kann man auch die Funktion $\overline{\operatorname{sg}}\,(x)$ aufbauen:

$$\overline{\operatorname{sg}}\,(x) = |1 - \operatorname{sg}(x)| = \begin{cases} 1 & \text{für} \quad x = 0\,, \\ 0 & \text{für} \quad x \geqq 1\,. \end{cases}$$

c) Die Ungleichung $x \leqq y$ ist der Gleichung $\min(x, y) = x$ oder $|\min(x, y) - x| = 0$ äquivalent. Dann kann man aber das Prädikat „x kleiner oder gleich y" in der Form

$$P(x, y) = \overline{\operatorname{sg}}\,(|\min(x, y) - x|)$$

schreiben. Für $x^* \leqq y^*$ ist nämlich $P(x^*, y^*) = 1$, d. h. entspricht einer wahren Aussage, während im gegenteiligen Fall $P = 0$ ist.

d) Schließlich ist es noch nützlich, die modifizierte Differenz

$$y \dot{-} x = \begin{cases} |y - x|\,, & \text{für} \quad y \geqq x\,, \\ 0\,, & \text{für} \quad y < x \end{cases}$$

einzuführen. Dies ist eine elementare Funktion, da man sie auch in der Form

$$y \dot{-} x = |y - x|\,\overline{\operatorname{sg}}\,(|\min(x, y) - x|)$$

schreiben kann.

e) Der Rest bei der Division von a durch n ist beschrieben durch

$$\text{res}\,(a, n) = \left| a - n \left[\frac{a}{n} \right] \right| .$$

Natürlich erhebt sich hier die Frage, ob die Klasse der berechenbaren Funktionen weiter ist als die Klasse der elementaren Funktionen, oder anders ausgedrückt, gibt es überhaupt berechenbare Funktionen die nicht elementar sind?

Von allen elementaren Funktionen wächst das Produkt am schnellsten. Das Produkt $a \cdot n$ ist die n-malige Wideerholung der Addition $a + a + \cdots + a$ oder, wie man auch sagt, die n-mal iterierte Addition.

Die Potenzbildung ist ihrerseits eine iterierte Multiplikation:

$$a^n = a \cdot a \cdot a \times \ldots \times a = \prod_1^n a .$$

Da sich diese Funktion durch die Multiplikation ausdrücken läßt, ist auch sie noch eine elementare Funktion. Diese Funktion wächst mit wachsendem a und n sehr rasch.

Ist

$$\psi(0, a) = a , \qquad \psi(1, a) = a^a , \qquad \psi(2, a) = a^{(a^a)} ,$$

so stellt

$$\psi\,(n + 1, a) = a^{\psi(n, a)} \tag{12.3}$$

die iterierte Potenzbildung dar und ist eine Funktion, die außerordentlich stark wächst. Man kann beweisen (s. [208]), daß man dieses Wachstum der Funktion $\psi(n, a)$ mit keiner elementaren Funktion „einholen" kann, oder genauer ausgedrückt, angefangen von einem gewissen $a = a^*$ majorisiert diese Funktion alle elementaren Funktionen, d. h., für jede elementare Funktion $\varphi(a)$ gibt es eine Zahl m^*, so daß die Ungleichung

$$\varphi(a) < \psi(m^*, a)$$

für alle $a \geqq a^*$ gilt. Dann kann man aber zeigen, daß die Funktion $\gamma(n) = \psi(n, n)$ keine elementare Funktion ist.

Wenn nämlich $\psi(n, n)$ eine elementare Funktion wäre, so ließe sich eine Zahl m^* (wegen der Monotonie von $\psi(n, a)$ kann man $m^* \geqq 2$ annehmen) so finden, daß für $n \geqq 2$ die Ungleichung $\psi(n, n) < \psi(m^*, n)$ gelten würde. Diese Ungleichung muß insbesondere auch für $n = m^*$ gelten, da $m^* \geqq 2$ ist. Damit würde sich aber die widersprüchliche Ungleichung $\psi(m^*, m^*) < \psi(m^*, m^*)$ ergeben.

Durch iterierte Potenzbildung haben wir also eine nicht elementare Funktion erhalten. Gleichzeitig ist aber die Funktion $\psi(n, a)$ offensichtlich berechenbar, denn man kann den Wert der Funktion für jedes Wertepaar $n = n^*$, $a = a^*$ berechnen. Nach Gleichung (12.3) lautet die Definition

$$\psi\,(n + 1, a) = a^{\psi(n, a)}$$

oder für $a = a^*$

$$\psi(n+1, a^*) = (a^*)^{\psi(n, a^*)} .$$

Wir führen dann die Bezeichnung $(a^*)^m = \chi(m)$ ein. $\chi(m)$ ist eine überall eindeutige, berechenbare elementare Funktion. Der Algorithmus zur Berechnung ist also die m-malige Multiplikation mit a^*. Durch die Schreibweise

$$\psi(n+1, a^*) = \chi(\psi(n, a^*)) \tag{12.4}$$

wird der Wert der Funktion ψ im folgenden Punkt durch ihren Wert im vorangegangenen bestimmt. Man braucht also nur den Anfangswert $\psi(0, a^*) = a^*$ vorzugeben und hat dann ein Rechenverfahren, um die folgenden Werte zu berechnen:

$$\psi(1, a^*) = \chi(\psi(0, a^*)) = \chi(a^*) ,$$
$$\psi(2, a^*) = \chi(\psi(1, a^*)) = \chi(\chi(a^*)) ,$$
$$\psi(3, a^*) = \chi(\psi(2, a^*)) = \chi(\chi(\chi(a^*))) ,$$
$$\cdots\cdots\cdots\cdots\cdots\cdots$$

Dieser Prozeß wird fortgesetzt, bis der Wert $\psi(n^*, a^*)$ erreicht ist. Damit ist die Funktion ψ überall eindeutig definiert, weil sich die Berechnung ihrer Funktionswerte auf die Berechnung der Funktion $\chi(m)$ zurückführen läßt, die ihrerseits überall eindeutig definiert ist.
Dieses Beispiel zeigt uns, daß man zur Konstruktion aller berechenbaren Funktionen die Klasse der elementaren Funktionen erweitern muß. Wir wollen uns daher das Verfahren zur Konstruktion der Funktion $\psi(n, a)$ etwas genauer betrachten. Wir haben diese Funktion durch ein Induktionsschema beschrieben. Als Basis wurde der Anfangswert $\psi(0, a)$ vorgegeben und dann ein Verfahren definiert, wie man die folgenden Werte durch zulässige Operationen jeweils aus dem vorhergehenden Wert berechnen kann.
Wir wollen versuchen, dieses induktive Prinzip zur Grundlage einer Definition der berechenbaren Funktionen zu machen. Dazu wollen wir zunächst noch etwas genauer auf das Induktionsschema eingehen.
Ein Induktionsschema kann man in jeder geordneten Menge einführen, in der die Begriffe „vorhergehend" und „nachfolgend" erklärt sind. Mit x' wollen wir die Nachfolgerfunktion bezeichnen, die den Übergang zum folgenden Element einer Menge bezeichnet. Ist die gegebene Menge die Menge der natürlichen Zahlen $\{0, 1, 2, \ldots\}$, so ist

$$0' = 1 , \quad 1' = 2 , \quad 2' = 3 \quad \text{usw.}$$

Hier ist also die Nachfolgerfunktion x' identisch mit der Funktion $x + 1$. Nehmen wir als Menge die Menge der geraden Zahlen $\{0, 2, 4, \ldots\}$, so ist also $0' = 2$, $2' = 4$ usw. und allgemein $x' \equiv x + 2$.

Für die folgenden Überlegungen wollen wir die Nachfolgerfunktion aber immer auf die Menge der natürlichen Zahlen anwenden und deshalb unter. der Operation „Strich" immer die Addition der Einheit verstehen: $x' \equiv +1$
Die allgemeine Definition der Funktion $\varphi(x)$ wollen wir nun in folgender Weise präzisieren:

1) Es ist $\varphi(0)$ gegeben.
2) Für jedes x ist vorgeschrieben, wie man den Wert von $\varphi(x')$ durch x und $\varphi(x)$ ausdrücken kann:

$$\left.\begin{aligned} \varphi(0) &= q\,, \\ \varphi(x') &= \chi(x, \varphi(x))\,. \end{aligned}\right\} \tag{12.5}$$

Im allgemeineren Fall können noch unveränderliche Parameter $x_2, x_3, \ldots$ auftreten, die an der Induktion nicht teilnehmen. Die Definitionsgleichungen lauten dann

$$\left.\begin{aligned} \varphi(0, x_2, x_3, \ldots, x_n) &= \psi(x_2, x_3, \ldots x_n)\,, \\ \varphi(y', x_2, x_3, \ldots, x_n) &= \chi(y, \varphi(y, x_2, x_3, \ldots, x_n), x_2, x_3, \ldots, x_n)\,. \end{aligned}\right\} \tag{12.6}$$

Wenn die Funktionen ψ und χ bekannt und berechenbar sind, so kann man nach diesen Gleichungen die Werte $\varphi(1, x_2^*, x_3^*, \ldots, x_n^*)$, $\varphi(2, x_2^*, \ldots, x_n^*)$ usw. nacheinander berechnen. Die Gleichungen (12.6) definieren also tatsächlich eine berechenbare Funktion.

Wir wollen nun untersuchen, welche arithmetischen Funktionen durch solche Induktionsschemen definiert werden können und wie weit die Klasse dieser Funktionen ist. Um diese Fragestellung etwa genauer formulieren zu können, müssen wir noch verabreden, welche Funktionen als ursprünglich bekannt angesehen werden können und welche Operationen außer dem Induktionsschema zur Definition der Funktionen zugelassen werden.

Als ursprünglich bekannt oder auch einfach nur *ursprünglich* sehen wir die folgenden Funktionen an:

I. Die oben beschriebene Nachfolgerfunktion $\varphi(x) = x'$, die auf die Menge der natürlichen Zahlen angewendet werden soll. Zur Abkürzung benutzen wir den Buchstaben S.

II. Die konstante Funktion $\varphi(x_1, x_2, \ldots, x_n) = q = \text{const}$. Als abkürzende Bezeichnungen nehmen wir C_q^n.

III. Die Identitätsfunktion[1] $\varphi(x_1, x_2, \ldots, x_n) = x_i$ mit der abkürzenden Bezeichnung U_i^n.

[1]) Statt der Identität könnte man als ursprünglich bekannte Funktion einfach die Veränderliche selbst nehmen, wie dies bei der Definition der elementaren Funktionen getan wurde. Die Identität wird hier nur eingeführt, um das Folgende möglichst einheitlich beschreiben zu können.
Statt der konstanten Funktion hätte man auch die Null-Funktion $\varphi(x_1, x_2, \ldots, x_n) \equiv 0$ nehmen können, aus der sich ja durch die Nachfolgerfunktion ($1' = 0$, $2 = 1'$ usw.) alle Konstanten erzeugen lassen.

Außer den Induktionsschemen (12.5) und (12.6) sollen auch noch die folgenden *Substitutionen* IV erlaubt sein:

IV. $\varphi(x_1, x_2, \ldots, x_n) = \psi(\chi_1(x_1, x_2, \ldots, x_n), \chi_2(x_1, x_2, \ldots, x_n), \ldots, \chi_m(x_1, x_2, \ldots, x_n))$

Zusammengefaßt lassen wir also zu

$$\text{I. } \varphi(x) = S(x) = x' .$$

$$\text{II. } \varphi(x_1, x_2, \ldots, x_n) = C_q^n = q .$$

$$\text{III. } \varphi(x_1, x_2, \ldots, x_n) = U_i^n = x_i$$

$$\text{IV. } \varphi(x_1, x_2, \ldots, x_n) = \psi(\chi_1(x_1, x_2, \ldots, x_n), \chi_2(x_1, x_2, \ldots, x_n), \ldots, \chi_m(x_1, x_2, \ldots, x_n)) .$$

$$\text{V, a. } \begin{cases} \varphi(0) = q , \\ \varphi(x') = \chi(x, \varphi(x)) . \end{cases}$$

$$\text{V, b. } \begin{cases} \varphi(0, x_2, \ldots, x_n) = \psi(x_2, \ldots, x_n) , \\ \varphi(y', x_2, \ldots, x_n) = \chi(y, \varphi(y, x_2, \ldots, x_n), x_2, x_3, \ldots, x_n) . \end{cases}$$

Die ursprünglichen Funktionen sind durch I—III gegeben und spielen etwa die Rolle von Axiomen, während IV und V Ableitungsregeln sind.

Definition: *Die Funktion $\varphi(x_1, x_2, \ldots, x_n)$ heißt primitiv-rekursiv, wenn sie durch endlich viele Anwendungen der Beziehungen I—V definiert werden kann.*

Weiter wollen wir sagen, eine Funktion φ ist von anderen Funktionen *unmittelbar abhängig*, wenn sie für irgendwelche m und n der Beziehung IV genügt (in diesem Fall ist φ unmittelbar von $\psi, \chi_1, \chi_2, \ldots, \chi_m$ abhängig) oder Va oder Vb für irgendein q und irgendwelchen ψ, χ (in diesem Fall ist φ unmittelbar von ψ und χ abhängig).

Definition: *Eine primitiv-rekursive Beschreibung einer primitiv-rekursiven Funktion $\varphi(x_1, x_2, \ldots, x_n)$ heißt eine solche Folge von Funktionen $\varphi_1, \varphi_2, \ldots, \varphi_k$, bei der jede Funktion der Folge entweder ursprünglich ist oder unmittelbar von der vorhergehenden Funktion der Folge abhängt und die letzte Funktion φ_k die Funktion φ ist. Die Zahl k heißt die Tiefe der primitiv-rekursiven Beschreibung von φ.*

Die primitiv-rekursive Beschreibung ist also dem Wesen nach die Beschreibung einer Funktionenfolge, die sich durch Anwendung der Beziehungen I—V nacheinander ergibt. Wir beginnen mit ursprünglichen Funktionen und gelangen Schritt für Schritt zu der Funktion φ. Zur Illustrierung wollen wir einige primitiv-rekursive Funktionen konstruieren. Für einige Funktionen wollen wir dabei spezielle Bezeichnungen verabreden, die für das Folgende nützlich sind.

1) Die Funktion $\varphi(x, y)$ sei folgendermaßen erklärt

$$\varphi(0, x) = x ,$$
$$\varphi(y', x) = [\varphi(y, x)]' .$$

Danach gilt

$$\varphi(1, x) = x' = x + 1\,,$$
$$\varphi(2, x) = [\varphi(1, x)]' = (x + 1)' = x + 1 + 1 = x + 2\,,$$
$$\varphi(3, x) = [\varphi(2, x)]' = (x + 2)' = x + 2 + 1 = x + 3\,,$$

und allgemein

$$\varphi(y, x) = x + y\,.$$

Wir wollen nun die primitiv-rekursive Beschreibung dieser Funktion aufstellen. Dazu schreiben wir die Beziehung Vb, die ja zur Definition von $\varphi(x, y) = x + y$ benutzt wurde, ausführlich hin:

$$\left.\begin{aligned} \varphi(0, x) &= \psi(x)\,, \\ \varphi(y', x) &= \chi(y, \varphi(y, x), x)\,. \end{aligned}\right\} \qquad (12.7)$$

Im vorliegenden Beispiel ist $\psi(x)$ von der Form $\psi(x) \equiv x$, d. h. sie ist die ursprüngliche Identitätsfunktion $\psi(x) \equiv U_1^1(x)$. Die Funktion $\chi(x, y, z) \equiv z'$ ergibt sich mittels der Beziehung IV aus der ursprünglichen Funktion $U_2^3(y, z, x) \equiv z$, wenn man als ψ die Nachfolgerfunktion $S(z) \equiv z'$ nimmt. Man kann deshalb schreiben

$$\chi(y, z, x) = S[U_2^3(y, z, x)]\,.$$

Die rekursiv-primitive Beschreibung der Funktion χ lautet also U_2^3, S, χ. Fügt man zu dieser Folge noch die Funktion $\psi(x) = U_1^1(x)$ hinzu, von der die Funktion $\varphi(y, x)$ nach Gleichung (12.7) unmittelbar abhängig ist, so ergibt sich für $\varphi(y, x)$ die folgende primitiv-rekursive Beschreibung:

$$U_2^3, S, \chi, U_1^1, \varphi\,.$$

2) Bei der Definition der folgenden primitiv-rekursiven Funktion benutzen wir aus dem Beispiel 1), daß die Summe $x + y$ bereits eine primitiv-rekursive Funktion ist. Wir geben vor

$$\varphi(0, x) = 0\,,$$
$$\varphi(y', x) = \varphi(y, x) + x\,.$$

Danach gilt also

$$\varphi(1, x) = \varphi(0, x) + x = 0 + x = x\,,$$
$$\varphi(2, x) = \varphi(1, x) + x = x + x = 2x\,,$$
$$\varphi(3, x) = \varphi(2, x) + x = 2x + x = 3x$$
$$\dots\dots\dots\dots\dots\dots$$

und allgemein

$$\varphi(y, x) = y\,x\,.$$

Damit ist also auch das Produkt eine primitiv-rekursive Funktion.

3) Unter Benutzung von Beispiel 2) definieren wir

$$\varphi(0, x) = 1 ,$$
$$\varphi(y', x) = \varphi(y, x)\, x .$$

Es ist leicht nachzuprüfen, daß die so definierte Funktion die Potenzfunktion $\varphi(y, x) = x^y$ ist.

4) Mit $\varphi(0) = 1$, $\varphi(x') = \varphi(x)\, x'$ ist die Funktion $\varphi(x) = x!$ erklärt.

5) Wir definieren nun die „Vorgängerfunktion"

$$\mathrm{pd}\,(x) = \begin{cases} 0 & \text{für} \quad x = 0 , \\ |x - 1| & \text{für} \quad x > 0 . \end{cases}$$

Das ist ebenfalls eine primitiv-rekursive Funktion, weil sie sich mit Beziehung Va in der Form

$$\mathrm{pd}\,(0) = 0 ,$$
$$\mathrm{pd}\,(x') = x$$

schreiben läßt.

6) Die oben genannte modifizierte Differenz $x \dot{-} y$ ist durch

$$x \dot{-} 0 = x ,$$
$$x \dot{-} y' = \mathrm{pd}\,(x \dot{-} y)$$

definiert.

7) Mit Hilfe der Beziehung IV kann man die Funktion $\min\,(x, y)$ jetzt folgendermaßen definieren

$$\min\,(x, y) = y \dot{-} (y \dot{-} x) .$$

8) $$\max\,(x, y) = (x + y) \dot{-} \min\,(x, y) .$$

9) $$\mathrm{sg}\,(x) = \min\,(x, 1) .$$

10) $$\overline{\mathrm{sg}}\,(x) = 1 \dot{-} x .$$

11) $$|x - y| = (x \dot{-} y) + (y \dot{-} x) .$$

12) Der Rest der Division von y durch x, die Funktion $\mathrm{res}\,(y, x)$ ist erklärt durch

$$\mathrm{res}\,(0, x) = 0 ,$$
$$\mathrm{res}\,(y', x) = (\mathrm{res}\,(y, x))' \cdot \mathrm{sg}\,|x - (\mathrm{res}\,(y, x))'| .$$

13) Für $\left[\frac{y}{x}\right]$ ist

$$\left[\frac{0}{x}\right] = 0 ,$$
$$\left[\frac{y'}{x}\right] = \left[\frac{y}{x}\right] + \overline{\mathrm{sg}}\,|x - (\mathrm{res}\,(y, x))'| .$$

14) Mit Hilfe einer primitiven Rekursion lassen sich auch die endlichen Summen und Produkte

$$\sum_{i=0}^{y} \varphi(i, x) \qquad \text{und} \qquad \prod_{i=0}^{y} \varphi(i, x)$$

definieren. Es ist nämlich

$$\left.\begin{aligned} \sum_{i=0}^{0} \varphi(i, x) &= \varphi(0, x), \\ \sum_{i=0}^{y'} \varphi(i, x) &= \sum_{i=0}^{y} \varphi(i, x) + \varphi(y', x) \end{aligned}\right\}$$

$$\left.\begin{aligned} \prod_{i=0}^{0} \varphi(i, x) &= \varphi(0, x)\,, \\ \prod_{i=0}^{y'} \varphi(i, x) &= \prod_{i=0}^{y} \varphi(i, x) \cdot \varphi(y', x)\,. \end{aligned}\right\}.$$

Unter den oben definierten primitiv-rekursiven Funktionen befanden sich die Summe $x + y$, der Betrag der Differenz $|x - y|$, das Produkt $x \cdot y$, die Division ohne Rest $\left[\frac{y}{x}\right]$ sowie endliche Summen und Produkte. Demnach sind also alle elementaren Funktionen, von denen zu Beginn des Paragraphen die Rede war, primitiv-rekursive Funktionen, und die Klasse der elementaren Funktionen ist also eine Unterklasse der primitiv-rekursiven Funktionen.

§ 12.7 Prädikate. Der beschränkte μ-Operator

Prädikate (s. Kap. I) werden in der Logik dort eingeführt, wo man eine Beziehung zwischen Gegenständen symbolisch beschreiben muß. Im allgemeinen Fall ist ein Prädikat über einer (endlichen oder unendlichen) Menge von Gegenständen definiert und kann die beiden Werte wahr (1) oder falsch (0) annehmen. Wir wollen hier nur die über der Menge der natürlichen Zahlen 0, 1, 2, ... definierten arithmetischen Prädikate betrachten.

Ein Prädikat $P(x_1, x_2, \ldots, x_n)$ hängt allgemein von n Veränderlichen ab (n-stelliges Prädikat). Wenn einige Veränderliche unter einem Quantorsymbol stehen, das vor dem Prädikat steht, so nennen wir diese *gebundene* Variable im Gegensatz zu den *freien* Veränderlichen.

Das Prädikat $P(x, y, z, t)$ ist z. B. von vier Veränderlichen abhängig. Das Prädikat $(\forall x)(\exists y)\, P(x, y, z, t)$ (gelesen: „Für alle x existiert ein solches y, daß $P(x, y, z, t)$ wahr ist“) hat die gebundenen Veränderlichen x und y und ist abhängig von den freien Veränderlichen z und t. Der Ausdruck $(\forall x)(\exists y)$ $P(x, y, z, t)$ ist also dem Wesen nach ein zweistelliges Prädikat $Q(z, t)$:

$$(\forall x)(\exists y)\, P(x, y, z, t) \equiv Q(z, t)\,.$$

Diese Schreibweise bedeutet nämlich, daß es in Abhängigkeit von den gewählten Werten z^* und t^* für alle x ein solches y geben kann, daß $P(x, y, z^*, t^*)$ wahr ist. Gibt es ein solches y, dann ist $Q = 1$ (wahr), wenn nicht, ist $Q = 0$ (falsch).

Ein Prädikat kann ebenso wie eine Funktion durch ein Induktionsschema definiert werden. So ist z. B. durch

$$E(0) \quad (\text{oder } E(0) = 1)$$
$$E(a') = \overline{E}(a)$$

das Prädikat $E(a) \equiv$ „a gerade" definiert. Es ergibt sich damit die Möglichkeit, ähnlich wie bei den primitiv-rekursiven Funktionen Induktionsschemata für Prädikate zu konstruieren und den Begriff „primitiv-rekursive Prädikate" einzuführen.

Wir wollen aber nicht diesen Weg verfolgen, sondern eine von Gödel 1931 vorgeschlagene Definition eines primitiv-rekursiven Prädikates benutzen. Dazu nennen wir eine Funktion $\varphi(x_1, x_2, \ldots, x_n)$ die *charakteristische Funktion* des Prädikats $P(x_1, x_2, \ldots, x_n)$, wenn die Funktion φ für und auch nur für solche Werte $x_1, x_2, \ldots, x_n$ verschwindet, für die das Prädikat $P(x_1, x_2, \ldots, x_n)$ wahr ist. Dann entspricht die Wahrheit des Prädikats $P(x_1, x_2, \ldots, x_n)$ der Gleichung

$$\varphi(x_1, x_2, \ldots, x_n) = 0 .$$

Offensichtlich kann ein Prädikat mehrere charakteristische Funktionen haben, da ja nur deren Nullstellen übereinzustimmen brauchen.

Definition: *Ein Prädikat heißt primitiv-rekursiv, wenn es eine primitiv-rekursive charakteristische Funktion für dieses Prädikat gibt.*

Bei der Untersuchung rekursiver Prädikate werden oft beschränkte All- und Existenzquantoren sowie ein beschränkter Operator der kleinsten Zahl eingeführt (beschränkter μ-Operator). Wir werden annehmen, daß das Prädikat $Q(x_1, x_2, \ldots, x_n)$ durch das primitiv-rekursive Prädikat $P(x_1, x_2, \ldots, x_n, y)$ mit Hilfe des beschränkten Allquantors

$$Q(x_1, x_2, \ldots, x_n) = (\forall y)_{y \leqq z} P(x_1, x_2, \ldots, x_n, y) \tag{12.8}$$

oder ausführlicher

$$Q(x_1, x_2, \ldots, x_n) = (\forall y)\,[y \leqq z \rightarrow P(x_1, x_2, \ldots, x_n, y)]$$

definiert ist. Das Prädikat $Q(x_1, x_2, \ldots, x_n)$ entspricht der Aussage, daß bei gegebenen Werten $x_1, x_2, \ldots, x_n$ das Prädikat $P(x_1, \ldots, x_n, y)$ für alle $y \leqq z$ wahr ist. Das so definierte Prädikat $Q(x_1, \ldots, x_n)$ ist primitiv-rekursiv, weil sich seine charakterische Funktion $\varphi(x_1, x_2, \ldots, x_n)$ durch die charakteristische Funktion $\varphi(x_1, x_2, \ldots, x_n, y)$ des Prädikates P in der Form

$$\varphi(x_1, x_2, \ldots, x_n) = \sum_{y=0}^{z} \varphi(x_1, x_2, \ldots, x_n, y)$$

ausdrücken läßt. Es sei vermerkt, daß z im allgemeinen Fall von $x_1, x_2, \ldots, x_n$ abhängig sein kann. Damit dann alle unsere Überlegungen gültig bleiben, muß auch diese Abhängigkeit primitiv-rekursiv sein.

Ähnliches gilt für ein Prädikat Q, das durch einen beschränkten Existenzquantor definiert wird:

$$Q(x_1, x_2, \ldots, x_n) = (\exists\, y)_{y \leq z}\, P(x_1, x_2, \ldots, x_n, y) \tag{12.9}$$

oder ausführlicher

$$Q(x_1, x_2, \ldots, x_n) = (\exists\, y)\, [y \leqq z\ \&\ P(x_1, x_2, \ldots, x_n, y)].$$

Hier ist die charakteristische Funktion des Prädikates Q durch das Produkt

$$\varphi(x_1, x_2, \ldots, x_n) = \prod_{y=0}^{z} \varphi(x_1, x_2, \ldots, x_n, y)$$

definiert.

Wir führen nun den *beschränkten μ-Operator* in die Betrachtung ein. Es sei ein primitiv-rekursives Prädikat $P(x_1, x_2, \ldots, x_n, y)$ gegeben, von dem bekannt ist, daß es der Bedingung

$$(\forall\, x_1)\, (\forall\, x_2) \ldots (\forall\, x_n)\, (\exists\, y)_{y \leq z}\, P(x_1, x_2, \ldots, x_n, y) \tag{12.10}$$

genügt. Diese Bedingung heißt in Worten ausgedrückt: Für jeden Satz von Werten $x_1, x_2, \ldots, x_n$ existiert wenigstens ein $y \leqq z$, so daß $P(x_1, x_2, \ldots, x_n, y)$ wahr ist. Mit Hilfe dieses Prädikates P kann man eine Funktion $\psi(x_1, x_2, \ldots, x_n)$ in folgender Weise definieren: *Bei gegebenen Werten $x_1^*, x_2^*, \ldots, x_n^*$ nimmt die Funktion $\psi(x_1^*, x_2^*, \ldots, x_n^*)$ den kleinsten Wert y^* an, für den das Prädikat $P(x_1^*, x_2^*, \ldots, x_n^*, y^*)$ wahr ist.* Wir bezeichnen diesen Sachverhalt durch

$$\psi(x_1, x_2, \ldots, x_n) = \mu\, y_{y \leq z}\, P(x_1, x_2, \ldots, x_n, y)\,. \tag{12.11}$$

Wegen der Bedingung (12.10) läßt sich für jeden Satz von Werten $x_1, x_2, \ldots, x_n$ ein solches y angeben, und folglich ist die Funktion $\psi(x_1, x_2, \ldots, x_n)$ überall definiert.

Wenn man an Stelle des Prädikates $P(x_1, x_2, \ldots, x_n, y)$ seine charakteristische Funktion $\varphi(x_1, x_2, \ldots, x_n, y)$ benutzt, so kann man die Gleichung (12.11) auch in der Form

$$\psi(x_1, x_2, \ldots, x_n) = \mu\, y_{y \leq z}\, [\varphi(x_1, x_2, \ldots, x_n, y) = 0]$$

schreiben, d. h., für $\psi(x_1, x_2, \ldots, x_n)$ ist der kleinste Wert y zu nehmen, für den $\varphi(x_1, x_2, \ldots, x_n, y)$ zu Null wird.

Der beschränkte μ-Operator erlaubt es uns also, ausgehend von primitiv-rekursiven Funktionen neue Funktionen zu erzeugen. Wir wollen nun zeigen, daß die durch den beschränkten μ-Operator definierte Funktion $\psi(x_1, x_2, \ldots, x_n)$ ebenfalls wieder primitiv-rekursiv ist.

Dazu drücken wir die Funktion $\psi(x_1, x_2, \ldots, x_n)$ explizit durch die charakteristische Funktion $\varphi(x_1, x_2, \ldots, x_n, y)$ des Prädikats P aus:

$$\psi(x_1, x_2, \ldots, x_n) = \sum_{k=0}^{z} \operatorname{sg}\left(\prod_{y=0}^{k} \varphi(x_1, x_2, \ldots, x_n, y)\right). \tag{12.12}$$

Daß die Gleichung (12.12) wirklich die Funktion $\psi(x_1, x_2, \ldots, x_n)$ definiert, davon kann man sich überzeugen, wenn man die Gleichung (12.12) entwickelt hinschreibt:

$$\begin{aligned}\psi(x_1, x_2, \ldots, x_n) = {} & \operatorname{sg}[\varphi(x_1, x_2, \ldots, x_n, 0)] \\ & + \operatorname{sg}[\varphi(x_1, x_2 \ldots, x_n, 0) \cdot \varphi(x_1, x_2, \ldots, x_n, 1)] \\ & + \operatorname{sg}[\varphi(x_1, x_2, \ldots, x_n, 0) \cdot \varphi(x_1, x_2, \ldots, x_n, 1) \cdot \\ & \cdot \varphi(x_1, x_2, \ldots, x_n, 2)] + \cdots .\end{aligned}$$

Jeder Summand bleibt so lange 1, bis in dem Produkt der Wert $\varphi(x_1, x_2, \ldots, x_n, y) = 0$ auftritt. Die weiteren Summanden sind dann 0. Es werden also gerade so viele 1 aufsummiert, wie die Zahl y angibt, d. h. es ergibt sich gerade der Wert y. Da also die Funktion $\psi(x_1, x_2, \ldots, x_n)$ durch Summen, Produkte und die Funktion $\operatorname{sg}(x)$ definiert werden kann, ist sie primitiv-rekursiv.

Im § 12.6 haben wir als Beispiel die primitiv-rekursive Funktion $\operatorname{res}(a, n)$ angeführt, die den Rest bei der Division von a durch n angibt. Mit Hilfe dieser Funktion kann man leicht die Anzahl der Teiler von a berechnen. Dazu dividieren wir die Zahl a nacheinander durch 1, 2, 3, ... und zählen dabei, wie oft die Division ohne Rest aufgeht. Auf diese Weise entsteht eine Funktion $\varrho(a)$, die die Anzahl der Teiler von a angibt. Diese Funktion $\varrho(a)$ ist wieder eine primitiv-rekursive Funktion, da sie durch

$$\varrho(a) = \sum_{i=1}^{a} \overline{\operatorname{sg}}(\operatorname{res}(a, i))$$

definiert werden kann. Wenn a eine Primzahl ist, so ist $\varrho(a) = 2$, weil eine Primzahl nur durch 1 und sich selbst ohne Rest teilbar ist. Damit ist also

$$\overline{\operatorname{sg}}(|\varrho(a) - 2|) = \begin{cases} 1, & \text{wenn } a \text{ Primzahl ist} \\ 0 & \text{in den übrigen Fällen.} \end{cases}$$

Damit kann man nun leicht die Anzahl der Primzahlen berechnen, die nicht größer als eine gegebene Zahl y sind. Diese Funktion $\pi(y)$ ist gegeben durch

$$\pi(y) = \sum_{a=2}^{y} \overline{\operatorname{sg}}(|\varrho(a) - 2|).$$

Die Summation beginnt erst bei 2, weil 0 und 1 keine Primzahlen sind. Als nullte Primzahl nehmen wir 2, als erste 3 usw., also

$$p_0 = 2, \quad p_1 = 3, \quad p_2 = 5, \quad p_3 = 7, \ldots .$$

Im folgenden seien die ersten Werte der Funktion $\pi(y)$ angeführt:

$$\begin{aligned} \pi(2) &= 1\,, \\ \pi(3) &= 2\,, \\ \pi(4) &= 2\,, \\ \pi(5) &= 3\,, \\ \pi(6) &= 3\,, \\ \pi(7) &= 4\,, \\ \pi(8) &= 4\,, \\ \pi(9) &= 4\,, \\ \pi(10) &= 4\,, \\ \pi(11) &= 5 \quad \text{usw.} \end{aligned}$$

Wir wollen nun die Funktion $p_n = \varphi(n)$ bestimmen, durch die in Abhängigkeit von n die Primzahl mit der Nummer n gefunden werden kann.
Aus der Zahlentheorie ist bekannt, daß die n-te Primzahl nicht größer als $2^{2^{n+1}}$ ist. Wir können deshalb

$$p_n = \mu\, y\, [y \leqq 2^{2^{n+1}} \;\&\; \pi(y) = n + 1]$$

schreiben, weil die n-te Primzahl die kleinste Zahl mit der Eigenschaft ist, daß unter den sie nicht übersteigenden Zahlen genau $n + 1$ Primzahlen sind.
So ist z. B.

$$\varphi(1) = p_1 = \mu\, y\, [y \leqq \;\; 16 \;\&\; \pi(y) = 2] = 3\,,$$

$$\varphi(2) = p_2 = \mu\, y\, [y \leqq 256 \;\&\; \pi(y) = 3] = 5\,.$$

Die Funktion $p_n = \varphi(n)$ ist eine primitiv-rekursive Funktion, weil sie mit Hilfe des beschränkten μ-Operators (die Schranke $z(n)$ ist hier die primitiv-rekursive Funktion $z(n) = 2^{2^{n+1}}$) und der primitiv-rekursiven Beziehung $\pi(y) = n + 1$ definiert wird.
Wir wollen noch eine andere Funktion behanedin, mit der man den Exponenten bestimmen kann, mit dem eine Primzahl p_a in der Primfaktorzerlegung einer Zahl n enthalten ist. Diese Funktion wollen wir mit ex $p_a(n)$ bezeichnen.
Offensichtlich ist ex $p_a(n)$ die größte Zahl y, so daß n durch p_a^y teilbar ist, oder anders ausgedrückt, die kleinste Zahl y, so daß n nicht durch p_a^{y+1} teilbar ist. Dann kann man aber schreiben

$$\text{ex}\, p_a(n) = \mu\, y\, [y \leqq n \;\&\; p_a^{y+1} \text{ teilt nicht } n]$$

bzw.

$$\text{ex}\, p_a(n) = \mu\, y\, [y \leqq n \;\&\; \text{res}\,(n, p_a^{y+1}) \neq 0]\,. \qquad (12.13)$$

Aus der Gleichung (12.13) kann man den Schluß ziehen, daß ex $p_a(n)$ eine primitiv-rekursive Funktion ist.

Wir erinnern uns nun daran, daß die Gödelisierung mit der Zerlegung einer gegebenen Zahl in Primfaktoren und der Bestimmung des Exponenten verbunden war, mit dem die Primzahl p_a in dieser Zerlegung enthalten war. Damit kommt man zu der Aussage: *Der Prozeß der Gödelisierung ist nur mit primitiv-rekursiven Funktionen verbunden.*

Wir wollen zum Schluß noch ohne Ableitung zwei primitiv-rekursive Funktionen anführen.

Der Satz von Zahlen $m_1, m_2, \ldots, m_r$ habe die GÖDEL-Nummer a, der Satz $n_1, n_2, \ldots, n_s$ die GÖDEL-Nummer b. Wir bilden nun die Folge $m_1, m_2, \ldots, m_r, n_1, n_2, \ldots, n_s$ und fragen nach der GÖDEL-Nummer y dieser zusammengesetzten Folge. Wir suchen also die Funktion, nach der y von den beiden GÖDEL-Nummern a und b der Teilfolgen abhängt. Diese Funktion schreiben wir $y = a \circ b$ und man kann zeigen, daß sie primitiv-rekursiv ist.

Die Folge der Zahlen $m_1, m_2, \ldots, \underline{m_i, m_{i+1}, \ldots, m_j}, m_{j+1}, \ldots, m_n$ möge die GÖDEL-Nummer a haben. Aus dieser Folge wird ein Stück mit dem Anfang m_i und dem Ende m_j herausgeschnitten und durch eine andere Folge mit der GÖDEL-Nummer b ersetzt. Gesucht ist die GÖDEL-Nummer y der neuen Folge.

Die Funktion, die diese Nummer y in Abhängigkeit von a, i, j und b liefert, heißt *Substitutionsfunktion* und wird mit

$$y = \operatorname{subst}_a \binom{i, j}{b}$$

bezeichnet. Auch diese Funktion erweist sich als primitiv-rekursiv.

Wir erinnern nun an die Umformung von Wörtern in einem assoziativen System. Wenn man nach der Gödelisierung des assoziativen Systems eine Relation anwendet, so führt das gerade zu dieser eben beschriebenen Substitutionsoperation. Danach ist also die Umformung von Wörtern in einem assoziativen System nur mit primitiv-rekursiven Funktionen verknüpft. Diese Schlußfolgerungen werden uns nützlich sein, wenn wir im folgenden allgemein-rekursive Funktionen untersuchen werden.

§ 12.8 Beispiel einer berechenbaren, aber nicht primitiv-rekursiven Funktion

Wir haben oben die Klasse der primitiv-rekursiven Funktionen beschrieben. Aus der Konstruktion dieser Klasse ergab sich von selbst, daß jede primitiv-rekursive Funktion berechenbar ist. Damit erhebt sich die Frage, ob auch die Umkehrung gilt, ob auch jede berechenbare Funktion wiederum primitiv-rekursiv ist.

R. PÉTER und W. ACKERMANN gaben darauf fast gleichzeitig eine verneinende Antwort. Beide haben auf völlig verschiedenen Wegen Beispiele von berechenbaren, aber nicht primitiv-rekursiven Funktionen angegeben. Wir wollen hier dem Gedankengang des Beispiels von PÉTER folgen.

PÉTER hat als erster darauf aufmerksam gemacht, daß die Menge der primitiv-rekursiven Funktionen abzählbar ist. Zunächst einmal ist die Klasse der ursprünglichen Funktionen abzählbar, weil die Menge der verschiedenen Veränderlichen x_i und Konstanten q abzählbar ist. Da auch die Menge der Funktionen $\psi, \chi_1, \chi_2, \ldots, \chi_m$ in der Beziehung IV oder die Paare φ, χ in V abzählbar sind, ist auch die Menge der durch einmalige Anwendung der Beziehungen IV oder V gebildeten primitiv-rekursiven Funktionen abzählbar. Die Abzählbarkeit der primitiv-rekursiven Funktionen bleibt aber auch bei mehrmaliger Anwendung dieser Beziehungen IV und V erhalten. Damit bilden also die primitiv-rekursiven Funktionen eine abzählbare Menge und als Teilmenge davon auch die primitiv-rekursiven Funktionen einer Veränderlichen.

PÉTER gelang es, alle primitiv-rekursiven Funktionen einer Veränderlichen wirklich durchzunumerieren, d. h. sie in einer Folge

$$\varphi_0(x), \varphi_1(x), \varphi_2(x), \varphi_3(x), \ldots \tag{12.14}$$

so anzuordnen, daß man aus der Form der Funktion ihre Nummer und aus der Nummer auf ihre Form schließen kann. Nachdem es gelungen war, alle primitiv-rekursiven Funktionen einer Veränderlichen wirklich zu numerieren, war es auch sofort möglich, ein Beispiel für eine berechenbare, aber nicht primitiv-rekursive Funktion anzugeben.

Dazu führe man die Funktion $\psi(y, x) \equiv \varphi_y(x)$ ein. Die Funktion $\psi(y, x)$ ist berechenbar, weil man für jeden Wert $y = y^*$ die entsprechende Funktion $\varphi_{y^*}(x)$ aufsuchen und für einen Wert $x = x^*$ den Funktionswert $\varphi_{y^*}(x^*)$ ausrechnen kann. Damit ist aber der Wert $\psi(y^*, x^*)$ berechnet. Sie ist aber nicht primitiv-rekursiv. Wenn sie es nämlich wäre, dann wäre auch $\psi(x, x)$ eine primitiv-rekursive Funktion einer Veränderlichen. Dann wäre auch $\psi(x, x) + 1$ eine solche Funktion, weil die Addition einer 1 die zulässige Nachfolgeoperation ist. Da aber die Folge (12.14) *alle* primitiv-rekursiven Funktionen einer Veränderlichen enthält, so müßte es eine Nummer y^* geben, so daß

$$\psi(x, x) + 1 \equiv \varphi_{y^*}(x)$$

für alle x ist. Anders ausgedrückt müßte also

$$\psi(x, x) + 1 = \psi(y^*, x)$$

sein. Da diese Gleichung für alle x gelten muß, speziell also auch für $x = y^*$, so müßte also

$$\psi(y^*, y^*) + 1 \equiv \psi(y^*, y^*)$$

sein, was ja nicht möglich ist. Dann kann also die Funktion $\psi(y, x)$ nicht primitiv-rekursiv sein. Da sie aber berechenbar ist, enthält die Klasse der

primitiv-rekursiven Funktionen also nicht alle berechenbaren Funktionen und bedarf daher einer Erweiterung.
Während bei der Klasse der elementaren Funktionen darin eine Beschränkung bestand, daß man durch zulässige Operationen keine hinreichend schnell wachsenden Funktionen konstruieren konnte, liegt bei der Klasse der primitiv-rekursiven Funktionen die Beschränkung im Induktionsschema. Die ganzen Schwierigkeiten rühren daher, daß wir in V ein für allemal ein Induktionsschema fixiert haben. Eine Erweiterung der Klasse der primitiv-rekursiven Funktionen hat GÖDEL 1934 vorgeschlagen, sie beruht auf einer genialen Idee von HERBRAND.

§ 12.9 Allgemein-rekursive Funktionen. Die Definition von HERBRAND-GÖDEL

Das Schema für eine primitiv-rekursive Funktion definierte eine gewisse Funktion φ durch eine Anzahl von Funktionen χ und ψ, die als bekannt angenommen wurden. Wir wollen zwei Beispiele mit einer Hilfsfunktion χ betrachten.

Beispiel 1. Es sei das Gleichungssystem

$$\chi(0, 4) = 7\,, \tag{12.15}$$

$$\chi(1, 7) = 7\,, \tag{12.16}$$

$$\varphi(0) = 4\,, \tag{12.17}$$

$$\varphi(y') = \chi(y, \varphi(y)) \tag{12.18}$$

gegeben. Aus diesem System wollen wir durch eine Kette von formalen Rechnungen den Wert $\varphi(2) = 7$ bestimmen.

1) In Gleichung (12.18) setzen wir $y = 0$:

$$\varphi(1) = \chi(0, \varphi(0))\,. \tag{12.19}$$

2) Nach (12.17) ersetzen wir in (12.19) $\varphi(0)$ durch den Wert 4:

$$\varphi(1) = \chi(0, 4)\,. \tag{12.20}$$

3) Unter Benutzung von Gleichung (12.15) ergibt sich

$$\varphi(1) = 7\,.$$

Analog dazu weitergehend ergibt sich nacheinander:

4) $\varphi(2) = \chi(1, \varphi(1))\,.$

5) $\varphi(2) = \chi(1, 7)\,,$

6) $\varphi(2) = 7\,.$ ——

Beispiel 2. Eine Funktion $\varphi(n, a)$ sei durch die Beziehungen

$$\varphi(0, a) = a\,, \tag{12.21}$$

$$\varphi\,(n + 1, a) = \varphi(n, a) + 1 \tag{12.22}$$

gegeben, und es interessiere uns der Wert $\varphi(3, 5)$. Versuchen wir einen formalen Weg zu finden, d. h. diejenigen Operationen, durch die sich aus den Beziehungen (12.21) und (12.22) dieser Wert $\varphi(3, 5)$ angeben läßt.

1) Mit $n = 2$, $a = 5$ ergibt sich aus (12.22)

$$\varphi(3, 5) = \varphi(2,5) + 1\,.$$

2) Setzt man in Gleichung (12.22) $n = 1$, $a = 5$ ein, so kann man $\varphi(2,5)$ bestimmen:

$$\varphi(2,5) = \varphi(1,5) + 1\,.$$

3) Analog ist

$$\varphi(1,5) = \varphi(0,5) + 1\,.$$

4) Für $a = 5$ ergibt sich aus (12.21)

$$\varphi(0,5) = 5\,.$$

5) Wir ersetzen in 3) $\varphi(0,5)$ durch 5) entsprechend 4):

$$\varphi(1,5) = 5 + 1 = 6\,.$$

6) Den Wert von $\varphi(1,5)$ aus 5) setzen wir in 2) ein:

$$\varphi(2,5) = 6 + 1 = 7\,.$$

7) Damit ergibt sich schließlich aus 1) der gesuchte Wert

$$\varphi(3,5) = 7 + 1 = 8\,.$$

Zur Durchführung der Rechnung brauchten wir bei beiden Beispielen nur die beiden folgenden Operationen: 1) Einsetzen von Zahlen für Veränderliche, 2) Ersetzung eines auf der linken Seite einer der Gleichungen vorkommenden Teils durch die rechte Seite einer anderen Gleichung.

Wenn sich eine gewisse Gleichung mittels dieser beiden Operationen aus einem gegebenen Gleichungssystem E erzeugen läßt, so sagen wir, diese Gleichung ist in dem ***System E ableitbar***.

In der Theorie der allgemein-rekursiven[1]) Funktionen steht das Problem der Ableitbarkeit an zentraler Stelle. Wir müssen uns daher etwas einge-

[1]) Anmerkung d. Übers.: Im Gegensatz zu primitiv-rekursiv schreiben wir ausführlich allgemein-rekursiv. Wenn Mißverständnisse ausgeschlossen sind, wird aber einfach rekursiv synonym für allgemein-rekursiv verwendet.

hender mit dieser Frage befassen. Bevor wir jedoch den Begriff „Ableitbarkeit" allgemein und exakt definieren können, müssen wir die Ausdrücke „Term" und danach den Begriff „Gleichung" definieren.
Buchstaben, mit denen wir bisher gewöhnlich Funktionen bezeichnet haben, z. B.

$$\varphi, \chi, \varkappa, \sigma, \varphi_1, \varphi_2, \varphi_3, \varphi_4, \ldots$$

werden wir *Funktionsvariable* nennen. Die Liste der Funktionsvariablen ist unbeschränkt. Veränderliche, oder genauer gesagt, Zahlvariable, bezeichnen wir wie bisher mit

$$x, y, z, t, m, n, a, b, x_1, x_2, \ldots .$$

Der Begriff „Term" wird dann induktiv durch die Festsetzungen definiert:

1) 0 ist ein Term.
2) Jede Veränderliche ist ein Term.
3) Wenn R ein Term ist, ist auch R' ein Term.
4) $\varphi(R_1, R_2, \ldots, R_n)$ ist ein Term, wenn φ eine Funktionsvariable und $R_1, R_2, \ldots, R_n$ Terme sind.
5) Andere Terme gibt es nicht.

Nach dieser Definition sind z. B. die folgenden Ausdrücke Terme:

1. Die Ziffer 3 ist ein Term, weil 0 ein Term ist und ebenso $0' = 1$, $1' = 2$. $2' = 3$.
2. Jede Konstante ist ein Term. Die Konstanten wollen wir wie schon oben wie die Veränderliche bezeichnen, die diesen Wert annimmt, und mit einem Stern versehen:

$$x^*, y^*, z^*, \ldots$$

3. $\varphi(2)$ ist ein Term. Ebenso
4. $\varphi(x, y)$,
5. $\varphi(x, \chi_1(8, y), \chi_2(3, 5), \chi_3(y, z))$,
6. $\chi(x', y)$,
7. $\psi(y', x, (\varphi(z))')$ usw.

Keine Terme sind z. B. die Ausdrücke

$$\varphi(\psi)\ ;\quad 5(x)\ ;\quad y(\varphi)\ ;\quad \varphi(z, \psi) \text{ usw.}$$

Auf diese Weise ist mit dem Begriff „Term" ganz deutlich eine Klasse von Ausdrücken definiert, die sich aus den Symbolen für Konstante, Veränderliche und Funktionsvariable mit Hilfe von Klammern und Strichen (für die Nachfolgerfunktion) aufbauen lassen.

Wir können nun auch genau sagen, was wir hier unter einer Gleichung verstehen wollen. Der Ausdruck $R = S$ heißt eine *Gleichung*, wenn R und S Terme sind.

Wir haben oben von den zwei Operationen gesprochen, die auf ein Gleichungssystem E anwendbar sind, und wollen auch diese Operationen nun noch einmal genauer formulieren.

Operation 1: Einsetzen von Zahlen an Stelle von Veränderlichen.

Operation 2: Übergang von Ausdrücken der Form $R = S$ und $H = P$, die keine Veränderlichen enthalten (R, S, H, P sind Terme!), zu einem Ausdruck, der sich aus $R = S$ dadurch ergibt, daß man an einer oder mehreren Stellen gleichzeitig H durch P ersetzt.

Wenn wir unter dem Gesichtspunkt dieser Definitionen noch einmal zu den beiden Beispielen am Anfang dieses Paragraphen zurückkehren, so sehen wir, daß man zur Ableitung der gesuchten Werte nur diese beiden Operationen 1 und 2 braucht.

An dieser Stelle sei daran erinnert, durch welche Eigenschaften primitiv-rekursive Funktionen definiert waren:

a) Die Funktionswerte werden aus Gleichungen durch ein formal definiertes Verfahren abgeleitet.

b) Definition mit Hilfe eines Induktionsschemas.

Wir haben schon gezeigt, daß sich die Klasse der primitiv-rekursiven Funktionen als beschränkt erweist, weil wir im voraus das Induktionsschema festgelegt hatten. Wenn wir nun bei dem Versuch, die Klasse der primitiv-rekursiven Funktionen zu erweitern, ein anderes, allgemeineres Induktionsschema einführen würden, so hätten wir wiederum keine Garantie dafür, daß nicht auch dieses neue Induktionsschema Beschränkungen mit sich bringen würde.

Deshalb hat HERBRAND vorgeschlagen, das Induktionsschema im voraus gar nicht zu fixieren, sondern nur die Eigenschaft a) zur Definition zu benutzen. Die Definition der allgemein-rekursiven Funktion lautet dann nach HERBRAND und GÖDEL

Eine Funktion $\varphi(x_1, x_2, \ldots, x_n)$ heißt allgemein-rekursiv, wenn es ein endliches System E von Gleichungen gibt, so daß sich für jeden Satz von Zahlen $x_1^*, x_2^*, \ldots, x_n^*$ eine und nur eine Zahl y^* finden läßt, so daß die Gleichung $y^* = \varphi(x_1^*, x_2^*, \ldots, x_n^*)$ durch endlich viele Anwendungen der Operationen 1 *und 2 aus dem System E abgeleitet werden kann.*

Das System E nennen wir das *definierende Gleichungssystem* und sagen auch, daß E *die Funktion φ rekursiv definiert.*

Es wird hier nicht gefordert, daß die Funktionswerte mit Hilfe vorangehender Funktionswerte berechnet werden oder daß die in E enthaltenen Hilfsfunktionen überall berechenbar sind. Es wird nirgends ein Induktionsschema festgelegt. Es wird lediglich verlangt, daß das System E einen gegebenen Wert φ

mit Hilfe anderer Werte φ und den Werten von Hilfsfunktionen so bestimmt, daß φ an allen Punkten auf Grund von E eindeutig berechnet werden kann. Die Eindeutigkeit bedeutet hier, daß man von einem System E nicht gleichzeitig zwei sich widersprechende Gleichungen ableiten kann.
Die angeführte Definition einer allgemein-rekursiven Funktion liefert für sich allein noch keine Rechenvorschrift. Von der Definition her wissen wir nämlich nur, daß, wenn ein gegebenes Gleichungssystem E eine Funktion φ rekursiv definiert, sich für jeden Wertesatz $x_1^*, x_2^*, \ldots, x_n^*$ eine solche Zahl y^* finden läßt, daß man aus E die Gleichung

$$\varphi(x_1^*, x_2^*, \ldots, x_n^*) = y^*$$

ableiten kann. Wie aber hat diese Ableitung im einzelnen zu erfolgen? Wie findet man die Zahl y^*? Man könnte natürlich versuchen, solange aus E alle möglichen Gleichungen abzuleiten, bis die uns interessierende Gleichung auftritt. Man hat dann natürlich keine Garantie dafür, daß dieser Prozeß nicht eine unbestimmt lange Zeit dauert. Sogar in einem endlichen Labyrinth kann man ja, wenn man die Suche nicht vernünftig organisiert, beliebig lange über Gänge und Plätze gehen und trotzdem nicht den gewünschten Platz finden (weil es in einem endlichen Labyrinth Plätze und Gänge geben kann, die man zu einer Schleife verbinden kann).
Diesem Prozeß kann man eine bestimmte Regularität derart geben, daß man die Gleichung $\varphi(x_1^*, x_2^*, \ldots, x_n^*) = y^*$ in einer endlichen, wenn auch im voraus nicht beschränkten Anzahl von Schritten ableiten kann. Wir wollen diesen Prozeß hier nicht beschreiben. Durch die Gödelisierung kann der Prozeß der Auflistung aller Ableitungen auf die Anwendung des μ-Operators zurückgeführt werden. Die Einführung dieses Operators führt auf anderem Wege zur Definition der rekursiven Funktionen.

§ 12.10 Explizite Form der allgemein-rekursiven Funktionen

Im § 12.8 haben wir den μ-Operator eingeführt, der jedem primitiv-rekursiven Prädikat $P(x_1, x_2, \ldots, x_n, y)$ (oder einer das Prädikat P definierenden primitiv-rekursiven Funktion $\varphi(x_1, x_2, \ldots, x_n)$) eine primitiv-rekursive Funktion $\psi(x_1, x_2, \ldots, x_n)$ in folgender Weise zuordnet: Es ist

$$\begin{aligned}\psi(x_1, x_2, \ldots, x_n) &= \mu\, y_{y \leq z}\, P(x_1, x_2, \ldots, x_n, y) \\ &= \mu\, y_{y \leq z}\, [\varphi(x_1, x_2, \ldots, x_n, y) = 0] \qquad (12.23)\end{aligned}$$

unter der Bedingung

$$(\forall\, x_1)\, (\forall\, x_2) \ldots (\forall\, x_n)\, (\exists\, y)_{y \leq z}\, P(x_1, x_2, \ldots, x_n, y)$$

oder

$$(\forall\, x_1)\, (\forall\, x_2) \ldots (\forall\, x_n)\, (\exists\, y)_{y \leq z}\, [\varphi(x_1, x_2, \ldots, x_n, y) = 0]\,,$$

wobei im allgemeinen Fall z eine primitiv-rekursive Funktion

$$z = z(x_1, x_2, \ldots, x_n)$$

sein kann.

Wir wollen nun den Fall betrachten, daß der μ-Operator nicht mehr beschränkt ist.

Es sei $\varphi(x_1, x_2, \ldots, x_n)$ eine primitiv-rekursive Funktion, so daß

$$(\forall x_1)(\forall x_2)\ldots(\forall x_n)(\exists y)[\varphi(x_1, x_2, \ldots, x_n, y) = 0]. \qquad (12.24),$$

ist. Hier ist jetzt für y keine obere Schranke angegeben, sondern nur gesagt, daß für alle $x_1, x_2, \ldots, x_n$ ein solches y existiert, daß

$$\varphi(x_1, x_2, \ldots, x_n, y) = 0$$

ist. In diesem Fall ist die durch den μ-Operator definierte Funktion

$$\psi(x_1, x_2, \ldots, x_n) = \mu\, y[\varphi(x_1, x_2, \ldots, x_n, y) = 0] \qquad (12.25)$$

offensichtlich berechenbar. Um den Funktionswert in einem beliebigen Punkt $x_1^*, x_2^*, \ldots, x_n^*$ zu berechnen, braucht man nämlich nur nacheinander die Werte

$$\varphi(x_1^*, x_2^*, \ldots, x_n^*, 0), \quad \varphi(x_1^*, x_2^*, \ldots, x_n^*, 1), \quad \varphi(x_1^*, x_2^*, \ldots, x_n^*, 2)$$

so lange zu berechnen, bis derjenige Wert y^* erreicht ist, für den $\varphi(x_1^*, x_2^*, \ldots, x_n^*, y^*) = 0$ ist. Dieses y^* wird als Wert von ψ in dem betrachteten Punkt genommen.

Der eben beschriebene Prozeß muß notwendig in einer endlichen Zahl von Schritten beendet sein, weil es nach Gleichung (12.24) ein solches y^* gibt, für das die Funktion φ zu Null wird. Die Frage ist, ob die nach (12.25) unter der Bedingung (12.24) definierte berechenbare Funktion $\psi(x_1, x_2, \ldots, x_n)$ allgemein-rekursiv ist.

Es zeigte sich, daß man in diesem Fall ein Gleichungssystem E konstruieren könnte, das die Funktion ψ rekursiv definieren würde, d. h., die Funktion ψ erweist sich als allgemein-rekursiv.

Um die Berechnungen zu vereinfachen, betrachten wir die Funktion einer Veränderlichen

$$\left.\begin{aligned} &\psi(x) = \mu\, y\,[\varphi(x, y) = 0] \\ \text{und}\quad &(\forall x)(\exists y)[\varphi(x, y) = 0]. \end{aligned}\right\} \qquad (12.26)$$

Das die Funktion $\varphi(x)$ rekursiv definierende Gleichungssystem E ist in diesem Fall

$$\left.\begin{aligned} &1.\ \sigma(0, x, y) = y, \\ &2.\ \sigma(z + 1, x, y) = \sigma[\varphi(x, y + 1), x, y + 1], \\ &3.\ \psi(x) = \sigma[\varphi(x, 0), x, 0]. \end{aligned}\right\} \qquad (E)$$

Wir wollen nun die Rekursivität von $\psi(x)$ zeigen. Es sei x^* irgendeine Zahl, und wir wollen $\psi(x^*)$ bestimmen. Nach 3. E (d. h. Gleichung 3 des Systems (E)) ist

$$\psi(x^*) = \sigma[\varphi(x^*, 0), x^*, 0] .$$

Es sind nun zwei Fälle möglich. Entweder es ist $\varphi(x^*, 0) = 0$, und dann kann man nur die Gleichung 1. E anwenden:

$$\sigma(0, x^*, 0) = 0 , \quad \text{d. h.} \quad \psi(x^*) = 0 .$$

Nach Gleichung (12.26) ist in diesem Fall 0 der Wert der Funktion ψ. Wenn aber $\psi(x^*, 0) \neq 0$ ist, so kann man ihren Wert als $z + 1$ darstellen und Gleichung 2. E benutzen:

$$\sigma[\varphi(x^*, 0), x^*, 0] = \sigma[\varphi(x^*, 1), x^*, 1] .$$

Wiederum sind nun zwei Fälle möglich. Entweder ist $\varphi(x^*, 1) = 0$, und dann kann man aus Gleichung 1. E nur

$$\sigma[0, x^*, 1] = 1$$

folgern und danach ist $\psi(x^*) = 1$. Gleichung 1. E liefert in diesem Fall nach Gleichung (12.26) den Wert von ψ. Ist andernfalls $\varphi(x^*, 1) \neq 0$, so kann man es wieder in der Form $z + 1$ darstellen und unter Benutzung von Gleichung 2. E schreiben

$$\sigma[\varphi(x^*, 1), x^*, 1] = \sigma[\varphi(x^*, 2), x^*, 2] .$$

Dieser Prozeß wird so lange fortgesetzt, bis zum ersten Mal ein Wert y^* auftritt, für den $\varphi(x^*, y^*) = 0$ ist. Dieses y^* ist der Wert von $\psi(x^*)$.
Das Gleichungssystem E definiert also wirklich die Funktion

$$\psi(x) = \mu\, y\, [\varphi(x, y) = 0]$$

rekursiv, und damit ist $\psi(x)$ eine allgemein-rekursive Funktion.
Bei dem Beweis haben wir übrigens nirgend die Tatsache benutzt, daß die Funktion $\varphi(x_1, x_2, \ldots, x_n, y)$ in Gleichung (12.25) primitiv-rekursiv ist. Alle Überlegungen bleiben auch richtig, wenn man die Funktion $\varphi(x_1, x_2, \ldots, x_n, y)$ als allgemein-rekursiv annimmt.
Bei der Erfüllung der Bedingung (12.24) erlaubt der μ-Operator also, aus einer primitiv-rekursiven Funktion (Prädikat) eine allgemein-rekursive Funktion zu konstruieren. Darüber hinaus hat sich gezeigt, daß der ganze Unterschied zwischen den primitiv-rekursiven Funktionen und den allgemein-rekursiven Funktionen in dem Operator $\mu\, y$ liegt. Es ist die folgende Behauptung bewiesen worden:
Jede allgemein-rekursive Funktion $\varphi(x_1, x_2, \ldots, x_n)$ läßt sich in der Form

$$\varphi(x_1, x_2, \ldots, x_n) = \psi\, \{\mu\, y[\tau(x_1, x_2, \ldots, x_n, y) = 0]\} \tag{12.27}$$

darstellen, wobei ψ und τ primitiv-rekursive Funktionen sind, und für die Funktion τ die Beziehung

$$(\forall x_1)(\forall x_2)\ldots(\forall x_n)(\exists y)[\tau(x_1, x_2, \ldots, x_n, y) = 0]$$

gilt. Die Gleichung (12.27) nennt man die *explizite Form der allgemein-rekursiven Funktionen.* Wir wollen wenigstens den Gedankengang für den Beweis dieser Behauptung skizzieren. Das Gleichungssystem $\mathbf{E} = \{e_0, e_1, \ldots, e_s\}$ möge die Funktion $\varphi(x_1, x_2, \ldots, x_n)$ rekursiv definieren. Jeder Gleichung e_i entspricht ihre GÖDEL-Nummer m_i. Für die GÖDEL-Nummer des ganzen Systems E muß man dann die Zahl

$$w = p_0^{m_0} p_1^{m_1} p_2^{m_2} \ldots p_s^{m_s}$$

nehmen. Aus diesem System E werden wir nun neue Gleiohungen ableiten, d. h., wir erhalten nacheinander die Gleichungen

$$\tilde{e}_0, \tilde{e}_1, \tilde{e}_2, \ldots, \tilde{e}_r, \ldots . \tag{12.28}$$

Wenn n_i die GÖDEL-Nummer der Gleichung e_i ist, so kann man jeder Ableitung (d. h. jeder Kette der Form (12.28)) die GÖDEL-Nummer

$$z = p_0^{n_0} p_1^{n_1} \ldots p_r^{n_r}$$

zuordnen. Es interessiere uns nun der Wert der Funktion φ im Punkt $x_1^*, x_2^*, \ldots, x_n^*$, d. h., wir möchten aus dem System E eine Gleichung der Form

$$\varphi(x_1^*, x_2^*, \ldots, x_n^*) = y^* \tag{12.29}$$

ableiten. Welche Eigenschaften muß die GÖDEL-Nummer z dieser Ableitung haben?

1) Der Übergang von einer Gleichung zu einer anderen kann, wie wir wissen, durch die beiden oben erwähnten Operationen erfolgen, durch die Einsetzung von Zahlen für Veränderliche und die Ersetzung. Dabei ist die GÖDEL-Nummer der neuen Gleichung eine primitiv-rekursive Funktion der GÖDEL-Nummern der Ausgangsgleichungen, weil die Operationen der Einsetzung, der Ersetzung und der Bestimmung der GÖDEL-Nummer nur mit primitiv-rekursiven Funktionen verbunden sind. Einige dieser Funktionen haben wir schon oben betrachtet, nämlich die Funktionen

$$\mathrm{ex}\, p_i(x)\,, \quad a \circ b\,, \quad \mathrm{subst}_a\binom{i,\, j}{b}, \quad p_n = \varphi(n)\,.$$

Damit können wir die erste Eigenschaft formulieren, der die Zahl z genügen muß: Jeder Exponent $n_0, n_1, \ldots, n_r$ der Primzahlzerlegung von z ist entweder die GÖDEL-Nummer einer der definierenden Gleichungen e_i oder der Wert einer bestimmten primitiv-rekursiven Funktion dieser GÖDEL-Nummern.

2) Der letzte Exponent n_r der Primzahlzerlegung von z muß die GÖDEL-Nummer der Gleichung (12.29) sein.

Es zeigt sich schließlich, daß das Prädikat

$$T(x_1^*, x_2^*, \ldots, x_n^*, z) \equiv \{z \text{ ist die GÖDEL-Nummer der Ableitung des Wertes } \varphi(x_1^*, x_2^*, \ldots, x_n^*)\}$$

ein primitiv-rekursives Prädikat ist. Also ist auch seine charakteristische Funktion $\tau(x_1^*, x_2^*, \ldots, x_n^*, z)$ primitiv-rekursiv und nur für solche Werte z gleich Null, die gleich den GÖDEL-Nummern der Ableitungen sind, die mit der Gleichung

$$\varphi(x_1^*, x_2^*, \ldots, x_n^*) = y^*$$

enden. Das Problem, die gesuchte Ableitung zu finden, läuft also darauf hinaus, wenigstens eine Zahl z^* zu finden, für die

$$\tau(x_1^*, x_2^*, \ldots, x_n^*, z^*) = 0 \tag{12.30}$$

gilt. Da die Ableitung in jedem Punkt existiert, weil E die Funktion φ nach Voraussetzung rekursiv definiert, so hat die Funktion τ die Eigenschaft

$$(\forall x_1)(\forall x_2)\ldots(\forall x_n)(\exists z)[\tau(x_1, x_2, \ldots, x_n, z) = 0]\,. \tag{12.31}$$

Hat man ein solches z^* gefunden, für das die Gleichung (12.30) erfüllt ist, so kann man die GÖDEL-Nummer entschlüsseln und

$$y^* = \psi(z^*)$$

schreiben, wobei auch ψ eine primitiv-rekursive Funktion ist, weil die Entschlüsselung auf primitiv-rekursive Operationen zurückgeführt werden kann. Damit ist auch der letzte Exponent n_r der Primzahlzerlegung von z bekannt, und diese Zahl n_r ist die GÖDEL-Nummer der von uns abgeleiteten Gleichung (12.29). Darüber hinaus ist $\psi(z)$ eine universelle primitiv-rekursive Funktion, die für alle Systeme **E** gleich ist (d. h. für alle allgemein-rekursiven Funktionen), weil die Entschlüsselung der GÖDEL-Nummer der Ableitung in allen Fällen gleich durchgeführt wird.

Wenn, wie wir festgestellt haben, jedes z, für das

$$\tau(x_1^*, x_2^*, \ldots, x_n^*, z) = 0$$

die GÖDEL-Nummer der gesuchten Ableitung ist, so ist auch

$$\mu\, z[\tau(x_1^*, x_2^*, \ldots, x_n^*, z) = 0]$$

die GÖDEL-Nummer der Ableitung. Deshalb ist schließlich

$$y = \varphi(x_1, x_2, \ldots, x_n) = \psi\,\{\mu\, z[\tau(x_1, x_2, \ldots, x_n, z) = 0]\}\,,$$

wobei ψ und τ primitiv-rekursive Funktionen sind und τ der Bedingung (12.31) genügt.

Es sei vermerkt, daß man aus der Schreibweise der Gleichung (12.30) sofort folgern kann, daß alle allgemein-rekursiven Funktionen eine abzählbare

Menge bilden[1]), weil die Zahl der verschiedenen primitiv-rekursiven Funktionen τ abzählbar ist, mit denen die allgemein-rekursiven Funktionen nach (12.30) definiert werden.
Im Gegensatz zu den primitiv-rekursiven Funktionen kann man aber die Menge der allgemein-rekursiven Funktionen nicht wirklich abzählen (s. genaueres in § 12.12) und also auch nicht mit der Methode von PÉTER das Beispiel einer berechenbaren Funktion konstruieren, die von allgemeinerer Natur als allgemein-rekursiv wäre.
Zum Schluß dieses Paragraphen wollen wir das Schema zur Definition der allgemein-rekursiven Funktionen anschreiben. Die Beziehungen I—V sind uns schon von der Definition der primitiv-rekursiven Funktionen her bekannt, die Beziehung IV ist die explizite Form einer allgemein-rekursiven Funktion:

$$\text{I.} \quad \varphi(x) = x',$$

$$\text{II.} \quad \varphi(x_1, x_2, \ldots, x_n) = q,$$

$$\text{III.} \quad \varphi(x_1, x_2, \ldots, x_n) = x_i,$$

$$\text{IV.} \quad \varphi(x_1, x_2, \ldots, x_n) = \psi(\chi_1(x_1, x_2, \ldots x_n), \chi_2(x_1, x_2, \ldots, x_n), \ldots, \chi_m(x_1, x_2, \ldots, x_n)),$$

$$\text{Va.} \quad \varphi(0) = q, \quad \varphi(y') = \chi(y, \varphi(y)),$$

$$\text{Vb.} \quad \varphi(0, x_2, \ldots, x_n) = \psi(x_2, \ldots, x_n),$$

$$\varphi(y', x_2, \ldots, x_n) = \chi(y, \varphi(y, x_2, \ldots, x_n), x_2, \ldots, x_n),$$

$$\text{VI.} \quad \varphi(x_1, x_2, \ldots, x_n) = \psi\{\mu y[\tau(x_1, x_2, \ldots, x_n, y) = 0]\},$$

wobei

$$(\forall x_1)(\forall x_2)\ldots(\forall x_n)(\exists y)[\tau(x_1, x_2, \ldots, x_n, y) = 0]$$

ist.
Damit kann man die allgemeine Rekursivität auch folgendermaßen definieren: *Eine Funktion $\varphi(x_1, x_2, \ldots, x_n)$ heißt allgemein-rekursiv, wenn sie durch eine endliche Zahl von Anwendungen der Beziehungen I—VI definiert werden kann.*
Da die Beziehungen I—V des obigen Schemas die primitiv-rekursiven Funktionen definierten und ein Teil des vollständigen Schemas zur Definition der allgemein-rekursiven Funktionen sind, sind auch die primitiv-rekursiven Funktionen Spezialfälle der allgemein-rekursiven Funktionen. Jede allgemein-rekursive Funktion ist auch zugleich primitiv-rekursiv, aber nicht umgekehrt.

[1]) Diesen Schluß hätte man auch schon früher ziehen können, weil nämlich die Menge der verschiedenen Gleichungssysteme E, die die Funktionen φ rekursiv definieren, eine abzählbare Menge bilden. Man kann alle Systeme E durchnumerieren, indem man ihnen ihre GÖDEL-Nummer zuordnet.

§ 12.11 Die CHURCHsche These

Wir kommen nun zu unserem Problem zurück, die Klasse der berechenbaren Funktionen zu konstruieren. Auf dem Weg zur Lösung dieses Problems haben wir nacheinander die Klasse der elementaren Funktionen, die der primitiv-rekursiven Funktionen und schließlich die der allgemein-rekursiven Funktionen konstruiert. Haben wir damit unsere Frage schon beantwortet? Oder muß man auch die Klasse der allgemein-rekursiven Funktionen noch erweitern?

Zahlreiche Versuche einer solchen Erweiterung haben keinen Erfolg gehabt. Im Jahre 1936 stellte CHURCH die These auf, daß *jede effektiv berechenbare Funktion (jedes effektiv entscheidbare Prädikat) allgemein-rekursiv ist* (*s.* [110]). Nach dieser These ist *die Klasse der berechenbaren Funktionen mit der der allgemein-rekursiven Funktionen identisch.*

Diese CHURCHsche These kann man nicht beweisen, weil darin neben dem exakten Begriff der allgemeinen Rekursivität der verwaschene Begriff einer berechenbaren Funktion vorkommt. Diese Vermutung ist eine wissenschaftliche Hypothese, für die es viele wichtige Argumente gibt, und die nicht widerlegt werden konnte. Eines dieser Argumente für die Richtigkeit der CHURCHschen These ist darin zu sehen, daß sich die von verschiedenen Autoren vorgeschlagenen Präzisierungen des Begriffes „Algorithmus“ alle als gleichwertig herausgestellt haben. So läßt sich z. B. der in § 12.4 beschriebene MARKOWsche normale Algorithmus auf allgemein-rekursive Funktionen zurückführen.

Oben hatten wir die Begriffe „Algorithmus“ und „Berechnung des Wertes einer arithmetischen Funktion“ miteinander identifiziert. Im Lichte der CHURCHschen These erweist sich ein Problem nur dann als algorithmisch lösbar, wenn die arithmetische Funktion, auf deren Berechnung wir unser Problem zurückgeführt haben, allgemein-rekursiv ist. Zusammenfassend kann man kurz sagen: Ein Algorithmus existiert nur dann, wenn man eine entsprechende allgemein-rekursive Funktion konstruieren kann.

Umgekehrt gilt demnach auch die Aussage, daß ein Problem algorithmisch nicht entscheidbar ist, wenn die zugehörige arithmetische Funktion nicht allgemein-rekursiv ist.

Der Beweis für die algorithmische Entscheidbarkeit ist oft nicht einfacher als die Suche nach dem Algorithmus selbst. Für einige Beispiele gelang der Beweis, daß sie nicht algorithmisch entscheidbar sind. Ohne Beweis wollen wir zwei Beispiele dieser Art betrachten.

Beispiel 1. Wir könnten eine vollständige Vorstellung davon bekommen, welche Gleichungssysteme E allgemein-rekursive Funktionen definieren und könnten alle allgemein-rekursiven Funktionen effektiv durchnumerieren, wenn es einen Algorithmus gäbe, um von der GÖDEL-Nummer w eines Glei-

chungssystems E darauf zu schließen, ob das System eine allgemein-rekursive Funktion definiert.
Mit anderen Worten ausgedrückt wäre das Problem gelöst, wenn es z. B. eine allgemein rekursive Funktion $\psi(w)$ mit der Eigenschaft

$$\psi(w) = \begin{cases} 0, & \text{wenn } w \text{ die GÖDEL Nummer eines Systems E ist, durch das eine allgemein-rekursive Funktion definiert wird,} \\ > 0 & \text{in den übrigen Fällen} \end{cases}$$

gäbe. Es konnte bewiesen werden, daß es eine solche allgemein-rekursive Funktion $\psi(w)$ nicht gibt. Deshalb ist das Problem der Erkennung, welche Systeme E allgemein-rekursive Funktionen definieren, algorithmisch nicht entscheidbar. Die Menge der allgemein-rekursiven Funktionen ist zwar abzählbar, aber nicht effektiv abzählbar.

Beispiel 2. Auch das folgende Problem erwies sich als algorithmisch nicht entscheidbar. Gesucht ist ein Algorithmus, um von einer beliebigen primitiv-rekursiven Funktion $\tau(x, y)$ (einem beliebigen primitiv-rekursiven Prädikat $T(x, y)$) sagen zu können, ob sie die Eigenschaft

$$(\forall x)\,(\exists y)\,[\tau(x, y) = 0] \tag{12.32}$$

hat (bzw. ob das Prädikat die Eigenschaft $(\forall x)\,(\exists y)\,T(x, y)$ hat). Da sich die primitiv-rekursiven Funktionen alle effektiv numerieren lassen, läßt sich das Problem auf das Finden einer berechenbaren Funktion $\psi(r)$ mit der Eigenschaft

$$\psi(r) = \begin{cases} 0, & \text{wenn } r \text{ die Nummer einer primitiv-rekursiven Funktion mit der Eigenschaft (12.32) ist,} \\ > 0 & \text{in den übrigen Fällen} \end{cases}$$

zurückführen. Diese Funktion aber erweist sich als nicht allgemein-rekursiv und damit auch als nicht berechenbar.
Die Bedingung (12.32) kann man etwas abschwächen, und trotzdem bleibt das Problem algorithmisch unentscheidbar. Es konnte bewiesen werden, daß auch das einfache Problem algorithmisch nicht entscheidbar ist, ob bei einer gegebenen primitiv-rekursiven Funktion $\varphi(x, y)$ für jedes x^* die Bedingung

$$(\exists y)\,[\varphi(x^*, y) = 0]$$

gefordert werden kann.
Algorithmisch unentscheidbar ist auch das folgende Problem. Von einem primitiv-rekursiven Prädikat $P(y)$ ist festzustellen, ob

$$(\exists y)\,P(y)$$

gültig ist.

In allen diesen Fällen konnte der Beweis erbracht werden, daß die zugehörigen Funktionen nicht allgemein-rekursiv sind. Der Beweis für die algorithmische Unentscheidbarkeit wird oft in folgender Weise geführt. Man weist nach, daß sich das Problem auf ein anderes zurückführen läßt, dessen algorithmische Unentscheidbarkeit bereits nachgewiesen ist. Manchmal genügt es dann zu zeigen, daß diese Eigenschaft auch ein engeres Problem hat, das ein Teilproblem des betrachteten ist.
In den Kap. VIII und IX haben wir mit dieser Methode die algorithmische Unentscheidbarkeit zweier Hauptprobleme aus der Theorie der endlichen Automaten und der sequentiellen Maschinen bewiesen.

§ 12.12 Rekursive reelle Zahlen

Der Begriff der rekursiven reellen Zahl wurde in die konstruktive Mathematik eingeführt. Der konstruktive Standpunkt der Mathematik entstand bei dem Bemühen, Widersprüche („Antinomien") zu vermeiden. Dieser Standpunkt ist mit der Forderung verknüpft, einen Beweis erst dann als erschöpfend anzusehen, wenn nicht nur irgendein mathematischer Tatbestand ermittelt ist, sondern gezeigt ist, wie die mathematischen Objekte faktisch berechnet werden können.
In der konstruktiven Mathematik hat der Apparat der rekursiven Funktionen eine besondere Bedeutung erlangt. Die Algorithmen zur effektiven Konstruktion der notwendigen Objekte werden gewöhnlich in der Schreibweise der rekursiven Funktionen formuliert. Betrachten wir als Beispiel die konstruktive Formulierung eines häufig vorkommenden Schemas.
In der Analysis trifft man häufig auf Aussagen der Form „Für jedes kleine $\varepsilon > 0$ existiert ein solches N, so daß eine gewisse, von n abhängende Größe für $n \geqq N$ kleiner als ε bleibt". Wie lautet die konstruktive Version dieser Aussage? Dazu sind zwei Dinge notwendig:
1) Es ist zu präzisieren, was unter „jedes kleine ε" zu verstehen ist. Nehmen wir z. B. $\varepsilon = 1/m$, wobei m eine beliebig große positive Zahl ist.
2) Man muß aus ε (bzw. also m) die Zahl N effektiv berechnen können.
Die konstruktive Formulierung kann dann lauten: „Es existiert eine solche allgemein-rekursive Funktion $\nu(m)$, daß eine von n abhängende Größe für $n \geqq \nu(m)$ kleiner als $1/m$ wird".
Eine Formulierung dieser Art kann man auf die Konvergenz einer Folge von rationalen Zahlen übertragen. Dazu nennen wir eine *Folge rationaler Zahlen*

$$a_0, a_1, a_2, \ldots, a_n, \ldots$$

rekursiv, wenn es solche allgemein-rekursiven Funktionen $\alpha(n)$, $\beta(n)$ und $\gamma(n)$ ($\gamma(n) \geqq 1$) gibt, daß

$$a_n = \frac{\alpha(n) - \beta(n)}{\gamma(n)}$$

ist. Wir sagen, diese *Folge ist rekursiv* (*oder effektiv oder berechenbar*) *konvergent*, wenn es eine solche allgemein-rekursive Funktion $\nu(m)$ gibt, daß für beliebig große $m > 0$

$$|a_n - a_{n^*}| < \frac{1}{m}, \qquad \text{für alle} \quad n, n^* \geq \nu(m)$$

ist. Eine Zahl r, die diese rekursiv konvergierende Folge definiert, heißt eine *rekursive reelle Zahl.*

Man kann beweisen, daß aus der Rekursivität von r, d. h. aus der Existenz einer rekursiven Folge von rationalen Zahlen, die rekursiv gegen r konvergiert, durchaus nicht folgt, daß man diese Zahl r in einen rekursiven Dezimalbruch zerlegen kann. Unter einem rekursiven Dezimalbruch verstehen wir die Darstellung

$$r = \sum_{k=0}^{\infty} \frac{\psi(k)}{10^k},$$

wobei $\psi(n) \leq 9$ eine allgemein-rekursive Funktion ist.

Es gibt allerdings eine spezielle Folge, aus deren rekursiver Konvergenz man auf eine rekursive Zerlegung von r in einem *beliebigen Zahlensystem* schließen kann. Eine solche spezielle Folge ist die Zerlegung

$$r = \frac{a_1}{1!} + \frac{a_2}{2!} + \frac{a_3}{3!} + \cdots + \frac{a_n}{n!} + \cdots,$$

wobei für große n die Zahl $a_n \leq n - 1$ ist. Wenn es eine allgemein-rekursive Funktion $\chi(n)$ gibt, so daß $a_n = \chi(n)$ ist, konvergiert diese Reihe immer rekursiv und definiert eine rekursive reelle Zahl, die man in jedem Zahlensystem in einen rekursiven Bruch zerlegen kann.

Es sei noch darauf aufmerksam gemacht, daß es nicht mehr rekursive reelle Zahlen als allgemein-rekursive Funktionen gibt. Auch sie bilden eine abzählbare Menge, während alle reellen Zahlen von der Mächtigkeit des Kontinuums sind. Demnach ist also nur ein unbedeutender Teil der reellen Zahlen rekursiv.

Die rekursiven reellen Zahlen sind faktisch diejenigen, für deren Berechnung bei beliebiger Genauigkeit ein Algorithmus vorliegt. Die in der Analysis häufig auftretenden reellen Zahlen, wie z. B. e, π, $\sqrt{2}$ usw., sind alle rekursiv reelle Zahlen.

§ 12.13 Rekursiv-aufzählbare und rekursive Mengen

Es gibt einige äquivalente Formulierungen, um den Begriff einer rekursiven und einer rekursiv-aufzählbaren Menge ganzer Zahlen zu definieren. Der Bequemlichkeit halber wählen wir die Form einer Tabelle, in deren linker Hälfte Definitionen für eine rekursiv-aufzählbare Menge, in deren rechter Hälfte Definitionen für eine rekursive Menge stehen.

Rekursiv-aufzählbare Zahlenmenge	Rekursive Zahlenmenge
1A. Eine Menge heißt rekursiv-aufzählbar, wenn sie die Menge der Werte einer allgemein-rekursiven Funktion ist, oder anders ausgedrückt, wenn es eine die Menge, vielleicht mit Wiederholungen, aufzählende allgemein-rekursive Funktion gibt. Die leere Menge wird als rekursiv-aufzählbar angenommen. 2A. Eine Menge C mit wenigstens einem Element heißt dann und nur dann rekursiv-aufzählbar, wenn das Prädikat „$y \in C$“ in der Form $(\exists\, x)\, P(x, y)$ mit dem allgemein-rekursiven Prädikat $P(x, y)$ ausdrückbar ist.	1B. Die Menge C heißt rekursiv, wenn ein Algorithmus dafür existiert, um festzustellen, ob eine gegebene Zahl y zu der Menge gehört. 2B. Die Menge C heißt rekursiv, wenn das Prädikat „$y \in C$“ in der Form $P(y)$ mit dem allgemein-rekursiven Prädikat P ausgedrückt werden kann. 3B. Die Menge C heißt rekursiv, wenn sie und ihr Komplement $\overline{C}$ rekursiv aufzählbar sind. 4B. Die unendliche Menge C ist dann und nur dann rekursiv, wenn sie mit Hilfe einer allgemein-rekursiven Funktion ohne Wiederholungen aufgezählt werden kann, so daß die Funktionswerte in wachsender Reihenfolge die Elemente ergeben, d. h. $\varphi(0)$, $\varphi(1)$, $\varphi(2), \ldots$ ergeben in wachsender Reihenfolge die Elemente der Folge C.

Zu diesen Definitionen wollen wir noch einige Bemerkungen machen.

Zu Definition 1A. Es ist bewiesen worden, daß eine Menge, die sich mit Hilfe einer allgemein-rekursiven Funktion mit Wiederholungen aufzählen läßt, auch (aus einer anderen solchen Funktion) ohne Wiederholungen aufzählen läßt.

Zu Definition 2A. Man kann leicht zeigen, wie die Definition 2A eine Folge der Definition 1A ist. Es sei C die Menge der Werte einer allgemein-rekursiven Funktion $\varphi(x)$. Wenn die Zahl y zu der Menge C gehört, so bedeutet dies also, daß es ein x mit

$$y = \varphi(x)$$

gibt, oder anders formuliert

$$(\exists\, x)\, [y = \varphi(x)]\,.$$

Die Gleichung $y = \varphi(x)$ kann man als eine allgemein-rekursive Beziehung zweier allgemein-rekursiver Funktionen auffassen:

$$P(x, y) = [\chi_1(x, y) = \chi_2(x, y)]\,,$$

mit

$$\chi_1(x, y) \equiv y\,, \qquad \chi_2(x, y) \equiv \varphi(x)\,.$$

Zu Definition 2B. Die Definition 2B ist nur eine Präzisierung der Definition 1B.

Zu Definition 3B. Aus der Erfüllung der Bedingung 3B folgt die Erfüllung der Bedingung 1B. Dazu nehmen wir an, daß die Menge C von der allgemein-rekursiven Funktion $\varphi_1(x)$ aufgezählt wird, die komplementäre Menge $\overline{C}$ durch $\varphi_2(x)$. Um festzustellen, ob eine Zahl y zu der Menge C gehört, berechne man parallel die Folgen

$$\varphi_1(0)\,, \quad \varphi_1(1)\,, \quad \varphi_1(2)\,, \quad \varphi_1(3), \ldots, \tag{I}$$

$$\varphi_2(0)\,, \quad \varphi_2(1)\,, \quad \varphi_2(2)\,, \quad \varphi_2(3), \ldots . \tag{II}$$

Da y entweder zu C oder zu $\overline{C}$ gehören muß, so muß früher oder später in der Folge (I) oder (II) dieser Wert auftreten. Kommt y in der Folge (I) vor, ist $y \in C$, kommt es in der Folge (II) vor, ist $y \in \overline{C}$. Es gibt daher einen Algorithmus, um die Zugehörigkeit einer Zahl y zur Menge C zu ermitteln.

Zu Definition 4B. Unter der Bedingung 4B gibt es ebenfalls einen Algorithmus, um die Zugehörigkeit einer Zahl y zur Menge C festzustellen. Dazu berechnen wir die Folge $\varphi(0), \varphi(1), \varphi(2), \ldots$. Wenn für ein gewisses $n\, \varphi(n) > y$ ist, so ist der Rechenprozeß zu Ende und y gehört nicht zur Menge. Ist für ein $m \leqq n\, \varphi(m) = y$, so ist y ein Element der Menge C.
Wir wollen nun noch einige Beispiele für rekursive Mengen anführen.

1) Die Menge $\{0, 1\}$ aus zwei Elementen ist rekursiv wegen der Bedingungen 1B oder 2B.

2) Jede endliche Menge ist nach 1B oder 2B rekursiv.

3) Die Menge $\{0, 2, 4, 6, 8, \ldots\}$ der geraden Zahlen ist rekursiv. Hier ist $y \in C \equiv [\text{res}\,(y, 2) = 0]$, und die Menge ist nach 2B rekursiv. Nimmt man $\varphi(x) = 2\,x$, so ist die Menge nach 4B rekursiv.

Es mögen schließlich noch Beispiele für rekursiv-aufzählbare und nicht rekursiv-aufzählbare Mengen folgen.
Nach Definition 2A ist die Menge aller derjenigen y rekursiv-aufzählbar, für die bei einem beliebigen allgemein-rekursiven Prädikat $P(x, y)$ $(\exists\, x)\, P(x, y)$ ist. Man kann $P(x, y)$ so wählen, daß die Menge $\{y\}$ zwar rekursiv-aufzählbar, aber nicht rekursiv ist. Die Komplementmenge $\{\overline{y}\}$ ist die Menge jener y, für die

$$\overline{(\exists\, x)\, P(x, y)} = (\forall\, x)\, \overline{P}(x, y) = (\forall\, x)\, Q(x, y)$$

ist, wobei Q ein allgemein-rekursives Prädikat ist. Diese Menge $\{\overline{y}\}$ ist weder rekursiv noch rekursiv-aufzählbar.
Die Menge der GÖDEL-Nummern z aller derjenigen Gleichungssysteme E, die eine allgemein-rekursive Funktion definieren, ist weder rekursiv noch rekursiv-aufzählbar.
Zum Schluß weisen wir noch darauf hin, daß aus dem Vergleich von 1A mit 4B und der Tatsache, daß jede endliche Menge sowohl rekursiv als auch rekur-

siv-aufzählbar ist, folgt, daß überhaupt jede rekursive Menge auch rekursiv-aufzählbar ist. Die umgekehrte Behauptung hingegen gilt nicht.

Der Begriff der rekursiven reellen Zahl und der rekursiv-aufzählbaren Menge ist bei der Beantwortung der Frage von großer Bedeutung, ob eine Maschine mehr „kann", als sich durch einen Algorithmus realisieren läßt. Wir haben oben gezeigt, daß sich jeder Algorithmus auf die Berechnung der Werte einer berechenbaren ganzzahligen Funktion zurückführen läßt.

Wenn irgendeine Maschine am Ausgang eine Menge von Zahlen „ausgibt", und wenn diese Menge nicht rekursiv-aufzählbar ist, dann wäre dies ein Zeichen dafür, daß der Arbeitsprozeß dieser Maschine nicht algorithmisiert werden kann, d. h. die Maschine „leistet mehr, als ein Algorithmus realisieren kann".

KAPITEL XIII

TURING-Maschinen

§ 13.1 Beschreibung und Beispiele von TURING-Maschinen

Im Kap. XII haben wir die grundlegenden, an einen Algorithmus zu stellenden Forderungen näher erläutert. Es waren die Forderungen der Determiniertheit, der Allgemeingültigkeit und der Endlichkeit. Wichtig ist dabei die Tatsache, daß das Ergebnis der Anwendung eines Algorithmus vollständig davon unabhängig ist, wer ihn ausgeführt hat. Der Mensch, der einen Algorithmus ausführt, muß „wie eine Maschine handeln" und nur darauf Acht geben, daß die Vorschriften des Algorithmus richtig ausgeführt werden. Deshalb ist der Gedanke ganz natürlich, ob man die Ausführung eines Algorithmus nicht einer Maschine anvertrauen kann.

Aus den oben erwähnten Eigenschaften von Algorithmen ergeben sich allgemeine Forderungen für die Maschine, die einen Algorithmus ausführen soll. Eine solche Maschine muß erstens vollständig determiniert sein und in Übereinstimmung mit dem gegebenen System von Vorschriften arbeiten. Sie muß zweitens die Möglichkeit bieten, die verschiedenen „Anfangswerte" in die Maschine einzuführen (entsprechend den verschiedenen Aufgaben aus einer Problemklasse). Es gibt verschiedene Vorschläge für die „Konstruktion" einer Maschine zur Ausführung von Algorithmen. Der anschaulichste Vorschlag stammt aus dem Jahre 1936 von dem englischen Mathematiker TURING. Wir werden im folgenden eine der möglichen Varianten einer solchen Maschine beschreiben.

Wir betrachten ein eindimensionales endloses *Rechenband* (auch kurz *Band* genannt), das in einzelne *Felder* unterteilt ist. Wir nehmen an, daß sich dieses Band nur nach rechts ins Unendliche erstreckt, so daß es also ein Feld gibt, das am weitesten links liegt. In jedes Feld kann man nur ein Symbol s_i aus einem endlichen Alphabet $\{s_0, s_1, \ldots, s_n\}$ schreiben. Dem Symbol s_0 geben wir eine besondere Bedeutung und sagen, ein Feld, in dem das Symbol s_0 steht, ist leer. Im folgenden nehmen wir immer an, daß es auf dem Band jedesmal nur eine endliche (wenn auch beliebig große) Anzahl von nicht leeren Feldern gibt, während die übrigen leer sind. Man sagt auch, daß immer nur endlich viele Felder markiert sind.

Unsere Maschine soll auch über eine spezielle *Schreib-* und *Leseeinrichtung* verfügen, die man über ein beliebiges Feld des Bandes setzen kann, worauf auf einen Befehl von außen her mit dem Schreibkopf das alte Zeichen gelöscht und das Feld mit einem neuen Zeichen beschriftet werden kann oder mit dem Lesekopf nur gelesen werden kann. Der Schreib- und Lesekopf, auch einfach nur *Kopf* genannt, kann auf einen Befehl um ein Feld nach rechts oder links versetzt werden (falls er sich nicht schon ganz links befindet). Die Befehle an den Kopf kommen von einer *Steuereinheit*, die ihrerseits von dem Kopf ein Signal über den Inhalt eines Bandfeldes, das dem Kopf gerade gegenüber liegt, erhalten kann.

Die Steuereinheit hat eine endliche Zahl von $m + 1$ inneren Zuständen $q_0, q_1, \ldots, q_m$ und arbeitet zu den diskreten Zeitpunkten $t = 0, 1, 2, \ldots$. Als Eingang der Steuereinheit gilt das Symbol s_i, das von dem Kopf gemeldet wird, als Ausgang der Befehl an den Kopf, welches Symbol in das betreffende Feld geschrieben werden soll und wohin sich der Kopf dann zu bewegen hat.

Zum Zeitpunkt t möge sich der Kopf über dem l-ten Feld (von links) befinden, in der das Symbol s_i steht, und die Steuereinheit sei im Zustand q_j. In Abhängigkeit von dem Zustand q_j und dem Eingang s_i gibt die Steuereinheit das Signal s_k ab, d. h., der Kopf möge das Symbol s_i löschen und das neue Symbol s_k in dieses Feld schreiben, und danach eines der Signale R, L oder H („Rechts", „Links" bzw. „Halt"), wonach der Kopf einen Schritt nach rechts oder links geht oder stehen bleibt. Danach geht die Steuereinheit in den neuen Zustand q_r über, der durch die Symbole q_j und s_i eindeutig bestimmt ist. Zum Zeitpunkt $t + 1$ befindet sich in dem Feld l das Symbol s_k, die Steuereinheit in dem Zustand q_r und der Kopf über einem der Felder l, $l + 1$ oder $l - 1$. Die Steuereinheit ist also eine sequentielle Maschine mit zwei Ausgangszuordnern: Eingang der Maschine ist das vom Kopf gelesene Symbol (Eingangsalphabet $\{s_0, s_1, \ldots, s_n\}$); die Zustände sind Symbole aus dem Alphabet $\{q_0, q_1, \ldots, q_m\}$; erster Ausgang ist das Schreibsignal für den Kopf, ein Symbol aus dem Alphabet $\{s_0, s_1, \ldots, s_n\}$; zweiter Ausgang das Verschiebesignal für den Kopf aus dem Alphabet $\{R, L, H\}$. Die Arbeitsweise dieser sequentiellen Maschine kann man durch drei Tabellen beschreiben, der Tabelle für den Automaten und zwei Tabellen für die Ausgangszuordner. Bei der Beschreibung einer TURING-Maschine werden diese drei Tabellen zu einer *Haupttabelle* zusammengefaßt.

Während die Tabelle 13.1 den Automaten beschreibt, die Tab. 13.2 den ersten Ausgangszuordner und Tab. 13.3 den zweiten Ausgangszuordner, stellt Tab. 13.4 die zusammengefaßte Tabelle für eine TURING-Maschine dar. In den Zellen dieser Tabelle stehen nacheinander ein Symbol aus $\{q\}$, ein zweites aus $\{s\}$ und schließlich ein Symbol aus $\{R, L, H\}$. Wenn diese

Tabelle 13.1

	s_0	s_1	s_2
q_0	q_0	q_1	q_0
q_1	q_0	q_0	q_1

Tabelle 13.2

	s_0	s_1	s_2
q_0	s_2	s_0	s_1
q_1	s_1	s_1	s_2

Tabelle 13.3

	s_0	s_1	s_2
q_0	R	R	L
q_1	H	L	R

Tabelle 13.4

	s_0	s_1	s_2
q_0	$q_0\, s_2\, R$	$q_1\, s_0\, R$	$q_0\, s_1\, L$
q_1	$q_0\, s_1\, H$	$q_0\, s_1\, L$	$q_1\, s_2\, R$

Haupttabelle einer TURING-Maschine gegeben ist, so ist die Arbeitsweise für jede Bandbeschriftung eindeutig festgelegt.

Wir wollen weiter annehmen, daß mit dem Symbol q_0 der Ruhezustand der TURING-Maschine bezeichnet wird, d. h., die Zeile q_0 der Haupttabelle hat die folgenden Eigenschaften: 1) Das erste Symbol in jeder Zelle dieser Zeile ist q_0. 2) Das zweite Symbol in jeder Zelle dieser Zeile ist gleich der Spaltenbezeichnung s_i. 3) Das dritte Symbol in den Zellen dieser Zeile ist immer H (s. z. B. Tab. 13.5).

Tabelle 13.5

	s_0	s_1	s_2
q_0	$q_0\, s_0\, H$	$q_0\, s_1\, H$	$q_0\, s_2\, H$
q_1	$q_1\, s_2\, L$	$q_1\, s_0\, R$	$q_0\, s_1\, H$

Wenn also die Steuereinheit zu irgendeinem Zeitpunkt den Zustand q_0 erreicht, so bleibt die Maschine in den folgenden Zeitpunkten in diesem Zustand, wo sich auch der Kopf befinden möge und wie auch die Beschriftung des Bandes lautet. Auch der Kopf bewegt sich nicht mehr und die Beschriftung des Bandes bleibt unverändert. Der Einfachheit halber werden wir in der Haupttabelle die Zeile q_0 in Zukunft weglassen (vgl. Tab. 13.6).

Tabelle 13.6

	s_0	s_1	s_2
q_1	$q_1\, s_2\, L$	$q_1\, s_0\, R$	$q_0\, s_1\, H$

Tabelle 13.7
Maschine A

	0	1
q_1	$q_0\, 1\, H$	$q_1\, 1\, R$

Zur Vereinfachung setzen wir weiter voraus, daß das Alphabet $\{s\}$ nur aus den beiden Symbolen 0 (leer) und 1 (nicht leer) bestehen möge.

Wir wollen nun einige einfache Beispiele von TURING-Maschinen beschreiben. Den Anfangszustand beschreiben wir dabei immer mit q_1.

1) TURING-Maschine A (s. Tab. 13.7). Die Maschine A befindet sich zu Anfang im Zustand q_1, liest den Inhalt des Feldes, über dem sich der Kopf befindet und sucht dann nach rechts auf dem Band das erste leere (mit 0 gefüllte) Feld. In dieses Feld wird eine 1 geschrieben und die Maschine hält an. Befindet sich der Kopf gleich zu Anfang über einer leeren Zelle, so wird

eine 1 hineingeschrieben, und der Kopf bewegt sich überhaupt nicht. Die Tab. 13.8 und 13.9 zeigen die beiden möglichen Varianten dieser Arbeitsweise.

Tabelle 13.8

Takt	Bandbeschriftung
0	$\ldots 1\ \overset{q_1}{\overline{1}}\ 1\ 1\ 1\ 0\ 0 \ldots$
1	$\ldots 1\ 1\ \overset{q_1}{\overline{1}}\ 1\ 1\ 0\ 0 \ldots$
2	$\ldots 1\ 1\ 1\ \overset{q_1}{\overline{1}}\ 1\ 0\ 0 \ldots$
3	$\ldots 1\ 1\ 1\ 1\ \overset{q_1}{\overline{1}}\ 0\ 0 \ldots$
4	$\ldots 1\ 1\ 1\ 1\ 1\ \overset{q_1}{\overline{0}}\ 0 \ldots$
5	$\ldots 1\ 1\ 1\ 1\ 1\ \overset{q_0}{\overline{1}}\ 0 \ldots$

Der Strich über dem Feld bedeutet, daß sich der Kopf zu dem angegebenem Zeitpunkt über diesem Feld befindet. Das Symbol über dem Strich bezeichnet den momentanen Zustand der Steuereinheit. Die Punkte bezeichnen Felder, deren Inhalt bei dem Beispiel sich nicht ändert, weil der Kopf überhaupt nicht über diese Felder kommt.

Tabelle 13.9

Takt	Bandbeschriftung
0	$\ldots 1\ 0\ \overset{q_1}{\overline{0}}\ 0\ 1 \ldots$
1	$\ldots 1\ 0\ \overset{q_1}{\overline{1}}\ 0\ 1 \ldots$

2) TURING-Maschine B (Tab. 13.10). Auch diese Maschine möge außer dem Ruhezustand nur noch eines Zustandes fähig sein. Die Maschine löscht eine 1 in dem Feld (wenn es nicht leer ist), über dem sich der Kopf zu Anfang befindet, oder in dem ersten nicht leeren Feld nach links. Die Maschine geht dann noch einen Schritt nach links und bleibt stehen. Ein Beispiel zeigt die Tab. 13.11.

Tabelle 13.10
Maschine B

	0	1
q_1	$q_1\,0\,L$	$q_0\,0\,L$

Tabelle 13.11

Takt	Bandbeschriftung
0	$\ldots 0\,1\,1\,1\,0\,\overset{q_1}{\overline{0}}\ldots$
1	$\ldots 0\,1\,1\,1\,\overset{q_1}{\overline{0}}\,0\ldots$
2	$\ldots 0\,1\,1\,\overset{q_1}{\overline{1}}\,0\,0\ldots$
3	$\ldots 0\,1\,\overset{q_0}{\overline{1}}\,0\,0\,0\ldots$

3) TURING-Maschine C (Tab. 13.12). Die Maschine sucht nach rechts die erste Gruppe von Einsen nach einer Gruppe von Nullen und bleibt über der letzten 1 dieser Gruppe stehen. Ein Beispiel zeigt die Tab. 13.13.

Tabelle 13.12
Maschine C

	0	1
q_1	$q_2\,0\,R$	$q_1\,1\,R$
q_2	$q_2\,0\,R$	$q_3\,1\,R$
q_3	$q_0\,0\,L$	$q_3\,1\,R$

Tabelle 13.13

Takt	Bandbeschriftung
0	$\ldots 0\,\overset{q_1}{\overline{1}}\,1\,0\,0\,1\,1\,0\,0\ldots$
1	$\ldots 0\,1\,\overset{q_1}{\overline{1}}\,0\,0\,1\,1\,0\,0\ldots$
2	$\ldots 0\,1\,1\,\overset{q_1}{\overline{0}}\,0\,1\,1\,0\,0\ldots$
3	$\ldots 0\,1\,1\,0\,\overset{q_2}{\overline{0}}\,1\,1\,0\,0\ldots$
4	$\ldots 0\,1\,1\,0\,0\,\overset{q_2}{\overline{1}}\,1\,0\,0\ldots$
5	$\ldots 0\,1\,1\,0\,0\,1\,\overset{q_3}{\overline{1}}\,0\,0\ldots$
6	$\ldots 0\,1\,1\,0\,0\,1\,1\,\overset{q_3}{\overline{0}}\,0\ldots$
7	$\ldots 0\,1\,1\,0\,0\,1\,\overset{q_0}{\overline{1}}\,0\,0\ldots$

In manchen Fällen kann eine TURING-Maschine in dem Sinne unbestimmt bleiben, daß einige Zellen der Haupttabelle nicht ausgefüllt sind. Dies ist zulässig, wenn man von vornherein weiß, daß diese Zustände und Bandsymbole aus irgendwelchen Gründen nie auftreten. Ein Beispiel dafür zeigt die Tab. 13.14.

Tabelle 13.14

Maschine D

	0	1
q_1		$q_2\,1\,R$
q_2	$q_3\,1\,R$	$q_2\,1\,R$
q_3	$q_3\,1\,R$	$q_4\,1\,L$
q_4		$q_0\,0\,L$

4) TURING-Maschine D (Tab. 13.14). Die Maschine sucht nach rechts die erste Gruppe von Nullen zwischen zwei Gruppen von Einsen und füllt diese leeren Felder bis auf das letzte mit 1 auf. Wenn sich der Kopf im 0-ten Zeitpunkt nicht über einem leeren Feld in dem Zustand q_1 und q_4 befindet, so kommen die Kombinationen q_1, 0 und q_4, 0 auch im folgenden nie vor, denn der Zustand q_1 wiederholt sich überhaupt nicht und zu q_4 kann die Maschine nur dann kommen, wenn die 1 schon geschrieben ist. Ein Beispiel zeigt die Tab. 13.15.

Tabelle 13.15

Takt	Bandbeschriftung
0	$\dots 0\,\overset{q_1}{\overline{1}}\,1\,1\,0\,0\,0\,1\,1\,0\,0 \dots$
1	$\dots 0\,1\,\overset{q_2}{\overline{1}}\,1\,0\,0\,0\,1\,1\,0\,0 \dots$
2	$\dots 0\,1\,1\,\overset{q_2}{\overline{1}}\,0\,0\,0\,1\,1\,0\,0 \dots$
3	$\dots 0\,1\,1\,1\,\overset{q_2}{\overline{0}}\,0\,0\,1\,1\,0\,0 \dots$
4	$\dots 0\,1\,1\,1\,1\,\overset{q_3}{\overline{0}}\,0\,1\,1\,0\,0 \dots$
5	$\dots 0\,1\,1\,1\,1\,1\,\overset{q_3}{\overline{0}}\,1\,1\,0\,0 \dots$
6	$\dots 0\,1\,1\,1\,1\,1\,1\,\overset{q_3}{\overline{1}}\,1\,0\,0 \dots$
7	$\dots 0\,1\,1\,1\,1\,1\,\overset{q_4}{\overline{1}}\,1\,1\,0\,0 \dots$
8	$\dots 0\,1\,1\,1\,1\,\overset{q_0}{\overline{1}}\,0\,1\,1\,0\,0$

Manchmal hat man Maschinen zu betrachten, die nicht nur einen, sondern mehrere Ruhezustände q_0', q_0'', usw. haben. Ein Beispiel dafür ist die

5) TURING-Maschine E (Tab. 13.16). Diese Maschine, die sich zu Anfang immer über einem Feld mit 1 befinden möge, ermittelt, ob in dem links benachbarten Feld eine 1 oder eine 0 steht. Steht links davon eine 1, so

Tabelle 13.16
Maschine E

	0	1
q_1		$q_2\,1\,L$
q_2	$q_0'\,0\,R$	$q_0''\,1\,R$

geht sie in die Ausgangsstellung zurück und bleibt in dem Zustand q_0' stehen. Steht links davon eine 0, so geht sie ebenfalls zurück und bleibt in dem Zustand q_0'' stehen. Die Tabellen 13.17 und 13.18 zeigen Beispiele dafür.

Tabelle 13.17

Takt	Bandbeschriftung
0	$\dots 0\;0\;1\;\overset{q_1}{\bar{1}}\;1 \dots$
1	$\dots 0\;0\;\overset{q_2}{\bar{1}}\;1\;1 \dots$
2	$\dots 0\;0\;1\;\overset{q_0''}{\bar{1}}\;1 \dots$

Tabelle 13.18

Takt	Bandbeschriftung
0	$\dots 0\;0\;\overset{q_1}{\bar{1}}\;1 \dots$
1	$\dots 0\;\overset{q_2}{\bar{0}}\;1\;1 \dots$
2	$\dots 0\;0\;\overset{q_0'}{\bar{1}}\;1 \dots$

Zum Schluß führen wir noch ohne besondere Erklärungen einige Beispiele an, die wir im folgenden brauchen werden.

6) TURING-Maschine F (Tab. 13.19). Die Maschine sucht nach links die erste Gruppe von Einsen nach einer Gruppe von Nullen.

Tabelle 13.19
Maschine F

	0	1
q_1	$q_2\,0\,L$	$q_1\,1\,L$
q_2	$q_2\,0\,L$	$q_0\,1\,H$

Tabelle 13.20
Maschine G

	0	1
q_1	$q_0\,0\,H$	$q_1\,0\,L$

Tabelle 13.21
Maschine H

	0	1
q_1	$q_0\,1\,H$	$q_2\,1\,R$
q_2	$q_1\,0\,R$	$q_2\,1\,R$

7) TURING-Maschine G (Tab. 13.20). Die Maschine löscht nach links hin alle Einsen bis zur nächsten 0.

8) TURING-Maschine H (Tab. 13.21). Die Maschine sucht nach rechts das erste leere Feld und schreibt in das auf dieses leere Feld folgende eine 1. Im Unterschied zur Maschine A (Beispiel 1) wird also nicht in das erste leere Feld eine 1, sondern erst in das darauf folgende Feld geschrieben.
9) TURING-Maschine I (Tab. 13.22). Beginnend mit einem nicht leeren Feld wird diese 1 dort gelöscht und in das erste freie Feld nach links „übertragen", mit anderen Worten, eine Gruppe von Einsen wird um einen Schritt nach links verschoben.
10) TURING-Maschine K (Tab. 13.23). Befindet sich rechts von dem Anfangsfeld eine 1, so wird diese gelöscht.

Tabelle 13.22
Maschine I

	0	1
q_1		$q_2\,0\,L$
q_2	$q_0\,1\,L$	$q_2\,1\,L$

Tabelle 13.23
Maschine K

	0	0
q_1	$q_2\,0\,R$	$q_2\,1\,R$
q_2	$q_0\,0\,H$	$q_0\,0\,H$

11) TURING-Maschine L (Tab. 13.24). Angefangen bei einem nicht leeren Feld geht die Maschine nach links und bleibt zwei Felder nach der letzten 1 stehen.
12) TURING-Maschine M (Tab. 13.25). Es gibt zwei Ruhezustände und die Maschine kann erkennen, über welchem Feld sich der Kopf befindet. Je nachdem ob es ein leeres oder nicht leeres Feld ist, geht die Maschine in einen der beiden Ruhezustände über.

Tabelle 13.24
Maschine L

	0	1
q_1	$q_0\,0\,L$	$q_1\,1\,L$

Tabelle 13.25
Maschine M

	0	1
q_1	$q_0'\,0\,H$	$q_0''\,1\,H$

§ 13.2 Zusammensetzung von TURING-Maschinen

Wie wir im vorigen Paragraphen gesehen haben, ist die Arbeitsweise einer TURING-Maschine eindeutig bestimmt, wenn die Steuereinheit entsprechend der Haupttabelle funktioniert. Hier und im folgenden wollen wir voraussetzen, daß die Maschine mit dem bestimmten Anfangszustand q_1 anfängt und immer mit dem Ruhezustand q_0 aufhört. Nach dieser Übereinkunft kann man Operationen auf TURING-Maschinen definieren, durch die man aus einer gegebenen Haupttabelle neue erzeugen kann.
Wir stellen uns vor, daß es zwei TURING-Maschinen T_1 und T_2 gibt. Zum Anfang $t_0 = 0$ liegt eine solche Bandbeschriftung vor, daß die Maschine T_1

zu arbeiten anfängt, wobei sich die Maschine T_1 von dem Anfangszustand q_1^1 entfernt und der Kopf sich über dem Feld l_0 des Bandes befinden möge. Zu irgendeinem Zeitpunkt t_0^1 geht die Maschine T_1 in den Ruhezustand q_0^1 über, während sich der Kopf über einem Feld l_0^1 befindet. Zu diesem Zeitpunkt beginnt Maschine T_2 mit dem Anfangszustand q_1^2 zu arbeiten (und der Kopf befindet sich in l_0^1). Zu einem Zeitpunkt t_0^2 geht die Maschine in den Ruhezustand q_0^2 über und der Kopf bleibt über dem Feld l_0^2 stehen. Es ist leicht einzusehen, daß das Ergebnis dieser seriellen Arbeit der beiden Turing-Maschinen T_1 und T_2 bei einer beliebigen Anfangsbeschriftung des Bandes und Anfangslage l_0 der Arbeit einer Turing-Maschine T äquivalent ist, deren Haupttabelle nach folgender Vorschrift aufgestellt wird. Wenn die Steuereinheiten der Maschinen T_1 und T_2 (ohne den Ruhezustand oder die Ruhezustände) k_1 bzw. k_2 Zustände haben können, so hat die Steuereinheit von T insgesamt $k_1 + k_2$ Zustände. Der Anfangszustand von T ist q_1^1, der Ruhezustand q_0^2. Die Haupttabelle von T besteht aus zwei Teilen, wobei die Maschine T_1 den oberen und T_2 den unteren Teil der Tabelle bildet. Der Ruhezustand q_0^1 entspricht dem Anfangszustand q_1^2 von T_2. So möge z. B. die Maschine T_1 eine Maschine vom Typ F des vorigen Paragraphen sein, T_2 die Maschine G (vgl. die Tab. 13.19 und 13.20). Die Maschine T hat dann eine Tabelle von $2 + 1 = 3$ Zuständen, wobei $q_0 = q_0^2$ der Ruhezustand der Maschine G ist (Tab. 13.26).

Tabelle 13.26

	0	1
q_1'	$q_2'\,0\,L$	$q_1'\,1\,L$
q_2'	$q_2'\,0\,L$	$q_1''\,1\,H$
q_1''	$q_0''\,0\,H$	$q_1''\,0\,L$

Tabelle 13.27

	0	1
q_1	$q_2\,0\,L$	$q_1\,1\,L$
q_2	$q_2\,0\,L$	$q_3\,1\,H$
q_3	$q_0\,0\,H$	$q_3\,0\,L$

Tabelle 13.28

	0	1
q_1	$q_2\,0\,H$	$q_1\,0\,L$
q_2	$q_3\,0\,L$	$q_2\,1\,L$
q_3	$q_3\,0\,L$	$q_0\,1\,H$

Werden die Zustände der Maschine T der Reihe nach durchnumeriert, so ergibt sich aus der Tab. 13.26 die Tab. 13.27.

Die so aus den beiden Maschinen T_1 und T_2 aufgebaute Maschine T nennen wir das *Produkt* der Maschinen T_1 und T_2 und schreiben $T = T_1 \cdot T_2$. Diese Operation, aus zwei gegebenen Maschinen eine dritte zu konstruieren, nennen wir die *Multiplikation von Maschinen.* Mit diesen Beziehungen sind die Tab. 13.26 und 13.27 die Tabellen der Maschine G · F. Offensichtlich ist die Multiplikation von Maschinen nicht kommutativ, d. h. es ist $T_1 \cdot T_2 \neq T_2 \cdot T_1$. Das in Tab. 13.28 dargestellte Produkt G · F ist von der Maschine $F \cdot G$ von Tab. 13.27 verschieden.

Die Multiplikation von Maschinen ist aber, wie man leicht einsehen kann, assoziativ, d. h., wenn man drei Maschinen T_1, T_2, T_3 hat, so ist $(T_1 \cdot T_2) \cdot T_3 = T_1 \cdot (T_2 \cdot T_3)$. Bei der Multiplikation von mehreren Maschinen braucht man also keine Klammern zu setzen (und wir wollen in Zukunft auch den Punkt für die Multiplikation weglassen).

In ähnlicher Weise definieren wir die *Potenzierung von Maschinen* und verstehen unter den n-ten Potenz einer Maschine T das aus n Faktoren bestehende Produkt T · · · T.

Bisher haben wir in diesem Paragraphen nur von der Multiplikation von Maschinen mit einem Ruhezustand gesprochen. Hat eine der beiden miteinander zu multiplizierenden Maschinen zwei oder mehrere Ruhezustände (z. B. die Maschinen E und M des vorigen Paragraphen), so ist die Multiplikation notwendigerweise durch eine Vorschrift zu ergänzen, welcher der Ruhezustände des ersten Faktors dem Anfangszustand des zweiten Faktors entsprechen soll. Hat z. B. die Maschine T_1 zwei Ruhezustände, so bezeichnen wir das Produkt von T_1 mit einer Maschine T_2 durch

$$\mathrm{T} = \mathrm{T}_1 \begin{cases} (1)\ \mathrm{T}_2 \\ (2) \end{cases} \qquad \text{oder} \qquad \mathrm{T} = \mathrm{T}_1 \begin{cases} (1) \\ (2)\ \mathrm{T}_2 \end{cases},$$

je nachdem ob der Anfangszustand von T_2 mit dem ersten oder zweiten Ruhezustand von T_1 identisch sein soll. Auch die Maschine T hat in diesem Fall zwei Ruhezustände, nämlich einen der beiden von T_1 und den von T_2.

Nach dieser Verabredung ist auch klar, was man unter der Schreibweise

$$\mathrm{T} = \mathrm{T}_1 \begin{cases} (1) & \mathrm{T}_2\,\mathrm{T}_4\,, \\ (2) & \mathrm{T}_3\,. \end{cases}$$

zu verstehen hat. Die Multiplikation erfolgt hier unabhängig voneinander in zwei „Kanälen", die mit den beiden Ruhezuständen von T_1 verknüpft sind. Neben der Multiplikation zweier oder mehrerer Maschinen wollen wir noch die Operation der auf eine Maschine angewandten *Iteration* einführen. Die Maschine T_1 möge s Ruhezustände haben. Wir nehmen dann den r-ten Ruhezustand und identifizieren diesen in der Haupttabelle der Maschine T_1 mit dem Anfangszustand. Die sich dadurch ergebende Maschine bezeichnen wir durch

$$\mathrm{T} = \dot{\mathrm{T}}_1 \begin{cases} (1)\,, \\ \cdot \\ \cdot \\ \cdot \\ (\dot{r})\,, \\ \cdot \\ \cdot \\ \cdot \\ (s) \end{cases}$$

und sprechen von dem Ergebnis der Iteration. Die Punkte bedeuten hier die Identifizierung des r-ten Ruhezustandes mit dem Anfangszustand der

Maschine T_1. Hat T_1 nur einen Ruhezustand, so liefert die auf T_1 angewandte Iteration ein Maschine, die überhaupt keinen Ruhezustand hat.
Weiter wollen wir die folgenden Bezeichnungen verwenden. Wird die Iteration auf eine Maschine angewandt, die selbst das Ergebnis von Multiplikationen und Iterationen anderer Maschinen ist, so deuten wir durch eine entsprechende Anzahl von Punkten über jenen Maschinen an, wessen (Ruhe- und Anfangs-)Zustände miteinander identifiziert werden. So zeigt z. B. die Schreibweise

$$T = \dot{T}_1 \ddot{T}_2 \begin{cases} (1) & \dot{T}_3 , \\ (2) & T_4 \ddot{T}_5 , \\ (3) & T_6 \end{cases}$$

daß der Ruhezustand von T_3 mit dem Anfangszustand von T_1 und der Ruhezustand von T_5 mit dem Anfangszustand von T_2 übereinstimmen soll.
Mit Hilfe der Multiplikation und Iteration wollen wir nun als Beispiel eine Maschine konstruieren. Mit C, G, L und M seien die im vorigen Paragraphen eingeführten Turing-Maschinen bezeichnet. Die Maschine

$$N = \dot{L} M \begin{cases} (1) & C , \\ (2) & \dot{G} \end{cases}$$

hat dann die Haupttabelle 13.29, die nach den oben beschriebenen Regeln aus den Tab. 13.12, 13.20, 13.23 und 13.25 aufgebaut ist. Die Maschine N, die sich zu Anfang in dem Zustand q_1 über einem mit 1 beschriebenen Feld befindet, geht nach links und löscht von der ersten einzelnen 0 ab alle Einsen so lange, bis sie auf zwei aufeinanderfolgende 0 trifft. Sie geht dann nach rechts zurück und bleibt über der rechten 1 derjenigen 1-er Gruppe stehen, in der sie angefangen hat. Die Tab. 13.30 zeigt ein ausführliches Beispiel für die Arbeitsweise dieser Maschine. Dabei sind nur diejenigen Bandbeschriftungen angeführt, bei denen die Maschine in einen anderen Zustand übergeht. Zur Abkürzung haben wir statt der Symbole q_i (über der Feldbeschriftung) in der Tabelle einfach nur die Nummer i notiert.

Tabelle 13.29
Maschine N

	0	1
q_1	$q_2\ 0\ L$	$q_1\ 1\ L$
q_2	$q_3\ 0\ H$	$q_4\ 1\ H$
q_3	$q_5\ 0\ R$	$q_3\ 1\ R$
q_4	$q_1\ 0\ H$	$q_4\ 0\ L$
q_5	$q_5\ \theta\ R$	$q_6\ 1\ R$
q_6	$q_0\ 0\ L$	$q_6\ 1\ R$

Wie man sieht, kann man mit der Iteration eine bestimmte, sich wiederholende Folge von Operationen auf dem Band beschreiben. In dem obigen Beispiel wiederholt die Maschine N die Operation „Löschen von 1-er Gruppen", so lange, bis links von einer 1-er Gruppe zwei Nullen stehen.

Tabelle 13.30

Takt	Bandbeschriftung
0	1 1 0 0 1 1 1 0 1 1 0 1 1 $\overset{1}{\bar{1}}$ 1 0
. . .	. . . .
	1 1 0 0 1 1 1 0 1 1 $\overset{1}{\bar{0}}$ 1 1 1 1 0
	1 1 0 0 1 1 1 0 1 $\overset{2}{\bar{1}}$ 0 1 1 1 1 0
	1 1 0 0 1 1 1 0 1 $\overset{4}{\bar{1}}$ 0 1 1 1 1 0
. . .	. . . .
	1 1 0 0 1 1 1 $\overset{4}{\bar{0}}$ 0 0 0 1 1 1 1 0
	1 1 0 0 1 1 1 $\overset{1}{\bar{0}}$ 0 0 0 1 1 1 1 0
	1 1 0 0 1 1 $\overset{2}{\bar{1}}$ 0 0 0 0 1 1 1 1 0
	1 1 0 0 1 1 $\overset{4}{\bar{1}}$ 0 0 0 0 1 1 1 1 0
. . .	. . . .
	1 1 0 $\overset{4}{\bar{0}}$ 0 0 0 0 0 0 0 1 1 1 1 0
	1 1 0 $\overset{1}{\bar{0}}$ 0 0 0 0 0 0 0 1 1 1 1 0
	1 1 $\overset{2}{\bar{0}}$ 0 0 0 0 0 0 0 0 1 1 1 1 0
	1 1 $\overset{3}{\bar{0}}$ 0 0 0 0 0 0 0 0 1 1 1 1 0
	1 1 0 $\overset{5}{\bar{0}}$ 0 0 0 0 0 0 0 1 1 1 1 0
. . .	. . . .
	1 1 0 0 0 0 0 0 0 0 0 $\overset{5}{\bar{1}}$ 1 1 1 0
	1 1 0 0 0 0 0 0 0 0 0 1 $\overset{6}{\bar{1}}$ 1 1 0
. . .	. . . .
	1 1 0 0 0 0 0 0 0 0 0 1 1 1 1 $\overset{6}{\bar{0}}$
	1 1 0 0 0 0 0 0 0 0 0 1 1 1 $\overset{0}{\bar{1}}$ 0

§ 13.3 Berechnungen auf TURING-Maschinen

Wir werden zeigen, daß es zu jedem Algorithmus immer eine TURING-Maschine gibt, die diesen Algorithmus ausführt. Um diese Behauptung genauer formulieren zu können, muß man einen irgendwie formalisierten Begriff des Algorithmus verwenden. Wir werden die CHURCHsche These benutzen, nach der sich jeder Algorithmus auf die Berechnung einer rekursiven Funktion zurückführen läßt. Wir müssen daher zunächst definieren, was es heißen soll, eine arithmetische Funktion auf einer TURING-Maschine zu „berechnen".

Die natürlichen Zahlen und die Null wollen wir in folgender Weise auf dem Band einer TURING-Maschine darstellen. Wir benutzen einen Code, bei dem eine Zahl n durch $n + 1$ aufeinanderfolgende Einsen wiedergegeben wird, d. h., die 0 wird durch 1, die Zahl 1 durch 11, die Zahl 2 durch 111 usw. dargestellt. Zwei Zahlen liegen auf dem Band nebeneinander, wenn sie durch genau ein leeres Feld getrennt sind. Um die 0 als Trennzeichen verwenden zu können, haben wir eben $n + 1$ Symbole 1 zur Darstellung der Zahl n benutzt, damit die 0 durch 1 codiert wird. Die Tab. 13.31

Tabelle 13.31

0 0 1 1 1 1 0 1 0 1 1 1 0

enthält die Zahlen 3, 0 und 2 nebeneinander von links nach rechts. In diesem Falle sagen wir, die Zahlen 3, 0 und 2 liegen *hintereinander*.

Wir vereinbaren nun, wie wir die Argumente und den Funktionswert einer zu berechnenden Funktion auf das Band schreiben und vom Band ablesen wollen. Eine Maschine T soll den Wert der Funktion $\varphi(x_1, x_2, \ldots, x_n)$ für die Argumente $x_1 = a_1, \ldots, x_n = a_n$ berechnen.

Wir erinnern uns daran, daß „unsere" TURING-Maschine ein erstes, ganz links liegendes Feld hat. Wir lassen dann die ersten beiden Felder leer und beginnen im dritten Feld, die Zahlen $a_1, a_2, \ldots, a_n$ nacheinander in dem vereinbarten Code aufzuschreiben, und zwar in der Reihenfolge von 1 bis n. Die Tab. 13.32 enthält als Beispiel für $n = 3$ die Werte $x_1 = 2$, $x_2 = 1$, $x_3 = 3$:

Tabelle 13.32

$$\begin{array}{c} q_1 \\ 0\,0\,1\,1\,1\,0\,1\,1\,0\,1\,1\,1\,\overline{1}\,0 \end{array}$$

Wenn es keine Mißverständnisse geben kann, wollen wir sowohl die unabhängigen Veränderlichen als auch konkrete Werte für diese Veränderlichen mit ein und denselben Buchstaben $x_1, x_2, \ldots, x_n$ bezeichnen.

Wir sagen weiter, der Kopf erfaßt das System von Zahlen $(x_1, x_2, \ldots, x_n)$ in der *Standardlage*, wenn diese Zahlen erstens hintereinander auf dem Band stehen und sich zweitens der Kopf über der 1 ganz rechts von der letzten Zahl x_n befindet. In Tab. 13.32 ist diese Lage wie üblich mit einem Querstrich bezeichnet. Damit können wir nun definieren, was eine „Berechnung" auf einer TURING-Maschine bedeutet.

Es sei eine TURING-Maschine T gegeben und zu Anfang seien die folgenden Bedingungen erfüllt:

a⁰) Die Maschine T befindet sich in dem Anfangszustand q_1.

b⁰) Auf dem Band stehen die n Zahlen $(x_1, x_2, \ldots, x_n)$ und der Kopf befindet sich in der Standardlage.

c⁰) Alle Felder rechts von dem Kopf sind leer.

Die Maschine T beginnt von dieser Anfangssituation aus zu arbeiten, und wir sagen, T *berechnet* die Funktion $x = \varphi(x_1, x_2, \ldots, x_n)$, wenn es für jeden Satz von Zahlen $x_1, x_2, \ldots, x_n$ einen Zeitpunkt gibt, zu dem die folgenden Bedingungen erfüllt sind:

a) Die Maschine T befindet sich in dem Ruhezustand q_0.

b) Auf dem Band stehen die Zahlen $x_1, x_2, \ldots, x_n, x$, und der Kopf befindet sich in der Standardlage.

c) Alle Felder rechts von dem Kopf sind leer.

Wenn für einen Satz von Zahlen $(x_1, x_2, \ldots, x_n)$ die Maschine niemals stehen bleibt oder zwar anhält, aber dabei die Bedingung b) oder c) nicht erfüllt ist, so berechnet die Maschine die Funktion für diese Argumente nicht.

An einem Beispiel wollen wir erläutern, wie eine TURING-Maschine einen Funktionswert berechnet. Es sei $n = 3$ und die Funktion laute $\varphi(x_1, x_2, x_3) = x_1 + x_2 + x_3$. Für $x_1 = 2$, $x_2 = 1$ und $x_3 = 3$ sei die Anfangssituation wie in Tab. 13.32 beschrieben. Nach dem Anhalten muß die in Tab. 13.33 angegebene Situation vorliegen.

Tabelle 13.33

$$0\,0\,1\,1\,1\,0\,1\,1\,0\,1\,1\,1\,1\,0\,1\,1\,1\,1\,1\,1\,\overset{q_0}{\overline{1}}\,0\,0$$

Jetzt sind wir in der Lage, die Behauptung zu beweisen, daß es *immer, wie auch die rekursive Funktion aussehen möge, möglich ist, eine* TURING-*Maschine zu konstruieren, die diese Funktion berechnet.* Für einen solchen Beweis ist es hinreichend zu zeigen, daß es TURING-Maschinen gibt, die die Nachfolgerfunktion, die Konstantenfunktion und die Identitätsfunktion berechnen können, sowie Maschinen, die die Operation der Superposition, Induktion und die μ-Operation ausführen können (s. § 12.10).

Bevor wir uns an den Beweis machen, wollen wir noch einige spezielle TURING-Maschinen einführen.

Die TURING-*Maschine* P konstruieren wir mittels der Multiplikation und Iteration aus den in § 13.1 beschriebenen Maschinen I, M, C, K und A in der folgenden Weise

$$P = \dot{I}M \begin{cases} (1) & \dot{C} \\ (2) & KCA\,. \end{cases}$$

Die Haupttabelle dieser Maschine zeigt die Tab. 13.34. Die Maschine P beginnt die Arbeit bei der am weitesten rechts stehenden 1 irgendeiner Zahl. Als Ergebnis wird die Zahl nach links an die nächste Zahl geschoben, so daß noch genau eine 0 zwischen ihr und der nächsten Zahl links bleibt. Eine Betrachtung der Tab. 13.34 zeigt, daß man dasselbe Ergebnis auch mit einer Maschine mit nicht 12, sondern nur 6 Zuständen erreichen kann. Die

Tabelle 13.34
Maschine P

	0	1
q_1		$q_2\ 0\ L$
q_2	$q_3\ 1\ R$	$q_2\ 1\ L$
q_3	$q_4\ 0\ H$	$q_7\ 1\ H$
q_4	$q_5\ 0\ R$	$q_4\ 1\ R$
q_5	$q_5\ 0\ R$	$q_6\ 1\ R$
q_6	$q_1\ 0\ L$	$q_6\ 1\ R$
q_7	$q_8\ 0\ R$	$q_8\ 1\ R$
q_8	$q_9\ 0\ H$	$q_9\ 0\ H$
q_9	$q_{10}\ 0\ R$	$q_9\ 1\ R$
q_{10}	$q_{10}\ 0\ R$	$q_{11}\ 1\ R$
q_{11}	$q_{12}\ 0\ L$	$q_{11}\ 1\ R$
q_{12}	$q_0\ 1\ H$	$q_{12}\ 1\ R$

Tabelle 13.35
Maschine P

	0	1
q_1		$q_2\ 0\ L$
q_2	$q_3\ 1\ L$	$q_2\ 1\ L$
q_3	$q_4\ 0\ R$	$q_5\ 1\ R$
q_4	$q_1\ 0\ L$	$q_4\ 1\ R$
q_5		$q_6\ 0\ R$
q_6	$q_0\ 1\ H$	$q_6\ 1\ R$

Haupttabelle dieser Maschine zeigt die Tab. 13.35, und da es uns nur auf das Ergebnis ankommt, so wollen wir unter der Maschine P eine Maschine mit dieser Tab. 13.35 verstehen. Ein Beispiel für die Arbeitsweise dieser Maschine P gibt die Tab. 13.36.

Die Turing-*Maschine* R_m ergibt sich aus den in § 13.1 eingeführten Maschinen H, F, E, D, C, B und A in folgender Weise

$$\mathrm{R}_m = \mathrm{H}\dot{\mathrm{F}}^m\mathrm{E}\begin{cases}(1) & \mathrm{DC}^m\,,\\(2) & \mathrm{BC}^m\dot{\mathrm{A}}\,.\end{cases}$$

Dabei bezeichnet der Index m oben die Potenz der entsprechenden Maschine. Speziell ist also

$$\mathrm{R}_1 = \mathrm{H}\dot{\mathrm{F}}\mathrm{E}\begin{cases}(1) & \mathrm{DC}\,,\\(2) & \mathrm{BC}\dot{\mathrm{A}}\,.\end{cases}$$

Zu Beginn möge sich das System von Zahlen $(x_1, x_2, \ldots, x_m)$ in der Standardlage befinden. Die Maschine R_m schreibt dann rechts von den Zahlen $x_1, \ldots, x_m$ die erste dieser Zahlen, d. h. x_1, auf das Band und geht in die Standardlage bezüglich der $m + 1$ Zahlen $x_1, x_2, \ldots, x_m, x_1$ über. Wenn sich aber die Maschine R_m zu Anfang bezüglich der Zahlen $x_1, x_2, \ldots, x_n$ mit $n > m$ in der Standardlage befindet, so schreibt sie rechts daneben die Zahl x_{n-m+1} und bleibt bezüglich der Zahlen $x_1, x_2, \ldots, x_n, x_{n-m+1}$ in der Standardlage stehen. Ein Beispiel für diese Arbeitsweise zeigt die Tab. 13.37,

Tabelle 13.36

Takt	Bandbeschriftung
0	0 1 1 1 0 0 0 1 1 1 $\overset{1}{\overline{1}}$ 0
1	0 1 1 1 0 0 0 1 1 $\overset{2}{\overline{1}}$ 0 0
. . .	. . . .
	0 1 1 1 0 0 $\overset{2}{\overline{0}}$ 1 1 1 0 0
	0 1 1 1 0 $\overset{3}{\overline{0}}$ 1 1 1 1 0 0
	0 1 1 1 0 0 $\overset{4}{\overline{1}}$ 1 1 1 0 0
. . .	. . . .
	0 1 1 1 0 0 1 1 1 1 $\overset{4}{\overline{0}}$ 0
	0 1 1 1 0 0 1 1 1 $\overset{1}{\overline{1}}$ 0 0
. . .	. . . .
	0 1 1 1 0 1 1 1 $\overset{1}{\overline{1}}$ 0 0 0
	0 1 1 1 0 1 1 $\overset{2}{\overline{1}}$ 0 0 0 0
. . .	. . . .
	0 1 1 1 $\overset{2}{\overline{0}}$ 1 1 1 0 0 0 0
	0 1 1 $\overset{3}{\overline{1}}$ 1 1 1 1 0 0 0 0
	0 1 1 1 $\overset{5}{\overline{1}}$ 1 1 1 0 0 0 0
	0 1 1 1 0 $\overset{6}{\overline{1}}$ 1 1 0 0 0 0
. . .	. . . .
	0 1 1 1 0 1 1 1 $\overset{6}{\overline{0}}$ 0 0 0
	0 1 1 1 0 1 1 1 $\overset{0}{\overline{1}}$ 0 0 0

Tabelle 13.37

Takt	Bandbeschriftung	
0	0 0 1 1 $\overset{1}{\overline{1}}$ 0 0 0 0 0	
. . .	. . . .	H
	0 0 1 1 1 0 $\overline{1}$ 0 0 0	
	. . . .	F
. . .	0 0 1 1 $\overline{1}$ 0 1 0 0 0	
	0 0 1 1 $\overset{0_2}{\overline{1}}$ 0 1 0 0 0	E
	0 0 1 $\overline{1}$ 0 0 1 0 0 0	B
. . .	. . . .	C
	0 0 1 1 0 0 $\overline{1}$ 0 0 0	
	0 0 1 1 0 0 1 $\overline{1}$ 0 0	A
. . .	. . . .	
	0 0 1 0 0 0 1 1 $\overline{1}$ 0	
. . .	. . . .	F
	0 0 $\overline{1}$ 0 0 0 1 1 1 0	
	0 0 $\overset{0_1}{\overline{1}}$ 0 0 0 1 1 1 0	E
. . .	. . . .	D
	0 0 1 1 $\overline{1}$ 0 1 1 1 0	
. . .	. . . .	C
	0 0 1 1 1 0 1 1 $\overset{0}{\overline{1}}$ 0	

in der die Buchstaben rechts angeben, welche der die Maschine R_1 bildenden Maschinen den entsprechenden Übergang verursacht. Die Symbole 0_1 und 0_2 sind die beiden Ruhezustände der Maschine E.

Man kann leicht zeigen, daß die m-te Potenz R_m^m der Maschine R_m die Zahlenfolge $(x_1, x_2, \ldots, x_m)$ kopiert und sich die Maschine im Endergebnis in der Standardlage bezüglich der $2\,m$ Zahlen $(x_1, \ldots, x_m, x_1, \ldots, x_m)$ befindet. Anfangs- und Endsituation der Maschine R_m^m für $m = 3$, $x_1 = 1$, $x_2 = 0$, $x_3 = 2$ zeigt die Tab. 13.38

Tabelle 13.38

Takt	Bandbeschriftung
	1
0	0 0 1 1 0 1 0 1 1 $\bar{1}$ 0 0 0 0 0 0 0 0 0 0 0
...	....
	0
	0 0 1 1 0 1 0 1 1 1 0 1 1 0 1 0 1 1 $\bar{1}$ 0 0

Die TURING-*Maschine* S_m macht fast dasselbe wie die Maschine R_m^m. Sie kopiert ebenfalls die Zahlen $(x_1, \ldots, x_m)$ und schreibt sie rechts daneben. Im Gegensatz zu der Maschine R_m^m läßt sie aber zwischen den Zahlen x_m und x_1 zwei leere Felder. Die Maschine S_m kann nach der Vorschrift

$$S_m = A\, R_m^m\, B\, F^m\, B\, C^m$$

aufgebaut werden. Anfangs- und Endsituation für dasselbe Beispiel wie bei Tab. 13.38 ist für die Maschine S_m in Tab. 13.39 dargestellt.

Tabelle 13.39

Takt	Bandbeschriftung
	1
0	0 0 1 1 0 1 0 1 1 $\bar{1}$ 0 0 0 0 0 0 0 0 0 0 0
...	....
	0
	0 0 1 1 0 1 0 1 1 1 0 0 1 1 0 1 0 1 1 $\bar{1}$ 0

Wir wollen nun beweisen, daß sich für jede rekursive Funktion eine TURING-Maschine angeben läßt, die diese Funktion berechnet. Wir beweisen dies zunächst für die rekursiven „Ausgangs"-Funktionen, die Nachfolgerfunktion, die Funktionskonstante und die Identitätsfunktion.

I. Die *Nachfolgerfunktion* $\varphi(x) = x'$ berechnet die TURING-Maschine R_1 A. Die Funktion R_1 kopiert zunächst die Zahl x rechts neben den Argumentwert, während die Funktion A zu dieser Kopie noch eine 1 hinzufügt, so daß sich also die Zahlen x und $x + 1$ auf dem Band befinden. Die Maschine bleibt in der Standardlage bezüglich der Zahlen $(x, x + 1)$ stehen. Nach der Definition zu Beginn dieses Paragraphen sagen wir, diese TURING-Maschine „berechnet" den Wert $\varphi(x) = x + 1$. Für $x = 3$ zeigt die Tabelle 13.40 ein Beispiel.

II. Die *Funktionskonstante* $\varphi(x_1, x_2, \ldots, x_n) = q$ wird von der Maschine HA^q berechnet. Für $n = 3$, $x_1 = 1$, $x_2 = 0$, $x_3 = 0$, $q = 2$ zeigt die Tab. 13.41 ein Beispiel.

III. Die *Identitätsfunktion* $\varphi(x_1, x_2, \ldots, x_n) = x_i$ berechnet die TURING-Maschine R_{n-i+1}. Tatsächlich wird rechts von den Zahlen $x_1, x_2, \ldots, x_n$ die $(n - i + 1)$-te Zahl von rechts hingeschrieben, und das ist gerade x_i.

Tabelle 13.40

Takt	Bandbeschriftung	
	1	
0	0 0 1 1 1 $\bar{1}$ 0 0 0 0 0 0 0	
. . .	. . . .	R_1
	0 0 1 1 1 1 0 1 1 1 $\bar{1}$ 0 0	
	0	A
	0 0 1 1 1 1 0 1 1 1 1 $\bar{1}$ 0	

Tabelle 13.41

Takt	Bandbeschriftung	
	1	
0	0 0 1 1 0 1 0 $\bar{1}$ 0 0 0 0 0	
. . .	. . . .	H
	0 0 1 1 0 1 0 1 0 $\bar{1}$ 0 0 0	
	0 0 1 1 0 1 0 1 0 1 $\bar{1}$ 0 0	A
	0	
	0 0 1 1 0 1 0 1 0 1 1 $\bar{1}$ 0	A

Den weiteren Beweis führen wir induktiv nach der Tiefe der rekursiven Beschreibung der rekursiven Funktion. Die Funktionen I, II und III haben nach Definition die Tiefe Null. Die Anwendung der Superposition, der Induktion und des μ-Operators führen auf Funktionen, deren Tiefe um eins größer ist als die maximale Tiefe derjenigen Funktionen, auf die diese Operationen angewandt werden. Da aber jede rekursive Funktion aus den Ausgangsfunktionen durch eine endliche Anzahl von Anwendungen dieser Operationen erzeugt werden kann, so braucht man nur zu zeigen, daß es für jede dieser Operationen eine TURING-Maschine gibt.

Der Einfachheit halber wollen wir keine exakte Beschreibung dieser TURING-Maschinen geben, sondern uns auf die Betrachtung gewisser Spezialfälle beschränken. So wollen wir die Superposition nicht allgemein für n Veränderliche, sondern für nur eine betrachten. (Den allgemeinen Fall findet der Leser in [131] beschrieben.)

IV. *Die Superposition.* Es mögen die TURING-Maschinen M_ψ und M_χ gegeben sein, die die rekursiven Funktionen $\psi(x)$ und $\chi(x)$ mit den Tiefen α bzw. β berechnen können. Wir konstruieren dann eine TURING-Maschine M_φ

zur Berechnung der Funktion $\varphi(x) = \chi(\psi(x))$ von der Tiefe max $(\alpha, \beta) + 1$. Diese Maschine ist durch

$$M_\varphi = S_1\, M_\psi\, N\, M_\chi\, N\, P$$

beschrieben.

V. *Die Induktion.* Gegeben sei eine Maschine M_χ zur Berechnung der rekursiven Funktion $\chi(x)$ von der Tiefe α. Eine Maschine M_φ zur Berechnung der rekursiven Funktion $\varphi(x)$, die durch das Induktionsschema

$$\varphi(0) = q\,, \qquad \varphi(x') = \chi(\varphi(x))$$

definiert ist und die Tiefe $\alpha + 1$ hat, ist durch

$$M_\varphi = S_1\, A^{q+1}\, \dot{F}\, E \begin{cases} (1) & B\, C\, P\,, \\ (2) & B\, C\, M_\chi\, N\, \dot{P} \end{cases}$$

beschrieben.

VI. *Der μ-Operator.* Eine Maschine M_χ möge die Funktion $\chi(x, y)$ der Tiefe α berechnen. Die Funktion $\varphi(x) = \mu\, y[\chi(x, y) = 0]$ von der Tiefe $\alpha + 1$ kann dann von der Maschine

$$M_\varphi = S_1\, G\, A\, \dot{M}_\chi\, E \begin{cases} (1) & G\, F\, P\,, \\ (2) & G\, F\, \dot{A} \end{cases}$$

berechnet werden. Die Maschine M_ψ bleibt nur dann stehen, wenn es ein x gibt, so daß die Forderung $(\exists\, y)\, [\chi(x, y) = 0]$ erfüllt ist.

Für die Operationen V und VI wollen wir zwei kleine Beispiele betrachten.

Beispiel für eine induktive Berechnung. Es sei

$$\chi(y) = y + 3\,, \qquad q = 1\,,$$

so daß

$$\varphi(0) = 1\,, \qquad \varphi(x') = \varphi\,(x + 1) = \varphi(x) + 3$$

gilt. In Tab. 13.42 berechnet die Maschine M_φ den Wert $\varphi(2)$. Die Indizes 0_1 und 0_2 bedeuten die Ruhezustände von Maschine E. Der Rechnungsgang beruht auf der wiederholten Berechnung der Funktion $\chi(y)$, wobei mitgezählt wird, wie oft diese Berechnung durchgeführt wurde.

Beispiel für den μ-Operator. Es sei $\chi(x, y) = |x^2 - y|$, so daß

$$\varphi(x) = \mu\, y\, [|x^2 - y| = 0]$$

ist. Es soll der Wert $\varphi(2)$ berechnet werden. Der Rechengang auf dem Band der Turing-Maschine ist in Tab. 13.43 im einzelnen beschrieben. Bei der Berechnung werden nacheinander die Werte $\chi(x, 0)$, $\chi(x, 1)$, usw. bestimmt, bis zu einem y mit $\chi(x, y) = 0$. Das Ergebnis ist $\varphi(2) = 4$.

Es sei noch darauf hingeweisen, daß alle Turing-Maschinen, die die Operationen I—VI ausführen, so konstruiert werden können, daß sie nie über den linken Rand des Bandes hinaus gelangen.

Tabelle 13.42

Takt	Bandbeschriftung	
0	0 0 1 1 $\overset{1}{\bar{1}}$ 0 0 0 0 0 0 0 0 0 0 0 0 0 0 0 0 0 0 0 0	
. . .	. . . .	S_1
	0 0 1 1 1 0 0 1 1 $\bar{1}$ 0 0 0 0 0 0 0 0 0 0 0 0 0 0 0	
. . .	. . . .	A^{q+1}
	0 0 1 1 1 0 0 1 1 1 0 1 $\bar{1}$ 0 0 0 0 0 0 0 0 0 0 0 0	
. . .	. . . .	FE
	0 0 1 1 1 0 0 1 1 $\overset{0_2}{\bar{1}}$ 0 1 1 0 0 0 0 0 0 0 0 0 0 0 0	B
	0 0 1 1 1 0 0 1 $\bar{1}$ 0 0 1 1 0 0 0 0 0 0 0 0 0 0 0 0	
. . .	. . . .	C
	0 0 1 1 1 0 0 1 1 0 0 1 $\bar{1}$ 0 0 0 0 0 0 0 0 0 0 0 0	
. . .	. . . .	M_χ
	0 0 1 1 1 0 0 1 1 0 0 1 1 0 1 1 1 1 $\bar{1}$ 0 0 0 0 0 0	
. . .	. . . .	N
	0 0 1 1 1 0 0 1 1 0 0 0 0 0 1 1 1 1 $\bar{1}$ 0 0 0 0 0 0	
. . .	. . . .	P
	0 0 1 1 1 0 0 1 1 0 1 1 1 1 $\bar{1}$ 0 0 0 0 0 0 0 0 0 0	
. . .	. . . .	FE
	0 0 1 1 1 0 0 1 $\overset{0_2}{\bar{1}}$ 0 1 1 1 1 1 0 0 0 0 0 0 0 0 0 0	B
	0 0 1 1 1 0 0 $\bar{1}$ 0 0 1 1 1 1 1 0 0 0 0 0 0 0 0 0 0	
. . .	. . . .	C
	0 0 1 1 1 0 0 1 0 0 1 1 1 1 $\bar{1}$ 0 0 0 0 0 0 0 0 0 0	
. . .	. . . .	M_χ
	0 0 1 1 1 0 0 1 0 0 1 1 1 1 1 0 1 1 1 1 1 1 1 $\bar{1}$ 0	
. . .	. . . .	N
	0 0 1 1 1 0 0 1 0 0 0 0 0 0 0 0 1 1 1 1 1 1 1 $\bar{1}$ 0	
. . .	. . . .	P
	0 0 1 1 1 0 0 1 0 1 1 1 1 1 1 1 $\bar{1}$ 0 0 0 0 0 0 0 0	
. . .	. . . .	FE
	0 0 1 1 1 0 0 $\overset{0_1}{\bar{1}}$ 0 1 1 1 1 1 1 1 1 0 0 0 0 0 0 0 0	B
	0 0 1 1 1 0 0 $\bar{0}$ 0 1 1 1 1 1 1 1 1 0 0 0 0 0 0 0 0	
. . .	. . . .	C
	0 0 1 1 1 0 0 0 0 1 1 1 1 1 1 1 $\bar{1}$ 0 0 0 0 0 0 0 0	
. . .	. . . .	P
	0 0 1 1 1 0 1 1 1 1 1 1 1 $\overset{0}{\bar{1}}$ 0 0 0 0 0 0 0 0 0 0 0	

Tabelle 13.43

Takt	Bandbeschriftung	
	1	
0	0 0 1 1 $\bar{1}$ 0 0 0 0 0 0 0 0 0 0	
. . .	. . . .	S_1GA
	0 0 1 1 1 0 0 $\bar{1}$ 0 0 0 0 0 0 0	
. . .	. . . .	$M_\chi E$
	0_2	
	0 0 1 1 1 0 0 1 0 1 1 1 1 $\bar{1}$ 0	
. . .	. . . .	G
	0 0 1 1 1 0 0 1 $\bar{0}$ 0 0 0 0 0 0	
		F
	0 0 1 1 1 0 0 $\bar{1}$ 0 0 0 0 0 0 0	
		A
	0 0 1 1 1 0 0 1 $\bar{1}$ 0 0 0 0 0 0	
. . .	. . . .	$M_\chi E$
	0_2	
	0 0 1 1 1 0 0 1 1 0 1 1 1 $\bar{1}$ 0	
. . .	. . . .	G
	0 0 1 1 1 0 0 1 1 $\bar{0}$ 0 0 0 0 0	
		F
	0 0 1 1 1 0 0 1 $\bar{1}$ 0 0 0 0 0 0	
		A
	0 0 1 1 1 0 0 1 1 $\bar{1}$ 0 0 0 0 0	
. . .	. . . .	$M_\chi E$
	0_2	
	0 0 1 1 1 0 0 1 1 1 0 1 1 $\bar{1}$ 0	
. . .	. . . .	G
	0 0 1 1 1 0 0 1 1 1 $\bar{0}$ 0 0 0 0	
		F
	0 0 1 1 1 0 0 1 1 $\bar{1}$ 0 0 0 0 0	
		A
	0 0 1 1 1 0 0 1 1 1 $\bar{1}$ 0 0 0 0	
. . .	. . . .	$M_\chi E$
	0_2	
	0 0 1 1 1 0 0 1 1 1 1 0 1 $\bar{1}$ 0	
. . .	. . . .	G
	0 0 1 1 1 0 0 1 1 1 1 $\bar{0}$ 0 0 0	
		F
	0 0 1 1 1 0 0 1 1 1 $\bar{1}$ 0 0 0 0	
		A
	0 0 1 1 1 0 0 1 1 1 1 $\bar{1}$ 0 0 0	
. . .	. . . .	M_χ
	0 0 1 1 1 0 0 1 1 1 1 1 0 $\bar{1}$ 0	
	0_1	E
	0 0 1 1 1 0 0 1 1 1 1 1 0 $\bar{1}$ 0	
		G
	0 0 1 1 1 0 0 1 1 1 1 1 $\bar{0}$ 0 0	
		F
	0 0 1 1 1 0 0 1 1 1 1 $\bar{1}$ 0 0 0	
	0	
	0 0 1 1 1 0 1 1 1 1 $\bar{1}$ 0 0 0 0	P

Damit kann also jede rekursive Funktion auf einer TURING-Maschine berechnet werden. Man kann weiter zeigen, daß man auf TURING-Maschinen auch nur rekursive Funktionen berechnen kann. Diese Behauptung kann man durch eine Gödelisierung der Bandbeschriftung und dadurch beweisen, daß jede Änderung der Bandbeschriftung mit rekursiven Funktionen beschrieben werden kann (Beweis s. in [131]).
Wegen der Äquivalenz der Begriffe „rekursive Funktionen" und „auf einer TURING-Maschine berechenbare Funktion" kann man nach der CHURCHschen These den Begriff Algorithmus auch folgendermaßen definieren: *Ein Algorithmus ist jede Prozedur, die sich auf die Berechnung einer ganzzahligen Funktion auf einer entsprechenden* TURING-*Maschine zurückführen läßt.*

Schluß

In der Einleitung haben wir gesagt, daß es in der Theorie der endlichen Automaten und sequentiellen Maschinen zwei Hauptprobleme gibt: 1) Was „können" dynamische Systeme dieser Klasse und was „können" sie prinzipiell nicht, und 2) die Erarbeitung von Methoden zur Synthese von Geräten, die konkrete Aufgaben erfüllen und dynamische Systeme dieser Art sind.
Der Stoff wurde in einer solchen Folge und Form behandelt, die von unserem Standpunkt aus zur Beschreibung der Grundbegriffe und Theorie der endlichen Automaten geeignet waren. Die Lösung dieser beiden Probleme ergab sich nach und nach und mußte auf mehrere Kapitel verteilt werden. Ohne auf neues Material einzugehen, wollen wir die erarbeiteten Fakten hier noch einmal systematisch zusammenstellen.

§ 1 Was „können" endliche Automaten und sequentielle Maschinen?

Bei der Beantwortung dieser Frage wollen wir unterscheiden, ob der endliche Automat (bzw. die sequentielle Maschine) autonom ist oder nicht.
Ein autonomer endlicher Automat kann, von einem gewissen Takt an, nur eine periodische Folge von Zuständen $\varkappa$ erzeugen (bzw. bei sequentiellen Maschinen eine Folge von Ausgangssymbolen λ). Wenn diese Folge aus nur einem Symbol besteht, so heißt dies, daß der Automat nach einer endlichen Zahl von Takten einen Gleichgewichtszustand erreicht hat. Wenn diese Folge aus mehreren Symbolen besteht, so durchläuft der Automat diese Folge von Symbolen und wiederholt sie dann unbeschränkt lange periodisch.
Darüber hinaus kann man immer, wie diese periodische Folge von Zuständen endlicher Länge auch beschaffen sein mag, einen autonomen endlichen Automaten so konstruieren, daß diese Folge schon vom zweiten Takt an erzeugt wird. Ein autonomer Automat „kann" nichts anderes, als einen einzigen Zustand oder eine Folge endlicher Länge periodisch zu wiederholen. Da aber die periodische Wiederholung eines Zyklus von Operationen für viele Gebiete der modernen Technik typisch ist, haben dynamische Systeme, die man bei einer akzeptablen Idealisierung als autonome Automaten betrachten kann, eine weite Verbreitung gefunden.

Ein klassisches Beispiel sind automatische Puppen, die eine Folge von komplizierten Bewegungen ausführen können, etwa einen bestimmten Text schreiben oder auf einem Klavier spielen können. Moderne Beispiele sind automatische Werkzeugmaschinen oder Steuergeräte mit einer zyklischen Arbeitsweise.

Wenn der Automat nicht autonom ist, d. h. sich der Zustand am Eingang von Takt zu Takt ändert, so kann man die Frage, was ein solcher Automat „kann" und was er nicht „kann", in verschiedenen Terminologien beantworten. So kann man z. B. diese Antwort in der Sprache der Darstellung von Ereignissen formulieren.

Ein endlicher nicht autonomer Automat oder eine solche sequentielle Maschine verarbeiten nur eine Eingangsfolge zu einer Folge von Zustäneen bzw. Ausgangssymbolen. Die Frage nach den Fähigkeiten solcher dynamischen Systeme bedeutet also die Frage, welche solche Transformationen von Folgen in einem Automaten möglich sind und welche nicht. Diese Frage ist der anderen äquivalent, bei welchen Eingangsfolgen sich welcher von den möglichen Zuständen bzw. welches von den möglichen Ausgangssymbolen ergibt. In der Theorie der endlichen Automaten heißt diese Frage, welche Ereignisse in einem endlichen Automaten durch jeden der möglichen Zustände dargestellt werden können und welche nicht, bzw. bei sequentiellen Maschinen durch welches der Ausgangssymbole dieses möglich ist. Die Antwort gibt der Satz von KLEENE. Da dieser Satz die notwendigen und hinreichenden Bedingungen für die Darstellbarkeit von Ereignissen in einem Automaten enthält, ist die Antwort eindeutig: Die reguläre Teilmenge von der Menge aller Eingangsfolgen ist darstellbar. Eine Eingangsfolge aus dieser Teilmenge ist ein reguläres Ereignis und genau diese sind nach dem Satz von KLEENE in einem Automaten darstellbar. Die Antwort auf unsere Frage nach den Fähigkeiten eines endlichen Automaten lautet also: Er kann nur reguläre Ereignisse darstellen.

Eine Reihe wichtiger Mengen von Eingangsfolgen, mit denen man es in der Praxis zu tun hat, sind offensichtlich regulär. Beispiele dafür sind die Menge, die aus einer endlichen Zahl von Eingangsfolgen endlicher Länge besteht, die Menge beliebiger periodischer Eingangsfolgen, die Menge von unendlichen Folgen, die während der letzten Takte aus einer gegebenen endlichen Folge bestehen, usw. Im allgemeinen Falle, wenn durch irgendeine Vorschrift eine unendliche Menge von Eingangsfolgen gegeben ist, bleibt die Frage offen, ob diese Menge regulär ist. Das liegt daran, daß der Begriff der regulären Menge induktiv eingeführt wird, d. h., es wird ein Verfahren zur Konstruktion regulärer Mengen aufgestellt. Es gibt hingegen kein hinreichend effektives Verfahren zur Lösung des umgekehrten Problems, d. h. zur Feststellung, ob eine gegebene Menge regulär ist. Obgleich der Satz von KLEENE auch die Frage beantwortet, was ein endlicher Automat kann, wird die Frage nicht effektiv beantwortet. Es sind erste Versuche gemacht

worden, andere Sprachen zu konstruieren, in denen sich die Frage auch effektiv beantworten läßt. Dieses Problem der Sprache spielt die Hauptrolle bei der Beantwortung der Frage, was ein Automat kann, und ist von entscheidener Bedeutung auch für die Synthese von Automaten, d. h. für die Antwort auf die zweite oben formulierte Frage.
Wenn man die Klasse der dynamischen Systeme, die wir mit den Begriffen endliche Automaten und sequentielle Maschine definiert haben, durch die Aufnahme eines unendlichen Gedächtnisses erweitert, d. h. durch ein unendliches langes Band oder unendlich viele Zustände, also auf TURING-Maschinen ausdehnt, dann ist die Beantwortung der Frage, was Systeme dieser erweiterten Klasse können, sehr viel einfacher. Sie können jeden beliebig vorgegebenen Algorithmus realisieren. In der modernen Mathematik wird dabei der Begriff Algorithmus mit der Berechnung der Werte einer rekursiven Funktion gleichgesetzt. Diese klare und eindeutige Antwort auf die Frage, was eine TURING-Maschine leisten kann, liefert die Möglichkeit, auf den Begriff der TURING-Maschine die Definition des Begriffes Algorithmus zurückzuführen. Ein Algorithmus ist ein Prozeß, der mit einem durch ein unendliches Gedächtnis erweiterten endlichen Automaten, also einer TURING-Maschine, realisiert werden kann.

§ 2 Die Synthese von technischen Geräten zur Realisierung von endlichen Automaten und sequentiellen Maschinen

Wenn die Zustände am Ein- und Ausgang des Systems nur zu bestimmten diskreten Zeitpunkten (die vorgegeben oder auch von dem Gerät selbst festgelegt sein können) wesentlich sind und die Zahl dieser Zustände endlich ist, so ist ein entsprechendes Gerät in der Klasse der endlichen Automaten oder sequentiellen Maschinen zu suchen. Da das Ziel darin besteht, für bestimmte Eingangsfolgen bestimmte Ausgangsfolgen zu erzeugen, so brauchte man für das zu projektierende Gerät nur alle möglichen Eingangsfolgen und die zugehörigen Ausgangsfolgen aufzuzählen. Wenn diese Aufzählung nur aus einer endlichen Zahl von widerspruchsfreien Folgen endlicher Länge besteht, kann sie durch einen endlichen Automaten oder eine sequentielle Maschine realisiert werden[1]). Aus den gegebenen Eingangsfolgen und den ihnen zugeordneten Ausgangsfolgen kann man dann unmittelbar die Zustandstabelle von Automat und Zuordner aufstellen, die zusammen diejenige sequentielle Maschine bilden, die die Aufgabenstellung löst. Einen Algorithmus zur Aufstellung dieser Tabellen haben wir in § 8.2 angegeben. Auf diese Art werden oft Probleme für Relaisschaltungen formuliert, indem man die Eingangs- und Ausgangsfolgen aufzählt.

[1]) Dabei wird a priori vorausgesetzt, daß andere Eingangsfolgen nicht auftreten können, oder wenn sie auftreten, dann entweder nichts über die Ausgangsfolge festgesetzt wird oder aber ein Symbol diese Tatsache anzeigt.

Sehr viel schwieriger ist es, bestimmte Ausgangsfolgen bei gegebenen Eingangsfolgen unendlicher Länge sicherzustellen. In der Praxis treten solche Fälle auf, wenn die Arbeitszeit der zu projektierenden Maschine im voraus nicht festgelegt werden kann und der Ausgang gewisse Eigenschaften der Eingangsfolgen anzeigen soll. Das Hauptproblem liegt dann darin, wie man den Zusammenhang zwischen den unendlich langen Eingangsfolgen und den Ausgangsfolgen formulieren soll, da eine direkte Aufzählung nicht möglich ist. Wie dieser Zusammenhang auch gegeben sein mag, er ist gleichbedeutend mit einem Algorithmus, nach dem man für jeden Takt angeben kann, wie Eingangs- und Ausgangssymbol zu diesem Takt aussehen.
Wenn das Verfahren zur Festlegung der Zusammenhänge zwischen unendlichen Folgen nicht irgendwie beschränkt wird, so stoßen wir sofort auf die gleichen Schwierigkeiten wie am Ende des vorigen Paragraphen. Es gibt nämlich kein effektives Verfahren für die Ermittlung, ob das durch einen Automaten darzustellende Ereignis regulär ist oder nicht. Wenn man also nicht irgendwie die Sprache einschränkt, in der die Aufgabe formuliert wird, so kann man auch nicht angeben, ob ein endlicher Automat oder eine sequentielle Maschine diese Aufgabe durchführen kann. Und es ist also sinnlos, von einem Verfahren zur Synthese eines solchen Automaten zu sprechen. Das zentrale Problem ist also wieder, eine solche Sprache zu finden, die hinreichend umfassend ist, um mit ihr für die Technik wichtige Aufgabenstellungen beschreiben zu können, und gleichzeitig aber so eng ist, um auch einen Algorithmus formulieren zu können, mit dem man entscheiden kann, ob es für diese Problemstellung überhaupt einen Automaten gibt und wenn ja, wie er zu bauen ist.
Im Falle unendlicher Folgen kann man diese Schwierigkeit dadurch umgehen, daß man nicht versucht, die Zusammenhänge zwischen Ein- und Ausgangsfolgen zu beschreiben, sondern die Aufgabenstellung für den Automaten unmittelbar durch die Beschreibung der regulären Ereignisse festlegt, die der Automat darstellen soll. Dieses Verfahren haben wir in § 8.4 benutzt, wo wir ein effektives Verfahren zur Konstruktion der Zustandstabellen von Automat und Zuordner angegeben haben, die zusammen eine sequentielle Maschine zur Darstellung von gegebenen Ereignissen bilden.
Ein sehr viel weniger ökonomisches Verfahren (im Hinblick auf die Zahl der notwendigen Zustände) zur Lösung dieses Problems ist das beim Beweis der Sätze von Kleene angegebene Verfahren in § 7.4.
Es sind auch andere Sprachen bekannt, bei denen jede, in dieser Sprache formulierbare Aufgabenstellung von einer sequentiellen Maschine ausgeführt werden kann und diese Maschine nach dieser Formulierung konstruiert werden kann. Ein Beispiel dafür ist die Prädikatensprache von Trachtenbrot. Die Benutzung dieser Sprache beruht im wesentlichen darauf, daß der Mensch in der Lage ist, das oben erwähnte Problem schöpferisch, d. h. nicht algorithmisch, zu lösen, indem er die Aufgabe aus der gewöhnlichen

Umgangssprache in eine spezielle Sprache übersetzt, in der das Problem der Erkennung der Darstellbarkeit von Ereignissen nicht entsteht. Wenn der Mensch die Aufgabe in einer analogen Sprache nicht ausdrücken kann, so bleibt die Frage offen, ob dies seinen Grund darin hat, daß die Aufgabe nicht in diese Sprache übertragen werden und also von einer sequentiellen Maschinen realisiert werden kann, oder der Mensch sie nicht „schöpferisch" lösen konnte.

Der erste Schritt bei der Synthese kann sich also einmal nach Standardregeln vollziehen lassen, in anderen Fällen ist ein prinzipiell schöpferischer Akt notwendig. Wenn die Aufgabe überhaupt lösbar ist, ist das Ergebnis des ersten Schrittes die Zustandstabelle von Automat und Zuordner, die die gesuchte sequentielle Maschine bilden. Die so konstruierte sequentielle Maschine ist aber durchaus nicht eindeutig, und es gibt im allgemeinen eine Menge von Maschinen für diese Aufgabe, die der so gefundenen Maschine äquivalent sind oder sie abbilden. Diese sequentiellen Maschinen können sich durch die Zahl n der Zustände unterscheiden, d. h. durch die Zahl der Zeilen in der Zustandstabelle des Automaten. Je kleiner n ist, desto einfacher wird sich die Maschine konstruieren lassen. Der zweite Schritt bei der Synthese wird also in einer Minimisierung der erhaltenen Maschine bestehen, also in der Konstruktion einer äquivalenten Maschine mit weniger als n Zuständen.

Die Lösung des Minimisierungsproblems hängt wesentlich von der Menge der Eingangsfolgen ab, die am Eingang auftreten können. Diese Menge ist mit der Problemstellung vorgegeben. Der einfachste Fall liegt dann vor, wenn die Menge der Eingangsfolgen keinerlei Beschränkungen unterliegt, d. h. wenn am Eingang beliebige Folgen auftreten können. In diesem Fall ist das Minimisierungsproblem vollständig gelöst. Man kennt die dafür notwendigen und hinreichenden Bedingungen. Wie wir in § 9.6 gesehen haben, erhält man die minimale Maschine durch eine geeignete Zerlegung der Verknüpfungsmatrix.

Bedeutend komplizierter wird die Sache, wenn die Menge der Eingangsfolgen irgendwie beschränkt ist. Wenn diese Beschränkungen beliebiger Art sind, wenn also ein Algorithmus gegeben ist, mit dem man entscheiden kann, ob eine bestimmte Folge zu dieser Menge gehört, so ist das Minimisierungsproblem in dieser allgemeinen Form algorithmisch unentscheidbar (§ 9.2). Es gibt keine Minimisierungsmethode, die für beliebige Beschränkungen verwendbar wäre. Man kann nur für bestimmte Spezialfälle von Beschränkungen versuchen, notwendige und hinreichende Bedingungen für die Minimisierung zu finden. Wenn man aber eine vollständige Durchmusterung aller Eingangsfolgen ausschließt, so gibt es auch für die häufig vorkommenden Beschränkungen bis heute noch keine solchen notwendigen und hinreichenden Bedingungen. Beispiele für solche Beschränkungen sind, daß am Eingang nur Folgen einer gegebenen Länge auftreten dürfen oder

Folgen beliebiger Länge, in denen gleiche Symbole nicht mehrfach hintereinander vorkommen dürfen. Einige Überlegungen für die Minimisierung in diesen Fällen haben wir in den §§ 9.4 und 9.7 angestellt.

Es sind uns nur zwei Fälle von Beschränkungen der Eingangsfolgen bekannt, bei denen sich das Minimisierungsproblem vollständig lösen läßt. Es ist dies der Fall, wenn die sequentielle Maschine wie ein endlicher Automat arbeitet und bei den Eingangsfolgen nie gleiche Symbole unmittelbar hintereinander vorkommen dürfen, und der Fall, daß die Eingangsfolgen AUFENKAMPschen Beschränkungen unterliegen (§ 9.8).

Nach dem zweiten Schritt der Synthese haben wir also, wenn dies überhaupt möglich ist, eine minimale sequentielle Maschine zur Lösung dieses Problems gefunden, oder genauer gesagt, es liegen die Tabellen von Automat und Zuordner dieser minimalen Maschine vor. Beim dritten Schritt ist nun die abstrakte Struktur dieser minimalen Maschine aufzustellen. In der Praxis kommt allerdings häufig der Fall vor, daß die Eingangsfolgen beschränkt sind und noch eine weitere Arbeit zur Bildung einer minimalen Maschine notwendig ist. Wir haben den Fall im Auge, daß die Takte der zu projektierenden Maschine durch eine Änderung des Eingangszustandes definiert sind und deshalb immer Eingangsfolgen ausgeschlossen werden, bei denen gleiche Symbole mehrfach hintereinander vorkommen.

Die weitere Bildung der sequentiellen Maschine hängt dann wesentlich davon ab, welche technischen Mittel und Verfahren zur Realisierung der Zustandstabellen verwendet werden. Es gibt dabei vor allem zwei Wege. Der erste beruht auf der Verwendung von Verzögerungsgliedern mit von außen zugeführten Taktsignalen und einem speziellen Gerät, um das Auftreten eines Taktes, d. h. einer Eingangsänderung, anzuzeigen. Der zweite Weg stützt sich darauf, daß reale technische Elemente immer eine Verzögerung haben und also eine Konstruktion zulassen, die sich auf die stabilen Zustände der Schaltung stützt. Beim ersten Weg ist der oben beschriebene zweite Schritt zur Synthese mit der Aufstellung der Zustandstabellen der minimalen Maschine beendet, soweit die Beschränkungen eine Minimisierung zugelassen haben, und der dritte Schritt, die Aufstellung der abstrakten Struktur, kann beginnen (s. unten).

Beim zweiten Weg muß man hingegen die Tabellen von Automat und Zuordner noch weiter umformen. Es müssen die Tabellen für eine sequentielle Maschine mit einer schnellen Taktzeit aufgestellt werden, die durch die Verzögerung der benutzten Elemente bestimmt wird. Diese schnelle Maschine realisiert dann durch ihre stabilen Zustände die zu projektierende langsame Maschine. Dazu konstruiert man zunächst irgendeine schnelle Maschine, die den gegebenen Bedingungen genügt, und minimisiert dann diese Maschine, d. h. man hat den zweiten Schritt für die Synthese noch einmal zu machen (s. §§ 10.2 und 10.3). Auch bei diesem zweiten Weg

ergibt sich schließlich eine minimale Maschine und man kann auch hier zur Aufstellung von deren abstrakter Struktur übergehen.
Beim dritten Schritt sind also die logischen Gleichungen der abstrakten Struktur aufzustellen, die die minimale Maschine vom zweiten Schritt abbildet. Man hat also (für Maschinen des Typs $V-V$) logische Funktionen F_i und Φ_j der Form

$$x_i^p = F_i(x_1^{p-1}, x_2^{p-1}, \ldots, x_n^{p-1}; u_1^{p-1}, u_2^{p-1}, \ldots, u_s^{p-1}), \qquad i = 1, 2, \ldots, n,$$

$$z_j^p = \Phi_j(x_1^p, x_2^p, \ldots, x_n^p; u_1^p, u_2^p, \ldots, u_s^p), \qquad j = 1, 2, \ldots, l$$

aufzustellen.
In Abhängigkeit von der Zahl der Zustände, die die zur Konstruktion verwendeten Elemente haben können, sind dies Funktionen einer zwei-, drei- oder allgemein m-wertigen Logik. Benutzt man die stabilen Zustände einer schnellen Zustände, so sind Codierung und Konstruktion der Funktionen F_i und Φ_j in § 5.4 angegeben.
Nach diesem dritten Schritt liegt also das Ingenieursproblem vor, diese logischen Beziehungen mit technischen Mitteln zu realisieren. Damit ist das Problem der abstrakten Synthese zu Ende, und es beginnt die technische Realisierung der abstrakten Struktur. Die damit zusammenhängenden Fragen haben wir in diesem Buch nur gestreift.
Wenn man die Schaltung mit Verzögerungsgliedern aufbaut, so ist die Zahl dieser Elemente durch die Zahl der Gleichungen in der abstrakten Struktur festgelegt. Sie ist minimal, wenn man den zweiten Schritt der Synthese bis zu Ende durchgeführt hat, dessen Ziel ja gerade war, bei der Schaltung mit möglichst wenig Verzögerungsgliedern auszukommen. Die technische Realisierung besteht dann in der Konstruktion von logischen Zuordnern für die Funktionen F_i und Φ_j der abstrakten Struktur. Aus einem gegebenen Satz logischer Elemente können diese Zuordner in verschiedener Weise aufgebaut werden. Es ergeben sich hierbei eigene Minimisierungsprobleme, die aber nicht mehr die sequentiellen Maschinen, sondern die Zuordner betreffen und also kein dynamisches, sondern ein statisches Problem darstellen. Wir sind darauf nur kurz in § 2.6 eingegangen.
Wenn der zur Verfügung stehende Satz von logischen Elementen keine fertigen Verzögerungsglieder enthält, so kann man die Schaltung trotzdem aufbauen, weil ein Verzögerungsglied selbst ein einfacher Automat ist und also aus den Elementen des Satzes, z. B. den stabilen Gleichgewichtslagen, aufgebaut werden kann.
Wenn die ganze Maschine auf stabilen Zuständen aufgebaut ist, d. h. ohne spezielle Verzögerungsglieder mit von außen zugeführten Taktsignalen, so muß man eine schnelle Maschine konstruieren, deren abstrakte Struktur sich am Ende des dritten Schrittes ergeben hatte. Als Verzögerungsglieder dienen

dabei Elemente mit einer eigenen Verzögerungszeit. Wird die Schaltung speziell aus Relais aufgebaut, so dienen für die schnelle Maschine die Rückführungsrelais als Verzögerungsglieder, und die Zuordner F_i und Φ_j werden aus den Kontakten der Eingangs- und Rückführungsrelais aufgebaut.
Bei diesem Konstruktionsprinzip ergeben sich zusätzliche technische Schwierigkeiten, weil bei nicht synchronisierten Systemen die Verzögerungszeiten dieser Elemente nicht exakt gleich sind. Dies führt zu sog. Wettrennbedingungen (races) zwischen zwei oder mehreren Relais, die oft einen falschen Ablauf der Zustandsfolge einleiten würden. Durch Verwendung spezieller Schaltungen kann man dies vermeiden, indem man entweder dafür sorgt, daß bei jedem Takt nur ein Relais arbeitet oder zu den Schaltzeiten die Rückführungen getrennt werden.
Eine dieser Möglichkeiten haben wir in § 5.4 nur kurz gestreift, weil Fragen dieser Art nicht mehr zur Theorie der endlichen Automaten und sequentiellen Maschinen gehören. Benutzt man Verzögerungsglieder mit äußerer Taktsteuerung, so ergeben sich keine derartigen Schwierigkeiten.

Aufgabenteil

Aufgaben zu Kap. I

1. Man beweise, daß die Menge der Punkte eines Halbkreises von der Mächtigkeit eines Kontinuums ist.
2. Man beweise, daß die Vereinigung zweier abzählbarer Mengen ebenfalls abzählbar ist.
3. Man beweise, daß die Menge der rationalen Zahlen abzählbar ist.
4. Es ist bekannt, daß jede unendliche Teilmenge einer abzählbaren Menge wieder abzählbar ist. Damit beweise man, daß die Menge der Primzahlen abzählbar ist.
5. Die folgenden sechs Funktionen sollen auf eine Form gebracht werden, in der nur noch Konjunktionen, Disjunktionen und Negationen vorkommen:

   1. $f(x_1, x_2) = (x_1 \bigtriangledown x_2) \vee (1/x_2)$,
   2. $f(x_1, x_2) = x_2/(x_1 \leftarrow x_2)$,
   3. $f(x_1, x_2) = x_1 \sim (x_1 \downarrow x_2)$,
   4. $f(x_1, x_2) = x_1 \bigtriangledown (x_1/x_2)$,
   5. $f(x_1, x_2, x_3) = (x_1 \downarrow x_2) \leftarrow (x_2/x_1)$,
   6. $f(x_1, x_2, x_3) = (x_1/x_2) \bigtriangledown (\bar{x}_3 \rightarrow x_1)$.

6. Man bringe die Funktion

   $$f(x_1, x_2) = x_1 \vee x_2 \mathbin{\&} (x_1 \mathbin{\&} x_2)$$

   auf die vollständige disjunktive Normalform.
7. Man bringe die Funktion

   $$f(x_1, x_2, x_3) = (x_1 \vee x_2) \mathbin{\&} (\bar{x}_2 \vee x_3) \mathbin{\&} (x_1 \vee \bar{x}_2) \mathbin{\&} (x_2 \vee x_3)$$

   auf die vollständige konjunktive Normalform.
8. Von den beiden folgenden Funktionen gebe man die vollständige konjunktive und disjunktive Normalform an, indem man vorher die Wahrheitstabelle aufstellt:

   $$f_1(x_1, x_2) = x_1 \rightarrow \bar{x}_2 \,,$$
   $$f_2(x_1, x_2) = x_1 \sim x_2 \,.$$

9. Für die Funktion $f(x_1, x_2) = x_1 \bigtriangledown \bar{x}_2$ konstruiere man die vollständige disjunktive Normalform, in dem man die Funktion vorher vereinfacht.

10. Gegeben ist das Prädikat $P(x, y, z) = (x \rightarrow (y \rightarrow z))$.
Gesucht ist das Prädikat $Q(y, z) = (\forall\, x)\, P(x, y, z)$.

11. Gegeben ist das Prädikat $P(x, y, z) = \overline{(x \vee (y \sim}\,\overline{z))}$.
Gesucht ist das Prädikat $Q(y, z) = (\exists\, x)\, P(x, y, z)$.

Aufgaben zu Kap. II

1. Für die folgenden vier Relaiskontaktschaltungen gebe man möglichst einfache äquivalente Schaltungen an (Bild 1—4).

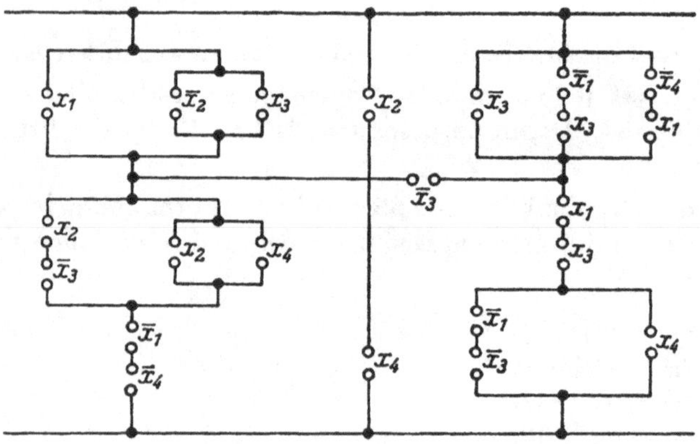

Bild 1

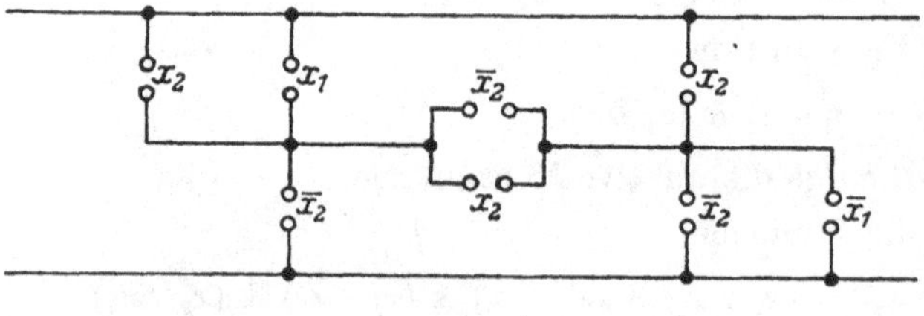

Bild 2

2. Jede der beiden folgenden Wahrheitstabellen definiert zwei logische Funktionen y_1 und y_2. Man konstruiere die zugehörigen Kontaktschaltungen nach

a) einer kanonischen Methode,

b) der Methode von Bloch.

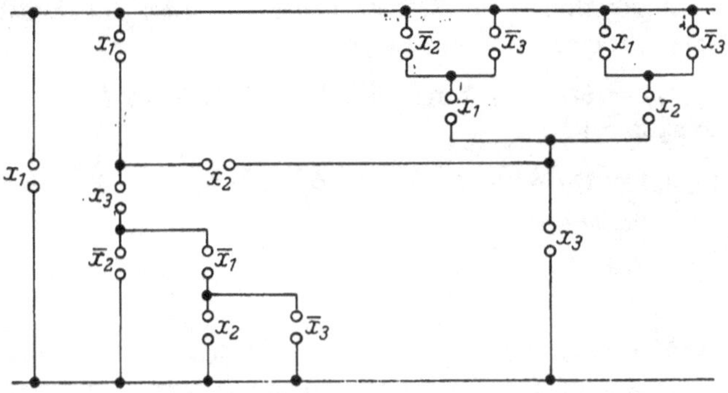

Bild 3

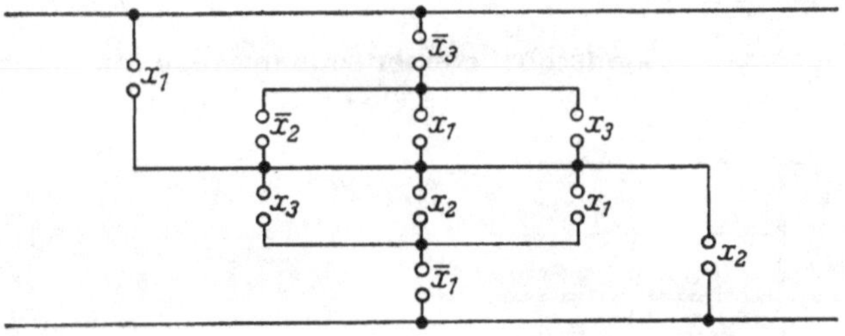

Bild 4

Tabelle 1

x_1	0	1	0	1
x_2	0	0	1	1
y_1	1	1	1	0
y_2	0	1	1	0

Tabelle 2

x_1	0	1	0	1	0	1	0	1
x_2	0	0	1	1	0	0	1	1
x_3	0	0	0	0	1	1	1	1
y_1	1	0	1	0	1	0	0	1
y_2	0	1	0	0	0	1	1	0

3. Zu der logischen Funktion $y = (x_1 \mathbin{\&} x_2) \vee (\bar{x}_1 \mathbin{\&} x_2)$ konstruiere man eine passende Diodenschaltung.
4. Zu der logischen Funktion $y = (x_2 \mathbin{\&} x_3) \mathbin{\&} \bar{x}_1$ konstruiere man eine passende Schaltung aus Trioden.

5. Mit Hilfe des Algorithmus von QUINE bestimme man die minimalen disjunktiven Normalformen der Funktionen

$$y(x_1, x_2, x_3) = (x_1 \,\&\, x_2 \,\&\, x_3) \vee (\bar{x}_1 \,\&\, \bar{x}_2 \,\&\, x_3) \vee (x_1 \,\&\, x_2 \,\&\, x_3) \vee$$
$$\vee\, (x_1 \,\&\, x_2 \,\&\, \bar{x}_3)\,,$$

$$y(x_1, x_2, x_3) = (\bar{x}_1 \,\&\, \bar{x}_2 \,\&\, \bar{x}_3) \vee (x_1 \,\&\, x_2 \,\&\, x_3) \vee (x_1 \,\&\, \bar{x}_2 \,\&\, x_3) \vee$$
$$\vee\, (x_1 \,\&\, \bar{x}_2 \,\&\, \bar{x}_3)\,.$$

Aufgaben zu Kap. III

1. Man führe als Beispiel ein dynamisches System an, das sich als endlicher Automat behandeln läßt.

2. Es ist die folgende Zustandstabelle einer sequentiellen Maschine gegeben:

$\varkappa$	ϱ	
	ϱ_1	ϱ_2
$\varkappa_1$	$\varkappa_4\lambda_0$	$\varkappa_1\lambda_1$
$\varkappa_2$	$\varkappa_1\lambda_0$	$\varkappa_3\lambda_1$
$\varkappa_3$	$\varkappa_2\lambda_1$	$\varkappa_1\lambda_0$
$\varkappa_4$	$\varkappa_2\lambda_0$	$\varkappa_2\lambda_1$

Man konstruiere den Graphen und die Verknüpfungsmatrix dieser sequentiellen Maschine.

3. Gegeben ist die Verknüpfungsmatrix

$$C = \begin{array}{c} \\ \varkappa_1 \\ \varkappa_2 \\ \varkappa_3 \\ \varkappa_4 \\ \varkappa_5 \end{array} \begin{array}{c} \begin{array}{ccccc} \varkappa_1 & \varkappa_2 & \varkappa_3 & \varkappa_4 & \varkappa_5 \end{array} \\ \begin{bmatrix} 0 & (\varrho_1, \lambda_1) & (\varrho_3, \lambda_0) & 0 & (\varrho_2, \lambda_1) \\ (\varrho_3, \lambda_0) & (\varrho_1, \lambda_0) & 0 & (\varrho_2, \lambda_0) & 0 \\ 0 & (\varrho_2, \lambda_1) & (\varrho_1, \lambda_1) & (\varrho_3, \lambda_1) & 0 \\ 0 & 0 & (\varrho_2, \lambda_0) \vee (\varrho_3, \lambda_1) & 0 & (\varrho_1, \lambda_1) \\ (\varrho_1, \lambda_0) \vee (\varrho_3, \lambda_0) & 0 & 0 & (\varrho_2, \lambda_0) & 0 \end{bmatrix} \end{array}$$

Gesucht ist die Zustandstabelle des Automaten vom Typ $V-V$ und des Zuordners.

4. Eine sequentielle Maschine vom Typ $V-G$ ist durch zwei Tabellen gegeben, durch die Zustandstabelle des Automaten und die des Zuordners:

Automat

$\varkappa$	ϱ	
	ϱ_1	ϱ_2
$\varkappa_1$	$\varkappa_2$	$\varkappa_5$
$\varkappa_2$	$\varkappa_3$	$\varkappa_4$
$\varkappa_3$	$\varkappa_4$	$\varkappa_3$
$\varkappa_4$	$\varkappa_2$	$\varkappa_5$
$\varkappa_5$	$\varkappa_1$	$\varkappa_5$

Zuordner

$\varkappa$	ϱ	
	ϱ_1	ϱ_2
$\varkappa_1$	λ_1	—
$\varkappa_2$	λ_1	—
$\varkappa_3$	λ_0	λ_1
$\varkappa_4$	λ_0	λ_0
$\varkappa_5$	—	λ_0

Man konstruiere Zustandsdiagramm und Verknüpfungsmatrix.

5. Man löse dasselbe Problem wie in Aufgabe 4 für die $V-G$-Maschine

Automat

$\varkappa$	ϱ	
	ϱ_1	ϱ_2
$\varkappa_1$	$\varkappa_2$	$\varkappa_3$
$\varkappa_2$	$\varkappa_1$	$\varkappa_3$
$\varkappa_3$	$\varkappa_6$	$\varkappa_6$
$\varkappa_4$	$\varkappa_3$	$\varkappa_4$
$\varkappa_5$	$\varkappa_6$	$\varkappa_3$
$\varkappa_6$	$\varkappa_2$	$\varkappa_6$

Zuordner

$\varkappa$	ϱ	
	ϱ_1	ϱ_2
$\varkappa_1$	λ_0	—
$\varkappa_2$	λ_1	—
$\varkappa_3$	λ_0	λ_1
$\varkappa_4$	—	λ_0
$\varkappa_5$	—	—
$\varkappa_6$	λ_1	λ_1

6. Nach den Beispielen von Aufgabe 4 und 5 leite man die allgemeinen Eigenschaften der Verknüpfungsmatrix von $V-G$-Maschinen ab.
7. Es sind ein endlicher Automat vom Typ $V-G$ und ein Ausgangszuordner gegeben:

Automat

$\varkappa$	ϱ		
	ϱ_1	ϱ_2	ϱ_3
$\varkappa_1$	$\varkappa_4$	$\varkappa_2$	$\varkappa_5$
$\varkappa_2$	$\varkappa_3$	$\varkappa_3$	$\varkappa_5$
$\varkappa_3$	$\varkappa_5$	$\varkappa_1$	$\varkappa_2$
$\varkappa_4$	$\varkappa_1$	$\varkappa_2$	$\varkappa_2$
$\varkappa_5$	$\varkappa_3$	$\varkappa_3$	$\varkappa_2$

Zuordner

$\varkappa$	$\varkappa_1$	$\varkappa_2$	$\varkappa_3$	$\varkappa_4$	$\varkappa_5$
λ	λ_2	λ_3	λ_1	λ_2	λ_3

Ist das ganze System ein Automat, d. h. gibt es eine solche eindeutige Funktion F^*, so daß $\lambda^p = F^* (\lambda^{p-1}, \varrho^p)$ ist?

8. Gegeben ist die Zustandstabelle einer sequentiellen Maschine vom Typ $V-V$:

$\varkappa$	ϱ			
	ϱ_1	ϱ_2	ϱ_3	ϱ_4
$\varkappa_1$	$\varkappa_6 \lambda_3$	$\varkappa_3 \lambda_2$	$\varkappa_2 \lambda_1$	$\varkappa_4 \lambda_1$
$\varkappa_2$	$\varkappa_3 \lambda_1$	$\varkappa_1 \lambda_4$	$\varkappa_5 \lambda_3$	$\varkappa_2 \lambda_2$
$\varkappa_3$	$\varkappa_3 \lambda_2$	$\varkappa_6 \lambda_3$	$\varkappa_4 \lambda_2$	$\varkappa_3 \lambda_4$
$\varkappa_4$	$\varkappa_2 \lambda_3$	$\varkappa_4 \lambda_2$	$\varkappa_2 \lambda_1$	$\varkappa_1 \lambda_1$
$\varkappa_5$	$\varkappa_1 \lambda_4$	$\varkappa_3 \lambda_1$	$\varkappa_5 \lambda_4$	$\varkappa_4 \lambda_3$
$\varkappa_6$	$\varkappa_3 \lambda_1$	$\varkappa_4 \lambda_4$	$\varkappa_5 \lambda_3$	$\varkappa_6 \lambda_2$

Man ordne dann jedem Paar $\varrho_i \lambda_i$ ein Symbol Θ_k aus dem Alphabet $\{\Theta_1, \Theta_2, \ldots, \Theta_{16}\}$ zu. Gibt es dann eine eindeutige Funktion F^*, so daß $\Theta^p = F^*(\Theta^{p-1}, \varrho^p)$ ist?

Aufgaben zu Kap. IV

1. Man konstruiere die abstrakte Struktur des durch Tabelle 4.10 gegebenen Automaten für die Fälle
   a) Alle $k_i = 2$ und alle $r_i = 3$.
   b) Alle $k_i = 3$ und alle $r_i = 2$.
   c) Alle $k_i = 3$ und alle $r_i = 3$.
2. Aus den Neuronen von McCulloch und Pitts konstruiere man alle logischen Funktionen zweier Veränderlicher.
3. Aus diesen Neuronen konstruiere man einen Trigger.

Aufgaben zu Kap. V

1. Aus den folgenden vier Zustandstabellen bestimme man den Typ des jeweiligen Automaten bzw. der sequentiellen Maschine:

Tabelle 1

$\varkappa$	ϱ			
	ϱ_1	ϱ_2	ϱ_3	ϱ_4
$\varkappa_1$	$\varkappa_2 \lambda_1$	$\varkappa_1 \lambda_1$	$\varkappa_1 \lambda_1$	$\varkappa_3 \lambda_1$
$\varkappa_2$	$\varkappa_1 \lambda_3$	$\varkappa_3 \lambda_3$	$\varkappa_2 \lambda_3$	$\varkappa_2 \lambda_3$
$\varkappa_3$	$\varkappa_1 \lambda_2$	$\varkappa_2 \lambda_2$	$\varkappa_2 \lambda_2$	$\varkappa_3 \lambda_2$

Tabelle 2

$\varkappa$	ϱ			
	ϱ_1	ϱ_2	ϱ_3	ϱ_4
$\varkappa_1$	$\varkappa_2 \lambda_1$	$\varkappa_1 \lambda_1$	$\varkappa_1 \lambda_1$	$\varkappa_3 \lambda_2$
$\varkappa_2$	$\varkappa_1 \lambda_3$	$\varkappa_2 \lambda_2$	$\varkappa_2 \lambda_3$	$\varkappa_2 \lambda_3$
$\varkappa_3$	$\varkappa_1 \lambda_2$	$\varkappa_2 \lambda_2$	$\varkappa_1 \lambda_1$	$\varkappa_3 \lambda_2$

Tabelle 3

$\varkappa$	ϱ			
	ϱ_1	ϱ_2	ϱ_3	ϱ_4
$\varkappa_1$	$\varkappa_2\lambda_1$	$\varkappa_1\lambda_1$	$\varkappa_1\lambda_3$	$\varkappa_3\lambda_3$
$\varkappa_2$	$\varkappa_1\lambda_3$	$\varkappa_3\lambda_2$	$\varkappa_2\lambda_2$	$\varkappa_2\lambda_1$
$\varkappa_3$	$\varkappa_1\lambda_3$	$\varkappa_2\lambda_3$	$\varkappa_2\lambda_2$	$\varkappa_3\lambda_3$

Tabelle 4

$\varkappa$	ϱ			
	ϱ_1	ϱ_2	ϱ_3	ϱ_4
$\varkappa_1$	$\varkappa_2\lambda_1$	$\varkappa_1\lambda_2$	$\varkappa_1\lambda_2$	$\varkappa_3\lambda_3$
$\varkappa_2$	$\varkappa_1\lambda_2$	$\varkappa_3\lambda_3$	$\varkappa_2\lambda_1$	$\varkappa_2\lambda_1$
$\varkappa_3$	$\varkappa_1\lambda_2$	$\varkappa_2\lambda_1$	$\varkappa_2\lambda_1$	$\varkappa_3\lambda_3$

2. Aus den Zustandstabellen von Aufgabe 1 konstruiere man die Übergangstabellen und minimisiere sie.
3. Aus den Zustandstabellen von Aufgabe 1 konstruiere man $(2\,S_0 + 1)$ Realisierungen nach HUFFMAN.

Aufgaben zu Kap. VI

1. Man konstruiere eine solche sequentielle Maschine mit dem Eingangsalphabet $\{\varrho_1, \varrho_2, \varrho_3\}$ und dem Ausgangsalphabet $\{\lambda_1, \lambda_2\}$, so daß bei dem Anfangszustand x_0 und festem ϱ^* bei
   $\varrho^* = \varrho_1$ die periodische Folge $\lambda_1\,\lambda_1\,\lambda_2\,\lambda_1$
   $\varrho^* = \varrho_2$ die periodische Folge $\lambda_1\,\lambda_2\,\lambda_2$
   $\varrho^* = \varrho_3$ die periodische Folge $\lambda_2\,\lambda_1\,\lambda_2$
   erzeugt wird.
2. Gesucht ist eine sequentielle Maschine mit dem Eingangsalphabet $\{\varrho_1, \varrho_2\}$ und dem Ausgangsalphabet $\{\lambda_1, \lambda_2, \lambda_3\}$, die bei
   $\varrho^* = \varrho_1$ die Folge $\lambda_3\,\lambda_1\,\lambda_1\,\lambda_2\,\lambda_2\,\lambda_1\,\lambda_2\,\lambda_2\ldots$ mit der Periode $\lambda_1\,\lambda_2\,\lambda_2$
   $\varrho^* = \varrho_2$ die Folge $\lambda_2\,\lambda_3\,\lambda_2\,\lambda_3\,\lambda_1\,\lambda_1\,\lambda_1\ldots$ mit der Periode λ_1
   erzeugt.
3. Auf den Eingang einer sequentiellen Maschine wird eine periodische Eingangsfolge gegeben. Man beweise, daß sich nach einer endlichen Zahl von Takten am Ausgang eine periodische Folge von Ausgangssymbolen einstellt.

Aufgaben zu Kap. VII

1. Man zeige, daß sie in den Beispielen 1—14 des § 7.2 angeführten Ereignisse regulär sind und konstruiere mit Hilfe des Begriffes der Triadenketten Automaten, die diese Ereignisse darstellen.
2. Gegeben ist ein Alphabet $\{\varrho_1, \varrho_2\}$. Die Menge L enthält alle Wörter aus den Buchstaben dieses Alphabets außer denjenigen, wo zwei gleiche Buchstaben nebeneinander stehen. Man zeige, daß die Menge L regulär ist. Man gebe ihren regulären Ausdruck an.

3. Man löse dasselbe Problem wie in Aufgabe 2 für das Alphabet $\{\varrho_1, \varrho_2, \varrho_3\}$. Gilt die Behauptung über die Regularität einer so konstruierten Menge L für jedes endliche Alphabet?
4. Welches Ereignis stellt der Automat von Bild 3.11 mit der Zustandsmenge $\{\varkappa_2, \varkappa_3\}$ dar, wenn er mit dem Anfangszustand $\varkappa_1$ beginnt? Man gebe den regulären Ausdruck für dieses Ereignis an.
5. Man zeige, daß der Durchschnitt zweier regulärer Mengen wieder regulär ist.
6. Eine sequentielle Maschine heißt stark gekoppelt, wenn es für jedes Zustandspaar $\varkappa_i, \varkappa_j$ dieser Maschine eine Eingangsfolge gibt, die die Maschine von dem Zustand $\varkappa_i$ in den Zustand $\varkappa_j$ überführt.
   Bei einer stark gekoppelten Maschine ist eine gewisse Teilmenge S von Zuständen und ein Anfangszustand $\varkappa_k$ ausgewählt worden. Mit R_k bezeichnen wir das durch die Teilmenge S bei dem Anfangszustand $\varkappa_k$ dargestellte Ereignis. Man beweise, daß $\bigcup_k R_k = E\,R$ ist, wobei E das universelle und R ein reguläres Ereignis ist.
7. Es sei $f(t)$ eine solche Funktion mit ganzzahligen Werten, daß $0 \leq f(t) \leq t$ und $\overline{\lim_{t\to\infty}}\, f(t) = \overline{\lim_{t\to\infty}}\,(t - f(t)) = \infty$ ist. Man beweise, daß das Ergebnis „vom 0-ten bis zum t-ten Takt ist die Zahl der Symbole ϱ_1 gleich $f(t)$" kein reguläres Ereignis ist.
8. Gegeben sei ein endlicher Automat A mit dem Anfangszustand $\varkappa^0$. Man kann dann einer Menge R von Eingangsfolgen eindeutig eine Menge K von Zustandsfolgen zuordnen. Es soll gezeigt werden, daß aus der Regularität von R die von K folgt. Kann man auch folgern, daß K nicht regulär ist, wenn es R ist?
9. Es sei eine sequentielle Maschine mit dem Anfangszustand $\varkappa^0$ gegeben. Auf den Eingang werden Folgen aus der universellen Mengen E gegeben. Man zeige, daß die Menge der Ausgangsfolgen regulär ist.
10. Auf den Eingang einer sequentiellen Maschine werden nur Folgen aus einer regulären Menge L gegeben. Ist dann die Behauptung richtig, daß die Ausgangsfolgen auch in diesem Fall eine reguläre Menge bilden?

Aufgaben zu Kap. VIII

1. Man konstruiere einen endlichen Automaten, der am Ausgang das reguläre Ereignis

$$R = [(\varrho_1(\varrho_1)^* \vee \varrho_3(\varrho_3)^* \cdot \varrho_1(\varrho_1)^*) \cdot \varrho_2(\varrho_2)^*]^*$$

durch das Symbol λ_1 darstellt.

2. Wie Aufgabe 1 für

$$R = [(\varrho_1 \vee \varrho_3 \varrho_1)\, \varrho_2]^* \,.$$

3. Man konstruiere einen endlichen Automaten, der das folgende bestimmte Ereignis darstellt: Die Eingangsfolge endet mit den Symbolen $\varrho_1 \varrho_2$ oder $\varrho_3 \varrho_4 \varrho_1$. Wie heißt der reguläre Ausdruck für dieses Ereignis?

4. Man konstruiere einen Zähler für die Geradzahligkeit eines Taktes. Der entsprechende reguläre Ausdruck ist von der Form

$$R = [(\varrho_1 \vee \varrho_2 \vee \varrho_3 \vee \varrho_4)\,(\varrho_1 \vee \varrho_2 \vee \varrho_3 \vee \varrho_4)]^* \,.$$

Aufgaben zu Kap. IX

1. Unter Verwendung des Algorithmus von Aufenkamp und Hohn zeige man, daß die durch Bild 5 beschriebene Maschine mit den Alphabeten $\varrho = \{\varrho_1, \varrho_2\}$; $\varkappa = \{\varkappa_1, \varkappa_2, \varkappa_3, \varkappa_4\}$; $\lambda = \{\lambda_0, \lambda_1\}$ minimal ist.

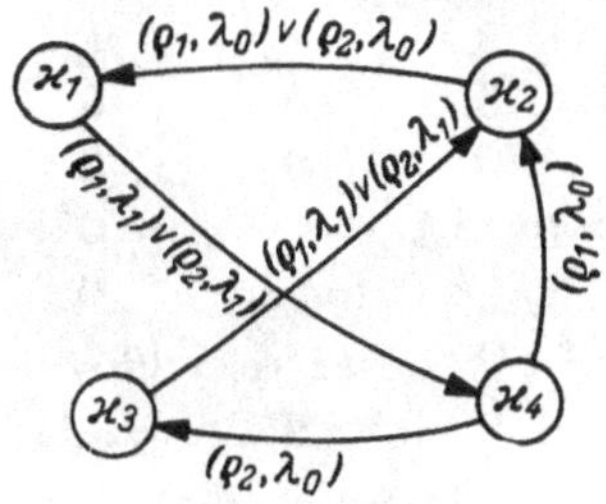

Bild 5

2. Nach dem Algorithmus von Aufenkamp und Hohn minimisiere man die durch die Verknüpfungsmatrix

$$C = \begin{array}{c} \\ \varkappa_1 \\ \varkappa_2 \\ \varkappa_3 \\ \varkappa_4 \\ \varkappa_5 \\ \varkappa_6 \end{array} \begin{array}{cccccc} \varkappa_1 & \varkappa_2 & \varkappa_3 & \varkappa_4 & \varkappa_5 & \varkappa_6 \\ 0 & (\varrho_1, \lambda_0) & 0 & (\varrho_2, \lambda_1) & 0 & (\varrho_3, \lambda_0) \\ (\varrho_2, \lambda_0) & 0 & (\varrho_3, \lambda_0) & 0 & (\varrho_1, \lambda_1) & 0 \\ 0 & (\varrho_1, \lambda_1) & 0 & (\varrho_3, \lambda_0) & 0 & (\varrho_2, \lambda_1) \\ (\varrho_2, \lambda_0) & 0 & (\varrho_3, \lambda_0) & 0 & (\varrho_1, \lambda_1) & 0 \\ 0 & (\varrho_1, \lambda_0) & (\varrho_2, \lambda_0) & (\varrho_3, \lambda_1) & 0 & 0 \\ (\varrho_3, \lambda_1) & 0 & (\varrho_1, \lambda_0) & 0 & (\varrho_2, \lambda_0) & 0 \end{array}$$

gegebene sequentielle Maschine.

3. Man untersuche, ob die durch die Verknüpfungsmatrix

$$C = \begin{array}{c} \\ \varkappa_1 \\ \varkappa_2 \\ \varkappa_3 \\ \varkappa_4 \\ \varkappa_5 \end{array} \begin{array}{c} \begin{array}{ccccc} \varkappa_1 & \varkappa_2 & \varkappa_3 & \varkappa_4 & \varkappa_5 \end{array} \\ \left[\begin{array}{ccccc} 0 & 0 & 0 & (\varrho_2, \lambda_0) & (\varrho_1, \lambda_1) \\ 0 & 0 & (\varrho_1, \lambda_1) & 0 & (\varrho_2, \lambda_0) \\ 0 & (\varrho_2, \lambda_0 & (\varrho_1, \lambda_1) & 0 & 0 \\ 0 & 0 & (\varrho_2, \lambda_1) & (\varrho_1, \lambda_1) & 0 \\ (\varrho_2, \lambda_0) & 0 & 0 & (\varrho_1, \lambda_1) & 0 \end{array}\right] \end{array}$$

gegebene Maschine äquivalente Zustände hat.

4. Man minimisiere die folgende sequentielle Maschine (bezüglich der starken Äquivalenz):

$$C = \begin{array}{c} \\ \varkappa_1 \\ \varkappa_2 \\ \varkappa_3 \\ \varkappa_4 \\ \varkappa_5 \\ \varkappa_6 \end{array} \begin{array}{c} \begin{array}{cccccc} \varkappa_1 & \varkappa_2 & \varkappa_3 & \varkappa_4 & \varkappa_5 & x_6 \end{array} \\ \left[\begin{array}{cccccc} 0 & (\varrho_1, \lambda_0) & 0 & (\varrho_2, \lambda_0) & 0 & 0 \\ 0 & 0 & (\varrho_1, \lambda_1) & 0 & 0 & (\varrho_2, \lambda_0) \\ (\varrho_2, \lambda_0) & 0 & 0 & (\varrho_1, \lambda_0) & 0 & 0 \\ 0 & (\varrho_2, \lambda_0) & 0 & 0 & 0 & (\varrho_1, \lambda_0) \\ (\varrho_1, \lambda_0) & 0 & (\varrho_2, \lambda_0) & 0 & 0 & 0 \\ 0 & 0 & 0 & 0 & (\varrho_1, \lambda_1) \vee (\varrho_2, \lambda_0) & 0 \end{array}\right] \end{array}$$

5. Aus der Verknüpfungsmatrix

$$C = \begin{array}{c} \\ \varkappa_1 \\ \varkappa_2 \\ \varkappa_3 \\ \varkappa_4 \\ \varkappa_5 \\ \varkappa_6 \end{array} \begin{array}{c} \begin{array}{cccccc} \varkappa_1 & \varkappa_2 & \varkappa_3 & \varkappa_4 & \varkappa_5 & \varkappa_6 \end{array} \\ \left[\begin{array}{cccccc} (\varrho_2, \lambda_0) & (\varrho_1, \lambda_1) & 0 & 0 & 0 & 0 \\ 0 & (\varrho_2, \lambda_0) & (\varrho_1, \lambda_0) & 0 & 0 & 0 \\ 0 & 0 & (\varrho_2, \lambda_0) & (\varrho_1, \lambda_0) & 0 & 0 \\ 0 & 0 & 0 & (\varrho_2, \lambda_0) & (\varrho_1, \lambda_1) & 0 \\ 0 & 0 & 0 & 0 & (\varrho_2, \lambda_0) & (\varrho_1, \lambda_0) \\ (\varrho_1, \lambda_0) & 0 & 0 & 0 & 0 & (\varrho_2, \lambda_0) \end{array}\right] \end{array}$$

zeichne man das Zustandsdiagramm dieser Maschine. Man minimisiere sie nach Aufenkamp und Hohn (starke Äquivalenz).

6. Man zeige, daß die durch das Zustandsdiagramm von Bild 6 gegebene Maschine minimal ist (starke Äquivalenz). Gesucht sind die Gruppen äquivalenter Zustände bei der Menge L der zulässigen Eingangsfolgen, die alle Folgen der Länge 2 enthält.

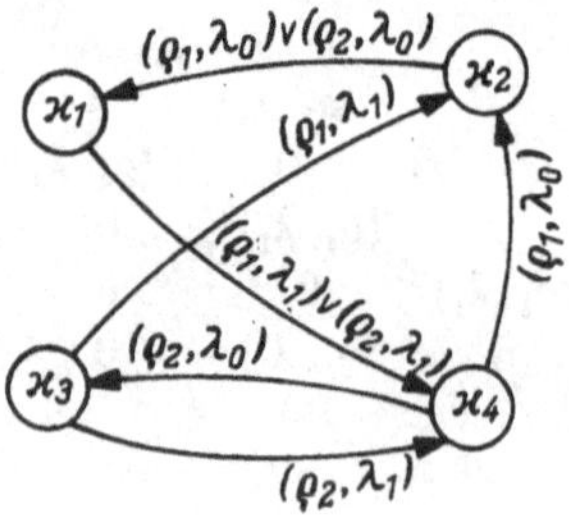

Bild 6

7. Man untrsuche, ob die sequentielle Maschine von Bild 7 äquivalente Zustände hat. Für diese Maschine führe man eine Zerlegung aller Zustände in Gruppen durch, wobei zu einer Gruppe jeweils die bezüglich der Eingangsfolgen der Länge 1, 2, 3 und 4 äquivalenten Zustände gehören.

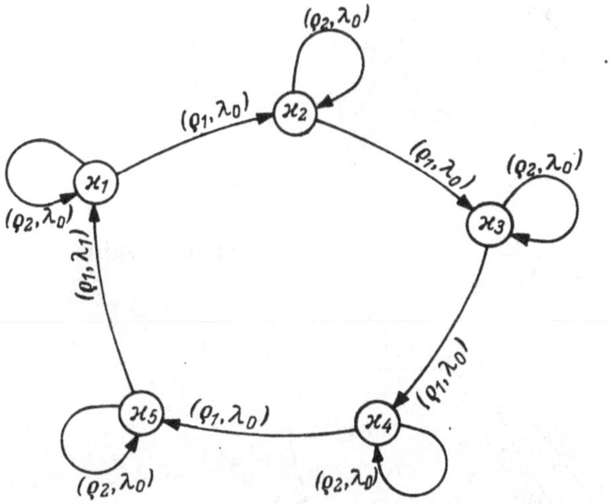

Bild 7

8. Man untersuche, ob die Maschine von Bild 8 äquivalente Zustände hat. Man unterteile die Zustände in Gruppen von bezüglich der Eingangsfolgen der Länge 1, 2 und 3 äquivalenten Zustände.

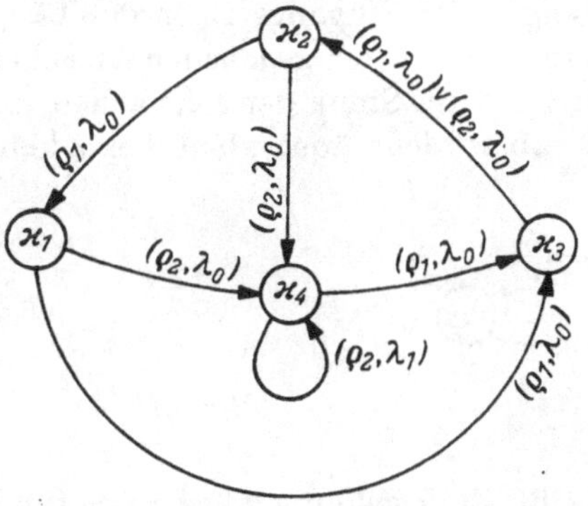

Bild 8

9. Die sequentielle Maschine von Bild 9 hat keine äquivalenten Zustände. Wenn man indessen die Definition der schwachen Äquivalenz nimmt, so gibt es zu der Maschine von Bild 9 eine minimale Maschine mit drei Zuständen. Man konstruiere diese!

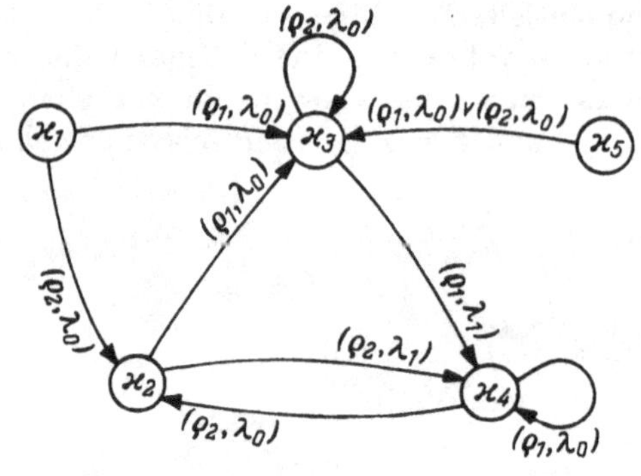

Bild 9

10. Unter Verwendung der schwachen Äquivalenz minimisiere man die Maschine von Bild 10.

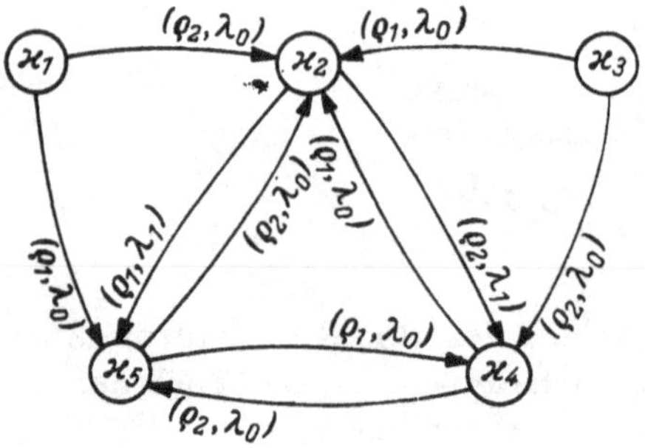

Bild 10

11. Mit E_l bezeichnen wir die Menge aller Eingangsfolgen der Länge l. Für irgendein festes l^* konstruiere man zu der gegebenen Maschine A von Bild 11 eine Maschine B, die zu A im Sinne der schwachen Äquivalenz bezüglich E_l^* äquivalent ist, aber nicht äquivalent bezüglich E_l^{**} für $l^{**} > l^*$.

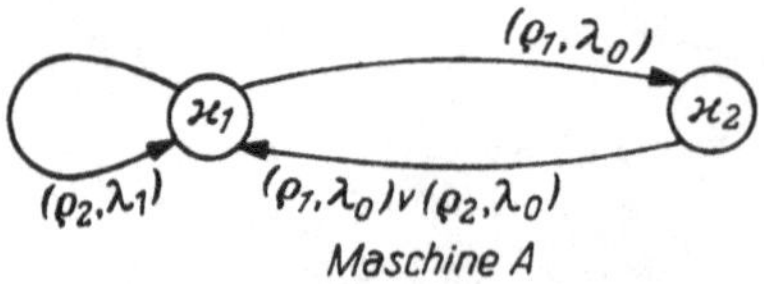

Bild 11

12. Eine sequentielle Maschine heißt stark gekoppelt, wenn es für jedes Zustandspaar $\varkappa_i$, $\varkappa_j$ dieser Maschine eine Eingangsfolge gibt, die die Maschine von dem Zustand $\varkappa_i$ in den Zustand $\varkappa_j$ überführt. Man beweise die Behauptung, daß für stark gekoppelte Maschinen aus der schwachen Äquivalenz zweier Maschinen auch deren starke Äquivalenz folgt (d. h. in diesem Fall sind die Begriffe starke und schwache Äquivalenz identisch).

13. Man beweise, daß bei vollständig definierten Automaten (d. h. Automaten ohne AUFENKAMPsche Beschränkungen) bei jeder Menge L von Eingangsfolgen für jedes $\varkappa_i$, $\varkappa_j$, $\varkappa_k$ aus der Äquivalenzbeziehung bezüglich L

$$\varkappa_i \sim \varkappa_j, \quad \varkappa_j \sim \varkappa_k$$

auch $\varkappa_i \sim \varkappa_k$ folgt (Transitivität der Äquivalenz).

14. Die Menge L enthalte eine Folge $\varrho_1 \varrho_2$. Man minimisiere die Maschine von Bild 12 bis auf 4 Zustände bezüglich L (schwache Äquivalenz).

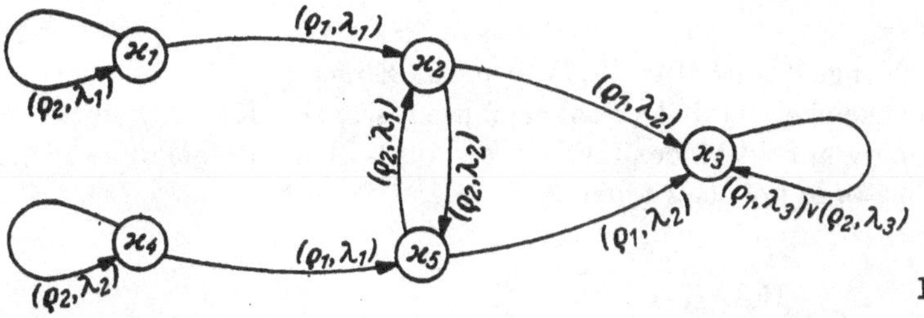

Bild 12

Hinweis: Man richte den Pfeil (ϱ_1, λ_1) von $\varkappa_4$ nach $\varkappa_5$ nach dem Zustand $\varkappa_1$ und lösche den Pfeil (ϱ_2, λ_1) von $\varkappa_5$ nach $\varkappa_2$.

15. Die Menge L enthalte eine Folge $\varrho_1 \varrho_2 \varrho_2$. Man minimisiere die Maschine von Bild 13 bis auf 4 Zustände bezüglich L (starke Äquivalenz).

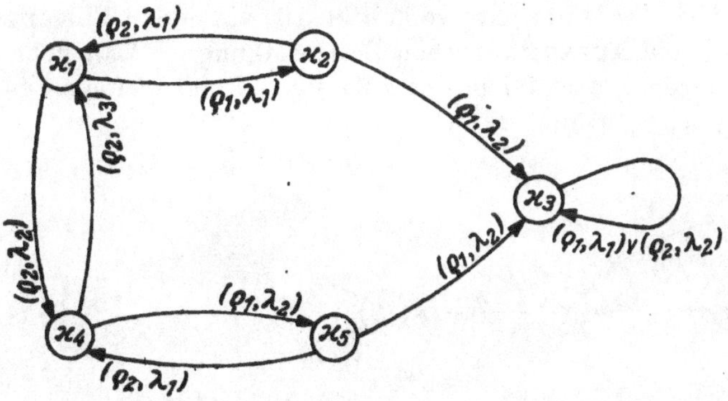

Bild 13

16. Gegeben ist die Maschine von Bild 14 und eine Menge L, die die Folge $\varrho_1 \varrho_2 \varrho_2$ enthält. In dieser Maschine sind die Zustände $\varkappa_2$ und $\varkappa_5$ bezüglich L äquivalent. Man zeige, daß sich die Maschine von Bild 14 trotzdem nicht minimisieren läßt! (Sowohl im Sinne der schwachen wie starken Äquivalenz.)

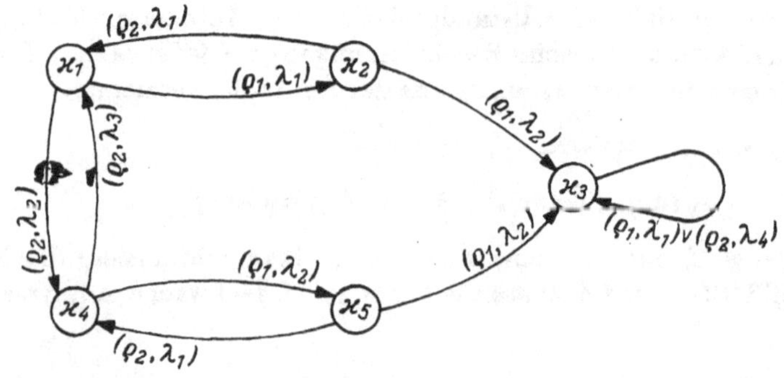

Bild 14

17. Die Menge L enthalte alle Folgen von Eingangssymbolen, bei denen nicht zwei gleiche Symbole nebeneinander stehen. Man minimisiere die Maschine von Bild 15 bezüglich L bis auf 3 Zustände bei starker und bis auf 2 Zustände bei schwacher Äquivalenz.

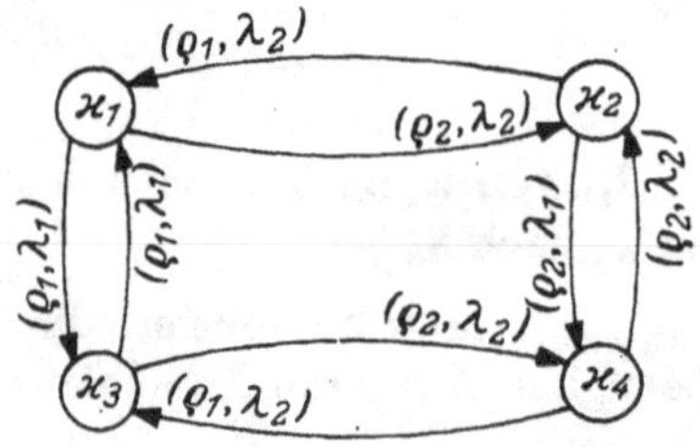

Bild 15

18. Gegeben ist der Automat von Bild 16 mit dem Eingangsalphabet $\{\varrho_1, \varrho_2, \varrho_3\}$ und AUFENKAMPschen Beschränkungen. Man gebe die regulären Ausdrücke der Menge der zulässigen Eingangsfolgen für die Zustände $\varkappa_1$, $\varkappa_2$, $\varkappa_3$, $\varkappa_4$ und $\varkappa_5$ an!

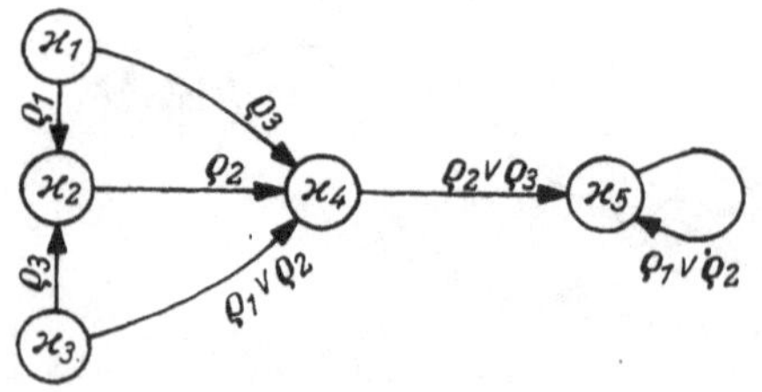

Bild 16

19. Dasselbe wie in Aufgabe 18 für den Automaten von Bild 17. Ist die Behauptung richtig, daß die Menge der zulässigen Eingangsfolgen für jeden Zustand $\varkappa_i$ des Automaten bei AUFENKAMPschen Beschränkungen immer regulär ist?

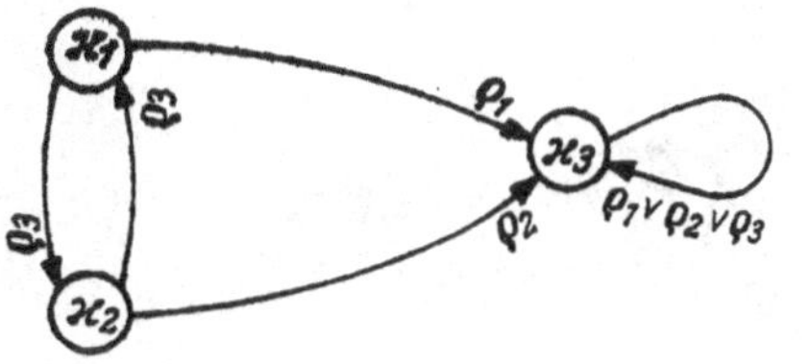

Bild 17

20. Gegeben ist eine sequentielle Maschine mit AUFENKAMPschen Beschränkungen, die sich im Zustand $\varkappa_0$ befindet. Auf den Eingang werden alle Folgen aus der Menge $L_{\varkappa_0}$ gegeben, die aus allen für den Zustand $\varkappa_0$ zulässigen Folgen besteht. Ist dann die Menge der Ausgangsfolgen dieser Maschine regulär?

21. Ist der Satz über die Regularität von darstellbaren Ereignissen für Automaten mit AUFENKAMPschen Beschränkungen gültig?

22. Man minimisiere die sequentielle Maschine mit AUFENKAMPschen Beschränkungen von Bild 18!

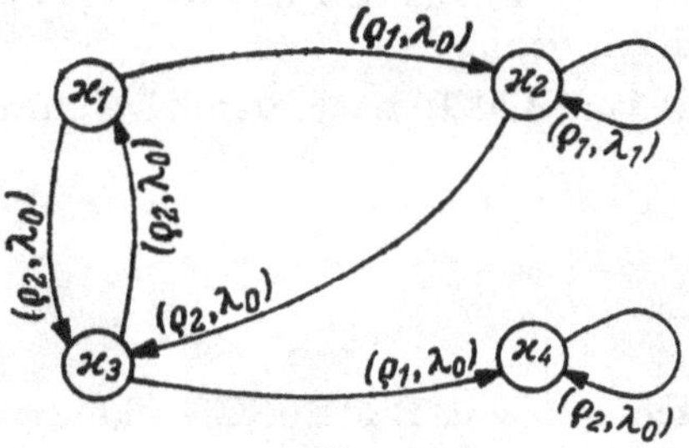

Bild 18

23. Zur Arbeitserleichterung wird bei der Minimisierung einer sequentiellen Maschine mit AUFENKAMPschen Beschränkungen folgendes Verfahren gewählt: Zuerst minimisieren wir die gegebene Maschine nach AUFENKAMP und HOHN (symmetrische Zerlegung in verallgemeinerte 1-Matrizen). Die so erhaltene Maschine wird dann weiter nach der GILLschen Methode vereinfacht. Erhält man auf diesem Wege immer eine minimale Maschine?

24. Bild 19 zeigt das Zustandsdiagramm einer sequentiellen Maschine. In dieser Maschine gibt es keine AUFENKAMPschen Beschränkungen (alle Übergänge sind definiert). Es gibt allerdings keine zusätzlichen Definitionen über den Ausgangszuordner, und der Wert von λ für x_2 und ϱ_1 ist nicht festgelegt (durch einen Strich im Zustandsdiagramm angedeutet). Man kann leicht zeigen, daß es auf keine Art möglich ist, durch eine Zusatzdefinition des Ausgangszuordners die Maschine von Bild 19 zu minimisieren, weil sich keine äquivalenten Zustände ergeben.

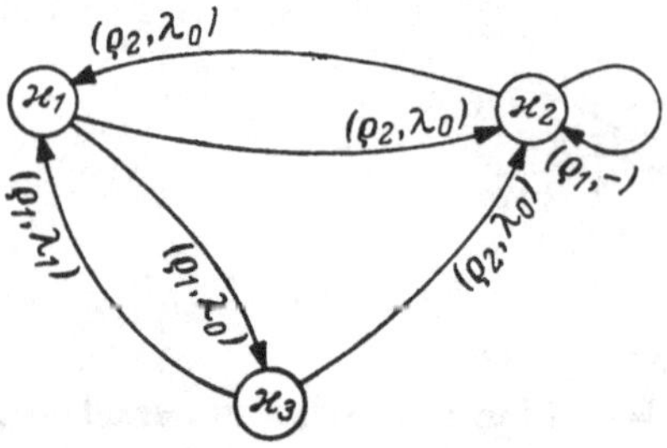

Bild 19

Eine Minimisierung ist hingegen möglich, wenn man darunter folgendes versteht: Zu der gegebenen Maschine M ist eine Maschine N so zu konstruieren, daß

1. jedem Zustand $\varkappa_i$ von M wenigstens ein Zustand $\varkappa_i$ von N entspricht, so daß für jede Eingangsfolge bei den Anfangszuständen $\varkappa_i$ und $\varkappa_j$ die Ausgangsfolge von M, wo sie definiert ist, mit der Ausgangsfolge von N übereinstimmt,

2. keine Maschine N' mit weniger Zuständen als bei der Maschine N existiert, die der Bedingung 1. genügt.

Man minimisiere die Maschine von Bild 19 nach dieser Definition bis auf zwei Zustände!

Aufgaben zu Kap. X

1. Gegeben ist die langsame Maschine G von Bild 20. Man konstruiere eine sie nachbildende minimale schnelle Maschine bei einer Transformation der Taktgebung, die durch einen Wechsel des Zustands am Eingang der Maschine G definiert wird.

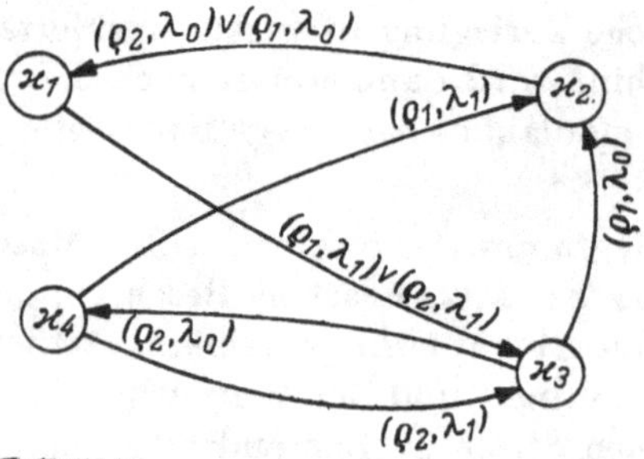

Bild 20

2. Man mache dasselbe wie in Aufgabe 1 mit der langsamen Maschine G von Bild 21.

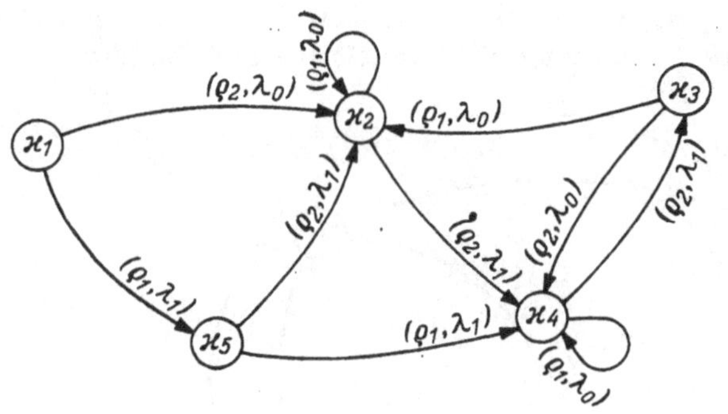

Bild 21

Bei den folgenden Aufgaben ist das Transformationsgesetz für die Taktgebung folgendermaßen definiert: Zum Zeitpunkt $p + 1$ tritt ein langsamer Takt auf wenn zum Zeitpunkt p das reguläre Ereignis R aufgetreten ist d. h. die Folge $\varrho_0, \varrho_1, \ldots, \varrho_p$ zu der regulären Menge R gehört.

3. Man zeige, daß die Maschine S mit dem Zustandsdiagramm von Bild 22 keine langsame Maschine abbildet, wenn das Transformationsgesetz für die Taktgebung durch die reguläre Menge

$$R = (\varrho_1^* \varrho_2)^*$$

gegeben ist.

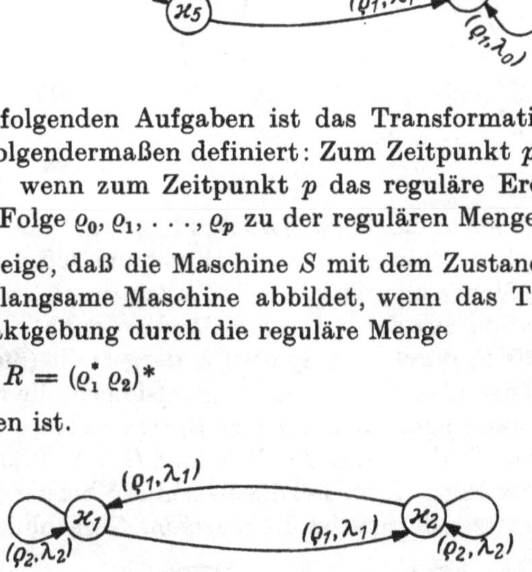

Bild 22

4. Durch Bild 23 ist eine schnelle Maschine S gegeben. Das Transformationsgesetz für die Taktgebung ist durch die reguläre Menge R definiert, die im Automaten A (Bild 24) aus dem Anfangszustand a_0 durch die Zustands-

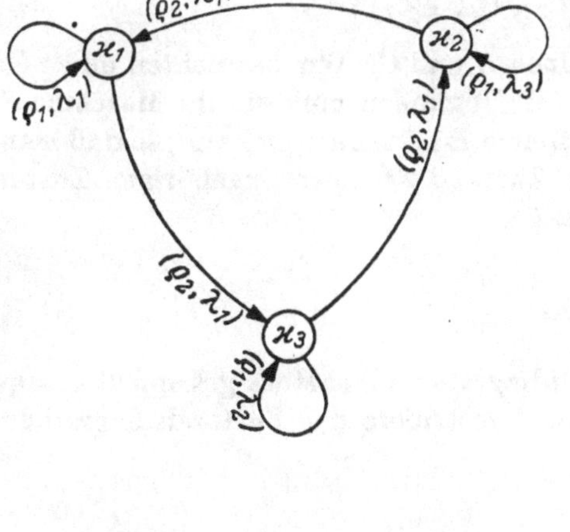

Bild 23

menge $\{a_0, a_1, a_2, a_3\}$ dargestellt wird. Man konstruiere eine Maschine G, die die Maschine S bei dieser Takttransformation abbildet.

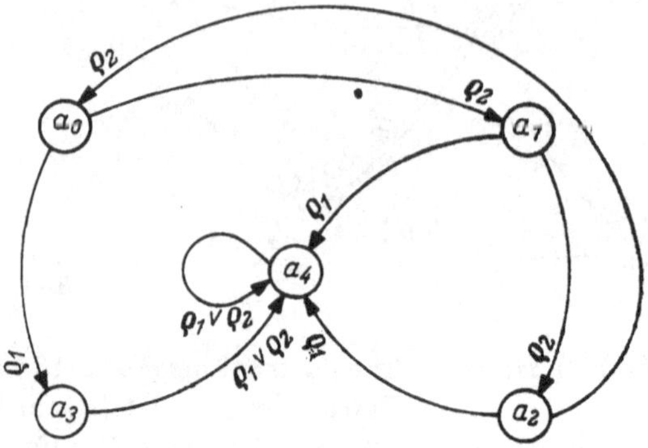

Bild 24

5. Gegeben ist eine Maschine S im Anfangszustand $\varkappa_0$ und eine reguläre Menge R, die das Transformationsgesetz der Taktgebung definiert.
Wir betrachten nun die Menge aller langsamen Bänder, die sich als Ergebnis der Takttransformation aus den schnellen Bändern ergibt. In dieser Menge wird ein Ereignis G_i durch das Symbol λ_i dargestellt (diesem Ereignis entspricht die Menge aller langsamen Eingangsfolgen, die zum Auftreten von λ_i führen). Man zeige, daß die Menge G_i regulär ist.
6. Für die Maschine S von Bild 23 und die Maschine G von Bild 25 konstruiere man eine reguläre Menge R so, daß die Maschine S bei der durch die Menge R gegebenen Takttransformation die Maschine G nachbildet.

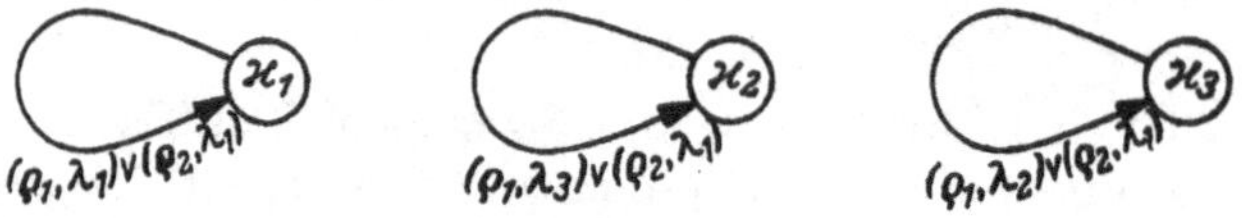

Bild 25

Hinweis: Man betrachte die folgenden Zustandsbeziehungen:

$$\varkappa_1^S \leftrightarrow \varkappa_1^G, \; \varkappa_2^S \leftrightarrow \varkappa_2^G, \; \varkappa_3^G \leftrightarrow \varkappa_3^G .$$

7. Gegeben seien die Maschinen S und G. Wir betrachten einen Zustand $\varkappa^G$ der Maschine G. Welchen Bedingungen muß die die Maschine S genügen, damit man eine reguläre Menge R konstruieren kann, so daß man im Sinne der Nachbildung zu dem Zustand $\varkappa^G$ einen zugehörigen Zustand $\varkappa^S$ der Maschine S angeben kann?

Aufgaben zu Kap. XI

1. In Bild 26 ist das Zustandsdiagramm einer stark gekoppelten sequentiellen Maschine S gegeben. Man konstruiere das Zustandsdiagramm einer se-

quentiellen Maschine N, für die das Ergebnis eines Experimentes der Länge q bei jedem Anfangszustand der Maschine N mit dem Ergebnis des Experimentes mit der gegebenen Maschine S übereinstimmt (durch diese Bedingung unterscheidet sich das Problem von dem Beispiel S. 291 Bild 11.1 und 11.2).

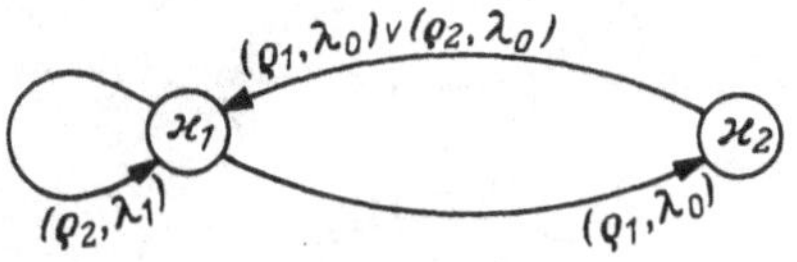

Bild 26

2. In Bild 27 ist das Zustandsdiagramm einer sequentiellen Maschine gegeben. Es ist das kürzeste Experiment gesucht, das den letzten Zustand dieser Maschine unter der Bedingung bestimmt, daß alle Zustände Anfangszustände sein können.

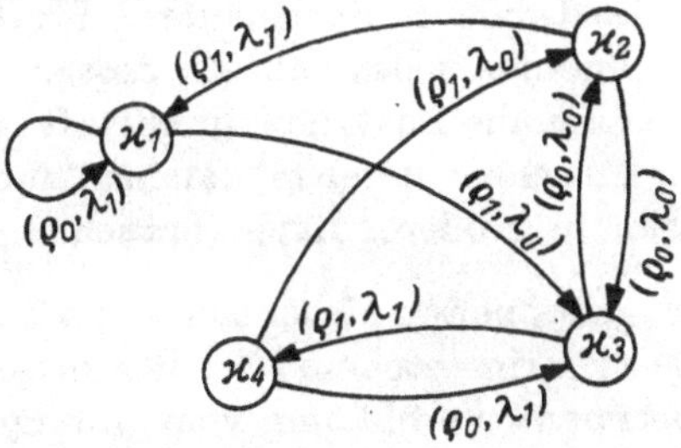

Bild 27

3. Man beweise, daß die Abschätzungen (11.7) und (11.8) auf S. 302 für jedes n exakt sind. Dazu konstruiere man die Zustandsdiagramme einer sequentiellen Maschine und eines endlichen Automaten mit n Zuständen. Zur Bestimmung der letzten Zustände muß man Experimente durchführen, deren Länge durch diese Abschätzungen bestimmt wird.
4. In Bild 28 sind die Zustandsdiagramme von drei endlichen Automaten gegeben. Man zeige, daß man sie surch ein Experiment von höchstens der Länge 4 unterscheiden kann.

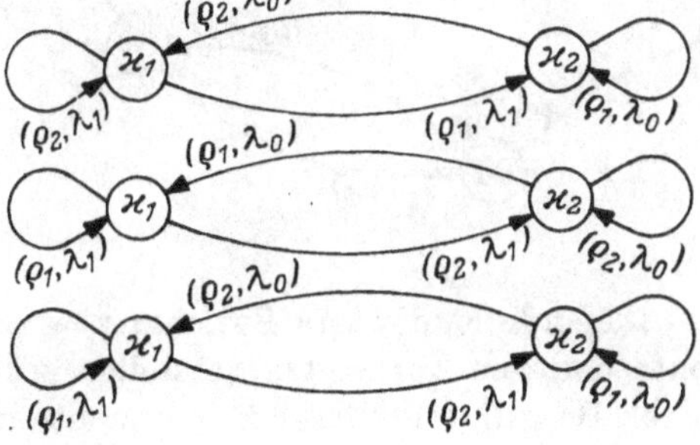

Bild 28

5. Es ist ein Experiment gesucht, mit dem man die Struktur eines der vier Automaten von Bild 29 erkennen kann. Der Anfangszustand soll immer $\varkappa_2$ sein. Man gehe alle Zustände und alle Pfeile durch.

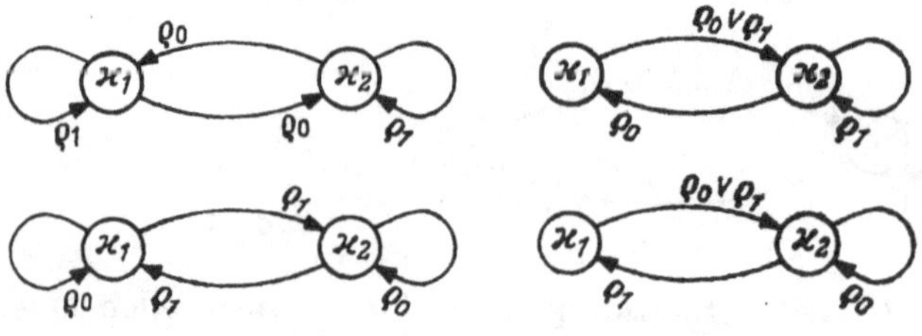

Bild 29

6. Man konstruiere das Zustandsdiagramm einer stark gekoppelten sequentiellen Maschine mit n Zuständen, auf die man eine Eingangsfolge der Länge $n^2/4$ geben muß, um alle Zustände zu durchlaufen. Ist die Größe $n^2/4$ für die Länge eines Experimentes maximal, als dessen Ergebnis irgendeine stark gekoppelte Maschine alle Zustände durchläuft oder kann man eine solche stark gekoppelte Maschine angeben, daß man zum Durchlaufen aller Zustände ein Experiment größerer Länge braucht?

7. Gegeben ist die Menge aller stark gekoppelten Maschinen mit n Zuständen. Man beweise die Existenz eines Experimentes und schätze dessen Länge ab, wenn man mit diesem Experiment unabhängig vom Anfangszustand alle Zustände einer Maschine dieser Menge durchlaufen will.

8. In Bild 30 ist das Zustandsdiagramm einer stark gekoppelten sequentiellen Maschine mit vier nicht äquivalenten Zuständen angegeben. Man kann

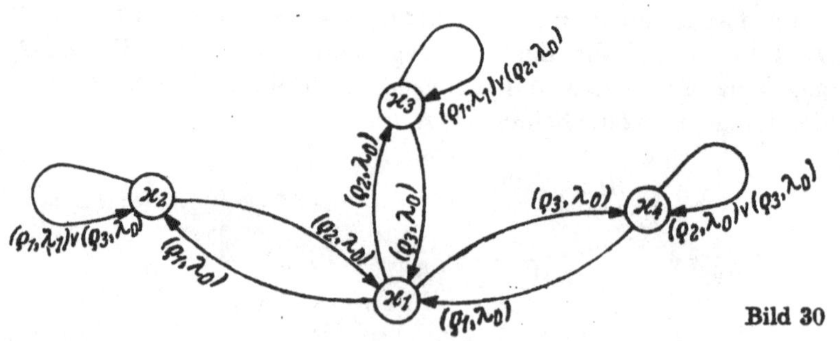

Bild 30

leicht nachprüfen, daß man folgende eindeutige Beziehung zwischen den Ergebnissen der Experimente und den Zuständen herstellen kann, in die die sequentielle Maschine nach Beendigung dieser Experimente übergeht:

Dem Ergebnis	entspricht der Übergang der Maschine in den Zustand
$\frac{\varrho_1}{\lambda_0}$ $\frac{\varrho_1}{\lambda_1}$ $\frac{\varrho_2}{\lambda_0}$	$\varkappa_1$
$\frac{\varrho_1}{\lambda_0}$ $\frac{\varrho_1}{\lambda_1}$	$\varkappa_2$
$\frac{\varrho_1}{\lambda_0}$ $\frac{\varrho_1}{\lambda_1}$ $\frac{\varrho_2}{\lambda_0}$ $\frac{\varrho_2}{\lambda_0}$	$\varkappa_3$
$\frac{\varrho_1}{\lambda_0}$ $\frac{\varrho_1}{\lambda_1}$ $\frac{\varrho_3}{\lambda_0}$ $\frac{\varrho_3}{\lambda_0}$	$\varkappa_4$

Man versuche zu beweisen, daß man bei einer gegebenen stark gekoppelten Maschine mit n nicht äquivalenten Zuständen jedem der Zustände $\varkappa_i$ ein Experiment von höchstens der Länge n zuordnen kann, dessen Ergebnis eindeutig angibt, daß die Maschine gerade in diesen Zustand $\varkappa_i$ übergegangen ist. (In dem obigen Beispiel wird diese Abschätzung gerade erreicht.)

9. Gegeben ist eine Menge con 2^n stark gekoppelten endlichen Automaten der Art von Bild 31. Zu Beginn des Experimentes mögen sich die Automaten

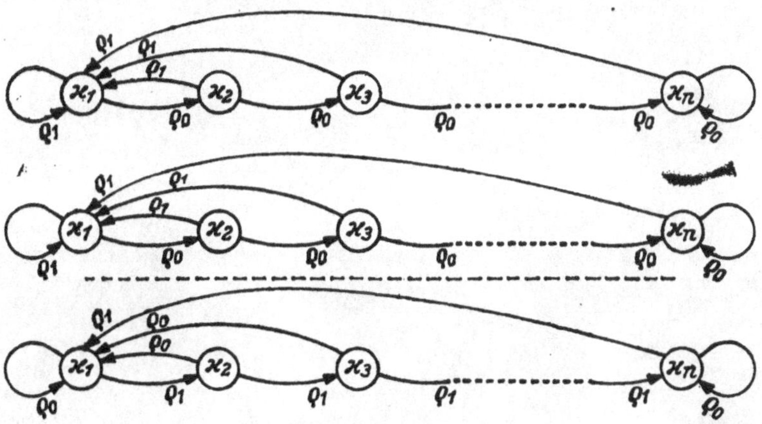

Bild 31

in dem Zustand $\varkappa_1$ befinden. Man zeige, daß die obere Grenze q für die Länge eines Experimentes, das man machen muß, damit ein beliebiger dieser Automaten den Zustand $\varkappa_n$ erreicht, durch

$$q = 2^n \cdot \ln n$$

angegeben werden kann.

FSC
www.fsc.org
MIX
Papier | Fördert gute Waldnutzung
FSC® C083411

Kolibri 360 GmbH
Ferdinand-Jühlke-Straße 7
99095 Erfurt, Deutschland
produktsicherheit@kolibri360.de